ONE MINUTE TO MIDNIGHT

核戰倒數

古巴危機中的甘迺迪、赫魯雪夫與卡斯楚

Michael Dobbs

麥可・達博思——著　林熙強——譯

臺灣好評推薦

凌宇出版的《核戰倒數》描述一九六二年古巴危機，人類最接近核子戰爭的年代，相關人物的歷史故事。不是從大格局而是小人物的內心轉折，使用大量新聞資料、專訪、紀錄、回憶錄，以小說寫法依照時間敘述，有種不同於傳統古巴危機研究的觀點。最讓人感受深刻的，莫過於人物刻劃鮮明，各有其利益、立場、堅持、偏見，交織成一副末日前夕景象。本書著作於二〇〇八年，現在出版繁體版，並不會有過時之感，反倒能讓我們深思。

——王立，「王立第二戰研所」版主

在世界史的維度上，「冷戰」已經在一九九〇年代終結。但在臺灣海峽兩岸，冷戰威脅不僅沒有走入歷史，而且是臺灣人的日常。差別只在於隨著中國在不同時代、不同發展階段、不同領導人的戰術調整，臺灣面臨的戰爭威脅，有時清晰可見，有時被巧妙地隱藏。

習近平執政十年，中共內建「收復臺灣」的基因從隱性轉為顯性。美中兩大陣營隔著第一島鏈各自集結、對峙。怎麼防止不必要的緊張情勢升高，怎麼阻止不預期的戰爭爆發？這些問題，曾經令冷戰時期的政軍菁英殫精竭慮。《核戰倒數》記敘的故事——一九六二年的古巴飛彈危機，就是預防毀滅性戰爭的經典案例。

過去三十年裡，臺灣沒有哪個時刻比今時今日更需要重溫冷戰歷史。《核戰倒數》就是這座講堂的第一課。

——李志德，資深新聞工作者

「古巴飛彈危機」距今已超過六十年，做為冷戰時期危機處理的經典案例，相關著述與文章雖不知凡幾，卻很少能像這本《核戰倒數》一樣，根據大量美國、蘇聯，甚至古巴的檔案文件，與事件中曾身處第一線人員的經歷，按時間軸與不同現場，完整交代這個人類有史以來，最接近世界末日之重大事件的來龍去脈，還解答許多困擾研究者數十年的疑問，例如赫魯雪夫在古巴部署彈道飛彈的動機，與事情曝光後蘇聯內部的決策過程等。

更可貴的是，作者不僅交代事件的來龍去脈，更引導讀者注意到對危機造成重大影響，卻常被忽略的環節。例如作者清楚呈現出一個現象，就是真正的危險並非出自最高領袖的意圖，反而來自許多「不明事理角色」有意無意的行為；這個現象使甘迺迪與赫魯雪夫雖一開始就打定主意要避免走向核戰，但局勢仍一度升高至核戰邊緣。這個歷史教訓，尤其值得臺海兩岸，特別是頻頻派機艦對我進行「灰色地帶行為」的北京當局警惕。

——揭仲，國家政策研究基金會副研究員

正所謂「鑑往知來」。烏俄戰爭所面臨的核戰危機，如何得以解決？「核戰倒數」或許給了我們一個詳盡的解答，讓我們能正面的來看待危機。

——葉耀元，美國聖湯瑪斯大學國際研究講座教授兼系主任

國際好評推薦

「達博思統禦萬千資料猶如行兵列陣，用高明的佈局講述了一個激越的人性故事。……在曲折離奇的局勢與異國風情的場景之中，滿是令人難忘的角色廁身其間……在《核戰倒數》中我們看見弗斯特、勒卡，還有葛林這些諜報小說家的影子。」

——《華盛頓郵報．書的世界》

「我本來不覺得關於古巴飛彈危機還有什麼新的東西可寫，但這本書寫得真是太好了。」

——前美國國務卿歐布萊特

「引人入勝。……《核戰倒數》是了不起的貢獻，讓我們認識那個『多事之秋』。」

——彭博新聞社

「令人不寒而慄。……達博思最大的成就，在於讓其時猶未出世的讀者，或者其時年紀只能依稀感受到父母恐懼的讀者，藉由本書一窺飛彈危機那些日子——他也讓親身經歷飛彈危機的讀者，再次感受當時那種焦慮的心情。」

——《波士頓環球報》

「行政機關如何在權衡之後行使職權——以及其職權的限度——本書是最鮮明的例證。……如今新聞業日益成長茁壯，對於六〇及七〇年代發生的事件提出不少事後檢討，而本書正是值得一探的入口。」

——美國國家公共廣播電臺（NPR）

「深具啟發性。……《核戰倒數》的成功有兩方面：一是利用時間的進展細細講述這個重要的故事，二是使讀者展卷就難釋手的魔力，達博思做到的絲毫不遜於任何驚悚小說作者。」

——《休士頓紀事報》

「《核戰倒數》堪稱是一部嘔心瀝血的偉構：劇情如峰迴路轉，每每扣人心弦，教人手不釋卷，然而同時又是重要的學術專著。達博思的研究令人驚嘆，沒有任何古巴飛彈危機專史能與這樣的成就匹敵。」

——《美國的普羅米修斯》合著者薛文

「《核戰倒數》以不厭其詳的細節，以及帶有一抹克蘭西驚悚小說色彩的緊湊時間順序，探究那些讓人心驚膽戰的陰錯陽差。」

——《聖路易郵報》

「地球上的芸芸眾生差點因為不測風雲和錯誤估算而終結，這本教人毛骨悚然的析論，用新的資料與角度探索了這些歷史印跡。」

——《美國歷史雜誌》

「這本書是對古巴飛彈危機的近距離觀察，而且是作者自己的親身觀察。達博思的結論是毋庸置疑的。……過去將近廿五年裡，世人努力泯除古巴飛彈危機的神祕色彩，也努力轉變一般的認知：飛彈危機不是另一次冗長乏味的案例研究，也不是冷戰時期的舊事重提，而是一次差一點點就要成真的驚人災難性事件。廿五載間為山九仞，《核戰倒數》無疑是蓋上山頂的最後一簣土。」

——布朗大學沃森國際研究所布萊特《挖真相》線上雜誌

「精采絕倫，目不轉睛。……達博思在歷史和文學上不同凡響的貢獻提供了另一種看法，讓我們得以用清晰的眼光洞察一場核子末日的災難，究竟是如何隨著時間一分一秒過去，與我們擦身而過，最後化險為夷，轉危為安。」

「國有危難之際，政治領袖的當務之急就是先仔細想想，然後還得再更仔細想想，並全力避免兵戎相見。甘迺迪與赫魯雪夫這兩位世界領袖如何展現他們駕馭危機的能力，本書提供了逐日紀實的觀點。多虧了他們兩位，人類得以倖存，我們才有機會一睹這本《核戰倒數》。」

——《普羅維敦斯日報》

——塞勒給・赫魯雪夫

「本書無疑是至今吾人所見，關於飛彈危機最完整且最精準的記述，而且無疑會這樣持續很長一段時間。這是第一流的歷史類著作，更是一本好看的書！」

——前國務院情報分析師，《再思古巴飛彈危機》作者加特霍夫大使

「在飽受煎熬的那十三天裡，世界瀕臨核子毀滅的邊緣，而達博思以小時為單位寫就的這本古巴飛彈危機專史，讓我們目不轉睛猶如身歷其境。為了強化他對於這些事件以及設備的認識，他詳細研究了危機期間拍攝到的照片；達博思是第一位運用這些重要影像的歷史學者。」

——《瞪眼相對》作者布魯吉歐尼

推薦：環環相扣的末日危機全貌

文／張國城（臺北醫學大學通識教育中心教授兼副主任）

這可能是我讀過最好的一本著作——既有歷史論文的嚴謹，又有文學作品的懸疑趣味。

首先是極佳的譯筆。譯者有高度的中英文素養，如將中午都譯為「亭午」，語出《昭明文選》，「威赫赫爵祿高登」語出《紅樓夢》裡李紈的詩，這都不是一般譯者所能達到的。一些有關軍事和科技的細節也都能正確譯出，因此沒有原文書或無暇閱讀原文書的讀者，大可不用擔心本書的譯筆有根本的錯誤，或是有過多譯者自己的改寫。本書譯者不僅是做了正確的翻譯，更做了漂亮的翻譯——將本書的文學性完美呈現。在這個領域的著作裡，這是非常不容易的。

其次是編年體的記述方式。讓讀者能夠提綱挈領地知道事情進展的經緯。同時將美國、蘇聯、古巴三地一起討論，這是本書最大的價值，因為過往探討古巴飛彈危機的著作，極少有來自古巴方面的檔案和觀點。事情在他們的國土和國土周遭發生，卡斯楚更是事件的主角之一，但是在過往的著作中他幾乎不存在。

其實古巴飛彈危機的起因、中間的過程及後來的結果，和卡斯楚和他的革命、他的國家非常有關係，不光只是美蘇兩大超級強國的對抗。書中有許多精彩的反卡斯楚地下行動內容，這是其他討論古巴飛彈危機的著作所不具備的，如：「……藍斯代和他的貓鼬計畫行動小組對於如何發動革命顯然毫無頭緒，不像卡斯楚可以一連幾個月沒有糧食補給卻持續在叢林中鏖戰；他們就是一群官僚，根本不是革命分子。……激進好鬥、大張旗鼓、效率低落。只要留心美國媒體走漏的消息以及古巴流亡分子社群中的流言蜚語，任何人都知道甘迺迪想要對付卡斯楚。貓鼬行動的實質內容足以警示卡斯楚和他的蘇維埃後臺設想對策——卻不足以動搖卡斯楚手上掌控的權力。」古巴飛彈危機讓美蘇兩國劍拔弩張，但並沒有讓古巴這個距離美國只有九十英里的國家滅亡，卡斯楚的能力和決斷是不能忽視。

第四是有許多寶貴俄方資料，讓讀者一睹蘇聯當時在古巴部署飛彈的實況。「……船上有四分之三的士兵嚴重暈船；在這段航程中，每位士兵平均減少體重二十二磅；抵達古巴後，全體人員中有百分之三十在前一兩天無法從事體力勞動，還有百分之四的人員超過一個星期毫無行動能力。……不過這些計算都遺漏了一個至為關鍵的要素：蘇聯士兵忍受惡劣環境的能力。那是美國士兵永遠忍受不了的。於是到了十月廿日，抵達古巴的蘇聯軍隊其實已經超過四萬人。」蘇聯派遣這麼多兵力到古巴，是過去資料中沒有的。這麼多部隊除了操作彈道飛彈以外，還包括防衛彈道飛彈基地，以及防衛在整個古巴的蘇聯軍事資產的部隊。這形成了和美國之間的「安全困境」（security dilemma）——在古巴的蘇聯軍事設施越多，對美國威脅越大、越可能遭美國攻擊；越可能遭美國攻擊，就越需要更多兵力和軍事設施來防衛古巴。這就形成典型的安全困境。最後，**也是這種安全困境變成古巴飛彈危機中最危險的部分——真正的**

核子戰爭將會在古巴發生：「結果事情的發展卻是大相逕庭。現在公海上還有數十艘蘇聯艦艇載運著 **R-14** 遠程彈道飛彈，中程的 **R-12** 彈道飛彈雖然已經完成部署，但大部分都還不能發射。然而美國人至今仍然不知道，原來蘇聯已經在古巴部署好數十枚短程的戰術彈道飛彈，配備的核子彈頭足以將入侵的部隊徹底消滅。」幸好這些都沒有發生。

但是，如果華府擔心攻打古巴會引起核戰，就對古巴「高抬貴手」，那又會怎麼樣呢？這就涉及一開始美國對這件事情的認知：「……甘迺迪和他的幕僚左思右想，推敲赫魯雪夫把飛彈運往古巴的動機，而他們的標準答案是赫魯雪夫想改變核子勢力的平衡。在長程飛彈和飛機（即所謂「戰略性」武器）上，蘇聯的優勢遠遠落後美國，然而蘇聯卻擁有大量的中程彈道飛彈，目標對準歐洲。這些中程彈道飛彈重新部署到古巴之後，因為有能力直接攻擊超級強國敵手的領土，居然奇蹟似地轉型為戰略性武器。」換句話說，如果美國不做攻擊古巴的準備，蘇聯不見得會撤走飛彈，蘇聯飛彈不撤，隨著時間過去技術逐漸進步，古巴就會真的變成蘇聯對美國的最大戰略資產。而且美國若不敢攻打古巴，難保其他中南美洲國家不會起而效尤加入蘇聯陣營。**因此甘迺迪還是古巴飛彈危機的贏家無庸置疑**，因為他讓赫魯雪夫讓步拆走飛彈，之後一直到蘇聯解體，儘管冷戰嚴峻，蘇聯沒有再把飛彈放回古巴。

本書還詳細敘述了傳奇人物切．格瓦拉在古巴飛彈危機中的作為，原來他也在歷史上最重要的事件中扮演如此重要的角色。黑手黨在古巴飛彈危機中也不缺席。光讀這些比小說還精采的內容，筆者就認為值回書價。

除了發現之外，本書也推翻了許多既有的權威定論。傳統上都認為是在甘迺迪宣布對古巴實施封鎖之後，赫魯雪夫在美蘇船艦面對面的對峙下，決定「眨眼」——也就是讓步。但是作者經過詳盡考查檔案資料之後，發現不是如此。「……甘迺迪總統在電視演說上宣布海軍封鎖行動之後八小時，基莫夫斯克號被測定的位置是封鎖線以東三百英里。……事實上，赫魯雪夫在危機發生的第一個晚上就已經『眨眼』了——然而身在華盛頓的決策者卻直到將近三十個小時之後，才注意到這次『眨眼』。真正的危險並非來自載運飛彈的船艦，畢竟如今這些船艦已然調頭返回蘇聯；真正的危險其實來自潛伏於大西洋西部的四艘狐步級潛水艇。」也就是說，兩國軍隊在戰場上的戰術性對峙，而非對對方的戰略性攻擊，才是最可能引發核子戰爭的。而且赫魯雪夫早就決定讓步，也就是說，蘇聯其實並沒有對美國開戰的準備。**如果從這個角度，今天的台海恐怕比當年的古巴更危險。因為臺灣比古巴更有讓近鄰強國直接攻打的誘因，臺灣還沒有當年古巴萬眾一心反抗美國的態度。**

作者還用敏銳的筆觸提及古巴在革命後對社會主義的失望，以及他們對蘇聯的詫異：「不少古巴人還察覺到，在蘇聯武器精密與尋常俄國人家的落後之間，存在著一種教人難以理解的矛盾。」古巴人居然嫌俄國人窮，「……反美是卡斯楚在一九六二年秋天最有力的一張政治牌。他宣告這一年是『經濟計畫年』（el año de la planificaión），詎料這一年最後卻是經濟災難年。當時古巴的經濟呈現自由落體式的下滑，部分原因是美國實施貿易禁運以及中產階級陸續出走，不過主要原因還是方向錯誤的經濟政策。古巴意欲仿效蘇聯的經濟模式，實行中央計畫經濟以及強制工業國有化，卻導致長期的物資匱乏」。這其實不令人意外，但卻很少人知道——古巴在美國資本主義「剝削」之下，貧富差距大，但一般人的物資供應反倒比革命前高。在那時候，冷戰的最終結果其實就已經確定了。

此外，本書對臺灣讀者還有許多重要的啟示：

首先是不要把軍事行動或是祕密行動想得太容易。中間包含著許多會出錯的環節。蘇聯和美國的軍事準備都有一大堆的錯誤、疏忽和意外。在沒有聯合演習和長年駐軍的情況下，蘇聯來防衛古巴的軍隊的部署和運作可說吃盡苦頭，而美國的因應儘管是在本土，力量居於絕對優勢，也不乏許多荒腔走板之處。因此我們不能期待平常沒有演練過的計畫、行動，從未大規模經常聯合演習的部隊，在戰時就能無師自通正常運作。

其次，書中指出政治同情是最有效的情蒐手段。這點在臺灣可以說是太有既視感了。

最後值得關注的是古巴為什麼能生存？作者指出：「諷刺的是，儘管古巴革命的聲勢漸趨衰弱，美國試圖挑戰的卻是古巴最強硬的一點：國家主權問題。……卡斯楚可以讓甘迺迪和赫魯雪夫相信，他願意為了理念而赴死，那這就會為他帶來某種程度的優勢。既然他是三位領導人中最勢單力薄的那一個，那麼倔強、目空一切和尊嚴，就是他僅有的真正武器。」證明了無論國家大小，主權、獨立地位和意志對於保障自身安全的絕對重要性。古巴沒有所謂「以小事大」或是認為可以周旋於美蘇之間，兩邊取利的幻想。

凡此種種，都讓這本著作成為臺灣讀者必讀之作。

推薦：末日時鐘的人性時刻

文／蘇紫雲（國防院戰略資源所長）

空氣中有一種特殊氣味，那是髮油、布沙發、地毯混合的味道，不能說沉重，但是總統的文武重臣齊聚，靜得只有時鐘滴答聲，這才叫人的嗅覺敏銳起來。聯席會議將軍們肩上的星星反射出光芒，對照著白宮玫瑰園的午後陽光煞是燦爛，正是晚秋時分的舒適日子，合該到波多馬克河畔漫步，或是徜徉喬治城舊街區來個傳統英式午茶。

這個舒適又恬淡的午後，卻充斥著古巴海灣飄來的煙硝味，沒人會去在意會議室內的怪異髮油味或有閑情逸致來頓美食，因為距離核子末日的午夜時刻已經迫在眉睫，稍一不慎，華盛頓就將被核爆的蘑菇雲夷為平地。

這絕對是一本值得品味的書，無論是政治決策者、企業管理者、乃至學者，都值得細細琢磨其中的哲理。

一九六二年的古巴飛彈危機就是核戰末日邊緣，直接連動著人類的昨日乃至明日。作者將枯燥史料幻化細膩筆觸，將雙方的政治、軍事場景刻劃出來，跨越時空，我們彷彿置身在甘迺迪總統身邊、又似穿越在紅場的赫魯雪夫面前，感受著美蘇雙方對峙又擔憂擦槍走火導致核大戰。

作者的文字讓讀者得以細細咀嚼國際政治的交鋒，最高權力者的兩難時刻、幕僚燒肝也似的腦洞大開尋求解方，第一線戰機飛官的勇氣都躍然紙上，訴說著時代的眼淚。

美蘇這對核子冤家，在二戰後已經多次過招，柏林危機、韓戰、衛星競賽都是雙方較勁的場域，卻在古巴飛彈問題直球對決。難能可貴的，作者可以運用如山史料、解密圖像情報、乃至美蘇雙方當事人物訪談，這些珍貴卻難以單獨理解的靜態資料，還原出最接近真實情境的文字描述。譯者入木三分的功力更是傳神，字字珠璣且信實達雅，帶領我們穿越文化的藩籬，得以身歷其境。

雖沒有電影的大尺寸螢幕、杜比音響的視聽震撼，但本書文字的力度與溫度絕對會在讀者心中產生震撼，華盛頓的氣息、加勒比海邊的潮溼、莫斯科的陰冷、乃至古巴雪茄的濃郁，都會令讀者五感併生。

回到一甲子前，一九六二年是個關鍵年代，在核戰的恐懼下，戰略家忙著出謀劃策，爭論著先下手為強的第一擊，或者確保還手能力的第二擊，才是阻止敵人攻擊維持和平的好選擇。科學家與工業家也忙著曲線報國，提供各類新科技與裝備來保家衛國。也在同一年，人類第一個電腦網路「阿帕網」就在美國誕生，奠定今日大家習以為常的網路世界的基礎，阿帕網的原始目的是為了軍事演習而生。像是說好也似，同年部署的美國義勇兵洲際飛彈，內載的導航電腦，包括中央處理器、硬碟、記憶體等就是今天主流電腦的基礎架構，硬碟容量雖然只有令人發噱的5,454字元組，但在當年可是高科技，足以儲存蘇聯境內主要城市、軍事目標的所在座標，將核子彈頭由外太空導引至目標區，完成毀滅的終極任務。

美蘇生死鬥的歷史遺緒，卻令原本是軍事用途的科技，意外開啟了今日的數位經濟與網路文明，類似的事例還有一次大戰的毒氣促進刮鬍刀的再進化，以讓防毒面具可以與臉部貼合氣密造就今日兩大品牌的刮鬍刀，微波雷達的研究也意外造就微波爐的大行其道，可以說戰爭的若干需求卻又促進文明的進化與經濟發展，歷史的多樣性總是令人訝異。

但歷史重演的另一面目則叫人警惕，古巴核子危機後的六十年，俄羅斯總統普欽入侵烏克蘭並揚言使用核武；北韓發展出火星17洲際飛彈可直攻美國；北京則新列裝巨浪三型潛射彈道飛彈，可由海底出擊美國本土。面對威權國家核武三兄弟的叫板，美國則端出科幻般的B-21「突襲者」匿蹤轟炸機，穩住陣腳以安盟國之心，並且避免盟國開發核武的誘惑。

這更說明本書值得一讀，畢竟戰爭與和平的選擇只在一念之間。

古巴危機比我們想像的還更靠近核戰末日，不僅是甘迺迪總統、赫魯雪夫總書記等「明星人物」的決策，最接近末日鐘的午夜時刻，是蘇聯護航貨輪的水下艦隊，已經準備用核子魚雷反擊美國海軍的騷擾火力攻擊，千鈞一髮之際，副艦長阿爾希波夫反對艦長、政委使用核武，投下不同意票在第一線阻止核戰爆發。

來自高寒之地的俄國潛艦官兵，長途航行疲累不堪又在炎熱的古巴水域，生理與心理都已不堪承擔，又面對美國海軍近距離火力施壓，卻有人可以冷靜阻止使用核彈、救了全世界。因著這樣的人性，人類文明得以延續，也正是本書訴說戰爭的恐懼與勇氣，歷史厚度可以給當前的我們具有思考的深度與廣度。

臺灣版緒言

親愛的臺灣讀者：

拙著《核戰倒數》的簡體中文譯本嘗於二〇一五年在中國大陸出版，這本關於古巴飛彈危機的專書如今又將以繁體中文在臺灣面世，於心甚感忻悅。儘管這是一本歷史讀物，但我深信書中內容仍然頗值現今引為借鑑。在世界局勢眼看將要一發不可收拾之際，正如一九六二年的時局，我們需要沉著冷靜的領導人做出責無旁貸的決策；這些決策不僅是為了使他們的國人得益，而更是為了使全人類得益。

我研撰《核戰倒數》的目的，是為了清楚闡述人類歷史上最危險的時刻，亦即兩大對立的超級強國距離世界毀滅僅有一步之遙的那一刻——其迫於眉睫的距離不僅空前，甚至可謂絕後。我設想引導我的讀者穿過華盛頓、莫斯科以及哈瓦那的「權力走廊」，直達冷戰的最前線：潛艦、軍機，還有飛彈發射場，也就是對方軍隊準備發動核子戰爭之處。儘管今日我們眼前的國家安全議題與一九六二年大有不同——臺灣海峽與烏克蘭取代了佛羅里達海峽與柏林圍牆，成為全球局勢一觸即發之所在——然而戰爭威脅的強烈卻依然教人無法容忍。

這些威脅之中最可觀者，乃意料之外的戰爭所帶來的風險。我所謂「意料之外的戰爭」，指的是出於政治上的錯誤估算、異常事件的結合、領導人之間疏於溝通以及單純的人為疏失，交相纏繞致使不斷惡化終至失控所造就的衝突。甘迺迪與赫魯雪夫都是明智之士，他們都親自見識過戰爭的恐怖。儘管他們雙方都不願意陷世界於核戰的水深火熱——然而把我們帶向世界末日邊緣的武力，其枷鎖卻也是由他們所解放。

甘迺迪與赫魯雪夫的過人之處，在於他們深知——或許為時已晚——就算是最睿智遠識或最權傾天下的領導人，也不可能完全掌控事態的發展。如我在書中所示，一九六二年真正的危險並非來自處心積慮的盤算，卻是無心插柳的偶然。危險並非出自像是甘迺迪與赫魯雪夫這般「通情達理的角色」之手，而是出自「不明事理的角色」，他們在偶然之中誤闖舞臺，卻足以改變歷史的走向。

最顯著的案例，就是飛往北極途中執行例行偵察任務，卻受北極光影響而誤判航線的美國U-2偵察機飛行員。在一九六二年十月廿七日，古巴飛彈危機最驚心動魄的那一天，毛茨比上尉一路飛往堪察加邊境區，侵犯蘇聯領空超過兩小時之久。在事件發生好幾個小時之後，甘迺迪才獲悉有美國空軍軍機偏離航道。也沒有人告訴他蘇聯派出米格機升空試圖擊落這架迷航的U-2偵察機，導致美蘇雙方戰機直接交火的可能性。而直到平安度過劍拔弩張的千鈞一髮之際，五角大廈才遲遲報告白宮，當時他們曾派遣白令海峽上空的F-102戰機倉促馳援以回應蘇聯。而類似的錯誤估算，也可能導致臺灣海峽的軍力展演轉變為威脅我們所有人的一場熱戰。

美國和蘇聯的領導人把世界帶向災難的邊緣，隨後他們也設法在事情無法挽回之前各退一步。甘迺迪熟習歷史，特別是歐洲各國的統治者因為一九一四年八月的事件，點燃了蔓延整個歐洲大陸的戰火，最終導致三個帝國覆滅——奧匈帝國、鄂圖曼帝國以及俄羅斯帝國，這段歷史給他帶來潛移默化的影響。對於甘迺迪與赫魯雪夫來說，一九六二年十月他們心中的夢魘情境，是他們很可能會鑄下大錯，把世界帶入那場他們都不想要但卻更加毀天滅地的戰爭。

我們在其中學習到一課：重要的是性格。古巴飛彈危機證明有時候政局的風雲變色，其實只操縱在幾個人手上。要是一九六二年十月是另一個人擔任美國總統——或者蘇聯的領導人——那麼結果可能天差地別。我們也殷切盼望現今的領導人——無論他們身在華盛頓或莫斯科、北京或臺北——也能夠體現同樣的智慧與節制。

一九六二年十月，世界與核子毀滅擦身而過。為了避免這樣的情境再次發生，我們有充分的理由在六十年後再次鑽研古巴危機。

達博思
誌於華盛頓
二〇二二年十月

【凡例】

※本書註釋包含原書的資料出處註腳，以及譯者與編輯所加的註解或按語。為區分兩者，原書註腳以方形編號標明，統一置於本書最後；譯註編註等則以圓形編碼標明，隨頁呈現。

※原書註釋及翻譯對照表兩部分採橫式編排，並從最末頁開始內容，特此說明。

獻給奧莉薇婭

目次
CONTENTS

推薦序　環環相扣的末日危機全貌／張國城　10
推薦序　末日時鐘的人性時刻／蘇紫雲　15
臺灣版緒言　18
緒言　30
第一章　美國人　35
第二章　俄國人　78
第三章　古巴人　116
第四章　瞪眼相對　155
第五章　直到地獄結冰　194
第六章　情報　224
第七章　核武　257

目次
CONTENTS

第八章　先發制人　293
第九章　獵尋格羅茲尼號　328
第十章　擊落　361
第十一章　某個混帳東西　396
第十二章　「頭也不回拼命逃」　427
第十三章　貓捉老鼠　458
第十四章　打包回家　493

後記　526
謝辭並資料來源小記　542
照片輯　558
翻譯對照表　624
註釋　687

地圖目次

古巴，一九六二年十月 28
「瞪眼相對」，一九六二年十月廿四日 164
哈瓦那地區，一九六二年十月 284
FKR巡弋飛彈部署動線，一九六二年十月廿六至廿七日 287
安德森少校的最後一次飛行任務，一九六二年十月廿七日 380
毛茨比的北極任務，一九六二年十月廿七日 406
蘇聯潛艇位置，一九六二年十月廿七日 460

79°W
78°W
77°W
76°W
75°W
74°W
大西洋
25°N
巴哈馬群島
24°N
北回歸線
23°N
迪歐斯
22°N
卡馬圭
21°N
巴內斯
奧爾金
瑪雅里阿里巴
馬埃斯特拉山脈
古巴聖地牙哥
關塔那摩灣
美國海軍基地
20°N
19°N
牙買加
海地

85° W
84° W
83° W
82° W
佛羅里達州
(美國)
墨西哥灣
佛羅里達海峽
哈瓦那
馬列爾港
伊薩
大薩瓜
馬塔安布雷
聖克里斯托巴
比那德里歐
聖胡利安
聖克拉拉
豬玀灣
卡
松島
古巴,一九六二年十月
R-12 中程核子彈道飛彈發射場
R-14 遠程核子彈道飛彈發射場
地對空飛彈發射場
FKR 核子巡弋飛彈基地
海岸防衛傳統巡弋飛彈發射場
機動步槍團
飛機場
港口
0
英里
100
0
公里
100
N
開曼群島
加勒比海

緒言

鮮有史事如古巴飛彈危機一般，長年以來為後人不斷研究與析論。一九六二年十月的這十三天，是人類有史以來最接近核戰毀滅的一抹記憶，不勝枚舉的雜誌專文、專書、影視紀錄片、研究總統決策的論述、學院專題演講、以冷戰兩大陣營為題的研討會，甚至好萊塢電影，都深入探討了這場危機。不過或許更為非比尋常之處在於，在洶湧的文字波濤中，居然未見如《最長的一日》[1]或《總統之死》[2]兩部電影那樣，以分分秒秒的方式詳盡事件始末的敘事出現。

探討古巴危機的專書大部分是回憶錄或教科書，其間所致關懷，只是這個事件龐雜脈絡的其中某個面向。然而學術文獻浩繁若此，其中卻似乎短少了「人的故事」：這齣二十世紀史詩中，所見證者乃自二次世界大戰以來最大規模之一的人力與設備動員，乃排山倒海壓力之下的生死抉擇，乃從李梅至格瓦拉皆粉墨登場的角色陣容。這背後有太多，值得一說的「人的故事」。

藉由聚焦於史列辛格所謂「人類史上最驚險的一刻」，本書的期許在於讓後繼世代的讀者們得以再次置身於這次冷戰危機的核心事件。一九六二年十月廿七日，對甘迺迪任內的白宮來說是「黑色星期六」，那一天，世界與核戰末日已間不容髮，其眉睫之距可謂空前甚至或可謂絕後，其間曲折跌宕的風雲變幻教人五內翻騰。甘迺迪與赫魯雪夫代表著敵對的兩股意識形態，其牴牾之勢足以將世界推向核戰毀滅的邊緣；而那一天，雙方都從毀滅的深淵之前各退一步。如果古巴飛彈危機是冷戰的關鍵時刻，那麼黑色星期六就是這起飛彈危機的關鍵時刻。在這一刻，隱喻性的末日之鐘[3]上，指針距離毀滅降臨的子夜只差一分鐘。

黑色星期六的開端是卡斯楚口授的一封電報，慫恿赫魯雪夫動用核子武器對付他們共同的敵人；至於這一天的結束，則是甘迺迪兄弟私下提議，以美國撤離在土耳其部屬的飛彈為條件，換取蘇聯在古巴讓步。在開端與結束的事件之間，蘇聯的核子彈頭就快運抵古巴的飛彈發射場，一架美國U-2偵察機在古巴東部遭擊落，另一架U-2偵察機則在蘇聯領空迷航，一艘蘇聯核子潛艦遭美國海軍的深水炸彈逼出海面，古巴開始對低空飛行的美國偵察機開火，參謀長聯席會議做成全面進佔古巴的決議，蘇聯則將戰術核武運往距離關塔那摩灣美國海軍基地十五英里內的範圍。以上任一事件，都可能導致兩大超級強權以核武互相侵犯。

我嘗試結合歷史學者和新聞工作者的方法講述這個故事。這樁飛彈危機距今久矣，足以讓各方機密

---

❶ 譯註：《最長的一日》（*The Longest Day*, 1962），描繪諾曼第登陸的好萊塢電影，改編自雷恩（Cornelius Ryan, 1920–1974）的同名軍事歷史名著（1959）。雷恩出身記者，他耗費數年訪談參與D-Day（一九四四年六月六日）的生還軍士，擷取其中三百餘份對於當天戰況見聞的口述，結合來自美、英、德國軍方的軍事資料編寫成《最長的一日》，還原諾曼地登陸當天戰況，是雷恩「二戰三部曲」的第一部。

❷ 譯註：《總統之死》（*Death of a President*, 2006），英國拍攝的偽紀錄片電影，戲仿當時美國總統小布希（George Bush, 1946– ）在二〇〇七年十月於芝加哥遭人暗殺遇害。電影的內容即以紀錄片的方式，擬仿在這場虛構暗殺之後的年餘期間內，對於美國聯邦調查局和英國政府相關人士的訪談，以此偽調查紀錄片的形式，探討當時美國在伊拉克戰爭及九一一恐怖攻擊之後，「反恐」對於社會帶來的影響與衝擊。

❸ 譯註：廣島與長崎核爆引發原子科學家深思，科學技術的發展可能導致世界毀滅。據此，學術期刊《原子科學家通訊》（*Bulletin of the Atomic Scientists*）於一九四七年創設了概念性的虛擬時鐘「末日之鐘」（Doomsday Clock），以子夜零時象徵世界毀滅降臨，根據世界局勢調整鐘面時間，藉此做為呼籲世人的警鐘。二〇二三年調整的鐘面時間是距離子夜九十秒，不過古巴飛彈危機發生當年，儘管面臨核戰爆發邊緣，該刊並未因此調整時鐘。

透過檔案紀錄在世人眼前彰明較著。許多參與其中的人士今仍健在，並且熱衷於談論當年。在兩年的深入研究中，我在舊有的紀錄中探幽索隱，採訪置身事件其中者，親赴古巴飛彈發射場勘查，審視數千幅美國偵察機拍攝的高空照片——我深深訝異於從中發現的新材料居然如此豐富。最讓人眼睛為之一亮的新事證，往往得自交叉比對來源迥異的資訊：好比蘇聯老兵的訪談和美國情報截聽員的訪談，又好比美國U-2飛行員的回憶錄，和我在國家檔案館發現的一份未公開地圖，那是他誤闖蘇聯領空兩小時的飛行路線。

儘管研究飛彈危機的學術論著浩如煙海，不過事件環節尚待揭露者其數仍繁。本書中引用的口述資料，來源就包含曾經親手操控核子彈頭瞄準美國城市的蘇聯老兵，他們過去從未接受過西方作家的採訪。數百罐原始情報膠卷靜靜躺在國家檔案館，那是古巴飛彈發射場從建造到啟用鉅細靡遺的史證，不過據我所知，過去飛彈危機的研究者中從未有人詳細審視過這批膠卷。十月廿四日早晨，借魯斯克之言，雙方怒目相向，其劍拔弩張之勢，戰事恐一觸即發；本書則開風氣之先，運用檔案證據明確標繪出當時美蘇軍艦的位置。

另有一類資料則成為學術圈內家庭手工業的素材，其關懷所在僅著眼於總統的決策。最顯著的例子就是敵方陣營的學者不厭其煩，就甘迺迪和貼身顧問間長達四十三小時的錄音帶詰究本末。白宮錄音帶固然是分外重要的歷史文獻，但不過是整個故事的冰山一角。危機期間流入白宮部分資訊並不正確，因此若僅僅憑藉當時總統的臂助如麥納瑪拉和麥孔等人的言論，而不交相參照其他歷史紀錄對比其正確性，最後便可能端出一盤馬馬虎虎的什錦。在本書接下來的記敘中，我也逐一指陳某些明顯的訛誤。

一九六〇代初期正如新千禧年的頭幾年，都是經濟、政治與科技經歷劇變的年代。帝國逐一消亡，數十個新國家群起加入聯合國，世界的版圖重新劃分。美國開始擁有壓倒性的戰略優勢，不過這樣的優勢地位卻也招致深刻的怨懟。雄霸一方的後果往往是易遭攻擊，美國的中心地帶因此暴露於先前無法想像的威脅：那些來自遙遠國度的威脅。

當時的世界一如今朝，經歷科技革命的陣痛。飛機得以音速飛行，電視得以在電光石火間將影像傳送到海洋彼端，幾發砲彈便得以引爆全世界的核子大戰；正如麥克魯漢（Marshall McLuhan, 1911–1980）所鑄新詞，世界已然成為「地球村」。不過革命尚未竟全功——人類擁有炸毀世界的能力，卻仍然仰望星子領航；美俄雙方開始探索宇宙，但當蘇聯駐華盛頓大使想派發越洋電報給莫斯科，卻還是召喚騎上自行車的信使；美國軍艦儘管能藉由衛星訊號接收即時信息，依舊得花上好幾個小時才能解碼一封最高機密通訊。

古巴飛彈危機提醒世人，歷史總是充滿意料之外的曲折變化。歷史事件的解釋有時並不符合條理與邏輯，而歷史學家就是樂於從這樣的事件中探求次序、邏輯和必然性。一如丹麥哲學家齊克果（Søren Kierkegaard, 1813–1855）所言，歷史是「向前推展」但「向後理解」。因此我試圖用置身事件當下的方式講述故事，情節是隨著事件時間向前推展而不是向後理解，為讀者保留故事扣人心弦的刺激和猶未可知的懸念。

甘迺迪總統胞弟羅伯在經典的一九六八年回憶錄裡，提出了今人熟知的「十三天」這個說法。為了提供讀者必要的知識背景，以瞭解黑色星期六這一天的事件始末，我就從所謂「十三天」開始這個故事。我將危機第一週的故事壓縮為獨立一章——就是甘迺迪在電視上向赫魯雪夫發出最後通牒前，華盛頓方面綢繆帷幄的那一個星期。隨著事件發展加快，接續的敘事也愈發詳盡——我首先以六個章節敘述十月廿二日（星期一）到十月廿六日（星期五）之間源委，本書後半則詳盡分秒，耙梳危機高峰的「黑色星期六」以及危機化解的十月廿八日（星期天）早晨。

古巴飛彈危機是一場全球性的事件，全球廿四個不同時區，同時之間無一不受波及。事件在不同的地點展開，主要是華盛頓、莫斯科以及古巴三處，其餘地點則如倫敦、柏林、阿拉斯加、中亞地區、佛羅里達、南太平洋，甚至北極。為了使讀者有所依循，我將事件發生的所有時間轉換為華盛頓時間（並以括弧夾附當地時間），頁眉則標記事件進展的即時時間。

本書的主要情節其實再簡單也不過：在華盛頓和莫斯科，有兩個人正與他們自己親手釋放的核戰毀滅幽靈，相持未決。不過使故事充滿了戲劇張力者，卻是次要情節。如果故事裡的配角有時看似就要喧賓奪主接掌整個敘事，那麼我們或許必須牢記，故事裡的任何一個次要情節隨時都有可能易位為主要情節。問題從來就不在於甘迺迪跟赫魯雪夫**想不想**控制事件發展，而是他們**能不能**。

第一章　美國人

一九六二年十月十六日，星期二，上午 11:50

中央情報局首席空拍判讀師朗道爾（Arthur Lundahl, 1915–1992）手執教鞭，在總統身邊焦急徘徊，正準備向總統揭露一則機密，這很有可能把世界帶向一觸即發的核戰邊緣。

黑色大手提箱裡所藏是三張簡報板，板上貼著三張黑白照片；這三張空拍照顯然是以功能強大的變焦鏡頭，從相當的高度向下攝製而成。而機密便深匿其中。照片的顆粒狀成像，粗略檢視之下所見盡是田野、森林還有蜿蜒的鄉間小徑，看似毫無威脅，頗具牧歌式的田園風情。其中一片原野上坐落著管狀的物體，其餘原野上還有橢圓形的白點鱗次櫛比，工整排列著。甘迺迪（John F[itzgerald] Kennedy, 1917–1963）總統認為這個地點看來就像座足球場，當天稍早他的胞弟羅伯（Robert F[rancis] Kennedy, 1925–1968）也檢視過這些照片，他什麼端倪也沒看出來，只覺得這不過是「原野中預備墾田用的空地，或是農舍的地基」[1]。

為了幫助總統理解這些照片的重要意義，朗道爾在照片上的圓點和汙塊旁邊加上箭頭，並附以大寫字母標示：「直立發射設備」、「飛彈運輸車」和「軍事帳篷區」。不過就當他準備展示這些簡報板時，門外傳來一陣喧鬧：一個四歲的女娃兒闖進了白宮戒備最為森嚴的房間。

美國權力層峰的十四位要員都把頭轉向門口，只見卡洛琳（Caroline Kennedy, 1957– ）奔向父親，咿咿呀呀氣沖沖告狀：「爸爸，爸爸，他們不讓我朋友進來。」[2]

這些身著深色正裝厲色危坐的要員早就習慣了這樣的打擾，看到總統從皮椅上起身，領著女兒走向內閣會議室門口，他們顰蹙的眉頭融化成開顏的微笑。

「卡洛琳，妳有沒有吃糖果呀？」[3]

她沒有回答，但總統笑逐顏開。

「告訴爸爸，有、沒有、還是好像有。」

他的手臂環覆在女兒肩頭，父女倆走出去幾秒鐘；當甘迺迪走回會議室，又立刻恢復原先的正顏厲色。他坐回長會議桌正中屬於自己的座位，就在總統徽旗下方，背對著玫瑰園。兩旁侍坐的分別是國務卿和國防部長，會議桌對面則坐著胞弟羅伯、副總統、國家安全顧問。他們身後有林肯總統（Abraham Lincoln, 1809–1865）的小型銅雕胸像，旁邊伴著幾艘帆船的模型。壁爐上方右側是肖像畫名家司徒亞（Gilbert Stuart, 1755–1828）的手筆，畫中的華盛頓總統（George Washington, 1732–1799）面施白粉，頭戴假髮。

第三十五任美國總統宣布會議開始。

克里姆林宮顯然兩面三刀，不過在會議室聽取這些明證時，旁人眼中的甘迺迪卻顯得異常平靜。儘管蘇聯領導人堅持他們從未盤算此等謀劃，卻暗度陳倉，在距離美國海岸不到一百英里的古巴部署了地對地核子飛彈。按中情局評估，飛彈的射程可達一千一百七十四英里，足以襲擊美國東部沿海絕大部分的地區。一旦裝載核子彈頭發射，十三分鐘之內就會在華盛頓特區上空引爆，首都將轉眼化為焦燎的荒原[4]。

朗道爾從手提箱裡拿出簡報板放在會議桌上，以教鞭做為指示，引導總統的目光注意到直立飛彈發射器，以及其側停放著以帆布掩蓋的飛彈運輸車。而鄰近的田野上還停放了七輛這樣的飛彈運輸車。

「你怎麼判斷這就是中程彈道飛彈？」總統問道。短促而緊繃的聲調，洩漏了平靜之下掩飾不住的暴怒。

「從長度可以判斷，總統先生。」[5]

「什麼？長度？」

「是的，從物體的長度。」

中情局的專家們在過去三十六小時裡，仔細判讀了數千張對於古巴西部山陵與溪谷的偵察照片。微察秋毫之後他們發現確鑿的鐵證：照片中那些管狀物體與相鄰的橢圓形汙塊之間，有纜線相接。他們接著用上體積足足有半個房間這麼龐大的最新型電腦設備——曼恩六二一型比較測定儀（Mann Model 621 comparator）——以測定那些管狀物的長度。最後測出的長度是六十七英尺，而在莫斯科紅場的閱兵遊行中，他們曾經拍攝到長度一模一樣的飛彈。

總統的下一個問題再明確也不過：這些飛彈什麼時候可以發射？

不過專家們並沒有明確的答案，因為這端視飛彈與核子彈頭多快可以裝配在一起而定。一旦裝配完成，只消幾小時就可以發射飛彈，然而目前為止，尚無證據顯示蘇聯已經把彈頭運往部署飛彈的地點。如果彈頭已經送達，應該可以在這些地點附近看到某種安全儲存設備，然而目前卻一無所見。

「我們**有理由**相信彈頭並不在現場，因此他們**還沒有**準備發射飛彈，」國防部長麥納瑪拉[4]（Robert S[trange] McNamara, 1916–2009）說道。這位先前曾任福特汽車集團總裁的國防部長，大腦正像電腦般狂烈運轉，盤算著蘇聯發動突襲的可能性。他相信總統還有一些時間來應對。

參謀長聯席會議（Joint Chiefs of Staff, JCS）的主席泰勒（Maxwell D[avenport] Taylor, 1901–1987）將軍則持相反意見。二次世界大戰期間，他曾傘降深入諾曼第戰場，也曾於柏林及朝鮮戰場指揮盟軍軍隊，此刻他自覺義無反顧，必須指出延誤軍機的風險。蘇聯可能「轉眼」就能完成發射飛彈的準備，因為大部分基礎建設既都已得其所，「現在的問題早已不是在等待大型混凝土發射臺完工這一類的事情」。

此刻總統的顧問團已然分裂為鴿派與鷹派。

甘迺迪於當天稍早就已獲悉初步的情報摘要。一早八點剛過，他的國家安全顧問邦迪（McGeorge Bundy, 1919–1996）就敲了白宮二樓總統臥房的門；那一刻，總統還沒換下睡衣，披著便袍倚靠在床上看早報。這早就不是第一次了，《紐約時報》的頭版頭條教甘迺迪大為光火。在這個特殊的早晨，他的激憤直指前任總統艾森豪（Dwight D[avid] Eisenhower, 1890–1969），因為艾森豪破壞了不成文的慣例：卸任總統不得公開批判橢圓形辦公室的現任主人。

艾森豪認為總統外交政策軟弱

公開譴責「成績平平」

質疑甘迺迪口中自稱的成就

他眼中的美國不進反退

邦迪簡報 U-2 偵察機在古巴上空的最新任務之後，甘迺迪原先對艾森豪的氣惱，這下反倒換成他對冷戰勁敵的中燒怒火。過去兩年裡，他跟赫魯雪夫在眾目睽睽的核子軍備競賽中一來一往互別苗頭。對於這位朝秦暮楚的蘇聯領導人，甘迺迪一直自認有種心照不宣的理解。距離國會期中選舉剛好只剩三個星期，赫魯雪夫透過中間人傳話告知甘迺迪，他不會在國會期中選舉之前，做出什麼讓美國總統難堪的政治舉動。

蘇聯在古巴興建飛彈基地的新聞簡直是在最糟的時刻到來。在一九六〇年的總統競選過程中，古巴問題是甘迺迪用來攻訐共和黨的利器，他控訴艾森豪政府，面對卡斯楚將整個島國逐步轉化為「充滿敵意又好戰的共產主義附庸國」[6]，竟然毫無預防作為。如今民主黨掌權，兩黨的政治角色因而乾坤反轉。蘇聯的軍事力量在古巴集結，共和黨的政治人物利用此事的相關報導大作文章，譴責甘迺迪的軟弱與無能。紐約州參議員基廷（Kenneth B[arnard] Keating, 1900–1975）聲稱，蘇聯可能很快就有能力，從他們

❹ 譯註：麥納瑪拉，時任美國國防部長（1961–1968），後任世界銀行總裁（1968–1981）。

在加勒比海的前哨基地「向美國的心臟地帶發射飛彈」[7]。就在兩天前，甘迺迪才指派邦迪於全國播放的電視節目上推翻這種說法。

從邦迪的簡報得知赫魯雪夫擺了自己一道，甘迺迪當下的反應是氣急敗壞地說：「他怎麼可以這麼對我。」一個小時之後，他走進行程祕書歐唐諾（Kenneth O'Donnell, 1924–1977）的辦公室，悶悶不樂宣布，「看來下一任美國總統恐怕是基廷了」[8]。

甘迺迪心意已決，這個情報能夠保密愈久愈好，於是他決定按照他的既定行程，表現出一副沒什麼事不對勁的從容。他先接見了完成任務返回地球的太空人，向太空人一家炫耀女兒卡洛琳的迷你馬「通心粉」，接下來與一位民主黨眾議員相談甚歡半小時，隨後又親臨一場有關心智障礙的研討會擔任主席。直到將近中午，他才成功從這些儀式性的職責中脫身，與他的高級外交政策顧問群會面。

甘迺迪頗不情願地承認他被赫魯雪夫矇在鼓裡。這個鐵工出身的超級強國領袖時而奉承迎合時而粗野鄙陋，時而友善和睦時而咄咄逼人，完全不同於他見識過的其他政治人物。他們唯一的一次高峰會是在一九六一年六月的維也納，那對甘迺迪來說是一次非常不愉快的經驗。赫魯雪夫像對小朋友說教那樣，在甘迺迪面前細數美國的罪行，還揚言要拿下西柏林，並且誇口共產主義的勝利是理所當然的大勢所趨。最令甘迺迪震驚的是，赫魯雪夫似乎不像自己一樣焦慮於核戰的風險，也不擔心任何一方的誤判形勢可能如何引爆核戰。赫魯雪夫講到核子武器的口氣是一派輕鬆而且不假思索，好像那不過就是超級強權競賽中的又一個要素而已。他盛氣凌人地撂下一句，如果美國想要一戰，「就儘管放馬過來」[9]。

「這是我這輩子最難受的一件事，」事件落幕之後，甘迺迪告訴《紐約時報》記者芮斯登（James

Reston, 1909–1995），「他狠狠羞辱了我一頓。」總統的表現連詹森副總統（Lyndon B. Johnson, 1908–1973）都深感鄙夷不屑，他告訴身邊親信，「這可憐的小傢伙被赫魯雪夫嚇壞了」。維也納的事件結束沒多久，英國首相麥米倫（Harold Macmillan, 1894–1986）就與甘迺迪會面，他的感想也只是稍微多了一絲惻隱之心，他認為美國總統「徹頭徹尾給這位蘇聯部長會議主席的無情和殘暴嚇得不知所措」。麥米倫隨後又說，甘迺迪這輩子第一次遇到有人「對他的個人魅力無動於衷」，「這讓我想到以前外務大臣哈利法伯爵（Edward Wood, 1st Earl of Halifax, 1881–1959）或是張伯倫首相（Neville Chamberlain, 1869–1940），千方百計想藉由會談掌握希特勒（Adolf Hitler, 1889–1945），但終究徒勞無功」[10]。

其中當然也有一部分問題出在甘迺迪身上，他身為總統卻錯判形勢，最嚴重的失算就是豬玀灣事件。一九六一年四月，甘迺迪上任後四個月，批准中情局培訓的一千五百位古巴流亡分子入侵古巴，不過這次行動從計畫到執行都慘不忍睹。卡斯楚發動猛烈的突襲，把這批流亡分子圍堵在孤立的灘頭。甘迺迪焦心於盡其可能掩飾美國官方與侵略行動之間的關聯，因此拒絕命令就部署在近海的美國軍艦與軍機馳援，解救這批寡不敵眾的流亡分子，以致他們最後悉數為卡斯楚所獲而身陷囹圄。甘迺迪事後向芮斯登坦承，他的超級強國勁敵無疑會「認為我經驗不足，說不定還認為我愚昧無知，最重要的或許是他一定會認為我毫無膽量」[11]。自此，「經驗不足而且毫無膽量的領袖」，就成為甘迺迪不斷努力扭轉的形象之一。

赫魯雪夫在甘迺迪心中是個「該死的騙徒」[12]，古巴方面的消息又加深了這層印象。他向胞弟羅伯大發牢騷，說這位蘇聯領導人的言行簡直像「不講道德的黑道……哪裡像個政治家，壓根兒連個有責任感的人都算不上」[13]。

當務之急是如何應對。美方首先必然會增加U-2在古巴領空的偵察，後續的軍事選項可能是空襲，目標單獨對準飛彈基地，或者也可能是全面入侵古巴。泰勒將軍提醒甘迺迪，單單一次空襲不可能摧毀所有飛彈。「總統先生，不可能做到百分之百。」任何軍事行動都可能迅速升級為全面入侵，而全面入侵計畫需要在第一波空襲發動後一週內，集結十五萬兵力登陸古巴。不過在集結兵力的同時，蘇聯就可能朝美國本土發射一兩枚核子飛彈。

「那我們要執行的當然是第一選項，」甘迺迪一臉冷峻告訴他的副手們，他要的是空襲，「我們要除掉那些飛彈。」

十月十六日，星期二，下午2:30

那天下午，羅伯．甘迺迪在他深廣的司法部長辦公室，接見美國祕密對抗卡斯楚的行動負責人時，他眼裡閃動的怒火猶未平息。他打定主意，要跟這些人說清楚總統對於貓鼬行動（Operation Mongoose）「非常不滿」[14]，這個計畫已經執行一年，卻幾乎白費力氣毫無斬獲。計畫了一次又一次暗中破壞的行動，但沒有一項成功執行，卡斯楚和他的大鬍子革命黨羽們仍然大權在握，每一天都像是狠狠賞美國一記耳光。

來自中情局、五角大廈和國務院的官員，在司法部長面前圍成半圓而坐。辦公室牆上裝飾的是部長孩子們的各種水彩畫作，還有公家機關標準配發的藝術作品。凌亂無章的辦公桌上紙張雜沓，其中一份檔案是兩頁的備忘錄，題為「貓鼬機密」，隨附的是在古巴挑起動亂的最新方案。而中情局之所以統整出這些方案，乃有鑑於甘迺迪兄弟敦促必須要有更加「激進」的做法。羅伯一邊瀏覽一邊點了點頭，贊同清單所列項目：

- 破壞比那德里歐省（Pinar del Río）的鐵路橋梁；
- 以手榴彈攻擊哈瓦那的中國共產黨大使館；
- 在通往古巴主要港口的路線埋設水雷；
- 縱火焚燬哈瓦那或馬坦薩斯（Matanzas）外海的油輪；
- 以燃燒彈襲擊哈瓦那與聖地牙哥（Santiago de Cuba）的煉油廠。[15]

司法部長的頭銜掩飾了羅伯在政府裡的真正角色，其實他的角色定位更像是總統的代理人。他分外的職責還包括帶領名為「特別（擴編）小組」的祕密委員會，終極目標就是「除掉」卡斯楚，將古巴從共產黨的統治下「解放」。總統弟弟親自加入這個小組——也就是「擴編」這個密語的意義所在——藉此強調此小組相對於其他局處的重要性。一九六一年十一月一手主掌貓鼬計畫不久，羅伯就裁定「古巴議題是美國政府當前的第一優先處理事項，不惜投入一切時間、經費、心力或者人力」[16]。不過說來甚巧，他安排特別小組簡報，回顧長期以來抵制古巴的祕密行動計畫成果那一天，就是美國發現古巴部署了蘇聯飛彈的那一天。

對特別小組說話的時候，羅伯的措辭特別小心謹慎。現時房間裡的官員有半數對於事態的最新發展一無所悉，而且總統也特別強調有必要守口如瓶。不過他說到「過去廿四小時美國政府氛圍的變化」時，仍然難掩滿腔惱怒。在古巴暗中從事的破壞行動遲遲缺乏進展，他對自己疏於「鞭策」深感沮喪，因此他宣布要投入「更多個人關注」在貓鼬計畫上。有鑑於此，在得到下一步通知之前，每天早上九點半他都要跟貓鼬計畫的團隊會面。

對羅伯來說，蘇聯飛彈出現在西半球不僅只是政治上的公然冒犯，更是衝著人來的公然冒犯。他是家族裡最情緒化的成員，相較於兄長約翰的溫文鎮靜，他顯得粗魯激動。卡斯楚與赫魯雪夫再次羞辱了約翰，所以羅伯下定決心非得討個公道教訓回去。他的好勝心遠在常人之上——甚至以甘迺迪家族爭強好勝的家族標準觀之亦然——而且是記仇記最久的那一個。甘迺迪家族的大家長老約瑟夫（Joseph P[atrick] Kennedy, Sr., 1888–1969）曾說：「我們家族裡的每一個人都懂得寬恕，但羅伯除外。」[17]

羅伯一大清早接到約翰的電話，得知蘇聯部署飛彈的真相。「這下我們麻煩大了」，總統告訴他。掛了電話沒多久他就來到邦迪在白宮二樓的辦公室，仔細審視偵察機拍攝的照片。「噢媽的！媽的！媽的！」他口中呻吟著，一手握拳狠狠捶在另一隻手掌心上，「狗娘養的俄國佬。」[18]當老哥約翰面對壞消息的態度漸趨冷靜而沉著寡言，羅伯則是怒髮衝冠在辦公室踱來踱去，一面口出惡言一面緊握拳頭舉到胸前，就像隨時準備出拳攻擊誰一樣。

羅伯對於赫魯雪夫所為怒不可遏，但他的盛怒同時也因為懶散的美國政府袞袞諸公，他們光是嘴上嚷嚷著恢復古巴的自由，但從來沒有拿出任何實際作為。他的盛怒還因為自己，因為他居然誤信蘇聯將會棄絕在古巴設置飛彈基地，卻無視於反對卡斯楚的古巴人士，以及潛伏在古巴境內調查飛彈相關活動的中情局探員，所提供的大量報告。一如他後來筆下所言，「當時震懾我心的感覺是一種震驚的難以置信。原來赫魯雪夫一直都在耍我們，但其實我們也愚弄了自己」[19]。

過去一整年，甘迺迪兄弟處心積慮窮盡一切手段與卡斯楚一較高下，只差沒有下令全面進佔古巴。「我的想法是用古巴人著手辦事，利用諜報活動、暗中破壞、製造普遍騷動這些手段，讓他們把自己的島搞得烏煙瘴氣，」[20]羅伯在一九六一年十一月的備忘錄裡寫著，「我不知道這麼做能不能成功推翻卡斯楚，但起碼在我的謀算裡，這樁無本生意我們是吃不了虧的。」為了達成這個目標，用上再骯髒下流或光怪陸離的手段都不為過。國務院起草了一份暗中破壞古巴經濟的計畫；五角大廈提出的計謀是接連在邁阿密與華盛頓製造連環爆炸案，以此嫁禍卡斯楚；中情局則運作反卡斯楚的流亡分子潛回古巴，囤積軍武準備發動起義。中情局暗中支持的卡斯楚祕密暗殺計畫更是不知凡幾，當時正在運作的是利用黑手黨走私武器與毒藥進入古巴，用以消滅這位「最高領導人」（*el líder máximo*）。甚至還有一項備用計畫是用化學藥劑損害卡斯楚的大鬍子，如此一來他就會淪為古巴民眾的笑柄。

這場推翻卡斯楚之戰的每一個環節，羅伯都展現出他個人的高度興趣。他廣邀反卡斯楚的激進分子，攜家帶眷到他位於維吉尼亞州的豪宅山胡桃莊園作客，讓孩子們一起爬進床底下玩火車，他則與家長們商討如何推翻這位獨裁者。他迴避常規的局處管道，直接聯繫他安排在古巴流亡分子社群中的接頭人。他在中情局甚至有自己的全職聯絡官[21]，該聯絡官的作業獨立於局內，專司法部長的祕密任務，行動無須上報局內長官。

在甘迺迪執政時期的官方大事記編者小史列辛格[5]（Arthur M[eier] Schlesinger, Jr., 1917–2007）筆下，貓鼬行動是「羅伯．甘迺迪最醒目的愚行」[22]，但這樁愚行不只屬於羅伯一人。說到推翻卡斯楚，羅伯毫無疑問是甘迺迪任內最活躍的倡議者，而且他還擁有總統的全力支持，出席特別小組會議的每一個人對此都心照不宣。羅伯就「坐在那裡嚼著口香糖，他鬆開領帶，把腳翹在書桌上，看看哪一個人有膽子反對他的意見」，據白宮會議記錄官帕羅（Thomas A[lexander] Parrott, 1914–2007）回憶，「他確實有點混帳調調，但他可是總統的弟弟，畢竟是天之驕子，你不得不順著他的意。大家心知肚明，要是不對他言聽計從，他可能就會向老大哥參你一本」[23]。

約翰跟羅伯之間有種類似《化身博士[6]》裡傑奇博士與海德先生的關係：哥哥個性沉著隨和，弟弟個性扭曲激躁，像是一個比較陰暗粗陋版本的哥哥。在密切觀察兩兄弟的互動之後，另一位白宮官員古德溫（Richard N[aradof] Goodwin, 1931–2018）認為，羅伯這種刻薄的反調，「反映出總統隱藏於內心深處的情緒，而這些情緒在早先兩人私密的談話中傳遞給了羅伯……約翰表面上和藹可親又體貼周到，然而在他謹慎掌控的翩翩風度之下，他的內心其實有種冷酷，他時時是喜怒無常的」[24]。

約翰．甘迺迪成為美國選舉史上最年輕的總統第二年，就身陷冷戰最嚴峻的危機，其時他年方四十五。羅伯則時年三十六。

要貫徹古巴事務的意志，甘迺迪兄弟運用的工具是雄赳赳氣昂昂的空軍准將藍斯代（Edward

Lansdale, 1908–1987），此刻他端坐司法部長面前，認真記下一字一句。藍斯代的八字鬍修剪得整整齊齊，臉上帶著猶如偶像派男演員的迷人笑容，一副勤勉賣乖的受教模樣，看起來活脫是六〇年代版的克拉克・蓋博（Clark Gabel, 1901–1960）。藍斯代渾身散發一種「樂觀進取」的自信，羅伯和約翰特別中意這種調調。他的正式頭銜是「古巴計畫」的「行動指揮官」。

藍斯代曾任黑色宣傳的執行官和專員，協助菲律賓政府鎮壓共產黨叛亂，故而在東南亞頗有聲名，也曾在南越擔任美國軍事顧問。有些人甚至覺得，藍斯代就像葛林（Graham Green, 1904–1991）小說《安靜的美國人》（*The Quiet American*, 1955）裡那位認真但天真的主角，一心一意想把美國式的民主輸出到亞洲的越南叢林，詎料所到之處引發的卻盡是禍殃。

從一九六二年一月起，藍斯代提出了一連串推翻卡斯楚的工作指令和計畫，逐一按照「心理戰支援計畫」、「軍事支援計畫」、「蓄意破壞支援計畫」的標籤，整整齊齊地統整在一起。甘迺迪兄弟出於他們政治上的本能算計，選擇以十月中做為「致命一擊」行動（Touchdown Play）的目標日期，因為再過幾個星期就是美國國會期中選舉。藍斯代的備忘錄被列為最高機密，其中二月廿日那天清楚記載了行動時間表[25]：

5 譯註：史列辛格，歷史學家。曾任甘迺迪總統特助（1961–1963），據其間經歷寫成《一千個日子》（*A Thousand Days: John F. Kennedy in the White House*, 1965），翌年榮獲普立茲獎與美國國家圖書獎。

6 譯註：《化身博士》（*Strange Case of Dr. Jekyll and Mr. Hyde*, 1886）：《金銀島》（*Treasure Island*, 1883）作者史蒂文森（Robert Louis Stevenson, 1850–1894）另一部膾炙人口的作品。故事描述維多利亞時期的倫敦，儒雅的仕紳傑奇博士調配出一種藥水，自行試驗飲下之後，便化身為兇殘歹毒的海德先生，體現內心黑暗邪惡的一面。故事中的「傑奇博士與海德先生」在人性的善惡之間來回轇轕，而這兩個名字也成為一種慣用的性格對比，兩人分別對應人性中各種二元對立的兩端。

- 第一階段：行動。一九六二年三月，開始進入古巴。
- 第二階段：準備。一九六二年四月到七月，在古巴內部啟動革命的必要操作，同時運用來自古巴外部在政治、經濟與軍事各種形式上的關鍵支援。
- 第三階段：就緒。一九六二年八月一日，確認最終策略決議。
- 第四階段：抵抗。一九六二年八月至九月，行動進入游擊戰。
- 第五階段：起事。一九六二年十月前兩週，開始起事並推翻卡斯楚政權。
- 第六階段：終局。一九六二年十月，建立新政府。

不過藍斯代終究只是個紙上談兵的將軍。他在古巴幾乎沒有任何可以動用的資源，他甚至連各擁山頭的層層美國官僚體系都無法掌控。中情局按理來說應當聽從他的指揮，然而實際上中情局對於貓鼬行動十分鄙夷，視之為「不切實際，思慮不周」的謀劃。他們暱稱藍斯代為「陸軍元帥」、「全美游擊戰士」，像對待一個「怪人」、「荒唐的人」或「徹底喪心病狂的人」那樣打發他。他們就是想不通為什麼藍斯代有種近乎「不可思議的魔力」，可以博得甘迺迪兄弟的青睞。在中情局局長麥孔[7]（John McCone, 1902–1991）的助理麥瑪納（George B[oles] McManus, 1911–1980）眼中，「藍斯代的計畫根本只是提出行動的模糊概念」[26]，看似雷厲風行實則空無一物。

隨著計畫中擬定在古巴內部製造騷動的目標日期逐一到來，行動實際上卻毫無進展，對於如何推翻這位古巴的獨裁者，藍斯代提出的新辦法又更加荒誕不經。他在十月十五日提出最新方案：美軍潛艦於夜半時分在哈瓦那浮出水面，朝向海岸發射照明彈，屆時照明彈將點亮夜空。與此同時，中情局幹員在古巴四處散布消息，指稱卡斯楚乃反基督分子，而夜空乍現的光明乃是基督復臨的預兆。藍斯代建議這次行動必須精確在十一月二日諸靈節（All Soul's Day）執行，「如此方能藉由古巴人的迷信帶來出乎意料的影響」。中情局的懷疑論者把這個計畫命名為「光明消滅計畫」（Elimination by Illumination）[27]。

藍斯代錦囊中的另一個法寶，是將古巴的反抗勢力標榜為「自由的蟲豸」（*gusano libre*）。古巴的官方宣傳往往將反卡斯楚的古巴人醜化為「蟲豸」，藍斯代想利用這則官方修辭反將卡斯楚一軍，鼓勵異議分子將自己視為「自由的蟲豸」，因為藉由看似微不足道的暗中破壞行動，他們最後將得以從內部顛覆古巴的經濟和政治系統。不過這場公關戰藍斯代簡直敗不旋踵，古巴人自尊心強，崇尚男子氣概，才沒有人願意把自己定義為「蟲豸」，不管是自由還是不自由。

藍斯代藉由小規模游擊行動結合技巧性的宣傳活動，煽動古巴境內反卡斯楚的暴亂，這種構想實際上是來自卡斯楚的啟發，因為當年卡斯楚就是用此種手段，成功推翻美國支持的前任總統巴蒂斯塔（Fulgencio Batista, 1901–1973）。卡斯楚曾是學生運動領袖，結束兩年的牢獄生涯之後流亡至墨西哥。一九五六年十二月，他與八十一名輕度武裝追隨者乘船返回古巴。這批大鬍子弟兄（*barbudos*）藏身於古巴東部的馬埃斯特拉山脈（Sierra Maestra），由此處發動農民起義，對抗巴蒂斯塔的五萬大軍。獨裁者在一九五八年十二月底兵敗出奔，卡斯楚自此成為古巴毫無異議的統治者。

[7] 譯註：麥孔，時任中央情報局局長（1961–1965），曾任美國空軍副部長（1950–1951）、美國原子能委員會主席（1958–1961）。

不過對甘迺迪政府而言殊為不幸者，乃卡斯楚的革命以及藍斯代意欲謀劃的革命，兩者實在大相逕庭。卡斯楚的勝利雖然快速而且轟動一時，然而先前他經營了很長一段時間的準備工作。甚至早在流亡之前，卡斯楚就煞費苦心為起義打好基礎。他充分利用老百姓對巴蒂斯塔的不滿，又襲擊古巴第二大城聖地牙哥的一座軍營，並運用自己的受審做為反巴蒂斯塔的宣傳平臺。因此卡斯楚革命的能量和動力來自古巴內部，而非外部。此外，卡斯楚身為成功的革命分子，深諳如何對付像自己一樣的人以維護政權，所以他一上臺就把古巴改造為警察國家，舉國滿布告密者與效忠政府的革命監控委員會。

非特如此，甘迺迪兄弟實際上也在自縛手腳。他們希望這場革命不會追究到白宮頭上，他們可以大言不慚地矢口否認卻又教人無話可說。然而就是在這裡產生了致命的矛盾。羅伯一次又一次在貓鼬行動的會議上要求在古巴製造更多「驚人之舉」，卻又抱怨先前的行動太過「明目張膽」。所以甘迺迪兄弟最後得到的不過是一場紙上革命：完整的階段規劃，仔細分類的資料夾，完成不同階段目標的預定日期，以及源源不絕的最高機密備忘錄。到了十月，藍斯代和他的貓鼬計畫行動小組對於如何發動革命顯然毫無頭緒，不像卡斯楚可以一連幾個月沒有糧食補給卻持續在叢林中鏖戰；他們就是一群官僚，根本不是革命分子。

他們從事這起任務的心態，可以從九月十一日提交政府單位的備忘錄中一覽無遺；有鑑於古巴方面「可能的偶發狀況」，故「行動指揮官」要求五角大廈戰情室提供對於「安全通訊」的即時資訊，以及足夠的「文檔存放空間」。藍斯代一副軍人講求效率的架式，還要求相關單位在一週之內答覆。而國務院的答覆也是典型的官僚作風：一臺機密電話，一個機密文件檔案櫃，「就足以符合需求」[28]。

如果貓鼬行動只是一種自我妄想的訓練——就如後來邦迪將行動描述為「對於毫無作為的心理慰藉」——那麼相對之下也不至於造成太大傷害。但事實上，這個行動集合了所有最糟糕的外交政策可能：激進好鬥、大張旗鼓、效率低落。只要留心美國媒體走漏的消息以及古巴流亡分子社群中的流言蜚語，任何人都知道甘迺迪想要對付卡斯楚。貓鼬行動的實質內容足以警示卡斯楚和他的蘇維埃後臺設想對策——卻不足以動搖卡斯楚手上掌控的權力。

看來，甘迺迪似乎把豬玀灣事件失敗後他對前任總統的承諾拋諸腦後。「涉入類似事務的時候，你只有一條路可走，」一九六一年四月艾森豪對甘迺迪耳提面命，「你只能成功。」[29] 甘迺迪的回答是：「好，我可以保證，從今以後若再有這樣的事發生，成功是唯一的可能。」

不過在第一年結尾，貓鼬行動的發展幾乎形塑了何謂完美的失敗。

十月十六日，星期二，下午 4:35

從宣誓就職的那一天起，甘迺迪就做好要跟蘇聯一決雌雄的準備。他在就職演說中向公眾宣誓，「新一代的美國人」將「付出任何代價，肩負任何重擔，應付任何艱難，支持任何朋友，反抗任何敵人，以確保自由將會永存並獲得最後的勝利」。他去哪裡都喜歡隨身帶著一張摘錄林肯金言的紙箋：

我知道上帝就在那裡——我眼見風暴來臨；

若祂為我備好席位，我想我已做好準備。[30]

柏林位居東德的心臟地帶，在這個一分為二的城市，風暴的烏雲看來總帶著幾分陰森不祥。前一年，蘇聯在柏林豎立高牆，以截斷湧向西德的難民潮，美國與蘇聯的戰車也因此在「查理檢查哨[8]」這道窄束的分水嶺兩側，直截了當對峙起來。蘇聯在柏林的軍事力量處於絕對優勢，若果真有意全面接管柏林，美軍除了以動用核子武器相要脅之外可說束手無策。詎料風暴最後卻是在古巴降臨。

甘迺迪從來沒有感受過現在這樣的孤獨。就算在飛彈危機爆發之前，他還是會著魔似地推算核子毀滅的機率，就像下注賭馬的賽馬迷。「十年內發生氫彈戰爭的機率是一半一半。」當天晚宴上，甘迺迪席間的這番發言讓他的賓客相顧失色，但只有屈指可數的幾位心腹明白，在過去廿四小時裡這場夢魘究竟有多麼接近。早先甘迺迪認為的核戰爆發機率是「五分之一」[31]。

那天下午他在國務院公開露面，參加一場專為報紙和電視編輯人員舉辦的外交政策會議。他致詞時的語調有種異常的蒼涼之感。他告訴在場記者，總統任內他最艱鉅的任務是如何確保「國家的存續……避免發生第三次世界大戰，或者人類的最後一次大戰」。隨後他從口袋取出一張紙箋，吟誦了一節詩，以表達他堅決卻孤寂的心境：

一排排褒貶鬥牛的觀眾
擠滿了曠大的廣場，

但其中僅有一人知曉鬥牛的真諦
就是鬥牛的那一人。[32]

十月十六日，星期二，下午 6:30

甘迺迪返回白宮，晚上還必須跟顧問群開會。總統的座次是內閣會議室正中間，他從座位上啟動了祕密錄音系統。麥克風藏在總統座次後的牆面裡，可以轉播在座每一個人的聲音，錄製到設置在地下室的盤帶機。除了甘迺迪跟羅伯，還有操作這組複雜器材的特勤人員之外，沒有人知道有這套設備存在。

對甘迺迪來說，赫魯雪夫煽動超級大國衝突的動機實在教人「匪夷所思」。「他為什麼把這些東西放在那裡？」他詢問身邊的助手，「這樣做有好處嗎？這就好像我們開始要在土耳其部署中程彈道飛彈（medium-range ballistic missile, MRBM）一樣，現在我會覺得這麼做非常危險。」

「總統先生，我們其實已經完成在土耳其的部署了。」邦迪特別說明。

甘迺迪對邦迪的聲明充耳不聞，在他心裡，古巴和土耳其之間還是有顯著的差別。美國同意提供土耳其中程彈道飛彈（可追溯至一九五七年，一九六二年稍早已經可以充分投入作戰），確實類似於現在蘇聯在古巴部署R-12型飛彈。然而較之北約國家在土耳其部署飛彈問題上長期爭論不休，蘇聯在古巴部署

❽ 編註：Checkpoint Charlie，冷戰期間設於柏林圍牆邊的檢查哨站之一。當時各哨點以A、B、C標明，為免混淆，便以北約音標字母加強辨識，「Charlie」即為北約音標字母中「C」的讀法。

飛彈則是無聲無息暗中進行，兩者之間形成強烈對比。即使如此，以土耳其的事態類比古巴的現況，對甘迺迪和他的助手來說還是頗感彆扭。因為赫魯雪夫這麼做很可能只是積怨已久，想狠狠出一口胸中惡氣。他就是想讓美國嘗嘗自己種下的惡果。

蘇聯在古巴部署飛彈是否真會破壞美蘇勢力的平衡，結果仍在未定之天。幾位聯席參謀強調蘇聯偷襲美國的風險，不過國防部長麥納瑪拉堅稱，赫魯雪夫猶未具備一次性毀滅的先發打擊能力（first strike capability），總統也較傾向這樣的觀點。

「地理位置造成的差別並不大，」甘迺迪若有所思地說。設若美國遭到飛彈的毀滅攻擊，那麼飛彈究竟是從古巴發射的中程彈道飛彈，還是從蘇聯本土飛來的洲際彈道飛彈（intercontinental ballistic missile, ICBM），又有何區別？

對甘迺迪來說，這不是「軍事」問題，而是「心理」和「政治」問題，美國如果什麼都不做，那無異於屈服於蘇聯的勒索。在冷戰的核子邊緣政策[9]競賽裡，感受就塑造了現實的樣貌。如果赫魯雪夫在古巴的賭局裡僥倖得逞，這個結果很可能助長他得寸進尺，在柏林、東南亞或其他冷戰的不安定區域重施故技。共和黨嚴厲批判總統在古巴事務上畏首畏尾裹足不前，因此九月四日他以公開聲明提出警告，如果蘇聯在古巴發展出「重大進攻能力」，那麼將「形成最不堪設想的態勢」。甘迺迪已在地界插上界標，此刻開始表明捍衛的決心。

「如果是上個月，我或許會說我們沒當一回事，」甘迺迪若有所思像是自言自語，「但是當我們說我們不會這麼做，他們卻反倒得寸進尺做了，結果我們還是毫無反應什麼也不做……」他的聲音漸漸停止。顯然再也不能什麼都不做了。

會議桌對面的羅伯主張以比較激進的態度回應莫斯科，口頭上已然如此，但實際上這位司法部長比嘴上說的還要更好勇鬥狠。如果赫魯雪夫想開戰，我們最好的方法就是「接受一點損失……然後讓事情結束」。要找個藉口進佔古巴並不是什麼難事，羅伯腦中浮現的是一八九八年的西美戰爭（Spanish-American War）。其時美國海軍戰艦緬因號（USS *Maine*）在哈瓦那近海由於不明原因爆炸沉沒，成為美國開戰的託辭；美國指責殖民強權西班牙就是爆炸慘案的幕後黑手，然而實際的責任歸屬至今仍無定論。或許「還有別的辦法可以讓我們推動事態發展，」羅伯左思右想。「比方再使一次緬因號的手段之類……」

討論的話題因此轉向當天稍早特別小組列入考慮的一些方案，如何以各種暗中蓄意破壞的手段對抗古巴。邦迪把各種方案的清單呈交總統時，伶俐地說了一句：「我想您現在屬意暗中破壞了。」清單中只有「以水雷攻擊古巴港口」一條讓甘迺迪不甚同意，因為這種戰爭等級的無差別攻擊，可能會在炸毀古巴和蘇聯艦艇之際，同時損及其餘外國旗艦。隔天白宮方面送交貓鼬行動小組一份備忘錄，正式記錄了包括以手榴彈攻擊中國大使館等八個暗中破壞的目標，以及來自「最高權力」（總統的代稱）的許可[33]。

9 編註：Brinksmanship。指將事態推往戰爭邊緣，進而迫使對方讓步，為冷戰時期的戰略術語。

十月十七日，星期三，亭午時分

現在正是加勒比海的颶風季，四十多艘美國軍艦正駛向波多黎各的別克斯島（Vieques），預演入侵古巴。有鑑於艾拉颶風帶來的海上風速高達八十節，這支特遣艦隊改變航道以避免颶風可能帶來的最壞情況，原定四千名海軍陸戰隊士兵的兩棲登陸作戰計畫也因此暫時擱置[34]。

五角大廈的作戰計畫擬定小組把這次演習定名為「楚斯卡行動」（Operation ORTSAC），就是把卡斯楚反過來寫。特遣艦隊一旦抵達別克斯島，海軍陸戰隊就會強襲登陸，廢黜模擬的獨裁者，讓這座島嶼獲得民主。如果一切順利，整個行動期間不會超過兩個星期。

聯席的五位參謀早在幾個月前就開始推動真正入侵古巴，因為他們對貓鼬行動抱持懷疑，對於以此在古巴境內煽動反卡斯楚起義，也看不到「獲得初期成功的前景」。四月時他們就曾提醒總統，「美國不能容忍共產主義政權恆常存在於西半球」，如果允許卡斯楚繼續執政，其他拉丁美洲國家很快就會落入共產主義手中。如此一來莫斯科也會躍躍欲試，「在古巴建立軍事基地」，一如美國在莫斯科周圍佈劃的各種軍事設施。要推翻卡斯楚，唯一可靠的辦法只有透過「美國直接的軍事干預」[35]。

蘇聯部署在古巴的飛彈曝光之前，聯席參謀遭遇的主要問題在於如何提出正當理由，攻擊一個相對而言卑弱許多的國家。類似於羅伯興致勃勃的「永懷緬因號」那一套詭計，八月八日的一份備忘錄概述了幾種階段性挑釁的構想，可以藉此給卡斯楚安上罪名[36]：

- 我們可以炸毀一艘停放在關塔那摩灣的美國船艦，以此為名譴責古巴；
- 我們可以在邁阿密地區、佛羅里達州其他城市甚至華盛頓，發展共產古巴的恐怖活動；
- 癱瘓加勒比海周邊國家，並使之看似乃「源自古巴，背後由卡斯楚支持」；
- 我們也有能力安排一次事故，並使之看起來讓所有人相信就是古巴軍機擊落了民航包機。

聯席參謀信心滿滿，不需要冒著與蘇聯「全面開戰」的風險，就可以組織入侵古巴的行動；美軍的強大足以「迅速控制」這座島嶼，雖然「可能需要持續的警察行動」。只要一個步兵師大約一萬五千人的兵力，就足以在初步的入侵行動之後進佔全島。

唯一的反對聲音來自海軍陸戰隊，他們對於古巴反抗勢力會迅速遭到瓦解的假設頗不以為然。一份海軍陸戰隊的備忘錄寫道，「設想看看，古巴的面積是四萬四千兩百零六平方英里，人口有六百七十四萬三千，從長期的歷史來看政治都是動盪不安的，傳統上他們以持久而大規模的游擊戰以及恐怖主義抵抗當局。攻擊階段開始之後只需要一個師的兵力就足夠，這個估算實現的可能性微乎其微」。備忘錄中預測，至少需要三個步兵師的兵力才足以制伏全島，而且還需要「數年之久」，才足以扶植接替卡斯楚的穩定政權。

海軍陸戰隊確實有理由謹防無法脫身的膠著事況，因為歷史已經證明，派兵進入古巴遠遠易於撤兵離開古巴。西美戰爭結束之後，海軍陸戰隊花了四年才從古巴脫身。老羅斯福（Theodore Roosevelt, Jr.,

1858–1919）總統在任職海軍部副部長期間，曾經率領他的第一義勇騎兵隊（Rough Riders）挺進聖胡安山（San Juan Hill），因此古巴一役使他取得政治生涯上的重大突破；然而教他備感嫌惡的是，四年後海軍陸戰隊又得再次回到古巴。「我真的很火大這個像地獄一樣的小古巴共和國，我想要把他們的人民從地球表面去除，」[37]這位一八九八年的戰爭英雄曾經這樣向友人大發牢騷，「我只希望他們可以老老實實過日子，安居樂業，這樣我們就不用再插手他們的事了。」

海軍陸戰隊繼續留在古巴，來來去去直到一九二三年。那是卡斯楚誕生前三年。但即便是撤離之後，他們還是在關塔那摩保留了一個據點。

在美國人看來，古巴是美國國土的延伸。這座鱷魚形狀的島嶼就像水閘一樣，將墨西哥灣封鎖住，掌控著密西西比河與大西洋之間的航道。一八二三年時任國務卿的美國前總統亞當斯（John Quincy Adams, 1767–1848）就認為，「整體而言古巴對於我國國家利益的重要性，是美國其他海外領土遠遠比不上的」[38]。一如亞當斯的洞見，美國併吞古巴差不多可以說是無可避免，這是「政治萬有引力法則」運作的必然結果。

早在海軍陸戰隊撤離之後，距離西嶼（Key West）九十英里的古巴就強烈牽引著美國人的想像力。整個三〇、四〇、五〇年代，這座島嶼搖身一變成為美國富人的遊樂園，他們飛來古巴享受日光浴、在賭場豪擲千金、在青樓楚館風花雪月。美國人的錢大把大把投入哈瓦那的賭場和飯店，投入東端東方省（Oriente）的甘蔗園還有西端比那德里歐省的銅礦。時至一九五〇年代，絕大部分的古巴經濟，包含百分之九十的礦業以及百分之八十的公共事業，都操控在美國企業的手裡。

在地緣關係與經濟投資上的吸引力之外，古巴這個花花世界也吸引著芸芸眾生。革命前夕，美國最負盛名的作家海明威（Ernest Hemingway, 1899–1961）開始在「瞭望山莊」（Finca Vigia）定居下來，在這幢山丘上的別墅俯瞰哈瓦那。黑手黨老大蘭斯基（Meyer Lansky, 1902–1983）則在馬雷貢濱海大道（Malecón）上，蓋了名為「海岸線」（Riviera）的廿一層樓飯店，也在賭博業的改革上提供巴蒂斯塔諮詢意見。納京高（Nat King Cole, 1919–1965）前來「熱帶風情」（Tropicana）夜總會演唱。還有一位年輕的美國參議員時常造訪哈瓦那，是親巴蒂斯塔的美國大使座上嘉賓，他的名字是約翰·甘迺迪。

十月十八日，星期四，上午 9:30

羅伯·甘迺迪星期二下午才說每天都要在他的辦公室主持貓鼬行動進度簡報，不過現在看來他已經做不到了。由於白宮召開緊急會議，因此他無法分身參加星期三的表定簡報議程。但星期四他還是設法擠出半小時，跟貓鼬行動的成員們會面，其中包括藍斯代還有中情局反卡斯楚計畫專案小組負責人哈維（William K[ing] Harvey, 1915–1976）。[39]

哈維是個老板著張臉粗聲粗氣的人，他的職責是釐清藍斯代交上來的一摞摞計畫書面作業內容。這兩個人簡直判若水火。不切實際的藍斯代可以想出幾十種打擊卡斯楚的奇方妙法，但卻總是被做事講求方法的哈維給否決得啞口無言。在哈維看來，這些計畫都需要經過好幾個月小心翼翼的謀劃，才得以付諸實行。

到了危機的第三天，羅伯開始重新審思他該怎麼接赫魯雪夫的招。對於蘇聯的言行相詭他一開始怒不可遏，不過現下取而代之的是冷靜清醒的分析。一位羅伯的傳記作者日後察覺出他的情緒模式：「最先爆發的都是一副放馬過來的好戰還有不妥協不讓步的強硬態度，不過接下來他就願意傾聽並改變。」[40]現在的他就反對出奇不意空襲飛彈基地，他認為這跟美國的作風有所牴觸，因為這有點像是在珍珠港蒙受巨大損失的美國，反過來用珍珠港的招數對付別人。「我老哥可不想成為一九六〇年代的東条英機（Tōjō Hideki, 1884–1948）。」他在星期三的白宮會議上這麼說[41]。他現在反而比較傾向麥納瑪拉最初雙頭並進的構想，以海軍封鎖古巴同時對莫斯科發出最後通牒。

不過道德主義的乍現靈光並沒有繼續大放光明，讓羅伯中止貓鼬行動。根據哈維十月十八日星期四的會議紀錄，司法部長持續「對祕密破壞行動的執行施加壓力，並且要求握有一份中情局計畫執行的祕密破壞行動清單」[42]。

對哈維來說，最具可行性的攻擊目標就是古巴西部比那德里歐省的一座礦場。中情局在過去幾個月想方設法，試圖終止馬塔安布雷（Matahambre）礦場的生產，也透徹勘查了地形，然而最後卻功敗垂成於禍不單行。八月分的第一次行動中，原先應該下手的祕密破壞者在紅樹林沼澤迷途，因而以失敗坐收；第二次行動則因為無線電報務員摔斷肋骨，只好中途罷手；有了前車之鑑，破壞小組的第三次行動已經順利進入距離目標僅一千碼的範圍，詎料此際卻遭遇一位民兵盤查，在短暫駁火後不得不撤退。儘管挫折重重，馬塔安布雷礦場仍然是哈維「待辦」清單上的首要目標。

他轉告羅伯和藍斯代，時機成熟之際他一定會「再辦」一次計畫。

十月十九日，星期五，上午 09:45

將軍們魚貫步入內閣會議室時，總統正快速翻閱一批最新的情報資料。從古巴傳回來的消息一天比一天更見凶禍之兆：除了原先在比那德里歐發現的第一批飛彈發射場，U-2 偵察機還在古巴島中部發現第二批飛彈發射場。這些新發現的發射場地上設置了所謂「遠程彈道飛彈」（intermediate-range ballistic missile, IRBM）使用的設備，可以在將近二千八百英里以外攻擊目標，射程是十月十四日偵察到的中程彈道飛彈（MRBM）兩倍有餘。

由於目前仍無證據顯示這批比較大型的飛彈已經運抵古巴，因此還算不上立即的威脅。不過原先發現的第一批飛彈發射場則在加緊建造中，中情局確認島上有三個中程彈道飛彈團，每個軍團掌控八座飛彈發射臺，總共廿四座。

「讓我想想，」甘迺迪大聲讀出情報報告上的段落，「其中兩枚飛彈目前已可供作戰使用……一旦決定開火可以在十八小時內發射……產生低百萬噸級的核彈爆炸當量[10]。」

他對於這次會議感到恐懼，但他也知道自己得裝裝樣子，與參謀長聯席會議磋商軍事。他覺得這些將軍曾經在豬玀灣事件上誤導了他，促使他支持反卡斯楚的古巴流亡者執行一項事前準備不周的入侵計

[10] 編註：爆炸當量即為爆炸的威力，指炸藥爆炸後可釋放的能量，以相當於多少單位的 TNT 來計算。一般單位為噸，核武器常見單位則為千噸（kiloton, kt）、百萬噸（megaton, Mt）。

畫。他尤其不信任空軍參謀長李梅（Curtis LeMay, 1906–1990）[11]，這位嘴上老叼著雪茄的二戰英雄現在麾下統領三千枚核彈。李梅曾經在一次會議上口出狂言，要把美國的敵人炸回「石器時代」；聽完李梅教人膽戰心驚的簡報後，甘迺迪直說「我再也不想見到這個人了」[43]。像李梅這種滿口咒罵、粗魯頑固又冷酷地講究效率的人，一旦戰爭開打，你會希望他常伴左右，但若是要在戰爭與和平之間下個決定，那他絕對不是適合的人選。

當總統表達對於核子戰火的恐懼，李梅幾乎無法控制自己。甘迺迪嘗試站在赫魯雪夫的立場思考，所以他預測如果美國進攻古巴，那接下來蘇聯進攻柏林顯然避無可避，「這麼一來我唯一的選擇只剩下發射核武——而這是糟糕透頂的選擇。」

李梅反駁總統「一派胡言」，他悠悠吐出這句話的態度就像在教訓不懂事的小夥子。他認為情況完全相反。不在古巴採取強硬的行動，只會變相鼓勵蘇聯在柏林也試試運氣。如果如同其他幾位總統顧問的建議，採取海上封鎖的話，無異於向對方傳達致命的示弱訊息。

> 「這樣反而會立刻導致戰爭，就跟慕尼黑會議上的綏靖政策如出一轍。」

整個會議室因為李梅的驚人之語而鴉雀無聲，因為他這番放肆的言論，拐彎抹角地羞辱了總統的父親約瑟夫．甘迺迪——當年就是擔任美國駐倫敦大使的老甘迺迪，倡言與希特勒協談的政策。李梅含沙射影要說的，是那個以一篇反綏靖主義論文《為何英國沉睡》（*Why England Slept*, 1940）開啟政治生涯的甘迺迪[12]，似乎要步上他父親的後塵了。

要對抗站在對立面的超級強國，李梅的策略基於一個很簡單的邏輯：美國在核武上的優勢是蘇聯望塵莫及的，無論赫魯雪夫如何威脅恫嚇，他絕對不會想煽動一場注定敗北的核子戰爭。美國戰略空軍司令部（Strategic Air Command, SAC）擁有世界歷史上最強大的軍力，這隻「俄羅斯熊」完全逃不出美國的手掌心。「現在這隻熊既然已經自投羅網，我們就斷了他的手腳，」李梅告訴同僚，「轉念一想，乾脆順便閹了他。」[44]

甘迺迪的邏輯卻迥然不同。美國擁有的核彈數量儘管遠遠超過對手，但是「贏得核子戰爭」是一個毫無意義的概念，因為一旦跟蘇聯爆發核戰，可能導致高達七千萬美國人民喪生[45]。甘迺迪告訴聯席參謀：「你們在說的可是毀滅一個國家。」他汲汲意欲避免的是招惹赫魯雪夫，否則如麥納瑪拉所說，赫魯雪夫的「痙攣式反應」就像不由自主的膝反射一樣無法控制，最後的結果就是互相發射核彈。

空軍參謀長魯莽犯上的言行教最高統帥瞠目結舌。當李梅說出「你現在處境堪慮」的時候，甘迺迪還以為自己聽錯了。

「你說什麼？」

「你現在處境堪慮。」李梅的回答不疾不徐，帶著他扁平的中西部口音。

「那你本人就在同樣的處境裡陪我。」

總統的回答讓圍桌而坐的參謀們乾笑了幾聲。幾分鐘後李梅向總統保證，儘管下星期二才是「最理

⓫ 譯註：李梅，美國空軍四星上將，古巴危機期間的美國空軍參謀長（1961–1965）。冷戰時期曾任美國空軍歐洲地區指揮官，退役後嘗投入一九六八年美國總統大選，擔任獨立黨副總統參選人。

⓬ 譯按：此處原書誤作《當英國沉睡》（*While England Slept*, 1940），乃邱吉爾專著《武器與盟約》（*Arms and the Covenant*, 1938）的美國版書名，據改。

想的期限」，不過空軍可以在星期天就準備好「拂曉攻擊」。沒過多久甘迺迪就離開了會議室。

總統離席之後，聯席的將軍們如釋重負，對於剛剛的針鋒相對開始各抒己見。而密錄機還繼續記錄著談話。

「你簡直當面拆總統的臺。」海軍陸戰隊指揮官舒普將軍（David M[onroe] Shoup, 1904–1983）這樣跟李梅說。

「天老爺，你到底在說什麼？」空軍參謀長回答，一副想要得到吹捧的樣子。

舒普說，從政的人都有個問題，就是他們總想「按部就班」處理每一件事。而從軍的人就不一樣，喜歡畢其功於一役，主要的大事跟「地方的小事」一次解決。

「你來參謀長聯席會議講一些有關飛彈的蠢話，你已經搞得夠糟了。你來聯席會議還又講一些細枝末節上的蠢話，你又搞得更糟了。」

「完全正確。」

「你這下糟糕了，糟糕了，糟糕了。」

總統隨後在辦公室獨處，自己事後檢討每位將領的表現。李梅有種無憂無慮的把握，深信就算美國空襲飛彈發射場導致數百俄羅斯人傷亡，赫魯雪夫也無力回擊，甘迺迪對此感到不可思議。

「那些高級將領佔了個非常大的優勢，」總統告訴他的私人助理兼好友鮑爾斯（Dave F[rancis] Powers, 1912–1998），「就是如果我們按他們說的去做，根本沒有人能夠活下來告訴那些將領他們錯了。」[46]

十月十九日，星期五，夜晚

歷史變化無常，甘迺迪對此心有戚戚。二次大戰期間他曾經在太平洋指揮巡邏艇，復加之以豬玀灣事件的慘痛教訓，這些經驗都讓他體悟，軍事首領的保證並不值得相信。他知道橢圓形辦公室主人的命令以及期待，與這些方針在現場的實際執行之間，可能存在巨大的分歧。戰爭帶給他長久不變的感想就是，「軍方總是搞砸一切」[47]。

甘迺迪把歷史視為一個混亂失序的過程，偶爾或許朝向期待的方向推動，但永遠不可能完全受控，而接下來幾天事態的發展更證實了他的觀點。謀事在於總統，然而成事往往在於小人物。到最後，其實是千百個獨立個體的行動總和形塑了歷史：這裡面有些人聞名遐邇，有些人則寂寂無聞；有些人身居高位手掌軍國重權，有些人則想推翻既有秩序；有些人竭盡全力讓自己站上得以扭轉局勢的地位，有些人卻幾乎在偶然的機運下踉踉蹌蹌站上政治舞臺。這個事件日後將以「古巴飛彈危機」之名為人所知，其中就充斥著往往為歷史淡忘的次要角色：飛行員和潛艦人員，間諜和飛彈人員，官僚和政治宣傳人員，雷達操作人員和暗中破壞行動成員。

當總統為了如何處置古巴的飛彈發射場焦頭爛額之際，有兩位不起眼的冷戰鬥士，正駕駛橡皮艇穿過古巴西部的紅樹林沼澤。歐羅斯可（Miguel Orozco）和貝拉（Pedro Vera）塗黑自己的臉，身著軍事斗篷，背包裡裝著炸藥、引信、一套雙向無線電、一把M-3步槍、幾把手槍，以及足夠維持一週的食物和飲水。RB-12小艇的電動引擎加裝了消音器，因此這艘小船在蜿蜒曲折的河道上漂泛，幾乎不會發出任何噪音。

他倆有多年同袍情誼，曾經並肩在馬埃斯特拉山區對卡斯楚的鬍子軍發動進攻。歐羅斯可的個頭比夥伴貝拉高大，體型也更結實，他在巴蒂斯塔執政時期是陸軍中尉，貝拉則是中士。在卡斯楚的起義旗開得勝之後，兩人都逃離古巴，加入中情局培訓的反卡斯楚游擊隊，也就是第二五〇六分隊。在注定以失敗收場的豬玀灣入侵行動中，歐羅斯可負責協助運送隊員抵達戰場。隨著卡斯楚的軍隊展開反擊，二五〇六分隊也在一團混亂中撤離；貝拉則在通往薩帕塔半島（Zapata peninsula）的一條道路上，投入傘兵空降攻擊，掩護分隊撤離。貝拉幸運地全身而退，靠著小木筏在海上漂流超過一個星期，最後被美國海岸巡邏隊救起。

群山沿著比那德里歐省北部海岸線綿延起伏，他們沿著惡水河（Malas Aguas River）朝南行進，進入山麓的丘陵中。在馬塔安布雷銅礦場跟聖露西亞港（Santa Lucia）之間有空中纜車相連，這就是他們要破壞的目標；當成群的烏鴉從他們頭頂飛過，轉眼目標就在約莫十英里遠的地方。不過前方田野的環境荒涼得教人頭皮發麻，眼前盡是沼澤、有毒的矮灌木叢和偃密的叢林，因此他們恐怕還要再花上三四天才能抵達目的地。

這次行動的方方面面都經過縝密謀劃[48]。這座銅礦原為美國人所有，革命爆發之後財產卻為古巴充公，中情局便從這位前任業主手中取得礦場的詳細藍圖。中情局的訓練營地「農場」（the Farm），位於維吉尼亞州茂密森林覆蓋的約克河（York River）流域，河的對面就是殖民地時期的維吉尼亞首府威廉斯堡（Williamsburg）；中情局利用這些結構平面圖，在「農場」建構了一比一尺寸的礦場實景模型[49]。八月的時候，歐羅斯可就搭機來「農場」接受訓練，練習如何炸毀空中纜車的纜索與相鄰的電纜。他的專案長官相信這個方法比直接襲擊礦廠更加安全，因為礦廠必然受到嚴密的保護。設若祕密破壞者可以成功破壞纜索，就能嚴重擾亂銅礦的產出。中情局的評估顯示，這次行動的成功率「極高」。

在西嶼附近夏地嶼（Summerland Key）的安全屋，馬塔安布雷行動專案指揮官羅伯森（William "Rip" Robertson, 1920–1970）給這兩位祕密破壞者下達最後的作戰指示：「你們要嘛成功，不然也別打算活著回來。」[50]

中情局祕密安排了一百五十英尺級的「母艦」，讓歐羅斯可和貝拉離開南佛羅里達。「母艦」南行九十英里，先把他們運送到美國與古巴的海峽中線。這段航程還有另外一隊四人小組同行，這四位古巴人曾經奉命私運一千磅的武器和炸藥進入古巴，提供反卡斯楚的游擊隊使用。隨著「母艦」航抵古巴水域，這兩個小組也就此分道揚鑣。在夜色掩護下，體積更小也更敏捷的快艇，將載著他們繼續旅程的下一段。

歐羅斯可和貝拉先搭乘「里飛號」（*Ree Fee*），這是三十六英尺級有艙室的小艇，造型流線，可以偵測到附近海域的古巴海岸巡邏隊艦艇，比起來速度也更快。接著在距離海岸線幾英里的地方，他們再換搭橡皮艇。

當橡皮艇無法繼續在水道前進，他們就爬行上岸，接著把放掉氣的橡皮艇隱蔽在樹枝的偽裝之下。小隊長歐羅斯可核對了他從佛羅里達就隨身攜帶的地圖和指南針，標記一條通往山區的路線。根據U-2偵察機的空拍照片顯示，循著這條高低不平雜草叢生的泥巴路往內陸方向推進大約三英里，沼澤地的上方是高度大約四百英尺的山脊線。中情局的專案長官向他們擔保，他們即將穿越的是一片人煙極其稀少的區域，因此不太可能遇見任何人。不過為免萬一，中情局還是配發給他們偽造的古巴身分證，以及古巴製造的衣物。從鞋子到斗篷，他們身上穿的所有衣物都是由古巴難民帶到美國的。

烏雲密布，空氣潮濕，他們穿上厚重的橡膠靴，把背包緊緊繫在身上，開始在紅樹林沼澤中蹚行。景物背對夜空的半月，舉目所見盡是黑森森的剪影輪廓。

十月廿日，星期六，早晨

大薩瓜鎮（Sagua la Grande）是古巴中部的省級小鎮，蘇聯第七十九飛彈團（79th missile regiment）現正駐紮在此[51]。飛彈團的共產主義青年部書記馬拉霍夫（Aleksandr Malakhov）玩笑說，「美國人要是看到我們，一定會嚇得屁滾尿流」[52]。

馬拉霍夫站在臨時搭建的指揮臺上。指揮臺超過三英尺高，雖是由泥土堆建而成的土墩，不過這些土可不是隨隨便便的泥土，而是繞過大半個地球從蘇聯一袋一袋運來的泥土，用以託喻「**祖國**」（*rodina*）。這位蘇聯共青團書記為了增強效果，還找了一根木頭長杆漆為紅白相間立在指揮臺前[13]，一如邊境的崗哨。長杆上掛著「**蘇聯領土**」的標誌。

旁邊的橫布條上則聲明：**我們會保衛古巴一如保衛祖國**。

數百名軍官和士兵在指揮臺前的操場上集合。儘管他們規規矩矩按照軍階列隊，但他們的外表怎麼看都沒有軍人的樣子。他們的衣著是千奇百怪的什錦組合：格子襯衫，剪短到膝上的軍裝長褲，厚重的俄羅斯軍靴割去靴筒之外，還戳了洞以便在熱帶的炎燠之下通通風。有些士兵打著赤膊，還有些在馬拉霍夫看來就像是「稻草人」。

他集合大家以紀念一個特殊的時刻：第七十九飛彈團剛剛成為第一支在古巴宣布「完成作戰準備」的飛彈團。在厚實的混凝土發射臺旁邊，他們的八座飛彈發射器已經準備就緒，全部朝向北方，以帝國主義讎敵為目標。帆布覆蓋的飛彈拖車停放在不遠處，上面裝載的是R-12飛彈，又細又長的形狀猶如巨型鉛筆。燃料卡車和氧化劑車輛也已各就各位，彈頭雖然仍未運抵現場，不過想必一天以內也可送達。

「我們已經完成第一階段的指派任務，」馬拉霍夫說完接著慷慨陳詞，「蘇聯軍人永遠忠於軍人的誓言，我們或許馬革裹屍戰死疆場，但是我們絕對不會棄古巴人民於不顧，害他們在帝國主義的魔掌中受苦受難。」

指揮臺下的官兵以掌聲、哨聲，還有齊發慶祝的機關槍聲，回應這位共青團領導。

「誓死保衛祖國！」（*Rodina ili smert. Patria o muerte.*）

「我軍必勝！」（*Venceremos.*）

第七十九飛彈團的軍官士兵看上去也許像稻草人，但他們成就了非凡的軍事後勤偉業。俄羅斯軍隊

⓭ 譯按：原書此處作「presidium」（主席團），疑為前文「podium」（指揮臺）之誤，據改。

從來沒有像這樣走險遠離祖國，更不用說這支軍隊配備的武器足以消滅數千萬人口。尤有甚者，乃他們的行動絕大部分都在暗中進行。第一批蘇聯飛彈在九月初就已運抵古巴，然而經過一個多月才被美國偵察機識破。甚至到了現在，華盛頓方面對於敵軍如何在不知不覺間悄然進入美國的後院，仍然多有不解。

第七十九飛彈團花了將近三個月完成作戰準備。軍團指揮官西鐸洛夫（Ivan Sidorov）上校是在七月底接到特殊的「政府任務」指派[53]，而八月大部分的時間，都用於裝運一個機動飛彈部隊所需的全部相關裝備：飛彈、卡車、推土機、起重機、預先組建的活動板房，總重約在一萬一千噸之譜。而飛彈團需要十九班特別列車，才能將這些裝備從俄羅斯西部的基地，運送到克里米亞的港口城市塞瓦斯托波爾（**Sevastopol**）；接著再從塞瓦斯托波爾，轉由五艘貨輪以及一艘客輪，載運飛彈團遠赴古巴。

然而上述種種不過是整個浩大艦隊遠航的點滴而已[54]。為了運送五萬官兵與廿三萬噸的補給品橫越海洋，蘇聯軍方的計畫團隊以八十五艘艦艇組織成一支運送艦隊，其中有些船艦往返古巴兩次，有些甚至三次。蘇聯總共有五個飛彈團，其中三個配備中程的 **R-12** 彈道飛彈，兩個配備遠程的 **R-14** 彈道飛彈。其他部署在古巴的軍力還有四個護衛飛彈的機械化步兵團、三個巡弋飛彈團、一個 MiG-21 戰鬥機團、四十八架 Ilyushin-28 輕型攻擊轟炸機、一個直升機團、一個飛彈巡邏艇小隊、一個潛水艇中隊，以及兩個防空師。

西鐸洛夫手下的士兵和所有人一樣，都不知道自己為何被調遣，也不知道自己將被部署到何處。為了混淆敵人視聽，這次的行動代號「阿納德」（Operation Anadyr）是以西伯利亞最東端的城市命名。裝載上運輸艦的貨物還有滑雪屐跟厚羊毛氈靴（*valenki*）這類，為的就是騙過在碼頭邊遊蕩的美國間諜，讓他們誤以為這支艦隊將航向天寒地凍的北地。士兵不准與家屬聯繫，但蘇聯參謀部的一位代表在開航前告訴部隊官兵，「祖國不會忘記你們」[55]。

八月廿五日，艦隊的第一艘船啟程，是一萬零八百廿五噸的鄂木斯克號（*Omsk*）[56]。這艘日本製造的貨輪平日運送木材，因此有足夠寬廣的艙口容納飛彈。R-12彈道飛彈的長度有六十七英尺，因此必須頂著艙壁，以對角的方向擺放在艙口內。由於空間實在有限，只有西鐸洛夫和他的資深軍官有艙房可睡，普通士兵只好通通塞進艦橋下方的二層艙空間裡。這裡平常是儲藏物品的夾層，但現在總共有兩百六十四名士兵，必須共享這四千平方英尺的生活空間，每個人平均只能分到十六平方英尺，勉強可以躺平而已[57]。

航行的路線指示放在一系列密封的信封裡，必須由軍團指揮官、船長，還有蘇聯國家安全委員會（KGB，後文稱「蘇聯國安會」）的資深代表三人共同拆封。第一套指示命令他們「航向博斯普魯斯海峽」，第二套則是「航向直布羅陀海峽」。直到鄂木斯克號通過地中海進入大西洋之後，他們才打開第三套指示，上面命令他們「航向古巴」。

甲板下的空氣直教人窒息。陽光傾瀉在厚重的金屬艙口，有時候使得艙內的溫度直逼華氏一百廿度（譯按：約攝氏四十九度），濕度則高達百分之九十五。每當有外國船隻靠近或者接近陸地時，就像在博斯普魯斯或者在直布羅陀海峽，那麼艙口就必須關閉。每到夜晚，才有少數幾組士兵獲准到甲板上透透氣，這是每位士兵都熱切等待的特別待遇。船上的娛樂活動只有一項，就是無限循環播放近期的蘇聯賣座鉅片《靜靜的頓河》（*And Quiet Flows the Don*, 1958）。

暈船是另一個嚴重的問題。由於飛彈重量相對較輕，鄂木斯克號在航行過程中吃水較淺，在茫茫大西洋中遭遇劇烈風暴時，船身就隨著浪濤的起伏而顛來晃去。根據軍事統計專家日後的估算，船上有四分之三的士兵嚴重暈船；在這段航程中，每位士兵平均減少體重廿二磅；抵達古巴後，全體人員中有百分之三十在前一兩天無法從事體力勞動，還有百分之四的人員超過一個星期毫無行動能力[58]。

鄂木斯克號即將航抵古巴，美國空軍的飛機也開始在上方盤旋，拍攝甲板上的貨物。某天晚上，西鐸洛夫甚至被射進他艙房的探照燈光驚醒，他急忙衝上艦橋，只見一艘美國軍艦已靠近他們右舷。九月九日拂曉時分，當鄂木斯克號航經關塔那摩灣海軍基地（Guantánamo Naval Base, GITMO），巡邏艇現蹤檢查這艘貨輪，兩架噴射戰鬥機也從頭頂呼嘯而過。要幾個星期之後，華盛頓方面才會弄清楚鄂木斯克號上面到底裝載了什麼貨物；而目前美國國家安全局（National Security Agency, NSA）根據他們攔截到的蘇聯通訊，在八月三十一日做出結論，認為貨輪上運送的是「桶裝液化石油氣」[59]。

西鐸洛夫飛彈團其餘的兵力，則搭乘客輪納希莫夫司令號（*Admiral Nakhimov*）在三週後抵達。這艘船在建造時的載運量是九百名旅客，而如今卻有兩千名士兵塞滿船艙，不過蘇聯媒體將他們報導為「農耕隊員與學生」。當這艘船在哈瓦那的碼頭靠岸，這些飽受暈船之苦而精疲力竭的士兵下船之後，注意到的第一件事就是來自地面上篝火引起的黑煙，那是一個蘇聯機動步兵團正在焚燒根本用不到的滑雪裝備。

蘇聯在古巴部署的兵力，遠遠超過中情局憂心的最糟情況。十月廿日星期六下午，麥納瑪拉向總統簡報，他估計蘇聯在古巴的兵力約為「六千至八千人之間」[60]。中情局的分析專家觀察了跨越大西洋的蘇聯船艦數量，計算出可用的甲板空間之後，得出了這個數值區間。不過這些計算都遺漏了一個至為關鍵的要素：蘇聯士兵忍受惡劣環境的能力。那是美國士兵永遠忍受不了的。

於是到了十月廿日，抵達古巴的蘇聯軍隊其實已經超過四萬人。

飛彈運抵古巴之後，還得沿著蜿蜒崎嶇的山路才能把飛彈運送到發射地點。勘查小隊事先已經耗費幾個星期制定出路線，修路造橋之外並掃除障礙。為了讓八十英尺長的飛彈拖車通行無阻，連夜拆除了沿路的郵筒和電線桿這類障礙，甚至是整間房屋。對於那些被迫離開家園的當地居民，陪同蘇聯車隊的古巴聯絡官給他們的標準解釋是，「這都是為了革命」[61]。

鄂木斯克號停泊在古巴南部海岸的小漁港卡西爾達（Casilda），這個漁港僅能容納一艘中型船艦。這裡設備十分簡陋，船身長達五百英尺的鄂木斯克號必須來回掉頭好幾次，才能讓卸貨人員接近船身登入所有艙口，也因此光是卸貨就耗費兩個晚上。飛彈在夜色的掩護下移出船體，緊隨戒備的七十人是來自馬埃斯特拉山脈的卡斯楚貼身護衛。巡邏艇來回巡視，以防漁船接近港口；蛙人則是每隔兩小時檢查一次船身，以防有人企圖暗中破壞。

為了減少目擊，飛彈的運送行動只能在午夜到清晨五點之間執行；而在運送車隊啟程之前不久，警方便以「交通事故」為由預先封鎖了前行的路段[62]。為車隊開頭的是警方的摩托車，後方跟隨著各式車輛，有蘇聯的吉普車還有美國的凱迪拉克，接著則是笨重緩行的飛彈運輸車。車隊的後半是起重機以及備用卡車，殿後的則是更多騎著摩托車的警察。另外還有誘敵的車隊朝著不同方向進發，以亂人耳目。

士兵禁止在公開場合用俄語交談，特別是在無線電的對話裡。車隊的隨行士兵必須換上古巴軍服，而且只准用兩兩成對的西班牙語一到十數字與同袍溝通。比如以「四四」表示「車隊停止」，以「二三」表示「前方安全」，諸如此類。這個密語系統看似簡單，卻帶來數不清的誤會，有時士兵一緊張甚至連俄語髒話都罵出來；蘇聯軍官甚至調侃自己，「我們也許沒有把美國情報人員搞糊塗，但我們絕對把自己搞糊塗了」[63]。

從卡西爾達北行三英里後，車隊來到千里達鎮（Trinidad）。這座人類建築的珍寶，是在十八世紀糖業大亨和蓄奴者的手上發展起來，由於殖民時期的街道寬度無法容納飛彈通過，於是蘇聯和古巴軍隊聯手修建新的路徑以繞過這座小鎮。車隊於是沿著埃斯坎布雷（Escambray）山脈南緣繞行，那裡是反卡斯楚游擊隊的大本營之一，繞開之後便直行北上，進入古巴中部的平原。

拂曉之際，車隊的駕駛們在帕爾米拉鎮（Palmira）外的森林停下，今夜到此為止。第二天晚上再次啟程之際，車隊才得知熱帶的暴雨沖毀了前面的一座橋梁，這個地區所有的男丁都被動員加入橋梁重建，車隊的行程也因此延後廿四小時。最後車隊總共花了三個晚上，走完一百四十英里的行程。

西鐸洛夫的飛彈團總部選址深藏於一排低矮的丘陵之中，介於一座甘蔗園與一座採石場之間，放眼望去是星羅棋布的棕櫚樹。負責營建的部隊迅速清理了矮樹叢，以便騰出空間做為四座飛彈發射器所需的陣地。另外四座飛彈發射器則駐紮在西北方十二英里處，靠近大薩瓜鎮[64]。

這個飛彈團究竟由誰當家作主，高大威風的西鐸洛夫沒有多費時間解釋。致歡迎詞的時候，這位上校的雙手因為古巴的燠熱而汗濕，「你們只要記得一件事，」他告訴剛剛抵達的士兵，「我是這個軍團的指揮官。意思就是我代表蘇聯的權力——檢察官是我，辯護律師是我，法官也是我。你們可以去幹活了。」[65]

十月廿日，星期六，下午 2:30

今天是競選之旅的第二天，甘迺迪正在中西部各州，安排了滿滿的活動行程。此刻國際危機正在暗暗醞釀之中，為了使關注的眼光轉向，他維持自己的公眾參與，以表現出未受此事干擾的瀟灑。不過就在這個時候他接到羅伯的電話：華盛頓那邊需要他。弟弟催促他急返白宮解決顧問間的僵局，該是做出決定的時候了。

在芝加哥喜來登黑石酒店外，記者們正準備搭乘巴士參加下一場政治活動，詎料此刻卻傳來活動取消的消息。「總統因感冒身體不適，返回華盛頓休養。」白宮發言人沙林傑（Pierre Salinger, 1925–2004）向記者宣布，但未有進一步說明。

一登上空軍一號，沙林傑立刻詢問總統到底發生什麼事。甘迺迪並不打算告訴他，無論如何起碼現在時機未到，不過甘迺迪倒是想逗逗他，「等我們回到華盛頓你馬上就會知道。不過當你知道的那一刻，準備捏緊褲襠吧」[66]。

經過四天傷神的唇槍舌戰，於今對策歸結於二：空襲或封鎖。兩個行動方案各有其優劣。空中奇襲固然可能大幅降低現階段來自古巴的威脅，但另一方面，空襲不見得百分之百有效摧毀飛彈，甚至有可能激怒赫魯雪夫發射剩下的飛彈，或者在其他地方採取行動[67]。五角大廈計畫的八百架次出擊可能在古巴導致混亂，最後不得不以入侵古巴收場。封鎖或許可能打開協商的大門，但也可能帶給蘇聯推諉支應的機會，趁機倉促完成其餘飛彈發射場的部署。

空襲這個選項的主要倡議者是參謀長聯席會議主席邦迪，因此命名為「邦迪計畫」（Bundy plan），獲得軍方將領的普遍支持。中情局長麥孔和財政部長狄龍（Douglas Dillon, 1909–2003）也青睞空襲，但希望在轟炸開始之前，先給蘇聯「七十二小時之內移除飛彈」的最後通牒。麥納瑪拉、國務卿魯斯克（Dean Rusk, 1909–1994）[14]、駐聯合國大使史蒂文森（Adlai Stevenson II, 1900–1965），以及總統文膽索倫森（Theodore Sorensen, 1928–2010）則支持封鎖的做法。羅伯最後的看法轉向封鎖這個選項，不過他也擔心如此一來可能「錯失良機，再也無法一舉毀滅卡斯楚與古巴的蘇聯飛彈」。

總統的顧問們群集在白宮行政官邸二樓的私人起居廳，「各位，今天是我們該履行職責的時候了，」甘迺迪加入他們的時候說，「你們應該希望自己支持的計畫不是最後執行的那一個。」[68]

關於總統演說中如何宣告全國發現蘇聯飛彈一事，在接下來幾天裡，有兩份立場相左的演說草稿在白宮內部流傳。其中一份草稿是由邦迪送呈總統的「空襲」演講稿，直到四十年後仍然牢牢鎖藏於檔案之中：

> 親愛的美國同胞：
>
> 為了克盡個人宣誓的職責，我懷抱沉重的心情，下令美國空軍即刻執行軍事行動，以常規性武器從

古巴土地上殲除擴增的重大核子武器……其他的行動方針可能帶來延誤與混亂的風險，這些風險令我們完全無法接受——共產國家對於美國的核子侵犯令人無法容忍，而要泯除這樣的侵犯心態，實質的進展已毫無前景可言……繼續拖延無異於更大程度增加危險，即刻提出警告也有可能嚴重擴大雙方的傷亡。因此我有責任在此刻採取行動。[69]

總統和羅伯一樣，起初傾向空襲，現在則較傾向封鎖，不過他還沒有完全打定主意。封鎖看似是較為安全的路線，卻也同樣帶有巨大的風險，包括美國與蘇聯海軍之間的衝突。會議結束後，甘迺迪帶著羅伯和索倫森來到杜魯門陽臺，眺望華盛頓紀念碑。

「我們距離戰爭非常非常近了，」總統的語氣嚴肅沉重，不過接下來他用愛爾蘭式尖酸的慧黠舒緩了凝重的氣氛，「而白宮的避難所可能不夠我們用。」[70]

⑭ 譯註：魯斯克，時任美國國務卿（1961–1969），擔任遠東事務助理國務卿（1950–1951）期間，對美國決定投入韓戰的決策有關鍵影響。

第二章　俄國人

十月廿二日，星期一，下午 3:00（莫斯科晚間 10:00）

莫斯科的夜幕降臨之際，赫魯雪夫（Nikita Sergeyevich Khrushchev, 1894–1971）也得知自己的飛彈豪賭可能功虧一簣。整個晚上各路消息來源不停回報白宮和五角大廈不尋常的舉措，最終的發展則是總統向各家媒體要求聯播時段，以就「國家最高緊急事件」向全美民眾發表演說[71]。廣電聯播時段在東部夏令時間晚上七點，也就是莫斯科隔天凌晨兩點。

這位蘇聯最高領導人剛從列寧山（Lenin Hills）的官邸散步歸來，就接到電話。他的官邸位於莫斯科河一處河彎上方，他之所以選擇此處為居，正是因為這裡有絕佳的視野可以俯瞰整座城市。在俄國歷史上，列寧山還有另外一個家喻戶曉的定位：一個半世紀之前，一八一二年九月十六日，拿破崙（Napoleon Bonaparte, 1769–1821）以歐洲征服者的身分站上這座山丘。這本該是個屬於勝利的時刻，不過誓死衛國的俄軍採用焦土策略，使得這場勝利演變成拿破崙最可怕的挫敗。這位皇帝期待的本是宣告拿下莫斯科做為戰利品，不過他站在山丘上凝視，看到的卻是一座燬於大火滿目瘡痍的城市，於是一個月後他便下令全軍撤退。

赫魯雪夫告訴兒子塞勒給（Sergei Nikitich Khrushchev, 1935–2020）：「他們可能發現我們的飛彈了[72]，」他一邊即刻傳令，急召蘇聯的領導層峰到克里姆林宮與他會面商議，「飛彈發射場毫無防備，一次空中強襲就可能毀掉我們部署的一切。」

兩輛「海鷗」（*chaika*）大轎車駛來，赫魯雪夫搭上一輛，隨從武官搭上另一輛，一行人如海鷗輕拂至莫斯科河對岸。赫魯雪夫痛恨在晚上開會，在他當權的九年時間裡，晚上開會的次數屈指可數。夜間會議讓他想起史達林（Joseph Vissarionovich Stalin, 1878–1953）的時代，這位獨裁者會在三更半夜急召下屬到克里姆林宮開會，人人猶如驚弓之鳥，因為下一刻的禍福永難預料：他的怒目相視或許是威赫赫爵祿高登的前奏，而他的微笑或許意味著昏慘慘黃泉路近。這都得看暴君一時的興致而定。

「海鷗」在老參議院大樓外放下赫魯雪夫。老參議院大樓坐落克里姆林宮中心，可以一覽紅場全貌，赫魯雪夫的辦公室位於三樓。他搭電梯上樓，走廊深長，天花板挑高，纖塵不染的紅色地毯沿著走道的中線延伸，另一頭就是他的辦公室；再過兩扇門就是主席團會議室，赫魯雪夫的同僚們已經在會議室內群集靜候。國家權力的歸屬在表面上屬於蘇聯政府，但實際上所有重要決策都是由共產黨中央委員會主席團議定。赫魯雪夫身兼「蘇聯部長會議主席」與「中央委員會第一書記」二職，等於同時領導著兩個權力體系。

會議終於在晚上十點開始，國防部長馬林諾夫斯基（Rodion Yakovlevich Malinovsky, 1898–1967）元帥堅持「這只不過是選舉前耍的把戲而已」，[73]並說「如果他們真的宣布入侵古巴，那也得有幾天的時間準備才行」。[74]

馬林諾夫斯基已經備妥軍令，授權駐守在古巴的蘇聯軍隊運用「一切有效手段」保衛這座島嶼。不過他的方案頗教赫魯雪夫不安，也因此提出反駁，「如果他們可以毫無保留運用一切手段，那勢必也包括（中程彈道）飛彈。這等於是開啟熱核大戰，後果怎堪設想？」

赫魯雪夫的情緒讓人捉摸不定，短短幾分鐘就從興高采烈轉變為垂頭喪氣。他從未接受過任何正規的教育，而是憑藉他強硬的性格領導同僚：他大膽無畏、高瞻遠矚、精神抖擻，不過同時也性急暴躁、詭計多端、動不動就生氣。「他齊集正面情緒跟負面情緒於一身」，他的夫人如此形容。[75] 外交部長葛羅米柯（Andrei Gromyko, 1909–1989）長年為此所苦，他也證實赫魯雪夫身上「至少有十種人的脾氣」。[76] 就拿現在來說，他雖然因為美國人而心煩氣躁，但他也焦急於避免可能發生的核子衝突。

按赫魯雪夫的看法，美國若要入侵古巴，這件事具有非常實際的可能性；他實在無法理解在豬玀灣事件的處理上，甘迺迪怎麼會如此優柔寡斷。一九五六年十月反革命勢力控制匈牙利，赫魯雪夫先是靜觀其變幾天，之後就果斷通令蘇聯軍隊進發鎮壓起義——這才是超級大國的風範。「這是人情之常，不足為怪，」[77] 許多年後他在回憶錄裡如此評述，「美國無法接受社會主義的古巴就在海岸的那一頭，給其他拉丁美洲國家的革命做榜樣。同樣的道理，我們也偏好鄰國屬於社會主義陣營，因為那樣在方方面面上都更便利。」

赫魯雪夫告訴他的同僚，阿納德計畫的首要動機在於阻止美國入侵古巴。「我們不想發動戰爭，我們不過是想恫嚇他們，約束他們少在古巴的事務上插手。」

他現在承認「問題」在於蘇聯根本還沒完成行動部署，美國顯然就已經掌握消息。要是一切都按原定計畫進行，他應該已經飛往哈瓦那，參加慶祝計畫成功的閱兵遊行，屆時蘇聯官兵也可以身著軍裝初次露面，與他們的古巴兄弟並肩；兩國應該也已經正式簽訂防禦協定，雙方用印議定部署數十枚瞄準美國的蘇聯核子飛彈。要是這樣，那麼帝國主義者發現的就是一個既成事實。

結果事情的發展卻是大相逕庭。現在公海上還有數十艘蘇聯艦艇載運著 R-14 遠程彈道飛彈，中程的 R-12 彈道飛彈雖然已經完成部署，但大部分都還不能發射。然而美國人至今仍然不知道，原來蘇聯已經在古巴部署好數十枚短程的戰術彈道飛彈（battlefield missiles），配備的核子彈頭足以將入侵的部隊徹底消滅。

「最令人憂心的是他們可以攻擊我們，而我們當然會反擊，」赫魯雪夫愁眉蹙額，「這麼一來結果可能就是大戰。」[78]

在部署飛彈之前，卡斯楚曾經提請蘇聯與古巴雙方簽署並且宣布共同防衛條約，如此也可以避免美國「兩面三刀」的指控。赫魯雪夫當時並未首肯，然而此時他卻後悔莫及。華盛頓方面就與蘇聯的鄰國（如土耳其等）簽訂了防衛協議，因此若是莫斯科方面如法炮製，這些鄰國應該也沒有理由反對。

赫魯雪夫一手主導主席團的討論，對於甘迺迪即將發表的聯播演說，他提綱挈領指出蘇聯可能的幾種因應策略。第一個選項是透過廣播即刻宣布共同防禦條約，正式把蘇聯的核子保護傘（nuclear umbrella）延展到古巴。第二個選項是在美國發動攻擊的情況下，將所有蘇聯武器的控制權轉讓給古巴，如此一來古巴便可宣稱將會使用這批武器保衛國家。最後一個選項是允許古巴的蘇聯軍隊運用短程核子武器自衛，但不至於使用射程範圍到達美國的戰略飛彈。

這場主席團會議至關重要，會議紀錄卻是七零八落而且顛三倒四，不過這些紀錄暗示了赫魯雪夫認為美國入侵古巴已經箭在弦上，而他也準備好授權使用戰術核子武器對抗美國軍隊。赫魯雪夫倉促之中的決定，遭到鷹派國防部長馬林諾夫斯基的勸阻，他認為美國在加勒比海並沒有足以立刻攻佔古巴的海軍兵力。克里姆林宮在時機尚未成熟之際輕舉妄動，馬林諾夫斯基擔心弊大於利，只不過白白提供美國核武攻擊的藉口而已。

駐莫斯科的美國大使館已經知會蘇聯外交部，甘迺迪總統將於莫斯科時間凌晨一點（即華盛頓時間下午六點）向赫魯雪夫傳達重要消息。「那我們且等到一點吧」，馬林諾夫斯基提議。

戰車、飛彈運輸車、還有正步齊行的兵士浩浩蕩蕩行進的轟鳴，飄蕩過克里姆林宮的紅色磚牆，在馬林諾夫斯基講話的時候傳進主席團會議室。重型武器緩緩行進穿越紅場，運輸車上展示的軍備正是現在部署在古巴的R-12飛彈，在一旁護衛隨行的是戰略飛彈部隊（Strategic Rocket Force），他們是負責核子武器的菁英軍種。與超級強國敵手的衝突如蜃景幽影隱約逼近，主席團的成員都全神貫注其上，無暇留意壯盛軍容。他們心知肚明，此刻窗外教人嘆為觀止的軍力展示，只不過是一年一度革命紀念日閱兵的彩排。

面對生涯中最重大的國際危機，兩位超級大國領導人的即時反應可謂大同小異：深感震驚、自尊受挫、不屈服的決心，還有難以壓抑的恐懼。甘迺迪原先想的是轟炸蘇聯的飛彈發射場，赫魯雪夫暗暗盤算的則是使用戰術核子武器對付美國軍隊。兩種做法都可能輕而易舉引發全面的核子戰爭。

儘管甘迺迪與赫魯雪夫最初的本能反應幾無二致，不過實在很難再想到像他們這樣個性如此天差地別的兩個人。一個是美國富豪之子，從出生到成長都生活在與眾不同的特別待遇中；另一個是烏克蘭農民之子，從小打著赤腳用衣袖擦鼻涕。一個的平步青雲看似輕而易舉理所當然，另一個則是逢迎拍馬與心狠手辣並用，一步一步攀藤附葛向上爬。一個反思內省，另一個急躁火爆。他們甚至連外表都那麼不同——一個體態精實風度翩翩，頭髮濃密，另一個是臃腫的五短身材，童山濯濯。家庭生活的差異也不在話下——一個的夫人就像從時尚雜誌裡走出來的模特兒，另一個的夫人則活脫是俄羅斯大媽（*babushka*）的原型。

六十八歲的赫魯雪夫是專制君主朝廷的產物，那裡是人類想像中最最嚴酷的政治學校。他猶如流星掣電一路上位，靠的不是他的公眾魅力，而是他取悅史達林的伎倆還有官場遊戲的本事。他深知政治是骯髒的事業，需要儲備大量的狡猾與耐性；他也深諳攏絡人心之道，在毫不留情把對手從高位上拉下來之前，他願意等待最佳時機行事。他的手段充滿戲劇性，就像是一種天賦，往往出乎對手意料之外，例如譴責史達林屠殺老百姓、逮捕祕密警察頭目貝利亞（Lavrenty Beria, 1899–1953），以及發射舉世第一顆人造衛星史普尼克（Sputnik）。

在憤世嫉俗與心狠手辣之外，赫魯雪夫同時也展現出一種理想主義式的，甚至可以說宗教性的傾向。他不相信來生之說，但他虔誠相信世界上會有人力所為的天堂。共產主義的美好願景既然使他的人生改觀，也必定能為祖國同胞的人生帶來改變，他確信共產主義最終會讓世界看見，這是一套比資本主義更優秀、更公平、更有效的制度。他在一九六一年宣布，共產主義社會在廿年內「大約就可建成」

——這是一個人人平等富足的國度，充分滿足每一個人的需求。而到了那個時候，蘇聯在物質財富上也將超越美國。

赫魯雪夫出身卑微，卻有能力以機智戰勝比他更強大、更富有而且知識水準遠高得多的對手，他對此深感自豪[79]。在烏克蘭童話故事裡有一個貧窮的猶太鞋匠，原先眾人對他不屑一顧嗤之以鼻，最後卻因為自己的勇氣和能力獲選為眾人的領袖，赫魯雪夫常以此自況。他還在其他場合上，將政治比作「火車上兩個猶太人的老笑話」。這個笑話裡的一個猶太人問另一人說「你要去哪裡」，得到的答案是「要去日托米爾（Zhitomir）」。「你這隻老狐狸，」第一個猶太人心想，「我知道他真的要去日托米爾，但是當他告訴我日托米爾的時候，我就覺得他要去的其實是日美林卡（Zhmerinka）了。」[80]這兩個小故事非常貼切地表現出赫魯雪夫對於政治的觀點：這是場虛張聲勢和放手一搏的遊戲。

比起對付史達林或貝利亞這樣的人間惡魔，對付甘迺迪簡直輕而易舉，就像扮家家酒。「不夠霸氣，」赫魯雪夫在維也納與甘迺迪會面後這樣評論，「太理智也太軟弱。」[81]他們倆人的年齡差距太顯著了——赫魯雪夫比甘迺迪年長廿三歲——這位第一書記曾經提過，美國總統的「年紀都可以做我兒子了」[82]。儘管赫魯雪夫後來坦承，當時在維也納對甘迺迪「有幾分同情」，不過他絕不會讓這點同情心礙了正事，他還是得狠狠訓斥他的對手一頓。因為他很清楚，政治就是件「心狠手辣的事」[83]。

赫魯雪夫意識到蘇聯的弱點，這也形塑了他在國際關係上的態度。儘管他在人前總是一幅咄咄逼人恃強凌弱的模樣，不過在一九六二年夏天，他遠非外表看來的那樣自信滿滿。當時蘇聯被美國軍事基地包圍，西起土耳其，東則達日本；美國有大批核子飛彈瞄準蘇聯，其數遠遠超過蘇聯瞄準美國者；蘇聯與中國在意識形態上的分歧，也威脅到蘇聯在世界共產主義運動中的優越地位。無論在口頭上如何自吹自擂共產主義的烏托邦即將到來，這個國家其實仍在二戰的重傷中竭力復原。

赫魯雪夫傾盡全力，運用各式各樣蔚為大觀的公關偉業，掩飾蘇聯其實是超級強國中的弱者。他率先將人類送上太空，又試爆了世上最大的核彈。「美國人只認可實力」，他這麼告訴身邊副手們[84]。赫魯雪夫大言不慚，吹噓蘇聯可以在短時間內大量生產洲際飛彈，「就像生產香腸」那麼易如反掌。他的兒子塞勒給聽了大為吃驚，他身為飛彈工程師，很清楚這絕不可能。

「我們只有兩三枚飛彈，你怎麼敢這麼說？」塞勒給頗不以為然[85]。

「重點是要讓美國人信以為真，」父親這麼回答兒子，「如此一來我們就能避免他們來襲。」因此塞勒給斷定，蘇聯目前的政策乃是用「子虛烏有的武器」威脅美國。

身為世界第二的超級強國，蘇聯必須不斷威脅恐嚇，不斷張揚聲勢，唯有這樣才能讓自己的聲音被聽見。「你的聲音必須帶著十足的把握，才能讓人們當一回事，」一九六二年一月，赫魯雪夫這樣告訴他主席團的同僚們[86]，「千萬不要害怕事情發展成白熱化，只有這樣我們才有勝算。」

不過蓄意把國際緊張局勢推向沸點，和允許熱鍋在眼前沸溢，這是天差地別的兩種狀況。赫魯雪夫不斷強調，部署飛彈並不是為了「引發戰端」，這只不過是以其人之道還治其人之身，讓美國人「自嘗苦果」而已[87]。

赫魯雪夫一開始喜歡民主黨的甘迺迪要多過共和黨的艾森豪，不過儘管如此，他最後還是把這兩位美國總統視為「一丘之貉」[88]。他在黑海海濱索契（Sochi）的別墅避暑之際，想到美國的核子飛彈就部署在海對面的土耳其，只要五分鐘就能跨海而來，不禁五內翻騰怒火中燒，所以他遞給賓客們一副雙筒望遠鏡，要他們試試能否看到什麼。一頭霧水的賓客回覆舉目所及只有無邊無際的大海，赫魯雪夫於是一把抓下望遠鏡，面有慍色道：「我看到美國的飛彈對準我的別墅（*dacha*）！」[89]不過一想到自己將以牙還牙，回贈給美國人一個驚喜，他便喜不自勝。

「長久以來，你們一直有能力可以像教訓小孩子一樣對付我們，」九月在索契的時候，赫魯雪夫告訴還沒搞清楚狀況的美國內政部長尤德爾（Stewart L[ee] Udall, 1920–2010），「不過現在我們有能力狠狠揍你們屁股了。」[90]

十月廿二日，星期一，下午 4:00

甘迺迪認為這次事件是他任內「最守口如瓶的機密」[91]。國家安全會議執行委員會（Executive Committee of the National Security Council, ExComm，簡稱「執行委員會」）由總統與十二位最親信的幕僚組成，過去六天他們就日益加劇的古巴危機，各執己見辯難論說，絲毫沒有透漏任何消息給媒體。白宮窮盡一切可能抑制危機事態見報，為了避免長長一列黑頭車隊陸續抵達白宮參加危機會議的奇觀引人注意，九名執行委員會成員甚至一度擠進一部車子裡。顯赫的政府要員像是麥納瑪拉和麥孔等人，甚至還被迫坐在其他人的大腿上。

國務院不負責蘇聯或者古巴事務的官員，則奉命駕駛他們手邊能找到最大的豪華轎車來到白宮。國務院遠東事務助理國務卿哈里曼（W[illiam] Averell Harriman, 1891–1986），星期天上午就坐鎮空無一人的白宮西翼辦公室，做為誘餌引開大廳群集的記者。「我究竟還得枯坐多久？」他咕噥著發起牢騷[92]。

到了星期天晚上，《紐約時報》和《華盛頓郵報》的記者差不多拼湊出事件的來龍去脈了。總統致電兩家報社，請求他們姑隱其事，甘迺迪在豬玀灣事件——他在總統任內最顏面無光的挫敗——發生之前，也曾對這兩家報社提出同樣的請求，這回他們雖然還是心有不甘，但也勉為其難首肯。《華盛頓郵報》星期一的晨報頭條，露骨地暗示了記者已經探知的事態：

> 美國政府即將做出
> 政策的重要決議；
> 下一步仍祕而不宣。
>
> ---
>
> 據傳多與
> 最高防禦有關，
> 國務院幕僚已證實。

到了星期一下午，紙已經包不住火[93]。正午時分，陸戰隊開始從關塔那摩灣海軍基地疏散二千八百一十位婦孺，等待搭乘軍艦與軍機撤離。十萬火急的訊息派發給正在度假的諸位國會魁首，急召他們返回華盛頓。路易斯安那州的民主黨黨鞭博格斯（Thomas Hale Boggs, Sr., 1914–1972）正在墨西哥灣享受釣魚時光，軍方的直升機找到他的位置，拋下一只內含紙條的瓶子給他。「聯繫華盛頓十八號接線生，總統有緊急口信。」[94] 過了沒多久，空軍專機就把博格斯和其他幾位國會魁首飛快送回首都。

甘迺迪依然按照原先排定的行程，先花了四十五分鐘，跟烏干達首相討論非洲經濟發展。他在下午四點召開了內閣會議，告訴大驚失色的內閣部會首長們，他決定以海軍封鎖古巴，反制蘇聯的飛彈部署。此刻距離P-hour（即總統發表致全國演說的代號）還有三小時。

與此同時，國務院則發動了一場大規模的後勤行動，知會世界各國政府關於封鎖的決策；為了緩和整起事件帶來的威脅感，美方的知會特別以「隔離」（quarantine）表示「封鎖」。甘迺迪將在晚間七點發表電視談話，而大部分的外國政府，包含蘇聯在內，都會在華盛頓時間傍晚六點得知消息。關係特別緊密的幾個盟國，比如英國、德國、法國，則由總統密使提前通知。

前國務卿艾奇森（Dean G[ooderham] Acheson, 1893–1971）星夜兼程從華盛頓飛到巴黎，一路被引導到法國總統戴高樂（Charles de Gaulle, 1890–1970）的書房。艾奇森意欲拿出空拍照片的真憑實據，證實蘇聯在古巴的飛彈部署，不過戴高樂將軍向來不太相信美國人拍胸脯保證的話，所以專橫地揮了揮手回絕艾奇森，他說：「如果對於證據有任何懷疑，像你們這樣的大國是不可能輕舉妄動的。」[95] 不過法國當然還是站在自己的盟友這一邊，所以後來戴高樂還是同意看看U-2偵察機拍到的照片——用放大鏡看。

「真是令人震驚。」這位老將軍低聲咕噥。

十月廿二日，星期一，下午 4:39

北美空防司令部（North American Aerospace Defense Command, NORAD）總部的空防指揮官們，幾乎無法相信自己在電話會議上聽到了什麼：北美空防司令部總司令傑哈特（John K[oehler] Gerhart, 1907–1981）將軍，要求他們在戰鬥攔截機上裝配核子武器，並派遣到數十個地處偏遠的飛機場（airfields）。而這道命令必須立即執行。

沒過幾分鐘，科羅拉多泉（Colorado Springs）的作戰中心立刻湧進這些憂心忡忡指揮官的來電。核子武器的運作由嚴格的安全規章控管，這裡面肯定出了什麼差錯。傑哈特要求散布到各地機場的F-106戰鬥攔截機是單座式的戰機，任務是摧毀可能來犯的蘇聯轟炸機。不過如果在這些飛機上裝載核子武器並且派遣到全國各地，將會違背「夥伴系統」——這是神聖不可侵犯的空軍信條，即核子武器無論何時都必須由至少兩名軍官同時實體控制才行。其中一位核武安全官對於這道命令深感驚愕，他表示傑哈特的命令意味著單一飛行員，「只要因為一個粗心大意的舉動，就可能導致核子武器的全面引爆」[96]。

「夥伴系統」的唯一例外是在戰時，當敵軍的進犯已經近在咫尺之際。儘管對於古巴或柏林正有醞釀之中的危機，報紙上滿是繪聲繪影的謠傳，然而卻無真憑實據顯示蘇聯即將發動攻擊。

關於將要裝載到戰鬥攔截機上的核子武器，許多空軍軍官對其安全性有所質疑。MB-1「精靈」（Genie）空對空飛彈配備一點五千噸的核子彈頭，威力是廣島核彈的十分之一，五角大廈視之為非同凡響的武器。不過卻有一些飛行員視之為「美國有史以來採購過最愚蠢的武器」[97]，因為這種非自動導引的飛彈並不會直接命中目標，而是藉由在半空爆炸的方式，純粹依靠爆炸波的力量，摧毀在目標範圍附近的所有飛機。

這個散布行動的目的，在於避免美國空軍戰鬥機及轟炸機成為蘇聯轟炸機的易擊目標。為了有能力應對蘇聯的攻擊，美國軍機必須裝載著武器飛行，即使這意味著必須飛越人口稠密的地區，前往那些缺乏適當核子安全儲存設備的偏遠機場。

科羅拉多泉的軍官向上級確認，沒有多久就得到回覆：散布行動仍然有效。頃刻之間，全國各空軍基地裝載核子武器的F-106戰鬥攔截機陸續「呼嘯從跑道起飛」[98]，但當地指揮官仍然不知道究竟發生了什麼事。

十月廿二日，星期一，下午5:00

在危機發生的頭一個星期，甘迺迪和他的顧問群自覺還有時間上的餘裕，可以繼續考慮他們的下一步，不需要即刻回應來自公眾輿論的壓力。關於蘇聯在古巴部署核子武器的消息，他們對外嚴格保密，僅為政府部會所知，也因此為他們爭取到幾天深思熟慮的時間，而最後事實也證明這幾天的價值是無與倫比的。他們避免驚動克里姆林宮，也不需要一再向國會和媒體解釋所作所為。設若在發現飛彈的那一天，甘迺迪就必須在彈指之間決定如何回應赫魯雪夫，那麼事態的發展必然會大相逕庭。

當危機進入公開階段，危機的進展也疾如旋踵。在甘乃迪發表電視演說之前兩小時，國會諸位魁首魚貫進入內閣會議室聽取總統的祕密作戰指示，此時事態已經有了明顯變化。甘迺迪擔任麻薩諸塞州參議員時，在國會袞袞諸公中相對資淺，現在這些前任同事們又緊緊盯著他的一言一行，對他的決策質疑再三。而再過沒多久，國內所有自詡為政治事務專家的那些人都會加入他們。

「我的天。」當參議員小羅素（Richard B[revard] Russell, Jr., 1897–1971）獲悉，古巴的蘇聯飛彈至少有一些已「完成發射準備」時，倒抽了一口氣。

身為參議院軍事委員會主席，小羅素聽完總統報告海軍封鎖古巴的計畫後，幾乎不能控制自己的情緒。他認為必須用更強悍的方式回應：先空襲接著直接入侵。給那些共產主義分子「停下來想一想的時間」一點意義也沒有，因為這只會讓他們有「充分準備」的機會。小羅素與李梅將軍見解一致，既然與蘇聯一戰幾乎在所難免，不過是遲早的問題，現在美國處於強勢，正是開戰的好時機。

「對我來說現在就是十字路口，」參議員說，「是不是世界級的強權，這次一翻兩瞪眼。」

甘迺迪試著勸說小羅素，他由衷希望這位國會領袖理解他是如何做出這樣的決定。封鎖的風險已經非常高了，「廿四小時內」就可能在柏林或其他糾紛頻傳的地區引發戰爭；但如果以奇襲攻擊古巴的飛彈發射場，那風險恐怕要放大數倍以上。「如果我們入侵古巴，那我們得非常清楚自己是在冒險一試：那些已經可以發射的飛彈最後不會發射……這一把賭下去可是攸關生死。」

曾獲選羅德學者（Rhodes Scholar）的傅爾布萊特（J[ames] William Fulbright, 1905–1995）是小羅素參議員的智囊，他毫不顧忌大聲支持這位同屬南方的民主黨夥伴。傅爾布萊特過去大力反對豬玀灣的投機活動，但他現在傾向「全面」入侵古巴，「能多快就多快」。

老同事的批判傷透了總統的心。「如果他們想當總統，去他媽的，」在返回住所準備電視演說的路上，甘迺迪爆發了，他的眼中閃爍著怒火[99]，「要就拿去，我根本沒有興趣。」

十月廿二日，星期一，傍晚 6:00（莫斯科，星期二凌晨 1:00）

傍晚六點，蘇聯駐美大使達勃雷寧（Anatoly Fyodorovich Dobrynin, 1919–2010）收到指示前往國務院。在古巴部署飛彈的事情他一無所悉，他自己的政府把他都蒙在鼓裡；國務卿魯斯克親手交給他總統的電視演說稿，還有總統給赫魯雪夫的一封私函，警告赫魯雪夫不要低估美國的「意志和決心」，達勃雷寧往常笑咪咪的臉登時變得蒼白。魯斯克覺得那幾分鐘的對話裡，這位大使似乎一下「老了十歲」；而達勃雷寧則覺得，魯斯克自己「儘管極力掩飾，但他的心情顯然緊張又焦躁」[100]。

達勃雷寧手上抓著牛皮紙大信封步出國務院，守候在外的記者對他叫喊：「請問發生危機了嗎？」[101]「你們覺得呢？」大使冷冷回答。他拿起牛皮紙信封對記者揮了揮，一邊鑽進他的克萊斯勒黑頭車。

七個時區之外的莫斯科，美國大使館政治顧問戴維斯（Richard T[ownsend] Davies, 1920–2005）把一模一樣的文件也送交蘇聯外交部。十五分鐘後，這些文件已經送到赫魯雪夫手上。這些最新消息並不如他擔心的那樣糟糕：美國總統要求蘇聯從古巴撤除飛彈，卻沒有設定最後期限。所以赫魯雪夫的第一個反應是，「這不是向古巴宣戰的檄文，而像是某種最後通牒」[102]。

他的情緒向來變化無常，此際則從絕望一下轉為寬慰。他興高采烈地宣布：「我們拯救了古巴。」[103]

甘迺迪施行海軍封鎖的這項決定，有效遏制了蘇聯對於古巴的軍事裝備補給。赫魯雪夫頗感快慰，因為他得知三個 R-12 中程彈道飛彈團以及其大部分裝備均已安抵古巴，而載運軍團的十八艘艦艇中，現在只剩一艘還在海上。這艘一萬二千噸的加加林號（*Yuri Gagarin*）[104]載運的是替飛彈添加燃料的裝備，船上還有其中一個 R-12 飛彈團團總部的大部分士官兵，目前正朝巴哈馬（Bahamas）前進，距離哈瓦那只剩兩天航行時間。

然而兩個 R-14 飛彈團的情況則是天差地別。遠程彈道飛彈體積更大，可以攻擊美國全境任何目標，蘇聯包租了十四艘船載運這些飛彈，以及飛彈團部隊和相關的各類配備。但是其中僅有一艘船安抵古巴，另外還有兩艘則剩下不到一天的航行時間。一艘是客輪尼可拉耶夫斯克號（*Nikolaevsk*），上面有兩千多名官兵；另一艘是波蘭製的小型油輪季夫諾戈斯克號（*Divnogorsk*）。至於飛彈本身則仍在茫茫大西洋中。

赫魯雪夫最放心不下的還是亞歷山卓夫斯克號（*Aleksandrovsk*）。這艘五千四百噸的貨輪裡囤滿了核子彈頭，運載的貨物之中有廿四顆可用於 R-14 飛彈上的一百萬噸級彈頭，每一顆彈頭的破壞力都相當於廣島型原子彈的七十倍[105]。這艘船上集結的爆炸威力，超過人類戰爭史上投下所有炸彈的爆炸威力至少三倍。

北莫爾斯克港（Severomorsk）在北極圈以北，亞歷山卓夫斯克號由此啟航，經過十六天的航程，目前正朝古巴的北部海岸航行[106]。船還在國際海域，大概還要半天的航行時間才能抵達最接近的古巴港口，這艘貨輪因此顯然是美國海軍攔截的主要目標。亞歷山卓夫斯克號在穿越大西洋的航程中，部分路線由裝配核子武器的潛艦護航，不過這艘船如今幾乎毫無防禦能力，僅由另一艘蘇聯貨輪阿爾梅季耶夫斯克號（*Almetyevsk*）隨行。一旦美軍強行登艦，船長就會下令先用自動武器開火，下一步就是炸毀這艘船，讓相當於兩千五百萬噸TNT炸藥威力的核子彈頭永沉大海。亞歷山卓夫斯克號無論如何絕對不能落入敵人手中。

在海面艦艇之外，還有四艘蘇聯潛水艇在大西洋西部航行[107]。赫魯雪夫原本計畫在古巴建設現代化潛艦基地，不過九月底的時候他已經全面降低這個計畫的層級。他沒有派遣核子動力潛艦（一次可以潛行海底數週），而是派遣四艘狐步級（Foxtrot-Class）的柴電動力潛艦。二次大戰期間，德軍的U艇[15]不斷騷擾盟軍的船艦；狐步級潛艦就像是比較大型的改良版U艇，兩者的區別在於每一艘狐步級潛艦，在廿一枚傳統非核魚雷之外，還裝載一枚小型核子彈頭魚雷。

赫魯雪夫從最初的震驚中平復，開始他一系列果斷明快的決定。他首先下令蘇聯各軍事單位提高警戒等級，接著他口授了致甘迺迪以及卡斯楚的信函。他還草擬了一份聲明，痛斥海軍封鎖是「海盜的行徑」，並譴責美國把世界推向「熱核戰爭」一觸即發的邊緣。不過他的怒髮衝冠還有小心謹慎相輔：為了降低與美國戰艦爆發衝突的風險，他下令大部分尚未抵達古巴海域的蘇聯船艦即刻返航。被召回的船艦有基莫夫斯克號（*Kimovsk*）與波爾塔瓦號（*Poltava*），這兩艘大艙口的貨輪上載運的都是R-14飛彈；還有加加林號，上面載運的則是其中一個R-12飛彈團的設備。載運非軍用物資的船艦，比方油輪布加勒斯特號（*Bucharest*），則獲准繼續航向古巴。已經靠近古巴的船艦，包含載運核子彈頭的亞歷山卓夫斯克號，則奉命航向最接近的港口[108]。

之前赫魯雪夫曾經考慮授權駐防古巴的蘇聯指揮官，一旦遭遇美國入侵，可以動用戰術核子武器反擊，不過現在他打消了這個念頭。現在他也反對把蘇聯軍武的控制權轉讓給古巴人，或者宣布與古巴簽訂正式的防衛協定。他反而是給蘇聯軍群總司令普利耶夫（Issa Pliyev, 1903–1979）將軍下達了指令：

> 關於美國人在加勒比海的演習有登陸古巴的可能，我們可以結合古巴軍隊與蘇聯各軍部，共同努力，採取緊急措施以增強各項戰鬥準備並擊潰敵軍。但不能使用斯塔琴科部隊的武器，還有別洛博羅多夫部隊的裝備[109]。

斯塔琴科（Igor Demyanovich Statsenko）少將是蘇聯在古巴飛彈軍隊的指揮官，別洛博羅多夫（Nikolai Beloborodov）上校專門負責核子彈頭。這些破譯出來的情報訊息顯示，設若美軍入侵，蘇聯駐古巴的軍隊奉命抵抗，然而並未獲得使用任何一種核子武器的授權。看來赫魯雪夫心意已決，要由他自己掌控核子彈頭的使用。

這位第一書記滔滔不絕，口授他雜亂的想法和指令，克里姆林宮的簿記員們只能努力跟上他說話的速度：

⑮編註：潛艇的德文為「Untersee-boot」。二戰期間，德國海軍潛艦皆以其首字「U」加上數字命名，因此被代稱為U-boats，中文稱U艇。

下令船艦返航（仍未抵達古巴者）[110]。

（所有人都認為這是正確的決定。）

發表蘇聯政府聲明——一份抗議。

美國正在準備而且發動第三次世界大戰。

美國的帝國主義正以其意志為命令指使所有人。

我們嚴正抗議。所有的國家都有權利自衛，並與他國締約結盟。

蘇維埃社會主義共和國聯盟也已厲兵秣馬，我們抗議這些海盜行徑……

四艘潛水艇繼續航行。亞歷山卓夫斯克號駛往最接近的港口。

派發電報給卡斯楚。

我們已收到甘迺迪的信。

對於古巴事務粗野蠻橫的干涉。

外交部官員們把最高領導人情緒激昂的漫談轉換成官模官樣的文句，漏夜趕出信件的初稿。與此同時，赫魯雪夫也要求同僚夜宿克里姆林宮，避免讓外國通訊記者還有可能就在「附近潛行徘徊」的「情報幹員」，嗅出什麼山雨欲來的氣氛。赫魯雪夫自己就睡在辦公室前廳的沙發上。他身著正裝就寢，因為他曾聽說一九五六年蘇伊士運河危機期間，法國外交部長在半夜「真的被人瞧見褲子沒穿好」的窘樣[111]

。他絕對不能讓這樣有損尊嚴的事發生在自己身上，一如他日後的回憶：「我已經有心理準備，現在任何時刻都有可能傳來令人震驚的消息，而我也要準備好在任何時刻都可以及時回應。」

甘迺迪和他的幕僚左思右想，推敲赫魯雪夫把飛彈運往古巴的動機，而他們的標準答案是赫魯雪夫想改變核子勢力的平衡。在長程飛彈和飛機（即所謂「戰略性」武器）上，蘇聯的優勢遠遠落後美國，然而蘇聯卻擁有大量的中程彈道飛彈，目標對準歐洲。這些中程彈道飛彈重新部署到古巴之後，因為有能力直接攻擊超級強國敵手的領土，居然奇蹟似地轉型為戰略性武器。

赫魯雪夫向來對於美國在核子武器上的優勢深感憤慨，因此能夠在戰略上和美國勢均力敵，必然是赫魯雪夫的重要動機；出於政治與軍事上的原因，他一直企盼能與美國分庭抗禮。不過從解密的蘇聯檔案中不難看出，在決策的過程中，他個人的情緒其實也是重要影響因素。卡斯楚和他的「大鬍子弟兄」，激起了克里姆林宮那些心力交瘁的老頭子內心的浪漫情懷，讓他們遙想當年也曾是革命分子的自己。

一九六〇年二月，部長會議第一副主席米高陽（Anastas Ivanovich Mikoyan, 1895–1978）成為第一位與卡斯楚會面的蘇聯高層。「他是名符其實的革命分子，跟我們一模一樣，」米高陽在會面後這麼回報，「我的感覺就好像回到自己年輕的時候。」112

一九六〇年九月廿日，在紐約哈林區德蕾莎飯店外，赫魯雪夫與卡斯楚第一次擁抱對方；那一刻，赫魯雪夫口中的卡斯楚是號「散發英雄氣概的人物」。這兩位領袖來到紐約都是為了參加聯合國大會，不過卡斯楚棄位於市中心的飯店而去，以抗議主辦單位「令人無法接受的金錢用度」。這個六呎四吋（譯按：約一百九十三公分）的古巴人彎下身來，雙手環繞，給五呎三吋（譯按：約一百六十公分）的蘇聯人一個熱情洋溢的熊抱。「他給我很深刻的印象」，赫魯雪夫如此回憶[113]。而最後，赫魯雪夫竟對卡斯楚有種「如同兒子般」的疼愛[114]。

在卡斯楚上臺之前，蘇聯人從來沒有對拉丁美洲這麼感興趣；一九五二到一九六〇年間，莫斯科甚至沒有派駐大使在哈瓦那。出乎蘇聯思想家意料之外，古巴革命居然使得這個腹背受敵而且經濟發展遲緩的巨人，自覺能夠把軍事力量推展到帝國主義敵人的大門口。一九六〇年，蘇聯國安會開始以「AVANPOST」這個代號指稱古巴，意思是進入西半球的「橋頭堡」[115]。就蘇聯的觀點而言，古巴革命不僅是一個惱怒山姆大叔的機會，更是全世界「勢力相互關係」向莫斯科方向傾倒的明證。

古巴人十分清楚自己給蘇聯帶來的影響，並懂得利用這點獲得好處。「赫魯雪夫非常喜歡古巴，」四十年後卡斯楚如此回憶，「你甚至可以說他偏愛古巴。」[116]每當卡斯楚想從他的蘇聯恩主那裡討點便宜的時候，他只要問一個很簡單的問題就好：「你到底是不是革命分子？」[117]話都說到這分上，赫魯雪夫想要拒絕都難。

赫魯雪夫和史達林不同，他認為蘇聯勢力和影響力的擴張應該是沒有限度的。史達林的外交部長莫洛托夫（Vyacheslav Mikhaylovich Molotov, 1890–1986）曾說，強大的國家必須「領悟萬事都有限度的道理，否則吃太多只會噎著自己」[118]。但是跟前任領導人相比，赫魯雪夫更像個夢想家；就某些方面來說，他理想主義的態度就像甘迺迪的翻版：蘇聯將會「付出一切代價，肩負一切重擔」，捍衛社會主義在世界各地的成果。對赫魯雪夫而言，古巴和卡斯楚是蘇聯成功的象徵，就像第一顆人造衛星史普尼克和第一位太空人加加林[16]代表的意義。

在豬玀灣事件的失敗後，赫魯雪夫深信美國遲早會再想方設法推翻卡斯楚。他的推論是「美國必然會第二次入侵古巴，但要是以為這次美國還會像第一次一樣疏於計畫拙於實行，那就大錯特錯了」[119]。各式各樣美國圖謀對抗古巴的訊息不斷傳到莫斯科，有的合乎現實，也有的天馬行空。還有些驚人的警訊是直接來自白宮。一九六二年一月，赫魯雪夫的女婿阿朱比（Aleksei Adzhubei, 1924–1993）拜會甘迺迪，其時總統親口說出蘇聯處理一九五六年匈牙利動亂的做法，頗有值得美國效法之處[120]。阿朱比聽聞此言大吃一驚，因為對於這個生性多疑的蘇聯人來說，這句話只有一種解釋：華盛頓正準備以武力鎮壓古巴革命。

「有個念頭在我腦海揮之不去：如果我們失去古巴，會產生什麼後果？」赫魯雪夫在遲暮之年如此回憶[121]，「那恐怕會是對馬列主義沉重的一擊。」

在赫魯雪夫眼中，把核子飛彈運送到古巴能夠同時解決他很多問題。首先他可以讓古巴這座島免於美國的侵擾，其次他可以等化美蘇雙方勢力的平衡，當然他也可以藉此給美國人好好上一課。「早該讓美國嘗嘗自己的國土和人民被人威脅的滋味是什麼，」他這麼寫道，「光是過去半個世紀，我們俄國人就吃了三次戰爭的苦頭：一次大戰、俄國內戰（Russian Civil War, 1917–1922）還有二次大戰。美國從來沒有在自己的土地上打過仗，起碼過去五十年裡沒有。」

[16] 譯註：加加林（Yuri A[lekseyevich] Gagarin, 1934–1968），第一位蘇聯太空人，也是第一位進入太空並完成太空飛行回到地球的人。加加林號即以其命名。

一九六二年四月，赫魯雪夫在黑海旁的別館會見馬林諾夫斯基。他用最正統有禮的俄羅斯方式，用本名連著主保聖人名諱稱呼這位國防部長。「羅季翁．亞可夫列維奇，」他帶著惡作劇的語氣問，「如果我們在山姆大叔的褲襠裡丟一隻刺蝟不知道會怎樣？」[122]

十月廿二日，星期一，傍晚6:40（哈瓦那傍晚5:40）

北美空防司令部的散布計畫，需要將底特律外圍塞爾弗里奇空軍基地（Selfridge Air Force Base）的F-106中隊，調派到不常使用的威斯康辛州沃克機場（Volk Field, Wis.）。三十分鐘一趟的短航程，飛行員已經訓練過許多次，不過從來沒有裝載核子武器飛行的經驗。就在起飛前不久，計畫又有了改變：沃克機場受濃霧包圍，因此只能轉飛印第安那州特雷霍特（Terre Haute）外圍的豪曼機場（Hulman Field）。

相關人員到了最後一分鐘還在倉皇翻找正確的航線圖，結果又收到消息說豪曼機場正在維修，可堪使用的只剩七千英尺的瀝青路面跑道。雖然有點棘手，不過應該行得通。

對廿七歲的空軍中尉貝瑞（Dan Barry）來說，裝載核武飛行是一種暗號，意思就是「要出大事了」[123]。他跟空軍同袍都知道總統排定今晚七點發表演說，但對於內容則完全摸不著頭腦。六架戰機組成飛行中隊，朝西南飛過俄亥俄州和印第安那州；飛行員用雷達掃描北方的天空，看看是否有蘇聯的戰機和飛彈襲來。

前面五架戰機成功閃避跑道前端的破瓦殘礫，平安降落[124]。中隊長吉德森（Darrell Gydesen）上尉，同僚都叫他吉德，是最後一架 F-106 戰機駕駛。就在著陸之際，他感受到一陣突如其來的強勁順風，於是他趕緊放出機尾的減速傘，以降低戰機的速度。

減速傘確實發射出來但卻卡在傘包裡，沒有正常展開。吉德森上尉在急如星火的指顧之間意識到，自己的飛機正以高速猛衝向一條縮短的跑道盡頭，而他的飛彈艙後面還掛著一顆核子彈頭。

* * *

醞釀中的危機日漸增強，而卡斯楚獲悉的第一則消息，是來自關塔那摩灣海軍基地裡潛伏的古巴間諜。每天都有數百名來自古巴的服務業人員，湧入海軍陸戰隊警衛隊的檢查站；對古巴情報單位來說，要讓他們的幹員滲透進去這個四十五平方英里的基地，簡直易如反掌。在疏散婦孺的情報傳來後不久，下一條情報則是海軍陸戰隊的增兵。

當卡斯楚得知美國總統將要發表電視演說，而且內容大概與古巴局勢有關，他就下定決心不能坐以待斃。古巴有十萬零五千名常備軍人，設若動員後備軍人，卡斯楚就能在七十二小時內把武裝兵力擴張為三倍[125]。他的部隊配備寒酸，絲毫不可能跟美國第一步兵師（1st Infantry Division）相提並論，不過要是有了蘇聯的支持，那入侵的美國佬（*yanqui*）軍隊日子也不會好過到哪裡去。

甘迺迪發表全國電視演說前廿分鐘，卡斯楚在古巴時間下午五點四十分發布了戰鬥警戒（*alarma de combate*），不過在此之前，他的眾部隊指揮官就已經開始執行第一號行動指令（Operational Directive

No. 1）[126]。一如豬玀灣事件時期的做法，這座八百英里長的島嶼被分成三個防禦區段。卡斯楚指派他的弟弟勞爾（Raúl Modesto Castro, 1931–）鎮守島嶼的最東端。切．格瓦拉（Ernesto "Che" Guevara, 1928–1967）出生於阿根廷，先前從醫的他，後來成為游擊隊領袖，這一次他負責鎮守西端的比那德里歐省。黑人參謀長阿爾梅達（Juan Almeida, 1927–2009）指揮中段區域的防禦，並將總指揮部設在聖克拉拉（Santa Clara）。卡斯楚自己則坐鎮首都哈瓦那。

島上的民兵很快開始向各哨所報到，哈瓦那的馬雷貢濱海大道上，砲兵連也開始沿著面北的石造海堤尋找適當位置架設砲臺，另有兩艘砲艇也駛入海灣。在暱稱「小山」（*la colina*）的山丘上，可以鳥瞰哈瓦那的維達多區（Vedado district），而山丘上的大學裡學生們反覆高喊「古巴對，老美錯」（*Cuba si, yanqui no*），教授則把步槍發放給這些學生。在去學生營（University Battalion）報到之前，廿歲的達瓦洛斯（Fernando Dávalos）剛好還有一點時間可以趕回家裡，收拾自己的制服、背包、毛巾，再帶上幾罐煉乳。他的父親問他要去哪裡，但連他自己都不知道。

「是美國人，」他上氣不接下氣地說，「快打開收音機，我們被動員了。」[127]

此刻的一千三百英里外，吉德森上尉正盡一切可能煞停他猶如脫韁之馬的戰機。他的 F-106 在柏油碎石跑道上發出尖銳的煞停聲，他用無線電通知控制塔臺，飛機的減速傘故障，他要用「攔截索」停下來。塔臺的控制員按下控制鈕，跑道盡頭的攔截索隨即擡起。F-106 戰鬥攔截機在幾個月前都加裝了緊急停止系統，只要戰機降落時發生過衝的狀況，機身底部的尾鉤會鉤住跑道上的攔截索。

F-106在跑道上過衝，打滑到粗糙瀝青路面（blacktop）的跑道外側延伸區，此時戰機的尾鉤（譯按：此處原文作landing gear）與繩索接合，戛然制止住戰機。其中一條機輪爆胎，發出巨大的爆裂聲響；滑到七百五十英尺長的跑道緩衝區盡頭後，這架F-106還在繼續向前移動。

戰機衝過跑道緩衝區之後，鼻輪陷進前方的草地，撞擊到草地下方的混凝土板塊，鼻輪起落架應聲而斷。帶著損壞的鼻輪，這架造價三百三十萬美元的戰機又繼續昂首闊步了一百英尺，才終於停下腳步。

吉德森爬出駕駛艙，雖然渾身發抖，卻也因保住一條小命而喜形於色。F-106的機身造型流線，再加上後掠翼，普遍認為是史上設計最美的攔截機，不過現在這架F-106的機鼻部分已經搖搖欲墜。鼻輪爆胎，前起落架嚴重塌陷，戰鬥機機首延伸出去測量壓力的皮托管設備也折斷了。但除此之外，戰機本體只有輕微的損壞。

第二天早上，救援人員駕駛起重機和重型拖拉機前來，把這架戰機從印第安那州的泥土中解救出來。而那顆核子彈頭還安放在飛彈艙裡，奇蹟似地毫髮無傷。

十月廿二日，星期一，晚上 7:00

「晚安，我的同胞。」

甘迺迪直視攝影機，他的下巴揚起，冷峻而嚴肅。他的臉龐緊繃不自然，失去往常的飽滿。「我們的政府」——稍微停頓——「履行承諾」——再次稍微停頓——「對於蘇聯在古巴島上的軍事發展維持最嚴密的監控。在過去一星期裡」——他帶著波士頓腔的鼻音說出「過去」這個字，聲音特別留在母音上——「有確鑿的證據顯示，這座錮閉的島嶼上有一系列攻擊型的飛彈發射場正在建構當中」。

橢圓形辦公室現在變成電視攝影棚。以皇家海軍堅毅號（HMS *Resolute*）上的橡木為材製作的辦公桌，現在鋪上了黑色布料。帆布覆蓋的地板上布滿交錯的黑色電纜。原有的家具悉數移開，騰挪出空間放置攝影設備、錄影機以及攝影燈具的電池。收音技術人員整整齊齊身著制服，跪踞在總統前方。總統身後放了一塊黑色板子充當背板，上面懸掛著總統旗。

激昂的新聞快報連續播放好幾個小時，有超過一億的美國民眾守在電視機前關注總統的演說，那也是當時最龐大的觀眾收視紀錄。儘管甘迺迪的語速較平常更緩慢，語氣也較平常更慎重，然而過去一個星期滿腹的疑慮與苦惱，絲毫無法掩飾地全都寫在他臉上。他的目標是讓全美民眾同仇敵愾，並且把他在政治上的意圖傳達給克里姆林宮：只有蘇聯飛彈撤離古巴，這場危機才可能解除。

核子威懾戰略是冷戰的信條，除了美國和傳統上的北約盟國之外，甘迺迪又將戰略的範圍擴大，以拉攏其餘廿多個國家：「古巴若向西半球任何一個國家發射核子飛彈，在我們國家的政策上，都會將之視為蘇聯對於美國的攻擊，因此也會以全面的報復反擊回敬蘇聯。」

甘迺迪是美國第一位「電視總統」。許多人認為他能在一九六〇的總統大選，以微乎其微的差距險勝共和黨的對手尼克森（Richard M[ilhous] Nixon, 1913–1994），電視辯論功不可沒。相較於尼克森的滿頭大汗與浮腫的眼袋，甘迺迪在電視上的形象是精神抖擻，英姿颯爽。就任之後沒多久，甘迺迪就允許電視攝影機入場拍攝每星期的媒體記者會。許多人不以為然，認為後果不堪設想，《紐約時報》的芮斯登就認為，「這是自呼拉圈發明以來最蠢的主意」128。不過可以跳過像芮斯登這樣的專欄作家，直接跟美國民眾溝通，甘迺迪自己倒是很滿意這個做法。由於有了「電星」（Telstar）這種革命性的通訊衛星，現在總統的新聞記者會已經可以同步向歐洲轉播。

而在這個場合裡，佛羅里達州十家民營廣播電臺則在最後一刻拼湊成一個聯播網，同時向古巴轉播總統的電視演說，還搭配西班牙語的同步口譯。在這段十七分鐘的演說結尾，甘迺迪直接對著這批「受奴役的古巴人民」說話：「你們現在的領袖，已經不再是懷抱古巴理念的古巴領袖。國際的陰謀把古巴……變成拉丁美洲國家中的第一個核子戰爭目標……而古巴的領袖正是國際陰謀的傀儡和馬前卒。」

在這場重大的電視演說裡，甘迺迪的氣色看上去不太好，但這跟古巴問題沒什麼關係。他身上有大大小小的病痛，從愛迪生氏症（Addison's disease）到結腸炎，還包含他在青年時期染上的一種性病，至今仍時不時復發；因此他的體重時常劇烈變化，端看他服用的藥物而定。光是這個週末，他六呎一吋（譯按：約一百八十五公分）的修長身形又掉了五磅，只剩下一百六十七點五磅（譯按：約七十六公斤）。各種持續或局部的疼痛，不斷折磨著他。

「病人太過勞累無法運動，」十月廿二日總統的醫療紀錄上這樣寫著129，「左大腿疼痛，第三腿腱下半部緊繃。」多半出於年輕時過度以類固醇治療，他的下背部患有慢性疼痛，此外如今又有上述症狀。總統醫療團隊的醫師總是你來我往，爭論最適當的治療方向，有些醫師覺得該給總統注射更多藥劑，另一些則囑以運動養生法和物理治療。

甘迺迪從橢圓形辦公室出來的時候，看到門口有一位小個頭的男人在等候。那是來自紐約的骨科醫師克勞斯（Hans Kraus, 1905–1996），他是主張運動養生法的那一派醫師聘請來的顧問。克勞斯過去曾經擔任奧地利奧運滑雪隊訓練員，他特別從紐約飛來，絲毫不知道自己竟會在無意間遇上重大的國際危機。過去一年裡他每星期與總統見面一次或兩次，但是對於白宮那種明爭暗鬥的宮廷氛圍，愈來愈惱怒厭煩。他希望大家知道，自己「如果再不受尊重，已經準備退出」[130]。

克勞斯感到沮喪的原因有很多。首先，他免費給甘迺迪看診，希望這種療法引起總統的興趣，從而成立全國的體適能基金會，不過總統的反應總是漠然置之。其次，他穿梭於紐約、華盛頓以及甘迺迪家族在佛羅里達棕櫚灘的大宅院，三地之間的旅費已經累計兩千七百八十二點五四美元，但他從未得到任何報銷給付。最後，總統醫療群的醫師之間長期的明槍暗箭，也讓他深感氣餒。他覺得至關重要的是要建立起一條明確的醫療指揮鏈。甘迺迪太全神貫注於今天的演講，一時之間居然沒能認出這位悶悶不樂的奧地利醫師；當他最後終於想起來這是誰的時候，心裡滿懷歉意。

「很抱歉醫師，我今天真的沒有空。」[131]

在總統對全國民眾演說的同時，戰略空軍司令部也進入第三級戒備狀態（Defense Readiness Condition Three, DEFCON-3）。距離真正的核戰還有兩級[17]，第三級戒備狀態預期的是總統一聲令下，十五分鐘內全國的核子轟炸機聯隊要立即升空。而為了確保在蘇聯發動第一次攻擊之後美軍的存活率，轟炸機必須散布到全國的各個飛機場。甚至在甘迺迪結束演說的那一刻，就有近兩百架飛機載運著核子武器在美國領空縱橫交錯，其中有不少是飛往民用機場（airports）。

第五〇九轟炸機聯隊（509th Bombardment Wing）是收到散布命令而動員的部隊之一；這支聯隊有輝煌的血脈，駐紮在新罕布夏州的皮斯空軍基地（Pease Air Force Base）。在二次大戰的尾聲，第五〇九聯隊的轟炸機先後在廣島和長崎投下原子彈，這是人類戰爭史上第一次，也是唯一一次使用核子武器。將近八萬廣島居民以及四萬長崎居民，在原子彈爆炸瞬間即刻喪生，而在原爆點半徑兩英里範圍內的建築，也幾乎悉數毀滅。為了表彰這次功勳，美國空軍的部隊裡只有第五〇九聯隊的繡章上有一朵蕈狀雲。

第五〇九轟炸機聯隊結合其他戰略空軍司令部動員的部隊，現在的任務是要在核戰爆發的情況下，肅清俄羅斯境內數十處軍事與工業目標。這支新部隊的主要武器是可敬的後掠翼B-47同溫層噴射機（B-47 Stratojet），曾是原子時代肩負重任的主力機種，可於飛行途中在地中海上空空中加油。每一架B-47轟炸機搭載兩枚核子彈頭，摧毀力是過去在日本投彈的數百倍強。

從皮斯空軍基地到波士頓羅根機場（Logan Airport）的一趟航程，只需短短廿分鐘[132]。轟炸機在油箱滿載的狀態下降落並不安全，因此在起飛前必須先將油料卸除。溫徹斯特（Ruger Winchester）上尉和他的許多飛行員同袍一樣，此前從來沒有在繁忙的民用機場降落過B-47轟炸機，城市的萬家燈火一開始就讓他們頗感困擾。由於難以辨識跑道的正確位置，所以他第一次先以視認的方式通過，第二次在雷達的

⑰ 譯註：戒備狀態（Defense Readiness Condition，簡稱 DEFCON）劃分為五級，其中第一級（DEFCON-1）的狀態是即將爆發或已經爆發核戰。

引導下完成進場。

地面管制人員引導B-47轟炸機群，降落在機場遠處一條暫無使用的滑行道。這批飛行員的脖子上掛著發射核子武器的執行文件，腰帶上配著點三八左輪手槍，他們被帶到空軍國民警衛隊（Air National Guard）的辦公室，暫時以那裡做為他們的隊部所在。一支由皮斯空軍基地開來的護衛車隊也同時抵達，有設備維護人員和憲兵在內，以護衛這批核子武器。

安排戰略轟炸部隊在此駐守，需要極度複雜的後勤物流配合，而羅根機場對於這項紅鷹行動（Operation Red Eagle），根本完全無力準備[133]。由於設備不能相容，已經拖延了十五個小時還沒有辦法替飛機重新加油。一位空軍中校不得不跑去當地的美孚加油站，用自己的信用卡購買B-47所需的油料；其他軍官則跑遍了當地的雜貨店採買食物。行軍床和寢具直到凌晨兩點才送來。機場的緊急通報設備是唯一的對外電話線路。核子武器已經裝配上機，已經箭在弦上，然而地面的維安卻遠不夠充分。如果出動的高音警報響起，甚至沒有廂型車可以載運待命人員奔赴飛機，結果後勤官只好從赫茲租車和安維斯租車公司租用車輛。

第五〇九轟炸機聯隊的座右銘是「防禦者・復仇者」（*Defensor-Vindex*），要是蘇聯在這第一個晚上就發動攻擊，第五〇九聯隊恐怕就要辜負這個座右銘了[134]。隔天上午當飛行員檢查飛機的時候，發現這些六具引擎轟炸機的輪子，已經在沒有壓實的柏油碎石跑道上刻下深深的轍跡。他們需要拖吊車才能把飛機拉出來。

十月廿二日，星期一，晚上 9:00（哈瓦那晚上 8:00）

甘迺迪結束電視演說後不到兩個小時，卡斯楚走進《革命報》（*Revolución*）的辦公室。在過去起義對抗巴蒂斯塔時期，這家報社是游擊隊運動中祕密運作的機關，這裡也是卡斯楚每逢危機時的藏身之處，在這裡他可以收集消息，也可以製造消息。也因為這樣的來歷，《革命報》比古巴其他的出版機關有更多一點的獨立性，但這也是讓最高領導人身邊的共產黨官僚最惱怒的事。

那天早上發行的《革命報》就用上自己的新作風，在頭版放上橫貫全頁的大標題：

準備抵抗美國佬侵略

大量戰機和軍艦

馳赴佛羅里達

在那個時間點上，這樣的頭版標題似乎有些危言聳聽。「說話不負責任」，古巴的官僚們私下嘀咕，但卡斯楚自己倒是一派泰然自若，戰爭的可能性讓他的膽子大了起來，也振奮了他的精神。他踱著步來來回回，口授了隔天報紙的頭版內容：

在戰爭的基礎上，這個國家已經覺醒，準備擊退任何侵襲。所有武器都已各就各位，武器旁邊是獻身革命與祖國的英勇守護者……革命領袖以及古巴政府，也都準備好與古巴人民同生共死。數百萬人民的聲音，來自這座島嶼的四面八方，帶著更勝以往的熱誠與理性，這具有歷史意義而輝煌的吶喊，如同雷聲迴盪：

誓死保衛祖國！我們必勝！

（*PATRIA O MUERTE! VENCEREMOS!*）

「我們不該擔心美國佬，」卡斯楚對他的隨員說，帶著一股虛張聲勢的勇敢，「應該是他們擔心我們才對。」[135]

這座位於艾爾奇科（El Chico）的鄉村莊園，在古巴革命之前原屬於一位親巴蒂斯塔的富有報紙出版商。這座大院裡有游泳池、網球場，還有十幾幢小屋，其中最著名的建築物是一棟兩層樓別墅。這棟五〇年代的箱型美式建築注重功能性，有拉門可以通往一樓的門廊，還有門廊上的陽臺。這裡靜僻又安全，而且就在哈瓦那西南方十二英里，是蘇聯軍方當作總部的最佳地點。

蘇聯指揮官們整晚都聚集在這個「二號地點」（*Punto Dos*）——「一號地點」（*Punto Uno*）的代稱

是卡斯楚專用的[136]。他們從古巴各地收到召集前來艾爾奇科，是要參加蘇聯軍事委員會（Soviet Military Council）之前就排定的會議，然而如今議程卻不斷延後。來自飛彈團和防空砲兵連的上校和少校們，不耐煩地在會議室等候，交頭接耳交換各種傳聞，此時另一扇緊閉的門後則是眾將軍正在商議軍機。

最後，蘇聯駐古巴軍隊的最高統帥普利耶夫將軍終於現身，他看來滿臉倦容，一副病懨懨的樣子。這位五十八歲的騎兵來自高加索山區的奧塞提亞（Ossetia），他最顯赫的功勛，是二次大戰期間率領世界上最後一場大規模的騎兵衝鋒，在滿州對抗日本軍。就在幾個月前，為了向赫魯雪夫輸誠，他還指揮部隊到俄羅斯南部的新切爾卡斯克（Novocherkassk），鎮壓街上的糧食暴動。不過他對飛彈真的一竅不通，許多他的部屬也想不通，究竟為什麼他會被選來指揮阿納德行動。軍階較低的軍官時常私下拿他誤用軍事術語開玩笑。當他的意思是「炮兵連」（batteries）的時候，卻老是說成「騎兵中隊」（squadrons），好像自己帶領的還是一批馬背上的官兵。大家也都知道他是作風老派的軍官，總喜歡引用俄羅斯文學經典。

普利耶夫出於責任感接受了古巴的職務，但他其實心不甘情不願[137]；當他得知出於安全考量而必須使用「巴夫洛夫」（Pavlov）這個化名時，更提出激烈的抗議。他身受膽囊和腎臟疾病的折磨；一九六二年七月，他搭乘碩大的蘇聯俄羅斯航空Tu-114長程螺旋槳客機來到哈瓦那，那時他早已經是個病人。熱帶氣候讓他水土不服，膽結石的症狀日益惡化，大部分時間都臥病在床。時至九月底，他已經痛不堪言，幾乎命在旦夕；其他將軍提議把他送回莫斯科，不過這位指揮官拒絕離開。後來他的病況漸漸好轉，到了十月中旬，蘇聯的頂尖泌尿科醫師也抵達哈瓦那治療普利耶夫——差不多就是這個時候，美國得知原來古巴有飛彈發射場的事。

普利耶夫將軍迅速解釋了目前的情況[138]：美國人已決定實施海軍封鎖，他因此宣布進入全面戰鬥的戒備狀態，所有人員必須即刻回到所屬軍團，以擊退可能空降突襲的美軍傘兵部隊。

會後指揮官們離開艾爾奇科返回各自的軍團，夜晚回營的道路上已經滿是卡車和巴士，把古巴的後備軍人載運到他們所屬的兵營。雖然沿路都是檢查崗哨，不過這些蘇聯同志（*compañeros soviéticos*）只要高喊「古巴萬歲，蘇聯萬歲」（*Viva Cuba, Viva la Union Sovietica*），就能不經檢查便即刻放行。「古巴對，老美錯（*Cuba si, yanqui no*）」民兵反覆高呼，「誓死保衛祖國（*Patria o muerte*）。」[139]

整個國家頓時陷入戰爭狀態。當甘迺迪的電視演說和古巴武裝軍隊的動員透過新聞傳遍古巴，迷惘的蘇聯士兵這才驚覺，原來在遠離祖國的世界另一端，他們可能很快就要在這條細細長長的土地上與美國決一死戰。

十月廿三日，星期二，凌晨 3:00（莫斯科上午 10:00）

因為赫魯雪夫下令不得離開克里姆林宮，蘇聯的幾位領導高層只好在辦公室的沙發和椅子上，克難地將就了一個晚上。上午十點他們再次集合，批覆外交部官員們徹夜未眠擬定的幾份文件，其中還包含蘇聯政府的官方聲明。此前已有軍令下達，十六艘蘇聯艦艇自上午六點返航[140]；現在剩下最重要的事，就是那四艘狐步級潛艦該何去何從。

這四艘潛水艇距離古巴還有三天的航行時間，現在四散在大西洋中，不過帶隊的那艘正靠近加勒比海大門口的英屬特克凱可群島（Turks and Caicos Islands）[141]。主席團的成員裡，米高陽是最謹慎的一位；他認為應該下令潛艦返航，因為他擔心一旦蘇聯潛艦在古巴水域現蹤，只會增加美國與蘇聯海軍衝突的風險。如果這四艘潛艦繼續航向古巴，很有可能被美國軍艦偵測出行蹤。馬林諾夫斯基則認為這四艘狐步級潛艦應該繼續航向古巴的馬列爾港（Mariel），並且必須在那裡建立潛艦基地，也有幾位主席團成員支持這位國防部長的看法。赫魯雪夫則是隨他們你來我往，因為連他自己都還不能決定。

最後是海軍首領戈爾什科夫（Sergei Georgyevich Gorshkov, 1910–1988）元帥開口，解決了爭論不休的潛艦問題。他沒有參與主席團的通宵會議，但是受邀在隔天早上的會議上發言。他在專業知識上無懈可擊。過去蘇聯海軍大部分的軍力屬於海岸防衛性質，赫魯雪夫欽點戈爾什科夫，打造可以將蘇聯武力投射到美國國界的現代海軍。戈爾什科夫十七歲加入海軍，在二次大戰期間，年僅三十一歲的他就受命擔任海軍元帥。現年五十二歲的他是出了名的生龍活虎，事事講究專業精神。他監督任務更是以嚴厲方正一絲不苟聞名。

主席團的會議桌包覆了像球檯的厚毛呢，戈爾什科夫元帥在上面攤開他的航海圖。他先標示四艘狐步級潛艦的位置，距離古巴三百至八百英里不等；接著指出駛往加勒比海航線上的咽喉點，若要由大西洋直接航向古巴，所有的路線都必須穿過一條六百英里的島鏈，從巴哈馬開始向東南方一路延伸到英屬特克凱可群島。若要穿過這條島鏈，列島之間最寬的通道也只有四十英里。若要避開這群如雜木叢生的小島，唯一的辦法就是繞過島鏈最東端的大特克島（Grand Turk Island），朝著海地與多明尼加共和國的方向航行，如此一來航程則會增加至少兩天的時間。

戈爾什科夫同意米高陽的看法。他解釋美國人已經藉由潛艦定位系統，控制了那些狹窄的海上通道，因此潛艦若要通過必然逃不過偵測。他也同意四艘狐步級潛艦應該晚個兩三天航行時間再到古巴。米高陽在危機結束之後不久的口述紀錄中曾經憶及，馬林諾夫斯基「完全無力反駁」海軍首長的報告。海軍元帥執行了「卓有成效的任務」：他讓國防部長看起來是個「無能之輩」。

米高陽欣慰地舒了一口氣，他暗自慶幸避免了兩大超級強國之間箭在弦上的短兵相接。不過暫緩執行也不過是一時之計，此時美國海軍早已逼近蘇聯潛艦了。

蘇聯國安會的祕密警察眼下還有一件緊急任務待辦。在過去一年裡，有一位蘇聯軍方的情報官員潘科夫斯基（Oleg Vladimirovich Penkovsky, 1919–1963）上校，持續向英國和美國的接頭人提供最高機密文件。現在美國中央情報局手上已經掌握的文件，就有R-12彈道飛彈系統的技術手冊，還有典型飛彈發射場的平面圖，以及各種戰鬥預備等級的詳盡描述。國安會懷疑潘科夫斯基已經好幾個星期了，然而為了一舉粉碎整個間諜網絡，他們遲遲未對潘科夫斯基採取行動。

隨著冷戰情勢日趨白熱化，現況已不允許潘科夫斯基繼續再向美國人提供情報。便衣幹員闖入他位於莫斯科河畔的公寓，不費吹灰之力逮捕了他。由於茲事體大，國安會主席謝米恰斯內（Vladimir Yefimovich Semichastny, 1919–1963）決定要親自主導審訊。他命令手下把這個叛徒，押到國安會總部盧比揚卡大樓（Lubyanka）三樓角落的辦公室，讓他坐在長條會議桌對面的位子。

潘科夫斯基擔心遭到刑求甚至更可怕的對待，因此「為了祖國的利益著想」[142]，他馬上就願意跟國安會合作。

謝米恰斯內帶著鄙夷的眼神看了潘科夫斯基一眼：「老老實實告訴我你到底做了什麼好事傷害我們的國家！一五一十給我交代清楚，我要知道相關的全部實情。」

第三章　古巴人

十月廿三日，星期二，清晨 6:45（哈瓦那清晨 5:45）

發現蘇聯飛彈一個星期了，中情局的分析師仍然無法回答總統最急切的問題：核子彈頭到底在哪裡？分析師再三仔細檢查所有U-2偵察機的空拍照片，搜尋任何可能洩漏核子彈頭儲藏地點的蛛絲馬跡，比如有沒有特別加強防護的圍籬，或者任何對空防禦設備。執行封鎖任務的美國海軍艦艇上都裝設了輻射探測儀器，以測定核子彈頭是不是藉由船隻私運的方式進入古巴[143]。

空拍判讀師識別出幾處可能的儲藏地點，包括一座已經廢棄卻有違常理設置雙重圍籬的糖漿工廠[144]。其中幾座飛彈發射場正在地堡的基礎上迅速著手建造掩體，掩體由預先壓制而成的鋁製拱形建材構成，就像是在蘇聯的核子武器儲存設施。不過儘管有這些看似可能的線索，卻沒有牢靠的證據足以證明古巴島上確有核子彈頭現蹤。

事實上，蘇聯在古巴的核子武器庫藏量，遠遠大過華盛頓任何人心中盤算的最糟情況。庫藏中包含的不只瞄準美國的大型彈道飛彈，還有一系列小型武器也足以徹底消滅入侵古巴的陸軍或海軍：有給短程巡弋飛彈用的核子彈頭，有給伊留申廿八轟炸機（Ilyushin-28/IL-28，後文稱IL-28）用的核子彈頭，還有給「月神」（Lunas）戰術火箭用的核子彈頭。

第一批貨物在十月四日運抵馬列爾港，載運貨物的是德國建造的殷德傑卡號（*Indigirka*）。這艘船本來是運送冷凍魚類的貨輪，這次載運的則是九十枚蘇聯核子彈頭[145]：R-12 中程彈道飛彈使用的一百萬噸級核子彈頭三十六枚、巡弋飛彈使用的十四千噸級核子彈頭三十六枚、月神火箭使用的兩千噸級核子彈頭十二枚、還有 IL-28 轟炸機使用的十二千噸級原子彈六顆。亞歷山卓夫斯克號負責載運另外六十八枚核子彈頭：另外四十四枚巡弋飛彈使用的核子彈頭，以及 R-14 遠程彈道飛彈使用的一百萬噸級核子彈頭廿四枚（百萬噸級的爆炸力等同於一百萬噸的 TNT，千噸級則等於一千噸 TNT。摧毀廣島的原子彈，爆炸力大約是十五千噸）。

這批核子武器的儲備為數龐大，對負責的蘇聯士兵和技術人員來說，這是前所未有的任務經驗。因為在祖國，核子武器的運輸或儲藏都有嚴格的規定必須遵守；彈頭通常是用專門的列車由一處安全場所載運到另外一處，運送程序也有非常詳盡規範的種種預防措施，以確保正確的溫度與濕度。然而到了古巴，這些規範根本就無法實踐。當地的運輸系統非常簡陋，也沒有任何可以控制溫度的儲存設施。他們必須先用滾輪推車把核子武器從洞穴裡運進運出，再用廂型車和貨卡把這些武器拖上蜿蜒崎嶇的山路。見機行事是每天的家常便飯。

阿納斯塔西耶夫（Valentin Anastasiev）中校負責押運 IL-28 搭載的六枚重力炸彈，這是一種以鈽為原料的內爆式裝置，類似一九四五年八月在長崎投下的那顆「胖子」（Fat Man）原子彈。蘇聯軍方用一位炸彈工程師太太的名字，為這六枚重力炸彈起了小名「塔齊雅娜」（Tatyanas）[146]。當阿納斯塔西耶夫中校搭乘殷德傑卡號在馬列爾港靠岸，他才知道原來還沒在古巴找到合適的地點存放這批武器。塔齊雅娜是赫魯雪夫後來又加上的那一筆，他擔心美國可能有入侵古巴的準備，因此在九月七日決定再增運這批炸彈 147。因為IL-28的火力雖然可以射及佛羅里達，然而轟炸機的主要功能還是在於推毀美國軍艦以及大規模集結的部隊。

阿納斯塔西耶夫奉命從殷德傑卡號上將塔齊雅娜卸下，循著往哈瓦那的反方向，運送到沿海岸西行十英里遠的一座廢棄軍營。抵達軍營之際，眼前所見直教他瞠目結舌：這片地產只有部分設置了圍籬，儘管確是獨立不受干擾的地方，與道路遠方的古巴砲兵兵營有所區隔，但是這裡幾乎沒有任何安全設施。炸彈裝在巨大的金屬條箱，就堆置在看起來棟折榱崩的破棚屋裡，大門只用掛鎖鎖上，也只有一名蘇聯士兵看守。

蘇聯技術人員被分到的寢室在一座單層的大營房，距離曾在巴蒂斯塔名下的一棟海邊小屋不遠。這裡的夜晚悶熱令人窒息，為了讓空氣流通，他們把一艘船的螺旋槳扣在一顆引擎上，放在窗邊運作。有微微的風吹來雖然讓他們舒服不少，但是馬達發出的惱人嘈雜聲響，卻害大家徹夜無法入眠。

古巴或許是熱帶天堂，一如哥倫布（Christopher Columbus, 1451–1506）的描述——「人類舉目所見最美麗的島嶼」——不過對一般蘇聯官兵來說，古巴是個怪異甚至有點恐怖的地方，隨處可見野生動物，可能致人於死的植物和昆蟲，以及有毒的供水。阿納斯塔西耶夫的一位同袍就是被魟魚攻擊後溺斃身亡。

蘇聯衛兵們某一天為了打發時間，捕來了一條很大隻的梭魚，他們在魚肚子上繫了條繩子，把梭魚養在巴蒂斯塔的游泳池裡。每當這些衛兵覺得無聊，他們就虐待或是逗弄這可憐的動物，用力扯著魚肚上的繩子沿著游泳池繞，直到梭魚齜牙咧嘴奄奄一息。阿納斯塔西耶夫中校覺得這真是一種「屁孩」的消遣，但這總好過去招惹九十英里外那頭龐然的強大掠食者。

儘管阿納斯塔西耶夫掌管的彈藥庫足以致數百萬人於死地，但他自己卻感到強烈的不堪一擊。要是美國人得知核子彈頭藏在哪裡，他們必然會用盡所有方法不惜一切代價奪取彈頭；但是阿納斯塔西耶夫全身上下只有一把配槍，所以他終日惶惶不安，老是擔心美國突擊隊的奇襲或是反卡斯楚叛軍的攻擊。不過說來諷刺，正因為缺少安全圍籬還有武裝衛哨，反倒變成了塔齊雅娜的完美保護色[148]。美國人從來就沒發現塔齊雅娜究竟藏身何處。

一如殷德傑卡號，亞歷山卓夫斯克號也是在巴倫支海（Barents Sea）的科拉半島（Kola inlet）潛艦支援基地裝載核武上船[149]。這兩艘船穿過北極圈，而非通過黑海或波羅的海（Baltic）進入大西洋，如此一來便可避開博斯普魯斯海峽，以及丹麥和瑞典之間的斯卡格拉克海峽（Skagerrak Strait），這兩處都是北約嚴密監管的咽喉點。

在十月七日從北莫爾斯克港啟航之前，亞歷山卓夫斯克號已經在上甲板安裝了三十七毫米的防空炮[150]。既然名義上這是一艘載運農業設備前往友邦古巴的商船，船上的武器於是就小心翼翼暗藏在一綑綑的繩圈下。蘇聯部隊奉命，要是美國人試圖登船，他們可以扯開繩圈直接開火。

這艘芬蘭建造的現代船艦上，裝載的彈藥足以應付短時間但高強度的短兵相接。爆破專家在船身四周都安裝了炸藥，所以如果真有必要，可以迅速自沉這艘貨輪[151]。引爆炸藥的開關鎖在船長室旁邊的一個房間，房間鑰匙由高級軍官時時刻刻隨身攜帶。

由於此前蘇聯軍隊從來沒有經由海路運送武器的經驗，這趟航行更需要鉅細靡遺的準備。亞歷山卓夫斯克號和殷德傑卡號上因此都建造了特別的固定錠，搭配絞盤與安全綑綁兩套系統，以在船艙內安放這些核子彈頭。核子武器放置在金屬箱子裡，這些箱子有強化的鋼製基座，箱上還有鉤子與把手可以讓設備牢牢綁在牆上。這些棺材形狀的箱子尺寸是六英尺寬、十五英尺長，重量足足有六噸。

在距離古巴還有一星期航程之際，亞歷山卓夫斯克號在大西洋中部遭遇劇烈的風暴，儘管先前已設想過重重預防措施，此刻卻仍教人失魂喪膽。大風等級（gale-force）的強風挾浪重擊船身，雖然隔著艙壁，都像是隨時可以粉碎這些彈頭。核子安全官又加強了多重捆帶與鉤栓，確保貨物完好不受任何損傷，就這樣在風暴中艱困行駛了三個晝夜方才脫險。事後一位軍事記者讚揚亞斯垂博夫（Anatoly Yastrebov）船長和他的兩名士兵，「拯救了這艘船」以及船上的兵員[152]。亞斯垂博夫因其「自制、堅定與勇氣」獲頒紅旗勳章，這是等級第二高的蘇聯軍事獎章。

為了避免引起意料之外的注意，亞歷山卓夫斯克號在橫越大西洋的航程中，多半維持無線電靜默[18]狀態[153]，與莫斯科方面的通訊，則是由護衛艦阿爾梅季耶夫斯克號經手。中情局在十月十九日鎖定了亞歷山卓夫斯克號的位置，其時距離古巴仍有四天航程；不過中情局將這艘船列為「載運乾貨」的船隻，沒有特別的重要性[154]。

亞歷山卓夫斯克號和殷德傑卡號一樣，原先排定停靠在馬列爾港碼頭。不過十月廿三日破曉前，它距離馬列爾港還有將近兩百英里之際，卻收到赫魯雪夫的指令：前往「最近的港口」。最近的港口是位於古巴北部海岸的伊薩貝拉（La Isabela），那是一座易受颶風侵襲的孤立小村莊。

伊薩貝拉村被鹽沼和紅樹林沼澤環繞，儘管只是一時權宜，但是要把威力如此強大的核子彈藥庫藏在這樣的地點，確實也頗為古怪。這座村莊位於一個人跡罕至的半島上最突出的角落，距離最近的小鎮也有十英里之遙。廿世紀前期，拜鐵路聯通了港口與古巴中部的甘蔗園之賜，伊薩貝拉村的經濟發展一度欣欣向榮。外國船隻在此停靠，卸下載運的機械設備和木材，再把大量的蔗糖搬上船運走。隨著古巴革命之後對外貿易衰落，這座港口也失去往日的重要性。而今舉目所及，街道兩旁排列著瓦頂的單層木造棚寮，街面上盡是隨意晃蕩的山羊。

因為地處偏遠，伊薩貝拉村成為反卡斯楚游擊隊從佛羅里達和波多黎各，對古巴發動武裝襲擊的理想地點。十月十六日甘迺迪批准的祕密破壞行動中，有一項就是「由兩名古巴蛙人執行水中爆破攻擊，摧毀在伊薩貝拉的貨物裝運以及港口設施」[155]。而在前一星期，叛軍團體「阿爾法六六」（Alpha 66）的成員，試圖在一艘蘇聯船艦的船身上裝設磁性炸彈，計畫未果後轉而攻擊了這座村莊。這些突襲分子事後吹噓他們「炸毀了一座鐵路倉庫，擊斃的廿二人之中還包含五名蘇聯陣營人員」[156]，不過他們其實與古巴民兵交火後就撤退了。

⑱ 編註：radio silence，指由於軍事戰術或緊急救援等考量，某區域的無線電發射裝置暫不發送訊號，以避免洩密、影響救援通訊等。

亞歷山卓夫斯克號以及護航的阿爾梅季耶夫斯克號，駛進一處沙礁庇衛的港灣，在清晨五點四十五分抵達伊薩貝拉[157]。核武儲存專家以及蘇聯國安會的警衛隊一得知消息隨即趕赴現場，蘇聯駐哈瓦那大使阿列克謝夫（Aleksandr Ivanovitsj Alekseev, 1913–2001）知道克里姆林宮必然焦心於船艦的安危，於是藉由國安會的頻道，回報了「亞歷山卓夫斯克號安抵……正在校準熱核武器」的軍情[158]。

蘇聯總參謀部在哈瓦那的代表格里博科夫（Anatoly Gribkov, 1919–2008）將軍，也來到伊薩貝拉迎接亞歷山卓夫斯克號的到來。「這下你給我們送來好多馬鈴薯跟麵粉。」他跟船長開了個玩笑[159]。

「我不清楚我送來的是什麼。」船長不確定誰才知道他載運的最高機密貨品，所以只好這麼回答。

「別擔心，我知道你送來的是什麼。」

現在看似沒有什麼理由把廿四顆R-14飛彈用的核子彈頭卸下船，因為這批長程彈道飛彈都還在海運途中，而且由於美國的海軍封鎖，眼看是到不了古巴了。所以如果把核子彈頭繼續存放在亞歷山卓夫斯克號的空調環境中，或許還更加安全。不過四十四枚戰術彈頭則是會卸下船，由武裝護衛隊運送到分別位於古巴島東西兩端的巡弋飛彈營；一座在東方省，另一座在比那德里歐省[160]。

各種活動很快就以這個港口為中心展開。炮艇在港灣的入口巡邏偵察，蛙人則持續檢查亞歷山卓夫斯克號的船身周遭是否布有水雷。入夜之後核子彈頭才卸載下船。泛光燈照亮了碼頭，此時船上的起重機把泛著金屬光澤的鋼箱一個接一個拉出船艙，悉數排放在碼頭上。看著吊臂上這些核分裂物質在船身上空搖搖欲墜的危險樣子，核子安全官忐忑不安屏住呼吸，因為他們知道只要稍有差池，可能就會引爆這座巨大的核子軍火庫。

原子彈是最後一批送達的核子武器，而其最佳的保安措施就是與其重要性毫不相稱的儲藏地點。中情局的空拍判讀師曾經注意過馬列爾港，但華盛頓方面完全沒人想到伊薩貝拉是可能儲藏核子武器的地點。到了十月廿三日，白宮已經全然忘記甘迺迪一星期前批准的「水中爆破攻擊」計畫。

十月廿三日，星期二，中午 12:05（哈瓦那上午 11:05）

如果甘迺迪總統意欲將古巴領土上的蘇聯飛彈，解釋為一種對於全世界的威脅，那他還需要更清楚的相片才能說服世人。直到目前為止，美國情報分析師的依據仍然只有U-2偵察機拍攝到的模糊影像；雖然有幾張爆炸性的相片，確實提供了蘇聯在古巴部署中程飛彈的第一手明證，不過對於非專業人士而言，仍然有判讀上的難度。

U-2偵察機的第一次任務是十月十四日星期天晨間，由黑澤（Richard Heyser）上校執行。在古巴西部靠近聖克里斯托巴鎮（San Cristóbal）的一片梯形區域，據報有與飛彈相關的活動，黑澤上校的飛行路線事先經過縝密安排，用意即在偵察這些活動。過去幾個星期，古巴的安全部隊封鎖了鄉間大片土地，好讓許多覆蓋著帆布的狹長管狀物體由車輛載運，轆轆通過偏僻的農村和莊園；至於這些物體究竟是什麼，中情局的分析師已經奮鬥了幾個星期，想方設法從各種分歧的見解中找出合理解釋。

當時黑澤上校是從七千英尺的高度拍攝這些照片。現在美國人又來到古巴執行偵察任務，這次的飛行高度，只比樹頂再高一點。

第六十二輕裝攝影中隊（Light Photographic Squadron No. 62）的六架RF-8十字軍噴射機（RF-8 Crusader），從西嶼的海軍航空站起飛，往南飛越佛羅里達海峽[161]。為了避免出現在古巴或蘇聯的雷達螢幕上，他們低空飛掠海面，低到有時候連浪花都會濺到機身。這六架RF-8兩兩成對飛行，三架長機後方偏右的半英里處是跟隨編隊的三架僚機[19]。抵達古巴海岸線之際，六架飛機爬升到大約五百英尺，隨後分散開來飛往三個不同方向。

中隊指揮官艾克（William Ecker）和他的僚機駕駛員魏漢彌（Bruce Wilhelmy），直接飛越馬列爾港附近的一座地對空飛彈（Surface-to-Air Missile, SAM）發射場，朝西南穿越羅薩里歐山脈（Sierra del Rosario Mountains），飛往聖克里斯托巴第一號中程彈道飛彈發射場（San Cristóbal MRBM Site No. One，中情局以「聖克里斯托巴」這座小鎮為四座飛彈發射場命名，不過這座第一號發射場，實際上比較接近再往西廿英里的一座村莊，巴紐斯的聖迪亞哥）。駕駛員考夫林（James Kauflin）和希維特（John Hewitt），飛往哈瓦那周邊的地對空飛彈發射場及軍用機場；萊利（Tad Riley）和柯菲（Gerald Coffee）則朝東，飛往古巴中部及大薩瓜鎮周邊的飛彈發射場。

一如其他飛彈陣地，聖迪亞哥的這座飛彈發射場也藏身於層巒疊嶂之後。艾克緊貼他右方被松樹覆蓋的山脊線低飛，由東邊靠近目標；僚機魏漢彌緊隨長機，保持一百英尺的距離，略為偏左，靠近開放的平原。當艾克探知目標所在，他立刻爬升到一千英尺的高度然後維持水平飛行。一千英尺是拍攝低空偵察照片的理想高度[162]。低於一千英尺，底片的重疊不足，會使照片的成像模糊；高於一千英尺則會造成底片的重疊過多，以致喪失了細節的呈現。

底片膠卷供應有限，為了節省使用，飛行員到最後一刻才開啟照相機。飛機上總共有六臺照相機：駕駛艙下方有一臺大型的前向照相機，接著是裝設在不同角度的三臺較小型照相機，拍攝地平線全景照片，再後面是一臺垂直照相機，最後則是機尾的照相機，拍攝側向的照片。

兩架十字軍噴射機以大約五百節的速度飛越棕櫚樹林上空，飛行員有十秒時間瞥一眼蔓延鋪展的飛彈發射場。他們的相機猛烈地發出喀嚓喀嚓的快門聲，每一秒拍攝四格照片，也就是每飛行七十碼拍攝一格。前向照相機拍出的照片是最有用的，六乘六英寸的底片上包含了鄉村的全景，還有飛彈發射器、卡車，甚至每一位士兵這樣的細節。垂直照相機能拍下的細節最多，兩架飛機正下方一百五十碼寬的地面範圍內，一切就如同影像敘事般記錄在細長的膠卷上。

黑澤上校九天前拍到的飛彈豎立發射架現在掩蓋在帆布下，但有纜線連接到樹林裡的控制站。飛彈放置在距離豎立發射架幾百碼外的長形帳篷裡，燃料拖車則停駐在不遠處。有幾輛卡車旁站著年輕人，看起來似乎未被頭頂飛過的的噴射機巨響驚擾。艾克拍攝完他左方的飛彈陣地之後，直接飛越一座類似機棚的巨大建築物；這座建築物以預製的白色版材構築而成，在整片主要是綠色的背景對映之下，這座白色建築顯得格外突出。工人們在屋頂上爬動，把版材釘到定位。後來相片判讀師辨識出這座尚未完工的結構體，就是核子彈頭的掩體。

調轉方向側傾機身，十字軍噴射機飛離飛彈發射場，往佛羅里達方向返航，降落在傑克森維爾

---

⑲ 編註：飛行術語。「長機」指「隊長機」，乃編隊飛行中負責指揮任務的飛機，而負責跟隨並支援長機的即為「僚機」。

（Jacksonville）的海軍航空站。技術人員取出炸彈艙裡的相片膠卷，急忙送進暗房沖洗。每當結束一次任務，就會有一位士兵套用模版在機身上畫一隻死雞挖苦卡斯楚，因為一九六年九月卡斯楚參訪聯合國時，古巴代表團竟就在他們下榻的飯店房間裡煮雞吃。於是「又得一雞」（"chalk up another chicken"）很快就變成飛行員每次完成低空偵察古巴的任務後，一種報捷儀式的高喊[163]。

中隊指揮官艾克中校還未及換下飛行裝，就馬不停蹄又搭機飛往華盛頓，因為參謀長聯席會議急召他前來五角大廈會議室向他們簡報。李梅將軍對於這回海軍搶了空軍鋒頭頗感怏怏不樂，海軍居然配備更優良的照相機，而且大家竟都認為海軍比空軍更擅長低空偵察。當艾克為自己風塵僕僕的邋遢服儀向在場長官致歉時，這位空軍參謀長挪開嘴上的雪茄，皺眉怒容以對：「你是飛行員，媽的你本來就該滿身臭汗。」[164]

達瓦洛斯是前一晚被動員的哈瓦那大學學生，他跟著軍方的護送部隊往西邊的聖克里斯托巴前進，在半路上他就發現有飛機經過[165]。那天早上風和日麗，兩架飛機的機翼因為陽光反射而閃閃發光，太過炫目讓他一時看不清楚。他心想這一定是古巴的飛機，正要飛往附近的基地。

波柯尼科夫（Valentin Polkovnikov）的反應也類似[166]。看見一架機身上有白色星形徽識的飛機從頭頂一閃而過時，這位蘇聯飛彈部隊的中尉，正站在聖迪亞哥飛彈發射場的一處檢查站。他知道古巴空軍用白星當作機身徽識。當然美國軍機的徽識也是白星，不過他很難想像這些帝國主義者居然會這樣明目張膽不知分寸。

要不了多久電話就陸續響起，上級也陸續下達加強「警覺」的指令。訝異馬上就變成恥辱。飛機是從高空還是從低空飛過，就心理層面而言有極大的差異——對大多數古巴人來說 U-2 偵察機只不過是空中的一個小黑點，距離一如天壤而又與個人無關；但是這次的 RF-8 十字軍噴射機則是一種國恥，好像美國人可以愛什麼時候來就什麼時候來，隨心所欲飛越古巴享受一種施虐式的歡愉。有些古巴人甚至目睹——或者自以為目睹——美國佬飛行員以搖擺機翼當作一種充滿嘲笑的問候。

駐聖克拉拉蘇聯空軍基地的 MiG-21（米格 21）戰鬥機飛行員，也對於這樣飛越領空的舉動深感挫折。「為什麼我們不能還以顏色？」一位飛行員這樣抱怨，「為什麼我們就得像活靶一樣乖乖待著任人宰割？」[167] 將軍們懇求再三要大家耐住性子，他們奉命不得開火——起碼目前如此。

只要美國人想要，他們隨時可以轟炸飛彈發射場，這一點幾乎毫無懸念。要掩飾六十七英尺長的物體幾乎是毫無可能，儘管可以用帆布還有棕梠葉蓋住，但還是一眼就可以看出形狀。在部署飛彈之前，赫魯雪夫的手下向他擔保，可以把飛彈隱藏在棕櫚樹叢中。參謀總部的代表格里博科夫覺得這根本是天大的笑話，「只有那些毫無軍事背景，對飛彈整體配套設備一無所知的人，才會妄下這樣的結論」[168]。

身在古巴的大部分蘇聯指揮官們所能做的，也只有下令採取緊急措施，盡快讓所有飛彈進入戰備狀態。蘇聯士兵早已習慣斯達漢諾夫社會主義勞動競賽的模式，以規劃性方式爆發群眾的熱忱，達到「完成計畫甚至超額完成計畫」的目標。幸運的是，R-12 中程彈道飛彈團當時幾乎是滿員的狀態。蘇聯原先計畫部署大約四萬五千名士兵，十月廿三日時已有四萬兩千八百廿二人抵達古巴[169]。

飛彈發射場通宵擠滿勞動人力，一個飛彈團花了三個半小時，才把核子彈頭掩體的第一根半圓形曲樑立起來。接下來進度加快，總共以四十根半圓形曲樑為結構的掩體，在三十二小時內完成。這些掩體的設計，可以抵擋每平方英寸一百四十磅強度的爆炸[170]。

古巴的表土多岩石，以致於大部分的挖掘工作必須以手工完成。格里博科夫將軍在巡視飛彈發射場的時候大吃一驚，因為出乎他意料之外，這裡的士兵居然用十字鎬和鏟子清理土地，但是努力的成果卻也比得上原來該用推土機跟牽引機完成的工作。他為此事下了一個難堪的注解——有句蘇聯士兵的老生常談，「一工兵，一斧頭，一整天，一樹樁」，如今蘇聯「運送了當代最精密的軍事科技」到古巴，沒承想卻仍然「深深束縛」於蘇聯士兵的舊來窠臼。

下午天氣驟變，開始吹起冷冽的北風。強風掀起的波濤砸向哈瓦那的馬雷貢濱海大道，一片片濺散如羽毛般的浪霧，濡濕了正在行進的民兵。士兵已經在歷史悠久的國家飯店外架起防空炮；黑手黨老大盧西安諾（Charles "Lucky" Luciano, 1897–1962）過去曾在這裡召集過幾次高峰會，與其他黑手黨領袖會面商議；從英國首相邱吉爾（Winston Churchill, 1874–1965）到澳洲演員福林（Errol Flynn, 1909–1959），許多世界知名人物也曾來此喝上一杯黛綺麗雞尾酒。

哈瓦那濱海大道的石牆邊，整天都有小批小批的人潮群集，他們心懷期待向北面凝望，掃視地平線上能否看見美國軍艦的身影。風雨交織而成的簾幕沿著海岸猛烈擊來，更凸顯這座島嶼煢煢孤立的處境。在甘迺迪發表實行封鎖的演說還有卡斯楚的全面動員令之後，這座島嶼實際上已經處於封閉隔絕的狀態。只有官方的車輛獲准在主要道路上行駛，民航交通則無限期取消，包含泛美航空每天往返哈瓦那和邁阿密之間的航班。

已經連續幾個月，古巴的中產階級在哈瓦那機場排隊，希望能夠搭上泛美航空的班機，到美國展開自己的新人生。這些難民被稱作「九十英里跋涉者」，他們願意拋下一切——房子、汽車、工作，甚至他們的家庭——只為了能夠逃離革命。然而現在這條生命線也被割斷，使得這些當今政權的反對者深陷幽閉恐懼症的窒息鬱悶之中。

「旁人決定我的人生，而我卻無能為力，」古巴知識分子德斯諾斯（Edmundo Desnoes, 1930–）後來就以古巴飛彈危機為背景，創作了小說《低度開發的回憶》（*Memorias del Subdesarrollo [Memories of Underdevelopment]*, 1965），「整座島嶼就是一個陷阱。」[171]

不過這個國家的孤立隔離，似乎並未給大多數古巴人帶來什麼煩擾。一夜之間，哈瓦那和其他古巴城市的大街小巷裡湧現成千上萬張海報；海報上的圖案是一隻緊攫機關槍的手，標語則是白色大字寫著：*A LAS ARMAS*——意思是「訴諸武力」。

「一個顏色，三個語詞，一個手勢——這張海報概括了古巴人的即時反應，」阿根廷人吉利（Adolfo Gilly, 1928–）站在古巴這一邊，他目睹了當時的一切，「古巴就像一個人，以步槍為伴。」[172]

那天一早，《革命報》的頭條大肆宣傳「*FIDEL HABLARÁ HOY AL PUEBLO*」：卡斯楚今天會向民眾發表演說。

十月廿三日，星期二，晚上7:06

橢圓形辦公室裡閃光燈啪啪不停閃爍，甘迺迪簽署了兩頁的總統公告，授權美國海軍可以攔截航向古巴且裝載「攻擊性武器」的蘇聯船艦，若有必要則可「拘留」該船艦。他用帶著一點花飾的流暢草寫簽下全名——約翰．費茲傑羅．甘迺迪。海軍封鎖將在華盛頓時間翌日上午十點生效。為了讓這次封鎖看來在國際的合法性上站得住腳，甘迺迪延緩發布總統公告，直到他的外交官確認美洲國家組織（Organization of American States, OAS）以十九比零的投票結果同意之後，方才公布決行。

坐在那張由皇家海軍堅毅號木材製成的書桌後，白色手絹從西裝的胸前口袋露出一角，身後是星條旗，甘迺迪表現出的就是總統堅定果斷的形象。不過這絕非他此刻的心情。他整天不停詢問他的顧問群，如果美國軍艦與蘇聯船艦正面對決會是怎樣的結果，而且對於可能發生的任何差錯，一直感到心神不寧。如果美國海軍試圖登上蘇聯船艦而俄國人開火反擊的話，那結果很可能是「一場徹底的屠殺」。

國務卿魯斯克剛剛提出了「嬰兒食品」的假想劇本：一艘蘇聯船隻出現而且拒絕停船，美方以武力強行登船之後，卻發現滿船裝載的貨物只不過是嬰兒食品，於是接踵而來的便是一場公關危機。

「我們也有可能射殺三位護士！」國家安全顧問邦迪若有所思地說。

「那是因為他們打算繼續前進，」總統推論，「我們試圖擊毀船舵或是鍋爐，下一步我們就會試圖登船。他們的反擊先是開一槍，接著上場的就是幾把機關槍。於是我們的登船將會十分艱難。……你們既然無法拿下這艘船，最後可能就只好擊沉這艘船。」

「他們也可能下令炸毀自己的船或採取其他行動。」總統胞弟羅伯插了個嘴。

「我最擔心的就是這種嬰兒食物的事。」國防部長麥納瑪拉焦躁難安。

不過更深的憂慮恐怕是蘇聯潛艦，根據報告，至少有兩艘載運飛彈的船艦有潛艦跟隨在後。美國海軍進取號航空母艦（USS *Enterprise*）就部署在鄰近地區，甘迺迪並不確定此舉是否明智。「我們可不想馬上就折損一艘航空母艦。」

簽署總統公告之後，甘迺迪和羅伯在內閣室碰頭；沒有幕僚在他們身旁，兩兄弟就可以更開誠布公，彼此吐露真正的想法。那天晚上賈桂琳（Jacqueline Kennedy）舉辦了一場正式晚宴接待齋浦爾的大公，總統對此頗感惱怒，馬上就要跟赫魯雪夫一決雌雄了，她這種時候安排晚宴無異讓人分心，實屬多餘。有那麼一瞬間，看起來甘迺迪似乎改變了心意，不過他很快就置之腦後。

「看來這次是真的要玩陰的了，對吧？」他跟弟弟說[173]，「不過話說回來，我們真的沒有選擇。如果這次他們真的這麼陰——天啊！他們下次還想捅出什麼婁子？」

「沒錯，我們從來沒有任何選擇，」羅伯同意，「我覺得你搞不好……你搞不好會被彈劾。」

「嗯，我也是這麼想。我搞不好會被彈劾。」

距離白宮四個街廓之外，此刻蘇聯的外交官正在他們的大使館，舉辦招待魚子醬和伏特加的晚宴，歡送一位即將離開的海軍駐外武官。身著軍裝的每一個人，身邊都圍滿了賓客，亟欲探聽莫斯科方面對於封鎖的因應之道。「我已經參戰三次，現在我滿心期待參加下一次，」這位武官是杜博維克（Vladimir

Dubovik）中將，他用手帕擦去手汗，氣勢洶洶地誇口，「我們的船一定可以突破封鎖。」[174]

「他才是軍人，我可不是，」逢人問及對於杜博維克言論的看法，駐美大使達勃雷寧只有聳肩以對，「只有他才清楚海軍下一步會怎麼做。」

其他蘇聯官員就沒有那麼虛張聲勢。在駐聯合國代表團的紐約駐所，蘇聯外交官們就互相開起黑色玩笑：如果發生核戰那他們的墓誌銘要怎麼寫。

「此地長眠者乃蘇聯外交官，」其中一位如此建議，「命喪於自家炸彈之手。」[175]

十月廿三日，星期二，晚上8:15

麥納瑪拉步出他在五角大廈最外環（E-Ring）三樓的辦公室，身後緊跟著軍職和文職助理；這一段走廊是五角大廈權力等級最高的辦公室所在[20]，可以遠眺波多馬克河（Potomac River）。他正要前往大廈另一翼樓上的海軍旗艦指揮中心（Navy Flag Plot），也就是這次封鎖行動的神經中樞。至於海軍如何計畫執行封鎖行動，總統指示麥納瑪拉要嚴加監控。

甘迺迪勝選後，承諾要把當代「最優秀又最聰明」的一時之選統統帶來華盛頓，現年四十六歲的麥納瑪拉，正是此類俊彥中的典型。那時電腦正開始為美國的工業帶來改變；麥納瑪拉戴著金絲細框眼鏡，仔細修剪的頭髮向後梳成整齊光滑的油頭，他無論看起來或聽起來都像是一臺人類版的電腦。他的大腦似乎運行得比誰都要快。快速瞄準全神貫注於複雜的問題，然後將之歸納簡化為一則簡練精確的數學公式，這是他過人的本領。不過他也有較為敏感和熱情的一面，吸引女性芳心。「到底為什麼，」羅伯有一次問，「人家都叫他『電腦』，可是我所有的姊妹在晚宴時都想坐在他旁邊？」[176]

儘管勉為其難地承認這位國防部長才華洋溢，身著戎裝的軍人卻也覺得他妄自尊大又愛管閒事。許多高階軍官對他極其厭惡，他們對部長身邊那一批過於年輕的文職人員也頗有微詞：這批人稱「神童」的年輕人，似乎有種一心要動搖軍方的調調。他們私下指控麥納瑪拉規避正規的指揮系統，他們痛恨麥納瑪拉慣於向下插手五角大廈的內部運作，他對他們的數據提出異議，否決他們最喜歡的武器系統，而且質疑傳統的行事方式，過去從沒有任何國防部長像他這樣。

至於麥納瑪拉自己，他最擔心的則是從海軍那裡獲得的訊息不夠準確，也不夠及時。不管是他還是副部長吉爾派崔克（Roswell Leavitt Gilpatric, 1906–1996），都無法看到大西洋艦隊總司令（CINCLANT）從維吉尼亞州諾福克（Norfolk, Va.）發送給艦隊的訊息。他們擔心一個微不足道的小事件——好比俄國水兵和美國水兵兩人起了爭執——就可能如滾雪球般愈滾愈大，最後演變為核戰。因此在原子時代，對總統來說就連可以「指揮」武裝軍隊都已不再足夠，總統還需要可以日日夜夜，有時甚至分分秒秒，遂行他對於軍隊的「掌控」。

步入海軍指揮中心，國防部長和他的助手們首先面對的是牆上的巨幅大西洋地圖，其上清楚標示了美國和蘇聯船艦所在的位置。指揮中心門口由武裝的海軍陸戰隊隊員把守，指揮中心內的士兵用長柄的

⑳ 譯註：五角大廈的五邊都有五進，即由A至E的五層環狀結構。A環靠近中庭，而E環（E-Ring）位於最外圍，得以觀賞外景，故部長和參謀長聯席會議主席等高級官員的辦公室多位於最外環。

把手推動地圖上的標誌，以反映最新的情資。旗標代表美國的航空母艦和驅逐艦，從地圖上古巴最東端五百海里處的波多黎各，一路往西向佛羅里達的海岸延伸，排列成一條長長的弧線。另外有廿多個箭頭則代表蘇聯船艦，從大西洋方向指向古巴。

一如他在白宮讓甘迺迪整天吃盡苦頭那樣，麥納瑪拉用他一貫直率無禮不多說廢話的風格，向當天負責的海軍上將展開連串提問的炮火。美國軍艦要如何示意蘇聯船艦停下來？船上有俄語口譯員嗎？要是對方拒絕回應我方的信號又該當如何？萬一對方開火那我方又要如何回應？為什麼這些軍艦不在正確的位置上？

對於這連番的提問，這位值勤的海軍上將或者不情願回答，又或者無力回答。這種質問的方式已經超出海軍傳統的界線。親眼目睹這一幕的某位海軍軍官後來解釋：「海軍的部隊倫理，是你告訴別人『要做某事』，而不是『該怎麼做某事』。」[177]而麥納瑪拉就是在告訴海軍，該怎麼做海軍的工作。

麥納瑪拉並不滿意他得到的答案，於是他要求海軍作戰部長（Chief of Naval Operations, CNO）安德森（George Whelan Anderson, Jr., 1906–1992）上將來見。這位上將高大英挺，在海軍有多種頭銜，如00[21]、部長和「帥氣喬治」（Gorgeous George）。他堅定奉行海軍的信條，「慎選下屬，然後放手讓他們去做」。他的辦公室位在五角大廈最外環，對每一位來到辦公室的訪客，他都會告知以他的人生哲學。那是由幾條簡單的金句組成：「緊緊抓住基本原則。把細節留給幕僚。力求高昂的士氣，這具有超越一切的重要性。不要發牢騷也不要發愁。」[178]在簽署完有關封鎖的規則後，他送交一份備忘錄給麥納瑪拉，上面寫著：「從現在開始，除非我們獲悉額外的情報資訊……否則我不打算干涉在場的上將。」[179]

海軍封鎖古巴的行動雖是由安德森一手策畫，但他是在抗議未果的情況下心不甘情不願接受這份工作。他告知麥納瑪拉這無異於「亡羊補牢」[180]。核子飛彈已經在島上了，因此封鎖不可能達成讓飛彈撤離古巴的目標，封鎖代表的只是對抗蘇聯而非對抗古巴。安德森認為更好的選擇是轟炸飛彈發射場，不過他還是會執行上級的封鎖指令。

對於麥納瑪拉干預行動事務，安德森上將深感不悅[181]；因此他也決心維護海軍最嚴加保守的機密之一：海軍有能力透過精密的探測接收器網絡，定位蘇聯潛水艇。麥納瑪拉先前質疑有些美國軍艦的位置，那些軍艦就是在追蹤蘇聯的狐步級潛艦。雖然國防部長和副部長顯然有資格知道這項祕密資訊，不過陪著他們一起來到海軍指揮中心的幾位文職助手，就沒有獲知的資格了。為了解釋他們所悉潛艦目前的動向，安德森上將把麥納瑪拉部長和吉爾派崔克副部長帶到隔壁一間較小的辦公室——情報指揮中心（Intelligence Plot）。

其實麥納瑪拉沒那麼關心各艘船艦的精確位置，相對來說他更關心的問題是海軍的「封鎖」應該如何執行。海軍軍方是按照字面意義解釋封鎖的概念：不允許禁運的武器通過。不過在麥納瑪拉和甘迺迪眼裡，封鎖更像是一種機制，以向敵對的超級強權傳送政治訊息；終極目標在於讓赫魯雪夫打退堂鼓，而不是真的要擊沉蘇聯船艦。針對海軍如何阻止第一艘試圖穿越封鎖線的蘇聯船艦，國防部長向海軍作戰部長提出連珠炮式的質問。

21 譯註：00，念如 double O。在弗萊明（Ian Lancaster Fleming, 1908 -1964）的詹姆斯・龐德系列小說中，隸屬英國軍情六處（MI6）「00 科」（00 Section）的幹員，代號都以 00 開頭。此處 00 或取此意。

「我們會先呼叫他們。」[182]

「用哪種語言——英語還是俄語？」

「我怎麼會知道？」

「假如他們聽不懂你要怎麼辦？」

「那我們就用旗語。」

「好，那假如他們不肯停下來怎麼辦？」

「那我們就向船艏前方開火示警。」

「假如沒有效果怎麼辦？」

「那我們就真正開火擊毀船舵。」

「要是沒有我明確的許可，你不准朝任何東西發射任何一發砲彈。你聽清楚了嗎？」

那天下午稍早，安德森上將還要求他手下的指揮官們注意看看《海戰法》（*Law of Naval warfare*）；這本一九五五年出版的手冊，詳細記述了登上敵方軍艦以及搜查敵方軍艦的流程。他隨手拿起一本精裝的《海戰法》小冊子在麥納瑪拉面前晃了晃，告訴他的頂頭上司：「部長先生，該怎麼做，這裡面全都有答案。」[183]對於「強烈抵抗搜查或逮捕」的軍艦，手冊上授權得以「摧毀」之。

依照吉爾派崔克後來對於這個片段的回憶，聽到麥納瑪拉吹毛求疵的質問，安德森幾乎無法按捺滿腔怒火。「你給我少管點閒事，」他的火氣終於爆發出來[184]，「我們知道怎麼做，我們從約翰．保羅．瓊斯[22]的時代就在做這些事了。現在麻煩你滾回你自己的地盤，部長先生，這裡的事我們自己會處理好。」

吉爾派崔克清楚看到他上司的臉上一陣青一陣白。他一度擔心在群集的海軍高級軍官面前，這兩人會爆發激烈的唇槍舌戰。不過麥納瑪拉只是簡單回應：「你聽到我說的了，上將，沒有我的許可就不許開火。」然後便掉頭離開房間[185]。

「這是安德森的終點了，」部長與副部長的辦公室相鄰，在走回去的路上，麥納瑪拉對吉爾派崔克說，「對我來說，他已經失去我對他的信賴。」

國防部長和海軍作戰部長的衝突只是一個縮影，背後象徵的是更巨大的抗衡，亦即文職官員和戎裝軍官之間對於權勢的爭奪[186]。這個事件一而再再而三地口耳相傳，最後幾乎披上傳說的外衣。舉例來說，絕大多數對於這場飛彈危機的記述，都聲稱這場口角衝突發生在星期三晚上而非星期二晚上——也就是在封鎖行動開始實施之後。然而根據一篇詳查五角大廈日記和其他紀錄後寫成的研究，這根本就不可能。星期三晚上，在大家口口聲聲說安德森以辛辣的言語衝撞麥納瑪拉的那個時間，安德森根本就不在五角大廈裡。

十月廿三日，星期二，晚上 9:30

約莫就在麥納瑪拉離開情報指揮中心的時候，在波多馬克河的對岸，焦躁不安的羅伯・甘迺迪現

㉒譯註：John Paul Jones（1747–1792），美國海軍之父。

身在華盛頓西南區第十六街的蘇聯使館大門口。他來面會達勃雷寧大使。使館的建築宏偉壯麗，氣派萬千，這座宅邸原先是由火車界鉅子普爾曼（George Mortimer Pullman, 1831–1897）的遺孀在世紀之交興建。達勃雷寧的住所位於宅邸三樓，他陪同羅伯一起上樓；他請羅伯坐在客廳，並送上一杯熱咖啡。

羅伯告訴大使，總統覺得自己被蘇聯背叛。赫魯雪夫保證古巴沒有攻擊型飛彈，總統相信了，但現在卻發現原來自己受騙，這件事「對於世界和平來說有毀滅性的關聯」。羅伯話說完又補上一句，眼下共和黨人正猛烈抨擊他的胞兄，而正是蘇聯的保證讓他的胞兄「賭上自己的政治生涯」。達勃雷寧一時無言以對，因為連他自己都被莫斯科蒙在鼓裡，他只能頑強地堅持美國的消息肯定有誤。

大使陪同羅伯走回座車，此時羅伯問道，蘇聯給船艦的船長們下達了怎樣的指示。達勃雷寧回答，據他所知船長們奉行的命令，是「在公海上凡遭遇不合乎法律的停船或登艦搜查要求，一概不予理會」。

「我不知道事情該如何收場，」羅伯在他們互道再會之際說，「不過我們打算阻止你們的船艦前進。」[187]

「這可是戰爭的舉動。」大使抗議。

十月廿三日，星期二，晚上 9:35（哈瓦那晚上 8:35）

一千一百英里之外，在哈瓦那最高檔的維達多區，一行政府車隊在電視攝影棚外停了下來。斐代爾・卡斯楚（Fidel Castro, 1926–2016）身著他正字標記的一身橄欖綠工作服，跳下一輛吉普車，穿軍裝的部長們跟隨在後。他肩章上半紅半黑的菱形，鑒明了他是古巴總司令（*comandante*）的身分，這是古巴軍隊中最重要而且至為崇高的位階。就像昨晚的甘迺迪，今晚卡斯楚也計畫利用電視發表他一生中最重要的演講之一，並且藉此使他的同胞準備好面對即將到來的艱難歲月。

電視之於卡斯楚的重要性，一如電視之於甘迺迪。對他而言，電視這個大眾媒體也是一種殊具個人意義的媒介，使古巴人民認識「斐代爾」這個人而不是「卡斯楚」。他不再只是古巴的總司令，他也是總教席，不斷教導、勸誘與解答。古巴平均每人所擁有的電視，數字低於美國，但高於其他拉丁美洲國家；因此如果鄰里中有一臺電視，大夥兒都會擠到那臺電視前面看斐代爾。

身為革命領袖，大眾媒體對卡斯楚的成功來說是不可或缺的[188]。火爆的激進分子奇巴斯（Eduardo René Chibás, 1907–1951）過去曾利用廣播節目揭發腐敗和不公，而青年時期的卡斯楚，就醉心於收聽奇巴斯每週一次的評論。卡斯楚在對抗巴蒂斯塔時期，則是在山區架設了小型的無線電發射器，並名之為「叛軍電臺」（Radio Rebelde），用以鼓吹民眾對於革命的支持。當時巴蒂斯塔政府聲稱卡斯楚已經身亡，卡斯楚也利用《紐約時報》記者馬修斯（Herbert Lionel Matthews, 1900–1977）對他的專訪，駁斥傳聞的虛假。巴蒂斯塔倉皇出逃之後，卡斯楚以勝利者之姿遊行穿越古巴全境，全程的一舉一動差不多也都透過電視實況轉播，而其中最精采的高潮就是一九五九年一月八日，卡斯楚凱旋進入哈瓦那的那一刻。

卡斯楚跟甘迺迪一樣，都不是天生的公眾演說家；兩人都必須先克服一開始的怯場，才漸漸能夠開口演說。甘迺迪在一九四六年初次競選眾議員，那時候他必須私下一次又一次練習演說，直到他漸漸放得開為止。卡斯楚在大庭廣眾之下會感到不自在，以至於他會有意識地一點一點陷入心煩意亂的憤怒之中。對某些觀察家來說，卡斯楚那眾所周知的口若懸河——他常常一講就是連續五六個小時——其實與他的羞怯有關。「講話讓他感到疲憊，然而講話也是他休息的方法，」哥倫比亞作家馬奎斯（Gabriel García Márquez, 1927–2014）後來便是這樣評述卡斯楚[189]，「他發言的時候，一開始聲音總是微弱聽不清楚，內容的方向也不明確，但是他懂得利用任何事物做為素材，一點一點漸入佳境，最後他終會擄獲所有聽眾的心。」為了開口演說，卡斯楚得先花很大功夫克服心理障礙，不過一旦開口演說，他就發現自己很難停下來。

一位說話奉承諂媚的「採訪者」簡短開場之後，卡斯楚開始了長篇大論的演說，猛烈抨擊甘迺迪和美國。這次的演說是一盤一如往昔的雜燴，包含填膺的義憤、情緒高昂的雄辯、冗長而散漫的離題言論、尖酸刻薄的嘲諷，偶爾還會有在邏輯上站不住腳的推論。他運用在耶穌會學校接受的訓練，逐點仔細分析甘迺迪的演說；他一鼓作氣幾乎沒有停下來喘口氣的間歇，甚至從他的「第二點」直接跳到「第四點」，絲毫沒有提及「第三點」。

甘迺迪在演說中對「遭受奴役的古巴人民」表示同情，這番言論成了卡斯楚演說攻擊的箭靶。「他說的人民可是數十萬配備武器嚴陣以待的人。所以他應該說『遭受奴役的武裝古巴人民』才對」。「這根本算不上是政治家的言論，這只是海盜的胡言，」卡斯楚怒氣沖沖，「我們國家的主權不是美國佬的恩賜，而是我們與生俱來的權力……他們只有一個方法能夠奪走我們的主權，就是把我們從地球表面上消滅。」

卡斯楚在演說中傳達的力量，大部分來自於他令人著迷的肢體語言，最適合用在電視轉播上。單獨聽他的嗓音會覺得有點尖厲，音調過高；不過他的語氣中帶著堅定的信念，在言語與手勢的傾注之下，聽眾很容易受到感動。他的眼神中有一種洶洶的氣勢，加上前後飄動的濃密大黑鬍子，讓人聯想到《聖經．舊約》裡的先知。這尊猶如羅馬浮雕式的側像，呈現出十多種表情的一連串迅速變化：輕蔑、憤怒、幽默、堅決，但就是沒有一絲絲的自我懷疑。他比劃骨瘦如柴的修長雙手，做出強調的手勢，像是要劃開空氣，偶爾也會緊握椅子的兩側。每當提出一項觀點，他總是舉起右手食指，表現出一股尊長的威嚴氣勢，好似在挑戰任何一個不同意他觀點的人。

卡斯楚坐在古巴國旗前，九十分鐘的譴責抨擊之中鮮少提及蘇聯；也只有在反駁甘迺迪對於古巴的各項指控時，他才會提起飛彈。他倒是發表了對於古巴國家主權慷慨激昂的辯護，以及警告侵略者必然會被「殲滅」。

「我們的國家絕對不會接受任何人檢查，因為我們絕對不會給予任何人這樣的授權，我們也絕對不會讓渡我們身為主權獨立國家的專有權利。在我們的領土上，我們才是統治者，我們才是檢查這個國家的人。」

卡斯楚的這齣個人秀，讓駐古巴的外交官們有種老調重彈的感覺，不過確實引人入勝就是。當演講來到結尾語，他緊緊抓住椅子兩側，似乎要努力按捺自己繼續坐在椅子上：「我們所有人，無論男女老少，在這個危急的關頭都團結一心；我們所有人，無論革命分子還是愛國人士，大家的命運都緊緊相連。勝利終將屬於我們。」

「誓死保衛祖國！我軍必勝！」（*Rodina ili smert. Patria o muerte. Venceremos.*）他以這句作結，隨後便即刻從椅子上起身離開攝影棚。已經沒有多餘的時間可以浪費了。

卡斯楚發表電視演說的時候，哈瓦那街頭空無一人。演說一結束，人們就拿起蠟燭和臨時取材做成的火把，湧上雨水沖刷過的街頭。哈瓦那的夜空閃爍著點點火光，舊城區的巷道擠滿蜂擁而至的群眾，大家高唱國歌，猶如慶祝一九六八年那場擊退西班牙的勝利[190]。

不怕光榮戰死沙場，
（*No temáis una muerte gloriosa,*）
為國捐軀即為永生。
（*Que morir por la patria es vivir.*）

前美國外交官哈博霖（Maurice Hyman Halperin, 1906–1995）曾經遭控替蘇聯從事間諜活動，後來逃到古巴生活。他注意到當晚的人群中，有許多是在身上配帶著切肉刀或大砍刀，以這樣的方式自豪地武裝自己。「他們已經做好肉搏戰的準備，儘管敵人在無形間就可以把他們炸得粉身碎骨，也絲毫不見他們有丁點疑懼。」[191]

卡斯楚一路登上古巴的權力頂峰，他自認為這就像一齣道德劇。他就是劇裡的主角，對戰一系列遠比他強大的敵人，先是國內，繼之則是國外。而無論他的對手是巴蒂斯塔還是甘迺迪，卡斯楚的策略如出一轍：永不妥協的一股頑強；既然他遠比對手弱小，他就更不能表露出丁點軟弱。

為了贏得人民的追隨，卡斯楚必須展現出自己心中具備一種絕對的信念。另一位第三世界的領導人曾經有言，卡斯楚談論未來時是如此斬釘截鐵，猶如談論過去的歷史那樣確定。一切都取決於領袖的意志。一八九五年，「古巴獨立的使徒」馬諦（José Julián Martí, 1853–1895）在與西班牙人的作戰中喪生，卡斯楚就是從他身上吸收了這樣的哲理。卡斯楚上臺之後，就把馬諦說過的一句話用為他革命政權的口號，張貼在古巴全國上下的看板上：「沒有不可能的事，只有無能的人。」（*No hay cosas imposibles, sino hombres incapaces.*）

一如他的行為楷模馬諦，卡斯楚也願意為了自己的信念拋頭顱灑熱血，同時他也期待自己的追隨者一樣這麼做。「誓死保衛祖國」這句話充分表達了他個人的哲學。革命，幾乎可以說理所當然，就是一場只有兩種可能結果的高風險賭局；就像他並肩的戰友格瓦拉所說，「投身革命，你不是勝就是死」。這意思不是非得冒上不必要的風險，但確實意味著必須用手上最好的一道牌做孤注之一擲。卡斯楚如果死於革命，他就會成為古巴史冊上記載的烈士；如果他存活下來，那他就會成為民族英雄。

就是這種孤注一擲的意識，使得卡斯楚有別於這場危機中的另外兩位男主角。儘管方式有異，但是甘迺迪跟赫魯雪夫都承認核子時代的各種現實，而且深深理解核子戰爭將會帶來讓人無法接受的破壞，無論對勝方或敗方皆然。然而卡斯楚卻全然相反，他從來沒有因為習見的政治算計而動搖——他是一個具有特大號自我的「反政治家」（antipolitician）。在英國駐哈瓦那大使馬尚特（Herbert Stanley Marchant, 1906–1990）眼中，這位古巴領導人是「大頭症中的大頭症」，是「有偏執狂傾向的自大狂」，是「性情暴躁但腦袋混亂的天才」。在這三位領導人中，只有卡斯楚身懷一種妄自尊大的野心，認為自己就是歷史選來執行特殊任務的那個人。

一九二六年，卡斯楚誕生於東方省一座種植甘蔗的農莊，這是一個西班牙移民家族，世代興旺，他是家裡的第三個孩子。年方七歲的卡斯楚就展現造反的脾性，大使性子堅持要家人送他去讀寄宿學校。在古巴聖地牙哥的耶穌會學校接受教育之後，卡斯楚到哈瓦那大學念書。那是全國最具聲望的學術機構，然而他在學校裡大部分的時間，都花在組織各種抗議活動，其中包含一九四七年一場四十八小時的全體罷課，抗議有一位高中學生在反對政府的示威運動中遭到殺害。

卡斯楚青年生命的轉捩點，是一九五三年七月廿六日，他偕同一百廿三位武裝追隨者意圖攻佔古巴聖地牙哥的蒙卡達軍營（Moncada military barracks）。這是一次一敗塗地的攻擊行動，導致這批在武力上以卵擊石、在人數上以寡敵眾的叛軍，幾乎盡數遭到逮捕。不過卡斯楚卻能一反劣勢，把這次失敗塑造成七月廿六日政治運動的創始神話，也使自己成為反對巴蒂斯塔的焦點人物。他利用自己的受審做為批判政府以及吸收更多追隨者的戲臺，說出他最著名的那句臺詞：「判我有罪吧，我無所謂。歷史將會宣告我無罪（*La historia me absolverá.*）。」他被判刑十五年，但服刑不滿兩年就獲得特赦，並在一九五五年七月離境前往墨西哥。

一九五六年十一月，卡斯楚與八十一位追隨者搭乘「格拉瑪號」（Granma）快艇從墨西哥啟程，航向沿著古巴東方省海岸延伸的高聳山群——馬埃斯特拉山脈。颺航之際卡斯楚對大家說：「我們若不是成為自由人，就是成為烈士。」對於看來根本是癡人說夢的推翻巴蒂斯塔行動，卡斯楚卻一如既往，帶著近乎荒謬的樂觀看待成功的可能性。他一次展望一小步，「只要我們離開，我們就會抵達。只要我們抵達，我們就會邁進。只要我們邁進，我們就會獲勝」。

幾個星期之後，卡斯楚的叛軍遭遇支持巴蒂斯塔的軍隊第一波伏擊，倖存的只剩下七位追隨者還有七把武器；卡斯楚卻興高采烈宣布，「我們已經贏得戰爭」[192]。

不論馬克斯主義者怎樣強調階級鬥爭的優越，卡斯楚的一生都說明了個人可以改變歷史的進程。卡斯楚所認知的歷史與古巴民族主義的關聯，遠遠強於其與蘇聯共產主義的關聯，而以烈士擔綱的主角永遠是歷史舞臺的中心。

這場對抗美國的高潮劇碼，卡斯楚已經排練了許多年。即使當他藏身山區與巴蒂斯塔的軍隊作戰，他仍然認為有朝一日自己將受到召喚，發動一場「更盛大而且更偉大的戰爭」對抗美國[193]。一九五八年六月五日，巴蒂斯塔的空軍使用美國提供的炸彈攻擊卡斯楚的部隊；聽聞此事之後，卡斯楚寫信給他的助理兼情人桑契絲（Celia Sánchez, 1920–1980）說：「我瞭解這將是我真正的命運。」

卡斯楚深信真正關鍵的戰爭其實是對抗美國，這也反映出他的信念：華盛頓方面絕對不可能允許古巴真正獨立，因為這座島嶼牽涉太多政治上與經濟上的利益。就大多數古巴人的觀點而言，甚至對卡斯楚自己來說亦然，美國與古巴之間的關係史，就是帝國主義喬裝成理想主義的長篇故事。美國把西班牙殖民者攆出古巴，到頭來只是為了成為新的勢力佔據這座島嶼。儘管海軍陸戰隊最終確實撤離，然而美國仍然繼續透過像是聯合果品公司這樣的大公司，維持其對於古巴經濟的嚴密掌控。

不過美國當然會用一種良性的裨益觀點，看待自己干涉古巴事務。像老羅斯福總統和最後一任美國駐古巴總督伍德（Leonard Wood, 1860–1927）這樣的人物，都自視為利他主義者，一路協助這個稚嫩的新共和國達到政治穩定以及經濟現代化。伍德任內大部分的時間都用在修建道路、設置下水道、打擊貪腐，以及規劃一套民主選舉機制。這些都是必須鍥而不捨但卻吃力不討好的苦差事。他在一份外電報導中抱怨：「我們盡力用最快的速度前進，但我們應付的是一個已經持續穩定走下坡一百年的民族。」[194]

卡斯楚眼中的甘迺迪跟老羅斯福沒什麼不同。甘迺迪不過就是一個「見識淺薄又不學無術的有錢人」罷了[195]。美國在豬玀灣事件之後勢必會捲土重來，這不過是時間的問題，只是這一次美國會動員更強大的軍力。

反美是卡斯楚在一九六二年秋天最有力的一張政治牌。他宣告這一年是「經濟計畫年」（*el año de la planificaión*），詎料這一年最後卻是經濟災難年。當時古巴的經濟呈現自由落體式的下滑，部分原因是美國實施貿易禁運以及中產階級陸續出走，不過主要原因還是方向錯誤的經濟政策。古巴意欲仿效蘇聯的經濟模式，實行中央計畫經濟以及強制工業國有化，卻導致長期的物資匱乏。

在古巴的出口收益中，蔗糖的佔比超過百分之八十，然而蔗糖產量在前一年卻減少了百分之三十，致使出口量少於五百萬噸[196]。六月份古巴西部爆發糧食亂象。農民們寧可讓作物在田裡腐爛，也不願意上交給國家；由於在國營商店幾乎買不到任何商品，黑市也就趁勢興旺起來。與此同時，為了展現古巴的經濟獨立，政府刻意設計了一些樹立聲望的計畫，未料投注的金錢卻像白白投進水裡。最知名的例子是一間鉛筆工廠。這間鉛筆工廠在蘇聯的協助下興建，結果從國外直接進口鉛筆成品，竟遠比工廠自己進口木材與石墨等原料更便宜。

卡斯楚面臨的問題不僅止於經濟層面，同時也包含政治層面。他的軍隊與叛軍間的游擊戰，依然在古巴中部的埃斯坎布雷山區持續。今年稍早，他擊垮黨內正統派（親蘇）共產黨員的反對勢力，迫使該派的首領埃斯卡蘭蒂（Aníbal Escalante, 1909–1977）自古巴出奔，遠赴布拉格避難。卡斯楚譴責古巴共產黨「宗派主義」（sectarianism）盛行，隨後在黨內徹底肅清異己，從六千名黨員中剔除了兩千名[197]。

卡斯楚的浪漫主義也有務實的一面。儘管國內的大小問題交相侵擾，但他的盤算還是正確無誤：無論古巴人民在經濟或政治上有多少牢騷，但只要說到國家獨立的議題，大多數古巴人民還是支持他的。他也有信心可以應付更多古巴流亡者的小規模入侵，甚至是華盛頓方面暗中支持的游擊隊起義。不過他也心知肚明，如果美國竭盡全力入侵，自己毫無勝算。一九六二年七月，卡斯楚在蒙卡達攻擊行動的九週年紀念大會上告訴他的支持者，「帝國主義的直接侵略」代表了對古巴革命的「最終威脅」。

要應付這樣的威脅，唯一有效的方法就是和另一個超級強國結成軍事同盟。赫魯雪夫在一九六二年五月首次提出把飛彈運送到古巴的想法，當時蘇聯的軍事專家對於卡斯楚是否會點頭同意頗有疑慮[198]。卡斯楚在其他拉丁美洲國家間頗孚眾望，而結盟可能會逐漸損害這樣的聲望，因此他們推論卡斯楚絕對不願意有任何這種可能。不過事實上卡斯楚很快就接受了蘇聯的提議，而且堅決主張應該將這次的結盟視為古巴與社會主義陣營「團結一心的舉動」，而不是破釜沉舟之舉。維護國家尊嚴才是至關重要的事。

卡斯楚原先傾向公然宣布飛彈的部署，不過赫魯雪夫堅持在飛彈部署就位之前必須祕而不宣，卡斯楚只好心不甘情不願照辦。關於部署飛彈的消息，一開始只有卡斯楚及其四位心腹助手知悉，不過這個知曉祕密的圈子卻漸漸擴大。喋喋不休的古巴人，甚至包含卡斯楚自己，都迫不及待想讓全世界知道飛彈的事情。九月九日，也就是裝載六枚R-12中程彈道飛彈的蘇聯貨輪鄂木斯克號，在卡西爾達港靠岸的那一天，中情局的線人在無意間，聽到卡斯楚的私人飛行員聲稱古巴擁有「許多遠程彈道飛彈的活動式坡道……他們不知道會有什麼事情降臨在自己身上」[199]。三天之後，九月十二日《革命報》的整個頭版頁面，用特大號級數的字體刊登了語帶威脅的大標題：

美國如果入侵古巴
我們會用飛彈攻擊美國

古巴總統多爾蒂科斯（Osvaldo Dorticós, 1919–1983）在十月八日的聯合國大會上差點洩露了祕密：他誇耀古巴現在持有「我們希望不必用上而我們也不願意用上的武器」，而美國佬的攻擊恐怕會引發「新的世界大戰」。卡斯楚熱情回應了多爾蒂科斯的發言，也暗示確實存在強大可怕的新工具，可以對美國施行報復。卡斯楚默默承認，美國人也許有能力「開始」入侵古巴，「但是他們可沒有能力『結束』入侵」。一名古巴高階官員曾經在十月中旬，私下告訴一名來訪的英國記者，現在「古巴領土上的飛彈，射程足以直接攻擊美國，而且不只是佛羅里達而已」。此外，飛彈是「由俄國人控制的」[200]。

回溯這段歷史，首先當然值得一說的是，美國的整個情報體系並沒有好好把這些線索撿拾起來，以至於沒有在更早做出結論——也就是蘇聯極有可能在古巴部署了核子飛彈。不過就算是此時，中情局的分析師也沒把這些誇耀當一回事，他們以為這不過就是典型的古巴式自吹自擂而已。

就在卡斯楚滔滔不絕向古巴人民慷慨陳詞之際，格瓦拉也準備在羅薩里歐山脈度過第二個晚上。前一天晚上，他在吉普車和卡車車隊的護送下抵達他位於山區的藏身處，接下來便花了一整天的時間，偕同當地軍事首領構築防禦工事。一旦美國入侵，他計畫把古巴西部的山丘和溪谷轉化為血淋淋的死亡陷阱，用卡斯楚的話說，就像「溫泉關[23]」[201]。

一支兩百人的菁英部隊伴隨格瓦拉進入山區，他們多半是自革命戰爭就並肩作戰的老戰友。這位傳奇的游擊隊領袖，選擇潛藏於桃花心木和尤加利樹林間一座猶如迷宮的洞穴，做為他的軍事總部。奔流的河水沖刷軟質的石灰岩，開鑿出這座波大雷山洞（Cueva de los Portales）；山洞的構造猶如一座哥德式大教堂，中間是拱頂中殿，四周就像野兔洞穴一樣布滿小室與通道[202]。蘇聯的聯絡官正著手架設通訊系統，包含無線電和一套手搖式電話；古巴的士兵則盡力讓這個壁面濕冷、空氣濕熱的洞穴，變得較為適於人居。

波大雷山洞位居古巴北部海岸和南部海岸中間，靠近聖迪亞哥河源頭，佔據一處具有戰略優勢的山隘。往南邊走，格瓦拉只要沿河行進十英里，就可以抵達一處蘇聯的飛彈發射場。往北邊看，他面對的

[23] 編註：溫泉關（the pass at Thermopylae）是希臘中部的一處隘口，因周邊有溫泉而得名。此地一側臨海，另一側為峭壁，地形易守難攻，不少戰役在此發生，如二戰中澳紐軍團對抗納粹軍隊之戰；不過最為著名的要屬西元前四八〇年波西戰爭中，由斯巴達三百壯士與希臘聯軍對抗波斯帝國的溫泉關戰役，由於此戰的英勇傳說，此後溫泉關遂被用於形容以寡敵眾的英勇奮戰。

則是美國國土，他也知道蘇聯軍隊在島嶼的這一邊，已經部署了數十枚配備核子彈頭的巡弋飛彈。這些飛彈將會是古巴抵抗美國佬入侵的最終防線。

這位出生於阿根廷的三十四歲醫生，用過去十年的時間遊走拉丁美洲諸國，並且投身各種革命抗爭（大家對他的暱稱得自於他時常使用「切」（Che）這個字，在阿根廷人的措辭中，這是「夥伴」或「老兄」的意思）。一九五五年的一個寒夜，他在墨西哥市（Mexico City）第一次見到卡斯楚，也立刻被卡斯楚的魅力收服，他在日記裡描述卡斯楚是「一位非凡人物……足智多謀，自信滿滿，一身是膽」[203]。拂曉晨光初露之際，始終善於說服人的卡斯楚已經說服了這位新朋友，隨他一同搭船航向古巴發動革命。

在胞弟勞爾之外，格瓦拉是少數卡斯楚完全相信的人之一；他深知這個阿根廷人永遠不會想要取他而代之，自己做古巴的領導人。卡斯楚、勞爾以及格瓦拉的三人執政同盟於焉成形，至於其他人，要不是不能完全信任，就是可有可無。

革命勝利後，卡斯楚把軍隊的日常控管交給勞爾，經濟則交給格瓦拉全權負責。身為古巴工業部長，格瓦拉運用十九世紀馬克思主義的構想，而此舉猶如教條主義者的紙上談兵，使他終究未能擺脫前人窠臼，導致經濟全面崩盤。他在拉丁美洲的遊歷，也使他得以一窺如聯合果品這樣大公司的邪惡手段：他曾經在一幅「我們悼念的史達林老前輩」肖像前立誓[204]，只要來日他有機會，一定要徹底根除這種「資本主義章魚」（capitalist octopus）。在格瓦拉的理想世界裡，營利動機或任何金錢上的往來，都不允許在經濟體制中出現。

格瓦拉身上最能彌補他一切缺陷的可取之處，就是他無窮無盡的理想主義。他是古巴所有領袖中，最集所有革命的矛盾於一身者：食古不化與浪漫主義，狂熱盲信與手足之情。他是個嚴守紀律的人，但他也是個愛做夢的人。他牢牢依附於馬克思主義意識形態，其中最主要的元素之一便是家長式領導（paternalism）：他深信自己和其他知識分子知道什麼才是最有利於人民的。而他同時也能做到鐵石心腸的自我分析。

相較於政府官僚，游擊戰略專家的角色更能投格瓦拉所好。他是推翻巴蒂斯塔的要角之一，在一場決定性的戰役中，他在聖克拉拉奪取了一列運送彈藥的政府火車。而在入侵未遂的豬玀灣事件中，卡斯楚也曾指派他去組織古巴西部的防衛，就像他現在正在執行的任務。

格瓦拉和卡斯楚一樣，認為古巴和美國間的軍事對抗幾乎是在所難免。一九五四年，身為青年革命分子的格瓦拉，在瓜地馬拉親眼目睹了中情局在幕後支持政變，對抗阿本斯（Jacobo Arbenz Guzmán, 1913–1971）領導的左翼政府。這次經驗帶給他不少寶貴的教訓：其一，華盛頓方面絕不允許拉丁美洲存在社會主義政權。其二，阿本斯政府犯了致命錯誤，他們讓與「太多自由」給「帝國主義的代理人」，特別是給新聞媒體[205]。其三，阿本斯應該建立一支武裝民兵部隊，藉以護衛自己並且把戰事帶入鄉間。

而格瓦拉在卡斯楚的指示下，就正在準備如此從事。一旦美國人佔領城市，那麼古巴的防衛者們將在蘇聯盟友的協助下展開游擊戰，他們將四處儲藏軍備。卡斯楚保留了自己一半的軍力，其中大部分是他最精良的陸軍師，用以防禦大部分飛彈發射場所在的古巴西部，美國人也最可能從這裡登陸[206]。整個國家將轉變為另一個史達林格勒戰場，但古巴抵抗勢力的核心還是比那德里歐省的核子飛彈基地。而這個戰況可能最為激烈的區域，就是由格瓦拉負責鎮守。

十月廿四日，星期三，清晨6:00（哈瓦那清晨5:00）

蓋達（Timur Arkadyevich Gaidar, 1926–1999）是蘇聯中央機關報《真理報》（*Pravda*）駐哈瓦那特派員，他棲身於哈瓦那自由飯店，前身是希爾頓飯店[207]。當他正準備口述新聞記事回報莫斯科之際，一名年輕人急忙衝進他的房間。那是葉夫圖申科（Yevgeny Aleksandrovich Yevtushenko, 1932–2017），蘇聯文壇驚世駭俗的寵兒，也是與官方關係若即若離的造反分子。這位詩人在哈瓦那過著養尊處優的流亡生活，現在正在製作一部有關古巴革命的電影《吾乃古巴》（*Ya—Kuba*）。他想藉由這部奉承之作，逐漸贏回赫魯雪夫的歡心。

「莫斯科打來了嗎？」[208]

「我正在等電話，應該馬上就打來了。」

「太好了！我還擔心我來晚了，我寫了一整個晚上。」

卡斯楚向全國發表演說的時候，葉夫圖申科也在攝影棚裡；過去幾個小時，他試圖寫下他聽完演說的感想。他不難理解赫魯雪夫為什麼受到卡斯楚吸引，因為他自己也算得上對卡斯楚別有一番仰慕。聆聽卡斯楚的演說，他已經可以原諒卡斯楚的一切作為。就算卡斯楚封閉妓院、宣布掃除文盲，害得雜貨店裡除了醋跟甘藍菜之外空無一物可買，那又如何？在彈丸之地古巴和廣袤之土美國的較量間，葉夫圖申科很清楚自己應該站在哪一邊。

這位詩人在房間來回踱步，等待莫斯科打來的電話，並一面朗讀自己的詩句打發時間。再沒多久，這些詩句就要以韻文社論的形式，放在《真理報》的頭版上大肆宣傳：

美國，我從古巴寫這些話給你，
今晚在這裡，焦慮哨兵的雙頰
和驚濤拍打的懸崖，都熱切散發光芒
穿透呼嘯吹拂的暴風……

一位煙草商帶著手槍向港口走去。
一位鞋匠清理著老舊的機關槍，
一位歌舞女郎，腳上穿著繫緊鞋帶的軍靴，
和一位木匠一起走去站崗……

美國，我用直白的俄語問你：
你讓他們不得不拿起武器
而你卻譴責他們這麼做
這麼做難道不可恥和虛偽嗎？

我聽了斐代爾演說。他提綱挈領陳述事例
像一位醫生，像一位檢察官。
在他的演說裡，毫無仇恨，
只有悲痛與責備……

美國，在你盲目的遊戲中
你將失去宏偉強盛且難再得
而此時一座小島，將會昂然挺立，
成為一個偉大的國家！

第四章 瞪眼相對

十月廿四日，星期三，上午 8:00（莫斯科下午 3:00）

眼下正值嚴峻的國際危機，然而赫魯雪夫並不認為有必要和本國百姓直接溝通。他是最能和群眾打成一片的蘇聯領導人——不管是在玉米田裡漫步還是高舉拳頭揮舞，他都不介意有人拍下他的照片——不過相對而言他並不怎麼擔心公眾輿論。他不像甘迺迪需要面對期中選舉，也不像卡斯楚需要號召全國百姓團結一心抵抗入侵。

赫魯雪夫現在的要緊事就是表現得一如往常。他過去就用了不少心思對來訪的美國人友好。前一天晚上他和其他蘇聯高層，還隨同美國男低音海茵斯到莫斯科大劇院欣賞歌劇《伯里斯．戈杜諾夫》（*Boris Godunov*）；演出結束後赫魯雪夫還留下來跟聲樂家們喝了杯香檳[209]。他最近的一位美國訪客，是西屋電氣總裁諾克斯（William E[dward] Knox, 1901–1978）。

諾克斯來到莫斯科，是為了尋求簽訂製造合約的可能。他對蘇聯幾乎一無所知，因此來到赫魯雪夫在克里姆林宮闊朗的辦公室，他居然還問了牆上掛的肖像畫是哪一位大鬍子的賢哲。「哦，那就是共產主義之父馬克思。」身為蘇聯共產黨中央委員會第一書記，赫魯雪夫頗感訝異[210]。諾克斯投宿的飯店就在克里姆林宮對面，前兩天夜裡，軍車的轟隆巨響還有照射進房內的探照燈強光束，就吵醒了這位西屋電氣的總裁。「很難相信自己親眼所見，」他事後寫道，「紅場上滿滿的士兵、水手、戰車、裝甲運兵車、各種長度的飛彈（最長的至少有一百英尺）、吉普車、火砲等等，我簡直無法數清有多少！」直到第二天早上，他才知道原來夜間操演是為了排練每年十一月七日革命紀念日的閱兵典禮。

委託一位電氣公司總裁權充超級強國密使，確實是頗為古怪的選擇。諾克斯身上最重要的特質，就是他象徵了蘇聯認知中的美國統治階級。赫魯雪夫深受馬克思主義意識形態浸潤，他深信美國政府是由企業執行長營運，就像幕後給戲偶提線的操偶師。因此，當得知有身分顯赫的資本家就在莫斯科，赫魯雪夫在一小時內就召喚這位諾克斯前來一晤。

赫魯雪夫想透過諾克斯給美國捎個口信，表達自己堅定不變的立場。他首次鬆口承認蘇聯在古巴部署了配備核子彈頭的彈道飛彈，但堅稱他們不過是出於「防禦」目的而已。他繼續解釋，一切端視持有武器者的動機而定：「如果我像這樣拿手槍指著你是為了要攻擊你，那這把手槍就是攻擊性武器。可是如果我這樣做是為了要防止你射殺我，那這把槍就是防禦性武器，難道不是嗎？」[211]他說他瞭解古巴人是「喜怒無常的民族」，這也是為什麼飛彈至今仍由蘇聯控制的原因。

口頭上證實古巴的確存在中程彈道飛彈後，赫魯雪夫接著又拐彎抹角暗示了短程巡弋飛彈。如果甘迺迪想知道蘇聯到底在古巴部署了哪些武器，其實他只要下令入侵，那他馬上就會得到答案。關塔那摩灣海軍基地「第一天就會灰飛煙滅」[212]。

「我可沒有興趣毀滅世界，」赫魯雪夫跟諾克斯說，「不過如果你們要的是大家在地獄相見，我也悉聽尊便。」

赫魯雪夫接下來講述了一則自己很喜歡的軼事，是關於一個人生活陷入窘境，因此必須與他的山羊同住一室。儘管這個人討厭山羊的體味，但最後他也慢慢習以為常。赫魯雪夫說北約諸國如土耳其、希臘還有西班牙就像是山羊，而俄國人已經「跟山羊生活」很長一段時間了。現在美國人應該要試著習慣他們自己的山羊——古巴。

「你們不滿意牠，也不喜歡牠，但你們必須學習跟牠一起生活。」

十月廿四日，星期三，上午 10:00

此刻的白宮，執行委員會的晨間會議一如往昔，以中情局局長麥孔的情資簡報開場。由於麥孔虔誠堅定的羅馬天主教信仰，還有他低沉單調的聲音說起話來頗有教皇致詞的調調，委員會的同僚都戲稱他的開場簡報是「飯前感恩禱告」[213]。根據最新情資，目前有廿二艘蘇聯船艦正朝古巴前進，其中幾艘疑似載運了飛彈。大部分的船艦一路上持續接收來自莫斯科的無線電緊急信息，而所用電碼美軍無法破譯。

美國海軍的封鎖線是以古巴極東端為圓心，拉出一條半徑五百英里的圓弧；國防部長麥納瑪拉報告兩艘蘇聯船艦，「基莫夫斯克號」和「加加林號」，已經逼近封鎖線的邊界。而這兩艘船之間還部署了一艘潛水艇。海軍計畫用驅逐艦攔截基莫夫斯克號，同時從航空母艦上派遣反潛直升機，嘗試強迫護航的蘇聯潛水艇改道。芬蘭製造的基莫夫斯克號最不尋常之處，在於其貨艙足足有九十八英尺長，原本這是為了載運木材而設計，不過現在非常適合用來載運飛彈。如果蘇聯船艦未能遵從美國海軍的指示，安德森上將在公布的交戰守則中業已授權摧毀。

「總統先生，我剛剛收到一張便條，」麥孔突然打斷會議，「我們剛剛接獲最新情資……目前在古巴水域發現的六艘蘇聯船艦——我還不清楚這是什麼意思——不是停止前進就是調頭了。」

會議桌周遭眾人喧嚷起來，也有人「呼」地鬆了一口氣，但是國務卿魯斯克即刻用一個問題震懾住任何意欲鬆懈的念頭。

「你說『古巴水域』是什麼意思？」

「迪恩，我現在還不清楚。」

甘迺迪則是詢問那些調頭的船艦，究竟是要進入還是要離開古巴水域。不過中情局局長自己也沒有答案。

麥孔步出會議室設法查明實情。「肯定別有用心。」此時魯斯克冷冰冰地嘟囔了一句，他的話引起了緊張的笑聲。

「一定是的。」邦迪說。

想到這場飛彈危機之中的第一波衝突可能涉及蘇聯潛艦，甘迺迪心中忐忑不安起來。他想知道如果蘇聯潛艦「萬一擊沉了我方的驅逐艦」，那麼海軍要做何回應。麥納瑪拉沒有正面回答，只是回覆總統說海軍打算發射練習用的深水炸彈，示意蘇聯潛艦浮出水面。而就算深水炸彈擊中潛艦，也不至於造成任何損傷。

羅伯坐在內閣會議室另一頭，只見他的兄長把手放上臉，接著捂住嘴巴：「他鬆開拳頭，又握緊拳頭。他的面容憔悴，眼中充滿痛苦，幾乎黯淡無光。我們隔著會議桌凝視彼此。在那轉瞬即逝的幾秒間，就彷彿會議室裡沒有其他任何人，而他也不再是美國總統。」[214]

羅伯驀地發現自己沉湎在往事的回憶中，他們一家經歷的艱難歲月：二哥甘迺迪因患結腸炎幾乎送命、大哥小約瑟夫（Joseph Patrick "Joe" Kennedy, Jr., 1915–1944）從軍時命喪於飛行事故、賈桂琳流產痛失與甘迺迪的第一個孩子。內閣會議室的所有聲音似乎融合為朦朦朧朧的一團，直到羅伯聽到甘迺迪提問是否有可能延遲對潛艦的攻擊。「我不想要我們攻擊的第一個目標就是蘇聯潛水艇，我寧可是一艘商船也好。」

麥納瑪拉不以為然。他堅決告訴總統，如果插手衝突現場海軍指揮官的做法，結果可能就是失去一艘美國軍艦。現在的計畫是先向潛水艇「施壓」，「迫使其離開該區域」，最後「實施攔截」。

「好吧，」甘迺迪口中仍帶著疑慮，「我們就這麼辦吧。」

半英里外第十六街的那一頭，蘇聯大使館裡的外交官員擠在收音機和電視機周圍。他們就跟其他人一樣，對於克里姆林宮的意圖一無所悉。電視聯播網報導蘇聯船艦此刻正逐漸靠近海洋上一條假想的封鎖線，與美國軍艦面對面交鋒的時間正一時一分倒數著；看著電視的外交官員們，緊張的情緒高漲到頂點。達勃雷寧後來把十月廿四日這一天形容為「大概是我擔任駐美大使整個漫長生涯中，印象最深刻的一天」[215]。

紐約證券交易所裡鬧哄哄地買進賣出，股價就像溜溜球一樣上上下下。星期二的股價大幅下跌，到了星期三早上，股價已經比夏季最高點下跌了百分之十。金價也開始攀升。當時一位名叫葛林斯潘（Alan Greenspan, 1926– ）的年輕經濟學者告訴《紐約時報》，如果飛彈危機延續很長一段時間，可能會帶來「大規模的不確定性」[216]。

對於核戰末日的恐懼也逐漸滲入美國流行文化。在曼哈頓的格林威治村，頭髮蓬亂的吟遊詩人巴布・狄倫（Bob Dylan, 1941– ）一夜沒睡，在他的筆記本上寫下〈大雨將至〉（A Hard Rain's Gonna Fall）的歌詞。後來他解釋自己當時是想要捕捉「虛無的感覺」。世界末日的場景在他腦海翻騰，他不確定自己是不是能活著寫出下一首曲子，所以他「可以記下的東西都要盡可能記下」。

在另一首未發表的曲子裡，狄倫想要描述「在這個充滿恐懼的夜晚，我們以為世界就要毀滅」，而他擔心明日東方之既白也正是第三次世界大戰爆發之時。他告訴一位採訪人，「大家閒坐著無所事事，不知道是否這就是末日，我也一樣」[217]。

「你打聽到什麼？」麥孔一回到內閣會議室甘迺迪就焦急地追問。

「這些蘇聯船艦全是西行，全都航向古巴，」中情局長報告，「這批船不是停船就是調頭返航。」

「你從哪裡聽來的？」

「從海軍情報辦公室（The Office of Naval Intelligence, ONI）。他們正要來這裡向你報告。」

蘇聯船艦調頭返航或在海面暫停不動的消息，讓執行委員會的成員們大大鬆了一口氣。經歷緊張情勢不斷攀升的幾個小時，終於看見幾許希望的微光。由艾塞克斯號（USS *Essex*）領航的航空母艦艦隊，奉命攔截基莫夫斯克號及其護航潛艦，行動時間排定在華盛頓時間上午十點三十分到十一點。甘迺迪相信還有幾分鐘時間可以緩緩，所以他暫時取消了攔截行動。

魯斯克腦海中突然浮現童年時期在喬治亞州玩的遊戲：男孩子們相距兩英尺對立，盯著對方的眼睛看，誰先眨眼誰就是輸家。

「我們現在玩的就是瞪眼相對的遊戲，而另一位玩家剛剛眨眼了。」魯斯克告訴同僚[218]。

羅伯後來回憶：「執行委員會還是繼續喋喋不休開下去，但是每個人看起來都氣象一新。有那麼一下地球似乎停止轉動了，不過現在又恢復運行。」[219]

「最高當局密電，」致艾塞克斯號的命令寫著，「切勿攔截及登船。保持監視即可。」[220]

不過事實上任何類似的命令都不可能執行。因為這條密電發布的時候，基莫夫斯克號距離艾塞克斯號有將近八百英里之遠，而加加林號的距離也超過五百英里[221]。這兩艘受到「高度關注的船艦」前一天收到莫斯科緊急信息，未幾已即刻調頭返航。

有個錯誤的見解持續流傳了數十年：在甘迺迪和赫魯雪夫劍拔弩張的意志對決中，蘇聯船艦在最後一刻選擇調頭返航。「瞪眼相對」的意象只是為了甘迺迪兄弟的政治利益服務，彰顯他們在緊要的歷史時刻懷抱的勇氣與沉著。起初甚至連中情局的認知都是錯誤的。麥孔誤以為基莫夫斯克號在上午十點三十五分決定調頭返航，是因為「遭遇美國海軍軍艦企圖攔截」所致[222]。而美國新聞媒體則大肆渲染，聲稱蘇聯船艦「在大海中央停止且並未採取任何行動」，在封鎖線上的衝突因此以些微之差擦身而過。情報分析師隨後雖然拼湊起事實真相，然而白宮卻已無法扭轉歷史上對於此事的記載。羅伯和史列辛格則將之描述為雙方在「封鎖線的邊緣」僵持不下，而其時蘇聯和美軍的船艦相隔僅有「數英里」之遙[223]。在暢銷書籍和電影如《驚爆十三天》，以及咸認具有權威性的著作如《決策的精髓》、《豪賭》等作品[24]的推波助瀾之下，這個迷思也更深植人心。

測定蘇聯船艦位置的方法，充其量只能說是一種不精確的科學，其中涉及大量的猜測。當然這些船艦的位置偶爾可能是由美國軍艦或偵察機實際目測，不過通常還是使用二戰時期的「定向」技術測得。當一艘船發出無線電信息，分布在世界不同角落的美國海軍天線——從緬因州到佛羅里達州再到蘇格蘭——就會攔截到這些訊號；這些資訊接著會傳送到華盛頓南方安德魯空軍基地（Andrews Air Force Base）附近的控制中心。藉由在地圖上標繪出方向定位（fixes），以及觀察線條的交叉位置，分析專員就可以藉由不同角度的精確性，定位出無線電信息的來源。兩個方向定位測定的結果差強人意，三個或更多方向定位則可測定出理想的結果。

星期二凌晨三點，亦即甘迺迪總統在電視演說上宣布海軍封鎖行動之後八小時，基莫夫斯克號被測定的位置是封鎖線以東三百英里。到了星期三上午十點——不過就是三十小時之後——基莫夫斯克號已經又向東移動了四百五十英里，顯然是朝著蘇聯返航。一則美軍攔截到的無線電信息顯示，這艘貨艙內載運了六枚 **R-14** 飛彈的蘇聯貨船，正在「前往波羅的海途中」[224]。

其他蘇聯船艦的方向定位也一點一滴逐漸浮現，所以關於赫魯雪夫究竟是在什麼時候「眨眼」的，在整個情報體系的判定之中並沒有一個確切「恍然大悟的時刻」。海軍參謀人員甚至懷疑蘇聯船艦故意傳送錯誤的無線電信息，以隱瞞他們的真實動向[225]。因為假無線電信息或錯誤的設想，美軍對於蘇聯船艦位置的計算，有時其不精確已經達到荒唐的程度。就算基本資訊都是正確的，方向定位的偏差最多也可能有九十英里之遠。

來自不同單位的情報分析專員，徹夜爭論該如何判讀這些資料；直到他們收到有關調頭的多種確證之後，才覺得有足夠的自信向白宮方面報告。他們最後推斷的結果是至少有六艘受到「高度關注的船艦」，已經在星期二中午轉向返航。

執行委員會的成員因為缺乏即時情資而煩躁不安，特別是麥納瑪拉。他認為即便部分情資仍然不夠精確，海軍也應該在幾個小時前就分享所獲才對。於是在前往白宮參加執行委員會的會議之前，他其實先去了趟海軍旗艦指揮中心；不過負責情報的軍官們，認為早先有關航向改變的報告「尚無定論」，故不需特別費神向他報告[226]。

結果海軍高級將領所知，也不過就比白宮多那麼丁點而已。通訊線路負載過重，導致「緊急」信息的通訊產生四小時的延遲，而下一個層級，也就是「戰急通訊」則倒退了五至七小時[227]。雖然海軍對於古巴水域當前動態掌握相當完整的情資，然而對於大西洋中部蘇聯船艦的觀測卻乏善可陳。安德森上將向他的助理發了牢騷：「我實在目瞪口呆，我們居然只有這麼一點點空中偵察情資。」

[24] 編註：上述三本作品原文依序為：《驚爆十三天》（*Thirteen Days*）、《決策的精髓》（*Essence of Decision: Explaining the Cuban Missile Crisis*, 1971）和《豪賭》（*One Hell of a Gamble: Khrushchev, Castro, and Kennedy, 1958-1964*, 1998）。

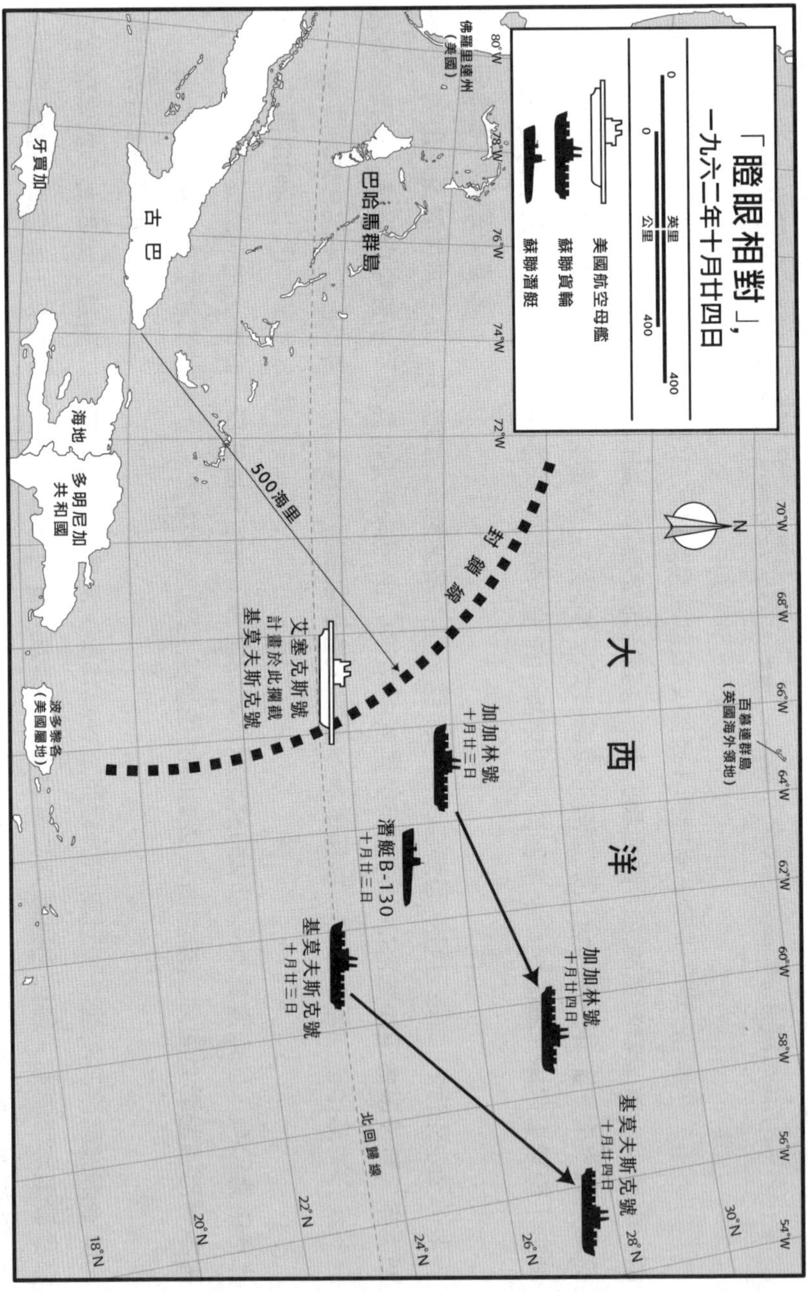
「瞪眼相對」，
一九六二年十月廿四日
英里
公里
0
400
美國航空母艦
蘇聯貨輪
蘇聯潛艇
佛羅里達州（美國）
巴哈馬群島
古巴
牙買加
海地
多明尼加共和國
波多黎各（美國屬地）
500海里
封鎖線
大西洋
百慕達群島（英國海外領地）
艾塞克斯號
計畫於此攔截
基莫夫斯克號
加加林號
十月廿三日
潛艇B-130
十月廿三日
基莫夫斯克號
十月廿三日
加加林號
十月廿四日
基莫夫斯克號
十月廿四日
北回歸線
N

電子情報是由國家安全局專責解碼的機密部門控管。國家安全局位於馬里蘭州米德堡（Fort Meade），因其機密性質，其首字縮寫ＮＳＡ時而為人戲解作「查無此局」（No Such Agency）。那天午後，國家安全局接獲緊急指令，要將其所獲情資直接呈交白宮戰情室。這些政府要員下定決心不要再次被蒙在鼓裡[228]。

情報分析專員終於將所有資訊分門別類逐一過濾，很顯然基莫夫斯克號和其他載運飛彈的船艦俱已在星期二上午調頭，剩下幾艘民用油輪和貨輪繼續航向古巴。有關這場「非對抗」的紀錄，現收藏於甘迺迪圖書館的國家檔案庫（National Archive）。由於先前研究飛彈危機的歷史學家們並沒有善用這些紀錄，標定出十月廿四日星期三上午蘇聯船艦的確切位置，以致「瞪眼相對」的迷思仍然持續流傳。

事實上赫魯雪夫在危機發生的第一個晚上就已經「眨眼」了——然而身在華盛頓的決策者卻直到將近三十個小時之後，才注意到這次「眨眼」。真正的危險並非來自載運飛彈的船艦，畢竟如今這些船艦已然調頭返回蘇聯；真正的危險其實來自潛伏於大西洋西部的四艘狐步級潛水艇。

十月廿四日，星期三，上午 11:04

讓甘迺迪一手捂著嘴並且無望地注視著羅伯的那艘狐步級潛艦，在蘇聯的編號是B-130。星期二早晨，這艘潛艦業已在馬尾藻海（Sargasso Sea）嚴密看顧基莫夫斯克號及加加林號。在這兩艘船接獲莫斯科軍令並調頭航向歐洲之後，這艘B-130就獨自在茫茫大海中潛航。

十月一日深夜，這艘B-130及另外三艘「狐步級」潛艦，悄悄離開了科拉半島北端的加吉耶沃蘇聯潛艦基地，此後美國海軍便一直掌握著他們的行蹤。電子監聽人員一路監控，追蹤這支小型潛艦隊繞行挪威海岸，往下進入冰島和蘇格蘭西岸之間的大西洋。潛艦隊奉命每天至少要與莫斯科方面通訊一次，而每當任一艘潛艦發出訊號，就有泄露自己大致方位的風險。儘管資訊的暴露有時僅僅只持續數秒，還是會被散布在大西洋兩岸、遍及蘇格蘭到新英格蘭的無線電竊聽站所截獲。獲取了信號來源的多重方向定位後，這些潛艦獵人就能大概推知獵物的行蹤了。

當飛彈危機日漸升溫，美國情報體系開始竭盡全力測定蘇聯潛艦的位置。十月廿二日星期一，也就是甘迺迪發表全國演說的那一天，麥孔就報告總統有數艘蘇聯狐步級潛艦「現在的位置距離古巴只有將近一星期的航程」229。安德森上將則警告他的諸位艦隊指揮官「蘇聯潛艦採取突襲」的可能性，並且力促他們「運用所有可以取得的情報、欺敵策略、迴避戰術」230。他核准了信息：「喬治，祝好運。」25

在美國東岸外海居然發現蘇聯潛艦蹤跡，使美國軍事體系大感震驚。兩大超級強國間的競爭顯然出現新的轉折。到目前為止，美國在海面下的軍事優勢是蘇聯望塵莫及的。派駐在蘇格蘭的美國北極星（Polaris）核子動力潛艦，可以隨心所欲在蘇聯邊境潛航巡邏。反觀蘇聯潛艦艦隊卻大多侷限在北冰洋的範圍，對於位居北美大陸的美國不會造成任何顯著的威脅。

傳聞蘇聯將在古巴馬列爾港，以興建漁港之名，暗行興建潛艦基地之實；不過赫魯雪夫在他與美國駐蘇聯大使的談話中，親口否認了這項指控。「我跟你保證。」十月十六日赫魯雪夫這樣告訴美國大使柯勒（Foy D[avid] Kohler, 1908–1990）的時候，四艘狐步級潛艦正西行穿越大西洋，為的正是赫魯雪夫矢口否認的任務[231]。漁港就是漁港，赫魯雪夫堅持。

對於他指揮的行動區域內竟然有蘇聯潛艦現蹤，大西洋區盟軍司令丹尼森（Robert L[ee] Dennison, 1901–1980）上將深感憂慮。在他看來，蘇聯在此處部署潛艦，其重要意義等同於「彈道飛彈在古巴現蹤，因為如此一來蘇聯的用心便昭然若揭：他們想把強大的攻擊性威脅安排在我們的沿岸外海」[232]。這也是「蘇聯潛艦首次在我們東岸外海被明確辨識出行蹤」。因此非常明顯，部署潛艦必然是好幾個星期以前就做好的決策，早在美國決定實施海軍封鎖之前。

星期三一早，在基莫夫斯克號和加加林號最後被報告的位置附近，各單位派遣的巡邏機陸續從百慕達群島和波多黎各飛來。最先飛抵現場的，是從百慕達海軍航空站起飛的一架P5M馬林魚水上飛機（P5M Marlin）。華盛頓時間上午十一點零四分，這架八人座水上飛機裡的一名空中偵察員，在百慕達群島以南五百英里處瞥見一處洩露祕密的漩渦：那顯然是由潛水艇換氣管造成的漩渦。「可能是字母級潛艦，」反潛部隊的指揮官向安德森部長報告[233]，「不過不是美軍或已知的友軍。」於是美軍戰艦、飛機和直升機集結為區艦隊，由艾塞克斯號領軍，很快就在這個區域會合。

對B-130的指揮官舒姆科夫（Nikolai Shumkov）上校來說，啟程時的那場異國冒險，現在已經成了

---

[25] 譯註：「喬治（George）」在二十世紀初俚語的意義是「讓某人執行任務」，見美國海軍歷史與遺產司令部（Naval History and Heritage Command, NHHC）網站的解釋，檢索網址：https://www.history.navy.mil/research/library/online-reading-room/title-list-alphabetically/b/bull-ensign.html，檢索日期：2022 年 7 月 24 日。在海軍行話裡也指海面船艦上最資淺的軍官（Junior Officer Requiring General Education, JORGE）。

噩夢之旅[234]。一開始先是電池，然後不順利的事一件一件接踵而來。為了智取美國的潛艦獵人，B-130必須悄然無聲在海底滑行才行。然而狐步級潛艦的柴油引擎所產生的噪音很容易就被察覺，使用電池動力運轉潛艦雖然可以降低引擎音量，卻也會減低潛艦航速。在部署行動出發之前，舒姆科夫曾經要求一批新的電池，但並未獲准。而在海中航行幾天之後，他意識到這些電池所含的電量遠不及其應有的滿電量，迫使他不得不屢屢浮出海面，才能重新將電池充電。

他遭遇的下一個問題是天氣。潛艦從北冰洋啟航，途經大西洋來到馬尾藻海域，氣溫愈來愈高。在穿越大西洋途中，舒姆科夫的潛艦遭遇艾拉颶風以及時速百英里以上的強風侵襲，潛艦內七十八名人員大部分都不免暈船。當**B-130**航抵熱帶水域，潛艦內的溫度上升到高達華氏一百四十度（**譯按：約攝氏六十度**），濕度則高達百分之九十。船員飽受嚴重脫水之苦，更因為缺乏淡水而雪上加霜。高溫、亂流、柴油和燃油產生的有毒惡臭加在一起，使得潛艦內的狀況幾乎教人無法承受。

為了能在月底航抵古巴，祖國的指揮官們要求他維持至少九節的平均速度。由於狐步級潛艦在海面下的速度只有六到八節，所以當潛艦浮出水面航行時，舒姆科夫不得不以全速運轉他的柴油引擎。當**B-130**航抵馬尾藻海這片由百慕達群島向大西洋延伸的細長水域時，三個柴油引擎中的兩個已經徹底損壞。**B-130**這個編號裡的B代表「大」（**Bolshoi**），然而這艘龐然大物，現在只能蹣跚而行了。

舒姆科夫心知肚明，眼下美軍正從四面八方向他逼近，因為他也攔截了美軍的通訊。每一艘狐步級潛艦上都有信號情報小隊隨行，他們把無線電調整到美國海軍在百慕達和波多黎各使用的頻率，因而發現美國的反潛作戰小隊正在追蹤他們。透過美軍的無線電通訊，舒姆科夫得知蘇聯核子武器在古巴的部署情況，也得知美軍實施海軍封鎖以及入侵古巴的各種準備。甚至有無線電消息指稱，「佛羅里達半島上正在籌設蘇聯戰俘的特別拘留營」[235]。

舒姆科夫安慰自己，美國人可能還沒有發現他這艘潛艦上最重大的祕密——這艘B-130的艦艄下堆放了十千噸爆炸力的核子魚雷。舒姆科夫比蘇聯海軍裡任何一個人都要更瞭解這種武器的威力，一九六一年十月廿三日，他獲選在北冰洋執行T-5魚雷的第一次現場試射[236]。那是距今約莫剛好一年前的事，他從潛望鏡裡觀測爆炸引起的眩目刺眼閃光，感受五英里外所產生的衝擊波，而這一次的功績也使他獲頒蘇聯的最高獎章——列寧勳章。

啟程之前，這批狐步級潛艦的指揮官收到來自蘇聯海軍副司令符京（Vitaly Alekseyevich Fokin, 1906–1964）上將的指令，他以一種高深莫測的方式表述該如何回應美國的攻擊：「如果他們摑你的左臉，可別讓他們再摑你右臉。」[237]

舒姆科夫心裡有數，只要他按下一顆按鈕，就可以把從四面八方朝他襲來的美軍艦隊整個炸離海面——因為他手中的武器，擁有廣島同型核彈一半以上的破壞力。

十月廿四日，星期三，上午 11:10（奧馬哈上午 10:10）

對蘇聯B-130潛艦的追捕仍在持續，而其時，戰略空軍司令部總司令（Commander-in-Chief, Strategic Air Command, CINCSAC）正準備向克里姆林宮拍發信號：史上最強大的軍力已經厲兵秣馬準備好參戰。

在內布拉斯加州奧馬哈的戰略空軍司令部總部，總司令鮑爾上將（Thomas S[arsfield] Power, 1905–1970）可以在地下指揮所裡，即時看到他的軍力在世界各地的配置狀況。頭頂上方的螢幕不斷更新資訊，顯示處於戒備狀態的戰機以及飛彈的數量[238]。

轟炸機	九百一十二
飛彈	一百三十四
空中加油機	四百〇二

只要瞥一眼發光的螢幕，總司令馬上知道每廿分鐘就有一架次的B-52同溫層堡壘轟炸機（B-52 Stratofortress）從美軍空軍基地起飛，機上裝配足夠的核子武器，可以一次毀滅四座中型的蘇聯城市。其他螢幕上顯示的，則是總司令麾下遼闊帝國的最新消息：飛彈發射場、B-47轟炸機疏散基地、空中加油機機隊、偵察機。時鐘上顯示的則是莫斯科和鄂木斯克時間，這兩座蘇聯城市都屬於滅絕攻擊的目標。

指揮所裡金色的那臺電話，是鮑爾與總統和參謀長聯席會議通話專用。而透過紅色的那臺電話，鮑爾則可以電聯諸位下級指揮官，他們會將鮑爾的命令接續傳達給戰略空軍司令部轄下分布在世界各地的廿八萬名人員。這位美國核子兵工廠的負責人，無論身在戰略空軍司令部總部、在家酣睡、還是在高爾夫球場享受悠閒時光，他都必須要有辦法在六聲鈴響內接起總統的來電。

鮑爾得循一道環形斜坡向下走三層，才能到達他的指揮所。沿路他還要通過數道厚重的滾輪鋼門，每一道都有全副武裝的衛兵把守。控制室可以禁得住傳統非核炸彈的攻擊，但無法承受核子武器的直接攻擊。這間控制室一旦被摧毀，其職責將由一系列後備場所即刻接管，包括三架 EC-135「明鏡」指揮機——其中會有一架維持全天候飛行，並有將軍級的空軍將領隨機。所有人心裡都有數，這棟編號 500 的建築物，就是蘇聯飛彈攻擊的首要目標之一。

對於古巴的海軍封鎖在華盛頓時間上午十點生效，而此刻鮑爾也命令他的部隊進入第二級戒備狀態（DEFCON-2）——距離迫在眉睫的核子戰爭僅剩一步之遙。在戰略空軍司令部存在的過去十六年間，從來沒有經歷過如此高度的戒備狀態。十一月四日，戰略空軍司令部掌控的武力達到最高峰，其時鮑爾統率的武力中總共有二千九百六十二枚核子武器；這些核子武器或者可以在空中直接發射，或者處於可在十五分鐘內即刻發射的戒備狀態 239。而一千四百七十九架轟炸機、一千零三架空中加油機還有一百八十二枚彈道飛彈，則提供了戰略空軍司令部的「立即執行能力」。

蘇聯總共有兩百廿處「高優先一級任務目標」，被挑選為即刻毀滅的對象 240。這些目標涵蓋飛彈發射場和軍事基地，乃至於位處莫斯科心臟地帶的克里姆林宮這樣的「指揮控制中心」，以及諸如煉鋼廠、供電網路、煉油廠等「城市工業目標」。其中許多目標都排定要以飛機和飛彈執行多次攻擊，以免第一擊的炸彈無法徹底毀滅目標。

上午十一點十分，鮑爾在初級警報系統上對他麾下的部隊說話；如果有朝一日將要發動核子戰爭，命令也是在這套通訊系統上發布 241。鮑爾的部屬都奉命回到自己的指揮崗位上，聆聽他將發布的訊息。在總司令面前的控制面板上，每一個白色小燈泡就代表一個戰略空軍司令部的基地；當遠方基地的接線生接起電話，所屬的小燈泡就會熄滅。鮑爾刻意選擇清晰的高頻率波段播送他的訊息，因為蘇聯會監聽這些波段。

「我是鮑爾將軍。」他的聲音迴盪在世界各地數十個空軍基地和飛彈發射場。「現在同各位說話，是為了再次強調我們國家眼下面臨的嚴峻局勢。我們已經進入最高戰備狀態。」[242]

根據五角大廈的紀錄，鮑爾下令部隊進入第二級戒備狀態是依據總統的授權，然而這與後來的一些記述背道而馳。不過他決定透過公開通訊頻道向他的指揮官們發布決策，確實是未經授權而且極為不尋常的做法。正如鮑爾所料，他發布的訊息即刻就被蘇聯情報單位截獲，在莫斯科也聽得一清二楚[243]。

戰略空軍司令部幾乎可說是李梅一手催生——二戰期間他擔任轟炸機機隊指揮官，當下令機隊在夜間低空攻擊日本城市，戰略空軍司令部就是這些經歷下的產物。光是一九四五年三月九日到十日的這個晚上，李梅的**B-29**轟炸機隊就燬燼東京市中心十六平方英里的土地，造成將近十萬老百姓喪生。李梅後來承認，設若最後是日本在二戰中取勝，他大概會被以「戰犯」起訴[244]。不過他也為這場大屠殺的正當性辯解，主張日本人民的意志因此瓦解，故而加速了戰爭的結束。

「所有的戰爭都是不道德的，」他這麼解釋，「要是你為此感到困擾，那就算不上是好軍人。」

李梅深信戰爭的宗旨就是盡可能迅速摧毀敵人。戰略轟炸就本質而言當然絕對是種粗暴的戰法，整體概念就是發動壓倒性的致命一擊，不需要錙銖較量自己究竟轟炸了什麼。在李梅眼中，對付像納粹德國、帝國主義日本和共產蘇俄這樣的敵人，約束自己不僅毫無意義，也是對國家不忠。

一九四八年十月，李梅接掌戰略空軍指揮部兵符，其時這個單位不過就是各式各樣士氣低落的轟炸機齊聚而成的大雜燴，軍紀渙散而且訓練不足。第一次訓練的時候，李梅下令他的飛行員對俄亥俄州代頓市（Dayton）實施模擬攻擊，所有狀況都比照戰鬥現場處理。結果根本是一場慘劇：沒有任何一架飛機完成任務。

李梅花費好幾年的心血，才將戰略空軍司令部打造成史上最強而有力的軍隊。他訂定嚴明的賞罰規範，要求所有飛行員和航空人員共同遵守，任務執行成功者予以晉升，反之任務執行失敗者則以降級論處。他用嚴苛的評等制度評估戰略空軍飛行員，在他的評等制度裡，任何機件問題和不利天候都不足以成為藉口，一切依成敗而論。在李梅眼裡，世界上只有兩件事情算得上是事情：「戰略空軍司令部的基地和戰略空軍司令部的攻擊目標。」[245]

有關李梅的種種軼聞已經成為空軍口耳相傳的奇聞。他是個脾氣暴躁的老粗，從沒把參謀長聯席會議裡的同僚放在眼裡，他大聲打嗝全無遮攔，使用大家的私人廁所也不隨手關門。李梅永遠叼著雪茄，搭乘油箱全滿的轟炸機也照抽不誤，某次有位機工長請他熄滅以免火苗引起爆炸，他只是咆哮回去：「它沒那個膽子！」有人請教他對於古巴政策有何高見，他只是回答：「炸了他們！」飛彈危機後不久，庫伯力克（Stanley Kubrick, 1928–1999）拍攝電影《奇愛博士》（*Dr. Strangelove*, 1964），其中有位不受控制的空軍將軍特吉森[26]，其靈感來源就是李梅。

[26] 譯註：特吉森（Buck Turgidson）的名字別有意涵，名詞與形容詞 buck 指雄性動物（鹿、羊等），形容詞 turgid 指腫脹或言詞浮誇。

儘管敬重李梅在司令一職上的能力，不過對於他無限擴張權力的傾向，軍中其他高層則是咬牙切齒。對李梅來說，空軍的核子武器永遠不嫌多；清單上目標的數量永遠不會停止擴張，因此永遠需要更多武器才能確保悉數摧毀目標。他在官場上的對手對於這種「過度的殺傷力」頗有微詞。海軍作戰部長柏克（Arleigh A[lbert] Burke, 1901–1996）上將譴責空軍意圖掌控其他軍種，就像蘇聯意圖掌控世界其他國家。「他們精明幹練，卻也冷酷無情，」柏克言及空軍的核戰計畫人員是如何奪權，「他們走的就是共產黨的路子，用的完完全全就是相同的手段。」246

一九五七年，李梅晉升空軍副參謀長，於是他長年的副手鮑爾即接任戰略空軍總司令。鮑爾在眾人的評價中是比李梅更嚴格以紀律制約下屬的人，他會在公眾場合調侃下屬，看似在其中得到一種喪心病狂的樂趣。身為他副手之一的韋德（Horace M[ilton] Wade, 1916–2001）形容鮑爾是一個「刻薄」、「殘酷」、「毫無寬恕之心」的人，甚至懷疑他的心理狀態是不是「穩定」247。韋德擔心他的上司「手上握有這麼多武器，掌控這麼龐大的武器系統，要是哪天有什麼不對勁，他很可能直接發動軍隊」。要是跟鮑爾比起來，那李梅在韋德心裡算是個「仁慈」的人了。

鮑爾曾經駕機參與轟炸日本的突襲行動，所以對於在核子戰爭中發動一舉摧毀敵方發射能力的先發制人攻擊，鮑爾跟李梅一樣覺得是上上之策，儘管此舉必然會招致敵方駭人聽聞的報復攻擊。麥納瑪拉的文職神童們正在策畫一種名為「對抗兵力」（counterforce）的戰略，將城市區域排除在外並且限制戰爭攻擊範圍。鮑爾問其中一人：「你們為什麼對拯救他們的小命這麼感興趣？我們本來就是要殺光這些混帳東西。」248對鮑爾來說，如果戰爭到最後只剩下「兩個美國人和一個俄國人」活著，「那就是我們贏了」。

那你最好確定這「兩個美國人」是「一男一女」，麥納瑪拉的助理回了一句。

這位和鮑爾口舌交鋒的助理是考夫曼（William W[eed] Kaufmann, 1918–2008），他是耶魯大學畢業的歷史學者，博士論文研究的是十九世紀政治上的權力平衡。考夫曼個頭小，講話音調高，帶點尖酸的幽默感，此刻他正坐在五角大廈的辦公室，試著回答甘迺迪總統的一個關鍵提問：蘇聯在古巴部署的飛彈，究竟會對核子恐怖的平衡造成怎樣的影響？聯席會議的參謀長們覺得其影響相當可觀；然而麥納瑪拉卻認為那些飛彈的影響甚微，不至於對總體局勢造成任何變化。

考夫曼用地圖和圖表分析了蘇聯在毫無預警的情況下攻擊美國，可能導致的後果[249]。他解釋，戰略空軍司令部的七十六座轟炸機基地中，有三十四座位於蘇聯在古巴部署的中程彈道飛彈射程之內，而剩餘的基地也可以藉由射程更遠的長程彈道飛彈攻擊。不過另一方面，大部分堅固的美軍飛彈發射場以及北極星潛艦，則可以在蘇聯的攻擊之下倖存。根據考夫曼的推算，設若蘇聯採取先發制人攻擊，但沒有用上部署在古巴的飛彈，那麼美國仍會保有至少八百四十一枚核子武器，可以做為報復攻擊的武力。要是蘇聯連同他們在古巴的飛彈一起發射，那麼剩下的核武數量，則至少還有四百八十三枚。

易言之，聯席會議的參謀長還有麥納瑪拉都沒錯。在古巴部署飛彈增強了赫魯雪夫的勢力，也彌補了蘇聯在洲際彈道飛彈上的短缺。然而另一方面，無論在任何情況底下，赫魯雪夫都沒有能力一次就擊倒美國。殘存的美軍核子攻擊武力仍然有能力雪恨，加倍奉還蘇聯對美國帶來的傷害。

即便蘇聯在古巴部署了飛彈，「相互保證毀滅」（Mutual Assured Destruction）的法則——縮寫為

MAD——仍然存在而且適用。

軍隊現正陣師鞫旅。為了要對可能入侵古巴做好準備，總統下令發動美軍自二戰之後規模最龐大的一次緊急動員。突然之間似乎軍隊裡所有人都帶著大量裝備往佛羅里達州前進，或搭乘汽車，或搭乘火車，或搭乘飛機。不過卻也處處都遇上瓶頸。

光是調動第一裝甲師（1st Armed Division）的一萬五千名士兵，加上戰車、裝甲車、各式火砲，就需要一百四十六架商用飛機，以及兩千五百節軍用列車[250]。後勤專家決定戰車以及其他履帶車輛應該保持在平車上，以防必須再次迅速移動到其他地點，因此美國東南部很快到處可見軍用列車大排長龍。陸軍需要至少三十英里長的鐵路支線，才能停放這些載運軍用車輛的列車，不過眼下立即可用的支線卻只有六英里半。鐵路上的停放空間因此成為價值連城的物資，各軍種都小心翼翼守護自己的區段；戰略空軍司令部的指揮官們就拒絕把支線停放空間讓給陸軍使用，因為如此一來很可能會「妨礙」他們自己的任務。

一下湧進那麼多陸軍和空軍，佛羅里達州裡已經騰挪不出空間給官兵睡覺。有些軍用機場開始採用「熱床鋪」（hot bunk）原則，把一張床分配給三位士兵，每人輪流睡八小時。佛州哈倫代爾的灣流賽馬場也用來暫時充當第一裝甲師的臨時基地。「所有出入口馬上就派駐憲兵站崗，」一名觀察員記載了實況，「停車場變成車輛調度場，馬場跑道中間的草地則變成大家堆放物資與用膳的地方。士兵的住宿分配在正面看臺的第一層和第二層，武器和軍包堆放在馬場下注的窗口旁邊，而裁決輸贏的照相判定室則權充教堂讓大家做禮拜。」251

繼之讓人頭痛的問題則是彈藥。由於預期戰鬥機群將砲轟蘇聯和古巴軍隊，有好幾間供應軍械的工廠必須用每天三班制的方式，一週七天趕製足夠數量的彈藥。燒夷彈堆放在佛羅里達州的各個飛機場，就像「堆積如山的木料」。

這樣的氛圍，讓派駐在邁阿密的英國領事，又想起了諾曼地登陸作戰日前夕的英格蘭南部 252。邁阿密國際機場每分鐘都有軍機降落，載運部隊的列車南行前往大沼澤地港（Port Everglades），一般街道上則可見載運武器和炸藥的卡車穿行其間。將近六百架飛機組成的飛行大隊待命隨時突襲古巴，以及攔截從古巴飛機場起飛的 IL-28 轟炸機。這麼多軍事重裝備一下全部集結在佛羅里達州，所以空軍軍官都開玩笑說，這個州看來就要因為這些裝備的重量而沉入大海了。

愈往南行，所見軍容就愈發壯盛；位於佛羅里達礁島群端點的悠閒度假勝地西嶼，竟突然搖身一變成為冷戰的前線，就如同柏林或是兩韓之間的非軍事區。每個政府機構都想在這次行動中請纓上陣。海軍由所屬航空站執行偵察和破解密碼的行動；中情局在鄰近的島嶼建立安全藏身處；陸軍進駐歷史悠久的海洋之家飯店，乃世紀之初由鐵路大亨弗拉格勒（Henry M[orison] Flagler, 1830–1913）興建。當地的棒球場、公共海灘和市內大部分的停車場，現都為身著戰鬥服裝的士兵佔據。海軍陸戰隊在海灘上架設出密集交織的機槍火力，周圍再以蛇腹型鐵絲網環環圍繞。

佛羅里達州現在成了美國最容易遭受攻擊的地帶。在一九六二年十月以前，軍事戰略專家預期蘇聯的攻擊應該是穿越極地由北方而來，因此早期的雷達警示系統都是面北，亦即朝向蘇聯。戰鬥攔截中隊受的訓練是沿著位於加拿大所謂的「松林線」部署，以對抗北約口中的「熊羆」（Bears）和「野牛」（Bisons）重型蘇聯轟炸機。配備小型原子彈頭的防空飛彈系統，則部署在東岸城市如紐約和華盛頓周圍，做為對抗蘇聯突襲的最後一道防線。然而幾乎就在一夜之間，美軍的防禦工事必須由北面重新導向到南面。

軍事運輸並不總是享有特別優待[253]。十月廿四日星期三上午，有一行三輛卡車的車隊從賓夕法尼亞州一處陸軍倉庫出發，沿著美國國道一號南行。這三輛陸軍租借來的商用聯結車，上面裝載的是鷹式地對空飛彈（Homing All the Way Killer, HAWK），目的是要防衛佛州南部使其免於蘇聯空襲。然而陸軍卻忘了知會維吉尼亞州警方，飛彈正在前去的路上。維吉尼亞州的亞歷山卓市（Alexandria）與華盛頓特區隔著波多馬克河遙相對望，有一位機警的巡警在這裡的地磅站攔下了這一行卡車。他的疑慮果然沒錯：這些卡車超重兩千磅。這些平民司機嘗試向巡警解釋這批貨物是「最高機密」，但巡警絲毫不為所動。

他下令這一行三輛卡車調頭開回賓夕法尼亞州。

十月廿四日，星期三，下午 1:00（哈瓦那正午）

隔著阿爾門達雷斯河（Almendares River），在哈瓦那動物園正對面，是卡斯楚過夜的地下指揮所[254]。比起戰略空軍司令部總司令的地下指揮所，這座地下碉堡自然寒酸得多，不過對於彈丸小島的領導人來說，這裡已經當得起堂皇二字。卡斯楚的地下碉堡主要結構是一條隧道，從一座蒼翠繁茂的山坡往下挖掘兩百碼深，隧道兩側再各別分支出六個不同的房間。主通道入口建在阿爾門達雷斯河河岸的一堵峭壁上，是由層層鋼筋結構的門板構成。這裡設有一部緊急電梯可以直通哈瓦那的科利特區（Kohly district），許多政府高級官員的宅邸都位於此區。

飛彈危機爆發之際，這條隧道仍在興建當中，不過已經近乎大功告成，故足以做為指揮所使用。士兵在草草完成的地面上鋪灑砂石，讓地下碉堡稍微適合人居，不過這裡最大的缺點還是缺乏通風系統。隧道裡的溼度很高，又缺少新鮮空氣，莫說士兵無法入睡，甚至連呼吸都不怎麼容易；但是對於可能發生的美軍空襲，這樣的隧道卻能提供相當不錯的防護。除了卡斯楚和他的高級軍事顧問之外，有一位蘇聯將軍在這座地下碉堡裡也有辦公室，以資聯絡雙方的最高指揮部。

地下碉堡配置了發電機，糧食與飲水也足夠支撐一個月。不過卡斯楚並沒有花太多時間待在地下。除了每晚三到四小時的睡眠時間之外，他總是不斷四處奔波，或訪視古巴軍事單位，或與蘇聯將軍開會，又或者監督哈瓦那的防禦工事。當甘迺迪與執行委員會共商國是之際，卡斯楚也在與他的最高將領們磋商對策。

「我們最大的問題是通訊。」軍事行動首領布拉沃（Flavio Bravo, 1921–1988）上尉向卡斯楚彙報。他是卡斯楚身邊少不了的左右手。「許多我們應該收到的訊息，要不是還卡在海上，就是還在蘇聯根本沒傳出來。我們主要的通訊方法還是透過電話。」[255]

其他軍官抱怨卡車、戰車以及防空設備的短缺；卡斯楚自己則更不安於像前一天那樣低空飛越的美國偵察機。美國飛行員做出這樣的事，居然能大搖大擺離開沒有受到任何制裁，實在是無法無天。

「一架飛機在三百英尺的高度飛越我們的領空，在政治上我們沒有任何理由不將之擊落，」卡斯楚堅持，「我們必須在四五個地點集結我們的三十釐米防空炮臺，當低空飛機現身，*dejalos fritos*。」「*dejalos fritos*」——「讓他們下油鍋吧」，這跟李梅將軍說到對付古巴時的發言幾無二致。

早上的參謀會議結束後，卡斯楚決定視察哈瓦那以東的防禦工事。他的吉普車隊行經港口下方繞行莫羅城堡（El Morro Castle）的隧道，這座石造要塞是西班牙人為了嚇阻在加勒比海遊蕩的海盜，於十六世紀末所建。卡斯楚一行人途經漁村科希瑪（Cojímar），就是海明威小說《老人與海》（*Old Man and the Sea*, 1952）的故事背景所在，而這段延亙的海岸線，現已成為古巴新統治階級最喜愛的休閒勝地[256]。卡斯楚自己在這裡也有一幢別墅，那是他的祕密藏身處，革命初期的幾個月，他就是於此謀劃將古巴轉變為共產主義國家。繼續沿海岸行駛，則是海邊的渡假勝地塔拉拉（Tarará），格瓦拉嘗於此地調養，從瘧疾與氣喘的夾擊之中康復過來，並撰寫了大量的革命法案，包括將外商持有的甘蔗園悉數充公。

三十分鐘的路程之後，卡斯楚和隨行人員來到一座可以俯瞰塔拉拉海灘的蘇聯地對空飛彈發射場；而美國最可能採用的一條入侵路線，在塔拉拉海灘上就可以看得一清二楚[257]。在他右手邊是緩緩傾斜綿延五英里的金色沙灘，以棕櫚樹和沙丘為邊界，看來就是諾曼第海灘的熱帶分身。海灘上古巴民兵群集挖掘戰壕，並遵循卡斯楚的命令沿著海岸線構築混凝土掩體。從海灘朝著地平線眺望，可以看見鬼魅般的美軍戰艦輪廓，正在佛羅里達海峽巡行。

十八個月之前，美國人選擇古巴最偏僻的區域之一——沼澤密布的薩帕塔半島——做為豬玀灣入侵行動中，一千五百名命途多舛的古巴流亡分子的登陸地點。這批入侵的軍隊被古巴陸軍和空軍逼入絕境，最終一敗如水，損兵折將約十分之一。但美國人不會再犯同樣的錯誤。卡斯楚確信這一次，美國佬會動用海軍陸戰隊及其他菁英部隊，發動一場投入大量人力的正面攻擊。

地對空飛彈的發射場位於一處高地，就在海岸往內陸退縮一點五英里之處。發射場的平面配置呈六芒星結構，六個星芒的端點經過強化，設置六座飛彈發射器，位於中心的是電控車輛和雷達設備。細細長長的V-75飛彈斜倚在戰壕中，露出頭來。

在赫魯雪夫提出將配置核子彈頭的R-12及R-14飛彈部署在古巴之前，卡斯楚早就一再向蘇聯極力要求防空飛彈，因為那是抵禦美國空襲的最佳武器。此外再也沒有其他蘇聯武器有能力擊落U-2，一般的防空火砲根本無法傷及這種高空飛行的美軍偵察機。一九六〇年五月一日，V-75飛彈在斯維德洛夫斯克（Sverdlovsk。今稱葉卡捷琳堡）上空，擊落由鮑爾斯（Francis Gary Powers, 1929–1977）駕駛的U-2偵察機，使艾森豪總統顏面盡失。一九六二年九月八日，同型飛彈在中國東部又擊落一架U-2偵察機[27]，再次印證V-75的空防能力。蘇聯以一百四十四枚V-75飛彈環繞古巴，部署在廿四個不同的發射場，如此一來便提供全島幾近全面的防空覆蓋率。

振奮激昂的蘇聯軍隊，迫不及待想向古巴的軍事領袖展現他們的能耐。卡斯楚看到他們用架設在廂型車上的雷達追蹤模擬的美軍戰機，最遠還能夠探知一百五十英里之外的目標，至於飛彈本身的最高射程則能遠及廿五英里。卡斯楚雖然對此頗感讚賞，不過他也馬上領悟這個系統最致命的缺陷：對於低空

[27] 譯註：一九六二年九月九日（GMT+8），我國黑貓中隊飛行員陳懷生上校（1928–1962）在偵察任務中，於江西南昌上空遭解放軍以地對空飛彈擊落。

飛行的目標仍然無能為力。因為就在前一天，美國才派出偵察機在海面上方數百英尺飛越古巴領土，表示他們可以躲開蘇聯雷達的探測。

地對空飛彈發射場的防禦武器只有孤伶伶一件火砲，是一挺架設在脆弱四輪滑動臺架上的雙管防空機砲；而其操縱者則是幾個身著休閒T恤的古巴士兵。一如他們的蘇聯同志，他們對卡斯楚那一番激勵人心的言語，報以熱烈踴躍的回應，隨時準備上場作戰。不過事實赤裸裸擺在眼前，他們對於美軍的低空襲擊束手無策。

車隊馳返哈瓦那途中，卡斯楚深知這下他必須全面重整他的空防部署[258]。他大部分的防空機砲是用來守護哈瓦那與其他古巴城市，然而一旦美軍入侵，這些機砲很快就會不敷使用，因此其價值只不過是象徵性的。卡斯楚愈深思這個問題，他就愈確信防空武器應該移置到內陸，去防衛核子飛彈發射場才對，畢竟那才是他真正重要的戰略資產。為了擊敗入侵者，他必須為蘇聯盟友爭取一些時間裝填還有發射飛彈。

儘管自己的國家可能燼燬於核子戰爭，然而這樣的念頭並未對卡斯楚帶來絲毫驚懼，他反而顯得異常冷靜和專注。正是在這樣的時局之下——當他的處境看似岌岌可危——他的生命才得以盡情揮灑。他的助手也心知肚明，卡斯楚正是憑藉危機而發達的人。一位古巴報紙的編輯，一路觀察這位最高領導人在這段期間的積極作為，深深感覺「卡斯楚樂在戰爭與高度緊張之中，他無法忍受自己不是頭條新聞」[259]。

低到令人卻步的勝算對卡斯楚來說是家常便飯。如果根據當前武力的平衡，冷靜評估現況，事實上自從革命戰爭以來卡斯楚的形勢日益強大，毫無衰減之勢。當時他的軍隊人數與巴蒂斯塔的政府軍相較，簡直瞠乎其後，望塵莫及；然而如今除了有蘇聯替他撐腰，他還手握三十萬大軍，隨時聽他一聲令下。他手上還握有大批現代化軍事設備，包括防空機砲、T-54 戰車和 MiG-21 噴射戰鬥機。就算一切準備都徒勞無功，他的蘇聯盟友在塔拉拉海灘後面的山丘還有其他美軍可能登陸的地點，都暗藏了戰術核子武器，掃除美軍的灘頭堡也就是幾分鐘的事。

究竟古巴能抵抗美軍的入侵多久，因為這批武器的到來使得原先推算的結果徹底轉變。幾個月前蘇聯的軍事專家推估，美軍的入侵武力只需要三到四天就可以掌控全島[260]。不過局勢已不可同日而語。無論如何，美國佬即將面臨的是一場曠日持久的腥風血雨。

獲選在塔拉拉海灘帶頭攻擊的海軍陸戰隊軍團（美軍在入侵計畫裡將塔拉拉海灘重新命名為紅色海灘），剛剛結束楚斯卡行動的任務，此刻正駛向古巴北部的海岸[261]。在甘迺迪總統的電視演說之後，五角大廈就取消了別克斯島的演習。因為海軍陸戰隊員不再需要準備怎麼推翻一位假想的獨裁者——他們現在瞄準的是一位貨真價實的獨裁者了。

沖繩號直昇機平臺兩棲突擊艦（USS *Okinawa* LPH-3）是臨時的軍團總部，現在船上的士氣十分高昂。海陸隊員正在演練登艇的步驟、磨利刺刀、做伏地挺身，然後一邊咒罵卡斯楚。甲板約莫是美式足球場大小，一名海陸中士帶領他的隊員一邊跑步一邊喊口號。

「我們要去哪？」

「我們去古巴。」

「我們要做啥？」

「閹了卡斯楚。」[262]

而在甲板下，海軍陸戰隊第二師的軍官正在鑽研「三一六號行動計畫」；這個計畫設想的是對於古巴的全面入侵，美國軍隊將投入十二萬人力。按照計畫，海軍陸戰隊從哈瓦那東邊的塔拉拉海灘發動攻擊，第一裝甲師從哈瓦那西邊的馬列爾港登陸；與此同時，第一〇一以及第八十二空降師則在敵軍陣線後方發動傘兵部隊的襲擊。在為首的這一波橫掃中，入侵的軍力將會包圍哈瓦那，然後直接往飛彈發射場進發。

沖繩號上的許多軍官對於入侵古巴一事，已經準備了一年有餘。他們之中有好幾位曾經親身參與硫磺島和仁川的戰役，熱切盼望能夠再次參與實戰。他們仔細研究要登陸的沙灘，在地圖上標繪往內陸移動的路線，詳讀了入侵古巴後的「頭號緝捕目標」清單。這次入侵計畫的內容經過再三擴展與精煉，終至目前鉅細靡遺的樣貌，甚至詳列枝微末節如隨軍牧師抵達海灘的時間（發動攻擊後廿七分鐘），以及救濟平民的糧食數量（二千二百零九噸罐裝雞肉、七千四百五十四噸白米及一百三十八噸蛋粉）。

襲擊紅色海灘和毗鄰的藍色海灘，將會採用典型的兩棲作戰模式，一如在諾曼第和沖繩登陸的傳統。進攻先由海軍的炮火以及空襲開場；水中爆破大隊（Underwater Demolition Teams, UDT）將清除海灘區域的水雷；接著兩棲登陸車載運部隊抵達，後面緊跟著更大型的登陸艇，包含從諾曼地登陸開始就常見的平底希金斯登陸艇；最後是海軍陸戰隊和由直升機空降的突襲部隊並肩登陸內陸，佔領道路和據高點。

擬定進攻計畫的人員幾乎沒有設想過，敵軍或許會使用戰術核武掃蕩整個灘頭陣地。要抵抗「核子、化學、生物」三種攻擊，防護措施需包含防毒面具和化學藥劑探測器。除此之外也要指示部隊清楚標示「受汙染區域」，而「每一起因此造成的核子大火」，都要詳細記錄其爆發並回報資料給上級總部。但是像起草「核子／化學武器防禦計畫」這樣看似不過就是例行公事的任務，卻交給一位有點愚昧的少校負責，「他把時間都花在無關緊要的事情上頭」[263]。

但無論是哪一種情況，傷亡都可能會十分慘重[264]。海軍陸戰隊已經做好單單是第一天就折損五百人的準備（主要是在塔拉拉海灘），另外還有兩千人受傷。戰鬥前十天的總傷亡人數預估將達到一萬八千人，其中四千名陣亡，而海軍陸戰隊將又佔其中半數。

這還只是在蘇聯戰鬥部隊沒有參戰，也沒有使用核子武器之下的估算。

十月廿四日，星期三，下午 5:15（哈瓦那下午 4:15）

此刻在五角大廈，記者們都深深以為攔截蘇聯船艦的行動已經箭在弦上。氣氛愈來愈緊張，但官員們一整天都沒有透露絲毫蘇聯艦艇的動向。因為總統嚴令「不得洩漏」。

五角大廈的發言人是席維斯（Arthur Sylvester, 1901–1979），曾在《紐華克晚報》（*Newark Evening News*）有三十七年的報人生涯。他整天言語支吾，意欲推延搪塞記者，套句他助理的話，就是「滿口轉移注意力的回答，內容盡是潮汐、海象和天氣」[265]。傳聞有五或六艘蘇聯船艦調頭返航，而他拒絕證實卻也不肯否認。他的推託之詞愈來愈薄弱，媒體圈大聲疾呼他們要的是真正的新聞。

在將近傍晚的時候，麥納瑪拉終於授權發布一段字斟句酌的聲明。「對方陣營一些航向古巴的船艦，看似已經改變路線。其餘船艦則繼續航向古巴。故目前尚無攔截之必要」。

克朗凱主播（Walter L[eland] Cronkite, 1901–1979）這位在民意調查中被稱作「全美最可信的人」，也緊接著在哥倫比亞廣播公司的新聞上，用他沉穩的男中音播報了特別報導。他同樣敷衍搪塞，拖延時間：「在通往古巴的航道上，蘇聯船艦及美國戰艦之間的一場武裝衝突彷彿就要在今天上演。然而至今我們尚未得知有任何衝突發生。」

通訊記者紛紛在聯合國總部、白宮以及五角大廈外待命，大家的消息都十分有限。「仍然有許多人相信加勒比海的衝突就要在今晚爆發。」赫曼（George E[dward] Herman, 1920–2005）在白宮外報導；「每個人都三緘其口，」馮範姆（Charles Von Fremd, 1926–1966）在五角大廈連線，「我們現在等於處在戰時的廣電審查制度之下。」[28]

「今晚的狀況不怎麼樂觀。」克朗凱推斷結果如是，他的疲憊就掛在厚重的眼袋上，一覽無遺。

卡斯楚抵達艾爾奇科的蘇聯軍事總部，渾身散發一種沉著的決心。他身著戰鬥外套，頭戴大檐帽，俐落地與這裡的主事者逐一握手。接下來他用一個半小時聽取他們的報告，在記事本上草草寫下筆記，並且透過翻譯問了幾個問題。卡斯楚帶給在場一位蘇聯將軍這樣的印象：「果斷且從容鎮定，似乎戰爭並非迫在眉睫，而他畢生傾注心血的事業也並非岌岌可危。」[266]

這位總司令想要協調兩軍未來的軍事行動，並且確保雙方可以溝通無礙。關於重新部署古巴防空武器的計畫，他也很快與蘇聯人員獲得共識[267]。古巴所有軍備中最強大的火砲類武器是兩門一百毫米的火砲，十九英尺長的砲管使其有能力擊中八英里以外的目標。卡斯楚要把其中一門火砲運到伊薩貝拉港，保衛停泊在那裡的亞歷山卓夫斯克號；另一門則運到大薩瓜，保衛駐守在那附近的西鐸洛夫上校 R-12 飛彈團，這也是目前取得最多進展的飛彈團，飛彈已經做好發射的準備。至於飛彈所在的其他位置，則配置以一挺五十七毫米機砲以及兩挺三十七毫米機砲保衛。

蘇聯仍然牢牢把持核子彈頭，卡斯楚也無從得知蘇聯是否會動用；但卡斯楚很清楚，如果決定權在他，那麼他一定會用。他徹底研究過革命運動，也有親身投入革命的經驗，並從中學到枯等敵軍進攻無異於自尋死路。從攻佔巴士底監獄以來，好運總是眷顧勇者。「把兵力放在軍營裡就是輸家。」這是一九四八年親眼見證哥倫比亞反政府起義失敗後，卡斯楚的結論[268]。

卡斯楚不會坐等美軍來犯。他定會設法先發制人。

十月廿四日，星期三，晚間 10:30（哈瓦那晚間 9:30）

當晚甘迺迪總統和一小群親友在白宮共進晚餐，其中有胞弟羅伯、弟媳艾西兒（Ethel Kennedy, née

㉘ 譯按：赫曼與馮範姆同樣是哥倫比亞廣播公司新聞記者。

Skakel, 1928– ），與新聞界友人巴烈特（Charles L[effingwell] Bartlett, 1921–2017）等人。巴烈特一度提議舉杯祝酒，慶祝蘇聯船艦調頭返航，不過甘迺迪沒那個心情：「你現在慶祝這一局未免言之過早。」[269]

邦迪進進出出，隨時報告封鎖線上的最新進展。「我們還是有百分之二十的機率跟俄羅斯人開戰。」甘迺迪嘴裡嘀咕著。

赫魯雪夫散漫無章但措詞強硬的訊息，深夜從國務院的電傳打字機大量炮製出來，更加深了甘迺迪內心深處的不祥預感。這位蘇聯領導人控訴美國總統的所作所為，從「公然的土匪行徑」，乃至「把全人類推向核戰的深淵」。他繼而指出美國面對核子戰爭「早已不是銅牆鐵壁」，蘇聯既不會撤走飛彈，也不會把美軍的封鎖當一回事。

「如果有人用同樣的方式對待你們美國，想必你們也會拒絕。所以我們也會說『不』（Nyet），」赫魯雪夫寫道，「對於美國船艦在公海上如海盜般的行徑，我們理所當然不會只是袖手旁觀而已。我們不得不採取我們認為必要以及適切的措施，以維護我們自己的權利。」

賓客離開白宮後，甘迺迪一個人又細細玩味赫魯雪夫來訊中的含意，最後他拿起電話打給巴烈特。他告訴這位記者朋友：「跟你說件你會感興趣的事，我收到我們朋友的越洋電報，他說那些船會成功通過封鎖。」[270]

甘迺迪要是知道當天晚上在古巴發生的事，想必會更加驚慌失措[271]。特使傾巢而出穿梭全島，親自將最高機密的瞄準目標定位資料送交三個R-12飛彈團。為了確保飛彈已經做好完全的發射準備，演練在夜幕的掩護下舉行。R-12 飛彈的射程遠超過美國情報分析人員的認知；除了能擊中華盛頓，蘇聯的攻擊目標規劃師操作時的假設，是飛彈也能夠擊中紐約。然而中情局向甘迺迪報告，紐約在 R-12 飛彈的射程之外。

目標卡上載有發射飛彈的詳盡操作指南[272]。其中最重要的變量有仰角、方位角、射程、飛彈的動力時間長度、爆炸類型以及核子電荷。經過好幾個星期煞費苦心的測地線研究和複雜的數學運算，才產出這些目標卡上的資訊。巡弋飛彈在整個飛行期間都有動力推動，相比之下，彈道飛彈只有在發射之後的前幾分鐘有動力推動，接下來就是沿著一條由各種不同精確度推算出來的彈道軌跡飛行，並藉由機械陀螺儀將 R-12 飛彈維持在指定路徑上。

為了準確發射飛彈，蘇聯的目標規劃師必須瞭解發射場的確切位置，包括其海拔高度。由於古巴先前從未完成詳盡的測地線勘測，目標規劃師幾乎得從頭做起，在境內建立由高塔聯結而成的網路，以蒐集地形測量的資料。因為要利用卡斯楚從巴蒂斯塔那裡接手的 1:50,000 老舊美軍地圖，他們費盡心思把蘇聯的座標系統調整為美國系統。而為了精確的天文觀測，他們需要可以精確到千分之一秒的時鐘；由於莫斯科傳來的信號太過微弱，他們只好利用美國的授時信號。

蘇聯的目標規劃師只有最簡單的電腦和計算機，因此大部分的數學運算得靠他們親手完成。計算由兩位獨立作業的目標規劃師執行，先檢查一遍之後再複查。每一個 R-12 飛彈團各自負責十二個攻擊目標：第一輪攻擊先齊射八枚飛彈，剩下四枚則做為第二輪之用。就當目標規劃師以為工作已經完成之際，他們卻發現其中一座發射場分派到的攻擊目標在射程之外。於是他們又花費超過一個星期的時間，甚至有好幾個晚上徹夜未眠，才重新分派好目標，並做好全部運算。

奧布利津（Nikolai Oblizin）少校負責把目標卡送到西鐸洛夫上校的飛彈團，位於哈瓦那以東一百五十英里。他是彈道飛彈部的副部長，過去三個月大都坐鎮在艾爾奇科的軍事總部。軍方替他安排的住宿地點過去是間妓院，游泳池與奢華的床第齊備。

派駐在古巴的三個月裡，奧布利津和接待他的古巴東道主建立了深厚的同袍之誼。古巴東道主高喊「蘇聯同志」，還即興演唱《國際歌》和《莫斯科之夜》迎接他，不過就在車隊護送目標卡前往大薩瓜途中，他也體會到並非所有古巴人都樂於見到蘇聯人在此。在山丘上有一群反革命分子，朝著護送目標規劃師到飛彈發射場的裝甲車開火，但是他們距離太遠，因此不至於造成什麼傷害。

至少就六〇年代早期的標準來說，楊玖（Mikhail Kuzmich Yangel, 1911–1971）設計的R-12飛彈，可謂機動性強而且易於發射。飛彈使用的是耐儲存的液體推進燃料，加滿燃料之後可以在發射臺上最多放置一個月，只要倒數計時三十分鐘便可發射。這些預先勘測好的發射位置，是圍繞一塊五噸重的混凝土厚板而建。混凝土厚板用螺栓及鐵鍊牢牢固定在地面上，做為發射飛彈時的臺座。這方臺座必須穩固而平坦，否則鉛筆形狀的飛彈可能因為重心不穩而翻覆傾倒。一旦混凝土厚板就定位，只要幾個小時便能把飛彈從一座發射場移動到另外一座。於是楊玖的「鉛筆」在當時成為蘇聯最可靠的彈道飛彈。

古巴飛彈發射場的布局與蘇聯本土的布局幾無二致，所以只要拿到目標卡，西鐸洛夫的士兵就可以練習瞄準和發射飛彈。飛彈要能成功發射，時間的掌控必須做到分秒不差，而且每個人都必須對自己的職責一清二楚[273]。在飛彈可以發射之前，必須先從第四級戒備狀態（一般）升級到第一級戒備狀態（最高）。為了確保能夠跟上每一個步驟的完成時限，軍官們時時刻刻用碼表計時。

為了避免美軍偵察機察覺動靜，操作飛彈的隊員等到夜幕降臨才開始演練。當發射警報響起，輪值的隊員們只有整整一分鐘的時間，就要到達他們被指派的位置。

真正的核子彈頭存放在一座地下碉堡，地點靠近貝胡卡（Bejucal）這座小鎮，距離大薩瓜鎮十四小時車程。飛彈隊員用錐形的空殼彈頭模型練習。士兵把彈頭模型從特製的廂型車上卸下，放置在停泊車上，再把停泊車推進準備飛彈的長帳篷裡。

帳篷裡面，技師群集在飛彈周圍檢查電子裝置；纜線則從每一座帳篷裡面，向外連接到發電機和水車。對接彈頭得花三十分鐘。工程師將電線及一組組三顆的金屬螺栓聯結在一起，飛彈飛行期間，這些螺栓會在預設好的時間爆開，使彈頭和飛彈的其餘部分分離開來。這些飛彈目前已處於第三級戒備狀態，一百四十分鐘可以就緒發射。

一輛聯結車將飛彈運出帳篷，往前拖曳數百碼來到發射臺。飛彈還平躺在聯結車後半段拖掛的直立器（erector）上，士兵把鐵鍊滑輪連接到直立器的上緣。聯結車前半段的曳引機，用絞盤吊起上面裝載了飛彈的直立器，使其就發射位置，角度比垂直再稍微少幾度。發射臺定位為座南朝北，即對準了美國的方向。

下一個步驟是瞄準目標。工程師根據目標卡上的操作指南，將飛彈與目標連成一線。為了達成最高的準確性，他們使用一種名為經緯儀的儀器，在發射架上轉動飛彈，以測量方位角和仰角。瞄準目標的程序必須在加滿燃料之前執行，因為一旦飛彈加滿燃料就很難再移動。

飛彈指向夜空，在月光下熠熠閃爍光輝，體型就像周遭滿布的棕櫚樹，只是更為粗壯。不過飛彈頂端抽芽長出的不是羽毛狀的樹葉，而是尖銳的圓錐體，像是鉛筆的尖頭。當士兵完成發射的最後準備，雨也開始一點一點打在他們身上。載運燃料和氧化劑的卡車轟隆隆地開到飛彈發射位置，把車上的軟管接上飛彈。

控制官按下手上的碼表，下令操練就此中止。就一個晚上來說這樣的操練已經足夠，在真正的彈頭到來之前，替飛彈添加燃料並沒有任何意義。操作飛彈的隊員業已證明他們可以順利進入第二級戒備狀態，六十分鐘可以就緒發射。

飛彈從幾近垂直的角度再次拉回平躺的狀態，又被拖進帳棚裡，而精疲力竭的士兵拖著沉重的步伐，回到帳篷倒頭就睡。這場高強度的夜間操練留下的唯一證據，就是燃料卡車及飛彈拖車在雨水浸濕的原野上駛過，所留下的深深轍跡。

蘇聯在古巴飛彈部隊的指揮官斯塔琴科少將，已經搬進他在貝胡卡的地下指揮所。他與駐防在大薩瓜鎮的西鐸洛夫上校飛彈團之間，仍然沒有安全的地上電話線通訊，所以如果他收到莫斯科的開火命令，他就必須以加密訊息的方式透過無線電重新發送。

十月廿四日這個晚上，斯塔琴科有理由滿足，也有理由操心。現在有將近八千人聽他一聲令下。只要供應核子彈頭，西鐸洛夫上校的飛彈可以摧毀紐約、華盛頓，和其他數座美國城市。班迪洛夫斯基（Nikolai Bandilovsky）上校的飛彈團駐守在古巴西部，巴紐斯的聖迪亞哥（San Diego de los Baños）

附近，即將於十月廿五日達成戰鬥準備狀態[274]。第三支R-12飛彈團由索洛耶夫（Yuri Solovyev）上校率領，駐地靠近聖克里斯托巴鎮，眼下則面臨比較棘手的處境。他們的補給艦之一加加林號，因為美國的海軍封鎖而無法抵達古巴；而索洛耶夫的參謀長帶著飛彈團大部分的燃料和氧化劑卡車，正在返回蘇聯的路上。

在此種情勢下，合理的解決方法只有一個。斯塔琴科只有將已經抵達古巴的設備重新洗牌，才能讓索洛耶夫的飛彈團盡快達到戰鬥準備狀態。所以他命令西鐸洛夫和班迪洛夫斯基，把他們一部分的燃料設備轉移給索洛耶夫[275]。

還剩下一個問題。美國海軍的飛機曾經直接飛越三支R-12飛彈團上空，所以美國人早就發現所有飛彈發射場，這點對斯塔琴科來說已經是毋庸置疑的事。然而針對這個可能發生的情況，他早已有所計畫。他下了另一道命令。

「移動到預備位置。」

第五章　直到地獄結冰

十月廿五日，星期四，深夜 3:00（莫斯科上午 10:00，哈瓦那深夜 2:00）

「美國人臨陣脫逃了，」赫魯雪夫得意地咯咯笑，「看來甘迺迪是要帶把木刀上床睡覺了。」[276]

這位第一書記多采多姿的措辭特色，主席團的其他成員早就習以為常。赫魯雪夫身上流著烏克蘭農民的血液，他時常運用他承襲的粗野用語以及金言錦句點綴自己的發言，好比「用鼻孔是抓不到蒼蠅的」、「每隻鷸都說自己的沼澤好」，或「我們所有人加起來還比不上史達林的屎」這些。不過這一次大家卻摸不著頭腦，不知該做何解釋。

「為什麼是『木頭的』？」部長會議第一副主席米高陽問道，他也是赫魯雪夫在領導階層中最能推心置腹的好兄弟。

就像單口喜劇演員段子的包袱沒有戳中觀眾的笑點，赫魯雪夫必須自己解釋自己鋪的梗：「人們說第一次去獵熊的人都會隨身帶把木刀，這樣比較容易清理褲襠。」

跟美國攤牌三天之後，有些蘇聯官員開始質疑誰才是真正需要木刀的人：究竟是甘迺迪還是赫魯雪夫。某位蘇聯外交部副部長跟同僚說起，當赫魯雪夫聽到戰略空軍司令部進入第二級戒備狀態，「嚇出一褲子屎」[277]。蘇聯國安會主席後來也聲稱，赫魯雪夫聽到美國人發現古巴的蘇聯飛彈後「驚慌失措」，淒痛宣告：「這下完了。列寧的心血就要付諸東流。」[278]

無論赫魯雪夫實際的心理狀態為何，最近事態的轉折勢必讓他心亂如麻。他曾經親眼見識傳統戰爭，有切身的體會，因此完全不希望經歷核子戰爭。一九四二年五月烏克蘭哈爾科夫戰役中，赫魯雪夫出任最高人民委員，他目睹政治高層的過失與固執導致毫無必要的全軍覆沒。蘇聯在二戰的抗德愛國戰爭（Great Patriotic War, 1941–1945）中折損了將近三千萬人，其中包含赫魯雪夫的長子列昂尼德，他是戰鬥機飛行員，在與德國空軍的小衝突中遭擊落身亡。而核子戰爭勢必帶來更慘重的傷亡。赫魯雪夫身為部長會議主席，下定決心在他的職權之內盡其所能，避免他的國家陷入另一次戰爭。不過對於眼下的危險他心裡有數：事態的發展早已不是他和甘迺迪可以掌控的。

問題有一部分是出在他錯估了美國對於蘇聯在古巴部署飛彈的反應。赫魯雪夫原以為，甘迺迪最後還是會心不甘情不願地接受蘇聯在古巴的飛彈，就像他自己也接受了美國在土耳其和義大利的核子武器。美國人會惱羞，最後甚至成怒，但是他們還不至於要把世界推向核戰的懸崖邊緣。

「你毋需太過擔心，美國不會有什麼激烈的反應，」赫魯雪夫第一次跟格瓦拉言及此事是在七月，當時他就這樣告訴格瓦拉[279]，「如果當真出了什麼問題，那我們就派波羅的海艦隊馳援。」乍聞赫魯雪夫所言，格瓦拉眉毛高揚不敢置信，但他並未反對；或許他認為這不過又是赫魯雪夫同志的另一個小玩笑而已。蘇聯波羅的海艦隊根本難望美國海軍項背：波羅的海艦隊上一次部署到外國海域是在一九〇四年，當時他們被日本帝國海軍徹底殲滅，是俄國史上最慘重的軍事潰敗之一。

一如白宮裡那位和他地位對等的人，赫魯雪夫也下令他的武裝軍隊進入最高警戒狀態。軍隊裡所有的假期都因此取消，退伍的時間也無限期推延。

赫魯雪夫的目光掃視主席團會議桌，他很清楚必須讓同僚做好退出古巴的準備。他斷定必須「拆除飛彈發射場」，不過他想要用一種讓他得以聲稱自己已經達成主要目標——亦即捍衛古巴革命——的方式，遂行這個撤退的決定。按赫魯雪夫對於時勢的描述，現在打退堂鼓的是華盛頓，而不是莫斯科。

赫魯雪夫告訴主席團：「我們已經讓古巴成為國際視野注目的中心。兩套體制正面衝突，針鋒相對。甘迺迪要求我們把飛彈撤離古巴，我們應該回敬：『那美國也要給我們堅決的保證，承諾美國不會攻擊古巴。』這樣說得過去。」

這樣的交換是可行的。「我們撤走R-12就好，其他飛彈還是留在古巴」，以此做為美國不入侵的交換。這並非「懦夫所為」，單純就是人之常情。「我們要鞏固古巴，厚植培養個兩三年。不出幾年，古巴對美國來說就愈來愈難對付」，所以當務之急是要避免危機「達到沸點」。

「此言極是」的私語傳遍會議桌，沒有人膽敢質疑第一書記。赫魯雪夫堅持這不算挫折，就算是好了，也只不過是暫時的挫折。

「我們且等待時機。倘有必要，還是可以讓飛彈在古巴重現。」

赫魯雪夫一決定撤離飛彈——至少在原則上如此——蘇聯官方宣傳的調性也猝然轉變。當天早上共產黨報《真理報》才高聲疾呼：「別碰古巴，勢必要阻撓美國帝國主義者的挑釁心機。」隔天報紙的頭條卻變成：「以防止戰爭為先。理智戰勝一切。」

現在赫魯雪夫在主席團的同僚們已經心照不宣，這位脾氣火爆的領導人沒有任何意思要為飛彈而開戰。遠在五千英里和七個時區以外的華盛頓，執行委員會的成員對於甘迺迪也有相同的推斷。總統將核子戰爭視為「終極的失敗」，必須不惜一切代價避免。

兩位領導人一開始的反應都是好勇鬥狠。甘迺迪偏好空襲，赫魯雪夫則認真考慮授權派駐古巴的指揮官使用核武。幾經煎熬掙扎，現在雙方都決定尋覓一條可以避免武裝衝突的出路。但問題在於，雙方幾乎毫無可能坐下來開誠布公好好談談。他們對於另一方的意圖與動機一無所悉，卻總以最不堪的假設加以揣測。訊息需要半天才能送達；當確實送達對方手中，這些訊息又是以超級強權隱晦不明的外交辭令鋪陳，所以彼此寫下的訊息總是既不甘示弱也不願認錯。

戰爭機器一旦啟動，很快就會按自己的邏輯和動能推展。而冷戰外交的不成文規定——永遠不承認自己屈居下風——也使雙方各退一步難如登天。

現在的問題已經不是兩位超級強權的領導人要不要發動戰爭——而是他們有沒有能力防止戰爭。這場危機最驚險的時刻恐怕還在後頭。

中情局派去馬塔安布雷礦場執行祕密破壞任務的兩人，現在正披荊斬棘穿越蔥蘢的古巴森林[280]。他們的前進不僅緩慢，而且曲曲折折。在進入森林之前，歐羅斯可和貝拉馱著沉重的行囊，一路蹚過膝蓋深的紅樹林濕地。歐羅斯可揹的是無線電發射器、小型發電機還有一把M-3半自動步槍；貝拉揹的是三包C-4炸藥還有計時用設備。兩人都帶了地圖和指南針，以判別自己前進的方向。

他們白天睡覺，夜晚跋涉。沿途唯一的文明象徵是一條沿河而行的簡陋小路，他們也平安無事走完這條小路。沿途沒有遇到任何人。稠密的低窪濕地伴隨多刺的灌木叢，就連動物穿過都要小心翼翼。猛烈的暴風雨也使前進愈發艱難。

直到第三天，他們終於看見一排木塔支撐的空中纜車系統。他們朝其中最特別的一座木塔前進。這座木塔的位置在銅礦與海洋之間，建於四百三十英尺的丘陵上，是所謂的「轉折塔」（breakover tower）。這座木塔看起來就和維吉尼亞州中情局訓練基地「農場」裡的模型毫無二致。由於貝拉後來才加入祕密破壞行動，所以從未見識過那個等比例的實物模型。歐羅斯可則練習攀爬過多次，這已經是他第四次嘗試破壞馬塔安布雷礦場。

他們在第五天午夜時分抵達這座木塔基座。纜車在夜間暫停運作，四周悄然無聲。歐羅斯可搖搖晃晃爬上五十英尺高的木塔，把兩小包炸藥分別貼在他頭上纜繩的不同段落。等到纜車在早晨重新啟動，其中一枚炸彈就會在馬塔安布雷的銅礦精煉工廠引爆，另一枚則會在聖露西亞港碼頭畔的儲藏庫引爆。兩枚炸彈的設計都是一觸即發的爆炸。

而同一時間，貝拉則在木塔基座放置一枚炸彈，將之連接到計時裝置上。計時裝置是一根內含酸液的鉛筆型金屬棒，酸液會慢慢腐蝕金屬直到引發爆炸，使木塔傾倒並且扯斷通往銅礦的電纜線。儘管這些炸彈並非特別意圖置人於死，然而摧毀電纜線可能導致數百名礦工受困地底，無法輕易逃出。礦坑的抽水幫浦也會因為沒有電力而停止運轉，導致礦坑湧進大水[281]。

這兩位祕密破壞者的行動即將大功告成，他們也調頭往海邊走。回程要比來時路容易，因為他們已經知道路怎麼走，而且可以清清楚楚看見他們要去的地方。他們說好要在十月廿八日與三十日之間，與中情局的撤退小隊會合。

拂曉時分，他們已經順利踏上歸途。在一整排松樹覆蓋的丘陵背後，遠方的海洋閃爍著粼粼波光。此時歐羅斯可的胃開始劇烈疼痛，走起路來非常不舒服。不要緊的，他跟夥伴保證。

十月廿五日，星期四，上午 8:00（哈瓦那上午 7:00）

此時華盛頓的蘇聯大使館裡，外交官和間諜都承受巨大的壓力，因為莫斯科方面要求他們提出美國入侵古巴計畫的確實情資。特別幹員細數白宮、五角大廈、以及國務院辦公室還有幾扇窗戶後面的燈還亮著，在酒吧和停車場營造與新聞工作者不期而遇的攀談。使館武官則嚴加監視美軍部隊各單位的一舉一動。

不過到目前為止，他們的努力幾乎未見具體成果；傳送回莫斯科的「情資」不過是從報紙上揀選而來，而且有些還是錯誤的消息。駐美大使達勃雷寧傳回莫斯科的一份急件中，將國防部長麥納瑪拉認定為執行委員會中的強硬派領袖，而財政部長狄龍則是主要反對者，力阻在危機初期就採取軍事行動 282。但事實正好相反。

對於精確情資的短缺，蘇聯國安會華盛頓站站長費克利索夫（Aleksandr Semyonovich Feklisov,

1914–2007）甚感黯然。他仍緬懷二戰時的光榮歲月，其時克里姆林宮派出的特務成功滲透美國政府的最高層級。費克利索夫當時是在紐約活動的年輕間諜，他以蘇聯副領事的身分做為掩護，在史上最成功的情報行動中貢獻一己之力：滲透曼哈頓計畫竊取美國的核子機密。羅森堡（Julius Rosenberg, 1918–1953）就是他手下的特務，提供了美國軍事科技中最具有價值的項目之一——近炸引信[29] [283]。

那時似乎一切都順手的多，蘇聯的威望崇隆，尤其是在一九四一年六月德國入侵之後。蘇聯是對抗納粹德國用力最多的國家，不少美國左翼知識分子認為盡一切可能協助這個國家，是他們的職責。出於純粹理想主義的動機，情報提供者就這樣走進紐約街邊的蘇聯領事館為其效勞。

冷戰以及赫魯雪夫的去史達林化，復加以一九五六年蘇聯入侵匈牙利，凡此種種都使得蘇聯間諜在美國的生存愈形困難。他們無法再依靠意識形態做為主要的勸誘手段，說服美國公民與其合作。以重金收買，在某些情況下甚至是以勒索強逼就範，已經成為蘇聯國安會吸收人員時偏好的手段；不過這類手段遠遠不及老派的政治同情來得有效。

情報來源的枯竭也導致蘇聯高層對美國的種種誤解。赫魯雪夫一九五九年造訪美國時，受邀到一處名喚大衛營的地方與艾森豪總統共度數日時光，但當時他對此卻頗感屈辱。赫魯雪夫的美國專家群竟然對大衛營一無所悉，以致他第一時間的反應是此地必然是某種居留營，「專門用來隔離不受美國信任的人」。他們需要花上很多功夫才能確認，原來大衛營「就是我們說的鄉間別墅」[284]，所以這份邀請實際上是一種尊榮，而非一種屈辱。赫魯雪夫在回憶錄中笑談此事，直說這顯示「我們是多麼無知」。

費克利索夫在一九六〇年返回美國，擔任蘇聯國安會華盛頓站站長（*rezident*），當時他的消息來源主要是一些消息販子提供的街談巷議。他的特務在國家新聞俱樂部周邊暗中徘徊，因為記者和外交官都在這裡互換未經證實的傳言。費克利索夫的手下只要耳朵靈光一點，有時候還能提供他一些尚未在報紙上曝光的有趣消息。

蘇聯國安會的一名特務，以俄國新聞通訊社通訊特派員身分為掩護，星期三晚上在國家新聞俱樂部得到一條價值連城的小道消息。俱樂部的酒保名喚普羅科夫（Johnny Prokov），是來自立陶宛的政治流亡分子，他無意間聽到《紐約先驅論壇報》（*New York Herald Tribune*）記者羅傑斯（Warren Joseph Rogers, Jr., 1922–2003）和唐納文（Robert John Donovan, 1912–2003）的對話。設若入侵古巴一事成真，屆時羅傑斯將是海軍陸戰隊的八名隨行記者之一。羅傑斯覺得行動近在眼前，所以他告訴辦事處的主管唐納文，「看來我很快就要成行」。普羅科夫把這段對話斷章取義的版本，轉傳給那位俄國新聞通訊社的特務記者，結果特務記者又轉傳給費克利索夫站長，最後費克利索夫再轉傳到達勃雷寧大使。

這個時候消息已經是第三甚至第四手了，但駐華盛頓的蘇聯官員對於任何類似的內部情報已經飢不擇食。為了確認這條祕密消息的真偽，費克利索夫派遣另一名蘇聯國安會特務在停車場「巧遇」羅傑斯。這位特務的掩護身分是蘇聯大使館的二等祕書，他詢問羅傑斯，關於攻擊古巴一事甘迺迪是否當真。

「那當然如假包換。」羅傑斯一副好戰的口吻[285]。

於是星期四早上，羅傑斯接到蘇聯大使館的電話，邀請他與資深外交官柯尼延科（Georgy

29 編註：近炸引信（proximity fuse）是盟軍於二戰期間發明的技術，將與目標之距離做為爆炸的觸發機制，提升了炸彈的殺傷力。

Markovich Korniyenko, 1925–2006）共進午餐。他一口答應赴約，心想說不定可以得到什麼內幕消息寫出一篇報導；不過事實恰好相反，反倒是柯尼延科想從羅傑斯身上刺探消息。羅傑斯並不清楚執行委員會內部的齟齬牴牾，所以麥納瑪拉和羅伯在他口中是入侵古巴的主要倡議者。他還說甘迺迪政府原則上已經下定決心，「要與卡斯楚劃清界線」[286]，美國的入侵計畫業已「準備好最後細節」，而且「箭在弦上，隨時可發」。之所以延而未發，唯一的原因就是赫魯雪夫的「彈性政策」，總統需要一個可以同時讓美國人民與國際社會滿意的托辭，才能順理成章入侵古巴。柯尼延科也把這些對話內容轉傳給上級。

這正是蘇聯國安會苦苦等待的祕密消息[287]。達勃雷寧和費克利索夫都拍發緊急電報，向莫斯科詳述這次會面，而這些電報最後也送呈赫魯雪夫和其他蘇聯領導人桌前。於是華盛頓國家新聞俱樂部裡的倉促對話，就在一夜之間升級為最高機密的情報資訊。

馬塔安布雷礦場在黎明重新開始運行。在金屬升降吊籠的載運之下，數百位礦工魚貫下降到地表深處，再徐徐爬過地底隧道抵達岩層表面。這些機械設備早就需要好好維修一番——因為自從革命之後就再也沒有新設備輸入古巴——不過這座銅礦每一年仍然能夠達成將近兩萬噸的產量，其中大多數都運往蘇聯陣營的國家。

空中纜車索道的聖露西亞那一端，監工伊格雷西亞斯（Felipe Iglesias）突然發現有地方不對勁。他從礦場還是美國人經營的時候就開始操作這套輸送系統了，至今已有廿多年。眼光盯著輸送吊斗從馬塔安布雷礦場緩緩向上攀升，他突然看見纜索上有個異物附著，如果吊斗繼續往前輸送，那這個異物就會被捲進機械設備裡。

聖露西亞這一端與馬塔安布雷的銅礦精煉工廠那一端，有對講機可以通話，他朝著對講機大喊：「停止輸送帶，有個吊斗上方有奇怪的東西。」288「看起來像是顆炸彈。」另一位工人大喊，他已看出一根一根炸藥的形狀。

不出幾分鐘，他們又發現了第二枚炸彈，這次是在空中纜車索道的馬塔安布雷那一端。兩端的安全人員小組分別沿著上方的纜索步行六英里，在轉折塔會合。就在設定的爆炸時間即將到來之前，他們發現了歐羅斯可和貝拉放置的最後一枚炸彈。

十月廿五日，星期四，正午（哈瓦那午前 11:00）

海軍上尉柯菲現正飛越古巴上空，執行他的第二次低空偵察任務。他拍攝了大薩瓜附近中程彈道飛彈的發射場，泥巴地上還清晰可見前晚操演留下的轍痕。他駕駛著 RF-8 十字軍噴射機，往東飛向雷梅迪歐斯（Remedios）的長程彈道飛彈發射場；那座發射場還需要幾星期時間才能完工，不過飛行途中機鼻左方下的地面上，有些東西霎時吸引了他的目光。

約莫在那座飛彈發射場北方兩英里處，有座看似軍營的大型營地。柯菲看到一排一排的戰車和卡車，不少都以偽裝掩護289。他必須在電光石火之間做出決定：長機飛行員的軍階比他高的多，身為僚機飛行員，他本該按照預先指定的路線亦步亦趨跟隨長機，但是他發現的目標實在太過誘人，他無法視若無賭就這樣飛走。這座軍營和他從前在古巴見到的都不一樣。他把操縱桿向左一推，維持機翼水平，立刻開始拍照。他巧妙操縱機身，做了幾個急劇的旋轉與翻滾，這些時刻相機也在運作，接二連三地快速拍下天空、地平線還有翠綠的甘蔗田照片。

十字軍噴射機以將近五百節的速度轟然飛越軍營上空，速度太快以至於柯菲弄不太清楚自己究竟拍下了什麼。他猛力右轉，退回到長機飛行員後方。兩位駕駛員互相比出拇指向上的手勢，然後發動他們的後燃器，回頭向北飛越佛羅里達海峽。

這位年輕的海軍上尉要到幾個星期之後，才會明白自己剛剛拍下的東西有多麼重要。時機成熟之際，海軍陸戰隊基地指揮官發來了一封感謝函，表揚柯菲「在瞬息萬變局勢之下的隨機應變」。感謝函中還將此譽為「這支著名的海陸作戰部隊歷史上，所取得最重要且最及時的兩棲戰力資訊」290。

雖然柯菲自己還不知情，但是他發現的是蘇聯在古巴部署的另一等級武器。

對於第一四六機動步槍團的指揮官柯瓦連科（Grigori Kovalenko）上校而言，十字軍噴射機明目張膽從頭頂飛過，只不過是他遭受一連串挫折之中最新的一個291。他的部隊握有蘇聯陸軍破壞力最強的武器：T-54戰車、反戰車導引飛彈、俗稱「喀秋莎」（Katyusha）的多管火箭砲，以及配備核子彈頭的月神飛彈。但是柯瓦連科手下的官兵接連為疲病所苦，整個部隊幾乎在所有可能出毛病的地方都出了毛病。

他們一系列的困厄就從跨越大西洋的十八天旅程開始，期間有一半的士兵因為暈船而病倒；受限在沸熱的甲板之下，更是加重了他們的苦難。步履蹣跚走下船後，卡車把他們載運到部署的區域，卻是一座廢棄的養雞場。這是個幾乎徹頭徹尾荒瘠不毛的場地，只剩下孤伶伶幾棵棕櫚樹，幾間竹子蓋的寮舍，還有一座水塔，裡面流出的都是紅色的淡鹽水。不出幾天，士兵開始因為痢疾而叫苦連天；一開始只有十幾起案例，接下來變成四十起，最後變成全團的三分之一受害。這是一次流行性傳染病。

不只飲用水有毒，整體水源都是不足的。古巴人早已習慣於過苦日子，一點水便可以將就度日，所以他們想當然耳地以為，只要一口井就足以提供四千名蘇聯士兵的飲水。然而一個機動步槍團一天就要消耗一百噸的水，不只人需要用水，軍事設備也需要用水。已經沒有足夠的時間再掘新的井，因此他們不得不遷移到其他駐地。

機動步槍團花費一個星期向東移動五十英里，重新部署在靠近雷梅迪歐斯的另一片荒僻土地上。柯瓦連科手下一名高級軍官的座車，在遷移過程中迎面撞上一輛古巴卡車，差點就造成乘客身亡。雷梅迪歐斯的情況並沒有比第一個營地好到哪裡，飲用水必須由卡車從十五英里外的山泉運來，但至少水是乾淨的。士兵們把矮樹叢裡的蛇還有大型卵石清理乾淨，在那裡搭起帳篷；接著又下起雨來，每一個人都淋成落湯雞，原來的紅土地也變成黏稠的泥巴地。

當甘迺迪宣布他的海軍封鎖政策之際，機動步槍團的重新部署也幾近大功告成。柯瓦連科知道這下他的步槍團就處於新冷戰危機的最前線，但他卻沒有辦法從上級那裡吸收到什麼有幫助的情資。幸好他手下有一名軍官熟諳英語，只要把收音機調到邁阿密的廣播電臺或者美國之音，這名軍官就能讓上校隨時跟上最新的消息。

第一四六機動步槍團的首要任務，是守護雷梅迪歐斯和大薩瓜鎮的飛彈發射場。另外兩個機動步槍團部署在哈瓦那附近，保衛首都以及比那德里歐省的飛彈發射場；第四個團駐守在東方省，從東邊防止美軍自關塔那摩突圍而入。除了駐守在東方省的這個步槍團，所有步槍團都持有戰術核子武器。

月神飛彈架設在輕型戰車的底盤上，易於操作而且機動性強，只要三十分鐘的準備就可以發射，再花六十分鐘即可完成重新裝填。月神飛彈可以把兩千噸的核子彈頭送到廿英里以外的射程，爆炸的衝擊波足以摧毀一千碼半徑以內的所有東西，而噴放出的輻射影響範圍所及則更為廣遠。曝露在外的美國部隊一旦成為月神飛彈攻擊的目標，頓時就會死於高熱與壓力，而車輛內的兵員在存活數日之後也會喪命於輻射。

柯瓦連科手中握有兩輛月神飛彈發射車以及四枚核子彈頭[292]。月神飛彈整整齊齊地排列在停車場，與喀秋莎多管火箭砲還有 T-54 戰車並排。這些都被柯菲上尉拍了下來。

往東三百英里，在東方省首府古巴聖地牙哥的山丘上，中情局特務巴斯夸（Carlos Pasqual）把他最新的報告轉譯為一組一組的五碼字母。他拖出預藏好的整套無線電設備和發電機，所有裝備加在一起達五十磅，相當笨重。確認四下無人之後，他轉開無線電發報機，調到他用來和總部通訊的高頻波段，接下來他輕拍發報機，把一連串短音和長音送入天宇，暗自期待一切順利。

巴斯夸在電文裡想要傳達給上級的訊息，是在接下來幾天不要期待從他那裡得到太多消息。自從在古巴發現蘇聯飛彈之後，總部就不停糾纏他，一下要他做這個，一下又向他問那個。但古巴當局剛剛宣布在戰鬥警戒期間強行徵用私家車輛，因此若沒有官方的許可，現在要在鄉間自由移動，幾乎就是蹇人升天。

巴斯夸是過去聽命於巴蒂斯塔的空軍將領之子，古巴革命之後他離開古巴，自願為中央情報局效勞。一九六二年九月之初，他搭乘小艇偷渡回到古巴島上，來到反卡斯楚異議分子擁有的一座咖啡農場。他從那裡傳送了幾十次報告回去華盛頓，記錄下護送車隊的動向、蘇聯船艦在古巴聖地牙哥港卸貨的情況，以及飛彈發射場在山區的建造進度。他最近的報告在前一天送出，其中詳述了軍事設備轉運到關塔那摩的過程[293]。

這是項折磨心志的任務。提供巴斯夸暫居之地的是一群農夫，裡面有黑人也有黑白混血，巴斯夸身材頎長皮膚白皙，處在他們之中尤其顯眼。每個人看起來都提心吊膽，他也不確定可以相信誰。幾個星期以前，農場主人的一名親戚突如其來造訪，開始探聽關於巴斯夸這名陌生人的消息；巴斯夸擔心是民兵要搜尋他的下落，於是接下來幾天都躲在山區裡。事情過去以後，他在農場地窖過了一晚，蜷縮在一袋一袋咖啡豆旁。他確認再三，在距離天亮還很久之前便動身離開，以防有人看見他的行蹤。

最近幾個月，中情局利用兩個特務與線人組織設法滲透古巴，巴斯夸就是為其中一個代號「午前熾熱」（AMTORRID）的間諜情報網效力。另一個代號為「眼鏡蛇」（COBRA）的間諜情報網，則以島嶼另一端的比那德里歐省為活動根據地。除了情報蒐集活動之外，眼鏡蛇小隊還有一項次要任務，就是投入小規模的祕密破壞行動，中情局也為此供應他們兩千噸的武器和炸藥。眼鏡蛇小隊的特務首領手下統攝廿名特務副手，再下面還有數百位線人以及合作對象。

美國中情局在古巴面臨的問題，與蘇聯國安會在華盛頓面臨的問題恰好相反：人力情報不是太少，反而是太多。由於每天都有數十名心懷叛意的古巴人、難民搭乘泛美航空抵達邁阿密，中情局在「眼鏡蛇」和「午前熾熱」之外，也會從這些人身上得到情報消息。華盛頓方面持續數月湧入類似的報告：巨大的拖車載運神祕管狀物體，在荒僻的古巴村莊間沉重艱難地緩緩前進。然而其中有許多缺乏細節：沒有受過專業訓練的目擊者，可能將三十英尺和六十英尺的飛彈混為一談；有些報告則顯然站不住腳：因為目擊者宣稱看到的武器系統，在那個時間點上根本還沒運抵古巴。這些謠傳許多都頗有《哈瓦那特派員》（*Our Man in Havana*, 1958）裡那種不太可能發在真實世界的調調。四年之前葛林寫了這本暢銷小說，故事描寫英國情報單位意欲取得古巴東方省山區「飛彈發射臺」的圖像，於是以重金雇用一位吸塵器業務員執行任務，結果「最高機密情資」其實不過是吸塵器內部構造的素描而已。一九五九年卡斯楚取得政權後沒幾個月，根據這部小說改編的電影就在哈瓦那開拍。

中情局的分析員將來自特務和難民的大批報告分門別類——單單九月就有八百八十二份這樣的報告送上來——他們試圖從中發掘證據，以支持任何一種時下最熱門的假設[294]。這些報告裡有哪些是精確的、有哪些是誇大的、又有哪些是錯誤的，其實並不容易揀選出來。起草《總統情報檢核清單》（*The President's Intelligence Check List*）的中情局官員，就說「分析員因此用高度懷疑的眼光看待所有報告」[295]。在十月十四日U-2偵察機的飛行任務之前，局內最主流的觀點是在古巴部署核子飛彈的風險過高，蘇聯斷不敢貿然從事。九月十九日的國家情報評估甚至以權威的口吻推斷，「蘇聯可能會使用在古巴領土上建立的核子攻擊武力對抗美國，這樣的看法與我們當前評估的蘇聯政策背道而馳」[296]。

一旦中情局的首席評估人員正式推斷，認定蘇聯在古巴部署飛彈一事的可能性極低，那麼下級分析員即使有飛彈從蘇聯船艦卸下的目擊報告為依據，還是會不太情願反駁他們的意見。九月十九日晚上，就在中情局發布眾所期待的情報評估之後幾小時，一位中情局的線人在馬列爾港的碼頭上遊蕩，他親眼看到一艘蘇聯船艦上卸下「超過廿公尺（六十五英尺）長的大型洲際飛彈」[297]。他的線報由一連串特務人員經手，先傳到邁阿密最後上報到華盛頓，然而中情局總部卻對此線報加注了不屑一顧的意見：「消息來源所見的卸貨，更有可能是地對空飛彈。」若以後見之明觀之，那麼原先這則線報其實格外準確：一枚包裝好準備運送的 R-12 飛彈，不加鼻錐的長度是六十七英尺，這個長度是 V-75 地對空飛彈的兩倍。而載運八枚 R-12 飛彈的蘇聯貨輪波爾塔瓦號，已經在三天之前抵達馬列爾港。

中情局的分析員原先並不相信有關蘇聯核子飛彈的報告，直到空拍照片證實了飛彈的存在；其實不只他們，其他資深觀察家以及所有派駐古巴的西方外交使團，同樣對此抱持懷疑。英國駐哈瓦那大使馬尚特，事後描述了他如何草率看待不勝枚舉的這類謠傳——「巨大的飛彈，每一顆都比板球球道更長」，在一九六二年盛夏到初秋之間從蘇聯船運到古巴。他視這些說法為無稽之談，認為那不過是葛林流行小說「瘋狂難以置信的續集」[298]。

只有極少數人對於這種一般見解抱持異議，中情局長麥孔就是寥寥可數的一人。他是共和黨員中的鷹派。麥孔無法理解蘇聯為什麼要在古巴全島部署地對空飛彈，除非，他們是要掩飾什麼非常貴重的東西。他的推論是，設置地對空飛彈發射場的意圖，顯然是要讓美國打消派遣 U-2 偵察機飛越古巴的念頭。此刻麥孔正與新婚妻子在法國南部度假，他發送了一連串憂心忡忡的訊息回去華盛頓，質疑中情局官方的評估，並且推測蘇聯部署了中程彈道飛彈。這些訊息後來被稱為「蜜月電報」。

在拍發報告給華盛頓的時候，巴斯夸並不知道，此際中情局內部正激烈辯論有關人力情報的價值（同行間的術語「Humint」）。最近他所屬的「午前熾熱」情報網路，在水晶山脈（Sierra del Cristal Mountains）的瑪雅里阿里巴鎮（Mayarí Arriba）附近蒐集到一些飛彈相關活動的情資。兩天之前，在「午前熾熱」十月廿三日的訊息中，就陳述了一支「由四十二輛車組成的車隊，包含七輛飛彈運輸車」，正駛向一條新建的道路，前往瑪雅里。也有其他報告述及該地區有「地下設備的興建工程」。

現已證實古巴西部確有飛彈發射場存在，華盛頓的分析員實在太全神貫注於弄清楚這究竟是怎麼回事，以致無暇分神注意東方省荒僻區域眼下發生的事。他們壓根不知道，關塔那摩灣海軍基地正籠罩在核子威脅之下。

派駐在古巴聖地牙哥的西方外交官也留意到，有條通往山區的新道路正馬不停蹄地趕著完工。英國領事駕車前往關塔那摩途中經過此區，注意到有條「寬闊而未鋪設路面的新道路向北方延伸，在一座小山丘上蜿蜒逶迤，最後消失在視線盡頭」[299]。古巴民兵在山丘頂端的樹木後方全神貫注把守著道路入口。領事與同行的其餘外國人士，都不曉得道路的那一頭究竟有什麼。

過了一段時間，美國情報單位才成功查出，原來古巴存在許多蘇聯最具威力的武器，包括R-12中程彈道飛彈、IL-28轟炸機、短程的月神飛彈，以及地對空的防空飛彈網。然而還有更多武器是美國人無力查知的。他們懷疑蘇聯在古巴藏有核子彈頭，但就是不知道存放在何處。他們嚴重低估了蘇聯軍隊的數量。他們知道莫斯科計畫保衛這座島嶼抵抗美國入侵，但對於計畫將使用的關鍵武器系統絲毫沒有概念。配備核子彈頭的巡弋飛彈一事，在接下來四十年都是不為人知的祕密，而本書將首次詳述故事始末。

那些起伏連綿的山丘再過去一點就是瑪雅里阿里巴，要是當時那些西方外交官能夠開車越過山丘，最後映入他們眼簾的就是巡弋飛彈基地。藏身山後的軍營，裡面存放的就是巡弋飛彈。巡弋飛彈看起來就像縮小版的米格機，約莫廿英尺長、三英尺寬，彈鼻粗短，側翼可以折疊。飛彈有些還收在板條箱裡，有些則用帆布蓋著，放在停車場附近的地上。

巡弋飛彈用的彈頭存放在一座混凝土地窖，距離軍營幾百碼，原先是用來存放火砲的砲彈。每顆核子彈頭的重量是七百磅，具有十四千噸的核電荷，約略等於廣島原子彈的威力。地窖悶熱潮濕，完全不適合存放核子彈頭，不過習於隨機應變的古巴人想出了對策[300]。當時大量妓院因為革命餘波而關門大吉，他們走遍古巴聖地牙哥，從這些妓院拆走所有老舊的美國冷氣機。蘇聯技師把電路從美國的標準頻率六十赫茲，改造為俄羅斯的標準頻率五十赫茲，以便將美國冷氣連接上蘇聯的軍用發電機。

巡弋飛彈在俄文裡的首字縮寫為FKR（*frontovaya krylataya raketa*）——意為「有翼前線火箭」（front-line winged rocket）；德軍的「嗡聲炸彈」（buzz bombs）在二戰中使倫敦聞聲喪膽，而俄軍的巡弋飛彈就是這種炸彈的後續產物。嗡聲炸彈即德軍的V-1飛彈，這種炸彈實質上是一種無人駕駛的飛行器，燃油耗盡之際就會自然從空中落下，英國人號之為「飛行炸彈」或「獅蟻」（doodlebugs）。蘇聯的巡弋飛彈則是在拖車上發射，最遠可以命中一百一十英里以外的目標，摧毀半徑六千英尺以內的所有事物[301]。單單一顆蘇聯巡弋飛彈，就足以讓一個美國航空母艦群、或者一座主要軍事基地灰飛煙滅。

蘇聯帶了兩個巡弋飛彈團來到古巴，兩個團都握有四十枚核子彈頭以及八座巡弋飛彈發射器。其中一個巡弋飛彈團駐守在古巴西部距離馬列爾港不遠的地方，靠近一座名喚蓋拉（Guerra）的小鎮；其任務是防衛哈瓦那西側與東側脆弱的海岸線，美軍極有可能由此登陸。另一個巡弋飛彈團的總部則設在瑪雅里，該團奉命準備「對關塔那摩灣的海軍基地發動攻擊」[302]；這個攻擊計畫是由勞爾・卡斯楚親自嚴密運籌帷幄。

與個人魅力非凡的卡斯楚相比，勞爾是手足中比較沉默的那一個；所以過去三十一年，他都活在兄長的陰影之下。他個頭矮小骨瘦如柴，而且臉上的鬍髭只長了稀稀落落的幾撮，不像其他古巴革命分子，絡腮鬍已幾乎是制服的一部分。在他口中卡斯楚是個「愛惹麻煩的傢伙」，他還嘲笑卡斯楚話太多。他和兄長同樣狂熱於革命，親自監督了許多反革命分子的槍決，但是他表現出的狂熱與他的兄長有所不同。如果卡斯楚是提出遠見的人，那勞爾就是把事情辦成的人。

卡斯楚在星期一下午宣布進入戰鬥警戒，隨即派遣胞弟坐鎮東方省。這個決策頗在情理之中，因為勞爾對於瑪雅里周遭的環境瞭如指掌。在對抗巴蒂斯塔的後期，勞爾就是以這座山村做為軍事總部。當年卡斯楚派遣勞爾和六十五名部眾，從古巴東南部海岸的慈母山（Sierra Madre）到水晶山建立第二個內陸戰線。勞爾一行車隊總共有十輛吉普與皮卡，乍到瑪雅里之時，那裡只有廿四間東倒西歪的破屋子。他先在其中一間破屋子建立起指揮所，接著利用更多土地，為叛軍的空軍建設了臨時飛機跑道，也建設學校與公共醫療設施。過了沒多久，瑪雅里就成為其中一個「解放區」的首府——這個解放區的範圍直延伸到山脈的那一頭，接近卡斯楚家族在比蘭（Birán）的莊園[303]。

勞爾馬上就領會，要防止美國從關塔那摩灣入侵，巡弋飛彈具有關鍵的作用[304]。所以抵達之後他立刻邀請蘇聯眾軍事指揮官，到他在古巴聖地牙哥的總部商議軍機。他們一同研討了摧毀關塔那摩灣海軍基地的計畫。當地巡弋飛彈營的指揮官馬勒采夫（Dmitri Maltsev）上校，拿出一張地圖向勞爾簡報他手下部隊的所在位置。

負責東方省地面防衛的蘇聯軍官是亞佐夫（Dmitri Timofeyevich Yazov, 1924–2020）上校[305]（他後來成為戈巴契夫任內的國防部長，同時也是一九九一年八月政變的主導人物之一。這場因反對戈巴契夫而起的政變最後以失敗收場），與駐守在雷梅迪歐斯的柯瓦連科一樣，他也是幾經波折，才替他的機動步槍團覓得合適營地。第一個營地所在的森林滿是有毒的樹木和灌木叢，由於對毒性一無所知，部隊用這些樹木的枝幹搭建臨時木屋甚至床架。季風雨使得枝幹上的毒性釋放出來，整支戰車營都遭受感染，皮膚出現嚴重的潰瘍。其餘部隊則因為腐爛的食物而深受痢疾所苦。巡弋飛彈團後來重新部署到奧爾金（Holguín）城外的小航空站，然而備戰狀態已經大打折扣。

抵達東方省後沒多久[306]，勞爾就發布軍令，將該省的所有人力都納入古巴陸軍麾下。由於勞爾是國防部長，此舉意味東方省的每一位工人現在都必須聽命於他；民用吉普車和卡車現在成了軍用車輛，若無許可不得擅自駕駛。根據古巴與蘇聯的聯合防衛計畫，亞佐夫的戰車以及馬勒采夫的巡弋飛彈有任何動向，也必須隨時呈報勞爾知悉。

進攻關塔那摩灣的一切都已各就各位[307]。勞爾與馬勒采夫巡行海軍基地上方的山丘，逐一視察巡弋飛彈的發射位置。蘇聯部隊花了好幾個星期在森林中清理出空地，以供設置飛彈發射器，再以壕溝和帶刺的鐵絲籬笆把發射場封閉起來。這些發射位置都有充分的偽裝遮掩，與中程飛彈發射場相比，從空中發現兩者的難度有霄壤之別。有部分設備是預先放置好的，例如天線和發電機，不過大多數是在最後一刻才會帶到發射現場。

古巴間諜摻雜在基地的工作人員之中，往來通勤經過美國與古巴的檢查站，勞爾會定期收到他們的情報更新[308]。海軍陸戰隊增援部隊在基地四面八方駐防，但古巴人很清楚增援部隊的數量及部署位置。如果戰爭真的爆發，古巴海軍將會在關塔那摩灣的入口設置水雷，而亞佐夫的部隊將會封鎖地面通道。基地上方的山丘上，也有十幾門重型火砲駐屯。

儘管U-2偵察機曾經飛越此區，蘇聯指揮官們確信，美國全然沒料想到有巡弋飛彈以及其核子彈頭的存在。十月第一個星期，殷德傑卡號運來最初的一批彈頭，隨即分配給各個巡弋飛彈團。核子管制官耗費廿小時跋涉艱難路途到伊薩貝拉，與亞歷山卓夫斯克號會合，從船上卸運核子彈頭帶回瑪雅里。為了隱匿車隊目的地，他們採行精心安排的預防手段，派遣卡車與廂型車充當誘餌駛往相反方向，以製造最大程度的混淆[309]。

而在同一時間，載運巡弋飛彈的卡車已經行駛在這條剛剛修建好的新路上，從瑪雅里往關塔那摩方向移動。

關塔那摩灣海軍基地在海軍陸戰隊口中稱作GITMO，那裡看來就像在這座熱帶島嶼邊緣，硬生生塞進一片有重兵駐防的美國近郊地段[310]。舒適宜人的一層樓平房有修剪整齊的草坪，吉普車就停在屋外；

保齡球館、雜貨店、閃爍波光的游泳池、輪式溜冰場沿著街道排列，而卡車就拖著榴彈砲和迫擊砲穿行在街道間。戰車就停放在廿七洞的高爾夫球場邊，一旁的路標寫著：常有兒童遊戲，此區速限十英里。

甘迺迪宣布在古巴發現核子飛彈的那一天，愜意的小鎮情調消失得無影無蹤。那天早上，海軍陸戰隊挨家挨戶告知婦孺，他們要在一個小時內收拾家當準備離開；到了傍晚，共有兩千八百一十位眷屬撤離[311]。五千位來此增援的海軍陸戰隊員以他們的房子為住所，分散部署在這片與古巴接壤的十五英里長土地上。海軍的炮艇也離開停泊的岸邊，準備猛擊基地上方山丘古巴的火砲陣地；一架偵察機往來盤旋，確認蘇聯和古巴的軍事目標所在。

星期二早上，總統發表電視演說後幾個小時，一架運送增援彈藥到關塔那摩灣海軍基地的海軍運輸機，在準備著陸時失事。意外發生後幾分鐘，極度的高溫開始引爆機上載運的各種軍火，引發一連串強大爆炸，炸飛的殘骸散布範圍超過一英里遠。整整耗費四天才清理完整片狼藉的區域，尋獲八名機組人員焦黑的遺骸。

關塔那摩灣海軍基地周圍有群山環繞做為屏障，因此提供了美國海軍在加勒比海地區一處絕佳的天然避風港。這處海軍基地也是歷史的畸形產物。基地的協議要追溯到老羅斯福總統任內，其時古巴仍處於美國保護之下，羽翼未豐的古巴政府被迫將這塊四十五平方英里的飛地永遠租給美國使用，以換取每年兩千美金的租金。年租金原先以金幣支付，後來換算成紙幣則是三千三百八十五點二五美元。古巴革命之後，卡斯楚譴責基地協議是殖民主義的「非法」殘留物，並拒絕接受美國人持續支付的年租金。儘管他揚言要將外國佬（*gringos*）趕出關塔那摩，不過他暫時按捺脾氣沒有真的那麼做，因為他知道那會被華盛頓拿來當作開戰的理由。

由於亟需資金與情報，卡斯楚允許數千名古巴人繼續在基地服務。古巴工人在雜貨店幫傭，協助維修船隻與卸載，甚至參與美國與古巴警方的聯合巡邏。工人如川流依序湧入基地東北角大門的古巴與美國檢查站，隨後由美國海軍的巴士載運到各工作場所。古巴當局每年從附近的亞特拉斯河（Yateras River）抽取七億加侖的水，販售給基地做為所有飲用水的來源。

當海軍封鎖開始生效，關塔那摩灣海軍基地的指揮官群已經做好心理建設，古巴人可能會採取相應的報復行動。不過兩千四百名古巴僱工中，仍有超過半數在星期二繼續報到上班，隔天來上班的人則又更多[312]，而且飲水的供應仍然持續沒有中斷。這裡面有不少古巴僱工在這座海軍基地工作了好多年，而且並不認同卡斯楚，他們把古巴和蘇聯軍隊部署的情資提供給海軍陸戰隊，並對於美國可能的入侵大感歡迎；另外一些僱工則跟古巴祕密警察合作。雙方的情報流動互有往來，可謂皆大歡喜。

關於關塔那摩鄰近地區的軍隊調動以及火砲位置，海軍陸戰隊已經掌握充分的情資。他們彙編了一份目標清單，詳列數十處關鍵地點，必須在戰爭行動開始的頭幾個小時加以掃蕩，包含飛機場、橋梁、通訊站、軍事營地，以及疑為飛彈發射場的場地。然而他們卻未對瑪雅里阿里巴的巡弋飛彈基地多加重視，而那無疑才是關塔那摩灣海軍基地最大的威脅所在。在海軍陸戰隊的聯合行動計畫裡，僅將瑪雅里地區視為「低優先」的軍事目標。

有些從前線傳回來的情報，其價值教人半信半疑。關塔那摩灣海軍基地的總指揮官柯林斯（William R[obert] Collins, 1913–1991）准將，一開始就對這些情報大惑不解；他收到消息，在基地圍籬線以北半英里的凱馬內拉鎮，觀測到神祕的古巴信號系統，而在前線的美國這一邊，有些近期剛投入的海軍陸戰隊隊員也報告說，他們觀測到在古巴那一邊有連續的黃色、綠色以及紅色的閃光[313]。

黃色、綠色、紅色。紅色、黃色、綠色。想通這套密碼之際，柯林斯將軍大笑出來——他的手下觀察到的只是交通號誌而已。

十月廿五日，星期四，傍晚 5:00

史蒂文森大使一開始並不想把蘇聯飛彈的情報照片，展示給聯合國安全理事會[314]。他天生就不喜歡這種強出風頭的手段。他在政治生涯中曾經二度參選總統，但終其一生都深感直接攻擊對方要害是毫無品味可言的做法。身為美國駐聯合國大使，他向來維持彬彬有禮也通情達理的態度爭論事務，並以此深感自豪。此外他也從來沒有一刻或忘，過去中情局是如何愚弄他，利用他蒙騙世人，害他在整個過程中出盡洋相。

一九六一年四月豬玀灣入侵期間，國務院說服他向聯合國展示一張照片，內容是一架轟炸了哈瓦那附近機場的古巴空軍飛機。結果這是一個偽造的「證據」。甘迺迪政權宣稱這場空襲是由古巴空軍叛逃者所為，然而事實並非如此；實情是中情局僱用飛行員，駕駛一架畫上古巴軍徽的老舊 B-26 轟炸機，執行了這場空襲。為了讓叛逃的說詞更加可信，中情局的人還用點四五口徑的手槍，在其中一架飛機上射了幾十個彈孔。這件事讓史蒂文森顏面盡失[315]。

對於甘迺迪處理飛彈危機的手法，史蒂文森也有疑慮。他認為美國應該在聯合國的主導下與蘇聯談判。對他來說事情再清楚也不過，若要蘇聯移除飛彈，華盛頓方面必須提供某些回報才成，或許是從土耳其和義大利撤除木星飛彈（Jupiter），或甚至是撤除關塔那摩灣海軍基地。不過他也承受來自白宮方面的壓力，在公開的立場上必須強硬。甘迺迪擔心史蒂文森信心不足，於是特別派前美國駐德國總督麥克洛伊（John J[ay] McCloy, 1895–1989）前往紐約，由這位全才的智者坐在史蒂文森身邊助威。

兩大超級強國的對峙已在劍拔弩張的高潮，然而由於古巴或封鎖線的現場影像付諸闕如，安全理事會就是各大電視聯播網得以最接近這場對峙的場合。安理會為以言語交鋒的雙方角鬥士，提供了完美的修辭決鬥舞臺。一幅巨大的壁毯俯瞰著整間會議廳，上面繡著一隻鳳凰從灰燼中重生——象徵人類從二戰的破壞中復甦；環形會議桌的空間只能容納廿把椅子，帶來一種遠遠超過聯合國大會上的親密感與戲劇化的強度。在緊張時刻，外交使節和各路官員都擠在會議廳入口附近，關注雙方辯論的開展。

說來不巧，史蒂文森要求發言之際，正好是蘇聯大使佐林（Valerian Alexandrovich Zorin, 1902–1986）擔任會議主席。當時佐林疲病交加，過去幾個月還出現智力退化的徵兆。有時在私人會議中，他恍惚發呆，茫茫然抬起頭問「今年是西元幾年？」316 莫斯科要他自己想辦法處理。由於上級沒有明確指示，他只好依賴蘇聯外交官員的傳統手法：混淆視聽與全盤否認。儘管赫魯雪夫早已私下向來訪的美國商人諾克斯證實古巴存有蘇聯飛彈，但是佐林依舊持續否認。

佐林的全盤否認已經到了肆無忌憚的地步，甚至對有耐心又有教養的史蒂文森來說都忍無可忍。史蒂文森在環形會議桌的座位與佐林相隔四把椅子，他堅持要問「一個簡單的問題」。

「佐林大使，您是不是否認蘇聯已經在古巴完成部署，而且仍在持續部署中程彈道飛彈、長程彈道飛彈以及興建飛彈發射場？」

「是或不是——不用等翻譯了——回答是或不是就好。」史蒂文森咄咄催逼佐林答覆之際，會議廳裡迴盪著緊繃不安的啞笑。

「先生，我又不是在美國法庭，您用這種像是檢察官的態度提問，我不想回答這樣的問題。」佐林聲調尖厲，語帶牢騷回答。他苦笑著搖搖頭，似乎對於史蒂文森的出言不遜大感詫異。

「此時此刻您所在的是世界輿論的法庭，您可以回答是或不是。您已經否認了飛彈的存在，而我只是想確認有沒有正確理解您的意思。」

「時機成熟的時候您自然會得到答案。別擔心。」

史蒂文森想把對手逼進走投無路的圈套，會議廳裡迴盪著更多緊繃不安的啞笑。

「如果您決意如此，我也準備好等待答案直到地獄結冰。」

這句「直到地獄結冰」狠狠給了妨礙議事進行的蘇聯大使一記耳光，很快就遐邇著聞。其實史蒂文森真正的心意恰好相反，美國人壓根不想等待蘇聯給出答案，他們想要馬上知道答案。為了迫使佐林答覆，史蒂文森在會議廳後方架起一副木頭畫架，接著擺上照片做為實證。

會議廳裡所有人都睜大眼睛盯著照片看，佐林則是自顧自寫他的筆記，一派刻意招搖的調調。

「說過一次謊的人，第二次就沒有人會相信，」折磨者的言論經過一連串法語口譯傳達給蘇聯大使，辯論暫停許久之後，佐林告訴安理會，「因此，史蒂文森先生，我們最好不要看您的照片。」

數百萬收看安理會辯論電視轉播的美國人中，有一位就是美國總統。坐在橢圓辦公室的搖椅裡，甘迺迪在記事本上寫筆記，給幾個關鍵字畫上底線或是圈起來。

「飛彈」，他在記事本頁面的最上方寫下這兩個字[317]，然後畫了個方框框起來，嘴裡默念了幾次，又再畫了個圓圈圈起這個詞。「否決！否決！否決！否決！」他潦草寫下「挑釁」，重重畫了個圈。他又再寫了一次「挑釁」，這次畫圈的力道則稍微輕一些。他在「嚴密監控」和「蘇聯船艦」這幾個字下面畫上底線。在頁面最下方，他畫了一連串相接的方框，一路延伸到頁面邊緣才停筆。

史蒂文森說完，埋首記事本的甘迺迪抬起頭來。「好極了，」他這樣告訴助理，「我從不知道原來史蒂文森有這等氣勢。可惜他在一九五六年的總統競選上沒施展出來。」[318]

十月廿六日，星期五，深夜 1:03（北美中部時間深夜 12:03）

夜班警衛按正常規律巡邏[319]。每個人都提心吊膽，擔心俄羅斯特種部隊（*spetsnaz*）在戰爭之前就已滲透美國，而在此際發動突襲。熟悉戰爭規劃的人士提出警告，蘇聯在發動一次性毀滅的先發攻擊之前，可能會先以祕密破壞行動攻擊軍事指揮控制設施。德盧斯機場（Duluth Airport, Minn.）南角的防區指揮中心就是顯眼的攻擊目標，因為中心內的電腦和雷達系統，匯集了遍及五大湖區的所有空中防禦資訊。設若蘇聯的祕密破壞者炸毀這座猶如要塞的混凝土碉堡，那麼美國要追蹤從北方飛來的蘇聯轟炸機，所需的大部分能力都會因此喪失。

夜班警衛在這棟四層樓建築後方巡邏時，發現了一道模糊的身影爬過發電廠附近的圍籬。他先朝著黑暗開了幾槍，然後趕緊跑開去拉響警報；過沒幾秒，高音警報器開始尖嘯，幾百碼外食堂裡的飛行員全都陷入驚恐。沒有人搞得清楚這個警報的意思，因為聽起來跟標準的緊急起飛信號並不一樣[320]。他們還不知道下一步該怎麼做的時候，就有人回報這不是緊急起飛警報，而是發現祕密破壞的警報。

德盧斯機場的飛行員還在等待下一步指示之際，警報已經響遍整個五大湖區，從加拿大一路到南達科他州。蘇聯是不是正在執行祕密破壞陰謀呢？反祕密破壞計畫需要攔截機部隊「驚飛」（flushing），這在空軍的術語裡，意味著要在盡可能短的時間內出動盡可能多架次的飛機升空。由於還搞不清楚德明尼蘇達州盧斯指揮中心發生的狀況，負責威斯康辛州沃克機場的飛航管制員認為「謹慎即大勇」，決定發動反祕密破壞計畫[321]。

威斯康辛州中部已經開始下雪了，溫度在冰點上下徘徊。沃克機場位處與世隔絕的荒僻地帶，以崇深的溝壑和極富變化的岩層為人所知。這片土地主要的用途是訓練美國空軍國民警衛隊。這裡沒有機棚可供待命警戒的飛機停放，沒有雷達指引的降落系統，沒有控制塔臺，跑道的緩衝區也不夠充足，而且長期缺乏除冰設備。技師們還在笨手笨腳地修理高音警報器，只能先用臨時應急的電話系統發布並確認「驚飛」的命令。

空防司令部搭載核武的F-101與F-106戰鬥機所停放的其他一些機場，其狀況甚至更為簡陋不堪。加利福尼亞州的錫斯基尤郡機場差不多什麼都沒有，「只有一條跑道和一輛改裝廂型車」充當控制塔臺。而在亞利桑那州的威廉斯空軍基地，一名空軍飛行員驚恐地目睹，一位缺乏經驗的民間承包商把廿加侖的油料灑在停機坪上[322]，結果是因為承包商按錯鈕，他沒把油料加進飛機裡，反倒把油料給抽了出來。

來自德盧斯和底特律大型空軍基地的飛機，已經分散到沃克機場，隨時準備在蘇聯發動攻擊時「驚飛」升空。底特律的飛行員是從印第安那州特雷霍特外圍的豪曼機場飛來，他們的一名同袍幾天前才在降落時衝出跑道[30]。這些飛行員在機場診療所的病床上將就過夜，他們的戰鬥機停放在停機坪那邊，跳上吉普車三十秒就可以抵達；他們還身著飛行裝就寢。

德盧斯機場的警報響起十一分鐘之後，「驚飛」的命令在北美中部時間深夜十二點十四分下達[323]。飛行員從睡夢中驚醒，急忙套上靴子拉上拉鍊，衝進室外的漫天暴雪之中。空軍中尉貝瑞跳上吉普車，他心想這下戰爭必然是爆發了，因為如果在承平時期，全副核子武裝的攔截機要是在這種狀況下升空，那絕對是喪失了理智。他爬上登機梯進入駕駛艙，啪一聲撥動開關，讓引擎從關閉進入空轉；引擎預熱之際，他束緊頭盔以及與座椅相連的降落傘。他的這架F-106已經滿載，掛有一枚MB-1精靈核子彈頭飛彈、兩枚紅外線追熱飛彈，以及兩枚雷達導向飛彈。

「驚飛」升空的飛機一如救護車或消防車，在交通上擁有最高優先權。爬升到兩千英尺的高度後，這些飛機將與德盧斯的防區總部通話。原先的設想是他們一路向北飛，攔截據信將從加拿大領空蜂擁而來的蘇聯「熊羆」、「野牛」轟炸機。

貝瑞正要駛向跑道之際，他看見一輛吉普車從跑道開向他，發狂似地閃爍車燈。帶隊的F-106即將起飛，第二條訊息從德盧斯機場的飛航管制員那裡傳來，解除了祕密破壞警報。由於沃克機場沒有控制塔臺，唯一能阻止飛機升空的辦法，只有實體的物件擋在跑道上。

把所有飛機召回花了整整四分鐘。要是再晚一分鐘，那第一架核子武裝的 F-106 就要飛向天空，其他架次也會緊跟其後。

同一時間，德盧斯的衛兵仍然在搜尋這位神祕入侵者的下落。過了沒多久，他們在一棵樹上發現幾個彈孔。他們最後推斷這個疑似俄羅斯特種部隊的祕密破壞者，可能只是一隻熊 324。

㉚ 譯按：事見本書 100 頁，第二章「十月廿二日，星期一，傍晚 6:40」一段。

第六章　情報

十月廿六日，星期五，晨間 7:50

是時候該鋪陳些政治的戲劇效果了。甘迺迪宣布對古巴採取海軍封鎖——官方的用詞是「隔離」——已經過了四天，但是美國海軍還沒登上任何一艘蘇聯船艦，因此記者們紛紛針對封鎖的效力提出質疑。只因其船長再三保證船上並未載運任何「禁運物資」，蘇聯油輪布加勒斯特號便獲准航往哈瓦那，美國的艦隊司令與將軍對此滿腹牢騷。

甘迺迪熟練於操縱媒體，而且往往能達到他想要的成效，因此沒有人比他更清楚封鎖行動在公共關係層面的影響。他就是自己的首席政治化妝師，邀請出版商來橢圓辦公室，派得上用場的編輯就把關係弄好，打電話給有影響力的專欄作者和記者，至於說話不合時宜的高層官員則予以譴責。在危機伊始，甘迺迪的軍事助理曾經提出「洗腦」這個術語，而他勤讀報紙，同時也鼓勵他身邊的助手們想想怎麼給媒體「洗腦」[325]。對甘迺迪來說，這場封鎖主要是政治手段而非軍事手段：世人的眼光才是最重要的。

黎巴嫩籍的貨輪「馬魯克拉號」（*Marucla*）重七千二百六十八噸，拿的是蘇聯批准的航行許可；美國必須展現他們的決心，於是選擇從這艘船下手。馬魯克拉號從拉脫維亞的里加港（Riga）啟程，現正在航向古巴途中，並宣稱船上載運的貨物是紙張、硫磺以及卡車的備用零件。這艘船在黎巴嫩註冊，船員大部分是希臘人，想要逮到這艘船上裝載了禁運的蘇聯飛彈零件，機率根本微乎其微。不過這並非重點所在，海軍只不過想藉由登上馬魯克拉號，展現強制執行封鎖的決心。一如十月廿五日甘迺迪對執行委員會所言：「我們遲早得證明封鎖確實在運作。」

美國海軍皮爾斯號（USS *John R. Pierce*）從星期四晚間開始追趕馬魯克拉號，是目前最靠近該船的美國驅逐艦。但是美國海軍認為，如果以甘迺迪號（USS *Joseph P. Kennedy*）驅逐艦執行攔截則「意義殊勝」，因為這艘驅逐艦是以總統的兄長命名[326]。其時甘迺迪號與馬魯克拉號之間仍有相當遙遠的距離，因此必須開動四座鍋爐中的三座，達到三十節的航速，才得以縮短距離。登船搜查的人馬包含甘迺迪號的六位軍官與士兵，以及皮爾斯號的執行官。

在甘迺迪號全速駛向馬魯克拉號途中，船長在軍官室召集會議，商討登船的大小繁文縟禮。他們花了不少時間討論該穿什麼，最後登船小組決定身著白色常禮服，不配帶隨身武器。白色軍服比卡其色軍服正式，而且往往帶給人好的印象。船長強調再三，必需「態度友善」並「以禮相待」，而非咄咄逼人的告誡[327]。十月廿五日星期四，海軍發布指令以更溫和的姿態執行封鎖：授權給登船的軍官，如有必要「可以發放雜誌、糖果和打火機」，並且核撥預算以採購適當的「民間交流物資」，每一艘船都有兩百美金的額度。

「不得採取任何威脅行動，」電報上這麼指示，「並不得將艦砲對準商船方向。」

天亮沒多久，甘迺迪號用旗語和燈號指示馬魯克拉號準備受檢。不過眼下最大的挑戰是如何登船。

海上波濤洶湧，甘迺迪號放下的救生艇在浪濤中載浮載沉，搆不著馬魯克拉號船員放下的繩梯，境況令人心焦。負責登船小組的是雷諾茲（Kenneth Reynolds）少校，因為深怕淪為波臣，動作看來頗為可笑，最後他終於成功躍上繩梯，全員在晨間七點五十分平安登上甲板。

體貼的希臘水手們給客人準備了咖啡，拉起貨艙艙蓋，邀請登船的美國人搜查飛彈的零件。登船小組什麼也沒找著。一個標示著「科學儀器」的板條箱引起雷諾茲少校的好奇，一探究竟之後，發現那不過是一堆「恐怕只能在老舊的高中實驗室裡才找得到的破爛設備」[328]。

沒有閒工夫循規蹈矩慢慢搜查了。指揮系統上上下下的各級長官，都透過邊帶無線電頻道不斷要求回報檢查結果。五角大廈愈來愈緊張，白宮也想要有好消息可供散布。花了兩小時四處臨檢後，雷諾茲決定不用再看了，於是批准馬魯克拉號繼續航向哈瓦那。

• • •

斯圖爾特汽車公司建於華盛頓商業區，四周街道滿是隨地亂丟的破酒瓶、廢棄車輛還有一堆一堆的垃圾[329]。這棟莫可名狀的七層樓建築，背後的破敗巷道是流浪漢和酒鬼生活的地方。由於停車位以及大眾運輸設施實在有限，中情局的分析員通常用共乘的方式來上班，局裡的人員還得先把地上的碎玻璃掃掉才能好好停車。

斯圖爾特汽車公司位處華盛頓西北，在第五街和K街交叉口的一角上，中情局相片判讀的成果都出自這裡（中情局使用最上面四層樓，樓下是汽車展間以及房地產公司）。軍方的急件信差們每天都會送來幾百罐膠捲，那都是偵察機或衛星飛越目標上空拍攝的影像，好比蘇聯、中國還有最近的古巴。危機期間，這棟建築物外出現黑頭車已經是司空見慣的事，從車上下來的都是內閣要員和將軍，他們得先擺脫汽車業務和遊民的糾纏，才有辦法上樓參與最高機密的情資會報。

一如危機的每一天，朗道爾穿過斯圖爾特大樓入口有保全看守的十字旋轉門，來到他俯瞰整條第五街的辦公室。身為國家照片判讀中心主任，他每天大部分的時間都在華盛頓奔走，向政治以及軍事高層報告最新情資。不過在此之前，他必須全心埋首鑽研最新一批照片的細節，這些照片是海軍十字軍噴射機在古巴中部和西部上空所拍，已由照片判讀專家小組漏夜完成分析。

他研究U-2偵察機在高空拍攝的照片已經好幾個星期了，現在終於可以鬆一口氣，檢視低空拍攝的照片了。照片裡的所有東西看起來都清楚多了，而且細節也更加詳盡。那些一目瞭然的蘇聯飛彈營地特徵，就算門外漢也可以辨識出來：遮蓋飛彈的狹長帳篷、混凝土發射臺座、燃料卡車、核子彈頭掩體、還有枝狀的道路支線系統；照片上甚至可以看出一個個人形在棕櫚樹叢間溜躂，或是在海軍十字軍噴射機飛越頭頂時急忙尋找掩護。

經過徹夜鑽研，獲得的資訊包含過去從未在古巴發現的軍事單位與武器系統[330]。在一張攝於古巴中部雷梅迪歐斯地區的低空照片裡，可以清楚看見一排排T-54戰車、電子設備的廂型車、裝甲運兵車、存放油料的倉庫，還有至少一百座帳篷。從這個場地的布局、按直線精準列隊的帳篷與車輛看來，這裡很顯然是蘇聯的軍事營地，而非古巴的。這些人無疑是戰鬥部隊，而不是如美國情報單位先前描述的「技術人員」，而且戰鬥部隊的人數遠遠超過任何人的預料。

照片判讀員要主任仔細看看雷達車旁邊，有一個帶著像是鯊魚鰭的長方形物體，大約三十五英尺長。朗道爾馬上辨認出那是美軍口中的「地面機動飛彈」（Free Rocket Over Ground, FROG），亦即蘇聯所稱「月神」飛彈。這枚地面機動飛彈是掛載傳統彈頭或核子彈頭，從照片上無法分辨，但軍事行動規劃專家們必須做最壞的打算。所以現在有個駭人的可能性：除了以美國本土為目標的飛彈之外，古巴的蘇聯軍隊還配備了短程核子彈頭飛彈，有能力殲滅美國的入侵武力。

中程彈道飛彈發射場的低空照片裡還有更糟糕的消息。大量跡證顯示有頻繁的活動，泥巴地上留下的輪跡是新的，由此可以推斷蘇聯必定漏夜演練飛彈發射。這些飛彈發射場現在大多加上軍事偽裝，不過有效程度參差不齊。有些飛彈發射器罩上了塑膠布，但分析員還是可以從先前的照片判讀出塑膠布下面罩著什麼。在卡拉巴沙村（Calabazar de Sagua）拍攝到的照片，甚至詳細到可以辨識出架設偽裝網的桿子，而再往西兩百英里，在聖克里斯托巴鎮拍到的照片，連支撐飛彈檢驗帳篷的繩索都清晰可見。

儘管試圖以軍事偽裝遮掩，判讀專家還是認出有電纜從飛彈檢驗帳篷連接到發電機，以及隱藏在樹林裡的發射控制盤。他們還在大多數的發射場發現經緯儀裝置，那是專門用來在發射臺上校準飛彈的精密光學儀器；燃料和氧化劑拖車就部署在附近。雖然沒有任何一枚飛彈是豎立的型態，不過根據中情局的估算，這些飛彈大部分都可以在六到八小時內發射。

潘科夫斯基提供的飛彈技術手冊上載有R-12準備就緒時間，分析員藉由比對照片與相關數據，推斷六座中程彈道飛彈發射場中，有四座已經處於「全面運作」狀態[331]，剩下兩座大概只要再過幾天也可以開始運作。

朗道爾仔細審視這些照片之際，他心裡也盤算著該如何把最新情資轉達總統知悉。他傳達的屢屢是壞消息，但他費盡心思不把事情講得太「戲劇化」，小心翼翼避免任何細節引起「失魂喪膽或潰退驚逃」[332]。但同時他也很清楚自己必須用簡明扼要而且不容置疑的態度，把所有事實呈現在大家眼前，「如此一來決策者才會像照片判讀師一樣，確信這場危機已經進入新的階段」。

航空偵察術可以追溯到拿破崙戰爭時期。在一七九四年的莫伯日（Maubeuge）戰役中，法國軍隊就使用軍事觀察氣球，監控荷蘭與奧地利軍隊的動向。在美國內戰期間，科學家羅（Thaddeus S[obieski] C[onstantine] Lowe, 1832–1913）謀劃出一套妙法，他們透過一顆拴在波多馬克河上方的氣球，用電報傳送維吉尼亞州的南軍（Confederate）位置。如此一來，北軍（Union）的炮手儘管沒有親眼看見南軍，卻能利用電報的訊息瞄準對方。時至一次世界大戰，德軍與英軍都運用雙座的空中偵察機，拍攝敵方軍隊的位置。照相偵察技術在二戰期間突飛猛進，可以用來辨識目標，也可以用來考察毀滅性大型轟炸突襲對德國和日本帶來的傷害。

一如自己手下的首席分析員，朗道爾在二戰時也是照片判讀師，分析日本的轟炸資料。他老愛自吹自擂，說二戰期間蒐集的可用軍事情報，有百分之八十到九十來自空中照相——相信在冷戰期間亦可如法炮製[333]。U-2 偵察機是革命性創新的飛機，上面裝配同樣革命性創新的照相機，能夠從七萬英尺的高空拍攝僅有一英尺長的物體；因此在艾森豪總統授權核准建造U-2偵察機之後，可用的情資數量便急遽上升。對於照相專門技術的需求很快便勢不可擋。光是一九六二年十月，朗道爾的手下就參與超過六百件不同的照片判讀計畫，其範圍涵蓋蘇聯克拉斯諾亞斯克（Krasnoyarsk）的飛彈測試場、上海的發電廠，乃至烏茲別克塔什干（Tashkent）的飛機製造廠[334]。

六〇年代初期，高空偵察技術衍生出一系列高深莫測的分支學科，例如帳棚學（tentology）、掩蔽學（shelterology）、板條箱學（cratology）。照片判讀師花上好幾天時間，分析航向埃及與印尼等地的蘇聯船艦甲板上的板條箱，測量出精確的尺寸後，以此推測裡面暗藏的可能是什麼。到了一九六一年，中情局針對各種不同的板條箱出版了一本詳盡的指南，教導幹員如何辨識 MiG-15 板條箱與 MiG-21 板條箱之間的區別。九月下旬，分析員正確推論出一艘航向古巴的蘇聯船艦上載運了 IL-28 轟炸機，板條箱學可謂旗開得勝，自此一戰成名[335]。由於 IL-28 轟炸機具備核子攻擊能力乃眾所周知，這一發現也促使甘迺迪總統同意十月十四日至關重要的 U-2 飛越古巴領空任務，以調查蘇聯武器的集結狀況。

光是端詳一張船艦的照片，研究這艘船的吃水深度，分析員就可以推論出許多資訊。前往古巴途中的蘇聯貨輪有些是在芬蘭製造，這類貨輪通常有很長的艙口，原先是設計來載運木材做為貿易之用，然而照片顯示這些航行中的船隻吃水不深，不免令人心生狐疑。而答案恐怕再明顯也不過：飛彈要比實心的木材輕得多。

老練的照片判讀師可以從看似無關緊要的細節中，擷取出價值連城的情資。分析員看到棒球場就聯想到古巴軍隊，看到足球場就聯想到蘇聯軍隊；花圃也可以提供關於蘇聯作戰序列（order of battle）的有利線索，因為有些單位會用各色花朵展現出自己軍團的徽飾；而大量的混凝土通常表示這裡有某種核子設施。儘管從未涉足古巴，照片判讀師仍然可以感受那裡的節奏，體會那裡的情緒，與那裡的居民產生生活上的共鳴。

朗道爾手下的一位首席助理布魯吉歐尼（Dino A[ntonio] Brugioni, 1921–2015），後來曾經描述那些讓古巴如此引人入勝的元素：

> 早晨的似火驕陽；午後的雨雲；棕櫚樹、針葉樹和落葉樹組成的奇特植被；沼澤地上高高的莎草；曠野上的甘蔗田；人們聚集的小鎮；可以俯瞰海灘的豪宅；農舍的茅草屋頂；奢華的度假小鎮；廣袤的大莊園或大農場；隨處可見的棒球場地；哈瓦那的國際都會面貌，還有古巴聖地牙哥晒倦惺忪又遺世獨立的景象；海岸後陡然聳立的馬埃斯特拉山脈；小小的鐵道從蔗糖加工總廠延伸到甘蔗田；松島上大型監獄裡的淒涼寂寥；鹽灘；滿滿的漁船和漁場；整座島上縱橫交錯的道路。[336]

在這座熱帶天堂的中心，蘇聯的飛彈發射場就像島上贅生的怪瘤。

十月廿六日，星期五，上午 8:19

到了星期五早上，馬尾藻海域的四艘蘇聯潛艦全都遵照莫斯科的命令，開始從先前的位置後退。他們的任務變得非常模糊，已經不再有載運飛彈的蘇聯船艦需要他們保護，而那些還沒抵達古巴的船艦也都調頭朝蘇聯返航了。經過主席團的脣槍舌劍，赫魯雪夫決定，不讓四艘狐步級潛艦經由特克凱可群島間的狹隘航道返航，因為在那裡很容易就會被追蹤潛艦的美軍發現行蹤。不過蘇聯海軍確實派遣了其中一艘潛艦——美軍代號B-36的那一艘——探勘大特克島和伊斯帕尼奧拉島[31]之間的銀岸通道（Silver Bank Passage），結果這個判斷卻是大錯特錯。

上午八點十九分，美國海軍偵察機在大特克島以東八十英里處，觀測到B-36的蹤跡[337]。閃耀著粼粼水光的黑色潛艦，差不多有三百英尺長，廿五英尺寬，體積大約是德國U艇（U-boat）的兩倍。可以清楚看見潛艦的潛望塔上標記著「911」的編號。五分鐘之後這艘潛艦潛入水中，路線朝南，航向伊斯帕尼奧拉島，航速大約七節。美軍追蹤到這艘代號B-36的潛艦而且確定其位置，標誌了新型反潛作戰設備的突破，即聲波監測系統（Sound Surveillance System, SOSUS）。

在科技的競爭與升級上，獵捕潛艦是最典型的案例。其中一方會發明更安靜、更快速，或者是更不容易被發現的潛艦，而另一方就會發展出新的科技予以還擊。潛艦一旦深入海底潛行，就很難用雷達發現其蹤跡，但用聲波卻探測得到。柴油引擎散發出的噪音在海底會被放大，可以傳送幾百英里之遠，有時甚至可達幾千英里。而運用無線電波的標繪與三角測量，同樣也可以將聲波定位出來。

五〇年代末期，美國在整個東岸沿海地區都裝設了水聽器（hydrophones），或稱之為水底麥克風。一旦聲波監測系統測定了敵軍潛艦的約略位置，美國海軍的飛機就可以利用聲納浮標和雷達，找出精確的位置所在。但聲波監測系統也有問題，因為它會監測到其他物體發出的聲波，例如鯨魚。在四十八小時的時距裡，這套系統就標記了超過八百次聲波接觸，而其中沒有任何一次接觸導致成功觀測到潛艦[338]。

在英屬大特克島這塊彈丸之地上的美國海軍機構——大特克島海軍設備工程指揮部（Naval Facilities Engineering Systems Command, NAVFAC Grand Turk）——是最早的潛艦監聽站之一。這座聲波監測站建於一九五四年，位於島嶼北端人跡罕至的六英里長半島上。水底電纜把一連串安裝在海床上的水聽器連接到監測站，水聽器接收到的聲波會轉換為電荷，在監測站特大號的感熱紙捲上燙印出記號，粗黑而清楚的線條就是引擎噪音的有力跡象。

星期四晚上，大特克島海軍設備工程指揮部的技術人員，開始注意這些燙印出來的明顯線條。潛艦追蹤人員在十點廿五分回報「可靠的接觸」，並且立刻召喚巡邏機[339]。他們將這次接觸命名為「C-20」，或用無線電通訊代碼稱為「Charlie-20」。

「有飛機，」B-36潛艦艦橋的觀測員大喊，「下潛！」

不出幾秒時間，這些瞭望員已三步併作兩步攀下潛望塔的梯子。海水湧進浮力艙，擠出原先得以使潛艦漂浮的空氣，發出氣體衝過海水的滾滾巨響。潛艦緊急下潛，廚房裡的鍋壺餐盤隨之從四面八方騰傾而出。

潛艦內所有船員忙進忙出，轉動閥門、關閉艙口。大部分船員都只穿短褲，唯獨值勤的軍官基於體

31 譯按：即海地與多明尼加共和國所在的島嶼。

面，還穿上深藍色的海軍上衣。許多船員全身長滿了像蕁麻疹的通紅痱子，他們身上塗滿鮮綠色的抗菌藥膏，以紓減搔癢的痛苦。悶熱的空氣和異常的高溫，讓這些最能吃苦耐勞的水手吃足了苦頭，在船艙某些地方，溫度甚至高達華氏一百三十四度（譯按：約攝氏五十六點七度）。所有人都精疲力竭而且虛弱無力，他們頭暈目眩，腦袋昏昏沉沉，汗水像是用倒的那樣全身濕透。

安德力毅夫（Anatoly Andreev）上尉長期維持寫日記的習慣，他用寫信給妻子的形式，寫了一封持續廿五個月的長信[340]。但即便只是提筆在紙上寫字都得使出渾身解數，他額上斗大的汗珠滴在紙上，模糊了墨水字跡。沒有當差的時候，他會躺在自己的鋪位上，四周貼滿了妻子蘇菲亞（Sofia [Sofochka]）和他們一歲女兒莉莉（Lili [Lyalechka]）的照片；她們是他的生命線，連結到神志清明的世界，那裡可以呼吸到新鮮空氣，想喝多少水就喝多少水，沒有人會以莫須有的疏失對著你破口大罵。

> 每個人都好渴。任何人開口閉口都是那句話：口渴。我也好渴好渴。紙都被汗水濡濕了，很不好寫字。我們每一個人看起來都像剛洗完蒸汽浴。我的指尖完全是白的，就像再次回到莉莉一歲，我剛剛洗完她所有尿布的時候……但最糟糕的是，指揮官的神志已經完全崩潰了。他對著每一個人吼叫，自己也飽受煎熬。他不知道該把自己的精力還有水手們的精力都保留下來，否則我們都撐不了多久。他的妄想愈來愈嚴重，甚至害怕自己的影子。已經很難跟他相處了。我為他感到難過，但同時我也很生他的氣。

他們在海上已經待了將近四星期。在加吉耶沃萬籟俱寂的黑天墨地裡，四艘狐步級潛艦中頭一艘出發的就是B-36，一路帶領其餘潛艦穿越大西洋。杜畢夫科（Alexksei Dubivko）船長奉蘇聯海軍之命，要在十月的第四個星期，到達加勒比海入口的凱可斯通道（Caicos Passage）。他必須維持平均十二節的航速，對於只能以七到八節航速在水中行進的柴油電力引擎潛艦來說，這個速度快到讓人瞠目結舌。整段航程的大部分時間，潛艦都必須浮出水面航行，並使用柴油引擎的動力而非電池動力，與足足四層樓高的海浪搏鬥。

除了艇上嚴苛的環境之外，整趟旅程頗可說是平安無事。舒姆科夫的B-130已經遠遠落後四百英里，相較之下，B-36的柴油引擎到目前為止仍然運轉得十分穩當。就他們所知，在抵達馬尾藻海的這一路上，他們已經成功躲開了美軍的偵察。唯一比較戲劇化的事件是有一位船員得了盲腸炎，潛艦上的醫生在軍官室的餐桌上為他動手術。但由於潛艦在海面上隨著萬頃波濤跌宕起伏，醫生沒有辦法準確下刀，他們只好完全潛入水中並將航速縮減為三節，好讓醫生施行手術。他們因此延誤了一天，不過手術非常順利。

安德力毅夫持續寫信給他摯愛的蘇菲亞，在閒談之中記錄下他的心理狀態和潛艦上的各種情況。他一方面驚歎大海的力與美，一方面卻也極力對抗身體上的不適。「大海怒號的時候是如此壯麗，舉目所見都是白色的。我見識過更磅礡的暴風雨，但從來沒有什麼比這個更壯麗」，在潛艦通過大風級的暴風、穿越大西洋之際，他寫給蘇菲亞自己的感受，「海浪，多麼雄渾的海浪！就像山脈一樣聳立，延亙連綿看似沒有盡頭。我們的潛艦在旁邊看起來就像隻微不足道的蟲子。」當夜幕降臨，海洋的「壯麗消失無蹤，繼之而來的是恐怖與險惡。只剩下陰鬱的茫茫一片黑暗，還有一種隨時都有什麼事情要發生的感覺」。

航抵馬尾藻海的那一刻，大海變得「風平浪靜」，海水的顏色「介於海軍藍和紫色之間」。不過潛艦裡的狀況卻變得更加惡劣，艇內溫度最低的地方至少也有華氏一百度（譯按：約攝氏三十七點八度）。「高溫快要把我們逼瘋了，濕度也不斷上升，呼吸愈來愈困難……每個人都說他們還寧願遇上嚴寒和暴風雪。」安德力毅夫感覺他的頭好像就要在這「窒息悶熱的空氣中炸開」。水兵們因為高熱昏厥過去，二氧化碳的濃度已經高得危險；沒有值勤的人全都擠在潛艦溫度最低的區域，「坐著一動也不動，眼神空洞洞盯著前方」。

已經沒有足夠的飲用水可以滿足需求，每名船員的配給量被縮減到每天只有半品脫。還好有分量充足的糖煮水果，供船員每天三餐食用。冷凍櫃的溫度已經升高到四十六度了（譯按：約攝氏七點八度），肉品悉數開始腐壞，安德力毅夫身為主管廚房的軍官，只好下令增加肉品的配給量。但是幾乎沒有人有胃口，甚至不少船員已經掉了三分之一的體重，船長還責備安德力毅夫故意讓食物腐壞。「這下我成了眾矢之的，」他寫道，「我們爆發了激烈的口角，我很遺憾事情演變成這樣。悶熱已讓我們失去理智。」

他不停懷想著愛妻愛女。「我每天醒來的第一件事就是跟你們說早安」，站哨戒備的時候，他就想像自己和蘇菲亞站在豪華郵輪的甲板上，「妳穿著夏天的小洋裝，感覺有點涼意。我們的手臂環繞著彼此，相依而立，欣賞大海在夜裡的美」。他望著獵戶座問候愛妻，因為在俄羅斯跟大西洋上可以同時看見這個星座。他回憶莉莉「坐在沙灘上舉起她小小的手臂……接著妳出現了，我的美人魚，妳帶著美好的微笑從水裡現身……然後板起臉想把她手裡的球拿走」。每每想起女兒的「小手」，想起「她無憂無慮的微笑，她小小的頭隔著餐桌對我點呀點，她的笑聲，她的輕撫」，都幫助安德力毅夫熬過這段航程中最艱難的時刻。

當危機發展到緊要關頭之際，B-36也如期來到凱可斯通道的入口 341。也正是此刻，杜畢夫科船長接到來自莫斯科的緊急訊息，命令他停止前進。潛艦原先試圖通過四十英里寬的海峽，但他現在收到的指令，是重新安排航線，轉往一百五十英里之外的特克凱可群島最東端 342。這等於是繞了一大圈遠路去古巴，不過那裡的海峽有兩倍寬。顯然俄羅斯的海軍將領相信，如果潛艦避開狹窄的航道，被美軍偵察到的風險就會大幅降低。

大特克島上有機密的聲波監測站，所以當B-36繞行大特克島，美國海軍的巡邏機馬上就現身空中。巡邏機投下訓練用的深水炸彈以及聲納浮標，嘗試定位潛艦所在，蘇聯水兵都可以聽到悶在水裡的隱約爆炸聲。潛艦裡的氣氛甚至又更緊繃了。安德力毅夫在日記裡提到：「我們就在敵軍的巢穴裡。儘管我們力圖不要暴露行蹤，但是他們感覺得出來我們就在附近，而且馬上開始尋覓我們的蹤跡。」

杜畢夫科監聽著美國的廣播節目，他知道如今蘇聯與美國距離戰爭只有一步之遙了。他奉命至少每廿四小時，必須在莫斯科的午夜時間浮出水面，以參加排定好的通訊會議。不過海軍總部竟沒有任何人注意到，莫斯科的午夜時分正是大西洋西部的下午時間中段。在白天的時間現身，被偵察到的風險也猛然提升。儘管如此，杜畢夫科卻非常害怕錯過任何一次通訊會議，因為要是戰爭爆發之際他正好潛行在海洋深處，那麼B-36自然將成為潛伏在海面上的美軍戰艦的首要摧毀目標。屆時他逃出生天的唯一機會，只有在自己的潛艦被摧毀之前，先發射核子魚雷。

杜畢夫科「時時刻刻」都期待著莫斯科的密碼信息，通知他開始戰鬥行動。

十月廿六日，星期五正午

甘迺迪十分熱衷於情報，他很享受窺探他人生活那種有如窺淫癖的快感，還有因為掌握了祕密情資而帶來的權力。他喜歡看原始資料，因為這樣他可以做出自己的判斷。在古巴發現蘇聯飛彈的四天之後，葛羅米柯於十月十八日造訪白宮，那時U-2偵察機拍攝的照片就放在幾英尺外的總統辦公桌抽屜裡。但這位蘇聯外交部長一再矢口否認飛彈基地的存在，甘迺迪幾乎就要壓抑不住怒火。後來他告訴助理，他差一點就控制不了自己，想從書桌裡拿出那些鐵證如山的照片，直接推到那個面無表情的老俄鼻子前面。從那一刻開始，他總是說葛羅米柯是個「撒謊的混蛋」[343]。

執行委員會星期五的晨間會議之後，朗道爾在橢圓辦公室支起了黑板架。他帶來一些最新的低空照片，迫不及待想要給總統看看這些蘇聯部隊快速集結的明證。他在報告中說，近來暴雨使得土地泥濘不堪，因此蘇聯在飛彈發射場周圍架設了步道以供行走，而且豎立了柱子以供電纜線鋪設。

「這下有意思了。」麥孔打斷朗道爾，指著照片上那些可疑的地面機動飛彈發射器。中情局局長解釋說分析員仍然「不確定」證據真偽，但是蘇聯有可能已經部署了「戰術核子武器，用以對抗戰場上的軍隊」。

不過甘迺迪心裡想的是另一回事[344]，他的心思早就超前這些情報官員好幾步。關於蘇聯在古巴部署飛彈的規模以及複雜程度，他知道的愈多，就愈來愈懷疑這場危機能否以外交手段解決。他必須探索其他的解決方法。當天稍早他聽過中情局的提案，要用潛艦偷運古巴流亡分子回到島上，對飛彈發射場執行祕密破壞行動。現在他想知道，有沒有可能只用「一顆子彈」就炸毀蘇聯的燃料拖車。

「總統先生，這樣會引發紅色的硝酸濃煙，」朗道爾回答，「這樣的濃煙一旦發散出來，他們絕對不是三兩下就可以遏制得住。」

甘迺迪同時注意到摧毀地面機動飛彈的難度更高，因為那些飛彈是靠固態燃料驅動，可燃性較低。「沒錯，你不可能光用槍就擊毀地面機動飛彈。」麥孔曾經擔任美國原子能委員會主席，對此也表示同意。

空拍照片判讀師採集素材之際，總統和中情局局長還在爭辯該如何除掉那些飛彈發射場。儘管甘迺迪對於以外交途徑解決危機並不抱信心，但他也擔心空襲與地面入侵將引發「血流成河的惡戰」，激怒蘇聯發射飛彈。兩種方案看來都非上策。

「地面入侵在執行層面上的難度遠遠超過大多數人的想像，」麥孔面色凝重地承認，「他們在那裡已經部署了不好對付的玩意兒……我們的入侵軍隊恐怕會吃足苦頭。無論如何這都不是容易的事。」

甘迺迪總統要求「即刻」發布有關馬魯克拉號貨輪的新聞 345，他的顧問群相信這次成功的登船行動，有助於在五角大廈那群心有不滿的海軍將官面前，「重建我們言行一致的形象」。他挑選來傳達馬魯克拉號受檢始末的工具，是一位在華府頗有爭議的人物——五角大廈發言人席維斯。

在危機爆發的第一個星期，席維斯對於消息的公開採取守口如瓶的態度，此舉大大觸怒了記者。他只肯給記者字斟句酌的新聞聲明稿，其內容都是由甘迺迪或其中一位助理在電話中口授。對甘迺迪和席維斯來說，消息就是「武器」，為了促成施政上的目標，有些消息需刻意發布，有些消息則應避而不談 346。既然這次行動的目的是排除蘇聯對於西半球帶來的軍事威脅，顯然是正當目的，那麼也就可以不擇手段了。

到了星期五，記者鬧哄哄地抱怨幾乎沒有從席維斯那裡得到半點消息。每天兩次或者有時候三次的新聞簡報，根本就沒提供任何消息，有位記者因此在五角大廈新聞發布室的角落放了個錫罐，上頭貼了張寫著「自動回答裝置」的標籤。罐子裡塞滿了紙條，寫滿了席維斯式的答覆，好比「那也未必」、「不置可否」還有「無可奉告」。

不難理解諸位記者先生的沮喪——當時尚未有長期固定採訪五角大廈的記者女士——世界看似已處在核戰毀滅的邊緣，然而要釐清真相卻是如此困難。這是一種新型的戰爭，敵軍大部分未見蹤影，雙方的衝突虛無飄渺就像事不關己。戰爭的風險這麼高，但是卻未見任何記者可以報導戰況的前線，沒有像珍珠港、沖繩或是諾曼第灘頭那樣的地方。最明顯的新聞發生地點，好比關塔那摩灣海軍基地，或者執行封鎖任務的船艦，記者們卻不能靠近。這場危機是自二戰以來國際安全最重大的威脅，然而在報導這個事件上，他們幾乎完全只能依賴有關當局告訴他們的零碎資訊。

如今席維斯總算有一些消息可以透漏，他決定要好好利用這次機會。他向記者提供馬魯克拉號受檢的最新狀況，整天重複說了好幾次。他鉅細靡遺詳述登船的過程、參與的軍事人員姓名與軍銜、船上載運的貨物、船的噸位，以及這艘黎巴嫩籍貨輪精確的尺寸，還有美國驅逐艦的火力。不過記者還想知道更多。他們永遠想知道更多。

十月廿六日，星期五，午後 1:00（哈瓦那正午）

在席維斯侃侃而談馬魯克拉號的搜查過程之時，另一樁戲劇化的小插曲正在佛羅里達海峽展開，遠離新聞媒體的關注。一艘派駐在古巴海岸五十英里外的美國驅逐艦，發現一艘瑞典貨輪不知怎麼竟然穿越了封鎖線。

「請表明身分。」驅逐艦裴瑞號（USS *Newman K. Perry*）用燈號示意[347]。

「來自哥特堡（Gothenburg）的庫蘭加塔號（*Coolangatta*）。」

「你們的目的地是哪？」

「哈瓦那。」

「你們從何處啟程？」

「列寧格勒（Leningrad）。」

「你們載運什麼貨物？」

「馬鈴薯。」

庫蘭加塔號的船長卡爾森（Nils Carlson）是個瑞典水手，在全體船員眼中，他是個「喜怒無常而且剛愎自用」的人[348]。因為處理不當又沒有完善包裝，馬鈴薯已經開始腐爛。俄國人的不稱職令他作嘔，但是美國人干涉他自由航行的權利，也搞得他一肚子火。後來他告訴一位瑞典記者，他覺得美國海軍不可能對他這艘破舊失修的船有什麼興趣。

裴瑞號驅逐艦駐防在庫蘭加塔號右舷側五十碼處。卡爾森的航海日誌上，記錄了美國軍艦的下一個燈號：「你們願意停船受檢嗎？」但是他的無線電收發員年紀尚輕，沒有什麼解譯摩斯電碼的經驗。卡爾森只知道，這次的燈號應該是個指令，而不是個問題。

無論如何，他決定不要回覆。經過三個星期的海上航行之後，他迫不及待只想趕快抵達哈瓦那，於是他下令「全速前進」。

裴瑞號的船長不確定自己的職權可以做何處置，於是他拍發電報給上級請求指示。得到的答案是：

一、跟好瑞典船繼續追蹤。

二、切莫侵犯古巴海域。349

下午過了不久，麥納瑪拉發布命令「放行」。斯德哥爾摩的美國大使奉命，跟瑞典政府提一提事情的原委，但「為何未按常規先向船艏開火示警，確實令人不解」。大使擔心「我方這樣躊躇不前的態度」，可能會向中立國傳遞負面的信號。五角大廈裡反對甘迺迪的那一派，也私下大發牢騷，數落政府在執行封鎖上徒勞無功。

不過儘管如此，那些與甘迺迪意見相左的人，目前在公開場合對此事仍然絕口不提。除了幾位對此事頗感不悅的艦隊司令及將軍，還有糊里糊塗沒搞清楚狀況的外交官員之外，華盛頓沒有其他人知道庫蘭加塔號事件。這件事就像從來沒發生過一樣。

隔天的報紙頭條全都與馬魯克拉號有關。

卡斯楚召喚蘇聯駐古巴大使阿列克謝夫，到他位於哈瓦那的指揮所一晤。他剛剛從位於紐約的古巴官方通訊社獲知一些令人警覺的消息，他想要讓阿列克謝夫也知道[350]。拉丁美洲通訊社（*Prensa Latina*）的記者都跟古巴情報單位有密切聯繫，他們蒐集到一些傳言，說甘迺迪給聯合國指定了期限，必須從古巴肅清蘇聯飛彈。如果在期限內沒有辦到，甘迺迪的設想就是美國自己攻擊古巴的飛彈發射場，可能用戰機轟炸，也可能用傘兵突襲。

卡斯楚喜歡阿列克謝夫這個人，也信任他。他們倆的結識要追溯到古巴革命後不久幾個月，阿列克謝夫以俄國新聞通訊社記者的身分來到哈瓦那，但這個戴著眼鏡的高個子其實是蘇聯國安會的祕密幹員。那個時候蘇聯在古巴甚至還沒有大使館，阿列克謝夫是第一位取得古巴簽證的蘇聯公民，他帶給卡斯楚伏特加、魚子醬還有蘇聯雪茄做為贄禮，他就像是克里姆林宮派駐到古巴新政權的非官方使節。他們倆一拍即合，甚至在莫斯科與哈瓦那建立正式外交關係之後，卡斯楚也明白表示，他比較想跟這位沒有正式外交頭銜的間諜往來，而不是跟那個擔任蘇聯首位駐古巴外使的腦滿腸肥官僚。結果赫魯雪夫召回了大使，指派阿列克謝夫接任該職。

阿列克謝夫身為蘇聯國安會幹員，後來又擔任蘇聯駐哈瓦那大使，他比別人更有機會洞悉古巴與美國之間日益加深的嫌隙，以及卡斯楚從民族主義者到共產主義者的自我轉變。豬玀灣事件之後沒多久，卡斯楚在一九六一年國際勞動節上公開宣布古巴革命是一場「社會主義革命」，那一刻阿列克謝夫就站在革命廣場（**Plaza de la Revolución**）的領獎臺上。卡斯楚語帶調皮地告訴他，「今天你會聽到一些不錯的音樂」，於是一支古巴爵士樂團彈奏了全世界共產主義運動的國歌《國際歌》[351]。幾個月後，卡斯楚聲明自己是馬列主義者，而且將「終生不渝」。

蘇聯高層一開始還不太確定，究竟該怎麼看待他們在加勒比海新發現的朋友。卡斯楚的大膽和衝動讓他們有點不安。赫魯雪夫雖然欣賞卡斯楚的「膽量」，卻又擔心他那套熱血的共產黨辭令，就戰術觀點而言實在「說不上什麼道理」[352]。美國的入侵看似無法避免，但卡斯楚那番說詞等於是與古巴的中產階級對立，如此一來「就縮小了他可以指望的支持圈」。另一方面，一旦卡斯楚聲明自己是堅定的馬列主義者，赫魯雪夫就會感覺必須責無旁貸地支持他。一九六二年四月起，《真理報》開始稱呼卡斯楚為「同志」（*tovarishch*）[353]。

對這個曾用「巨型火箭」把人類第一次送上太空的國家，卡斯楚懷抱著「無窮的信心」[354]。赫魯雪夫自吹自擂蘇聯大量製造飛彈「就像生產香腸」一樣輕而易舉，那怕「太空中的一隻蒼蠅」也能精準命中，這些話卡斯楚都深信不疑。其實他根本不太清楚「蘇聯有多少飛彈，美國又有多少飛彈」，但他就是欣賞赫魯雪夫展現出的那種「自信、把握、豪氣」的形象。

對於甘迺迪星期一晚上的演說，蘇聯最初的回應完全稱了卡斯楚的心意。赫魯雪夫私下給他發了封信，譴責美國這種「海盜調調、背信棄義、挑釁生事」的行徑，並且宣布古巴的蘇聯軍隊進入全面戰鬥警戒。莫斯科似乎已經不可能打退堂鼓了。「看來是要打仗了，」卡斯楚看完信後告訴他的左右手 355，「我無法想像任何一方退讓。」很久以前他就得出結論，跟美國佬交手，猶豫和軟弱是致命傷——唯有毫不妥協的堅持才是避免美國人入侵的唯一良方。

儘管卡斯楚還是相信赫魯雪夫，但他已開始懷疑赫魯雪夫的決心。赫魯雪夫號令大西洋上載運飛彈的船艦返航，他對此就頗有微詞；他也認為蘇聯應該用更強硬的態度，制止美國的 U-2 飛越古巴領空。而且他也不了解為什麼駐聯合國的蘇聯代表佐林，至今仍要否認古巴存在蘇聯飛彈的事實。在卡斯楚眼裡，這種否認看似是蘇聯有意要隱瞞些什麼。對蘇聯和古巴來說，公開表明兩國在軍事上的同盟才是上上之策。

卡斯楚把他憂心的事告訴阿列克謝夫，阿列克謝夫又把這些事轉告莫斯科方面。美國軍機低空飛越蘇聯以及古巴的軍事設施，已經愈來愈不知分寸；美國或許就是想要用偵察任務做為掩護，發動空中奇襲。古巴的防空部隊到目前為止仍然按兵不動，隱忍不射擊美國軍機，以免因此貽害此刻聯合國的外交協商。卡斯楚想要蘇聯領導人知道，他的耐心是有限度的。

最讓卡斯楚傷透腦筋之處，是跡象顯示美國有意挑撥他和蘇聯盟友。美國媒體的報導指出，美國官員過分低估蘇聯在古巴的駐軍數量，而且接受莫斯科將駐軍解釋為「顧問」和「技術人員」的一面之詞；卡斯楚對此頗感訝異。很難相信中情局對於蘇聯駐軍的瞭解，竟然遠不及他們對於飛彈發射場的瞭解。對生性多疑的卡斯楚而言，美國淡化蘇聯駐軍的存在，顯然是別有用心。美國只言及古巴軍隊而刻意避談蘇聯軍隊，就是希望在美國發動攻擊之際，蘇聯不會出手保衛古巴。

眼下胞弟勞爾和格瓦拉都不在哈瓦那，卡斯楚這段時間最親近的顧問就是古巴總統多爾蒂科斯。卡斯楚面晤阿列克謝夫時，多爾蒂科斯也在場。這兩位古巴領導人愈是思索，他們就愈確信時間所剩無幾。

當天下午情緒激動的多爾蒂科斯告訴南斯拉夫大使[356]，美國的攻擊是「無可避免」了，「如果今晚沒有發生那就是奇蹟。我再說一次，就是今晚」。

十月廿六日，星期五，午後 2:30

羅伯是那種嚴懲不貸的人。在危機伊始，他曾經要求以更為激進的祕密破壞手段對付古巴。他曾說服兄長批准一份滿滿的攻擊目標清單，比方哈瓦那的中國大使館、煉油廠，還有一座重要的鐵道橋梁。他甚至還說過不如炸毀一艘關塔那摩灣的美國船艦，嫁禍給卡斯楚，然後以此事為藉口入侵古巴。不過核子毀滅的威脅使他反思自己的觀點。

如今世界正處於核子戰爭邊緣，勢必要重新整頓功能不健全的貓鼬行動。有時候真的很難判定是誰執掌這個推翻卡斯楚的祕密任務。名義上的「行動總指揮」是空軍准將藍斯代，不過他是個光說不練的人，中情局和一些五角大廈的同僚不太相信他，甚至對他多有揶揄。中情局方面的行動則是由哈維領軍，他的聲名在五〇年代初期鵲起，因為他在柏林任職時，監督建造了一條通往蘇聯防區的隧道，以監聽蘇聯的通訊電纜。結果這條「哈維坑道」才一開始就被蘇聯的雙面諜炸毀，不過這絲毫不阻礙哈維在間諜陰謀的世界平步青雲。甘迺迪第一次見到童山濯濯又大腹便便的哈維時，便帶著挖苦的微笑對他說：「看來你就是我們的詹姆士龐德。」[357]

哈維因為戀酒貪杯，所以到了飛彈危機的時候，威風早已不復當年。他懶得跟藍斯代多說什麼話，也毫不掩飾自己對於甘迺迪兄弟的鄙夷，在他眼裡這兩兄弟就是「娘砲」，因為他們沒種跟卡斯楚正面對決。他覺得羅伯就是個愛管閒事的門外漢，背地裡都稱他「那個傻屌」[358]。就算當著羅伯的面，他也沒多點尊重。當羅伯提出可以把反卡斯楚的古巴流亡人士，帶到他在山胡桃莊園的豪宅「加以訓練」時㉜，哈維就反問他：「長官，你要訓練他們什麼？怎麼帶小孩嗎？」

不過其實羅伯也毫無顧忌地背著哈維，與邁阿密的古巴流亡分子群體建立他自己的關係。他從流亡的古巴領袖桑羅曼（Roberto San Román）口中，得知中情局計畫用潛艦將六十名流亡分子送回古巴。桑羅曼曾告訴他[359]：「我們不介意回去，但是我們想確定你們認為此行是值得一試的做法。」羅伯從藍斯代那裡得知有三支六人小隊已經被派遣出去，還有七支小隊隨後就會跟上，另外還有十支小隊暫時備而不用。對於哈維未徵得他的同意就擅自「發動這種半吊子的行動」，羅伯大為光火。

為了釐清事態，羅伯召集貓鼬行動相關高層人員，在五角大廈那間人稱「坦克」（the Tank）的密閉作戰室裡會面。這次集會很快淪落為官僚間的唇槍舌箭，而哈維就是眾矢之的。這位中情局官員無法交代是誰授權他派遣小組進入古巴。羅伯對這般策略不敢恭維，「古巴難民是有用的資產，眼下古巴勢必加強安全防衛，卻在這個時候把難民編成小隊滲透回去……不僅行動的成效值得懷疑，就連損傷也可能很

㉜ 譯按：參見本書 45 頁，第一章註 21 前段落。

嚴重」[360]。於是他下達命令，召回已經在途中的三支小隊。

羅伯推翻了自己先前的決定，他認為只要美古雙邊的緊張關係仍然處於沸點，便不能執行對付古巴的「主要祕密破壞行動」。但若是不容易歸咎到美國頭上的小規模事件，他個人並不反對。他就同意襲擊古巴籍船隻。「在古巴或在蘇聯陣營的港口，或在公海上擊沉，」藍斯代的備忘錄上記載如是，「祕密破壞貨船，讓船員無法操作船隻。」[361]而這些襲擊應該由古巴船艦上的「中情局資產」執行。

參謀長聯席會議主席泰勒將軍，詢問起馬塔安布雷礦場的祕密破壞行動，其他人都忘了這件事；而這一問又給了焦頭爛額的哈維重重一擊。哈維沒辦法給大家滿意的答覆。兩位祕密幹員在十月十九日滲透進入古巴以後，中情局至今沒有他們任何消息[33]。哈維支吾其詞，說了一些這兩個人「推測已喪命」之類的話[362]。

由於會議在午餐後召開，哈維又有習慣喝上兩杯馬丁尼，此刻的他連話都說不太清楚。他設法表現清醒，不讓這些特別小組的成員看出他的酩酊，不過他的一位中情局老同事看出他「很明顯就是醉醺醺的」[363]。每當哈維喝多了，他就會把下巴靠在自己胸口，用低沉的聲音朝著自己的便便大腹含糊嘟囔，房間裡的其他人對他來說就像不存在似的。當羅伯宣布給哈維兩分鐘解釋的時候，哈維根本就沒搞清楚這是給他的警告。

兩分鐘過去，哈維還在自顧自地喋喋不休。羅伯拿了文件，掉頭就走出作戰室。

「哈維今天自毀了前程，」中情局長麥孔在返回蘭利（Langley, Va.）總部的路上告訴助理，「他已經沒有用處了。」[364]

麥孔這番話確有先見之明，只不過他完全沒意識到有件事還沒解決。這件事不僅涉及哈維、甘迺迪兄弟、卡斯楚，還與黑手黨有關。

聯邦調查局正在搜尋羅賽利（John "Handsome Johnny" Roselli, 1905–1976）的下落，這個黑社會頭目因為涉嫌敲詐勒索正在接受調查[365]。這位「衣冠楚楚的公子哥」（dapper don），據信就是黑手黨在拉斯維加斯的代表，負責確保在有鉅額利潤可圖的賭場收益中，幫派分到了屬於自己的那一杯羹。聯邦調查局在羅賽利洛杉磯的公寓安裝了竊聽器，並招募線人監視他的一舉一動，然而羅賽利還是成功在十月十九日溜出掌控。十月廿六日星期五一早，羅賽利以化名從邁阿密登機，搭乘美國國家航空的班機前往洛杉磯後，聯邦調查局便再也追蹤不到他的下落。

一般階級的聯邦調查員當時根本不知道，這位被判有罪的五十七歲犯罪集團成員效力於中情局；中情局替他購買機票，把他安置在安全的藏身處，幫他安排用隱姓埋名的方式周遊全國。他們也不知道原來中情局曾經設計暗殺卡斯楚，但不管用狙擊手、炸彈、還是毒膠囊，一系列的設計全都徒勞無功，而羅賽利就是執行這些暗殺計畫的核心人物（聯邦調查局長胡佛〔J[ohn] Edgar Hoover, 1895–1972〕明白羅賽利與中情局的關係，不過他覺得這個消息另有可用之機，所以選擇隱而不宣）。

中情局是在一九六〇年九月招募羅賽利，其時艾森豪政府正開始思考以實際行動對付卡斯楚。在

33 譯按：見前章歐羅斯可與貝拉的祕密破壞任務。

古巴革命之前，哈瓦那的賭場生意都掌握在黑手黨手裡，但卡斯楚上臺之後政府卻把這些資產悉數據為己有。中情局高層相信，黑手黨有這個動機回去哈瓦那跟卡斯楚算一算舊帳，同時也有這個人脈可以協助推動美國在外交政策上的利益。一九六二年四月，哈維接手主管羅賽利的案子，也成為羅賽利的主要接頭對象。過了幾個星期，哈維拿給羅賽利四顆毒藥丸，而且擔保這種毒藥「無論何時何地對任何對象都有效」[366]。這個黑手黨人計畫用這四顆毒藥對付卡斯楚、勞爾還有格瓦拉。哈維還調來一輛U-Haul搬家公司的卡車，停放在邁阿密的停車場，上面載滿槍械和炸藥，並把鑰匙交給羅賽利。一位是中情局官員，一位是幫派分子，這兩個人會在華盛頓、邁阿密或佛羅里達礁島群碰上一面，只要是他們可以私下喝上兩杯，而且講話不會遭人偷聽的地方都行。

十月十八日與羅伯召開的貓鼬行動會議上，哈維得知對抗古巴的軍事行動很可能迫在眉睫。一如往常，羅伯的指令總是虛無飄渺。哈維下定決心動員「每一支小隊以及我們能湊齊的所有資產」，以支援隨時可能發動的入侵行動，他覺得這是他的責任[367]。除了那些準備搭乘潛艦登陸古巴的祕密幹員之外，他還組織了蛙人小隊，試圖破壞停靠在哈瓦那港的船隻，還有傘兵小隊做開路先鋒，開拓通往飛彈發射場的道路。他的「資產」也包含羅賽利。

根據羅賽利的陳述，哈維「馬上」遣人去找他，把他安置在華盛頓的安全屋等候進一步指示。過了幾天，哈維決定這個受他保護的人放在邁阿密會更有用處，可以「蒐集情報」[368]。於是羅賽利待在邁阿密的時間，就與反卡斯楚的流亡分子交換有關可能發動入侵的流言蜚語。他們婉言稱呼那四顆毒藥為「良藥」，並藏在哈瓦那某個「安全」的地點，不過黑手黨還沒找到能在卡斯楚飲食裡加一顆良藥的方法。

儘管沒有確證顯示甘迺迪兄弟與暗殺卡斯楚的陰謀有關，不過卻有一些間接證據[369]。一九六一年十一月，甘迺迪曾和記者舒爾茨（Tadeusz Witold Szulc, 1926–2001）談及暗殺卡斯楚的可能，但他們都認為這種做法「不道德」且「不切實際」。藍斯代在十二月呈交給羅伯一份備忘錄，提議動用「某些我們自己的犯罪分子……這些人在古巴境內營運賭場或其他事業」，可以暗中從事顛覆卡斯楚政權的活動，而羅伯也未表反對。一九六二年五月，當中情局官員向羅伯簡報暗殺陰謀的初步安排時，他勃然大怒，卻好像也沒有任何要阻攔的意思。羅伯自己也有門路，他透過名為福特（Charles D. Ford）的中情局幹員與黑手黨接觸，而福特化名費斯卡里尼（Rocky Fiscalini）直接為司法部長效力。羅伯嘴上時常說到「幹掉」卡斯楚，卻從未確切表明心裡的盤算[370]。

中情局祕密行動的負責人是赫姆斯（Richard McGarrah Helms, 1913–2002），他是個行事謹慎且事業心強的官僚，後來晉升為中情局局長，哈維就是向他報告行動。他們兩人必須確保頂頭上司麥孔對行動一概不知。一九六二年八月，特別小組曾在一次會議中提出「肅清領導人」的想法，但麥孔表達了他的反感[371]。身為虔誠天主教徒的麥孔告訴同僚，如果縱容謀殺的話，他就會被「逐出教會」，而身為陰謀支持者的哈維則修改紀錄，抹去任何有關暗殺的字眼。

很難釐清為何赫姆斯與哈維在沒有最高當局的指示下，就要求黑手黨暗殺卡斯楚。不過另一方面，甘迺迪兄弟刻意避免發布明確指示，很有可能只是要維持「貌似合理的推諉」（plausible deniability）的原則。赫姆斯也會矢口否認曾跟甘迺迪或羅伯討論過政治暗殺。但是哈維心知肚明，這場暗殺陰謀可以「不受任何約束」（no holds barred），而且獲得「白宮的完全授權」[372]。

哈維後來茅塞頓開，發現利用黑手黨除掉卡斯楚真是個「笨到極點的主意」。藍斯代的策略是在不用美國直接軍事干預的情況下，「幫助古巴人解決自己的問題」，哈維深深質疑此種做法。他後來愛講講當年勇與朋友作樂，故事是在飛彈危機最緊繃的時刻，白宮戰情室裡一場充滿戲劇色彩的會議——據說他當面告訴總統和他弟弟：「要不是你們兩個傻屌在豬玀灣出包，我們怎麼會蹚上這種渾水。」[373]

哈維故事中的這段衝突高潮，沒有任何文獻、也沒有任何人的證詞可以佐證，但就算這樁事件從未發生，這個故事還是十足顯露了他的心跡。在哈維口中貓鼬行動就是「癡人說夢」，他永遠無法原諒甘迺迪兄弟[374]。

中情局對抗卡斯楚的祕密作戰總部是一座佔地一千五百英畝的校園，位在邁阿密的南緣。這處地產在二戰期間曾經充作海軍飛船（blimps）的基地，後來遭到颶風蹂躪而荒蕪，就轉手賣給邁阿密大學，結果校方又轉租給天頂技術公司（Zenith Technical Enterprises）。這間公司是中情局全資的子公司，而邁阿密行動在中情局內的代號是JM/WAVE。

JM/WAVE在一六二年間迅速擴展，成為中情局在華盛頓以外最大的情報站[375]。JM/WAVE有三百多名情報官員和約聘人員，負責監督由數千名幹員和線民組成的情報網，其中許多人是豬玀灣事件中的古巴老兵。這座情報站的資產包括：一百多輛專供案件承辦人使用的汽車，一支協助幹員潛入古巴的小型海軍部隊，一座存放機槍、古巴軍服、乃至於棺材等各式軍備品的倉庫，一座加油站，幾架小型飛機，幾百間遍布邁阿密地區的安全屋，一座位於大沼澤地（Everglades）的輔助軍事訓練營，還有好幾個海事基地與船屋。這個行動的年度預算超過五千萬美金。

為了裝出煞有介事的門面，有一位中情局官員擔任天頂技術公司的總裁，還設有專門迎賓的辦公室。牆上圖表記錄的是假造的銷售數字，以及虛構的員工慈善捐款。整個邁阿密還有幾十間規模較小的中情局幌子公司（front company）。這個大型的中情局行動在這座城市幾乎已經是公開的祕密，包含《邁阿密先鋒報》（*Miami Herald*）記者在內的許多人，都知道天頂技術公司是中情局的幌子，不過他們都覺得自己有保持緘默的愛國義務。當中情局的間諜活動人員惹上了警察或是海岸巡防隊，通常只要一通電話就足以把他們保釋出來。

JM/WAVE 情報站的首腦是薛克勵（Theodore George "Ted" Shackley, Jr., 1927–2002），他人高馬大，虎背熊腰，與人總有點疏遠，同事都說他是「金毛鬼」。薛克勵才不過三十五歲，就已是中情局的明日之星，他最出名的就是冷血的工作效率還有超乎常人的記憶力。五〇年代初期他派駐柏林，在哈維手下任職，這次邁阿密的任務指派就是哈維親自選中薛克勵。薛克勵雖然盡力避免了蘭利總部干預 JM/WAVE 的業務，但他卻得忍受哈維不定時的來訪，因為每次都會發生些難忘的事。有一次哈維想在晚間進入大樓，未料他想走的那個門口卻被木板釘死了。其實另一個入口就在一百英尺外而已，但哈維就是沒辦法容忍阻礙。他直接踹破木板奪門而入，咆哮著「老子沒時間跟這破門閒耗」[376]。

薛克勵的祕密軍隊裡，軍官主要是美國人，但步兵差不多都是古巴人。自從卡斯楚掌權後，四年之間有廿五萬人逃離這座島嶼，薛克勵的步兵就是從這些古巴人中揀選出來。儘管這些人全都對卡斯楚深惡痛絕，但是也沒有其他可以取而代之的領袖，能將他們重整旗鼓團結起來。中情局草擬了一本「反革命手冊」，列出四百一十五個企圖罷黜卡斯楚的古巴流亡團體和運動，其範圍涵蓋過去巴蒂斯塔的支持者到理想幻滅的革命分子[377]。手冊中還提到有些反革命組織是由「(古巴)情治單位贊助」，意圖在異議分子之中挑撥離間。許多組織根本名存實亡，而另外一些組織則把力氣花在與其他單位競爭「美國政府的金援名額」而已。這本手冊也對於流亡分子間群龍無首的態勢表示惋惜。

一位流亡的領袖告訴《華盛頓郵報》記者：「我們古巴人的問題在於，每個人都想當總統。我們的個人野心總是凌駕在國家利益之上。」[378]

這些古巴人的小團體有不少是靠自己運作的，但也有數百個與中情局合作，接受監護與指導，他們的戰士領的是中情局給的薪資。飛彈危機爆發的時候，哈維和薛克勵面臨了一個問題，就是該如何發揮這些資產的最大效益。他們在祕密破壞行動上的成果寥寥可數，不過他們相信，這些古巴人可以協助蒐集蘇聯在古巴的軍事現況情資，以此與照相偵察相輔相成。而一旦美國發動入侵，這些情報蒐集人員也可即刻化身為美國軍隊的探路人。

到了星期五時，JM/WAVE已經在邁阿密地區「安置」了二十支要滲透古巴的小隊。一支典型的小隊由五到六名古巴人組成，其中包括一名無線電通訊員。經過幾個月漫長的準備，還有多次失望與數場虛驚，這些古巴人都躍躍欲試。與豬玀灣事件相比，這次很少有人懷疑甘迺迪政府想要除掉卡斯楚的決心。薛克勵回報蘭利總部，他的人馬已「達到最佳的精神與備戰狀態」[379]。在邁阿密的小哈瓦那區，豬玀灣的老兵們高唱愛國歌曲：

什麼都無法阻擋（*Que nada ya detenga*）
這場我們的戰爭（*Esta guerra nuestra*）
這是神聖的一戰（*Sí es una guerra santa*）
十字架與我們同行（*Y vamos con la Cruz.*）

在這些等待潛入古巴的戰士中，廿一歲的學生歐布雷貢（Carlos Obregon）就是最典型的例子[380]。他屬於一個自稱「學生革命指南」（Directorio Revolucionario Estudiantil, DRE）的團體，成員都是過去哈瓦那大學的學生，他們因為意識形態和宗教上的綜合因素反對卡斯楚，故而組成了這個團體。歐布雷貢跟他大部分的戰友一樣，出身於一個無可挑剔的上層中產階級家庭。他的父親是律師，他則在耶穌會辦的高中接受教育。他的父母親雖然不喜歡巴蒂斯塔，但相比起來他們更討厭共產黨員，他們覺得那些人根本就是罪惡的化身。於是豬玀灣事件後不久，他們舉家遷離了古巴。

一九六一年十月，歐布雷貢跟其他十幾位學生革命指南的成員，開始一起接受中情局教練的軍事培訓。他被帶到拉戈島礁（Key Largo）上一幢灰泥粉刷的四房建築，在那裡學習潛入和潛出的基本原則，並學習管理隊員、閱讀地圖，以及如何操作武器和炸藥。過了幾個月，中情局挑選他擔任無線電通訊員，並接受更密集的培訓。他被送到維吉尼亞州的「農場」，接受六個星期的游擊戰訓練課程。在通過測謊之後，中情局正式把他的名字放上支薪名簿，支付他兩百美金的月薪，並且把他引見給任務承辦人。他不知道這個人的真實姓名，只知道對方叫「傑瑞」（Jerry）。

十月廿二日星期一，傑瑞告訴歐布雷貢和他的小隊隊員，在邁阿密南部農村地帶一棟兩層樓的木造農舍待命。當天晚上，這五個古巴人聽著廣播裡的甘迺迪發表演說，那聽起來就像是要求蘇聯撤離飛彈的最後通牒。他們興高采烈。這場祕密戰爭終於不再是祕密了，美國公開支持他們的奮鬥。

在接下來四天裡，局裡發給小隊隊員他們會在古巴用到的衣物、背包，還有無線電設備。歐布雷貢收到最終的無線電通訊簡報（communications briefing）。傑瑞把小隊引見給一位古巴人，他剛從古巴來到這裡，這次將會充當他們的嚮導。現在只剩下武器還有待分發。他們將在週末動身前往古巴。

星期五下午傑瑞卻來到安全屋，宣布這次潛入行動已經意外地「被延後了」。

第七章 核武

十月廿六日，星期五，晚間 6:00（哈瓦那傍晚 5:00）

卡斯楚掌權將近四年了，但很多革命時期的老習慣他還是改不過來。他沒有固定的行程，永遠處於奔波之中，他會一下造訪軍事單位，一下跟學生們打成一片，一下又跟工人們閒話家常。他就是在這些活動不規律的間隔之中，找時間睡覺和吃飯。蘇聯高層領導裡與卡斯楚相交最深的是米高陽，他十分欽佩卡斯楚對於自身信念懷抱著幾近「宗教式」的堅毅，不過他也抱怨對方常常會「忘了自己的身分是一國之主」[381]。米高陽就像大多數的蘇聯政治人物，習慣每天三餐都喝上幾杯。但是這位古巴人口中的「馬」（*el caballo*）除了時常不吃午餐之外，連酒也不沾。這匹「馬」從這個會議趕往下一個會議，似乎只有在疾駛趕路的座車上才能好好睡一覺。

星期五中午，卡斯楚決心不再容忍美國軍機飛越古巴。他看過美國軍機從哈瓦那市郊上空呼嘯而過，也跟自己的軍隊一樣憤怒卻無能為力。他跟參謀群開完會之後，草擬了一份公報送交聯合國祕書長，上面寫道：「古巴不會容許任何恣意侵犯我國領空的破壞與盜匪行徑，因為這不但威脅到古巴的國家安全，也是在為日後侵略古巴領土鋪路。我們不會放棄自我防衛的合法權利。因此任何侵犯古巴領空的戰鬥機，都將面臨我國防空砲火攻擊的風險。」382

卡斯楚直奔哈瓦那西南方十二英里的艾爾奇科蘇聯軍事指揮站，告知盟友他最新的決定。其時蘇聯駐古巴軍隊最高統帥普利耶夫將軍，正在聽取部屬報告部隊的備戰狀況。卡斯楚也隨每一位軍官一樣立正站好聽取報告，一如他自己報告軍情的時候，所有軍官也會立正站好。

「各機動步槍部隊進入戰備狀態。」

「空軍團進入戰備狀態。」

「各防空部隊準備就緒。」

最後輪到蘇聯飛彈部隊指揮官斯塔琴科發言。六座 R-12 中程彈道飛彈發射臺中，已有五座達到「最高備戰狀態」（full combat readiness），可以對美國本土的城市和軍事基地，發動廿發核子彈頭的密集齊射攻擊。剩下的那一座發射臺則具備「緊急作戰能力」（emergency operational capability），意即至少可以發射部分飛彈，然而未必能精準打擊目標383。

「飛彈部隊完成作戰準備。」384

卡斯楚抱怨，那些低空飛越古巴領土的美國軍機打擊了古巴與蘇聯軍隊的士氣。美國人實際上每天都在演練如何摧毀古巴的軍事防禦措施。

「在這種情況下，我們無法容忍那些低空飛越古巴的軍機，」卡斯楚告訴普利耶夫，「每天破曉他們都有可能發動攻擊，把這些部隊摧毀殆盡。」

卡斯楚要求蘇聯啟動他們的防空雷達，這樣他們就可以隨時偵測到來犯的美國軍機。蘇聯的雷達大部分時間都閒置不用，以免哪個枝微末節不小心泄露了整個雷達網的存在。現在卡斯楚以美國隨時可能發動空襲為由說服蘇聯。「啟動雷達，」他義正詞嚴，「你們不能再視若無睹！」385

他還向蘇聯的指揮官們提出另外兩點建議。他力勸蘇聯至少將一部分飛彈移置到祕密的存放地點，如此一來，美軍就不可能一次摧毀所有飛彈。他還要求四萬三千名蘇聯官兵換下他們的格子運動上衣，穿上真正的軍服386。

要是美國佬膽敢進犯古巴，就要讓他們嘗點苦頭才行。

整天都有群眾聚集在哈瓦那舊城區的海邊，歡慶有第一艘蘇聯船艦穿越了美國的封鎖。這艘「維尼查」（*Vinnitsa*）號的船長也以精采的故事回報，告訴群眾美國戰艦、直升機和戰機組成的艦隊，是怎樣也阻擋不了他的小船。船長羅曼諾夫（"Pedro" Romanov）緊握著古巴國旗和卡斯楚的肖像，描述自己如何勇敢面對大風級的風浪，沒把帝國主義者放在眼裡，為「熱愛自由的古巴」運來油料387。

「斐代爾，赫魯雪夫，我們與你們同在。」（"*Fidel, Khru'cho', estamo' lo do'*"）示威群眾高喊著，用古巴人的方式把好多字都連在一起念。

另一個廣為流傳的順口溜則在頌揚古巴與蘇聯在意識形態上的結盟，以及美國對此的無能為力。西語的押韻讓這句順口溜帶著蠻橫的氣勢，因此更容易傳誦。

我們是社會主義者，前進，前進
（*Somos socialistas pa 'lante pa 'lante*）
你要是不喜歡，就滾去吃瀉藥。
（*Y al que no le guste que tome purgante.*）[388]

這是古巴與蘇聯之間相互傾慕的最高點。古巴的父母親會給兒子取名由里・加加林[34]，觀賞蘇聯電影，閱讀葉夫圖申科的詩作[35]，排隊購買莫斯科大馬戲團的門票。不過這種對於遠方超級大國的欽佩，其實還含有三分屈尊俯就的高傲。甚至當歡慶蘇聯船艦的到來與擁抱蘇聯士兵之際，古巴人都無法不注意到這群俄國人身上的味道——混合了有毒的油氣、廉價的香菸、厚重的皮靴，還有俄國人的體味。他們甚至特別給這種陌生的怪味取了名字：「熊的油脂」（the grease of the bear）。

再來就是嗜酒貪杯。連卡斯楚都抱怨蘇聯士兵醉酒後的野蠻狂暴，直言他們需要「更嚴格的紀律」[389]。他們對於酒精的渴求還引發了龐大的以物易物商機，因為薪餉微薄的蘇聯士兵願意用任何東西——食物、衣物、甚至軍用卡車——交換啤酒和蘭姆酒。憲兵盡全力維持秩序，圍捕酒醉的士兵，狠狠揍他們一頓。

不少古巴人還察覺到，在蘇聯武器的精密與尋常俄國人家的落後之間，存在著一種教人難以理解的矛盾。作家德斯諾斯曾經隨著古巴知識分子組成的代表團，一同參訪哈瓦那外圍的一座蘇聯軍用機場[36]，當時他對於那裡生活條件的「原始」大感詫異[390]。飛行員靜候 MiG-21 緊急起飛的命令下達，這是最現代化的戰鬥機，然而此刻他們的太太卻是在木桶裡用手搓洗先生的軍服。代表團的知識分子被安排睡在醫務室的病床上，旁邊就是一排輪床，由於可能不久後就要用來載運屍體，輪床都已經預先掛上了小標籤。

蘇聯人的穿著居然如此寒磣，《革命報》的編輯福蘭基（Carlos Franqui, 1921–2010）也大吃一驚。

> 他們的穿著已經過時好多年了；他們的衣服很難看，剪裁又差，連鞋子也一樣不堪！於是市井小民不禁開始疑惑，如果社會主義實質上優於資本主義，那為什麼俄國人身上穿的都是這麼粗製濫造的東西。他們的婦女甚至不會穿高跟鞋走路。而且不同族群的俄國人之間似乎有很大的差異：領導階級、技術人員和軍官穿的是一種樣式，而士兵和普通勞工穿的則是另一種粗劣許多的樣式。老百姓因此開始質疑在社會主義制度下的平等問題。[391]

福蘭基覺得，俄國人不像美國人那麼「傲慢霸道」，他們喝醉的時候「平易近人」，不過他們給人最深的印象卻是「一貧如洗」。

與莫斯科締結為盟友之際，正巧也是古巴社會蘇維埃化的階段。宗教狂歡式的情懷已經逐漸從革命中消退，取而代之的是官場文化。大多數古巴群眾仍然支持革命的目標，但是他們對於革命的激情已經

---

34 譯按：第一位蘇聯太空人，參見本書 99 頁第二章譯註 16 說明。
35 譯按：關於葉夫圖申科可參見本書 152 頁，第三章正文註號 207 後的段落。
36 譯按：參見本書 129 頁，第三章註 171 所在的正文段落。

冷卻。共產黨籍的公務員如今已佔據政府的重要職位，古巴漸漸演變為一個警察國家，意想不到的告密者還有鄰里監察委員會無所不在。文學週刊《革命之月》（*Lunes de Revolución*）是知識分子思想自由的最後堡壘之一，卻也在去年宣告停刊。曾經生氣勃勃的報紙如今成了政府的傳聲筒，就連古巴革命的語言都變得死氣沉沉，滿是徒勞無益的馬列主義口號。

在經濟上也可以感受到社會主義強硬的高壓手段，不少經濟決策全看卡斯楚一時的興致而定。當這位總司令（*comandante en jefe*）下達政令，宣布哈瓦那周圍的農村最適合栽種咖啡，儘管那裡的土地根本就不適合，也沒有任何人膽敢出言反駁。禁止私人企業除了帶來長期的物資短缺，也導致黑市的興旺。曾有一位英國外交官形容古巴是「瘋狂的奇境」，在那裡「鞋店除了中國製手提袋之外什麼也沒賣，大部分『超市』只有一個貨架的保加利亞番茄泥」。[392] 蘇聯國安會的機密報告裡控訴，古巴農民拒絕上繳他們的農產品給國家，而「橫行的黑道又使得商品的不足更加惡化」[393]。

然而，群眾對於國內政權的普遍不滿，卻被來自國外的威脅強壓過去。很少有古巴人願意為了已然崩壞的經濟制度犧牲自身利益，但卻有許多古巴人情願為國捐軀。此時此刻因為愛國情操的驅使，意識形態上的分歧與氣餒已被拋諸腦後。對於惹人厭的官僚政治還有商店裡的食物短缺，老百姓或許會發發牢騷，但他們都支持卡斯楚對抗「美國佬的帝國主義」。

到最後，正如卡斯楚的一位左右手給哈博霖的解釋[37]，安全以及財貨對於一般古巴人而言「其實沒那麼重要」[394]。對他們來說，最重要的是古巴的傳統價值，「榮譽，尊嚴，可靠以及獨立」，如果沒有了這些，「不管經濟成長或社會主義都沒有任何意義」。卡斯楚政權想方設法利用國人對於「尊嚴」（*dignidad*）

的執迷，無論是個人尊嚴還是國家尊嚴。英國大使在他的年度報告中就特別記下，街上的旗幟標示著「有尊嚴的和平」（*paz con dignidad*），甚至聖誕卡上的問候語都可見「有尊嚴」這幾個字。「他們身上的西班牙血脈或許逐漸消失，」但古巴人之中「還是有不少唐吉訶德，」馬尚特在報告裡寫道 395，「古巴革命分子有一種特有的天真樂觀，就是對於自己的國家感到自豪，任何觀察家在對這起事件的詮釋中都不能忽視這個特質。」

卡斯楚與他的追隨者對於民眾的支持程度頗有信心，所以他忙著準備的是一場游擊戰。民兵在馬雷貢濱海大道的國家飯店周圍挖掘戰壕，哈瓦那幾乎到處都藏滿了武器，工廠裡、公寓街廓裡、政府辦公室裡，只要一接獲通知，就能立刻從這些地點分發武器出去。如果美國佬膽敢來犯，他們遭遇的將會是全民皆兵。就算首都淪陷，戰鬥也會轉進鄉間與山間持續下去。

諷刺的是，儘管古巴革命的聲勢逐漸趨於衰弱，美國試圖挑戰的卻是古巴最強硬的一點：國家主權問題。

六點剛過沒幾分鐘，華盛頓的國務院辦公室裡，電傳打字機開始印製一份很長的訊息，來自莫斯科的美國大使。這是赫魯雪夫發布的最新公文書。蘇聯領導人先列舉了核戰毀滅猶如鬼魅縈繞的恐怖，斥責甘迺迪太過擔心國內的政治壓力，以此開始了這封漫無邊際幾乎語帶懇求的長信。

---

37 譯按：參見本書 142 頁，第三章正文註號 191 前的段落。

如今你以戰爭威脅我們。但你也很清楚，你們施加在我們身上的，我們將以其人之道還治其人，這是你們至少應得的。……無論選舉是否將在你我的國家舉行，其實我們都不應該陶醉於戰爭，被小家子氣的激情牽著鼻子走。這些都只不過是轉瞬即逝的事，然而一旦戰爭真的爆發，那麼就不是你我的力量可以制止的了，戰爭的道理本就是這麼回事。我參與過兩次大戰，深知戰爭只有在席捲了城市和鄉村，在各處散播死亡和毀滅之後，才有可能結束。

這封信是差專人在莫斯科當地時間下午四點四十二分時，親自送到美國大使館，那時是華盛頓時間上午九點四十二分。為了加快傳送的腳步，美國外交人員把這封信切分為四段，每一段都必須費盡心思先翻譯成英文，接著加密、解密，然後打字輸入。信的第一段花了超過八小時才傳到國務院手中，最後一段直到華盛頓時間晚上九點才送達。世界和平懸於一線，但是把一位超級強國領導人的訊息，傳到另一位超級強國領導人手上，居然要耗費將近十二小時。

當時世界仍處於資訊革命尚未成功的陣痛之中，人造衛星雖然幾乎可以即刻將甘迺迪的演說播送到全世界，但還沒有辦法讓他跟赫魯雪夫即時通話。甘迺迪可以隨時拿起電話打給英國首相，但若要跟巴西領導人通上電話，那得花好幾個小時才能接通。雖然有海軍通訊船透過月球折射發出的訊號，然而像五角大廈與執行封鎖任務的軍艦之間的最高優先通訊，照例都要延遲六到八小時才能送達。因此在星期三，正當甘迺迪與赫魯雪夫就蘇聯船艦載運飛彈前往古巴，展開「瞪眼相對」的對決之際，他專門用了寶貴的一小時時間，討論有什麼方法可以改善與拉丁美洲以及加勒比海地區的通訊。

甚至連緊急指揮所都深受通訊延遲的影響。一旦總統遇害，或者戰略空軍司令部位在內布拉斯加州奧馬哈的總部遭受空襲，緊急指揮所就要負責發動核子戰爭。有一架波音EC-135「明鏡」指揮機全天候在空中待命，隨時準備下達摧毀莫斯科或基輔的攻擊指令。不過當飛彈危機爆發，行動規劃人員才沮喪地發現，原來這架「明鏡」上面，居然沒有設備可以鑑別地面發來的緊急訊息。於是他們在星期四發布了一則長篇的最高機密訊息，陳述空中指揮所應如何設置鑑別設備。許多收到訊息的人，反應都是滿腹狐疑。

「這簡直是開玩笑。」海軍作戰部長在他拿到的提案上潦草地塗塗畫畫，把箭頭指向「緊急行動訊息延遲四到九小時」這句[396]。等到執行命令獲得鑑別生效，華盛頓早就從地球表面灰飛煙滅了。

不過這個問題在蘇聯那邊還更糟糕[397]。他們有些通訊的程序，遵循的還是出自十九世紀的那一套。設若華盛頓的蘇聯大使要傳送訊息回莫斯科，程序的第一步是先以五個字母為一組的方式把訊息加密，接著大使館會致電西聯匯款（Western Union）當地的辦公室，由他們派一位專送急件的信差，騎自行車來拿電報。這時候心急如焚的蘇聯外交官們，就會看到這位年輕的黑衣信差優哉游哉沿著街騎過來，納悶他是不是半路上先停下來去找女朋友說幾句情話。如果一切順利，這則訊息會藉由穿越大西洋的電報纜線傳達給克里姆林宮——而這條纜線是在一百年前就鋪設的。

在國務院這頭，官員從電傳打字機上撕下赫魯雪夫的最新訊息，開始逐段分析內容。國務院的首席蘇聯專家湯普森（Llewellyn E. "Tommy" Thompson, Jr., 1904 –1972）曾任大使派駐莫斯科，他十分篤定這封信是由赫魯雪夫本人口授，因為內容不見外交辭令的精煉與純熟。赫魯雪夫當時可能「承受巨大的壓力」[398]，在國務次卿波爾（George W[ildman] Ball, 1909–1994）的想像中，「這位矮胖的主席愁眉苦臉面對一堵白牆」，「在信的每一個段落裡宣洩滿腹委屈苦楚」。

最關鍵的段落是在信末。赫魯雪夫雖然堅稱部署飛彈的唯一目的就是防衛古巴，但隨後他也提出解決危機的良方。如果美國召回艦隊並且承諾不會攻擊古巴，「那麼我方的軍事專家就沒有出現在古巴的必要了」。他將國際局勢類比為繩子上的一個結，政敵在兩頭愈使勁拉，這個結就糾得愈緊。

> 這個結到最後很有可能糾得太緊，甚至連打了這個結的人，自己都沒有力量可以解開。到了那一刻就只能剪開這個結。我想這個意思不用我多做解釋，因為你自己再清楚也不過，我們兩國擁有的武力到底有多可怕。
>
> 再拉緊這個結，就注定得以熱核戰的災難毀滅這個世界。因此如果這並非你我的本意，那麼就讓我們不只是放鬆繩子的兩端，讓我們還一起想辦法解開這個結。

對波爾來說，這封訊息是赫魯雪夫的「肺腑之言」（*cri de coeur*）。但在五角大廈那一頭，李梅可沒那麼感情用事。他告訴心腹這封信簡直「狗屁不通」，「要是我們喝了他的甜湯」，赫魯雪夫一定會覺得「我們就是一票飯桶」[399]。

十月廿六日，星期五，晚間 7:35

星期五晚上，當赫魯雪夫的電傳信文從打字機印製出來的時候，國務卿魯斯克正在他國務院七樓的辦公室，與一位名喚史卡利（John A[lfred] Scali, 1918–1995）的電視記者闢室密談。這位美國廣播公司（American Broadcasting Company, ABC）的新聞特派員有奇特的內幕要告訴他。今天稍早的時候，費克利索夫邀史卡利共進午餐。費克利索夫是蘇聯國安會華盛頓站站長，以蘇聯大使館參贊的身分為掩護從事間諜工作[38]，他們在賓州大道（Pennsylvania Avenue）的西方餐廳（Occidental Restaurant）吃飯。餐桌上點的是豬排和蟹肉餅，坐在對面的費克利索夫提出了一個可以解決古巴危機的計畫，聽來似乎頗能呼應赫魯雪夫在最新來信中的和解基調。按史卡利的轉述，這個提案包含三點事項[400]：

- 蘇聯將在聯合國的監督之下拆除部署在古巴的飛彈基地；
- 卡斯楚承諾不會再接受任何攻擊型武器；
- 美國就不入侵古巴一事提出正式的保證。

[38] 譯按：另參本書 200 頁，第五章正文註腳 283 所在段落。

這個提案激起國務卿的好奇心。設若此事屬實，那麼這將是重大突破，因為這是蘇聯在美國可以接受的條件下，自己提出的解決危機之道。只是這種帶話的門路似乎有些怪異：不管是費克利索夫或史卡利，都未曾充當莫斯科與華盛頓之間的非官方管道中間人。不過蘇聯想必清楚史卡利與國務院素有往來，尤其與魯斯克手下的情報頭子希斯曼（Roger Hilsman, Jr., 1919–2014）關係特別友好[39]。透過一位蘇聯國安會特務和一位記者傳達提案，要是甘迺迪拒絕協商的話，赫魯雪夫還可以矢口否認這是他提出的讓步。

從史卡利的說法來看，費克利索夫想要盡快得到答覆。他甚至提供了他家裡的電話，如果有必要的話，就算夜裡也可以打給他。魯斯克在便箋上草擬了答覆。他將草擬的答覆送請白宮批示，又把那張便箋交給史卡利。魯斯克全權委託這位新聞記者，要他盡快將便箋送交費克利索夫，上面的訊息只有兩行：

> 我有理由相信美國政府認為此提案確有實際的可能性，而且期望蘇聯與美國駐紐約的聯合國代表可以與祕書長吳丹（U Thant, 1909－1974）共同商討做法。我能肯定的是時間非常緊迫而且所剩不多。[401]

史卡利回電的時候，費克利索夫還在蘇聯大使館，他們同意在第十六街的斯塔勒希爾頓飯店（Statler-Hilton）的咖啡廳碰面。飯店距離白宮三個街廓，距離蘇聯大使館只有一個街廓。他們抵達飯店的時候，史卡利的錶指著七點三十五分。他們坐在裡面的桌子，點了兩杯咖啡。史卡利根據記憶轉述了魯斯克的訊息，但沒有明確透露訊息來自何人。

「這訊息是來自高層嗎？」費克利索夫匆匆在本子上記下重點，想把來龍去脈探聽清楚[402]。

「來自美國政府的最高層。」

這位蘇聯國安會特務仔細思考了一陣後，提出了新的問題。他認為應該准許聯合國的稽查人員，進入美國在佛羅里達州及在加勒比海各國周圍的軍事基地，以確保不會有任何侵襲古巴的可能。史卡利回答他沒有「官方資訊」可以提供，然而就他「印象所及」，這樣的要求可能會給總統帶來政治上的困難[403]。國會裡的右派人士和軍方都在催促發動入侵。

「時間問題至為關鍵。」費克利索夫強調。

費克利索夫承諾會將訊息傳達給莫斯科的「最高層」。史卡利後來回報，費克利索夫心急如焚想要趕回大使館，以至於他用十元紙鈔付了兩杯咖啡的帳，卻不等找錢掉頭就走，這對蘇聯外交官來說可是極不尋常的事。

目前的局勢是只要有一步失算，就可能導致核戰爆發，而這次蘇聯國安會特務與新聞記者的會面，就是此際莫斯科與華盛頓錯誤理解彼此的經典案例。史卡利可能認為自己被利用為一個解決危機的中間人——他也確實以此說服國務院和白宮——不過蘇聯並不全然這麼認為。

㊴ 譯按：另參本書 668 頁，第四章註腳 212。

打從危機伊始，費克利索夫就不斷四處尋覓洞悉美國政府決策的辦法。他曾一度擔綱管控羅森堡（Rosenberg）間諜網[40]，但如今卻痛苦地意識到，蘇聯在美國從事外國情報任務的形勢竟是如此悽慘。莫斯科方面對他施予極大的壓力，要求他設法從甘迺迪的紅粉知己那裡獲取「機密情資」。由於他在行政機構缺乏人脈提供消息，他只好想方設法從圈外拾取引路的麵包屑。像史卡利這樣與高層關係良好的記者，就是費克利索夫可以最快通往權力核心的捷徑。

他與這位美國廣播公司的記者在咖啡廳碰面、偶爾共進午餐，已經超過一年了。就算沒什麼重要的事，這樣的聚會也能增進他的英語能力。史卡利是個能言善道的義大利裔美國人，從「這種熱情洋溢的人」口中，相對來說比較容易套到消息[404]。費克利索夫標準的伎倆就是只提出某個引起史卡利興趣的話題，然後堅持自己的某種觀點，好比「不，這是不可能的」。由於史卡利急於展現自己的內部消息有多麼靈通，他會發表點自己的意見做為回覆，好比「你說不可能是什麼意思？這個會是上星期二下午四點開的，我還可以告訴你是在十一樓開的」。費克利索夫就這樣持續從他的美國窗口刺探消息，卻沒有回饋什麼消息給對方。他會在無意間透露一些想法，但那只是為了測試史卡利的反應。

與史卡利在咖啡店分手後，費克利索夫走回大使館。他終於拿到一些實質的情資可以傳回莫斯科。他草擬了一封電報，概述解決危機的那三項要點，並且強調這位記者所言是代表「最高當局」。然而費克利索夫與史卡利的兩種版本，卻有一處關鍵差異。在史卡利的說詞裡，解決的方法是由蘇聯倡議；然而費克利索夫卻將之描述為由美國所倡議。史卡利和美國方面將這份提案詮釋為來自莫斯科的試探，然而實際上，史卡利的蘇聯國安會窗口，其實欲藉此確認華盛頓方面所提出的解決危機條件。

根據費克利索夫的職級權限，他只能傳送電報給他的直屬長官。若要送達赫魯雪夫或主席團成員的手上，他必須獲得蘇聯駐美大使達勃雷寧的同意。這份來自駐外特務（*rezident*）的報告，達勃雷寧仔細斟酌了好幾個小時，最後他拒絕簽名授權這份電報[405]。他的解釋是外交部「並未授權大使館展開此類談判」。達勃雷寧有他自己的祕密管道可以與羅伯．甘迺迪接洽，所以對這份來自蘇聯國安會特務的提議，抱持懷疑的態度。

最後費克利索夫能做的，充其量也就是把他的報告傳給執掌外國情報的主管[406]。當他的電報送達莫斯科，已經是當地時間星期六下午了。沒有任何證據可以顯示，這份電報在克里姆林宮對危機的決策之中扮演了怎樣的角色，甚至連赫魯雪夫是否看過這份電報都不得而知。但是史卡利與費克利索夫的會面，將成為古巴飛彈危機神話的一部分。

當費克利索夫在斯塔勒希爾頓飯店面晤史卡利的同時，在街道另一頭，甘迺迪正在白宮裡大發雷霆，因為某則通訊社的報導裡提到美國官員暗示「將有進一步行動」。甘迺迪自覺他小心翼翼處理公眾對於這次危機的期許，未料國務院發言人有欠考慮的發言，卻幾乎使得他的努力成為徒勞。他拿起電話，親自嚴詞斥責了這位中級官員。

當然他很清楚這位發言人絕非有心造成任何危害。林克．懷特（Lincoln White, 1906–1983）有他來

---

[40] 譯按：另參本書 200 頁，第五章正文註腳 283 所在段落。

自記者的壓力，他必須讓記者有點小小的花絮可以報導，所以他只好把記者的注意力，轉移到星期一總統在全國演說中的一句話。甘迺迪在那場演說中曾經提到，美國將採取一系列的措施以迫使赫魯雪夫撤離飛彈，而實施封鎖就是第一步。懷特挑出的說詞提供了記者們全新的報導角度：倘若蘇聯繼續「有關進攻的軍事準備」，那麼「採取進一步行動是正當的做法」。

治絲而棼之的事情，還有執行委員會命令白宮發言人沙林傑發布一則聲明，概述目前從古巴得到的最新情資。蘇聯非但沒有停止飛彈發射場的運作，反而「加速繼續興建他們的飛彈支援與發射設施」。甘迺迪對於媒體有一種細膩敏感的直覺，他擔心記者會把白宮跟國務院的兩份聲明稿混為一談，因而推論戰爭即將爆發。報上那些「即將採取軍事行動」的頭條標題，反倒會逼著他不得不這麼做，如此一來，也就讓他更不容易找出和平解決危機的辦法。因此任何可能導致局勢益發緊繃的作為，都必須小心翼翼度量正確的做法。

「我們得想辦法控制事態，林克，」甘迺迪激動的聲音裡帶著沮喪，「問題就出在當你說『採取進一步行動』的時候，他們全都會說『是什麼行動』。這樣就會在我們還沒準備好的時候，害得局勢的緊繃一下子加快了好幾天的程度。」

「我很抱歉，總統先生。」

但眼下道歉是遠遠不夠的。

「拜託你小心一點好嗎！你不可以拿以前說的話來解釋，那樣他們就有新的頭條標題可以寫——他們這下不就有了嗎。」

「我真的非常非常抱歉，總統先生。」

十月廿六日，星期五，晚上 10:50（哈瓦那晚上 9:50）

國務院「進一步行動」這句話中的含意，甘迺迪並非唯一聽出端倪的人。遠在數千英里之外的哈瓦那，懷特的這番言論也挑動古巴和蘇聯軍事領袖的憂慮。在卡斯楚聽來這其實是另一種訊號，華盛頓方面提出的就是某種移除蘇聯飛彈的最後通牒。要是蘇聯拒絕了這次最後通牒，他確信美國會在「接下來四十八小時內」發動侵略[407]。

除了當天稍早拉美通訊社來自紐約的報導之外，其實還有其他跡象可循。最具體的就是來自巴西總統的訊息，由哈瓦那的巴西大使巴斯欽平托（Luís Bastian Pinto）轉達給卡斯楚。巴西獲得情資，美國政府正在計畫摧毀飛彈發射場，除非建造工事「在接下來四十八小時之內終止」[408]。卡斯楚與巴斯欽平托素有交情，而且巴斯欽平托在華盛頓備受推崇，因此卡斯楚十分重視這個消息。與此同時，古巴的蘇聯將領們也耳聞戰略空軍司令部已經進入「全面軍事備戰狀態」（full military readiness）[409]。

在分析以上種種情資之後，古巴與蘇聯官員推論，事態最有可能的發展就是發動地面侵略之後，緊接著發動空襲。攻擊隨時都有可能展開，但當他們愈深陷於這個想法，他們就愈相信攻擊的第一階段——也就是空襲——可能今天晚上就會到來。

蘇聯駐古巴軍隊的總司令普利耶夫將軍，素以一絲不苟聞名。他出身騎兵，灰髮旁分得規規矩矩，唇上的鬍子也修剪得整整齊齊，他的每一個決定都經過謹小慎微的掂量。他在抗德愛國戰爭裡見識過大大小小的戰役，因此對於美國入侵古巴的可能後果，他自是了然於胸不需揣想。普利耶夫的膽結石問題還在康復之中，他盡量避免情緒有所起伏，但凡下屬向他報告危言聳聽的軍情，他都會揮揮手示意他們退下。幾天前，他的副官向他報告反卡斯楚游擊隊可能登陸的消息，其他將領也十分迫切想與他們的總司令商談軍機。普利耶夫告訴副官：「不要慌張。讓他們隨古巴同志一起去調查吧，說不定就是幾個漁夫而已，等他們把事情仔細調查清楚了再跟我報告。」[410]結果證實這個報告不過是虛驚一場。

但是現在連普利耶夫也開始擔心了[411]。與卡斯楚會面之後，他的結論也是看來戰爭是無可避免了，於是他下令所有幕僚移往艾爾奇科總部附近的地下指揮所。一如卡斯楚在哈瓦那的地下碉堡[41]，蘇聯的地下指揮所也配備了複雜的通訊設備、儲備了大量的食物，也有床位可供參謀人員安眠。美國將在星期五晚上發動攻擊的謠言四起，普利耶夫號令部隊進入全面戰鬥警戒，如果有必要，他已經準備好面對接下來幾個月的游擊戰。

「我們現在無路可退，」普利耶夫告訴手下的指揮官，「雖然我們遠離祖國，不過我們的補給品足以支撐五到六個星期。如果我們的集團軍（army）被剿滅，那麼我們就分散以師（divisions）作戰；如果我們的師被剿滅，那我們就再分散以團（regiments）作戰；如果我們的團被剿滅，我們就遁入山區作戰。」[412]

卡斯楚籲請蘇聯士兵穿上軍服，普利耶夫拒絕了[413]。但是他同意啟動空防雷達，而且授權防空指揮官向敵軍戰機開火，以回擊美軍的空襲。他下令在通往關塔那摩灣美國海軍基地的道路鋪設地雷，又指示分別位在古巴東部、西部的兩座蘇聯空軍核子巡弋飛彈發射臺，抬升到預備發射位置。他還下令取出部分庫存的核子彈頭，以備瞄準美國領土目標的 R-12 中程彈道飛彈使用。

普利耶夫究竟是否有權使用戰術核武抵抗美國的侵略，一開始狀況就不明確 [414]。蘇聯的軍事準則要求戰地指揮官在實際發生戰事之際，負責戰場上的核子武器。蘇聯國防部長也曾草擬授予普利耶夫這類權力的命令，但卻未確實簽署。從十月廿三日發布的最新版本命令看來，顯然使用所有核子武器的權限，仍然完全掌握在莫斯科手上。儘管如此，普利耶夫想要確保的是一旦戰爭爆發，蘇聯的飛彈隨時處於預備發射的狀態。

哈瓦那時間晚上九點五十分，普利耶夫發出一封訊息給蘇聯國防部長，概述他的行動。

> 致總監（馬林諾夫斯基的稱號）
>
> 根據我方取得的情資，美國已經辦識出斯塔琴科同志（蘇聯在古巴飛彈部隊的指揮官）部署的幾座飛彈發射場。美國戰略空軍司令部已經號令其空軍攻擊部隊，進入全面軍事備戰狀態。
>
> 古巴同志的看法是，美軍勢必會在十月廿六至廿七日的深夜，或是廿七日清晨對我方的飛彈發射場發動空襲。

㊶ 譯按：另參本書 178 至 179 頁，第四章正文註號 254 及 255 所在段落。

> 卡斯楚已經決定一旦古巴遇襲，他將動用防空火砲擊落美國戰機。
>
> 我業已採取措施，將科技（*tekhniki*，核子彈頭的婉轉說法）分布到戰區的不同地點，並且加強我們的偽裝成果。
>
> 美軍若空襲我方飛彈發射場，我勢必將動用力所能及的一切防空手段。[415]

電報的署名是「巴夫洛夫」（Pavlov），普利耶夫的官方化名[42]。

羅曼諾夫（Sergei Romanov）上校是出了名的嚴以律己，也嚴以待人[416]。他以運送及保存核子武器開啟自己的軍旅生涯，然而現在這份生涯卻岌岌可危。剛抵達古巴不久，歸他指揮的一支車隊就發生了嚴重車禍。在蜿蜒曲折的小路上，蘇聯卡車試圖超越一台慢速行駛的車輛，未料卻與一輛古巴平民駕駛的小客車發生碰撞。那位古巴平民因此身亡。羅曼諾夫遭受來自共產黨的譴責——給予嚴厲的懲處。當他回到莫斯科就必須面對這個後果，每念及此，他便惶惶不安。

儘管愁雲罩頂，羅曼諾夫還是受命負責中央核武儲存倉庫的業務，這裡有可抵抗衝擊波的地下碉堡，存放了R-12的彈頭。貝胡卡距離哈瓦那約莫廿英里路程，是座飽受跳蚤侵擾的小鎮，泥濘的道路兩旁盡是斷壁積垣的屋舍；而羅曼諾夫的儲存倉庫就隱身於貝胡卡北方林木蒼鬱的山坡。這座車輛可直接駛入的地下碉堡，是掘入山坡建設而成，碉堡覆蓋強化混凝土之後，再將掘出的土石回填其上偽裝[417]。地下碉堡的平面結構呈L型，兩翼長度在五十至七十五英尺之間，並連接到地下停車場。環形的進出路線，讓載運核子彈頭的廂型車可以從北面入口駛進地下碉堡，再從南面入口駛離。籬笆圍起這整片包含地下碉堡的儲存倉庫，佔地約有三十英畝，在空中很容易就能看見。

這座地下碉堡原來是古巴軍隊所建，用來存放常規非核彈藥（conventional munitions），如今則被改造用來存放核子彈頭。對於如何安放以及維護這些彈頭，參謀總部制訂了嚴格明確的規範[418]：彈頭與彈頭之間至少必須相隔廿英吋存放，而存放彈頭的設備必須至少有十英尺高。存放彈頭的整體空間至少要一千平方英尺，才能符合組裝彈頭以及檢測所需的空間。存放區域的溫度必不得超過華氏六十八度（譯按：攝氏廿度），濕度則必須維持在百分之四十五至百分之七十之間。維持正確的溫度與濕度是場持續的硬仗，地下碉堡裡的溫度從來就沒有低於八十度（譯按：約攝氏廿六點七度）過，為了使溫度降低到許可的極限值以下，羅曼諾夫不得不從東道主那裡搜刮冷氣機與一箱箱冰塊[43]。

要處理這批威力等於兩千枚廣島原子彈的核子彈頭，對每個人來說都是非常沉重的壓力[419]。羅曼諾夫每晚只能小睡三四小時，回國之後不久就因心臟病離世；他的副手博爾堅科（Boris Boltenko）少校幾個月後則死於腦癌[420]。當時共事的軍官都認為博爾堅科之所以罹患腦癌，是由於先前一年為了R-12飛彈的實地試射，他必須組裝原子彈頭所致。當他來到古巴的時候，或許已經因為接觸輻射而飽受病痛之苦，只是當時並未診斷出病因。許多技術人員與工程師曾在工作上接觸過這個「小玩意」（gadgets）——

[42] 譯按：另參本書 111 頁，第二章正文註號 137 所在段落。

[43] 譯按：另參本書 211 頁，第五章正文註號 300 所在段落。

他們這麼稱呼彈頭——後來都得了癌症[421]。

蘇聯境內的核武儲存地點周圍往往有重兵守護，相較於此，守護貝胡卡地下碉堡的就只有一層圍籬和幾座防空砲。羅曼諾夫的總部位於鎮郊的山丘上，距地下碉堡四分之三英里遠，原址在被徵收之前是一座天主教會辦的孤兒院，叫做「孩童之城」（La Ciudad de los Niños）。白天有美國軍機飛越上空偵蒐情資，夜裡古巴民兵追捕叛軍，蘇聯軍隊的衛兵就常常聽到附近山丘傳來槍響。神經緊繃的蘇聯士兵有時會在一片闃黑裡朝著黑影開槍，到了隔天早上外出偵察時，偶爾就會在矮樹叢裡發現死豬。於是隔天晚上他們就把豬烤了大快朵頤[422]。

從古巴西部聖克里斯托巴鎮附近的飛彈發射場，開上四、五小時的車就能到達貝胡卡，但是如果從古巴中部西鐸洛夫上校的團指揮部開車過來，因為路況實在太糟，得花上十四小時車程。總司令普利耶夫將軍知道如果美國發動空襲，蘇聯不會有時間把核子彈頭運到大薩瓜。在三個飛彈團中，西鐸洛夫的軍團雖然駐紮位置最偏遠，但卻也是準備最充分的一個。既然西鐸洛夫最有機會對美國發動成功的核子攻擊，他的軍團應該優先拿到核子彈頭。

R-12中程彈道飛彈使用的鼻錐有十三英尺長，已經裝載在特別設計的暫存廂型車上；這些車輛上都設有可以外延的軌道，拉出來架設到地面上。夜幕降臨之際，這些四四方方像是駝著背的廂型車，逐一從地下儲存倉庫駛出，加入卡車和吉普車的一列縱隊。車隊裡共有四十四輛車，為了掩人耳目，載運工業設備的卡車穿插在廂型車之間，但其實載運著彈頭的只有六輛廂型車。通往大薩瓜的路途有兩百五十英里，沿途都有飛彈部隊駐守，一來為了阻隔其他的交通運輸，二來則是為了確保運送車隊的安全。所有人都擔驚受怕，希望別再出什麼意外。

為了避免空中偵察發現車隊行蹤，他們做好了萬全的預防措施[423]。運送行動在黑暗中執行，駕駛不准打開車頭大燈，唯一允許的是車側的小燈——而且是每四輛車才能有一輛開燈。車輛的最高速度不得超過時速廿英里。

總算至少送走一些核子彈頭，羅曼諾夫還有他的同袍感到欣慰，因為他們無時無刻不擔心遭受美軍的空降攻擊。他們深知自己有多麼容易就會被攻擊，卻也很難相信美國人居然沒有發現他們的祕密。

自從發現飛彈開始，中情局就持續在古巴遍尋核子彈頭的下落，但其實這些彈頭一直都藏在眾目睽睽之下。美國情報分析員透過U-2偵察機的空拍照片，觀察貝胡卡的地下開鑿工事，已經有超過一年的時間，其間也鉅細靡遺地記錄了地下碉堡、環狀道路、圍籬的建造。時至一九六二年秋天，美方辨識出貝胡卡有兩座地下碉堡可能是「核子武器的儲藏地點」。十月十六日，中情局報告甘迺迪，貝胡卡的這個地點有「自動防空武器防護」，是個「頗不尋常的場所」[424]。據中情局報告，這裡與蘇聯境內目前已知的核子武器儲存倉庫，「有幾分相似，卻也有許多地方不盡相同」。

「這裡是最有可能的地方，」中情局副局長卡特（Marshall S[ylvester] Carter, 1909–1993）將軍告訴執行委員會，「我們已經特別註記要對此處嚴加監控。」

三天後，一份更詳細的中情局分析指出，貝胡卡的地下碉堡建於一九六〇至一九六一年間，原用來「儲存常規非核彈藥」[425]。從一九六二年五月拍攝的照片中，就可看出「用以抵抗爆炸衝擊波的地下碉堡以及單層圍籬」。中情局還注意到數十輛車來來去去，不過此地在五月到十月間看似沒有多餘的進展。分析員推論，這個地點缺乏額外的安全預防措施，所以看來不像「被改造為核子武器的存放場所」。

十月下旬，美國偵察機多次飛越貝胡卡上空[426]，而每一次視察都能蒐集到更多一點證據，促使分析員愈發注意這個場所的重要意義。十月廿三日星期二，一架美國海軍十字軍噴射機低空偵察，拍攝到在「覆蓋在土地之下，一座車輛可以駛入的構造體」外，有十二輛用來載運核子彈頭的駝背廂型車，還有另外七輛卡車和兩輛吉普車。廿五日星期四的另一次偵察任務，又拍攝到幾臺特別設計用來將彈頭吊離廂型車的短臂吊車。每一輛廂型車看來都一模一樣，車尾是大扇的對開車門，緊接在車頭駕駛座後面，則是非常顯眼的通風口。混凝土地下碉堡的入口清晰可見，而吊車和廂型車就整整齊齊停放在入口兩百碼外的地方。倒鉤鐵絲網串連起一支支白色的混凝土柱，形成環繞整個場地的圍籬。

事後看來，這些短臂吊車和駝背廂型車，其實就是解開蘇聯核子彈頭之謎的關鍵，不過美國情報單位要到好幾個星期之後，才開始用這些線索拼湊全貌[427]。一九六三年一月，分析員檢閱大量空拍照片，這些照片顯示亞歷山卓夫斯克號，是從科拉半島的潛艇基地出發前往古巴的。美國將這座基地判定為核子彈頭可能的轉運站和檢修中心，而此前美國也從未在這裡觀測到民用船艦出沒。而今在這樣敏感的軍事用地卻發現商船蹤跡，顯然於理不合，因此激起了分析員再探究竟的好奇心，重新檢閱所有亞歷山卓夫斯克號的照片。十一月初，亞歷山卓夫斯克號由古巴返航前往科拉半島，照片中就可見船上有裝載鼻錐的廂型車。

儘管分析員終於後知後覺地串起了亞歷山卓夫斯克號與核子彈頭廂型車的關係，但他們卻從未聯想到貝胡卡。朗道爾的左右手之一布魯吉歐尼，嘗於一九九〇年寫就的書中指出，馬列爾港是古巴島上核子彈頭最主要的管理地點428。然而事實上，馬列爾港只不過是十月四日殷德傑卡號抵達之際，船上核子彈頭的轉運點而已。直到一九九一年蘇聯解體之後，蘇聯官員——包含當時主理核武軍火庫的別洛博羅多夫上校——才開始公開談論貝胡卡地下碉堡的重要429。

根據一份針對解密美國空拍偵察照片所做的研究，儲存核子武器的貝胡卡地下碉堡，以及同樣是掘入山丘而建，可以俯瞰東北方五英里外馬納瓜鎮（Managua）的另一處地下碉堡，兩者於本書中首次公諸於世（詳細的座標另見本書654頁註429）。貝胡卡與馬納瓜兩處地下碉堡的照片，是在十月廿五日與廿六日分別由美國海軍與空軍飛機所攝，過去亦從未公布，而今初次收錄於本書575頁及576頁。貝胡卡地下碉堡所藏匿的三十六枚一百萬噸彈頭，是給R-12飛彈所用；而馬納瓜地下碉堡所存放的十二枚兩千噸彈頭，則是給月神飛彈所用。

中情局先將貝胡卡貼上「最有可能」的標籤，最後卻又排除其儲存核武的可能，這完全解釋了制式認知對思維的宰制。「專家們一再表示，蘇聯國安會一定會嚴格控管核子彈頭，」布魯吉歐尼回憶，「所以他們告訴我們要留意找尋多層圍籬、路障，還有任何在一般層級以上的保護設施。我們卻沒有觀察到任何這樣的地點。」430分析師注意到貝胡卡四周的圍籬看來東倒西歪，甚至連可以封閉出入的大門都沒有，因此判定此地不可能藏有核子彈頭。照片判讀報告更只說這裡是不明的「彈藥存放場所」。

更讓照片判讀師感到振奮的，是沿著哈瓦那海岸往西五十英里，糖業港口傑拉德角（Punta Gerardo）的舊糖蜜（molasses）工廠。工廠所在海灣有嚴密的防守，靠近四通八達的高速公路交通網，附近又屢有新建築物落成。尤其值得注意的地方，是其四周有典型的蘇聯式「雙層安全圍籬」，並且隨處可見守衛崗哨[431]。就在甘迺迪發表電視演說之前，中情局回報總統，種種跡象都強烈顯示那裡極有可能就是核武的儲存地點。

其實那座糖蜜工廠根本就與核子彈頭沒有任何關聯，那裡不過只是飛彈燃料的轉運和暫存地罷了[432]。就像亞歷山卓夫斯克號和「塔齊雅娜」原子彈的案例一樣[44]，貝胡卡周遭缺乏顯著的安全防禦措施，但這反倒成為一種最佳的防禦。

若把蘇聯的普利耶夫將軍對應到美國，能夠相提並論的就是豪澤（Hamilton H[awkins] Howze, 1908–1998）中將，他也是以騎兵為天職的軍人。他的軍旅生涯橫跨了從戰馬到直升機的變遷：他現在指揮的是美國的空降部隊。他的父親老豪澤（Robert Lee Howze, 1864–1926）少將，曾經與老羅斯福總統在聖胡安山並肩衝鋒，因此他與古巴本來就有一種繼承自父親的連結。老羅斯福是這麼描述豪澤的：「在整個騎兵師裡，他最具備過去騎兵該有的雄赳赳氣昂昂的颯爽英姿。」設若美國要第二次入侵古巴，這位老騎兵之子勢必將是美軍地面部隊的高級指揮官。

豪澤的手下已經迫不及待要前去古巴。入侵計畫需要出動第八十二以及第一〇一空降師，總共兩萬三千名的官兵，以拿下哈瓦那地區的四座機場，其中包括最主要的那座國際機場。在傘兵部隊攻佔敵軍後方之際，海軍陸戰隊與第一裝甲師將會發動鉗形攻勢夾擊哈瓦那，切斷首都與各個飛彈發射場的聯繫。豪澤在星期五回報五角大廈，對這兩個空降師，他已經「快要掌控不了局面了」[433]。部隊現在士氣高昂，實在不容易讓他們一直維持在警戒狀態卻遲遲不派他們上場作戰。這次行動的總體規模，與一九四四年六月諾曼第登陸作戰日不相上下。總共有八個師、大約十二萬人的部隊，將會投入從馬列爾港延伸到哈瓦那東方塔拉拉海灘，橫跨四十英里的海岸戰線。諾曼第登陸作戰當日的軍力大約是十五萬人，海岸戰線延伸五十英里。

這次入侵計畫的代號是「刀鞘行動」（Operation Scabbards）[434]。在登陸之前先行的是密集的空中轟炸，亦即一天三次的大規模空襲，直到所有的飛彈發射場、空防設施、以及敵方的軍用機場悉數消滅殆盡。低空偵察機共辨識出島上一千三百九十七個獨立目標，單單是第一天就要發動一千一百九十次空襲，分別從佛羅里達州的軍用機場、加勒比海上的航空母艦，以及關塔那摩灣海軍基地出動。

像這樣的大規模行動，無可避免地衍生了各式各樣問題[435]。海軍陸戰隊出海得太過匆忙，以至於航程中他們沒有合適的通訊設備。不少陸軍單位的編制甚至不滿規定人數。憲兵人數也不足，因為有些憲兵單位被調派去美國南方腹地（Deep South），執行聯邦法院下達的廢除種族隔離政策命令。行動規劃人員低估了兩棲登陸作戰所需的船艦數量，而且也錯誤計算了部分海灘的坡度。因此當陸軍發現馬列爾的海灘並非原先推估的那麼淺時，就必須四處蒐羅湊齊跋涉深水所需的裝備。至於海軍則抱怨「嚴重缺乏」關於塔拉拉海灘沙洲和珊瑚礁的情資，如此一來可能會嚴重危害「古巴西部整體進攻的成敗」。

環繞古巴周圍的美軍先遣部隊，對於一旦他們奉命登陸後將會在島上遭遇什麼，幾乎一概不知。他

44 譯按：另參本書 117、118 頁，第三章正文註腳 146、147 所在段落。

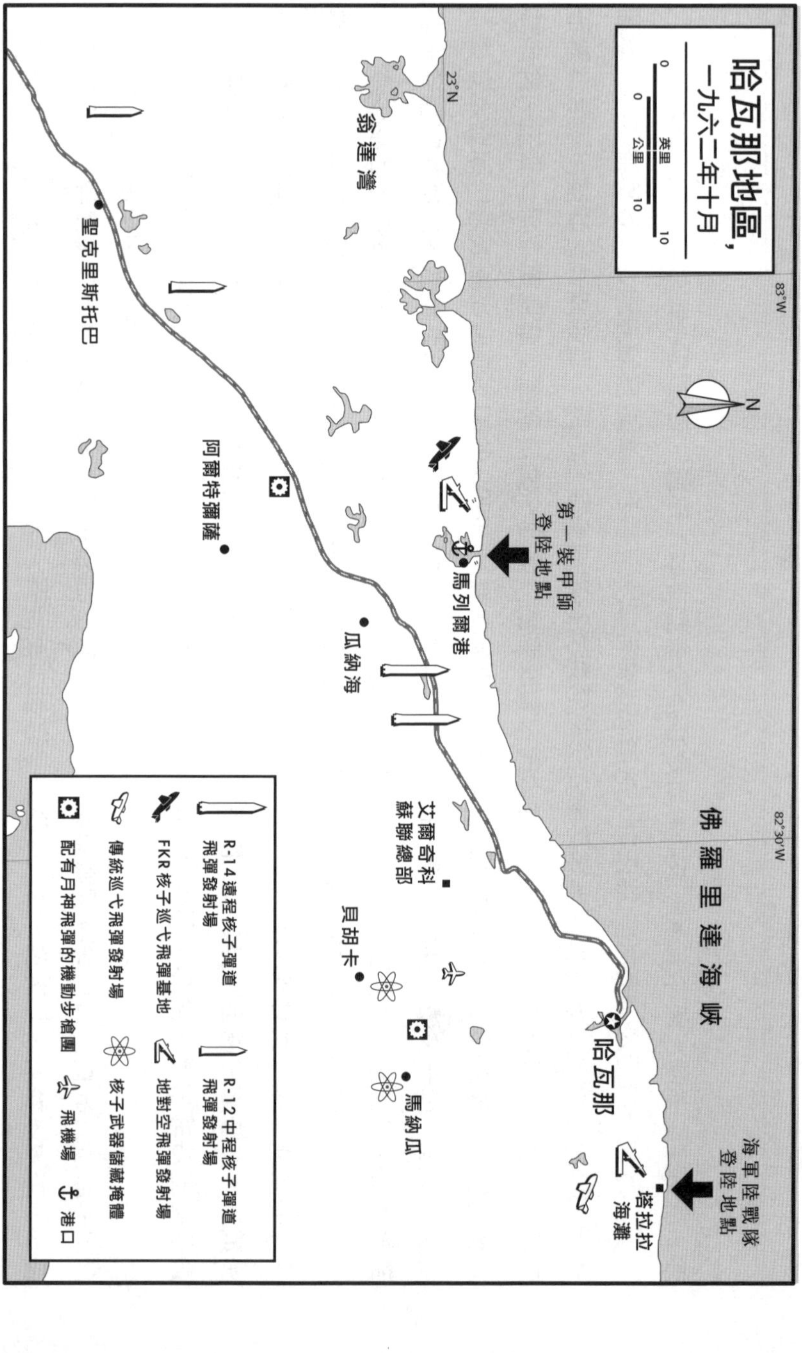
哈瓦那地區，
一九六二年十月
0 10 英里
0 10 公里
23°N
83°W
82°30'W
N
翁達灣
聖克里斯托巴
阿爾特彌薩
第一裝甲師登陸地點
馬列爾港
瓜納海
艾爾奇科蘇聯總部
貝胡卡
哈瓦那
馬納瓜
佛羅里達海峽
海軍陸戰隊登陸地點
塔拉拉海灘
R-14遠程核子彈道飛彈發射場
R-12中程核子彈道飛彈發射場
FKR核子巡弋飛彈基地
地對空飛彈發射場
傳統巡弋飛彈發射場
核子武器儲藏掩體
配有月神飛彈的機動步槍團
飛機場
港口

們一直以為敵軍主要會是古巴人，並由數量不明的「蘇聯陣營軍事技術人員」所支援[436]。莫斯科和北京的關係破裂都已經端上檯面兩年了，美國情報單位的推估之中，居然還離奇地提到「中蘇聯合」軍隊。情報單位從十月廿五日的空拍偵察照片蒐集情資，發現雷梅迪歐斯附近的蘇聯戰鬥單位配備了地面機動飛彈；海軍陸戰隊和空降部隊十月廿六日星期五下午就準備要入侵古巴，然而這些情資卻遲遲未傳達到他們手上。

消息在美國政府的層峰人士間流傳，稱在古巴發現可攜帶核子彈頭的戰場武器（battlefield weapons），就操縱在蘇聯守軍手中。因此美軍指揮官開始大聲疾呼，他們也需要自己的戰術核子武器[437]。

朝關塔那摩灣海軍基地出兵的命令在星期五晚間下達，那時天已經黑了。距基地約莫十五英里的內陸有一處小村莊，名喚維洛里歐（Vilorio），美國軍事學校的舊址即位於此。數百名蘇聯士兵正在這座舊學校裡待命，他們配備了三臺巡弋飛彈發射器，每一臺都裝載了有如廣島原子彈等級的核子設備，並已就「預備發射位置」。他們在兩天之前，才從位於水晶山脈的瑪雅里阿里巴鎮補給中心，移防到維洛里歐村。為了維持極度隱密的狀態，他們只有在戰爭可能爆發的情況下，才會重新部署到「發射位置」。

由於無線電訊息有被美軍攔截的風險，所以部署命令是裝在密封的袋子裡，由專門遞送急件的人員親自送交。新的地點靠近菲利比納村（Filipinas）的廢棄咖啡種植園，同樣距離關塔那摩灣海軍基地十五英里，只是更靠近海邊。從「預備發射位置」到「發射位置」的距離則是大約十英里[438]，移動到發射位置之後，只要一收到莫斯科參謀總部的指令，他們就準備要「摧毀目標」。

蘇聯對於摧毀關塔那摩灣海軍基地有所準備，近五十年來都是不為人知的機密。駐紮在東方省以及比那德里歐省的蘇聯巡弋飛彈（FKR）團，雖然掌控著半數以上蘇聯部署在古巴的核子彈頭，卻鮮少受到歷史學家的關注。每一枚FKR巡弋飛彈都裝載了十四千噸的炸藥量，威力大約等於摧毀廣島的炸彈。若與在古巴中部被發現的短程月神飛彈相比，威力則要大上好幾倍，而且不只如此，連數量也要多上好幾倍：蘇聯總共帶了八十枚FKR巡弋飛彈的彈頭來古巴，而只準備了十二枚月神戰術飛彈的彈頭。

十月廿六日星期五晚上，危機差不多發展到最千鈞一髮的時刻，而當晚巡弋飛彈車隊的動向將在本書中首次揭露。故事的全貌是由蘇聯文獻以及行動參與者的回憶拼湊而成，而且高度符合解密的美國情報報告之細節。儘管這次行動蘇聯嚴格保密，然而透過攔截無線電通訊以及空中偵察，美國還是可以追蹤到巡弋飛彈車隊的蹤跡。只不過就像貝胡卡核子彈頭儲存地點的照片一樣，從來就沒有人瞭解這些原始情資的重要意義。

廿一歲的義務役士兵米希耶夫（Viktor Mikheev），是奉命移往菲利比納村的蘇聯士兵之一 439。他剛剛在工兵部隊（Engineering Corps）服役滿一年，其間他運用自身的木工技術，協助布置巡弋飛彈的發射位置。他在古巴身故的時候年僅廿一歲。米希耶夫從部隊裡寄照片回家鄉給母親，照片裡的他是個健壯結實的小夥子，雙眼炯炯有神，頭髮向後梳攏。他身穿二等兵制服，腳上穿著長靴，腰上繫著綴有紅星的寬腰帶。

參與阿納德行動的義務役士兵，多半都是像米希耶夫這樣的背景。他來自莫斯科附近的鄉村，父母親都在集體農場工作。雖然他在一九六二年九月中就抵達古巴，不過直到十月中才獲准寫信回家。那是

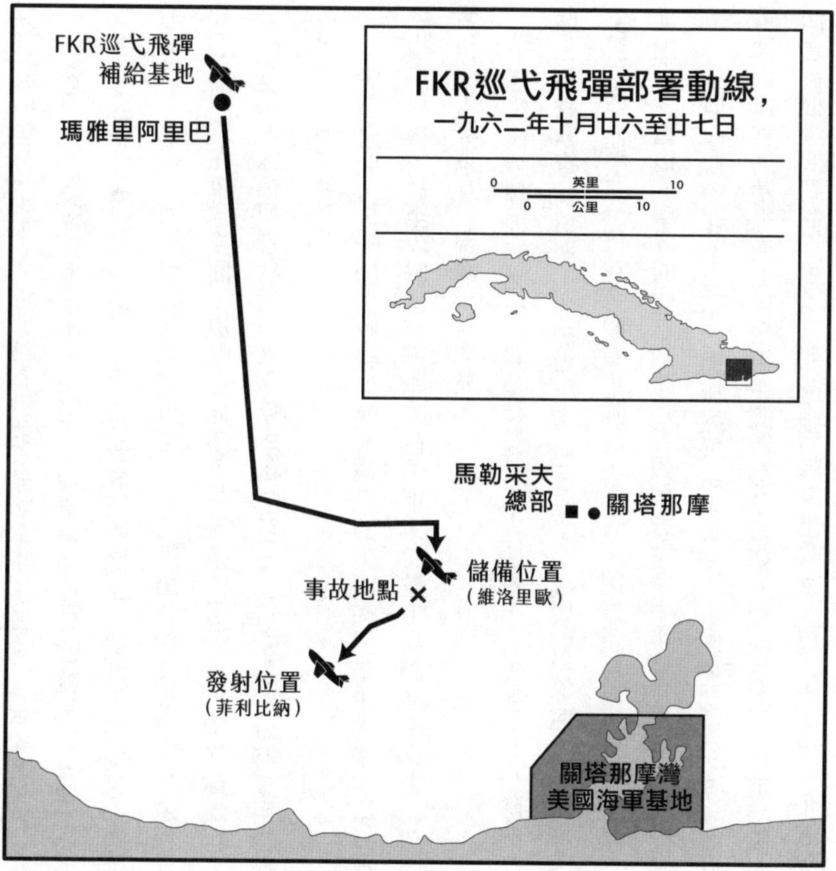

一封很短的家書，因為軍方的信件審查員禁止他寫太多話，或者透露他們所在的位置。「我在遠方問候您，」他寫的信文法不通順，拼字也錯誤百出，「我健康安好。」他跟父母親解釋前一段時間部隊裡「禁止寫信」，然後附上一個莫斯科的郵政信箱做為回信地址。

車隊從維洛里歐村拔營南行，朝海邊移動；米希耶夫一行總共廿位來自野戰工兵部隊的士兵，坐上一輛非常有力的方頭大卡車後車斗。大家都稱這種卡車為KRAZ。

緊跟在KRAZ大卡車後方的下一輛卡車，拖著的就是FKR巡弋飛彈。FKR巡弋飛彈看來就像精簡版本的MiG-15噴射戰鬥機，兩側有著後掠的機翼，機身中間則是十四千噸的核子彈頭。這枚飛彈被密實地覆蓋在帆布下面。車隊行列裡再接下來的則是各種支援車輛，還包含用來引導飛彈擊中目標的無線電廂型車，跟在車隊後面。車隊在伸手不見五指的黑天墨地中徐徐蠕行，遵守嚴格的燈火管制規定。隊伍最前方是大隊指揮官狄尼申科（Denischenko）少校乘坐的蘇聯軍用吉普，一道坐車的則是他的政治委員（political commissar）。

突然之間，巨大的撞擊聲伴隨著驚恐的尖叫從黑暗中傳來。FKR巡弋飛彈卡車上的士兵以為他們遭遇叛軍攻擊，甚至攻擊也有可能來自美軍，於是士兵們從卡車上一躍而下，分散成防禦位置，藏身在石塊和仙人掌後方。現場一片混亂。

過了幾分鐘他們才弄清楚究竟發生了什麼事：載運工兵小隊的KRAZ大卡車翻覆到山溝裡了。其餘士兵趕緊查明情況，才發現卡車已經墜入山溝的最深處。米希耶夫和他的朋友索柯洛夫（Aleksandr Sokolov），還有一位在旁觀看車隊的古巴人，因為重壓當場身亡。坐在卡車車斗右方長椅的另外六位士兵則身受重傷。車隊的同志們將死者與傷者全從卡車裡拉出來，暫時安置在路邊。

狄尼申科實在不得不透過無線電請求救援——即使這麼一來就意味著把自己的方位洩漏給美國人。軍團指揮官馬勒采夫上校坐鎮在關塔那摩城郊的戰地總部，位於美國海軍基地北方十英里，意外事故的消息也很快傳到他耳中：三死（兩名蘇聯士兵及一位古巴平民）十五傷（其中部分重傷）。馬勒采夫急召外科醫生，並派遣卡車與救護車急奔事故現場 440。

一如往常，在發生這樣的事故之後，優先考慮的事項往往不是人員的傷亡，而是要繼續成功完成任務。在救援車輛抵達之後，拖著 FKR 巡弋飛彈及核子彈頭的一長隊卡車，又朝向黑夜再次踏上征途。

十月廿六日，星期五午夜（哈瓦那深夜 11:00）

外國記者已經不能在哈瓦那毫無拘束地採訪報導了，任何對此限制提出異議的記者都遭到逮捕，並且被指控為「美國的情報幹員」。星期四晚上，古巴民兵闖進瑞典電視臺記者阿蘭德（Björn Ahlander）的旅館房間。阿蘭德詢問民兵，他應該「整裝赴宴還是俶裝入獄」。441 既然沒有人回答他，他索性穿上赴宴的盛裝，在警察總部的牢房關了一晚。在他以瑞典陸軍後備軍官的「名譽保證」絕不潛逃之後，他才於星期五獲准回到旅館。

至於願意投入政治宣傳行動反抗美國政府的外國人，當然是受到古巴政府歡迎的對象。逃亡的美國民權運動人士威廉斯（Robert F[ranklin] Williams, 1925–1996）譴責甘迺迪是「所有拿破崙中的拿破崙」，古巴政府就提供廣播設備給他。威廉斯在「自由南方電臺」（Radio Free Dixie）上，對他「受壓迫的北美弟兄們」發表演說，號召在美國軍事單位服役，現正預備入侵古巴的黑人士兵，起身反抗他們的長官。

「當你們有武器在手的時候，切記這是你們得以解放自己唯一的機會，」威廉斯在他每週五晚上，固定向美國南方諸州廣播的節目中這麼說 442，「你們的同胞遭受的待遇連豬狗都不如，而這是你們唯一的機會可以阻止這一切。阿兵哥，檯面上的事交給我們就行了，但背地裡，他不會知道是誰對他射的暗箭。懂了嗎？」

阿蘇嘉萊（Carlos Alzugaray, 1943–）與其他古巴外交人員，一整天都在哈瓦那外圍幫忙挖戰壕。當他回到外交部，大家言談之間盡是美國可能就要在今夜攻擊古巴。因此無論核武的攻擊是直指哈瓦那或靠近哈瓦那，古巴政府現在最需要的是關於可能後果的緊急報告。

對於這位年輕的美國專家來說，幸好古巴仍然是國際圖書館聯盟的成員，因此還是會持續收到來自美國國會圖書館寄贈的政府出版品。美國國防部對於核戰的結果做了鉅細靡遺的研究，提綱挈領地羅列了原子毀滅的各種不同情境。研究中根據各種可變因素，比如武器規模、爆炸高度、盛行風（prevailing winds）的風向等，清晰描述了像哈瓦那這樣擁有將近兩百萬人口的中型城市遭受攻擊的後果。當阿蘇嘉萊讀完這份資料，他深深感受到必死無疑的宿命。

蘇聯 **R-12** 中程彈道飛彈上的彈頭，威力差不多等於一枚一百萬噸級的炸彈。這樣的炸彈如果在靠近地表處爆炸，將會留下一個約莫一千英尺寬、兩百英尺深的彈坑，並且將半徑一點七英里內的一切盡數摧毀殆盡——辦公大樓、公寓街廓、工廠、橋梁、甚至高速公路都將蕩然無存。再往外推五英里的範圍，巨大的衝擊波將會颳飛壁面與窗戶，只有某些建築物的骨架殘存下來，但街上盡是成堆的破瓦殘礫。居住在哈瓦那市中心的數十萬民眾將在一瞬間身亡，大多數都是死於爆炸衝擊波造成的傷害，或者喪命於墜落的瓦礫，還會有數萬人在接下來幾小時內因為熱輻射而喪生。整座城市殘餘的部分將繼續被燎火肆虐，一路延燒到偏遠的郊區，連距離市中心十二英里的艾爾奇科蘇聯軍事總部都難倖免。

阿蘇嘉萊把核武攻擊將會帶來的後果逐一描述給他的同事聽。盲人眼目的強光，蕈狀雲，劇烈的高溫，毫無懸念的死亡。接著他草擬了他外交生涯最簡短的一份報告：「一旦在哈瓦那市或靠近哈瓦那的地區用上核子武器，整座城市與我們都將灰飛煙滅。」[443]他完成了上級指派的任務。沒有什麼需要補充。

古巴外交部周遭的街道上，看不出老百姓有什麼防禦準備的跡象。古巴人帶著一份定靜安詳繼續過日子，這一點外國人很難理解。美國流亡人士哈博霖整個星期都密切收聽佛羅里達的廣播電臺[45]，他聽到的都是有關囤積食物以及美國各城市準備撤離的消息。他搞不懂身邊的哈瓦那居民「到底有什麼毛病」，馬雷貢濱海大道上的防空炮，大街上用沙包圍起來的機槍掩體，沿著海岸架設的倒鉤鐵絲網，他們怎麼好像都沒當成一回事。沒有人「看似注意到或是擔心，一旦發生轟炸他們將無處可躲，沒有任何避難所備有醫療補給品的庫存，也沒有任何受過專業訓練的人員可以照顧傷患、撲滅火災，以及掩埋屍體」[444]。

阿蘇嘉萊在外交部五樓，與其他外交人員預備在辦公室過夜。挖了一整天戰壕已經精疲力竭，他們將就著直接睡在辦公桌上，「就算發生天大的死傷，也不可能影響我們好好睡上一覺」。

索倫森後來把接下來這一天，稱作古巴飛彈危機中「至今局勢最惡劣的一天」，這一天也成為白宮上下口中的「黑色星期六」；而今所有惡劣的條件都已齊備[445]。十月廿二日星期一晚間總統對全國發表演說，加速了危機的進展，而眼下大大小小的情況，似乎又再一次促使危機急劇加速爆發。危機現在已

[45] 譯按：另參本書 142 頁，第三章正文註號 191 所在段落。

經有了自我發展的邏輯與動能。軍隊全體動員，飛機與飛彈處於戒備，將領訴請採取行動。局勢分分秒秒都在改變。戰爭的機器已經啟動。世界正朝向一場核子衝突飛奔。

第八章 先發制人

十月廿七日，「黑色星期六」，深夜 12:38

牛津號（USS *Oxford*）偵察艦上陰冷昏暗的房間裡是一排排錄音設備，電子作戰軍官一一弓著身子坐在自己的控制臺前。那是一個烏雲密布的無星暗夜，東風輕輕吹拂。剛剛才換過夜班。在電子作戰軍官所在位置的正上方兩層甲板，一支高聳的天線桿，時時刻刻接收著來自方圓數百英里內的所有雷達信號。情報蒐集人員把頭戴式耳機緊緊壓在耳朵上，使盡全力偵聽與蘇聯防空系統有關聯的雷達信號，不放過任何可能洩漏消息的高頻蜂鳴聲以及低頻嗡嗡聲。不過直到目前為止，除了短促的測試之外，雷達大部分時間都是靜悄悄的。只要蘇聯的雷達系統啟動，無論時間長或短，都意味著飛越古巴的美國軍機正處於被擊落的風險之中。

牛津號上的每一位情報蒐集人員，都是整個龐大情報處理機器中，微不足道卻不可或缺的小齒輪。他們努力蒐集到的點點滴滴資訊——截聽到的雷達信號、監聽到的電話通訊、空拍照片等等——全都會送交華盛頓那些擁有縮寫稱謂的政府祕密局處，比方中央情報局（CIA）、國防情報局（Defense Intelligence Agency, DIA）、國家安全局（NSA）以及國家照片判讀中心（NPIC）。這些資訊經過層層篩選、判讀、分析之後，將會處理為僅供親閱（eyes-only）的書面機密報告，冠上「聖詩」、「菁英」、「鐵皮木」、「漏斗」之類的代號。

冷戰就是一場情報戰。在某些時空背景下，這樣的情報戰是開誠布公進行的，好比在韓戰以及越戰後期，但是在大多數情況下，情報戰是一場祕而不宣的戰爭。既然不可能在毫無核戰風險的前提下摧毀敵人，那麼冷戰的戰略專家尋求的便不是挖掘敵人的實力，而是刺探敵人的弱點。軍事上的優勢也可以轉換為政治及外交上的有利條件。因此資訊就是力量。

有時候，某些事件的發生使我們得以一窺隱身在陰影背後的資訊戰，好比一九六〇年五月，蘇聯在西伯利亞擊落由鮑爾斯駕駛的U-2偵察機。由於這次擊落美國偵察機，以及隨後蘇聯對於鮑爾斯的審訊，美國的「照相情報」（photographic intelligence）即所謂「Photint」的實力，也隨之曝光。不過諸如「Elint」、「Comin」與「Sigint」等領域，仍然是小心翼翼守護的國家級機密。「Elint」是「電子情報」（electronic intelligence）的簡稱，研究的內容主要是雷達信號；「Comint」是「通訊情報」（communication intelligence）的縮寫，而「Sigint」指的則是範圍更寬泛的「信號情報」（signal intelligence）。除了牛津號偵察艦之外，偵蒐「通訊情報」和「電子情報」的監聽站還包括關塔那摩灣及西嶼上的海軍基地，另外還有一架空軍的RB-47偵察機在古巴外圍巡邏，隨時記錄任何雷達信號、摩斯密碼訊息以及微波傳送（microwave transmissions）。

牛津號是由二戰時期的一艘自由輪（Liberty ship）改造而成[46]，船上約莫百位專業竊聽人員，在過去幾個星期裡輪流感受著興奮與沮喪兩種情緒。在毗鄰哈瓦那的固定行動區域，他們協助勘測出沿海岸排列的地對空飛彈發射場位置，也監聽到蘇聯戰鬥機飛行員，用帶著濃重俄羅斯口音的彆腳西班牙文通訊。不過上星期的一道命令卻大大削減了他們的竊聽能力，他們必須將牛津號撤退到佛羅里達海峽中線，至少必須距離古巴四十英里。這個決定全然是出於安全上的考量[46]，因為除了一對湯普森衝鋒槍和幾把M-1步槍之外，牛津號幾乎毫無防禦能力。美國不能陷牛津號於險境。隨著危機持續升溫，原本在古巴決策上的這一扇窗也隨之關閉。

牛津號前半段船身是R分部（R Branch）所在，專門從事高頻微波傳送與摩斯密碼的信號研判，陰鬱的氣氛在這裡尤其嚴重。古巴的微波系統網路是由一間名為「美國無線電股份公司」（Radio Corporation of America）的美商，在巴蒂斯塔執政時期所裝設。由於握有微波系統網路完整的配置圖，以及傳送設備的技術細節，牛津號的竊聽人員得以記錄並分析某些吊人胃口的通訊往返。他們成功或至少部分破解的線路，有古巴祕密警察、古巴海軍、警方、空防以及民航系統。而為了讓這項謀略生效，牛津號必須駐紮在哈瓦那地區的微波傳送塔臺之間。只要牛津號從古巴海岸後撤超過十二英里，截聽的訊號品質就會急遽衰減。

在十月廿二日之前，牛津號一直在沿岸慢吞吞地以「8」字形路線繞巡，而莫羅城堡（El Morro Castle）通常都在清晰可見的視線之內，那是從海上眺望哈瓦那時最明顯的地標。牛津號以五節的航速行進，向東航行六十到七十英里之後便調頭往反方向航行，然後一再重複這個模式。按官方說詞，

[46] 譯註：二戰期間美國提出緊急造船計畫，意欲快速建造結構簡單且造價低廉的貨輪，以資兵員與物資的運送。於是在一九四一至一九四五年間，美國大量建造了兩千七百餘艘此種「自由輪」。

牛津號是一艘「技術研究船」，在蒐集「海洋學資料」之外，也從事一些「無線電波傳播」（radio wave propagation）的研究。不過古巴人可沒上當。他們看到船尾以及靠近船尾的甲板上都有高聳的天線，因此推斷牛津號是一艘「間諜船」，主要目的就是從通訊中挖掘情資。古巴軍方也因此發布電文，提醒切莫在電話上「口無遮攔」，以避免洩密的風險。

古巴海軍持續跟牛津號玩著貓抓老鼠的遊戲[447]。有一次他們派出幾艘巡邏艇拍攝間諜船的照片；還有一次一艘古巴砲艇已經靠近到幾百碼內，「電子情報」的操作人員甚至能聽到砲艇上一連串的嗶嗶聲響，那是火控雷達搜尋目標發出的聲音。當雷達鎖定開火目標——也就是牛津號——之際，急促的嗶嗶聲轉變為穩定的音頻。牛津號甲板上的船員看到古巴水兵將重機槍瞄準他們的方向，接著在佯裝攻擊之後，砲艇便調頭揚長而去。

除去原先的二戰配備之後，現在牛津號的功能就是一隻巨大的電子耳。通訊天線桿攔截到的訊號在初步分解之後，就通過線路傳送到甲板的下層，由電子工程師及語言學家組成的團隊分析。每一種專業都有自己的規範以及技術語言。好比摩斯密碼專家就被稱為「滴滴追逐者」（diddy chasers），因為他們工作的時間都在轉譯滴滴短音和長音組合的意義[448]。正是這批「滴滴追逐者」證明了蘇聯正在接手古巴空防的控制權。從他們在十月九日獲取的證據來看，古巴人用來定位飛機的網格追蹤系統，基本上完全就是蘇聯舊有系統的翻版。

甚至在牛津號後撤之後，仍然還是可以從哈瓦那地區截取到蘇聯的雷達信號。分析這些信號是T分部（T Branch）的職責，他們位於船尾，是一個十八人的小單位。其中四人通常都會在接收室值勤，掃描已知的雷達頻率，只要聽到任何啟人疑竇的內容就即刻側錄下來。地對空飛彈發射場圍繞古巴，形成環形的防衛體系，而最有價值的情資便來自此處。過去V-75地對空飛彈曾經擊落鮑爾斯，因此這一直是最令美國飛行員提心吊膽的武器。V-75的運作必須結合兩種雷達系統：其一是追蹤或者目標捕獲雷達，北約稱之為「湯匙架」（Spoon Rest）系統；其二是火控雷達，被稱為「水果盤」（Fruit Set）系統。湯匙架雷達首先啟動，而水果盤雷達只有在目標出現在視線內，或是系統測試時才會啟動。

九月十五日，牛津號首次在古巴偵測到湯匙架雷達的訊號。這很顯然只是測試而已，因為這座位於馬列爾港以西的雷達，只打開了一下就馬上關閉。到了十月廿日，T分部則偵測到水果盤雷達的訊號，這代表地對空飛彈已經完成全面檢測，隨時可以發射[449]。此事干係重大，因此海軍中專責密碼的單位，其首長堅持非要親眼看到證據不可。於是當晚，牛津號駛入西嶼停靠了三十分鐘，好讓寇茲（Thomas R[ichardson] Kurtz, Jr., 1909–1979）上將檢索那些錄音。

另一項重大進展在黑色星期六午夜過後沒多久到來。那時牛津號剛開始按8字形環線往東航行，這艘偵察艦此際距離古巴海岸七十英里，這個距離對於偵測微波信號來說太遠，但對於偵測雷達信號來說卻綽綽有餘。深夜十二點三十八分，T分部偵測到空防雷達的蜂鳴聲，是來自馬列爾港外圍一處地對空飛彈發射場。於是他們打開錄音機，備好碼表測量嗡嗡聲之間的間距，接著查閱一本厚重的手冊；手冊內容涵蓋所有已知蘇聯雷達系統的各種辨識特徵，包含頻率、脈衝寬度、脈衝重複頻率。透過手冊，他們也證實了自己早已猜測到的結果：那是湯匙架雷達的信號。

這一次，跟先前只是測試系統的時候不一樣，蘇聯人沒有立刻關上雷達。沒有多久，牛津號又偵測到除了馬列爾港之外的湯匙架雷達信號，分別來自哈瓦那東部（即十月廿四日卡斯楚造訪的發射場）[47]以及馬坦薩斯的地對空飛彈發射場。美國國家安全局在將近兩小時之後送出第一份即時快報，直到那時三座飛彈發射場的雷達系統都還在運行[450]。由於牛津號偵察艦是沿著海岸徐徐行進，因此T分部得以從多種方位偵測雷達信號的來源，並且由此判斷出地對空飛彈發射場的確切位置。

就在發現雷達系統啟動的同時，美軍還發現古巴的空防體制也發生巨大改變[451]。國家安全局的分析員注意到，在星期六天亮之前幾小時，古巴的電臺呼號、代碼以及呼叫程序，全部都替換成了蘇聯模式。命令也不是用西班牙語下達，而是用俄語下達。看來蘇聯人已經接手並啟動整個空防網路，只有對付低空飛機的防空火砲仍然由古巴人掌控。

可能的結論只有一個：交戰守則已經改變。從現在開始，飛越古巴的美國軍機將會被追蹤並被鎖定為攻擊目標。

十月廿七日，星期六，深夜 2:00（哈薩克，拜科努，上午 11:00）

往東九個時區的拜科努（Baikonur）現在是半晌午，那裡是蘇聯飛彈試射場所在，位於哈薩克（Kazakhstan）南部乾旱不毛的平原上。火箭設計師契圖克（Boris Yevseyevich Chertok, 1912–2011）今天睡到很晚才起床，過去好幾個星期，他都全心投入準備蘇聯最新的太空競賽成果——火星探測船。然而他時時刻刻憂心計畫，幾乎夜不成眠。第一次試射因為無法順利點燃火箭引擎而告失敗，第二次試射則計畫在十月廿九日舉行。

當他抵達火箭裝配大廳之際，幾乎不能相信自己的眼睛。全副武裝的士兵已經接管整棟建築，小心核對每位進出人員的身分。沒有人再把心思放在火星火箭上了，所有工程師反而群聚在一頭笨重的龐然大物周圍——配備五臺發動機，先前一直罩在防水帆布之下。那是一枚 R-7 火箭，綽號小七（*Semyorka*），它名滿天下的偉績，是把史普尼克號人造衛星跟太空人加加林送上行星軌道。不過 R-7 火箭很快就過時了，現在還能夠派得上用場的地方，只剩下搭載兩百八十萬噸級的核子彈頭，以徹底毀滅紐約、芝加哥或華盛頓。蘇聯手中在役的洲際彈道飛彈數量實在太少，因此他們必須善加利用庫存清單上的每一枚火箭，無論那是不是過時的產物。

契圖克好不容易找到拜科努發射場的指揮官奇里洛夫（Anatoly Kirillov），奇里洛夫跟他解釋火星探測船的發射已經取消[452]。莫斯科方面下令，要他們準備好或者維持有兩枚小七火箭可以發射。現在已經有一枚飛彈完成檢測，填充了燃料而且與彈頭配對，正矗立在拜科努太空發射場（cosmodrome）另一端的發射臺上。只要再等彈頭從專門的儲存倉庫運送過來，第二枚小七火箭就可立刻完成整備。由於過去火箭曾在發射時爆炸，因此一旦兩枚飛彈都完成整備，所有文職人員都將「被驅離」，以防類似事件再次發生。

契圖克在心裡很快盤算了一下。兩百八十萬噸級的核武的爆炸衝擊波，將會使方圓七英里內的一切

47 譯按：另參本書 180 頁起，第四章正文註號 256 至譯註 27 所在段落。

灰飛煙滅，而其輻射噴放的範圍還將遠遠大於這個區域。換句話說，在拜科努附近根本沒有地方是安全的。他與奇里洛夫相識多年，而且相處素來融洽，然而眼前發生的一切卻教他心亂如麻。他想直接打電話到莫斯科找個領導階層的人談一談，甚至親自跟赫魯雪夫談一談。不過奇里洛夫對他的要求置之不理，因為普通電話是不可能打到莫斯科的，所有通訊線路都保留給軍方使用，以防隨時有戰爭的命令下達。

不知不覺間，火箭設計師契圖克開始納悶，要是莫斯科真的下令了，他的朋友真的會按下發射鈕嗎？兩國都參與了上一次世界大戰，但這次可是核子戰爭，完全不可同日而語。

「我們講的可不是專指哪一枚彈頭造成數十萬人喪生，而是這可能代表全體人類滅絕的開端。這可不像打仗的時候，你指揮砲兵連然後有個人號令『開火』。」

奇里洛夫琢磨了一會兒。

「我是個軍人，所以就像在前線打仗一樣，我要執行我收到的命令，」他最後終於回答，「在某一個地方，會有另一名飛彈軍官，他的名字不是奇里洛夫但或許是史密斯之類的，他也在等待著攻擊莫斯科或我們這座太空發射場的命令。所以沒有必要用這些話玷污我的靈魂。」

遼闊的核子列島幅員涵蓋整個蘇聯，拜科努太空發射場只不過是其中一座小島而已。從美國引爆了舉世第一顆原子彈至今，十七年的時間裡蘇聯發了狂似地努力追趕。核子武器迎頭趕上美國的核子武器，飛彈迎頭趕上美國的飛彈，這就是至高無上的國家優先考量。核彈以及投射核彈的能力，兩者都成為蘇聯超級強國地位的象徵與保證。其餘一切——國家的經濟康樂、政治自由，甚至是應許的共產主義未來——在蘇聯與敵對的超級強國核武競賽中，都只不過是次要的事而已。

在核武競賽追求勢均力敵的過程中，史達林和他的繼任者們把這個國家的一大部分轉變為軍事工業的荒原。整個蘇聯遍布高度機密的核子設施，從西伯利亞的鈾礦，到俄羅斯及哈薩克的核子試爆場，再到烏克蘭及烏拉爾山脈（Urals）的火箭工廠。儘管取得了一些耀眼的成果，然而在可投射核武（deliverable nuclear weapons）的數量與品質上，共產主義的超級強國仍然遠遠落後資本主義的超級強國。

據五角大廈估算，在一九六二年十月，蘇聯持有的長程彈道飛彈約在八十六至一百一十枚之間，相比之下，同時期美國方面持有的數量則是兩百四十枚；然而事實上，蘇聯方面的確切數字是四十二枚[453]。這些飛彈中還有六枚是過時的「小七」，龐大又笨重，幾乎不具軍事上的實用性。聳立的R-7火箭高達一百一十英尺，依靠不穩定的液體推進燃料做為動力來源。R-7火箭需要廿小時的準備時間才能發射，但是卻不能維持戒備狀態超過一天。過於龐大的體型使得小七火箭無法收存於地下發射井，因此特別容易成為美國攻擊的目標。

最具戰鬥效力的蘇聯長程飛彈是R-16，使用的是可儲存的推進燃料。這種細長的兩節式飛彈（two-stage missile）是由楊玖設計，在古巴現蹤的R-12中程彈道飛彈就是他所發明[48]。從來沒有任何一種飛彈系統有R-16這樣不吉利的開場：一九六〇年十月，第一枚試射的R-16在拜科努的發射臺上爆炸，造成工程師、科學家、軍事將領共一百廿六人喪生；他們原本是來見證楊玖超越競爭者柯羅勒夫（Sergei

[48] 譯按：見本書190頁，第四章註號273之前的正文段落。

Pavlovich Korolev, 1907–1966）的那一刻。罹難者當中還包含聶德林（Mitrofan Nedelin, 1902–1960）元帥，他是蘇聯戰略飛彈部隊的首領。不過這場災難的消息盡被隱瞞，而飛彈的問題也順利解決，於是兩年後蘇聯開始大量生產R-16。到了古巴飛彈危機的時候，蘇聯總共部署了三十六枚R-16飛彈，並隨時處於十五分鐘就可發射的戒備狀態。而其中約莫有十枚是收存於地下發射井。

在一九六〇年的總統大選中，甘迺迪曾經疾呼要抵制「飛彈上的差距」（missile gap）。這道差距確實存在，只不過佔上風的是美國，而不是蘇聯。其差距之大甚至遠遠超過美方專家的料想。

十月廿七日，星期六，深夜3:00（哈瓦那深夜2:00）

此刻的哈瓦那仍在夜幕之中[454]。蘇聯眾將軍及古巴眾指揮官都認為美軍隨時都有可能空降登陸，因此都待在他們的指揮所裡等待消息。在艾爾奇科的蘇聯軍事總部裡，軍官們圍坐著聊聊天抽抽菸，偶爾開開尖酸刻薄的玩笑。夜半時分有報告送抵，回報觀測到美國海軍船隻在哈瓦那以東現蹤。機關槍很快發放下去，但這其實是虛驚一場。在秋夜濃厚的凝霧中，一座瞭望臺誤將幾艘古巴漁船錯認為美國的入侵部隊。

此時的卡斯楚也是清醒的，一如平常凌晨時分的他。隨著時間分分秒秒流逝，對於逃過美國入侵的機率，他也愈來愈悲觀。侵擾他心思最甚的是一段類似的歷史：一九四一年六月廿二日希特勒進攻蘇聯。儘管當時史達林接收到許多關於納粹入侵的情報，但是他一概不予理會。他深怕這只是挑釁，是要害他自投羅網，身陷一場根本沒有必要的戰爭，所以他拒絕動員蘇聯的武裝部隊，直到一切為時已晚。這樣短淺的目光「付出的代價是損失數百萬蘇聯軍力，幾乎是他們全部的空軍以及機械化部隊，還有不得不大舉撤退」[455]。納粹軍隊兵臨莫斯科和列寧格勒城下，全世界社會主義的故土幾乎被夷為平地。卡斯楚在那個星期六的凌晨分析當前世界局勢，格外擔心「歷史自會重演」。他下定決心，要確保赫魯雪夫不會重蹈史達林錯誤的覆轍，於是他想要給赫魯雪夫發一封私函，叮嚀他留心可能的危險，並鼓勵他堅定不移。深夜兩點，卡斯楚要古巴總統多爾蒂科斯致電阿列克謝夫，告知這位蘇聯駐古巴大使他現在就過去，「有要事與大家見面一談」[456]。

蘇聯大使館位於哈瓦那的維達多區（Vedado section），這是一片蔥鬱的飛地（enclave），建築盡是建於世紀之交的宅邸、新藝術風格（Art Nouveau）的別墅，還有裝飾藝術風格（Art Deco）的整棟公寓，都是從古巴菁英分子手上徵收而來。在B街和十三街交叉口，有一幢兩層樓的新古典主義風格公館，過去為糖業大亨的家族所有，然而他們在革命爆發不久後就遠離了古巴，於是現在這幢公館便成為蘇聯大使館所在。除了辦公室之外，大使和他的高級助理們在這片建築群中還有各自的公寓。每當夜幕降臨，維達多區看起來尤其神祕迷人，昏暗的街燈透過爬滿藤蔓的柱廊投射出修長的影子，空氣裡瀰漫著杏仁樹的幽香。

鍛鐵大門爬滿紫藤，門後就是蘇聯大使館，古巴領導人的吉普車駛進寬闊車道。卡斯楚要求大使帶他躲進大使館地下的防空洞，說他擔心美國的空襲甚至入侵已經迫在眉睫。他往來踱步，說話時比劃著頎長瘦削的雙手。美國佬的攻擊是「避無可避」了，他堅持看法，「攻擊不成真的機率只有百分之五」。

卡斯楚估算著可能性，一如甘迺迪。

對於普利耶夫將軍還有他的參謀，卡斯楚有滿腹牢騷[457]。卡斯楚告訴阿列克謝夫大使，蘇聯指揮官連美國軍事組成結構的基本情資都沒有掌握。美國海軍封鎖開始執行一天之後，他們才查明封鎖的細節。他們習慣於古典的戰爭法則，諸如他們在二戰中知曉的一切，然而他們並不明白，這一次將會是與過去截然不同的戰鬥方式。古巴與美國相距僅「一箭之遙」，這意味著美國軍機能夠在幾乎毫無預警的情況下，摧毀蘇聯的飛彈發射場，而且甚至毋需動用核武。想要阻止如此毀滅性的空襲，蘇聯和古巴的空防系統幾乎一籌莫展，無計可施。

在卡斯楚眼中，一場傳統的非核戰爭可能很快就會升級為一場核子戰爭。他後來回憶，他「認為無論如何，這場戰爭理所當然會演變成核戰，而我們都將化為烏有」[458]。與其順服於美軍的佔領，他和同志們「已經準備好為了保衛我們的國家而死」。對於授權使用戰術核子武器對付美國入侵者，就算這代表古巴未來幾個世代都會飽受核爆的毒害，卡斯楚心中依然毫無罣礙牽掣。他和其他古巴領導人心知肚明，一旦核戰爆發，「我們都將粉身碎骨」。他們將「懷抱至高無上的尊嚴」（*con suprema dignidad*）殞命[459]。

一如往常的卡斯楚，所有事情最後都踅回「尊嚴」上頭。不過儘管他執迷於死亡和犧牲，這其中仍然包含政治盤算的心計。他整體的地緣政治戰略，底細是把入侵古巴的代價提高到美國無法接受的地步。而他的生存策略，則是接受無法接受的事物以及想像難以想像的可能。核戰是最高等級的懦夫博弈（game of chicken），如果卡斯楚可以讓甘迺迪和赫魯雪夫相信他願意為了理念而死，那這就會為他帶來某種程度的優勢。既然他是三位領導人中最勢單力薄的那一個，那麼倔強、目空一切和尊嚴就是他僅有的真正武器。

哪裡才是尊嚴的終點，而政治的算計又從哪裡開始接手，這在卡斯楚身上似乎不太可能分辨出明顯的界線。他的首要目標自然是確保他政權的延續，這也是他最初為何接受蘇聯飛彈的原因所在。他早已得出結論，他對於古巴的願景，美國會毫不留情地反對，絕無寬待。美國會嘗試用更嚴厲的手段除掉他，豬玀灣事件就是一個預兆。因此為了使美國斷絕入侵古巴的念頭，他最好的寄託就是將古巴置於蘇聯的核子保護傘下。一旦古巴設置了核子飛彈並且擁有運作的能力，美國佬就再也不敢輕言入侵。

但另一方面，卡斯楚又不希望顯得受惠於蘇聯太多，或者留下古巴沒有能力保衛自己的印象。所以他用一個聽起來冠冕堂皇的正當理由，包裝自己接受赫魯雪夫提供古巴核子飛彈的決定。他告知蘇聯的外交使節，他之所以接受赫魯雪夫提供的核子飛彈，並非因為他亟需這些飛彈提供的保護，而是因為要「鞏固社會主義陣營」[460]。換句話說，其實是他幫了莫斯科的忙，而不是反過來那樣。

在所有蘇聯官員或甚至所有外國使節中，阿列克謝夫是最瞭解卡斯楚的人。古巴人暱稱他「亞歷漢卓先生」（Don Alejandro）[49]，從早年擔任蘇聯國安會特務到後來擔任蘇聯大使，他都享有一般人沒有的管道可以接觸卡斯楚。然而對他來說，這位古巴領導人仍然是個謎樣人物，難以捉摸。

在個人層面上，阿列克謝夫深深為卡斯楚著迷。他童年時期心目中的政治英雄保障了俄國革命的勝

[49] 譯按：阿列克謝夫的名字是 Aleksandr，在西班牙文即 Alejandro。

利，如今他則將卡斯楚視為這些英雄的化身。他欣賞卡斯楚的率直真誠，也喜歡他那種隨和不拘小節的調調。不過由於他曾親身經歷，所以他也知道卡斯楚動不動就生氣。卡斯楚會抓住微不足道的細節，然後借題大肆發揮。對於阿列克謝夫這樣的共產黨官員來說，黨紀裡的信念就是一切，但是對於如卡斯楚般的獨裁者來說絲毫無關緊要。在阿列克謝夫致莫斯科的急件公文裡，他將卡斯楚「極度複雜而又過度敏感」的個性，歸咎於「意識形態上的準備不夠充分」[461]。古巴領導人就像一個任性的孩子，容易被自己的情緒擺布。革命分子居然在牆上高掛耶穌受難的十字架，還向聖母瑪利亞祈求庇佑，這對阿列克謝夫來說還真不習慣。

如同他在莫斯科政界的長官，對於卡斯楚在意識形態上的個人獨特性，阿列克謝夫也願意睜一隻眼閉一隻眼。因為就像卡斯楚需要蘇聯，蘇聯也同樣需要卡斯楚。今年稍早，一批以埃斯卡蘭蒂為首的正統親莫斯科派共產黨員，遭到卡斯楚肅清，莫斯科方面也沒有提出抗議。相較於政治力量的現實，意識形態的純潔其實只是次要的。而在阿列克謝夫眼裡，卡斯楚就是古巴「最主要的政治力量」，他個人就是革命的化身。如果沒有卡斯楚，古巴可能就不會有革命。「因此我們要為他而戰，教育他，而且有時候原諒他犯的錯誤。」

阿列克謝夫的西班牙文雖稱不上精通，但也還算可以；在星期六黎明之前的幾個小時裡，卡斯楚在言談之中滔滔不絕傾注想法，阿列克謝夫使勁跟上他的速度。阿列克謝夫的一位助理用西班牙文匆匆記下幾個詞組，然後將筆記轉交給另一位助理翻譯成俄文。但是卡斯楚對這份草稿深表不悅，所以他們只得從頭再來一次。

卡斯楚究竟期待赫魯雪夫做些什麼，就連他自己也沒有辦法表述清楚。他的話有些時候聽起來，像是他想要他的蘇聯盟友對美國發動先發制人核打擊，但又有些時候聽起來，他似乎在暗示如果古巴受到攻擊，他們應當使用核子武器自衛。終於在草稿一張接著一張丟進火桶裡燒掉之後，阿列克謝夫走進電訊室，口述了一份可供歸檔的電報[462]：

最高機密。
最高優先順序。
卡斯楚在我國大使館
正擬就一封私函欲致
赫魯雪夫並將隨即
直接傳達到他手中。
依卡斯楚之見，我方插手
其勢在所難免且將於
大約廿四至七十二小時內實行。
阿列克謝夫

十月廿七日，星期六，深夜3:35（莫斯科上午10:35）

照蘇聯的標準而言，預計於十月廿七日早晨進行的核子試爆，相對而言只是較小型的炸彈，其爆炸威力約莫相當於廣島型炸彈的廿倍。一如大多數的蘇聯機載空投測試（airborne tests），這次試爆也是在北極圈內的新地島（Novaya Zemlya）執行。新地島由闌尾形狀的南北雙島組成，面積約莫等於緬因州大小，是大氣測試（atmospheric testing）的絕佳地點。島上的五百三十六位愛斯基摩原住民，在一九五五年之後已經陸續安置到俄羅斯本土，他們的家園也被軍事人員、科學家還有建築工人取用。

一九四五年七月十六日舉世第一枚原子彈試爆，此後蘇聯與美國都進行了數百次的核子試爆。一道炫人眼目的亮光橫越新墨西哥州的沙漠，不斷膨脹的蕈狀雲隨之成形，也宣告了核子時代就此揭開序幕。一位試爆的見證人說，那是「我此生見識過最亮的光，甚至我想可能對任何人來說都是如此。那道光先是炸開，接著猛撲過來，然後穿透你的身軀」[463]。原子彈之父歐本海默（J. Robert Oppenheimer, 1904–1967）因此想起印度教經典中，毗濕奴神（God Vishnu）的一句話：「現在我成為死神，諸世界的毀滅者。」所有人都意識到，「有個新東西誕生了」。

歐本海默將第一次試爆命名為「三位一體」（Trinity），其後十七年間，這個世界末日最終戰場（Armageddon）的祕密，從美國先流傳到蘇聯，再流傳到英國與法國。愈來愈多國家嚷嚷著想躋身這個俱樂部。甘迺迪在一九六〇年十月與尼克森的總統大選辯論中，就曾擔心「十個、十五個、乃至於廿個國家……甚至包含赤色中國」，到了一九六四年底就會擁有這樣的炸彈。不過這種擔憂並未妨礙他投入與蘇聯的激烈競爭當中，發展毀滅性愈來愈強的各型核子武器。

一九五八年，這兩個超級強國曾經達成協議，暫時中止核武試爆。不過一九六一年九月，赫魯雪夫下令重啟蘇聯的核武試爆，絲毫不把蘇聯科學家的反對當一回事。像是薩卡洛夫（Andrei Dmitrievich Sakharov, 1921–1989）就開始認為大氣測試是「對全人類犯下罪行」。每當蘇聯或美國在地面上引爆一枚核彈，對於空氣造成的污染就會延續到未來好幾個世代。薩卡洛夫指出，一次大約千萬噸級的大型爆炸，所釋放的輻射就會導致十萬人喪生。這種憂慮對赫魯雪夫來說不構成任何意義，他主張蘇聯已經在核子軍備競賽中屈居下風，因此需要試爆才能迎頭趕上。「要是我聽薩卡洛夫這幫人的話，那我就是顆軟柿子而不是部長會議主席！」他氣得怒髮衝冠[464]。

「這下完了。」甘迺迪聽到這個消息後情緒爆發[465]。一九六二年四月，甘迺迪下令重新開始美國的核武試爆，以此做為對赫魯雪夫的回應。到了十月，這兩個超級強國又貫注精力在另一回合的核武試爆較量，喪心病狂，針鋒相對。當美蘇預備在古巴以核子戰爭一決雌雄的這段期間，每個星期都要引爆兩枚或甚至三枚未爆彈（live bombs）。他們已經不再是以武力恫嚇而已。他們威脅要使用核武，而今他們每個星期——有時甚至每天——實際展示他們毀滅性的力量，證實他們確有實踐威脅的能力。

十月初開始，美國已經在南太平洋進行了五次核彈試爆。而同一時期，蘇聯也在大氣層引爆了九枚核彈，其中多半都在新地島。新地島的天氣從十月初開始就急遽惡化[466]，基本上每天都壟罩在雪暴（blizzard）和暴風雪之中，白天只有黯淡微明的短短兩三小時，而這就是最適合空投的時間。技術人員舉步維艱，跋涉重重雪堆，以在試爆之前安裝攝影機以及其他記錄儀器。爆炸的中心點靠近新地島北島西岸的米圖西喀灣（Mityushikha Bay），幾英里外設有一座混凝土的爆炸掩蔽屋，技術人員把儀器都放在屋內的厚金屬罐中。試爆過後，他們返回爆炸掩蔽屋，回收這些「茶炊」（samovars）似的金屬罐，這時凍原上焦黑的石頭冒著煙，原先結冰的凍原現在已經變成一只菸灰缸。

黑色星期六凌晨，一架 Tu-95「熊羆」重型轟炸機從科拉半島的歐林奈機場（Olenye Airfield）起飛，上面搭載了蘇聯最新的試爆設備。這架 Tu-95 朝東北飛去，飛越巴倫支海，飛進已然是曙色曦微的北方高緯度地區，另一架觀察機則尾隨在後記錄這一幕。為了混淆美國情報人員的視聽，在飛往投擲地點的六百英里航行中，兩架飛機都故意發射錯誤的無線電信號[467]。幾架戰鬥攔截機則在新地島附近空域巡行，以嚇阻美方偵察機。

「貨物已下機（*Gruz poshyel*）。」Tu-95 轟炸機飛越投擲區後傾斜機身，急轉陡直疾速飛去之際，飛行員回報了這句[468]。

掛在滾滾起伏的降落傘下，這枚廿六萬噸級的核彈優雅地飄落地面。兩架轟炸機的飛行員戴上他們的染色護目鏡，等待那一道閃光。

十月廿七日，星期六，凌晨 4:00（阿拉斯加午夜）

毛茨比（Charles W[ayne] Maultsby, 1926–1998）上尉真心希望自己現在不是在這裡。他本來可以像許多 U-2 偵察機飛行員同袍一樣，飛越古巴上空累積實戰經驗；或者也有可能被派到比較暖和的地方，比方澳洲或夏威夷，他們聯隊在那裡也都有執行勤務的地點。不過事與願違，他現在得在阿拉斯加度過冬天，而他的妻子還有兩個年紀尚幼的兒子，則生活在德州的一處空軍基地。

他試著在執行北極的長途飛行任務之前好好休息一下，但最後也只能斷斷續續睇上幾個小時。穿著厚重雪靴的飛行員一整個晚上在軍官營區晃蕩來晃蕩去，進進出出，說說笑笑，還會大聲關門。結果他愈是想睡著，就愈是清醒。最後他只好放棄，一個人跑去作戰大樓，那裡有一張沒人睡的行軍床。他把鬧鐘設定為晚上八點，也就是起飛前四小時。

他的任務是飛到新地島採集蘇聯試爆的放射性樣本。比起駕駛 U-2 偵察機飛越敵方領土上空，拍攝飛彈發射場的照片，他這樣的任務實在沒什麼吸引人之處。「星塵計畫」（Project Star Dust）的隊員通常不會飛到任何靠近蘇聯的區域，他們反而是飛到一些固定的地點，比方北極，檢測從遠在一千餘英里之外的試爆地點飄上來的雲。他們把樣本採集到特殊濾紙上，之後樣本就會寄送給實驗室化驗。化驗結果時常是什麼也沒有，不過有時候如果蘇聯進行了規模較大的試爆，蓋格計數器（Geiger counter）就會劇烈地喀嚓喀嚓響個不停。埃爾森空軍基地（Eielson）位於阿拉斯加中部費爾班克斯（Fairbanks）市郊，十月裡有四十二次採集任務是從這裡起飛，而其中六次採回了放射性物質。

毛茨比對於任務已經駕輕就熟。身為一名單座飛機的飛行員，他有將近八小時必須靠自己一個人執行任務。出發之前，他已經先跟導航員們一起標繪過航線，但是航程之中，他多半依賴星星做為方向引導，輔以指南針與六分儀，有點像古時候的航海者。有一部分的航程，稱為「鴨屁股」（Duck Butt）的搜救隊會尾隨在後飛行，不過要是真出了什麼問題，他們恐怕也是愛莫能助，因為他們不可能降落在冰冠上。如果毛茨比逼不得已得在北極附近棄機跳傘，那他就只好跟北極熊做伴了。「要是我就絕對不會拉開傘索。」這是搜救隊員們給毛茨比最好的建議了[469]。

飛行前的儀式總是千篇一律。小睡片刻醒來後，毛茨比去軍官食堂吃一頓高蛋白低渣的早餐，有牛排和蛋。如此攝食的原因在於吃進的東西多是固態又結實的東西，需要很長的時間才會消化，這麼一來就可以避免老是跑——根本就不存在的——廁所。他換上長褲長袖內衣、戴上頭盔，接著開始他的「預呼吸練習」（pre-breathing exercise），吸入純氧一個半小時。盡可能將體內的氮氣排除乾淨至關重要，否則當飛機爬升到七萬英尺高空，駕駛艙內開始減壓的時候，氮就會在血液中以氣泡的形式析出，造成毛茨比出現減壓症的症狀，如同深海潛水員用太快的速度浮出海面。

接下來他就要塞進他的部分加壓（partial-pressure suit, PPS）飛行服，那是特別參照他一百五十磅（按：約六十八公斤）的體格剪裁而成。當艙壓急遽下降之際，這種飛行服會自動充氣膨脹，在飛行員周身形成像是束腹的緊身衣效果，以避免血管在稀薄的空氣中爆裂。

起飛之前半小時，他配戴上行動式的氧氣瓶，由廂型車將他送往飛機。他坐進窄束的駕駛艙，把自己繫緊在彈射座椅上。一位技師幫他把機內的氧氣供應裝備扣合在身上，然後連接各種繩帶與線纜。最後是座艙罩在他上方闔起來。整套救生工具整整齊齊地縫在坐墊裡面，包括幾發照明彈、一把砍刀、釣魚用具、露營用的火爐、充氣救生艇、驅蚊劑，以及一面絲質的旗幟，上面寫著十數種語文聲明「我是美國人」。還有一本小冊子，載明任何協助他的人都保證可以獲得酬謝。

毛茨比的身高只有五英尺七英寸（譯按：約一百七十公分），對於U-2偵察機的飛行員來說，這樣小巧的體型是有好處的，因為駕駛艙實在異常狹窄。為了建造一架可以攀升到十四英里高空的飛機，U-2的設計師詹森（Clarence Leonard “Kelly” Johnson, 1910–1990）毫不留情削減了機身的重量與尺寸。他一度為了裝設進一套超長相機鏡頭，誓言願意「賣掉自己的祖母」以換取額外六英寸的寶貴空間。他捨棄了許多現代飛機的特徵，例如傳統的起落架、液壓系統，還有結構上的支撐。機翼和機尾是用螺栓固定在機身上，而不是用金屬板件結合在一起。一旦飛機遭受太多強風擊打，機翼就會脫落。

在脆弱易損的結構之外，U-2偵察機在設計上還有許多獨特之處。為了能在高空取得升力，這架飛機需要長長細細的機翼。毛茨比的飛機翼展寬度有八十英尺，幾乎是機鼻到機尾長度的兩倍。就算有一邊引擎失去動力，U-2苗條柔軟的機翼以及輕盈的機身，還可以讓飛機再滑翔多達兩百五十英里。

載人航天飛行在那個年代尚處於萌芽階段，要駕駛U-2這樣非比尋常的飛機，飛行員必須兼備身體與心理素質，才有辦法駕機在地球大氣層的上緣翱翔，因此只有最菁英的飛行員能夠勝任。一名U-2偵察機飛行員是空中飛行員（aeronaut）與太空飛行員（astronaut）的混合體，他必須證明自己集運動能力、思維能力以及十足的自信於一身，才能夠入選這個計畫。訓練在「牧場」（the ranch）執行，那是位於內華達州沙漠地帶一處偏遠的簡易機場。「牧場」更為人所知的名字是「五十一區」，而此名之所以人盡皆知，是因為有許多據稱在此目擊不明飛行物體（UFO）的案例，不過這些目擊者看到的其實很可能都是U-2。從地面抬頭仰望，當耀眼的陽光從機翼邊緣灑下，翱翔在高空的偵察機確實可能被誤認為火星人的太空船。

阿拉斯加的午夜時分——東部夏令時間凌晨四點——毛茨比的機動管制官（mobile control officer）

對他比出姆指向上的手勢。飛機沿跑道呼嘯而過，他拉下操縱杆，飛機因為升力漸漸騰空，支撐輪（為了避免U-2修長的機翼摩擦到地面，而架設於機翼下的支撐桿，其下有輔助輪）也隨之脫落。這架纖細單薄的飛機用陡直的角度騰飛入夜空之中，像一隻幻異的黑鳥。

一名U-2飛行員需要結合兩種互相矛盾的特性。緊緊繫在不舒服的彈射座椅坐上最多十個小時，他必須把自己轉變成「一株植物」，關閉正常的官能。然而與此同時，他的大腦卻又必須全速運轉。一如在古巴發現蘇聯飛彈的黑澤上校所言[50]：「你的大腦永遠不能放鬆。一旦放鬆，你必死無疑。」[470]

毛茨比一路往北極飛去，離開埃爾森空軍基地大約一小時之際，他飛越最後一座無線電信標桿。這座信標桿位於阿拉斯加北部沿岸的巴特島（Barter Island），而從這裡開始，他只能依賴天文導航的方式維持在航線上。「鴨屁股」搜救隊的導航員祝他一路好運，告訴他會把「舷窗裡的一盞燈打開」，以在六小時後的返航引導他回家。

十月廿七日，星期六，凌晨5:00（莫斯科亭午）

莫斯科時間比阿拉斯加時間多十一小時，赫魯雪夫剛剛又召開了一次蘇聯領導階層會議。赫魯雪夫告訴主席團：「他們現在還不會入侵。」不過想當然耳，「並不保證如此」。但美國此刻正與聯合國洽談解決危機的可行之道，看似「不太可能」在這個時間點上攻擊古巴。甘迺迪回應了聯合國祕書長吳丹的提議，單單就這個事實而言，可以看出甘迺迪此刻還沒有打算入侵古巴。赫魯雪夫倒開始懷疑起這位美國總統的「膽識」了。

「他們本來決定要跟古巴好好解決問題，然後把事情都歸咎到我們頭上。不過現在看來，他們似乎在重新考慮要不要這樣做。」471

這一個星期裡，赫魯雪夫的心情來來回回起起伏伏。他辦公室前的走廊走到底是一間鑲嵌木質飾板的會議室，近來每次他在那兒跟主席團的成員會晤，對於美國襲擊古巴的可能性他似乎都有不同看法。美國人已經發現飛彈的消息先教他心中充滿驚慌。甘迺迪決定採取海軍封鎖而非空襲，卻又緩解了他心中最深的憂慮。不過隨後獲報美國戰略空軍司令部宣布進入第二級戒備狀態（DEFCON-2）——距離核戰只有一步之遙——自然又是給他帶來另一陣焦慮。不過既然什麼事都沒發生，現在他又鬆了一口氣。眼下那些急迫的壓力都已暫時平息下來。

他收到各種來自華盛頓的信息，官方與非官方的都有，這些信息陸陸續續形塑了他對於危機的反應，也表現在他來回起伏的情緒上。星期五早上，他的情報文件夾裡包含了一條令人不堪其憂的消息：甘迺迪決定要一勞永逸「解決卡斯楚」472。這份報告的依據十分薄弱而不周延：在國家新聞俱樂部無意中聽到的對話片段，以及一位美國記者和一名蘇聯外交官的午餐51。不過這份報告倒是說服了赫魯雪夫，向甘迺迪發出聽來頗帶和解意味的信息，一起解開「戰爭的結」。

至於自己還有何選擇，赫魯雪夫又細細思量了一整晚後，他相信還有些時間可以協商。星期五發給

50 譯按：見本書 124 頁第三章註號 161 前的正文段落。
51 譯按：見本書 201 頁起，第五章註號 285 至 287 所在的正文段落。

甘迺迪的信息措辭含糊不清，只不過是指出倘若美國保證不入侵古巴的話，「那麼我方的軍事專家就沒有出現在古巴的必要了」。他很清楚，最後自己很可能會撤回飛彈，不過既然要撤退，他也盡可能想撈些好處。做為交換條件，他能對美方要求最明確的讓步，就是美國撤回部署在土耳其的飛彈。

赫魯雪夫有充分理由相信甘迺迪可能會考慮這樣的妥協，因為早在危機初期，蘇聯軍事情報人員就曾向他報告，「羅伯・甘迺迪和他那一路人」願意用美國在土耳其和義大利的基地，交換蘇聯在古巴的基地[473]。赫魯雪夫相這信份情資是可靠的，他們認為這條情報資訊確實可靠，因為來源是一位名喚博沙科夫（Georgi Nikitovich Bolshakov, 1922–1989）的特務——他是克里姆林宮與羅伯的祕密聯繫管道。近期美國幾份報章上都刊載了專欄作者李普曼（Walter Lippmann, 1889–1974）的一篇專文，文中也呼籲以撤回土耳其飛彈交換蘇聯撤回古巴飛彈的做法。這同樣也激起了赫魯雪夫的興趣。因為蘇聯人知道，這位專欄作家在甘迺迪政府中素有靈通的消息來源，而這篇專文看起來不太像李普曼只是在表達自己的觀點。赫魯雪夫瞭解，李普曼的這篇專文，就是來自華盛頓方面但卻不能明說的一種試探[474]。

「除非我們滿足美國人的條件，並且跟他們坦承我們確實在古巴部署了R-12中程彈道飛彈，否則我們無法清償這場衝突，」他告訴與會的主席團成員，「不過如果我們可以讓他們清除土耳其和巴基斯坦的飛彈基地，以此做為交換，那麼我們就算是贏了。」

於是赫魯雪夫口授了另外一則要給甘迺迪的信息，而主席團的其他成員也表示同意。赫魯雪夫一如往常，用他強勢的個性主導整個會議；倘若其他人對於他處理危機的方式有所疑慮，也只能把他們的異議藏在心裡。不像前一天那封雜亂無章不著邊際的信，赫魯雪夫最新的這封信息毫不含糊，關於交換的條件提綱挈領，明明白白。

你因為古巴感到憂慮。你說古巴造成你的憂慮，是因為在海那一頭的古巴，距離美國海岸只有九十英里。然而土耳其距離我們也很近，我們的哨兵來回巡邏提防著對方。你是否認為你有權利主張貴國的安全，並且有權利要求裁撤你認為具備攻擊性的武器，但同時卻又不認可我方也應有同樣的權利？……

這就是為何我要如此提議：我們同意從古巴撤除那些你歸類為具備攻擊性的武器。我們也同意在聯合國聲明這一項承諾。而貴國的代表也會發出聲明，大意是美國顧及蘇聯的焦慮與憂心，故將從土耳其撤離同類的武器。[475]

根據赫魯雪夫的提議，聯合國有責任現場勘驗，以確保雙方的交換條件確實履行。美國將承諾不會入侵古巴，而蘇聯也會針對土耳其提出相仿的承諾。

不過這一次，赫魯雪夫不願意把他的信息委由曠日廢時的外交管道傳達，他想儘快把信息傳遞給華盛頓。他的心裡還有另一層算計：發布這樣一則聽起來合情合理的提議，將會讓他換取到額外的一些時間，因為如此一來，在這場國際公關輿論的交鋒中，甘迺迪就被迫採取守勢。這則信息將在當地時間下午五點（華盛頓時間星期六上午十點），透過莫斯科廣播電臺（Radio Moscow）播送出去。

與此同時赫魯雪夫也想要確保的，是不會一不小心引爆了戰爭。普利耶夫將軍前晚採取了一些措施並且連夜報告莫斯科，其中包含啟動空防系統，赫魯雪夫除了同意之外別無選擇。不過他也採取了行動，強化克里姆林宮對於核子彈頭的控制權。他下令載運**R-14**遠程彈道飛彈彈頭的亞歷山卓夫斯克號返航蘇聯，同時還命國防部長給普利耶夫發了一份緊急電報，釐清所有有關核子武器指揮鏈的含混之處：

於茲明確斷言，若無莫斯科許可，嚴禁透過各式飛彈、巡弋飛彈、月神飛彈使用核子武器。請確認接收。476

還剩下一個大問題得解決：用古巴換土耳其的這筆交易，怎麼讓卡斯楚買帳。卡斯楚是個自視甚高而且極為敏感的人，要是有任何從古巴撤除蘇聯飛彈的協商是背著他做出來的，他肯定會大發雷霆——尤其是如果他還是先從廣播裡得知這項提議。赫魯雪夫把安撫卡斯楚的工作委託給阿列克謝夫。這位大使收到的指示，是要把赫魯雪夫致甘迺迪的信息描述為一個狡猾的企圖，目的在於先發制人，破壞美國可能以入侵古巴而導致的威脅。美國人「心知肚明，在眼前的情勢下如果他們還想插手干預，那麼他們就必須背負侵略者的污名。他們將在全世界面前蒙羞，因為他們竟然直截了當以希特勒式的野蠻暴行為榜樣，公然與全世界的和平為敵」。477

赫魯雪夫口授他要發給甘迺迪的信息之際，數以千計的莫斯科居民正在美國大使館外的街頭抗議，對美國冷嘲熱諷。他們揮舞旗幟，上面寫著官方批准的口號，像是「美國佬侵略者最無恥！」、「帶著你們的封鎖滾回去！」還有「古巴對，老美錯！」。花園環道（Sadovoe ring road）路邊停放著無軌電車，有些抗議者還站上車頂對著大使館揮拳咆哮，甚至投擲石頭和墨水瓶，砸碎大使館幾扇窗戶。

「是誰給你們權利在公海上攔截船隻？」一位周旋在人群之中的美國記者遭遇抗議者的質問，「你們能不能別管古巴的家務事？」[478] 還有一位二戰老兵建議雙方乾脆放棄他們所有的軍事基地，「那我們就可以像二戰的時候一樣再當朋友」。另一位女士拉長了臉抱怨美國人根本不瞭解戰爭，因為他們的國家從未遭受入侵。她主張：「要是你們像我們一樣經歷過戰爭，你們就不會老是拿戰爭威脅我們了。」

一如莫斯科所有這樣「自動自發」的示威活動，這次抗議也是一次精心規劃下的事件。一位美國外交官就注意到，一卡車一卡車的學童在附近一條街道下車，接著有人遞給他們譴責殖民主義和帝國主義的標語牌。數百名軍人則散入大使館附近的支線道路，暗中確保示威活動不會失去控制。不多不少整整四個小時之後，抗議群眾收到來自警方的命令，於是即時解散，而灑水車隨後也立刻前來清理大使館前的街道。

在卡斯楚掌權之前，對大部分俄國人來說，要在地圖上找到古巴恐怕還不太容易。但才短短不到五年，這個國家在蘇聯群眾心目中，竟然從遙遠的加勒比海島嶼搖身一變成為冷戰的前線。蘇聯的政治宣傳者稱古巴為「自由之島」，報章的專文熱烈報導古巴正在進行中的社會革命，以及邪惡的帝國主義力量如何試圖恢復腐敗的巴蒂斯塔政權。千千萬萬的家庭裡都高掛卡斯楚和格瓦拉的肖像。即使一點西班牙文都不懂的俄國人，也都知道「*Patria o muerte*」（誓死保衛祖國）這句話的意思，就如同他們父母親那一輩對於西班牙內戰時期的「*No pasarán*」（他們休想通過）這一句口號，懷抱著同樣的感動。

俄國的革命如今已然僵化，而卡斯楚的革命之所以引發許多俄國人的想像，正是因為這使他們回想起自己國家過去的革命。用蘇聯知識分子的話來說，古巴是「一座訓練場，在那裡我們可以重播我們的過去」[479]。上了年紀的蘇聯官僚高高在上，從紅場的肖像前俯視蘇聯群眾，而卡斯楚和他的「大鬍子弟兄」顯然要比這種領導人更有吸引力。儘管對於格瓦拉這樣的長髮古巴革命分子，蘇聯官方頗有頌揚，但這背後卻包含一種奇妙的反諷。因為在那個時代，蘇聯官員對於留長頭髮的年輕人其實是非常不以為然的。但是在古巴，一切都是反其道而行。官位愈高，鬍子就愈長。卡斯楚演講從不看稿，而且往往一講就是六個小時，蘇聯老百姓也對於他這種習慣另眼相看。因為在蘇聯，最高官員的公開露面往往都是依循周密安排的劇本進行。

蘇聯的政治宣傳者意圖利用古巴革命的浪漫主義色彩，並將之引導到建設性的方向。蘇聯官方媒體稱頌卡斯楚的豐功偉業，以及他膽敢起而反抗美國佬。《古巴，我的愛》（*Kuba, lyubov' moya*）本是一首頌揚「大鬍子弟兄」（*los barbudos*）的歌，後來譜成軍樂又輔以加勒比海風格的擂鼓，大部分蘇聯人都朗朗上口：

古巴，我的愛。
紫色黎明之島
歌聲飄揚寰宇
古巴，我的愛。

你聽到堅定的踏步聲嗎？
大鬍子弟兄齊步前進
天空就是烈火般的旗幟
你聽到堅定的踏步聲嗎？

然而在大眾對於古巴的欽讚之中，還是有一絲絲警覺與懷疑的氣息，因為數十年來的政治宣傳，已經讓俄國老百姓對於他們在報紙上看到的任何內容，都抱持懷疑的態度。莫斯科國立大學的美國交換生，眼見他們的俄國同學竟對核戰威脅表現出一副事不關己的冷漠，感到「好笑、心亂，而且目瞪口呆」[480]。關於帝國主義的罪惡，蘇聯官方總有一套夸夸其談，而俄國學生早就習慣充耳不聞，所以他們對於這次飛彈危機的反應也是一副根本就沒那麼嚴重的樣子。在大學校園的一次集會裡，一位古巴學生領袖用俄語慷慨陳詞，俄國學生報以溫暖的掌聲，但是對於自己教授千篇一律的言論，他們則置若罔聞。

有些俄國人開始私下質疑，究竟值不值得花費巨資為遠方的國度提供「友國援助」（fraternal assistance），這類聲音雖然為數不多，但卻日益增長當中。而在星期六早晨，蘇聯國防部向赫魯雪夫報告，基層民眾的牢騷甚至已蔓延到軍隊裡去了。一名北冰洋魚雷艇上的水手表達了他的疑慮：這趟古巴的冒險之行到底能否對蘇聯的「國家利益」增進分毫[481]。一名職業空軍也質問：「我們和古巴究竟有什麼共同點，為什麼我們要捲入這場戰爭？」一名空防單位的士兵則是抱怨，古巴危機使得退伍的時程暫時中斷。

更觸霉頭的是，普利耶夫的部隊用殘暴手段鎮壓新切爾卡斯克的糧食動亂才不過四個月，一些民眾又開始質疑俄羅斯母國究竟為何有必要「把其他人也餵飽」。商店裡的古巴砂糖過剩，但俄國麵包卻短缺。圍繞著空蕩蕩的餐桌，悶悶不樂的蘇聯老百姓又唱起振奮人心的那首《古巴，我的愛》，只是換上了顛覆性的新歌詞：

古巴，把我們的麵包還我們！
古巴，把你們的砂糖拿回去！
我們討厭你們毛茸茸的斐代爾。
古巴，去死吧！[482]

十月廿七日，星期六，清晨 6:00（哈瓦那凌晨 5:00）

卡斯楚已經在哈瓦那的蘇聯大使館待了將近三個小時，但還是沒辦法寫好他要給赫魯雪夫的信。對於卡斯楚「複雜難解的用詞」[483]，亞歷漢卓先生也實在摸不著頭腦，最後他再也無法克制自己，脫口問出了這個再明白也不過的問題：

「您是不是想說，我們應該對敵人發動核子武器的第一擊？」

但這對接受耶穌會教育的卡斯楚來說太過直言不諱了。

「不，我不想直截了當這麼說。但在某些情況下——在他們意欲侵略古巴的情況下——其實不需要等到經歷那些帝國主義者的背叛和他們的第一擊，我們就應該搶先他們一步，將他們從地球表面上消滅。」

於是他們又重新開始起草信函。當第一縷晨曦在首都哈瓦那露臉之際，卡斯楚終於口授了一個教他滿意的版本。

親愛的赫魯雪夫同志：

在分析我方所掌握的局勢和情資之後，我認為在接下來廿四至七十二小時之間，侵略行動幾乎是無法避免了。

這次侵略行動可能有兩種不同的形式：

（一）最有可能的形式是針對特定目標發動空襲，行動目的僅在於摧毀這些目標；

（二）可能性較低但仍有此可能的，是直接入侵我們的國家。我認為若採取這個形式，他們將需要動員大量軍力，而光是這一點就可能讓他們斷念卻步。況且要是這麼做，世界輿論將會群起以義憤看待這樣的侵略。

請放心，我們將會堅定果斷反對任何形式的入侵，古巴人民的士氣十分高昂，他們將會英勇迎戰侵略者。

對於這些可能的情況，接下來我想要嚴正表達我個人的看法。

設若侵略採取第二種形式，而帝國主義者攻擊古巴的目的是要佔領古巴，那麼全人類面對的危險……將會十分巨大，以至於蘇聯在任何情形下都決不可能容許這樣的情況發生，因為如此一來，帝國主義者以原子彈對蘇聯發動第一擊便成為可能。

我之所以奉告淺見，是因為我認為帝國主義者侵略好鬥的本性，已經高漲到極其危險的程度。如果他們對古巴發動攻擊，面對如此野蠻、不合法而且不道德的行為，我們該是時候設想透過合法自衛的權利永遠肅清這樣的危險。無論這樣的決定會是多麼嚴峻而且駭人，在我看來都已沒有其他解決辦法。484

這封信又繼續信筆漫言了三段。最後簽上「謹致友好的問候，斐代爾・卡斯楚」。

護送FKR巡弋飛彈的車隊，奉命要將飛彈運往關塔那摩灣海軍基地以西的發射陣地；對他們來說，這真是一個人仰馬翻又多災多難的夜晚。飛彈發射車還有補給車輛只有十來英里的路要行駛，但是這條路是沒有鋪設路面的泥土路，崎嶇不平之外，路的旁邊就是崇深的溝壑。兩位同志的意外喪生讓車輛駕駛們心煩意亂，他們必須維持高度的機警才能避免再次發生意外。護送車隊又花了一小時，才終於到達小小的菲利比納村。

飛彈發射陣地位在森林裡的一片空地，就在村子再更後面一點，緊鄰著一條小溪。戰地工程師已先將整個地帶整理妥當，他們花了一個星期的時間移除樹木的殘幹，又在地面鋪設了碎石以便重型車輛駛入。往來的通道都有防空炮保護。帶刺的鐵絲網封鎖住整個區域，由蘇聯軍隊守衛著，更外圍的區域則交由古巴軍隊負責。

距離飛彈發射陣地幾百碼外有一座古巴警衛崗哨，當護送車隊靠近的時候，黑天墨地之中迸出一個緊張的聲音。

「口令（*Contraseña*）！」

車隊最前方的俄國士兵大聲喊出口令，但顯然是哪裡弄錯了。古巴警衛沒有准許卡車通過，反而回敬以步槍的齊發。

等到巡弋飛彈部隊弄清楚口令到底哪裡搞混了，耗費的又是一個小時，還有非常多俄語和西班牙語的髒話。有一名蘇聯軍官能說上幾句混雜俄語的西班牙語，終於勉強跟這些動不動就開槍的古巴人把話給說清楚了。於是護衛車隊的卡車、吉普車和電子操控廂型車，轆轆駛入了溪邊那片已經清理好的空地。

「就定位（*Razvernut'sya*）！」狄尼中科少校一聲令下485。

卡車移動到發射陣地附近的位置，後掛的拖車上設置了金屬軌道，停靠在上面的就是配備核子彈頭的巡弋飛彈。巡弋飛彈長約廿五英尺，翼展廿英尺，看起來就像大型的飛機模型。停在旁邊的是電子操控廂型車。一旦收到發射指令，這顆平頭的飛彈就會先由固體燃料火箭從軌道上推送升空；廿五秒後，動力將由噴射引擎接手。而其中一輛電子操控廂型車裡的無線電操作員，會在崗位上將飛彈引導到攻擊目標。飛彈在遍布岩石的地景上空約莫兩千英尺呼嘯而過，飛越十五英里的距離，用不著兩分鐘就能飛到美國海軍基地。飛彈抵達目標上空之際，無線電操作員將發送另一個無線電信號，關閉噴射引擎致使飛彈向下俯衝。核子彈頭已經設定好會在地面上方幾百英尺爆炸，以造成最大程度的破壞。

一個發射小組的成員有一名軍官和五名職業軍人：一位資深航空技師、兩位電子技術人員、一位無線電操作員，還有一位司機。一旦飛彈部署到啟動位置，剩下的準備大約還需要一個小時。理論上，只有軍團指揮官馬勒采夫上校下令才能發射飛彈，因為他勢必是聽從莫斯科方面的指示行事。然而事實上，彈頭並沒有密碼也沒有上鎖，意思就是只要一名中尉帶上幾個士兵幫忙，就有能力發射飛彈。

「挖壕溝（*Okopat'sya*）！」狄尼申科少校大喊。

這道命令沒什麼意義，因為土壤實在太硬而且太多岩石，根本不可能挖到表土層以下。軍官們後來也起了憐憫之心，允許部隊先在岩石上搭帳篷，好好休息幾個小時。而在同一時間，要用來毀滅關塔那摩灣海軍基地的所有核子武器都已就位。

蘇聯車隊朝著菲利比納村前進的路上，發生了致命的意外事故，而關塔那摩灣海軍基地裡的美國電子竊聽人員，其實也一路追蹤著車隊的動向[486]。多虧了那次緊急求救的無線電發訊，他們才能識別出兩處軍事營地還有馬勒采夫的戰地總部的位置所在。他們也記下這三個位置，做為刀鞘行動的攻擊目標。情報官回報有大量「蘇聯／中國／古巴部隊」運送「不明火砲設備」到菲利比納村，他們也注意到這處複合功能的用地是「機動性質的，需要持續監視」。

至於蘇聯人在菲利比納村放置的究竟是怎樣的「設備」，美國的情報分析員依舊不明所以，他們也完全沒有設想過，蘇聯已經將海軍基地設定為戰術核武的攻擊目標。據傳菲利比納村部署了蘇聯的火箭發射車，古巴聖地牙哥的英國領事也將此傳聞報告上級；他的上級感謝他提供情資，但也告訴他毋需多慮。「關塔那摩的美國權力高層早就聽說過菲利比納村的事，但他們沒什麼興趣，因為那裡都只是些沒有配備原子彈頭的小型導引飛彈（guided missiles）而已。」487

第九章　獵尋格羅茲尼號

十月廿七日，星期六，晨間 6:00

送達白宮戰情室的消息令人心驚膽戰。根據中情局的情報，古巴的六處中程彈道飛彈發射場之中，已有五座可以「全面運作」，而第六處到了星期天也「或許可以全面運作」[488]。這意味著美國東南部的大型帶狀區域，已經處於廿枚百萬噸級核子彈頭的攻擊範圍之內。一旦飛彈自古巴升空，華盛頓在十分鐘之內就會灰飛煙滅，甚至連紐約都可能難逃毀滅的噩運。萬一蘇聯發動奇襲，總統幾乎不可能有足夠的時間從白宮撤離。

戰情室位於白宮西廂辦公室（West Wing）地下室，是甘迺迪的創舉。豬玀灣事件期間，甘迺迪手上可用的相關情資盡付闕如，對此他深感沮喪。東部海沿岸的火腿族無線電玩家透過截聽無線電通訊，早就得悉海灘上正上演的這齣慘劇，比三軍統帥早了好幾個小時[489]。因此他必須依靠沒有加密的電話線路，才能查明中情局和五角大廈現在到底在幹嘛。甘迺迪不能眼見這類事情再次發生，他需要白宮裡有一個情資的「神經中樞」，做為「冷戰的作戰室」[490]。

戰情室使用的空間過去是保齡球室。總統的海軍助理帶領海軍工程隊隊員，把這個區域改造成一個四房的複合式空間，包含一間會議室、一間檔案室，還有一間狹窄的監控中心供值勤軍官使用。為了避免以人力遞送訊息，西廂辦公室裝設了自己的通訊線路。會議室密閉沒有窗戶，可以聽到外面噹啷噹啷的電傳打字機聲響[491]，牆上掛滿一幅幅巨大的古巴地圖還有海路圖。武裝警衛就守在門外。

如果不管牆上的地圖，這間會議室看起來其實就像華盛頓近郊的普通民宅。裡頭配置的是實用的斯堪地那維亞風格家具，包含一張看起來有點單薄的餐桌，還有坐起來不怎麼舒服的低背椅，光源則來自嵌燈還有頂掛的幾盞聚光燈。甘迺迪把地下辦公室裡這樣比肩繼踵的擁擠，說成就像是「豬窩」（pigpen）一樣[492]。但儘管如此，這座戰情室確實發揮了功效，提供甘迺迪源源不絕的情資，而過去這些情資都掌握在勢如半自治的政府官僚手上，小心翼翼把持著。監控中心的軍官每廿四小時輪班一次，接下來四十八小時不當差，他們就全是中情局的人馬。

豐沛的情資在古巴飛彈危機期間湧入戰情室。海軍旗艦指揮中心與正在封鎖線上巡邏的海軍船艦之間的通話，總統也可以用單邊帶無線電（single sideband radio）全程收聽。國務院和五角大廈最為重要的電報，在白宮都可以收到即時摘要報告（drop copies）。除了新聞通訊社的電傳打字機之外，戰情室也配備了中情局外國廣播資訊處（Foreign Broadcast Information Service, FBIS）使用的自動收報機，可以把蘇聯政府經由莫斯科廣播電臺發布的聲明，急速轉換為文字檔案。甘迺迪和麥納瑪拉曾抱怨，蘇聯船艦調頭返航的情資沒有即時向他們報告，於是此後國家安全局截聽到的通訊也開始直接送交白宮[493]。

與後來的謠傳背道而馳的事實是[494]：甘迺迪並未對執行海軍封鎖的船艦直接下達命令，他採用的反而是傳統的指揮鏈體系，透過國防部長及海軍作戰部長下達命令。不過儘管如此，現在白宮基本上已可分分秒秒即時監控軍事通訊，這個事實對五角大廈來說仍然是一個非常重大的暗示。軍事將領們擔心戰情室的存在將會縮減他們的行動自由——而他們的顧慮顯然是正確的。在二戰之後的廿年間，文官和武官之間的關係經歷了深刻的轉變；而在核子時代，一位政治領袖已經不可能在沒有嚴密監督的情況下，冒險信任他的將領可以自己做出正確的決策。

執勤軍官在戰情室持續追蹤從封鎖線上傳來的最新軍情。對古巴的作戰計畫已經準備就緒，首先發動大規模空襲，接下來在大約七天後入侵。執行戰略攻擊的軍力共有五百七十六架戰鬥機，部署在五個不同的空軍基地，隨時等待三軍統帥下令出擊[495]。佛羅里達州上空持續有五架噴射戰鬥機巡行，另外一百八十三架則在地面待命，隨時準備攔截從古巴起飛的戰鬥機。武裝要塞關塔那摩由五千八百六十八名海軍陸戰隊駐防，另外一支海軍陸戰隊師正從美國西部海岸啟程，取道巴拿馬運河馳援。美國為了地面入侵，動員了超過十五萬名陸軍士兵；海軍則在負責後勤支援的船艦之外，還部署了三艘航空母艦、兩艘重型巡洋艦，以及廿六艘驅逐艦包圍古巴島。

但是美國人心知肚明，他們的對手同樣也隨時準備一戰。中情局也報告古巴的軍力正在「火速」動員之中[496]，他們相信廿四處蘇聯地對空飛彈發射場現在全部都可以運作投入實戰，因此有能力擊落高空飛行的U-2偵察機[497]。而低空拍攝的偵察照片也率先提供了鐵證，證實島上已部署了可配載核子彈頭的地面機動飛彈。儘管赫魯雪夫向聯合國保證他們目前會暫時避開封鎖區，但其實還有六艘蘇聯貨船仍在航向古巴的途中[498]。

這些蘇聯船隻中最靠近封鎖區界線的那一艘，名為「格羅茲尼號」（*Grozny*）。

在准許維尼查號和布加勒斯特號通過封鎖線之後，執行委員會想要展現他們有決心截停一艘蘇聯船隻並且登艦檢查。而眼下最好的截停候選者就是噸位八千噸的格羅茲尼號。格羅茲尼號甲板上載運的貨物看來頗有可疑之處，而且在實施封鎖之後，這艘船是先在茫茫大西洋中躊躇不前了一陣，最後才決定繼續原先的航程。從這個「奇特」的行為可以看出，克里姆林宮其實不太確定該怎麼處理這艘船才好。

格羅茲尼號甲板上有幾座巨大的圓柱型貯槽，甘迺迪政府內部對於這些貯槽內運送的究竟是什麼，產生了激烈的爭辯。星期四時麥納瑪拉曾告訴總統，這些貯槽裡裝載的「或許是」古巴的蘇聯飛彈所要使用的燃料。但事實上中情局內部卻一致認為，這艘船和飛彈的事情一點關係也沒有，格羅茲尼號只不過是運送氨氣（ammonia）給古巴東部一座提煉鎳的工廠[499]。中情局專家曾經仔細研析過這座位於尼卡羅（Nicaro）的煉鎳廠，因為在貓鼬行動中，這裡也是中情局預備祕密破壞的幾處古巴目標設施之一。格羅茲尼號過去曾經好幾趟航行到古巴，在尼卡羅卸載氨氣，中情局一直都嚴密監視著。

執行委員會感興趣的，其實是「逮到」格羅茲尼號可以在公共關係上獲取什麼優勢，而不是爭辯甲板上的貯槽裝的究竟是什麼東西。像基莫夫斯克號這樣顯然載著飛彈的蘇聯船艦，已經於這星期稍早返航，因此美國現在已沒有什麼登艦的選擇。羅伯半開玩笑半抱怨，「真是夠了，長島鐵路系統居然沒幾輛火車」[52][500]。不過到了星期六，麥納瑪拉對於格羅茲尼號卻一反前見，他告訴執行委員會，他不再認為船上載運的是「違禁品」。但他還是認為無論如何得截停這艘船，因為准許格羅茲尼號可以未經檢查就穿越

[52] 譯註：長島鐵路系統（Long Island Railroad）以紐約的鐵路樞紐賓州車站（Penn Station）為西端向東延伸，是全美最繁忙的通勤鐵路系統。

封鎖線航向古巴，無異於顯示美方在態度上的軟弱。

空軍在星期四成功定位了格羅茲尼號，這艘船目前距封鎖線一千英里。不過海軍卻無法掌握這艘油輪的行蹤，只好再次向空軍求援。隸屬於戰略空軍司令部的五架 RB-47 偵察機在星期五出動，以每三小時的時距輪班，有條不紊地又徹底搜查了一次海面。這次的搜尋一無所獲，於是到了星期六，又有另外五架 RB-47 偵察機受派投入這個「嬰兒帽」（Baby Bonnet）任務。這些 RB-47 隸屬第五十五戰略偵察機聯隊（55th Strategic Reconnaissance Wing），聯隊的座右銘是「我們眼觀萬物」（*Videmus Omnia*）。

拂曉時分，卡尼（Joseph E. Carney, 1934–2017）上尉從百慕達群島的金德利機場（Kindley Field）起飛，向南飛往搜尋區域。

十月廿七日，星期六，晨間 6:37

另外還有三架偵察機正準備從百慕達群島起飛，加入獵尋的行列[501]。跑道上的第一架 RB-47 由布瑞頓（William Britton, 1924–1962）少校駕駛，星期四搜尋格羅茲尼號的下落時，他也參與其中。他的機組員包含副駕駛、導航員和觀察員各一名。

當布瑞頓駕駛的飛機在短促的跑道上開始滑行之際，飛機引擎湧出大量濃厚黑煙。飛機似乎無法順利加速，一路衝到跑道盡頭的路障之前才拉升騰空。不過左機翼瞬間卻急遽下傾，布瑞頓好不容易才控制住飛機，成功讓兩邊機翼維持水平。這架 RB-47 偵察機飛越一道低矮柵欄，接著是一座波光粼粼的土耳其藍潟湖。一飛到潟湖對岸，換成飛機右機翼突然下傾並擦過懸崖的邊緣。飛機墜向地面時發出巨大的爆炸聲響，機身因為強力撞擊而瓦解。

後續的調查顯示，金德利機場的維修人員在保養這架飛機的時候，注入的水酒精混合噴射液（water-alcohol injection fluid）種類有誤[502]。偵察機按慣例是從堪薩斯州的福布斯空軍基地（Forbes Air Force Base, Kans.）起飛，因此金德利機場的維修人員並不熟悉保養規定。噴射液理應在起飛時提供引擎額外的推力，但是經過他們的保養，實際上卻縮減了推力。因此這架偵察機在升空之際缺少足夠的動力。

布瑞頓少校和他的三名機組員當場殉職，另外兩架偵察機的飛行員看到潟湖另一頭的爆炸火球後，也立刻中止行動。結果這趟任務實際上全無必要。因為在往南六百英里的茫茫大西洋中，卡尼上尉剛剛探得一艘貌似格羅茲尼號的船隻。

十月廿七日，星期六，晨間 6:45

卡尼上尉奉派搜尋的區域，廣袤約有五十乘以兩百英里之譜。搜尋的流程是先由雷達定位出某艘船隻所在，然後飛機再俯降查看加以辨識。導航員逐一指出可能的目標，RB-47 偵察機便隨之俯衝，進進出出雲朵之間。卡尼從雲中探得位置的船艦之中，有一艘是美國驅逐艦麥多諾號（USS *MacDonough*），同樣也在搜尋格羅茲尼號的下落。

辨識出是麥多諾號之後，卡尼調轉機身再次爬升回一千五百英尺的高空。此時他看見地平線上有另一艘船現蹤，於是他又下降到五百英尺的高度查看。目標的船艄和船尾甲板上滿是銀色圓筒狀的貯槽，煙囪側面裝飾著錘子與鐮刀的紋章。卡尼清清楚楚看見西里爾字母（Cyrillic lettering）標識的船名——格羅茲尼。他在這艘船周遭來回俯衝，用手持相機從不同角度拍攝這艘船。

卡尼在一早六點四十五分探得這艘蘇聯船艦所在，隨即將位置轉傳給麥多諾號驅逐艦[503]。兩小時之後，麥多諾號船長傳訊回報海軍旗艦指揮中心成功攔截的消息：

一，我艦正尾隨在十八英里後；

二，我艦如預期已做好所有審訊與登艦的準備。

格羅茲尼號目前距離封鎖線約還有三百五十英里，以眼下的航速推算，將在星期天拂曉時分抵達封鎖線邊界。

星期六晨光初露之際，《生活》雜誌的記者聖喬治（Andrew St. George, 1923–2001）只覺得「疲憊不堪又灰心喪志」[504]。他在六天之前從邁阿密啟程，隨同激進的反卡斯楚團體「阿爾法六六」，在古巴北部發動武裝突襲。然而這場冒險最後卻成為一場災難。

這些一心想成為祕密破壞者的阿爾法六六成員搭乘兩艘快艇，突襲的目標是要炸毀一艘古巴的運糖駁船；然而由於天候太過惡劣，黑天墨地之中他們又沒有測量深度的儀器，導致其中一艘快艇撞上了暗礁。在試圖挽救這艘快艇的過程中，第二艘快艇也撞毀了。聖喬治和他的隊友們在紅樹林沼澤中迷途了三天，只能靠餅乾充飢，最後從一位古巴漁民那裡偷走一艘破損的帆船和一些食物。他們在沒有指南針的情況下駕船返回佛羅里達，一路上與十五英尺高的巨浪搏鬥，而且還得不斷把水舀出船身，才能維持這艘漏水帆船的浮力。他們一個接一個都放棄了，只能聽任命運的安排。在怒號的狂風與汪洋之中，聖喬治可以感受到「死亡的召喚步步逼近」。

比起記者的身分，聖喬治其實更像是位政治宣傳者。過去美西戰爭的時候有一些滿懷冒險精神的新聞記者，願意為老赫斯特（William Randolph Hearst, Sr., 1863–1951）深入古巴報導戰爭，而聖喬治就像當年的這些人。「你負責提供畫作，」一八九七年，老赫斯特告物訴他手下的明星漫畫家，「我來負責提供戰爭。」不出一年，他們兩個人都履行了協議中各自的份。畫家雷明頓（Frederic Sackrider Remington, 1861–1909）畫了一幅教人怵目驚心的作品，描繪一位端莊的古巴仕女，遭到西班牙警察脫光衣服搜身——而老赫斯特則據此大敲邊鼓，說服麥金利（William McKinley, 1843–1901）總統對西班牙宣戰。

老赫斯特手下這些記者不只報導古巴發生的戰爭，他們還積極推動戰爭，最後甚至親身參與戰爭。身為出版商的老赫斯特腰帶上掛著一把左輪手槍，手上抓著鉛筆和筆記本，親身造訪了戰場之後，他壯懷激烈地說：「這是一場輝煌的戰鬥。」

「這是一場輝煌的小戰爭。」後來成為國務卿的海約翰（John Milton Hay, 1838–1905）在寫給好友老羅斯福的信裡也有同樣看法。

六十多年過去，美國媒體已經擺脫大部分狹隘偏激的愛國主義，還有「黃色新聞」（yellow journalism）的習氣。不過還是有出版商和記者奉行老赫斯特那一套，滿腔熱血地疾呼一決雌雄，只是這一次對象換成了蘇聯。過去老赫斯特扮演的角色，現在由《時代》和《生活》雜誌的魯斯夫婦[53]頂替，他們控訴甘乃迪政府在防範共產主義染指古巴一事上，「沒有任何作為」。十月上旬，就在危機爆發前幾天，克萊爾．魯斯在《生活》發表了一篇社論，譴責甘迺迪對於古巴事務的處理，隨後她收到來自老赫斯特之子的一張短箋，對她表達欽佩。「這篇文章寫得真是太好了，」小赫斯特（William Randolph Hearst, Jr., 1908–1993）滿懷豪情，「我真希望這是我寫出來的。」[505]

就像老赫斯特一樣，魯斯夫人的所作所為其實遠遠不只撰寫挑釁意味濃厚的社論，抨擊政府對於蘇聯在古巴的軍事集結毫無作為而已。紐約州共和黨參議員基廷在中情局公布U-2的偵察照片之前，就宣稱古巴握有蘇聯飛彈，這項情資讓甘迺迪頗為難堪；而據魯斯夫人自述，這則來自國外政治流亡者的情資，就是由她提供給基廷[506]。她提供經濟援助給意圖推翻卡斯楚的古巴流亡團體，並且派遣記者參與他們打了就跑的突襲行動。《生活》雜誌答應支付聖喬治兩千五百美金，撰寫一份襲擊古巴運糖駁船的報導，並要求附帶照片。

聖喬治自稱匈牙利皇室後裔，他的過去鮮有人知，卻運用個人魅力與人脈在不同意識形態的陣營之間遊走。雖然中情局懷疑戰後他在奧地利向蘇聯提供情資，不過還是吸收他當作線人[507]。他就是有種本領，哪裡有行動，他就會在哪裡出現。反巴蒂斯塔起義時期，他跋山涉水進入馬埃斯特拉山脈，採訪卡斯楚和格瓦拉；不過他後來與大鬍子弟兄鬧翻，所以現在轉而支持阿爾法六六等流亡團體，他們尊他為「榮譽會員」[508]。

聖喬治趴在偷來的漁船上，臉貼著濕漉漉的木板條，那一刻他不知不覺質疑這一切是否值得。經歷刺激的一生，此刻他想起馬勒侯（André Malraux, 1901–1976）書裡的一句話，可以引證他對這場幻滅的革命的心聲：「要是你只有一條命，就別花那麼多氣力想要改變世界。」

不過萬念俱灰的時刻只有一下。過了沒幾分鐘，這些氣力放盡的造反分子瞥見海面上的礁石。他們用那艘「吱吱嘎嘎作響幾乎整個泡在水裡的老太婆帆船」搶風，轉變航向朝向石岸航行，隨後映入眼簾的是孤伶伶一棟建築物上，英國國旗在微風中飄揚。他們來到的地方是一座非常渺小的英屬島嶼，薩爾礁巖（Cay Sal）。

「安德魯，你是我們的一分子，」這支運途多舛的遠征隊隊長，告訴精疲力竭卻又喜出望外的聖喬治，「幫我們找幾艘新船，我們再一起回去古巴。」

受中情局派遣去祕密破壞馬塔安布雷銅礦的兩名古巴流亡分子，已經在返程途中翻山越嶺了三個晚上[509]。他們白天才睡覺，以避人耳目。他們已經可以看見惡水河的紅樹林沼澤了，他們把撤離用的浮筏藏在那裡。但是對於隊長歐羅斯可來說，踏出的每一步都愈來愈難。他正發著高燒頭暈目眩，每走一步路，他下腹部的刺痛就更嚴重一點。

這兩位祕密破壞者理應在隔天一早撤離古巴，也就是星期天。按原定計畫，有一艘中情局安排的船會在近岸處待命，他們必須先用無線電聯繫這艘船，然後從藏匿浮筏的地方取出浮筏，再利用幾乎無

[53] 編註：指美國出版界聞人路思義及妻子克萊爾。路思義本名亨利．魯斯（Henry Robinson Luce, 1898–1967），克萊爾全名克萊爾．魯斯（Clare Boothe Luce, 1903–1987）。

聲的電子引擎駛向約定的會面地點。要是哪一方發生什麼問題，他們就會在星期一或星期二再次嘗試會合。馬塔安布雷銅礦的後續進展究竟如何，他們一無所知；不過來自那個區域的控制爆炸（controlled explosion）聲響，讓他們相信任務已經成功。

貝拉竭盡所能協助他的隊友，他一個人幾乎背負所有裝備，還扶持歐羅斯可走過滿布岩石和樹木斷枝的山區。他以為歐羅斯可能是得了腸胃型流感，或者是因為吃了或喝了什麼，導致腸子出了些問題。但是他們飲用的水幾乎都是自備的，如果在路上從奔流的小溪中裝水，他們也會投入藥丸淨化之後再喝。他們步履艱難地繼續跋涉，歐羅斯可的腹痛愈來愈嚴重，貝拉開始懷疑他是不是得了盲腸炎。

然而那一刻他們兩人都不知道，中情局收到羅伯的指示，已經下令終止所有古巴幹員的滲入和撤離行動。

十月廿七日，星期六，上午 7:00（倫敦上午 11:00，柏林正午 12:00）

大西洋彼岸已是亭午時分的倫敦，抗議人群齊聚在特拉法加廣場（Trafalgar Square）上，展開大規模的反美示威。由於唐寧街十號首相官邸正在翻新，首相麥米倫（Harold Macmillan, 1894–1986）目前暫時以水師大樓（Admiralty House）為居處，此時他正與諸位國防將領在此開會。當英國官員商議著該如何對他們的美國盟友伸出援手，從白廳（Whitehall）外傳來的卻是反覆呼喊的口號：「不要插手古巴」還有「卡斯楚加油，甘迺迪去死」[510]。

麥米倫向來自豪於自己臨危不亂的冷靜，但過去一個星期發生的事，真的讓他驚慌失措。他在伊頓公學求學期間，就學到喜怒哀樂不形於色的道理。他精於內斂情緒（the stiff upper lip），眉宇間不露心思（the arched eyebrow），總帶著慢悠悠的上流社會口氣不疾不徐地說話。一九六〇年九月他在聯合國大會上發表演說，其間遭赫魯雪夫打斷，他的回應就帶著一種貴族式的輕蔑。當時赫魯雪夫不滿於麥米倫對蘇聯外交政策的批判，於是用拳頭重重搥打桌子，兩手揮舞著用俄語叫囂。「如果方便的話，有勞替我翻譯他剛說的話。」麥米倫僅置此一辭。

隨著古巴危機發展，首相也開始感受前所未有的壓力。他一方面真心想支持甘迺迪，但另一方面，英國政界人士與情報專家卻對古巴的「威脅」仍有疑慮，他如履薄冰踏在必須謹慎拿捏的中線上。歐洲人早已學會如何跟自己後花園裡的蘇聯核武共存了，而他們很難理解為什麼美國人卻不肯這麼做。若論戰略資產，在英國人眼裡西柏林的價值要比古巴大得多。那些用來「證明」古巴持有蘇聯飛彈的照片證據，甚至引起一些英國分析員的質疑。而為了反擊這類質疑，在那些照片還沒有發布給華盛頓方面之前，倫敦的美國大使館就先把其中一些披露給英國媒體了[511]。美國記者群情激憤，因為如此一來，報導的先機就等於拱手讓人。

麥米倫在公眾場合依舊擺出他註冊商標的一派冷靜，不過私底下他還是難免外露心緒。美國駐英大使布魯斯（David K[irkpatrick] E[ste] Bruce, 1898–1977）冷冰冰地回報華盛頓，他似乎察覺到這位出了名處變不驚的首相，「有一邊翅膀微微震盪」[512]。他建議甘迺迪忽略這樣的「貓叫春聲」，美國「最攸關生死的利益」已經危在旦夕，不需過於在意英國盟友表顯出的疑慮。「只有愚蠢的巨人才會被小人國的人

（Lilliputian）束縛」，他在電報裡這樣講。

不過甘迺迪卻特意表現給英國人看，他非常認真對待英國人。他幾乎每天與麥米倫通電話，還讓英國駐美大使歐姆斯比戈爾（David Ormsby-Gore, 1918–1985），在他權力核心的小圈子裡佔上一席之地。當年老甘迺迪派駐倫敦擔任美國大使，歐姆斯比戈爾就已經與小甘迺迪交好，因此現在甘迺迪總統也將他視為非正式的顧問。不過這一點卻惹得其他盟友惱怒，尤其是法國。華盛頓方面傳言甚囂塵上，說是時常看到兩位年輕美女跟在法國大使身旁出入，法國人使的其實就是「美人計」，真正的任務是「接近甘迺迪」，這才不會讓「不講信義的英國佬」（*perfide Albion*）那滿肚子心機佔去上風[513]。

麥米倫前一天晚上在水師大樓跟甘迺迪通過電話，他力勸甘迺迪跟赫魯雪夫妥協。由於可能要跟莫斯科大談一場交易，麥米倫提議可以「凍結」配置在英國的六十枚雷神（Thor）飛彈，做為與蘇聯談判的籌碼。這些遠程（intermediate-range）的雷神飛彈是由英美兩國聯合控制：飛彈的正式所有權歸屬於英國，但美國則是真正負責一百四十萬噸級的核子彈頭。甘迺迪答應把麥米倫的提議交付官僚「機器」，不過後來他又知會麥米倫，還不到該談這筆交易的時候。他會將此提議先備而不用，以防其他方法落空。

但這個時候麥米倫也不動聲色，暗中授權提高了英國的戰備就緒等級。他命令國防將領，要把雷神飛彈還有英國自己的火神（Vulcan）核子轟炸機，調配到十五分鐘就可出動的戒備等級[514]。

「柏林就是西方的睪丸，」赫魯雪夫喜歡這樣說，「每次我想讓西方尖叫，我就在柏林上施壓。」

要找個合適的點施壓並不難。西柏林有兩百萬人口，深入共產東德一百英里，是一座幾乎沒有任何防禦能力的資本主義堡壘。這座城市是透過十三條協商後議定的進出通路與西德聯繫起來，但不管是哪一條通路，都可能在幾分鐘之內被擁有絕對優勢的蘇聯軍力切斷。這些進出通路包含四條高速公路（Autobahns）、四線鐵路、易北河（Elbe River）、一條運河，還有三條廿英里寬的空中走廊。一九四八年史達林切斷陸路聯繫之後，這三條空中走廊的航道就成了生命線。同盟國的西方成員國連續四百六十二天空運補給物資進來，而在封鎖的高峰期，幾乎每分鐘就有一架同盟國的運輸機，降落在柏林的滕珀爾霍夫（Tempelhof）機場。

甘迺迪跟赫魯雪夫都視柏林為「世界上最危險的地點」。自從甘迺迪當選總統之後，雙方便常因為這座城市而生出齟齬[515]。當時蘇聯完全無法接受柏林的現況：每天都有數百名東德難民跨越邊界逃進西柏林。在一九六一年六月的維也納高峰會上，赫魯雪夫甚至威脅要跟東德簽訂和平協議，並且取消同盟國諸國給西柏林的權利。不過兩個月後他選擇了截然不同的做法，豎立起一道一百零四英里長的「反法西斯防禦屏障」，也就是西方人熟知的「柏林圍牆」。但是緊繃的氣氛依舊持續。一九六一年十月廿六日，美國和蘇聯戰車在查理檢查哨對峙，僵持了兩天之久[54]。這是核子時代美蘇的第一次直接衝突，「雙方的士兵與武器都是瞪眼相對」[516]。

當甘迺迪和他的顧問群首次獲悉蘇聯在古巴部署飛彈開始，他們就一直深思柏林的命運。「我開始懷疑赫魯雪夫先生對於柏林的處理是否還有理智可言，」十月十六日，國務卿魯斯克在執行委員會的第一

[54] 譯按：另見本書 52 頁，第一章註號 30 後的正文段落。

次會議上告訴同僚，「他們可能是覺得要嘛能用柏林與古巴互為談判籌碼，要嘛就是他們可以煽動我們對古巴採取某種行動，如此一來他們就有了保護傘，可以在柏林方面也採取行動。」

甘迺迪最初的直覺是轟炸古巴的飛彈發射場，但最後之所以選擇海軍封鎖古巴，主要的原因之一就是擔心蘇聯會在柏林採取報復。一如他在參謀長聯席會議的解釋，美國攻擊古巴的飛彈發射場，只會讓蘇聯以此為藉口「拿下」柏林，就像一九五六年蘇伊士運河危機期間英法聯軍攻擊埃及，蘇聯的回應就是出兵匈牙利。在歐州人眼中，「我們就會被看成動不動就愛開槍，結果丟掉柏林的美國佬」。要是蘇聯對柏林發動攻擊，結果就是總統「唯一的選擇只有發射核子武器」。而就像甘迺迪自己的評論，這真是「糟透的選擇」。

在古巴危機逐漸成形前的幾個星期，甘迺迪滿腦子想的都是怎麼斷了蘇聯攻擊西柏林的念頭。西方陣營不可能在柏林贏得正規戰爭（conventional war），但他至少可以提高蘇聯攻擊柏林的代價。甘迺迪徵詢助理，一旦緊急情況發生，需要多長時間才能調派營級大小的軍力經由高速公路開進柏林。答案是三十五個小時[517]。因應總統的要求，軍方重新部署軍力配置，設想了各種方法，將反應時間縮減為十七個小時。中情局於十月廿三日報告，柏林在食物、燃料和醫藥上都有充足的貯存量，可以撐過六個月的封鎖[518]。

不過事情進展卻一反美國的預期，蘇聯並沒有因為美國封鎖古巴的行動，而增強在柏林方面施加的壓力。發生在邊界上的都是些平日常見的事件，還有關於聯軍護送車隊行動的爭議。駐防東德的蘇聯部隊奉命提高戒備狀態等級，蘇聯和美國軍官互相指控對方的種種「挑釁行為」——但這些差不多就是日常的慣例而已。

儘管人數減少許多，東德人民依舊逃往西方[519]。星期六天還沒亮，有年輕人共五男一女掘土爬過一層層帶刺的鐵絲網下方，企圖一路通往法國的防區。東德的邊防衛兵即刻發射照明彈點亮夜空，緊接著灑下地面的就是自動武器的砲火。那位廿三歲的女孩子，外套被鐵絲網的倒刺勾住了，卡在柵欄上動彈不得，他的男性夥伴們在滂沱大雨之中一面協助她脫困，一面閃避子彈的攻擊。另外一組人馬是三名年輕男子，他們先匍匐穿越邊界上的一片墓地，接著攀爬過一堵牆頂裝設了帶刺鐵絲的磚牆，成功進入西柏林。

當天下午，一架美國運輸機循著空中走廊航道飛出柏林，途中遭遇幾架蘇聯的戰鬥攔截機嗡嗡掠過身旁[520]。蘇聯噴射機三次經過這架航速較慢的美國 T-29 螺旋槳飛機旁，但除此之外並無其他干擾的舉動。美國的情報官員懷疑，一種騷擾空中走廊的新軍事活動就要展開，而這次事件就是前兆。

蘇聯飛彈在古巴的部署以及柏林局勢最後的走向，其間的交互關涉，赫魯雪夫想必看得一清二楚。在他心裡，所有事情之間都有干係。如果古巴這場賭局是蘇聯勝出，那麼他在全球地緣政治上與他國談判商酌時的力道，便不可同日而語了。十一月六日美國國會大選之後，赫魯雪夫就不斷強烈暗示西柏林將有重大的新舉措，包括與東德簽訂和平條約。「我們會給甘迺迪兩個選項：打一場仗或簽一紙和平條約，」九月時蘇聯部長會議主席赫魯雪夫告訴美國內政部長尤德爾，「你們需要柏林嗎？你們看來非常想要。」[521]

無論赫魯雪夫在古巴部署飛彈最初的動機是什麼，他現在都絲毫沒有興趣擴大與美國之間的衝突。

此刻全世界距離核戰在古巴爆發只有一步之遙，但他按捺住誘惑，沒有提高在西柏林的賭注。既然美國在古巴施加壓力，蘇聯外交部副部長庫茲涅索夫（Vasily Vasilyevich Kuznetsov, 1901–1990）就提議對西柏林「加強施壓」，如此與美國就旗鼓相當了，但赫魯雪夫聽到之後反應非常激烈。「我們才剛要從一段冒險裡抽身，你現在又建議我們投身另一段冒險了。」522

赫魯雪夫決定讓西方的「睾丸」消停消停喘口氣。

十月廿七日，星期六，上午 9:09

在佛羅里達州奧蘭多市外的麥考伊空軍基地（McCoy Air Force Base, Fla.），魯道夫．安德森（Rudolf Anderson, Jr., 1927–1962）少校剛剛完成出發前的整備，即將駕駛U-2偵察機執行他第六次飛越古巴的任務。他已經聽取完導航員的簡報，順利完成呼吸練習，扭曲著身子好不容易塞進部分加壓飛行服。他要執行的是一趟一小時十五分鐘的飛行偵察任務，飛越古巴島東半部的上空。

安德森現年三十五歲，體格精實健美，有著一頭濃密黑髮，深棕色的眸子炯炯有神，他是典型的A型性格。飛行就是他的生命，也是他生命的熱情所在，孩提時期他就熱中組裝模型飛機，想像自己有朝一日成為飛行員。他所有科目的評鑑成績全部都是特優，不難看出他的軍旅生涯必然將一路大放異彩。私底下的安德森是個充滿活力的人——曾經為了追回一隻從籠子裡逃脫的小鳥，直接從學校宿舍二樓窗戶跳出來——但只要關乎工作，他就會極度嚴肅。在朋友鮑威爾（Robert Powell, 1932–2021）眼中，安德森是這樣的飛行員：「你能力所及的每一個任務最後都會到他手上。因為首選已經被他拿走，所以你就只能自願當候補，你非得這麼做。你不可能壓得下他。」[523]

安德森和U-2飛行員同袍黑澤上校之間，維持著一種良性競爭的關係，準備看看誰能在古巴累積最多次戰鬥任務[524]。黑澤的軍階比安德森高，不過安德森是中隊裡負責制定標準的主任（chief of standardization），這是一個深具威望的職位，其他飛行員都在他的監督之下。黑澤在十月十四日的U-2偵察任務中，飛越古巴西部的聖克里斯托巴鎮，首先發現蘇聯飛彈的存在。安德森則在隔天出勤，在古巴中部的大薩瓜鎮附近又發現更多飛彈發射場。到了十月廿七日星期六，兩人都分別在古巴島上空執行了五次單機飛行任務。

安德森一開始並未列名於星期六晨間的飛行勤務人員名單上[525]。原先的計畫包含三項單機任務，只需由經驗較少的飛行員執行即可。第一項任務飛行時長廿分鐘，是快速飛越古巴中部的飛彈發射場上空；第二項任務飛行時長一小時，必須飛越所有飛彈發射場；第三項任務飛行時長四小時，是環繞古巴島周圍飛行，但保持在國際空域而非古巴領空。星期五晚上，戰略空軍司令部的計畫人員在行程中加入了第四項任務：偵察蘇聯和古巴在關塔那摩灣海軍基地附近的軍事部署，並且刺探蘇聯的空防系統。安德森熱切想要累積自己的戰鬥時數，於是就暗中遊說，為自己爭取了此次任務[526]。

星期六凌晨，前三項任務一個接一個被取消。目前海軍正針對飛彈發射場執行低空偵察任務，此刻蘇聯已經啟動他們的空防系統，因此現在指派U-2偵察同一個區域，並沒有太大意義。其中一位飛行員克恩（Charles Kern, 1931–2015）上尉，收到華盛頓傳來中止飛行任務的命令時，人都已經坐在駕駛艙裡了[527]。剩下沒有取消的只有編號3128的任務——安德森的任務。

在這一項飛行計畫中，安德森必須以七萬兩千英尺的高度，飛入八座地對空飛彈發射場所在的範圍[528]。他很清楚蘇聯的V-75飛彈可能帶來的威脅，而他駕駛的U-2偵察機上也有設備，可以偵測到與飛彈系統相連的雷達系統。如果蘇聯雷達標測到他的座機，他的駕駛艙就會亮起黃燈；而要是地對空飛彈發射場鎖定了他的座機，那黃燈就會變成紅燈。那麼接下來他就得採取閃避動作（evasive action），時而佯飛向內，時而佯飛向外，一如鬥牛士誘使公牛偏轉方向。這麼做是希望飛彈從他的座機旁呼嘯而過後，在飛機上空爆炸，就不會對他的座機造成傷害。

一輛廂型車把安德森載到起飛線前，那架和他一起執行前五次飛越古巴任務的飛機，就靜靜等在那裡。這架U-2隸屬中情局，編號56-6676，不過重新漆上了空軍的軍徽[529]。甘迺迪比較傾向派遣穿藍制服的空軍，來執行飛越古巴上空的任務，而不是中情局的飛行員：原因是如果不幸遭擊落，他們被拷問的問題會比較少。不過中情局的U-2偵察機在性能上略優於空軍的版本：中情局的版本引擎動力較大，因此飛行高度可以更高五千英尺，如此一來也就稍微不容易被蘇聯的地對空飛彈擊中。中情局勉為其難同意把幾架他們的飛機出借給空軍，條件是中情局仍然可以主導整個照片判讀過程。

中情局頗不痛快空軍搶了他們的鋒頭。中情局人員仍然負責維修麥考伊空軍基地的偵察機，同時也掌管情報材料。空軍飛行員覺得中情局的人就是來攪局的，「不管我們做什麼他們都要挑毛病」[530]；至於中情局官員則抱怨，空軍的人不夠注意地對空飛彈發射場可能造成的威脅。當時沒有任何系統可以運用電子作戰的技術，干擾蘇聯空防系統使用的雷達，或者追蹤飛越古巴上空的U-2偵察機。根據情報官員估算，U-2 飛行員在古巴上空被擊落的機率大約是六分之一。

安德森爬上梯子登入 U-2 偵察機，後頭跟著他的機動管制官，他綁好所有繫帶把自己固定在駕駛艙裡。他的皮夾裡放了愛妻還有兩個小孩的照片[531]。先前在阿拉斯加的臨時任務中，他在冰上摔了一跤，現在右肩還是隱隱作痛，但他不會讓傷痛阻止他的飛行[532]。他的指揮官取消他一天的飛行計畫表，希望他稍事休息把傷養好，但他卻大聲嚷嚷抗議。「我有那裡做得不夠好嗎？」他很想知道[533]。

機動管制官赫曼（Roger Herman）上尉複查最後的核對清單，確認安德森的氧氣供應正確連接，地圖還有「最高機密」目標的檔案夾全都整整齊齊放在彈射座椅旁邊。兩位飛行員又測試了所有緊急系統，確保一切都正常運作。一股氧氣快速湧入部分加壓飛行服，短暫充滿裡頭的充氣管，讓飛行服鼓脹塞緊駕駛艙。當赫曼確認一切都準備就緒，他拍了拍安德森的肩膀。

「好了小魯，可以開始了，一路順風。等你回來再聊。」[534]

赫曼關上座艙罩的時候，安德森比了個拇指向上的手勢。過了一會兒他的 U-2 就起飛航向古巴。時間是上午九點零九分。

安德森少校的 U-2 起飛之際，另有一架美國電子偵察機已經在空中飛行了四小時。這架 RB-47 偵察機是改裝版的 B-47 轟炸機，正在探查蘇聯的雷達信號。威爾森（Stan Willson）上尉是當天凌晨五點時，從堪薩斯州的福布斯空軍基地起飛，之後在墨西哥灣上空加滿油箱，此刻正繞行古巴，小心翼翼維持在國際水域上空。雖然各式各樣的雷達信號都會引起他的關注，但他首要的目標還是查明蘇聯的空中防禦是否已經啟動。

除了兩位飛行員和一位導航員，RB-47的機組員還包括三位電子作戰官。空軍的官方行話稱他們為「渡鴉」（ravens），但他們更偏愛帶點幽默又自嘲的另一個名稱：「烏鴉」（crows）。B-47原先的炸彈艙經過改裝，現在裡面塞滿了電子竊聽設備。RB-47升空後不久，在還未高飛之前，三位渡鴉就會向後爬進這個「鴉巢」（crows' nest）。鴉巢從飛機的下腹部凸出，就像懷胎的子宮一樣，這裡除了自成空間與飛行員所在的機艙隔離，壓力的維持也是分開的。這三位渡鴉下在接來十個小時，就要細聽電波中一連串嗶吱吱的聲音。

絕大部分時間他們的任務就是件千篇一律的無聊差事，時不時會有比較密集的動靜插入其間。威爾森上尉的機組員中，有好幾位曾經執行過環繞蘇聯周圍飛行的任務，目的是在未來可能展開轟炸攻擊之前，預先探知蘇聯的空防系統有何弱點。他們會直接瞄準蘇聯邊境，如同置身於真正的轟炸空襲任務，然後在最後一刻轉向飛離。如此為之的目的在於煽動蘇聯開啟雷達，那麼截獲的訊號日後便可用來標繪出蘇聯空防系統的位置。不過這樣的行動總是存在一定風險，他們很可能因此偏離航道，在蘇聯上空迷航而遭擊落。威爾森隸屬的第五十五戰略偵察機聯隊中，就有好幾位成員最後被蘇聯俘虜下獄，還有好幾位被擊落身亡——而擊落他們的，正是他們在任務之中要查明的蘇聯武器系統。

環繞古巴周圍飛行的任務叫做「共同目標」（Common Cause），不過有些追求刺激的渡鴉開始把這個任務改稱為「迷失目標」（Lost Cause）[535]，有時候可能什麼事都沒發生就虛度一整天。對RB-47的飛行員來說，古巴飛彈危機中最具有辨識性的聲音，就是「寂靜無聲的噪音」[536]。雙方都盡可能將電波保持關閉愈長時間愈好，以防在無意之間不小心就洩露點滴資訊給敵方。通常都會有「很多人喋喋不休」，不過這下好像每個人都「屏住呼吸連大氣都不敢喘一聲」。

星期六早上蘇聯開啟了空防追蹤系統，電波再次活躍了起來。渡鴉截獲了一條雷達信號，於是立刻打開錄音機和掃描機。分析雷達信號的工作就像監控心電圖和研究鳥鳴聲的結合。就像經驗老到的獵鳥人有辦法辨識出幾百種不同的鳥類，渡鴉也學會區別各種不同的雷達系統，甚至模仿其音律。預警雷達產生的聲音低沉，聲音與聲音之間的間隔相當長；火控雷達發出的聲音刺耳，差不多就像是鳥兒的啁啾一樣連續而尖銳。只要渡鴉一聽到這樣的聲音，馬上就明白自己的飛機已經處於被鎖定為目標的危險之中。而飛行員也獲得授權，一旦覺得自己即將遭受攻擊，便可以「開火摧毀對方」[537]。

威爾森的RB-47偵察機環繞古巴海岸飛行之際，渡鴉也開始截獲各種不同類型蘇聯飛彈的相關信號。他們識別出湯匙架雷達的ㄅㄅ（*brrr-brrr*）警報聲，也就是蘇聯地對空飛彈系統的目標捕獲雷達。牛津號偵察艦前一晚也在佛羅里達海峽中間截獲類似信號，由此一葉知秋，看來蘇聯最後決定啟動他們的空防系統了。

突然之間，在監視器前蜷著身子的渡鴉，截聽到火控雷達特有的尖銳吱吱吱聲（*zip-zip-zip*）[538]。RB-47後機腹下方設有一支旋轉的天線，渡鴉利用這個搜尋方向的設備，追蹤到火控雷達信號的源頭。此前，他們曾經辨識出在古巴東部的巴內斯鎮（Banes）幾英里外，有一座地對空飛彈發射場，而這次的信號就是來自該地。這是一個不祥的預兆：在古巴上方盤旋的美國飛機不僅僅是被蘇聯空防系統追蹤——而是已被鎖定為攻擊目標。

渡鴉裡最資深的那一位，啪一聲打開對講機跟鴉巢上方的駕駛艙通話：「嘿老大，我們發現一支大雪茄。」[539]

「大雪茄」（Big Cigar）是水果盤火控雷達的官方代號。副駕駛雖然立刻把消息轉達給戰略空軍司令部總部，但是他沒有辦法直接聯繫上安德森少校，警告這位U-2飛行員已經身處險境了——因為安德森嚴格遵行保持無線電靜默的指示。

毛茨比在空軍待了十一年，是大家眼中的傑出飛行員。他曾在空軍雷鳥飛行表演隊（Thunderbirds Air Force acrobatics team）服役過兩年，以高超技巧駕駛F-100超級軍刀機（F-100 Super Sabre）表演一系列令人驚嘆的轉圈、滾翻、螺旋式等特技飛行。在四機一組的表演隊形裡，毛茨比的飛機總是右翼的那一架。加入雷鳥之前，毛茨比在對抗北韓的戰鬥中遭敵軍擊落，被以戰俘在中國囚禁六百天之後獲釋。毛茨比唇上的鬍髭修剪得整整齊齊，臉龐黝黑英俊，眼神又帶點頑皮，他看起來就像稍微矮一些的英國演員大衛．尼文（David Niven, 1910–1983）。他渾身散發自信與才幹，一如空軍裡大多數的頂尖飛行員，毛茨比深信自己可以「在空戰中狠狠修理任何對手」[540]。

然而此刻的毛茨比，卻是忐忑不安信心全失。根據他的飛行計畫，現在他應該在返回阿拉斯加的路上才對，但是沿途星星出現的相對位置都跟預期之中的完全不同。他開始懷疑是不是有什麼地方「出了大紕漏」[541]。

天文導航技術由來已久，麥哲倫（Ferdinand Magellan, 1480–1521）和哥倫布（Christopher Columbus,

1451–1506）用的就是這種方法，毛茨比也是依賴天文導航確定自己的方位。導航員準備了一整疊天體圖，讓毛茨比可以在沿途中的不同地點取用。飛行員會把天體圖堆放在座位旁邊，從巴特島飛往北極的航程中途，他會抽出一張綠色的硬紙板；從這張紙板上可以看出目前飛機所在的假設位置，以及在夜晚的這個時間點上，各個星體的精確校準方位。如果他維持在正確的航線上，那麼往機鼻的右側看，就可以看見大角星（Arcturus）柔和的橘色光芒，那是北半球最明亮的星星。另一顆明亮的星星織女星（Vega），位置則會在西北方天空稍微高一點的地方。北極星（Polaris）差不多就在頭頂正上方，表示他愈來愈接近北極。獵戶座（Orion）則會在飛機正後方，也就是南方。

他試著透過六分儀對準其他幾顆更亮的星星以確認方位，但是「一道道波紋狀的光芒在夜空之中舞動」，讓他沒有辦法辨別出不同的星星。他愈往北飛，這種光線就「愈強烈」。原來他遇上的這種罕見現象就是北極光（aurora borealis）。

要不是因為現在棘手的處境，他或許會好好享受一番這般奇景，畢竟他過去見識的任何景色都無法與此相比。他駕駛艙外的夜空就像是有生命似的，輝煌的光線似乎自隨韻律搏動。橘黃色的、紫羅蘭色的、緋紅色的閃光在天空留下一道道斑紋，扭轉迴旋猶如風中飛揚的飄帶。有的時候天空像一座天國的戰場，因為閃閃發光的軍刀還有猛投而去的標槍而熱烈激昂；有的時候天空又像一座天國的芭蕾舞臺，以闃黑的夜空為背景，各種明亮的光型演出精湛的舞姿。

這些婆娑的光輝讓毛茨比眼花撩亂，很難分辨出各個星星的身分。他的指南針也派不上用場，因為飛到北極點（North Pole）附近，指針出於地面磁場的吸力自然而然被緊緊向下吸，南北方向因此完全混淆。這下他沒有辦法依賴星星得到清楚的定位，現在究竟身在何處，現在究竟飛向何方，他自己也只有模糊的概念。他一直以為他正在飛往北極的路上，不過現在看來，最後那幾個他自以為正確的定位，似乎也「極度不可信」，但是他仍固執地維持目前的航線，期盼著「那顆他自己以為看到的星星，就是正確的星星」542。

U-2偵察機的脾氣捉摸不定，即便是在萬事俱備的最佳情況下，駕駛起來也非易事，因為需要考慮的變因有太多，需要計算的數值也有太多。毛茨比此刻的飛行高度是U-2飛行員口中的「棺材角」（coffin corner）：這個高度的空氣非常稀薄，只能勉強支撐飛機的重量，而且在容許範圍之內的最高速度與最低速度之間，僅有差不多六節的差別。專為翱翔至異乎尋常的高空而設計的U-2偵察機，是有史以來結構最脆弱的飛機之一。如果毛茨比開得太快，這隻脆弱的灰色大鳥就會從機尾開始解體，但如果他開得太慢，引擎就會失速，那飛機就會變成機鼻向下開始俯衝。因此毛茨比必須聚精會神盯著面前的空速表，眼光可不能偏離太久。

毛茨比發覺駕駛U-2偵察機有點像回到早年飛行術的年代，那個時候飛行這件事只限縮在幾件最本質層面的操作上。由於U-2沒有液壓系統輔助，若要移動襟翼的角度就必須全靠臂力，來推動或拉動駕駛艙裡自己面前的山字型操縱桿。操縱桿上方則是圓形的觀景窗，用於向下的位置時可以觀測地面，用於向上的位置時也可以充當六分儀。

毛茨比繼續向北飛，途中他啟動了一個大型濾紙的裝置以採集放射塵。這張濾紙裝設在U-2的機腹，一般來說這個小隔間都是預留來裝設照相機。他還得將空氣樣本採集在瓶子裡，返回阿拉斯加之後送交實驗室化驗。儘管蘇聯的核子試爆是在千里之外的新地島上進行，但是藉由仔細分析這些空氣和塵埃樣本，美國科學家就可以從中獲知很多相關資訊。他們特別珍視這樣在高緯度採集到的樣本，因為相較於穿越大氣墜落了很長一段距離的放射塵，高緯度的樣本受到的汙染較少。

抵達他自以為是北極的地點後，毛茨比決定先繼續向前飛，接著做一個90–270度的轉向，這是調轉路線方向的標準程序——「先左轉九十度，緊接著立刻再轉向二百七十度，直到再次飛上來時所循的航道，只不過現在已是相反的方向」。

毛茨比的飛機下方是一整片猶如汪洋的冰雪，在黑天墨地之中無盡蔓延。大地從地平線的這一頭到另一頭都是黑洞洞的一片，然而斑斕的光輝在夜空中舞動著，天空卻是熾盛耀眼，飛越這種環境除了讓人感到不可思議，還特別容易迷失方向。

十月廿七日，星期六，上午 9:25

甘迺迪做完例行的晨間運動，於九點廿五分抵達橢圓辦公室。通常差不多都是這樣：最先進去他辦公室的是行程祕書歐唐諾和國家安全顧問邦迪。他有一些例行公事需要先處理，包括收下千里達及托巴哥共和國（Trinidad and Tobago）大使送呈的國書。接著他打了幾通電話，其中一通打給預備學校的老同學比林斯（Kirk LeMoyne "Lem" Billings, 1916–1981）。十點過後幾分鐘，他走過大廳來到內閣會議室，十二位執行委員會的成員已經聚集在這裡。

除非是特別疲累，否則甘迺迪每天至少會花一小時在游泳，還有克勞斯醫師囑咐他要做的例行伸展運動上；甘迺迪在星期一的電視演說後，幾乎沒有認出這位奧地利裔的骨科醫師[55]。白宮西廂地下室有一座小小的健身房在游泳池旁邊，就是專門為甘迺迪設置的。戰情室就在地下室的角落，如此一來在鍛鍊自己虛弱的腹肌時，他就可以抽空到戰情室掌握蘇聯潛艦的最新動向。克勞斯醫師特別提醒他，「在壓力與緊張夾擊的時刻」，維持運動的計畫「尤其重要」[543]。

從甘迺迪有記憶開始，他就不斷在對抗大大小小的病痛。青少年時期因為一連串神祕莫測的病痛，大部分時間他都在醫院裡進進出出；醫生們從未能夠明確指出這些問題的成因，因此對於該如何施以治療也是各執己見。他就任總統的時候，已經接受過六次大型手術。他每天都要注射十多種不同的藥品，好比局部麻醉藥普魯卡因（procaine）以舒緩背痛，睪固酮（testosterone）以增長體重，類固醇（steroids）以控制結腸炎，還有抗生素以防性病的感染舊疾復發。

克勞斯堅信許多甘迺迪的健康問題，根本就是服用過多藥物的惡果；而持相反之見的醫生，則長年替甘迺迪注射奴佛卡因（novocaine）和其他止痛藥，讓他得以度過一天又一天。儘管甘迺迪在過去幾個月成功減低了每日的藥物攝取量，不過他依舊稱得上是一個行走的藥櫃子。他還是服用十種以上的藥物，有些一天還得服用兩次。隨著危機日熾，哪天總統可能得從白宮撤離的顧慮也日漸增長，因此甘迺迪的海軍醫生就特地指示[56]，橢圓形辦公室外必須固定配置一只裝滿各種總統用藥的箱子。那只褐色的皮箱上還得標明「總統隨身物品」，而且必須「隨時可供與總統一行人遷移」[544]。

甘迺迪用藥問題的程度儘管諱莫如深，但這件事對於他成為怎樣的人還有他怎樣看待生命，有非常深遠的影響。身體不好造就了他內省和多疑的天性，從幼年時期他就常常拿死亡開玩笑，同時他也很早就學會怎麼「把每一天都當成生命中最後一天來過」[545]。一位甘迺迪的傳記作者曾經有言，甘迺迪其實就跟他的勁敵卡斯楚一樣，「有追求刺激的癮頭」。他這輩子就是一場「與無聊的競賽」[546]。

甘迺迪與卡斯楚的不同之處，也可以說是與赫魯雪夫的不同之處，在於一種袖手旁觀似乎無關痛癢的調調（sense of detached irony），這當然也與他長年飽受病痛纏身之苦有很大的關聯。他永遠都在質疑傳統智慧。卡斯楚孤芳自賞，只關心自身利益：只有他的行動還有他的意願才重要，其他都不值一提。赫魯雪夫是把全世界的事務都歸納為他粗糙的政治權力計算。甘迺迪則有種本事，能透過對手的角度看待問題，他這種「設身處地將心比心的換位思考能力」，既是一種詛咒但同時也是一種力量[547]。

有兩項性格發展上的影響，使得甘迺迪有別於其他家裡有錢有勢的烏衣諸郎；其一是他終生飽受身體上的折磨，其二便是第二次世界大戰。身為一名實際在大西洋指揮魚雷快艇（PT-boat）的海軍中尉（lieutenant junior grade），他對於現代戰爭的模式有其得自前線的一手觀點，這與白宮或五角大廈的觀點大相逕庭。

「這場戰爭就是件齷齪的勾當」，一九四三年甘迺迪寫信告訴他的丹麥裔女友阿瓦德（Inga Arvad, 1913–1973）。要他說服班兵他們是為了偉大的理由為國捐軀，他還真的說不出口，因為他們只是在「屬

---

55 譯按：另見本書 105、106 頁，第二章註號 129 至 131 所在的正文段落。

56 譯按：即本書 645 頁第十章註腳 543 的海軍中將柏克萊。

於利華公司（Lever Company）的幾座小島上作戰，而那不過就是一間生產肥皂的英國公司罷了。……我想如果我們是股東，說不定經營得還比他們好」。不像日本兵可以心甘情願為了天皇萬死不辭，典型的美國士兵心裡有一種分歧的忠誠——「他想要奮勇殺敵，但同時他也全力避免為敵所殺」。甘迺迪從中學到的教訓是：在把美國的子弟送上戰場之前，美國政客最好三思而後行。像是「全球戰爭」還有「全力以赴」這樣抽象的措辭，他向來都嗤之以鼻。

任誰都可以輕易對戰事說長道短，或者說一些只要花上幾年還有一百萬兵力，就可以打敗日本人這樣的話，但說這些話的人應該好好想想自己說了什麼。我們已經習慣開口閉口就是數十億美金還有幾百萬軍人，以至於數千人的傷亡聽起來就像是九牛一毛而已。但如果這數千人的求生欲望，就如同我所見的十個人那樣強烈（即魚雷快艇上的十個人，他所指揮的魚雷快艇為日本驅逐艦所毀，斷成兩半），那麼那些決定因何而戰以及為何而戰的人，最好非常非常確定這一切努力確實是朝向一個明確的目標前進。果然如此，那麼當我們達成目標之際，我們就可以說付出這一切是值得的；因為如果是不值得的，那麼付出的一切就都化為灰燼，而且在戰爭結束後的日子裡，我們勢必還將面對更大的麻煩。548

成為三軍總司令之後，讓甘迺迪更憂心的是並非意料之內的戰爭結果。一九六二年初，歷史學家塔克嫚（Barbara W[ertheim] Tuchman, 1912–1989）發表了一本有關第一次世界大戰起因的專書，題為《八月砲火》（*The Guns of August*），在《紐約時報》暢銷排行榜上蟬聯四十二週。她的主要論點就是出於過失、誤解、溝通不良，一連串無法預料的事件便可能因此解開束縛，導致各國政府在還不甚理解後果嚴重性的情況下，就貿然投入戰爭。甘迺迪對此書大為激賞，除了時常引述之外，他還要他身邊的諸位臂助也拜讀這本書。他甚至還想要求「每一位陸軍軍官」都讀一讀，所以陸軍部長（secretary of the Army）給全世界每一座美國軍事基地都寄了一本549。

書中甘迺迪最喜歡段落之一是這樣的場景：有兩位德國政治家正在分析其時最毀滅性的軍事衝突，成因究竟為何。

「這一切到底是怎麼發生的？」年紀稍輕的那位想知道。

「唉，要是有人知道就好了。」550

每當甘迺迪想像一場因為古巴的飛彈而與蘇聯開打的戰爭，有個念頭總是揮之不去。他想像一顆被「烈火、毒物、動亂、災禍」所蹂躪的星球。不管他在總統任內還得做些什麼，他都下定決心要避免這樣的結局——一位核戰生還者詢問另一位生還者：「這一切到底是怎麼發生的？」結果得到教人難以置信的答案：「唉，要是有人知道就好了。」

發動核子攻擊的密碼存放在一個黑色膠皮公事包裡，暱稱為「美式足球」（the Football）。有了美式足球裡的密碼，甘迺迪可以下令一次消滅位在蘇聯、中國和東歐的數千個目標。總統的命令一旦核實，飛彈在幾秒鐘之內就會從蒙大拿州、北達科他州平原上的飛彈發射井發射出去；朝俄羅斯而去的B-52轟炸機將會飛越安全任務地點（fail-safe points），直奔攻擊目標；北冰洋中的北極星潛艦也會逐一解放裝載的核子彈頭。

甘迺迪一開始以為，美式足球只不過又是另一項配給總統的隨身用品而已。但入主白宮一年之後，他開始針對美式足球的真正用途提出更尖銳的問題。促使他提出這些問題的，是一部當時出版不久的新小說：由聶博（Fletcher Knebel, 1911–1993）和貝禮（Charles W[aldo] Bailey II, 1929–2012）合著的《五月裡的七天》（*Seven Days in May*），故事內容虛構了一位美國總統面臨一場未遂的軍事政變。甘迺迪盤問他的軍事助理克利夫頓（Chester Victor Clifton, Jr., 1913–1991）少將一些相關細節，其中他特別感興趣的是那位看管核子攻擊密碼的軍官。

「這本書裡說，那些人裡面會有一個整晚坐在我臥房外面待命。這是真的嗎？」551 克利夫頓答覆甘迺迪說，負責美式足球的執勤官是待在樓下的辦公區，而不是樓上的居住區。「真有什麼狀況的話——我們實測過很多次時間，就算不坐電梯用跑的——他只要一分半鐘就可以跑到樓上。如果哪天晚上他敲你的門，然後進去臥房在你面前打開手提箱，你就得繃緊神經了。」

還有一次是甘迺迪想要確實釐清，倘若真有必要，他該如何著手下達「即刻對共產陣營發動核子攻擊」的命令。他動手寫了一張問題清單給參謀長聯席會議，想知道如果他按下「辦公桌電話上的紅色按鈕」，接通五角大廈的聯合作戰室（Joint War Room, JWR）之後，會發生哪些事552：

- 如果我沒有事先知會一聲就打電話給聯合作戰室，那跟我通話的會是誰？
- 如果要發動即刻核子攻擊，我該跟聯合作戰室說什麼？

• 收到我指令的那個人該怎麼核實指令？

這些可不是什麼虛無飄渺的問題[553]。甘迺迪和助手們已經多次以蘇聯進犯柏林為背景，深入探究以核子武器對蘇聯發動第一擊的優缺點。軍事高層比方空軍參謀長李梅和戰略空軍總司令鮑爾，都熱烈擁護以第一擊定勝負這個選項。不過甘迺迪對於此想法頗感抗拒甚至恐懼——他比較同意國防部長麥納瑪拉的見解，也就是他們無法保證可以摧毀蘇聯所有的核子武器——但總之第一擊的計畫還是草擬好了。核戰的爭論已經由抽象的信念轉變為實際的考量：原先是透過「相互保證毀滅」達成威懾的戰略，而今已然轉為如何打一場並贏一場有限的核子戰爭。

美國的核戰計畫叫作「單一統合行動計畫」（Single Integrated Operational Plan, SIOP）。這樣大規模的第一個作戰計畫是SIOP-62，總共需要調遣二千二百五十八枚飛彈，並且出動轟炸機攜帶三千四百廿三枚核子彈頭，攻擊共一千零七十七處散布在「中蘇陣營」的「軍事及城市工業目標」，甘迺迪看完之後深感驚駭。一位顧問覺得這個計畫簡直具有「華格納式的狂歡」特徵[554]；另一位顧問則形容此種計畫是「一場大規模、全面、綜合的戰略攻擊，目的在於掃除……與紅色有關的一切（everything Red）」。另外值得一提的，是此計畫還實際設想了殲滅巴爾幹半島的小國阿爾巴尼亞。儘管中國（與阿爾巴尼亞）已拒絕按著莫斯科的指導棋走，但這個計畫是對所有共產國家發動無差別攻擊。全部都是計畫要毀滅的目標。

「我們居然好意思自稱人類是個大家庭。」這是甘迺迪聽完計畫簡報之後，尖刻譏諷的評語。

看到SIOP-62計畫這種不全則無（all-or-nothing）式的選擇，甘迺迪政府為之一驚，於是起草了新的計畫，名為SIOP-63。儘管名稱如此，然而這個新計畫在一九六二夏天就已生效。新計畫允許總統握有一些「保留」的選項，包含中國與東歐，以及力圖將城市與軍事目標區分開來。不過新計畫仍然建構在單一毀滅性攻擊的想法之上，亦即以此完全摧毀蘇聯製造戰爭的能力。

然而到了實際要做出決定的那一刻，這些選項都沒有獲得甘迺迪青睞。他曾經詢問五角大廈，設若一枚蘇聯飛彈真的穿越而來，擊中某座美國城市附近區域的話，會造成多少人死亡。答案是六十萬人。「這是南北戰爭喪生的總人數，」甘迺迪暴怒，「一百年過去了，我們都還沒從六十萬人喪生的傷痛中恢復過來。」他後來也承認，古巴的廿四枚蘇聯遠程彈道飛彈，確實造成「對我而言重大的威懾力量」555。

他曾經私下推斷核子武器「只適合拿來做為威懾之用」。他覺得「如果坐在世界兩端的兩個人，有能力可以決定人類文明的終結，那真是荒唐至極」556。

第十章 擊落

十月廿七日，星期六，上午 10:12（哈瓦那上午 9:12）

從麥考伊空軍基地起飛之後，安德森沿著佛羅里達州的東海岸線飛行。他的巡航高度是七萬兩千英尺，這是一般商業客機高度的兩倍，到達這個高度之後往下看，可以看到地球的弧線就在他的飛機下方延展開來。雖然現在時間還是半晌午，不過隨著他飛入平流層的較高層，天空已隨之轉暗了。美國的空防系統已經收到警告有不知名的神祕飛機，但不允許聯繫安德森。安德森在他的 U-2 起飛四十七分鐘後用密碼發出信號，那時他還在美國領空之內。按他收到的指示，接下來他都必須保持無線電靜默，直到他在中午過後幾分鐘再次返回美國領空。

從 U-2 駕駛艙看出去，科科島（Cayo Coco）與吉耶爾莫島（Cayo Guillermo）的白色沙灘映入安德森眼簾，那裡是海明威最喜歡釣魚的地點之一。他的航線將會以西北向東南的對角線方向首先飛越卡馬圭（Camagüey），接著飛越古巴南面海岸曼薩尼約（Manzanillo）的地對空飛彈發射場，在此處左轉沿著馬埃斯特拉山脈飛行，飛過關塔那摩之後到達島嶼的最東端。他將在這裡再次向左急轉，調頭朝向佛羅里達返航。

安德森在科科島上方飛入古巴領空之際，蘇聯空防系統就偵察到他的U-2並且持續追蹤[557]。蘇聯軍官記下了他進入領空的時間——當地時間上午九點十二分——同時也向其他空防系統發出警報。

安德森朝向小鎮艾斯梅拉達（Esmeralda）外圍的地對空飛彈發射場飛去，途中他開啟了相機。當相機從地平線的這一端擺動到另一端，他可以感受到駕駛座下方的相機艙，傳來一連串由相機來回動作引起的砰砰捶擊聲。一趟拍攝照片的航行與一趟投擲炸彈的航行，其中頗有相似之處：飛行員的工作要務都在於飛越目標上空時，必須盡可能維持「平臺」的穩定。U-2偵察機上的照相機是個龐然大物，焦距就有三十六英寸，滿載的時候膠捲大約就有一英里長。為了維持機身平衡，膠捲被裁切為九英寸寬的兩段長條，分別纏繞在對向的兩個卷軸上，之後才會重新接合為一卷。

照相機砰砰地在相機艙內運轉；安德森的U-2飛過艾斯梅拉達的時候是當地時間上午九點十七分，華盛頓時間是十點十七分。

十月廿七日，星期六，上午10:18

安德森進入古巴領空的時候，白宮內閣會議室裡當天執行委員會的晨間會議才開始七分鐘。按照慣例，會議由中情局局長麥孔的情報簡報開場，大家簡要討論了一下攔截格羅茲尼號的事，國防部長麥納瑪拉隨後接手，開始概述一份蘇聯飛彈發射場的全天候監控計畫。八架美國海軍RF-8十字軍噴射機馬上就要從西嶼起飛，下午還會派出其他八架。這兩趟飛行任務之後，接著是由美國空軍軍機執行的第一次夜間偵察行動，將會發射照明彈，照亮飛彈發射場。

甘迺迪的一位助理遞交上來一條重大新聞，剛剛才從美聯社（Associated Press）的收報機上撕下來。他先快速瀏覽一遍，接著大聲讀出來：

【新聞快報】

莫斯科，十月廿七日（美聯社）

赫魯雪夫總理

在今天的一則信息中轉告甘迺迪總統

如果美國從土耳其撤離其火箭

他就會從古巴撤離攻擊型武器。

十月廿七日上午 10:18 [57]

「嗯，」國家安全顧問邦迪大吃一驚，深表不以為然，「他之前沒有說過。」

「目前為止發布這則新聞的兩大通訊集團都是這麼寫的。」總統文膽索倫森說。路透社（Reuters）的新聞快報在三分鐘之前發布，時間是上午十點十五分，措辭幾乎如出一轍。

[57] 譯按：相關內容另見本書 316 頁，第八章註號 474 至 475 所在的正文段落。

「他之前沒有說過……」

「他之前真的沒有這樣說過對不對？」

「沒有啊沒有。」

一如往常，甘迺迪的思緒就是領先他的助手們一步。前一天赫魯雪夫經由莫斯科美國大使館傳來的私人信息裡，並未提及用古巴換土耳其的這筆可能交易。不過這非常有可能是一項全新的提議，而蘇聯只是提高了他們的賭注。不過如此一來就可能風雲變色。

「他可能就是用這樣的方式發布另一封信，」甘迺迪推測，他大聲叫喚他的新聞發言人，「皮耶？皮耶？」

皮耶．沙林傑從門邊探頭進來。

「我們之前收到的那封信裡可沒說這些對吧？」

「沒說，我讀得很仔細，對我來說信裡沒這意思。」

「好吧，那我們就暫且按兵不動。」執行委員會的成員等候來自新聞通訊社的更多消息，甘迺迪則再把焦點轉回監控的飛機上。他對於夜間任務頗有疑慮，因為這還是第一次在古巴執行此類任務，很難預料蘇聯和古巴會如何反擊空軍的煙火照明。如今針對飛彈發射場的各項工作都在如火如荼進行，邦迪跟麥納瑪拉都認為「打鐵趁熱」非常重要。諸位助手的論點讓甘迺迪動搖，所以暫時同意了他們提議的夜間飛行。

「我可以接受。」最後甘迺迪說。

但是他很快又插進一個限定條件。「不過我覺得差不多下午六點的時候，我們還是再談一談這件事，以防白天又發生了什麼重要的事。」

「沒問題，總統先生。」麥納瑪拉同意。

十月廿七日，星期六，上午 10:22（哈瓦那上午 9:22）

古巴東部的蘇聯空防系統總部設在卡馬圭，這個古老的殖民時期城鎮街道格局錯綜複雜，故而被稱作「迷宮」（the Maze）。師部（division）人員屯駐在城中心徵收來的幾座教堂建築裡，戰鬥指揮所則設在城郊約一英里處，那是一座兩層樓的豪邸，在古巴革命之前是當地商業菁英的運動及狩獵俱樂部。

指揮所一樓的空間為一面十五英尺高、三十英尺寬的巨大螢幕佔據 558。已經有好幾個星期，這面螢幕都是一片空白，因為空防單位收到指示關閉所有雷達，以免洩漏了他們的位置與隱藏的能力給美國人。上個星期五晚上雷達終於再次啟動，指揮所這面螢幕上也再次亮起可能的目標，空防軍官可以看到在關塔那摩灣起降的美國海軍飛機，還有在古巴島外圍巡行的美國空軍飛機。

隨著夜愈來愈深，氣氛愈來愈緊繃。有些流言從艾爾奇科的總部走漏，說是美國可能漏夜展開攻擊，大概就在黎明之前。所有地對空飛彈發射場都進入六分鐘的警戒狀態，意思就是他們必須有能力，在接到命令六分鐘之內發射他們的飛彈。執勤軍官都收到配發的個人槍枝、頭盔、彈藥、手榴彈以及乾糧；師部的高階軍官都在指揮所過夜，隨時準備即刻行動。所有人都穿便裝，大部分軍官穿白襯衫黑長褲配軍靴，一般士兵則穿格子襯衫。

大約上午八點，師指揮官沃隆科夫（Georgi Voronkov）上校離開指揮所前往總部。過了一個晚上，仍然未見美國人入侵的跡象，而他也需要吃點早餐稍做休息。不過他還是透過無線電及一套擾頻的電話線路，與他的下屬保持聯繫。

九點剛過沒多久，空防雷達就定位出從科科島進入古巴領空的美國U-2偵察機。那架飛機朝東南方向行進，在上午九點廿二分直直飛越卡馬圭上空，但是飛行的高度實在太高，從地面上不容易看到蹤影。

大螢幕上顯示的這架美國飛機，就是一個震顫的光點，並沒有回應「是友或敵」（friend or foe）的身分識別。於是空防控制官就把這架飛機標定為「第三十三號目標」559。

十月廿七日，星期六，上午10:30

甘迺迪猜得沒錯。赫魯雪夫確實寫了第二封信，提出可以讓他把飛彈撤離古巴的新條件。不過和上一次信息的不同之處在於，這一次的信息是透過莫斯科廣播電臺播送到全世界。

單單是提及土耳其的木星飛彈（Jupiter missiles）就激怒了甘迺迪。他生赫魯雪夫的氣，因為在這個兩大超級強國看似很有默契暗中摸索出危機解決之道的關頭，赫魯雪夫卻尖酸刻薄地提高了賭注。但他也生自己助手的氣，因為他們疏於讓土耳其方面先準備好可能要撤離木星飛彈，而且老把北約的團結這種過時信仰掛在嘴上。甚至他也生自己的氣，因為就是他自己，先同意把這種已經快要淘汰的武器部署到土耳其。

所有人都承認麥納瑪拉說的話是對的，木星飛彈不過就是「一堆垃圾」[560]。這些飛彈造形矮胖，十分短小。木星飛彈從土耳其西海岸的奇利空軍基地（Çiğli Air Base）發射，可以在僅僅十七分鐘之內，就讓一百四十四萬噸級的核子彈頭落在莫斯科——這可是廣島原子彈威力的一百倍。不過木星飛彈最大的問題是部署於地面上，飛彈發射場毫無保護措施。木星飛彈可以發射之前，必須先添加液態氧做為燃料，光是這個程序就要耗費至少十五分鐘。而且不像部署在古巴的蘇聯飛彈，木星飛彈無法輕易移動到新的發射地點。一旦克里姆林宮方面懷疑美國即將動武，這些條件將使木星飛彈很容易成為蘇聯先發制人的攻擊目標。

美國人花了四年時間和外交上的折衝樽俎，好不容易才給木星飛彈找到歸宿。受限於一千七百英里的射程，把木星飛彈部署在美國本土是毫無意義之舉。艾森豪就曾回顧，「與其把這些飛彈丟給我們的盟國，還不如直接丟進海裡比較好」。最後土耳其和義大利同意接受這批飛彈，並且於一九六二年三月達成全面運作。

義大利人接受這批木星飛彈只是出於善意，想給華盛頓幫個小忙，但土耳其人卻不一樣，他們把這批過時的飛彈視為國家威信的象徵。雖然美國空軍軍官仍然保有對核子彈頭的控制權，但是飛彈本體已經在十月廿二日交由土耳其監管，而那也正是甘迺迪在電視上宣布對古巴發動海軍封鎖的日子。土耳其方面的人員也已經接受發射飛彈的相關訓練。木星飛彈外觀是明亮的白色，上面飾有土耳其國旗，還直言不諱地畫上一支貫穿蕈狀雲的箭矢；飛彈底部則有大型的裙狀金屬護板包圍，看起來就像巨型的清真寺尖塔。

木星飛彈讓甘迺迪芒刺在背，他甚至暗中發布一條祕密指示給美國軍官，命他們摧毀或者想辦法讓這些飛彈全然失去功能，也不甘冒飛彈在沒有他的授權下就被拿來使用的風險561。木星飛彈的用途在於做為一條核武的絆腳線，連結起土耳其以及其他北約國家的安全，使之無法自美國的國家安全中抽離。不過甘迺迪憂心忡忡之處在於，設若蘇聯攻擊這些飛彈，那麼儘管沒有總統涉入，也有可能自動引發核子戰爭。五角大廈高級官員保羅．尼采（Paul Henry Nitze, 1907–2004）向甘迺迪保證事情決不至於如此，但他仍然心存懷疑。甘迺迪堅持：「保羅，在這件事情上，我覺得我們不應該相信參謀長聯席會議那些人的話。」

執行委員會幾乎在危機肇始之際，就已考慮過土耳其與古巴飛彈交易的可能性。甘迺迪同意麥納瑪拉之見，要赫魯雪夫從古巴撤除飛彈的「價碼」，很可能就是美國移除在土耳其及義大利的軍備。他甚至還要求過索倫森起草一封信函，向赫魯雪夫提出這筆交易，只是這封信從來就沒發出去。甘迺迪不想讓自己看起來像是被迫妥協談判，而且他的顧問也開始就政治層面提出反對意見。赫魯雪夫星期五的那封信，加上蘇聯以非官方管道接觸史卡利，使得大家都認為並沒有交換的必要。

出於自身敏銳的政治嗅覺，甘迺迪立刻就意識到，若赫魯雪夫正式提出土耳其與古巴的飛彈交易，很可能會獲得歐洲輿論的善意回應。他的顧問群則認為就政治觀點而言，放棄土耳其人是慘重的損失。甘迺迪發現自己在執行委員會裡是少數派，自己一個人一派，只有羅伯半冷不熱地支持他。

「如果這就是他最後的提議，那在這件事情上我們的立場就很難堪了，」甘迺迪告訴他的助手們，

「他在這步棋上狠狠將了我們一軍，因為大部分人都會覺得這並不是一個不合理的提議。」

「不過總統先生，誰才是大部分的人？」邦迪想弄清楚。

「當赫魯雪夫說『只要你們撤除你們在土耳其的飛彈，我們就撤除我們在古巴的飛彈』，我覺得你們會很難解釋，為什麼我們非要對古巴採取這樣充滿敵意的軍事行動……我覺得在這個癥結上你們不好解決。」

「我不明白為什麼非要朝這條路子走，他明明在二十四小時之前才提供過另一條路子給我們。」甘迺迪語帶不耐打斷了他的國家安全顧問：「因為他現在就是給了我們一條新路子！」

參謀長聯席會議主席泰勒也幫著邦迪說話：「赫魯雪夫明明在檯面下給過我們一個提議，如今您卻要認真考慮眾目睽睽的這一個？」

「沒錯！我們必須假定這是他們新的而且是最新的立場，而且還是明著來的。」

尼采的推測則是赫魯雪夫可能同時朝著兩條路子行事：檯面下的路子「單純只跟古巴有關」，明著來的那條路子則是刻意用來混淆輿論，「並用這種額外的壓力使我們產生意見的分歧」。

「這也不無可能。」甘迺迪勉強承認。

邦迪表現得一副鷹派發言人的調調。他語帶警告，要是「我們在這個階段接受交換的想法」，那麼美國的立場「很快就會土崩瓦解」。跟土耳其開口說要撤除飛彈，無異於告訴他們「我們為了自身利益出賣自己的盟友」。

「這就是所有北約成員國會看待我們的眼光，」邦迪繼續他的長篇大論，「現在看來是荒唐而且瘋狂沒錯，但這就是勝於雄辯的事實。」而且除此之外，「古巴才是問題的癥結所在。土耳其人對和平一點威脅也沒有」。

甘迺迪打斷大家的紛紛議論。在決定該如何回應赫魯雪夫之前，白宮應該發布一條聲明，讓大家注意到蘇聯的前後立場自相矛盾。不過他還是擔心，「你們會發現很多人都覺得蘇聯立場是很合理的」。

「那倒是。」邦迪也承認。

「我們就別再自欺欺人了。」

此時的莫斯科，一份份政府的官方報紙《消息報》（*Izvestia*），正接連不斷從印刷機印製出來。赫魯雪夫在他致甘迺迪的最新信息裡，承認了古巴確實存有蘇聯飛彈，他也提議願意撤離這批飛彈，設若美國也願意從土耳其撤除飛彈。《消息報》的編輯在發刊前最後一刻重新編製了頭版，把這則最新消息也給涵蓋進去。

「維持和平是蘇聯政府的首要目標。」《消息報》如此宣告。

《消息報》的二版早在幾個小時前就已經印好，但《消息報》卻疏於對上面刊載的評論做任何處置。這對報紙的可信度來說是一大憾事，因為這篇評論的作者，控訴蘇聯在古巴的飛彈基地一事乃是美國捏造的故事。他大肆嘲諷土耳其與古巴的這宗飛彈交易，視之為「五角大廈政治宣傳機器」煽惑他人情感的公關新手法。

十月廿七日，星期六，上午 11:16（哈瓦那上午 10:16）

艾爾奇科地下指揮所裡，當值的蘇聯將軍一直密切注意「第三十三號目標」的追蹤報告，他們的焦慮也愈來愈強烈。飛越卡馬圭上空之後，這架飛機在古巴東南海岸的曼薩尼約上空朝一百三十度角的方向左轉（130-degree left turn），然後沿著馬埃斯特拉山脈北面的山麓丘陵，一路飛往關塔那摩灣。這座山脈是古巴島上最高的山脈，卡斯楚與他的大鬍子弟兄在對抗巴蒂斯塔時期，便曾以此地為藏身之處，即便如今山中還是滿布祕密防禦工事、火砲陣地以及武裝軍營。

幾乎可以肯定的是，這架偵察機已經拍到了關塔那摩附近的前線巡弋飛彈陣地，而現在那裡配置了戰術核子彈頭瞄準著美國海軍基地。最即時的追蹤資訊顯示，這架 U-2 已在島嶼最東端調頭向左急轉，現在正沿著古巴北面海岸線朝佛羅里達州返航。而如果他們眼睜睜看著這個不速之客離開古巴領空，那麼美國很快就會握有古巴東部蘇聯軍事陣地的最新一手情報，包含徹底摧毀關塔那摩灣美軍基地的計畫。

普利耶夫將軍已經離開指揮所稍事休息，他不在的時候，決策大任就交給兩位副手：格列奇科（Stepan Grechko）中將全權負責蘇聯的空防系統，加布茲（Leonid Garbuz）少將則是軍事計畫的副總司令。他們兩人都很清楚，普利耶夫已經向莫斯科表明過心跡，如果戰爭看來近在眼前，他有意擊落美國軍機；他們也很清楚，卡斯楚已經下令古巴的防空砲兵連，向低空飛越古巴上空的美國軍機開火。已經愈來愈不容易區分來機意圖究竟是偵察，還是美國就此開始轟炸襲擊，因為美國的毀滅性攻擊可能在任何一刻發生。就長期以來固定不變的交戰守則看來，是可以授權使用除了核彈之外的任何武器，以守護古巴的蘇聯軍隊。

「我們的訪客已經在天上晃蕩超過一小時了，」格列奇科滿肚子牢騷，「這下他們已經徹底發現我們所有的陣地位置，我覺得我們應該下令擊落這架飛機。」562

「我們絕對不能讓我們的軍事機密落入五角大廈之手。」加布茲也同意。

代行的兩位將軍試著先打電話報告普利耶夫定奪，但找不到人；而這個時候追蹤報告也顯示這架U-2已經轉向，朝北方航行，即將飛離古巴領空。情況刻不容緩。

「那好吧，」格列奇科說，「這責任就由我們自己扛。」

他們用密碼發送了一道命令，給駐防在東方三百英里外卡馬圭的空防師。紀錄的時間是哈瓦那當地上午十點十六分，華盛頓時間上午十一點十六分。

「摧毀第三十三號目標。」

場景轉到華盛頓，甘迺迪步出白宮的內閣會議室去打幾通電話。他不在的時候，執行委員會的其他成員紛紛推測，為何來自莫斯科的信息會有如此意外的轉變。他們實在琢磨不透，明明赫魯雪夫在星期五那封動之以情的信裡，還因為「戰爭的結」而心急如焚，為何現在卻轉而要求從土耳其撤除美國飛彈。

「那封信裡說的是一種局面，現在我們卻又要面對另一種局面，」麥納瑪拉抱怨，「甚至在我們尚未回覆之前他就改變心意了，我們要怎麼跟這種人打交道？」

「莫斯科方面一定是否決了原先的提議。」邦迪猜測。

執行委員會其他成員則推論第一封信可能出自衝動的赫魯雪夫之手，並沒有獲得來自同僚的「官方許可」。又或者可能克里姆林宮裡發生某種程度的政變，相對較穩健溫和的赫魯雪夫遭強硬派取而代之，或者被迫必須按他們的命令行事。中情局官員也注意到赫魯雪夫已經兩天沒有公開露面。不過誰都沒有猜中真相，其實是赫魯雪夫自己察覺美國的立場搖擺不定，於是決定善加利用。

執行委員會裡的蘇聯國情專家（Kremlinologist）湯普森指出，有一件事是毋庸置疑的，那就是赫魯雪夫最新近的這一份公開信，才是蘇聯領導階層的官方立場。

「蘇聯政治局想要的是這一個。」

十月廿七日，星期六，上午11:17（哈瓦那上午10:17）

兩位蘇聯將軍決定擊落第三十三號目標之際，一架美國海軍的RF-8十字軍偵察機，幾乎在同一時間飛越艾爾奇科的蘇聯指揮所上空，另一架十字軍偵察機則取道稍微偏南的路線，飛越馬列爾港與瓜納海鎮（Guanajay）的遠程彈道飛彈發射場上空。過了沒多久兩架偵察機便會合在一起，飛快掠過棕櫚樹上空然後調轉機身向北，繞過哈瓦那市區的高樓大廈邊緣，而此時古巴的防空火砲也開始朝這兩架噴射機開火。

低空監視的飛行有雙重用途：這些飛行主要當然是情報蒐集任務，不過同時也在為轟炸突襲鋪路。一如麥納瑪拉在執行委員會上的解釋，直到蘇聯人和古巴人真的被轟炸的那一刻，他們根本就不可能分得清楚偵察機和轟炸機。這些飛行的目標在於「建立一種行動模式……使之無法與攻擊區別開來」[563]，偵察任務因此具有一種效果，就是把敵人對於真正遭遇攻擊時的警戒時間，縮減到趨近於零。

就在兩架十字軍偵察機接近古巴首都之際，另外兩架噴射機也從馬列爾港上空進入古巴，往西飛向群集在聖克里斯托巴鎮周圍的飛彈發射場。飛行員可以清楚看見下面忙亂的一舉一動，大部分也都拍進了照片。許多飛彈發射車上原先遮罩的帆布都掀了起來，但有些飛彈還是保持在水平的位置，就擱置在發射車上[564]。蘇聯士兵正手忙腳亂完成存放核子彈頭的拱頂掩體，另一邊身穿格子襯衫的士兵則埋頭挖掘散兵坑和戰壕。推土機和傾卸卡車正設法把通往發射陣地的道路整平一些。

接近最後一座飛彈發射場的時候，飛行員可以看見古巴守軍跑過泥濘的原野，奔向他們的防空火砲。泥土上大塊大塊的鋪路石，鋪設成一條通向防空炮的路徑。還可以看見一座雷達試圖鎖定移動中的目標，不過卻徒勞無功。等到古巴人迴轉火砲對準十字軍偵察機的方向時，已經來不及了，這兩架美國海軍的噴射機早就消失無蹤，只留下噴射廢氣造成的航跡雲。

大薩瓜附近的**R-12**中程彈道飛彈發射場上，蘇聯士兵則是用手槍對著這兩架美國海軍噴射機開火。經驗豐富的老鳥軍官看到這一幕，難以置信地搖搖頭。「第一，不要用站姿射擊飛機，」化學防護部隊主事的卓伊斯基（Troitsky）少校對這些菜鳥說教，「第二，不要用你們的手槍射擊飛機。」[565]

就算是承平的日子裡，卡斯楚治下的古巴生活也呈現一種近乎魔幻的特質。當古巴與七百萬古巴人民遭受核子毀滅的威脅時，這種猶如生活在夢境中的感覺就更為強烈。這座島嶼雖是國際關注的焦點，但同時這座島嶼又與全世界接不上線，以自己獨特的律動運行。

暴風眼中的這分寧靜，讓少數留在哈瓦那的外國人感到驚愕。「全體人民既不熱血沸騰也不驚慌失措，」英國駐古巴大使馬尚特這麼描述，「他們仍然持續買入煤油、汽油、咖啡這類商品的存貨，但是不會像發狂一樣衝去商店搶購，食物的供應看起來也能夠滿足需求。街上的人潮比平常少了很多，但那可能是因為最近都在下大雨。」[566] 除了沿著海岸線布防的防空火砲之外，並沒有什麼公開徵象顯示出危急的軍事準備。而在義大利記者圖蒂諾（Saverio Tutino, 1923–2011）眼裡，哈瓦那就是「一座小孩子玩手槍的城市」[567]。

「我們心裡當然害怕，但那種感覺要複雜得多，」後來移民美國的古巴作家德斯諾斯回憶當年，「當你身處旦夕之危，但卻自認站在正義那一方，不知怎麼地竟達成一種平衡。而且我們也沒有真的理解毀滅究竟意味著什麼，我們沒經歷過二次世界大戰，我們對大規模毀滅的唯一印象是來自電影。」[568]

星期六上午，阿根廷新聞工作者吉利（Adolfo Gilly, 1928–）在哈瓦那街上溜躂，他完全感受不到任何驚慌的跡象。他還順道拜訪了工業部，盼望著或許可以見上格瓦拉一面，不過格瓦拉那時駐防在比那德里歐省。一位助理提供吉利事態的最新發展，「我們覺得今天下午三四點之間就會發動攻擊了」，他這麼說的時候，態度像是討論天氣或外交使團來訪的一派輕鬆[569]。坐電梯下樓的時候，吉利還偶然聽到一位民兵的抱怨，他跟袍澤說自己今天早上沒時間刮鬍子。

「看來他們馬上就要兵臨城下，」另外一位民兵回答，「所以你恐怕得等到戰爭結束才能刮鬍子了。」

返回維達多區的住處時，吉利注意到街道上的鳳凰木已是滿樹紅花。鳳凰花嫣紅猶如烈焰，一位標緻的女孩兒正走在樹下的人行道。這樣美好的世界看似就將在一瞬間灰飛煙滅，突然一陣懷念之情湧上吉利心頭。他不知不覺想著：「真是太可惜了，眼前的一切美好到了下午三四點竟就要化為泡影！」

哈瓦那看起來愈來愈不受時間宰制，愈來愈得憑運氣決定安危，也愈來愈教人目酣神醉。這座城市現在就像慵懶沉入潟湖的威尼斯，或是像納粹佔領前夕的巴黎那樣，美得教人斷腸，卻飽受滅絕的威脅。而剩下唯一能做的事，只有細細品味這一刻。

古巴政府終於在民防上做了一些馬虎的努力，宣布組成鄰里急救隊。地方上的防禦委員會收到命令，要用床單和粗麻布袋改造成克難擔架。由於急救手冊嚴重短缺，因此只要有急救手冊的人都收到通知，要交出來給當局使用。每一位合格的醫療專業人員，「無論是否為革命組織的一員」，都必須帶領一支急救隊。除了急診的案例之外，醫院拒絕再接受任何病患，這樣才能把空間留給在遭受入侵時可能的傷員。關於如何因應美國的空襲，政府官員也提供了一套指南：

- 在屋內擺放兩三桶沙以用於滅火。住家玻璃窗戶貼上膠帶。
- 隨身攜帶一小片木頭，便於在轟炸開始時咬在牙間。
- 避免群聚，因為在一次爆炸中群聚會造成更多人傷亡。
- 不要囤積食物。因為囤積超過兩三天的食物就可能造成人為短缺，這樣反而讓敵人得益。[570]

人群沿著馬雷貢濱海大道聚集，對著穿越美國海軍封鎖後駛進哈瓦那港的船隻歡呼。風浪交織之下，拍擊海堤的驚濤激起浪花，每隔一段時間就把人群全身都給噴濕。這些船隻中有一艘乘坐了數百名東德遊客，自由南方電臺的創辦人威廉斯帶領一隊群眾走在城市的濱海區，歡迎這些遊客來到哈瓦那[58]。他舉著一塊標語牌，上面寫著：「當愛你的鄰舍，懂嗎傑克？[59]」（*Love Thy Neighbor, Jack?*）[571]

王子城堡（Castillo del Príncipe）位於維達多區的丘陵，自從西班牙統治時期以來，這座殖民時期的堡壘就充當監獄使用至今，而美國可能就要入侵的謠言，竟也從監獄的銅牆鐵壁洩漏出來[572]。現在監獄裡的囚犯包含殺人犯以及一般罪犯，混雜其間的還有一些去年在豬玀灣事件中被捕的流亡分子。囚犯不被允許會見親友，以防在安全上有個什麼萬一。監獄的警衛放出消息，說他們已經在這座巨大的白色城堡下面幾層放置好炸藥，只要美國海軍陸戰隊登陸並試圖解救這批俘虜，那每個人都會被炸上天去。

十月廿七日，星期六，上午 11:19（哈瓦那上午 10:19）

格切諾夫（Ivan Gerchenov）少校指揮的地對空飛彈發射場，大半個晚上都下著雨。在浸滿雨水的壕溝裡，他手下士兵把所有能做的都做了，每個人的心情都七上八下。前一天晚上他們接到命令開啟雷

[58] 譯按：相關內容另參本書 289 頁，第七章註號 442 所在正文段落。

[59] 譯註：「當愛你的鄰舍」（和合本）或「應愛你的近人」（思高本），參見Lv 19:18、Mt 5:43、Mt 19:19、Mt 22:39、Mk 12:31&33、Lk 10:27、Rm 13:9、Ga 5:14、Jm 2:8 等處聖經章句。

達，自此整個砲兵陣地都進入全面戒備狀態。也有謠言傳來，說是美國正準備在靠近巴內斯鎮的地區，發動傘兵攻擊。

伴隨著嗶嗶聲的光點，在雷達螢幕上像是脈搏一樣有規律地閃爍。

「追蹤第三十三號目標。」

格切諾夫下令進入一級戰備狀態。飛彈人員已經就此操練過多次，他們把飛彈從運輸車上轉移到飛彈發射器上，接著連接上各種必要的纜線。湯匙架採集雷達（acquisition radar）已經開始追蹤目標，一位軍官大聲報出高度、速度、距離、方位角等數據，負責發射飛彈的砲手將發射器升高，直到飛彈瞄準在目標上。

地對空飛彈發射場的平面配置呈大衛的六角星形，六座飛彈發射器環繞成防禦結構，中央則是指揮所。格切諾夫目不轉睛地盯著水果盤雷達，它正在接收從湯匙架雷達持續傳來的即時目標資訊。軍團總部位於拉斯圖那斯省的維多利亞（Victoria de las Tunas），距此約七十五英里，格切諾夫在按下發射鈕之前，還需要來自團總部的最後指令。指揮鏈的層級就是按照各駐地在整座島嶼的地理位置：師總部位於再往西七十英里的卡馬圭，團總部也需要從師總部接收指令；而依此順序，師總部也在等待來自艾爾奇科的決定。

突然間，劈啪作響的無線電中傳出了新指令。滂沱大雨之中，無線電的訊號卻格外明晰。

「摧毀第三十三號目標。發射兩枚飛彈。」[573]

嘶的一聲巨響，第一枚地對空飛彈呼嘯衝入天際，以音速的三倍速度追向遠方天空飛機的凝結尾。

第二枚飛彈在幾分鐘後也追了上去。兩枚飛彈在雷達指引下鎖定目標，加速的軌跡在天際劃出優雅弧線。格切諾夫緊盯著雷達螢幕，可以看見兩個小小的光點對準一個較大的光點直直飛去，以愈來愈快的速度橫越螢幕。幾秒鐘之後三個光點聚合為一，碎裂瓦解無影無蹤。闃黑的夜空中閃現像吹熄蠟燭那樣轉瞬即逝的火光，格切諾夫少校還可以看見飛機的殘骸墜落地面。

「第三十三號目標已摧毀。」他在上午十點十九分回報。

大部分殘骸墜落的地點，在距離巴內斯鎮地對空飛彈發射場約八英里處。飛機其中一邊的機翼，最後掉落到名為維吉塔斯（Veguitas）的小村子中央。安德森少校的遺體，則隨著一塊已經燒得焦黑的機身破片，落在幾百碼外的一處甘蔗田裡。U-2 偵察機的機尾在空中又向前下滑，直到墜落海中。

事後美國的調查人員重構事件全貌，推論是在地對空飛彈靠近 U-2 偵察機之際，近炸引信引爆了這枚飛彈，使得炸彈碎片向四面八方噴飛。有幾片彈片劃破了駕駛艙，刺穿飛行員的部分加壓飛行服與頭盔後方。安德森少校很可能是立即喪命。就算他沒有死於一開始的爆炸，幾秒鐘後他也會死於缺氧和失壓導致的休克。

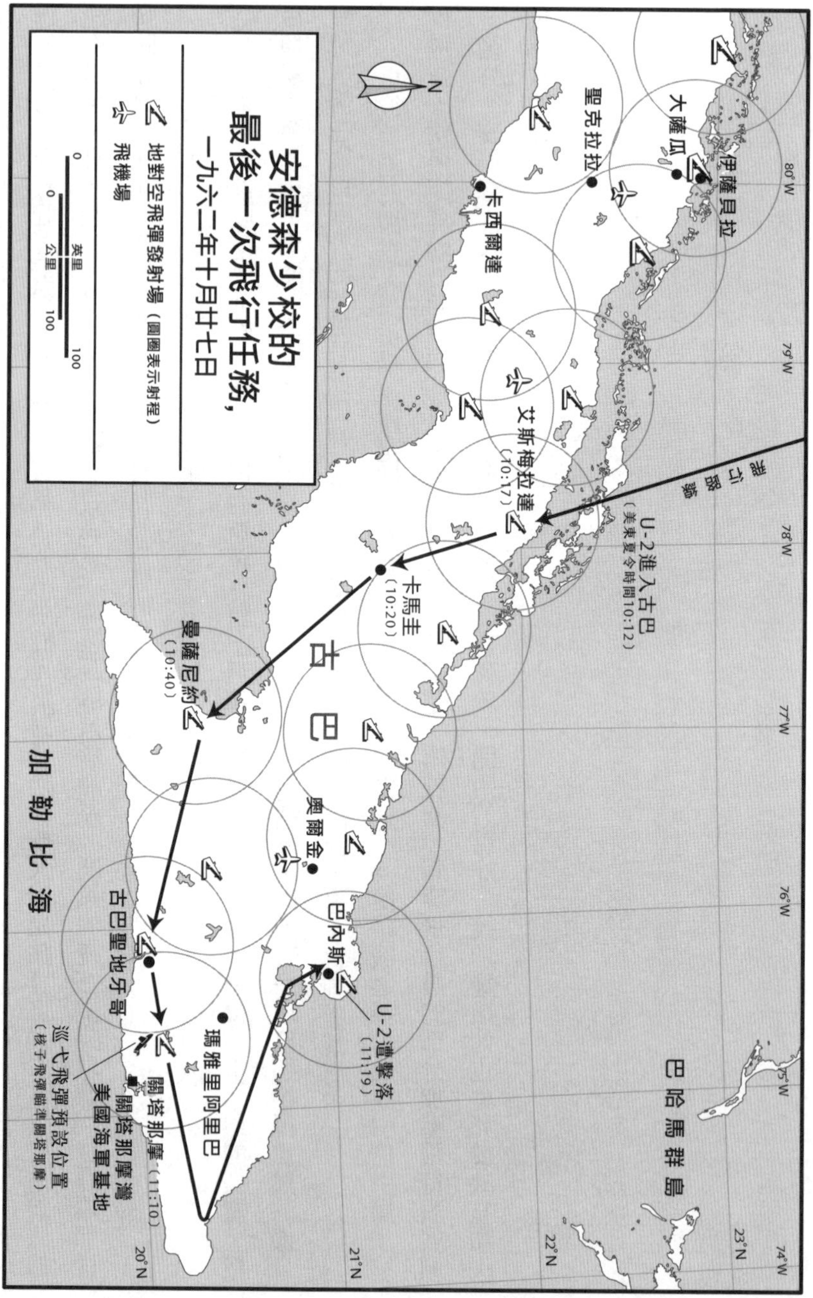
安德森少校的
最後一次飛行任務，
一九六二年十月廿七日
地對空飛彈發射場（圓圈表示射程）
飛機場
0 100 英里
0 100 公里
N
聖克拉拉
大薩瓜
伊薩貝拉
卡西爾達
艾斯梅拉達（10:17）
U-2進入古巴（美東夏令時間10:12）
卡馬圭（10:20）
曼薩尼約（10:40）
古巴
奧爾金
巴內斯
U-2遭擊落（11:19）
巴哈馬群島
古巴聖地牙哥
瑪雅里阿里巴
關塔那摩（11:10）
關塔那摩灣美國海軍基地
巡弋飛彈預設位置（核子飛彈瞄準關塔那摩）
加勒比海
80°W
79°W
78°W
77°W
76°W
75°W
74°W
20°N
21°N
22°N
23°N

十月廿七日，星期六，上午 11:30（哈瓦那上午 10:30）

從貝胡卡運送核子彈頭到大薩瓜的卡車縱隊，於晚上兩度停車，好讓駕駛兵休息片刻。事情進展得很順利。白天的時候，古巴村民遇見這支徐徐行進的軍方車隊，會高喊口號歡迎他們：「蘇聯人萬歲！」（*Que vivan los soviéticos!*）、「斐代爾聯手赫魯雪夫！」（Fidel-Khrushchev!）還有「誓死保衛祖國！」（*Patria o muerte!*）[574]。但是這些旁觀者裡沒有任何一人知道，那一輛輛像箱子一樣四四方方，又好像駝著背似的廂型車，裡頭究竟藏著什麼東西。

美國海軍飛機低空飛過中央高速路之際，這支護衛飛彈的車隊距離目的地已不到六十英里了。任憑美國人發狂似地努力搜索，他們仍然沒能成功確定核子彈頭的所在位置。核子彈頭的主要存放場所位於貝胡卡外圍，中情局的分析員至今還稱該處為「彈藥存放場所」，而早上的一次偵察任務甚至還直接飛越該地上空[575]。「沒有發現掩體，」中情局的空拍照片判讀師回報，「照片中可見的部分沒有任何變化。」就在前一天，空軍的飛機還拍到了月神飛彈所用的彈頭存放地，就在貝胡卡以東六英里處，但卻沒發現有什麼不對勁。馬納瓜鎮掩體的照片判讀報告上這麼寫著：「沒有明顯的變化。Y型的柱子架起單層圍籬，環繞場所周圍。有些部分的圍籬上已經爬滿藤蔓。」

把核子彈頭運送到大薩瓜，就意味著飛彈幾乎已經準備好要發射了。對於過去幾天的迅速進展，飛彈部隊的指揮官斯塔琴科少將非常滿意。他一方面顧及補給，一方面又改變了一些燃料添加設備的用途，所以他在原定計畫的三天之前，就已部署好全部廿四枚遠程（intermediate-range）飛彈了[576]。剩下聖克里斯托巴鎮附近的最後一處砲兵陣地，也在星期六早上達成「戰備狀態」。

不過另一方面，原本打算至少把一些飛彈移動到預備地點，以此閃避美方監控的計畫，最後卻未能盡如人意[577]。美方已經全面考察過飛彈發射場，也已經從美國本土瞄準為攻擊目標。本來R-12飛彈可以在幾小時內運送到備用的飛彈發射場，但是卻缺少預製的發射臺。要是沒有厚重的混凝土發射臺，飛彈在發射的時候就會翻覆。斯塔琴科於星期三晚上下令重新部署，他希望手下的工程師可以建造臨時代用的發射臺，以解決此問題。不過時至星期六早上，還是沒能準備好臨時發射臺。就在危機的千鈞一髮之際，居然連一處備用的發射場地都沒有。

與此同時，克里姆林宮裡緊張的氣氛逐漸加劇，而斯塔琴科也察覺出來。蘇聯最高指揮部（Soviet High Command）接到訊息重申禁令，不得在「沒有莫斯科的許可」之下發射核子武器。禁令之後還隨附了一條指令，暫停飛彈發射場所有在白天執行的作業。

「你這樣是在激怒聯合國，」命令上寫著，「執行徹底偽裝，只在夜間作業。」[578]

在羅薩里歐山脈度過的五天中，格瓦拉的近衛全力保障他擁有一些個人隱私。在高峻的波大雷山洞一角，他們為格瓦拉搭建了一座克難的小屋[60]。小屋是用混凝土磚搭建而成，裡面隔成一間格瓦拉的書房，還有一間房間供他的心腹使用。在斜傾的岩石天花板下，指揮官格瓦拉就睡在一張簡陋的金屬床上，身旁還放著一罐吸入劑以應付頻繁發作的氣喘。要是遭遇美國傘兵來犯，有一條通往山下的祕密隧道可做為他們脫身的路線。山洞外還放了一把椅子和一張石桌，格瓦拉會跟助手們在這裡下棋。

這位充滿傳奇色彩的革命分子在星期一深夜來到波大雷山洞，不過此後他並沒有在山洞裡待上多長時間。他走訪了古巴西部，策畫如何伏擊入侵者，視察國民兵部隊，還會晤了蘇聯官員。其中一次出巡，格瓦拉參訪了位於比那德里歐省的一處蘇聯空防單位。蘇聯士兵籌畫了「一套精彩的演練」，展現如何準備地對空飛彈的發射；格瓦拉「留著大鬍子，精神奕奕，身著跳傘裝，頭戴黑色貝雷帽」現身，蘇聯士兵親炙風采，「簡直像觸了電一樣」[579]。一位蘇聯將軍對此刮目相看，「我們的士兵馬上就跟格瓦拉熱絡了起來，從這裡就能看出他們對於古巴人的理念已經有所認同」。

且不論格瓦拉的個人特質，在卡斯楚的臂助之中，格瓦拉是最為狂熱的一位。對他來說，眼前與美國的戰爭究竟會造成多少人喪生，遠遠不及兩種意識型態系統之間的抗衡來得重要。格瓦拉死後，報紙曾經刊登一篇他在飛彈危機期間所寫但從未發表的專文，文中他清楚闡釋了他認為人類的未來只有兩種可能：「一種是社會主義的決定性勝利，一種是在帝國主義核子侵略的勝利之下走回頭路。」格瓦拉已經做出了他的抉擇：「就算代價是數百萬人在核戰中犧牲，還是要選擇解放這條路。」[580]

兩架美國海軍的 RF-8 十字軍噴射機飛快掠過棕櫚樹頂端，格瓦拉山間藏身之處的那份恬靜，全給飛機的轟鳴震得無影無蹤。聖地牙哥河連結了波大雷山洞與比那德里歐省的飛彈發射場，這兩架噴射機就是由南方沿著河飛來。這兩架十字軍飛得非常低，低到飛過古巴守軍的頭頂之際，他們甚至都可以看見駕駛艙裡的飛行員。所以毫無疑問，他們勢必已經被發現了。

[60] 譯按：另參本書 149 頁第三章註號 202 所在段落與註腳內容，以及 567 頁所附照片。

結果原來這只是巧合而已。這兩架十字軍噴射機，不過是在結束聖克里斯托巴鎮飛彈發射場的偵察之後，朝佛羅里達方向返航罷了。在飛過這片滿布祕密洞穴的區域之前，飛行員為了節省底片老早就關閉了相機。雖然美國人知道格瓦拉已經離開哈瓦那，但他們從來就沒找到格瓦拉的藏身之處在哪。而就在前一天，中情局才報告稱格瓦拉「在帕勒瑪的柯拉鎮（Corral de la Palma）建立了軍事指揮所」，但柯拉鎮其實在他真正的藏身地以東約莫十五英里[581]。

差不多就在兩架十字軍噴射機呼嘯飛過格瓦拉藏身地之際，另外兩架噴射機也正好飛越古巴島西端的聖胡利安機場（San Julian Airfield）上空。從駕駛艙向外望，美國飛行員可以看出一架IL-28輕型轟炸機已經在完工的「最後階段」，兩邊的引擎也都裝上機翼[582]。其他五架則各自處於不同的組裝階段，還有兩架只有機身而已。另外至少還有廿一架IL-28封存在板條箱裡沒移出來，就一箱一箱整整齊齊排列在停機坪上。起重機、鏟土設備，還有雷達廂型車則散布在機場各處。

因為知道IL-28具有攜帶核子武器的能力，美國情報人員對其特別關注。二戰結束之後，英國核發給蘇聯勞斯萊斯的渦輪噴射引擎（Rolls-Royce turbojets）製造許可，IL-28的引擎就是據此複製而來。其所需三名機組員為飛行員、投彈手和機尾機砲手。伊留申轟炸機可以攜帶數枚小型炸彈、魚雷、水雷，或者單獨攜帶一枚原子彈，比方「塔齊雅娜」重力炸彈——美國投在長崎那顆「胖子」原子彈的蘇聯版[61]。IL-28的攻擊範圍廣達七百英里，已經足夠觸及佛羅里達州南部。

在六〇年代初期，IL-28在淘汰的邊緣搖搖欲墜，當然也對付不了美國的空防系統。不過即使如此，伊留中轟炸機攜帶核武的能力仍然使美軍將領有所忌憚。五〇年代間，共有數百架 IL-28 部署在波蘭及東德，設若戰爭爆發，這些 IL-28 就可以做為先鋒對北約部隊發動一波戰術核子攻擊。長久以來，戰術核子武器的使用都是蘇聯整體戰爭計畫中不可或缺的部分。在西伯利亞的一次軍事演習中，蘇聯甚至對己方軍隊投下一枚「塔齊雅娜」實彈，意在模擬與美國之間可能的核戰[583]。大約有四萬五千名軍官與士兵，暴露在核爆帶來的放射性落塵之中，其後還有許多人因為輻射導致的疾病而喪生。

藉由分析蘇聯貨輪上板條箱的形狀，美國的情報分析員已經掌握了這些橫渡大西洋的轟炸機行蹤。因為在幾年之前，用來裝運 IL-28 到埃及的，就是一模一樣的板條箱。因此當這種板條箱在聖胡利安現蹤，美方分析員便要求以密集的低空監控，密切注意轟炸機組裝的過程。不過其時美國人並不知道，聖胡利安的這批飛機用途與戰術核子武器無關。這批飛機是由蘇聯海軍掌管，並配備魚雷及水雷以對抗入侵的艦隊。

具備搭載核武能力的 IL-28 被運送到古巴，不過目的地卻是島嶼另一端，位於東方省奧爾金（Holguín）市外的一座飛機場，蘇聯也沒有拆箱的打算[584]。美國人則是直到十一月初，派遣低空偵察任務飛越這座機場上空，才意識到這批轟炸機的存在。奧爾金的中隊由九架轟炸機組成，隸屬於蘇聯空軍。中隊裡有六架轟炸機是設計用來搭載「塔齊雅娜」重力炸彈，其餘三架則會飛在中隊最前方，誘導敵方的雷達系統。

61 譯按：相關內容另參本書 117、118 頁，第三章註號 146、147 所在的正文段落。

蘇聯的指揮官認為這些IL-28轟炸機和塔齊雅娜都是不必要的累贅，而赫魯雪夫將之派駐古巴，為的是用作抵擋入侵武力的附加防禦手段。在美方兵力大舉集結之際，理論上IL-28轟炸機還是可以派上用場。但現如今蘇聯有FKR巡弋飛彈和月神火箭，等於已在古巴島上部署了更強效的戰略核子武器。殷德傑卡號載運了六枚塔齊雅娜來到古巴，但是當負責押運的蘇聯軍官步下貨輪，立刻就發現這根本是多此一舉。當阿納斯塔西耶夫中校詢問下一步他該如何處理這些塔齊雅娜炸彈，他得到的回應只是不屑一顧的聳肩：在迎接殷德傑卡號的軍官口中，塔齊雅娜是「那些沒人要的玩意兒」[585]。

起初，阿納斯塔西耶夫把塔齊雅娜運送到巴蒂斯塔在海邊的莊園[62]，不過最後他終於說服上級，將這些炸彈運送到較安全的地點。新的存放地點有一條隧道，就在不遠處的山區，有倒鉤的鐵絲網以及圍籬防護起來。儘管安全的維護措施依舊簡陋，但與原來海邊那間只上了掛鎖的破棚屋相比，已經改善了許多。還有一點也十分重要：在山洞裡面更容易控制溫度及濕度。阿納斯塔西耶夫偕同手下鋪設了金屬圓棒，把裝著一萬兩千噸炸彈的板條箱，一個個都推進隧道裡。

找到安置塔齊雅娜炸彈的地點後，阿納斯塔西耶夫中校的下一步是為IL-28轟炸機物色合適的機場。按國防部的原定計畫，乃有意以古巴中心的聖克拉拉為基地，結果聖克拉拉的機場完全不適合存放核子武器[586]。經過好幾天搭機遍尋合適地點，阿納斯塔西耶夫最後把IL-28轟炸機安置在奧爾金的飛機場。機場旁邊有幾座土製的掩體，剛好可以當作掩護而且與外界隔絕。組裝IL-28的時候，還可以跟塔齊雅娜炸彈一樣推進去掩體裡。

接下來的挑戰則是如何把六枚塔齊雅娜炸彈，從位於古巴西部的存放地點一路運送到五百英里外的奧爾金。這是在黑色星期六這一天，阿納斯塔西耶夫需迫切解決的難題。

如果蘇聯將領手中握有戰略核子武器，那麼美國將領最希望握有的也是同樣的武器。在古巴發現伊留中輕型轟炸機及地面機動飛彈的存在，觸發了一場新的軍備競賽。儘管美方指揮官還沒有斬釘截鐵的明證，可以證實核子彈頭已運送到古巴，但是他們仍然認為必須制定相關計畫以因應所有可能的結果。舉國上下都將焦點放在 R-12 中程飛彈之際，將領們在準備的，卻是可能在古巴境內或周邊爆發的戰術核子戰爭。

星期六早上，參謀長聯席會議接到一份最高機密訊息，這則來自北美空防司令部總司令的消息，指陳了伊留中轟炸機帶來的威脅。傑哈特將軍負責防止蘇聯轟炸機從古巴襲擊佛羅里達，他已沿著佛羅里達島礁群部署了鷹式地對空飛彈的砲兵連隊，但卻被禁止在飛彈上裝載核子彈頭。他想要翻轉這條指導方針。

傑哈特將軍在給五角大廈的電報寫道：「設若 IL-28 從古巴發動突襲進入美國領空，我認為有迫切需要使用具備最大殺傷力的武器。」587 他向五角大廈提出兩項要求，其一是闡明他有「宣告古巴／中蘇戰術飛機有意為敵」的權限，其二是預先允許他「得以使用核子武器」對抗來犯的蘇聯轟炸機。參謀長聯席會議向傑哈特擔保，要是空防系統從其他地方的「行動模式」，辨識出全面性的「古巴與中蘇攻擊」，

62 譯按：相關內容另參本書 118 頁，第三章註號 147 之後的正文段落。

那麼就可以使用核子武器摧毀懷有敵意的戰機。要是進攻只是由古巴人自己發動，那麼就只能使用非核子武器。

大西洋艦隊總司令海軍上將丹尼森真正擔心的，則是在十月廿五日的一次低空偵察飛行任務中，所發現的短程地面機動飛彈。他的艦隊正朝向古巴進發，如果這些地面機動飛彈配備了核子彈頭，將可以重挫他戰艦上的進攻部隊。丹尼森上將因此提議，「受派執行古巴行動的美國空中和地面部隊」必須具備「發送核子武器的能力」[588]。

關塔那摩灣海軍基地的指揮官海軍少將歐唐諾（Edward J. O'Donnell, 1907–1991），也因為地面機動飛彈的出現感到驚恐。歐唐諾要求授權，「要是地面機動飛彈有任何移動」到了得以威脅海軍基地的位置，他可以宣告其為「美國無法接受的進攻行為」[589]。然而歐唐諾少將卻絲毫沒有警覺到，搭載了核子彈頭的 **FKR** 巡弋飛彈，就部署在基地方圓十五英里的範圍之內，這才是距離更近的威脅。

參謀長聯席會議早先低估了蘇聯戰術核武（battlefield nukes）帶來的威脅，如今必須重新擬定戰爭計畫[590]。他們要求相關單位提供預估數據，想知道如果把「敵方使用戰術核子武器的可能性」納入考量的話，傷亡人數會是多少。對於入侵古巴的部隊，他們也將提供具有攜帶核子彈頭能力的「誠實約翰」火箭（Honest John rockets）；美國的「誠實約翰」等同於蘇聯的地面機動飛彈，也就是「月神」戰術飛彈。儘管麥納瑪拉拒絕批准誠實約翰火箭配備戰術核子彈頭，不過若有必要，戰術核子彈頭可以很快就從佛羅里達州的武器倉庫運送過來。

數十架海軍和空軍的攻擊機已經「待命」，如果戰爭行動逐步升級到相當程度，它們將以戰術核子武器攻擊古巴的目標。獨立號（*Independence*, USS）及進取號這兩艘航空母艦就駐防在牙買加外海，距離關塔那摩灣不到一百五十英里。兩艘航空母艦上都有約莫四十枚的戰術核彈，準備好掛載到A4D天鷹式攻擊機（A4D Skyhawk）上。核彈使用的核心則分開安置在鄰近的巡洋艦上，距離只有一小段直升機的航程[591]。戰術空軍司令部（Tactical Air Command, TAC）轄下其他配備了核子武器的噴射機，則在佛羅里達州南部的各機場待命，並處於十五分鐘內可起飛的戒備狀態。如果這些計畫沒有一個成功，戰略空軍司令部也準備好用B-47同溫層轟炸機投擲兩千萬噸的核彈，讓古巴從地球表面消失。

為了打擊蘇聯對於戰術核武的依賴，這些計畫在五角大廈眼中都是必要的。在擔任參謀長聯席會議主席之前，泰勒就曾經詳盡探究過蘇聯的軍事信條，而令他頗感驚恐的是，在標準的蘇聯進攻計畫裡，一支集團軍（army group）需要配備「兩百五十至三百枚核子武器」。這位將軍也曾收到蘇聯軍隊演習的報告，那是一九六一年七月蘇聯在東歐喀爾巴阡山脈展開的軍事演習；此次演習中，蘇聯軍隊計畫使用多達七十五枚戰術核子武器，對北約發動「出乎意料的第一擊」。[592]泰勒因此提出警告，對於戰術核子武器，「軍中仍可見情感上的牴觸」，但在他眼中真正的問題所在，並非是要不要開發這類武器，而是如何把這種武器做得夠小而且夠靈巧，以「在不使用大規模毀滅性武器的情況下，仍能將逐漸升級的戰爭導入另一個階段」。

甘迺迪的其他顧問則以為，這種有限度的核戰是個自相矛盾的說詞。他們想起就在發現古巴握有蘇聯飛彈之後沒多久，與前國務卿艾奇森的一次交談。艾奇森果然不負他強硬派的盛名，主張立刻對這些飛彈發射場發動空襲，而有人問他蘇聯將會如何回應這些空襲。

「我太瞭解蘇聯了，」前國務卿的答覆帶著他招牌的自信，「他們首先會撂倒我們在土耳其的飛彈。」[593]

「那我們下一步要怎麼做？」另外有人問。

「我相信根據在我任內我們與北約所做的協定，我們也必須撂倒蘇聯境內的一座飛彈基地，以做為回應。」

「那他們下一步又會怎麼做？」

到了這個時候，艾奇森已經不是那麼胸有成竹了。

「呃，」他的回答裡帶著點怒氣，「我想那就要等到冷靜戰勝衝動的時候，他們才會停火坐下來好好談談。」

聽到這位杜魯門時期咸認的傳奇「智者」說出這番言論，執行委員會的其他成員，當場感受到一股「鑿鑿的寒意」降臨到會議室裡。艾奇森在不知不覺間，居然揭示了沉重的冷戰真理：「有限度」的核戰究竟以何為限，根本就不得而知。

由於古巴的IL-28帶來不小威脅，美國將領大為煩惱之際，他們也同時在遊說白宮，以期能終止禁令，讓高效熱核炸彈（high-yield thermonuclear bombs）可以用於部署在歐洲的快速反應警戒（Quick Reaction Alert, QRA）戰機上[594]。星期六早上，他們總算達成了目標。

在某些方面，F-100超級軍刀戰鬥轟炸機與伊留申轟炸機頗有相似之處。F-100部署在像土耳其這樣的北約前線國家，可以在毫無預警的狀況下轟炸蘇聯境內的目標。另一方面，F-100在設計上就是要能夠掛載比IL-28更強大的炸彈，飛行速度也要比IL-28更快。相對而言，IL-28上掛載的原子彈較為粗陋，而超級軍刀機上掛載的兩階段熱核炸彈，殺傷力要強大數百倍之多。而且不像三座式的伊留申轟炸機，F-100是單座式戰鬥機，炸彈是由單獨一位飛行員親自掌控，如此一來也違背了傳統的「夥伴系統」[63]。

回顧一九六二年四月，正是出於核子安全上的考量，甘迺迪才拒絕核可超級軍刀機上掛載熱核武器。因為這些武器上並沒有電子鎖定系統（electronic locking system）做為安全保障，故而無法排除在未經授權之下就擅遭使用的可能。甘迺迪還擔心某些歐洲機場的安全措施不夠完善，美國的核子機密也可能遭人竊取。

甘迺迪的決定讓空軍參謀長李梅與其他空軍將領大失所望，他們抱怨如此一來，無異於削弱作戰計畫的效率。超級軍刀機負責的「最高優先」蘇聯陣營目標包含三十七處，主要是位於東德的機場。空軍的研究聲稱，若使用低效原子武器（low-yield atomic weapons）對付這些目標，會把「平均損傷機率」從百分之九十降低到百分之五十。這令他們無法接受。

隨著飛彈危機持續升溫，空軍將領不厭其煩地舉出「當前世局的嚴重性」為證，舌敝唇枯力圖翻轉總統的決定。這一次他們成功了。儘管這些武器上還是沒有裝配電子鎖定系統，在眼前這個時刻，甘迺迪決定放手讓空軍按自己的主意行事。參謀長聯席會議傳訊駐防在歐洲的美國空軍指揮官，授權他們可以部署高效熱核武器。

63 譯按：相關內容另參本書 89 頁，第二章註 96 所在的正文段落。

土耳其有幾座機場提供F-100超級軍刀機停放，其中一座是因捷利克（Incirlik）的機場。因捷利克機場的核武安全防護措施「鬆散至極，簡直顛覆你的想像，」第六一三戰術戰鬥機中隊（613th Tactical Fighter Squadron）的指揮官後來這麼回憶，「我們把所有東西摞得老高，就擱在一張加了襯墊的毯子上，就這樣放著整整兩個星期。飛機的故障層出不窮，我們師老兵疲。」[595] 在這種窘困的時機，要說哪一個美國飛行員會在沒有授權的情況下發射核子武器，根本就是天方夜譚。現在回想起來，「有些傢伙你連把點二二的步槍都不放心交給他，更不用說是高效熱核武器了。」

十月廿七日，星期六，上午 11:46（夏威夷清晨 5:46）

葛拉夫（Robert T. Graff）少校駕駛的波音B-52同溫層堡壘轟炸機，於破曉前三小時就從夏威夷起飛。這架B-52一路向西飛往強斯頓島（Johnston Island），那是南太平洋上一座遺世獨立的環礁，過去是聯邦列管的鳥類棲息地，現在則是核子試爆的場地。在世界的另一端，此時還有數十架類似的飛機滿載核子炸彈直奔蘇聯，這是名為「鉻穹」（Chrome Dome）的大規模空中預警行動的一部分。不過葛拉夫的任務有所不同，他的機組員非常確切地知道，他們要空投的是一枚八十萬噸的炸彈。

在太平洋上方空投核彈是多明尼克行動（Operation Dominic）的一部分。蘇聯重新開始核子試爆一事教甘迺迪大為光火，於是他批准了超過三十項大氣層核子試爆，包括幾項由火箭發射核彈的實驗，以及由潛水艇發射北極星火箭的實驗。十月廿六日星期五在強斯頓島成功的高空飛彈試射，可說稍加彌補了過去接二連三的失敗，其中包含七月的那場重大災難：一枚失靈的雷神火箭直接在發射臺上爆炸。所有與火箭相關的複合建築與附屬的臨時飛機跑道都被爆炸吞噬，整座島嶼也因此受到鈽的汙染。耗費了將近三個月的時間，才把整個殘局收拾完善。因此由多明尼克行動的結果觀之，就發送核子武器而言，飛機仍然是比飛彈更可靠的載運工具。

投彈區位於太平洋當中，在強斯頓島東南方一百英里處，當B-52轟炸機抵達的時候夜幕仍然壟罩大地。靠近地平線的地方，還可以看見一道細細的月弦。這次試爆的程序就像一場精心編排的芭蕾，每一個動作都周密地演練而且計時。十多艘戰艦受派前來監測這次核彈爆炸，翱翔在四萬五千英尺的高空，葛拉夫少校從駕駛艙可以看見這些戰艦上的燈火。投彈的目標是一艘美國海軍的駁船，船上設有燈標以及雷達反射體，已拋下錨固定在海底；另外還有其他六架飛機，滿配精密的照相機以及輻射量測定器，列陣在目標周圍。

B-52轟炸機在目標上空盤旋，開始一圈又一圈像是繞著賽道奔跑的飛行；飛行員把此刻測量到的風速資訊，用無線電傳達給身在夏威夷的一位彈道專家，大家只知道她叫「凱蒂」（Kitty）[596]。加州的勞倫斯利弗摩實驗室（Lawrence Livermore Laboratory）提出一種新的設計，可以更有效利用飛彈外殼的可用空間，這一次測試使用的正是這種新設計。為了確保測量的數值精準，最重要的就是要讓炸彈在分毫不差的時間、高度和位置上爆炸。凱蒂身邊滿是導航的航線圖和好幾個滿出來的煙灰缸，她用一把滑尺完成演算，然後用無線電回傳這次投放炸彈需要調整的偏移量（offsets）。

機組員中的關鍵人物是投彈手鈕漢（John C. Neuhan）少校。他是一個沉默寡言獨來獨往的人，只全神貫注在投彈技術的細節之中，因此也被譽為第八航空隊（Eighth Air Force）上的最佳投彈手。鈕漢的投彈紀錄幾近完美，他的成功在軍中袍澤眼裡，一部分歸因於福星高照，另一部分則歸功於他對手動設備的駕輕就熟。飛機上有一臺初階電腦機械性地運作著，機上的電子設備則是由真空管構成，鈕漢會逐一檢查每一根真空管中的燈絲，看看是否需要更換。

葛拉夫已經通過投彈區三次，並且測定每一次賽道繞行模式的圈時，以達到分秒不差的十六分鐘。機組員啪啪撥動一系列開關，解除鎖定，讓炸彈就武裝位置準備投彈。第四次通過投彈區的時候，鈕漢透過緊急頻道播報倒數計時，如此一來列陣裡的所有士官兵都可以聽到。

「三分鐘——現在。」

「兩分鐘——現在。」

「一分鐘——現在。」

「三十秒——現在。」

「二十秒。」

「十秒。」[597]

高壓的液壓設備喀嗒一聲開啟機組員後方的炸彈艙門，他們感覺到機身有一下小小的震動。飛行儀錶板上亮起黃色警示燈，標示「炸彈艙門開啟」。

「投彈。」

投彈手鈕漢聞令，拇指即刻按下他手持的投彈開關，那看起來就像是電視遊樂器搖桿上的按鈕。一個閃閃發光的四噸重橢圓形金屬罐，就落入機尾的逸流之中。過了沒幾秒，三張降落傘隨即展開以減緩炸彈墜落的速度，也讓 B-52 轟炸機有足夠的時間飛越投彈區。領航員開始投彈後的倒數計時。機組員拉上駕駛艙正面的隔熱簾，只留下一條縫隙在正中間，然後他們就別過頭去。在投彈後 87.3 秒，飛機後方閃現一道白光，亮得讓每一個人目眩暫時失去視力。儘管過了幾分鐘，他們還是可以感受到和緩的爆炸衝擊波斷斷續續襲來，就好像他們經歷了一小段輕微的亂流。

蕈狀雲拔地而起，高度超過六萬英尺，撤退返航的 B-52 轟炸機在這等龐然大物旁邊顯得微不足道。負責診斷生物症狀的飛機上帶了幾隻實驗用的兔子，爆炸的閃光害牠們的眼睛都瞎了。隨著這架 B-52 轟炸機愈飛愈遠，炫目的閃光也逐漸消退，鈕漢這才透過投彈瞄準器檢查彈著：他又正中目標。

空中出現一顆月亮似的巨大球體，周身發散綠色、紫羅蘭色與紫紅色的流光。這場代號「災難」（CLAMITY）的試爆所造成的燦爛光輝，在空中逗留了一陣，然後漸漸褪色融入熱帶溫暖的晨曦。核子毀滅的末日居然有一種不可思議，甚至是扣人心弦的美麗。那是夏威夷時間清晨五點四十六分，華盛頓時間午前十一點四十六分，莫斯科時間晚間六點四十六分。

此刻在世界另一端的白宮，執行委員會的晨間會議正要散會。而在楚科奇半島（Chukot Peninsula）上空，距離地球表面十三英里處，毛茨比也差不多要飛進蘇聯邊境了。

第十一章　「某個混帳東西」

十月廿七日，星期六，午前 11:59（阿拉斯加，上午 7:59）

要是毛茨比沒有偏離他被指派的飛行路線，在完成七小時五十分鐘往返北極的飛行之後，他應該已經降落在埃爾森空軍基地了。不過，他現在仍然身處這架單薄的飛機裡，形單影隻徘徊在同溫層的黑天墨地之中，猶如盲人一般在全然的黑暗之中蹣跚而行。極光已經消失，但是星辰的方位也改變了，他對於自己的所在位置一無所知。他無從解釋的怪事，接二連三發生在他身上。

按照預定計畫，毛茨比在降落埃爾森空軍基地前一小時，要跟「鴨屁股」搜救隊會合，搜救隊會在離阿拉斯加北海岸不遠的巴特島上空盤旋。他們曾經答應毛茨比會把「舷窗裡的一盞燈打開」[64]，如此一來他返航時就可以看見，不過如今到了約定時間，卻未見他們的蹤影。他無法與鴨屁股搜救隊取得聯繫，也接收不到巴特島上的無線電導航信標，儘管兩者本都該在通訊範圍之內。他開始用直述的方式廣播，不再加密訊息，希望有人能引導他到正確的方向。其實或許他根本就沒有抵達北極。北極光使得毛茨比目眩，所以他對於方位的判斷不過是「一廂情願」而已，而非基於對星象的準確觀測。

突然之間，鴨屁股的聲音出現在單邊帶無線電上。他們告知將即刻開始每五分鐘發射一枚照明彈。

U-2飛行員毛茨比睜大雙眼，但就是什麼也沒看到。他們又發射了一枚照明彈。還是什麼也沒看到。踽踽獨航在無邊無際的黑暗之中，毛茨比已經沒有辦法壓抑住「突如其來的恐慌發作」，他「可能位在巴特島以東數英里，抑或以西數英里……但究竟是哪一邊？」[598]

幾分鐘之前，鴨屁股空中搜救機的導航員再次呼叫毛茨比，詢問他能否確認任何一顆星星。前方地平線上那個熟悉的形狀是獵戶座（Orion）。獵戶座群星之中的三顆亮星組成獵戶座腰帶（Orion's Belt），很容易就可以辨識出來[65]。天空再高一點的地方，在獵戶座右肩上面，是紅超巨星參宿四（Betelgeuse, or α Orionis）。再低一點的地方，在獵戶座的左膝，則是參宿七（Rigel, or β Orionis），那是全天空中最亮的恆星之一。

「我可以看到獵戶座大約是在機鼻左側十五度的位置。」毛茨比用無線電回覆。

接下來通話暫停了一陣，鴨屁股搜救機上以及埃爾森空軍基地裡的導航員，都忙著查閱星曆和星圖，以推算出這架迷航的U-2究竟身在何方。在一陣倉促的計算之後，鴨屁股的導航員回覆了，命令毛茨比將航行的方向左調轉十度。

收到這項指令過後沒有多久，單邊帶無線電上又有人呼叫毛茨比。不過這一次，無線電那一頭的聲音是他沒有聽過的。這位不知何許人也，使用了正確的無線電呼號，並告訴毛茨比將航行的方向右調轉三十度。短短幾分鐘的時距裡，就有兩個不同的無線電臺呼叫毛茨比，命令他轉向全然相反的方向。

---

64 譯按：相關內容另見本書 314 頁，第八章註號 470 之後的正文段落。
65 譯按：即參宿一（Alnitak, or ζ Orionis）、參宿二（Alnilam, or ε Orionis）與參宿三（Mintaka, or δ Orionis）。

「現在到底是什麼情況？」他自問。

這位糊塗的飛行員還沒弄清楚狀況，原來他已經在阿拉斯加時間上午七點五十九分（華盛頓時間午前十一點五十九分）飛越蘇聯邊境[599]。他在雲霄之上不經意間闖入的這片陸地，竟是地球上最杳無人煙的偏僻荒涼地帶之一，位在楚科奇半島北岸，偏離航線超過一千英里。

而在他飛越邊境之際，至少有六架蘇聯截擊機從楚科奇自治區兩座不同的機場起飛。他們的任務是：擊落侵入領空的這架飛機。

四千多英里之外的華盛頓，甘迺迪總統步出白宮內閣會議室，沿走廊屣步的他，要去接見的是焦心民防事務的州長代表團。他仍然聚精會神在如何回覆赫魯雪夫最後的訊息，絲毫不知道原來楚科奇自治區上空，有一齣戲劇般的事件正在上演。州長代表團感覺到總統「異常悶悶不樂而且心煩意亂」，不過他們並未因此手下留情，依舊大聲質疑甘迺迪面對蘇聯領導人是否「足夠強勢」[600]。

加州州長布朗（Edmund Brown, 1905–1996）尤其直言不諱。「總統先生，」他問，「很多人都不理解您為何會在豬玀灣事件上改變心意，中止進攻。這次您也會改變心意嗎？」

甘迺迪也把話講明，這樣未審先判的無端揣測讓他頗感惱火。他心平氣和地回答：「我之所以選擇封鎖，是因為我不知道我國人民是否已經準備好面對核彈。」

在確保美國人民不受核彈威脅方面，許多州長都認為聯邦當局做的並不夠多。論及美國民防方案，其中一位州長抱怨「簡直是毫無作為」。「迅速臥倒尋找掩護」（Duck and Cover）的影片，還有在每戶後院都興建防空洞的口號已經宣傳了好多年，美國人民對於他們面臨的危機已經近乎麻木。這個星期稍早，麥納瑪拉光是在記者會上提到「民防」二字，就引起群集的記者哄堂大笑[601]。杜魯門執政時期，為了協助孩童在遭受原子彈攻擊時知道如何保護自己，發明了卡通角色海龜伯特（Bert the Turtle），但這已成為全國的笑柄。

有一隻海龜叫做伯特
他非常有警覺心；
每當遭遇危險的威脅（響起鞭炮聲）
他也絕不會受傷
因為他知道該怎麼做……
他會臥倒！（口哨聲）
然後掩護！（伯特縮進龜殼）

民防影片裡可以看到學童鑽到課桌底下蜷縮成球狀的畫面，類似的操演也同樣教授給辦公室裡和工廠裡的成年人，不過許多人都對其效用存疑。「只要一看到核爆耀眼的光芒，立刻彎下身子把頭緊緊夾在兩腿之間，」一張貼在學生宿舍牆上的海報這麼叮囑著，「然後跟你的屁股吻別。」

儘管有大量的公關活動推廣防空洞，然而時至一九六二年秋天，眼前成果只可謂杯水車薪。據民防官員向州長回報，舉國上下貼有防空洞標誌的建築物還不到八百棟，總共只能提供六十四萬人所需的避難空間。而緊急食物的補給庫存，也僅存放在一百一十二棟建築內。因此若蘇聯是在那個週末入侵，防空洞和食物的配給量只能支應十七萬美國民眾而已[602]。

當甘迺迪評估美國入侵古巴的計畫時，蘇聯對美國平民加以報復的可能性著實令他憂心忡忡。美方必須承擔的風險是蘇聯不可能坐視自己落入美國手中，那倒不如直接發射飛彈。根據白宮推估，目前已經部署在古巴島上的飛彈，可能危及九千兩百萬美國人民的性命。甘迺迪在該星期稍早曾經諮詢過他的高級民防官員，「在對古巴的飛彈發射場發動攻擊之前」，疏散邁阿密地區居民是否有可行性[603]。助理國防部長皮特曼（Steuart Pittman, 1919–2013）認為疏散是不切實際的做法，流離轉徙只會造成「要命的兵荒馬亂」而已。甘迺迪只好打消這個念頭。

在政府毫無行動之下，美國老百姓只好自謀生路[604]。一波又一波的恐慌搶購潮席捲某些城市，不過也有另外一些城市沒有受到什麼影響。洛杉磯的居民湧向當地超市，因為謠傳一旦戰爭開打，超市就將關閉。邁阿密的雜貨店回報銷售額提高了兩成，因為此前某位地方官員聲稱，每位居民都應該儲備兩週的糧食存量。華盛頓出現瓶裝水的搶購潮；國家座堂總鐸（dean of the National Cathedral）則下令將地下室注水，以充作緊急貯水池。步槍和手槍的熱銷在德州和維吉尼亞州的槍店也得記上一筆。里奇蒙（Richmond, Va.）的一位槍枝業者解釋，維吉尼亞居民購置武器並非為了抵禦蘇聯人，而是為了抵禦「可能來到鄉間尋覓避難所的城市居民」。

十月廿七日，星期六，中午 12:15

總統與州長代表團關室密談之際，發言人沙林傑召集了十幾位記者到他在西廂的辦公室。甘迺迪擔心赫魯雪夫提出的古巴與土耳其飛彈交易，很可能廣受國際輿論的歡迎，如此一來也就削弱了美國在協商中的地位。白宮需要盡速設想出對策。

沙林傑念了一份倉促準備的文稿，告知記者「過去廿四小時內」，蘇聯擬定了「好幾份前後矛盾相互牴觸的提案」，而最新的這則信息只不過是其中之一。危機的成因是蘇聯在古巴的作為，而非美國在土耳其的作為。蘇聯「首先必須履行的要務」是終止飛彈基地的作業，使其「無法運作」。這一點完成之後，就什麼事情都可以談。

記者們現在的困惑，執行委員會成員不久前也經歷過[66]。

「那就是說總共有兩則信息？」

「確實如此。」

「那後面那一則信息說了什麼？」

「我們無可奉告。」

「你認為今天下午我們就會回應莫斯科這兩則信息嗎？」

---

[66] 譯按：相關內容見本書 362 頁起，第十章「十月廿七日，星期六，上午 10:18」及「上午 10:22」兩節。

「我也無可奉告。」

賓夕法尼亞大道1600號[67]外的人行道上，示威遊行的群眾分別高喊支持封鎖與反對封鎖的口號。秋日涼爽的天氣裡，古巴流亡分子和大學生往來遊行，反覆吟誦著「入侵古巴，攻擊紅色陣營」（"Invade Cuba, Attack the Reds."）[605]。幾個配戴卐字臂章的美國納粹分子高舉標語，要求即刻入侵。和平運動人士揮舞標語，宣揚不要再有戰爭（NO MORE WARS）。

十月廿七日，星期六，中午 12:30（阿拉斯加，上午 8:30）

在北極執行空氣採樣任務的U-2偵察機飛行員下落不明，消息傳來之際，戰略空軍總司令鮑爾上將，人正在內布拉斯加州奧馬哈市奧福特空軍基地（Offutt Air Base, Nebr.）的高爾夫球場[606]。從蘇聯空防系統攔截到的追蹤資料顯示，這架偵察機現正位於蘇聯領空，而且至少有六架米格機已緊急升空，準備要擊落毛茨比。鮑爾上將急奔回辦公室途中經過一面大型廣告牌，上面醒目地標示著一句威爾式（Orwellian）的口號：「和平是我們的專業。」（Peace is our profession.）[607]

戰略空軍司令部總部裡，從來就沒有人特別注意過空氣採樣任務。毛茨比隸屬第四〇八〇戰略偵察機聯隊（4080th Strategic Wing），一位鮑爾的部屬聯繫了聯隊指揮官，想弄清楚「你究竟為什麼要把一架U-2派去蘇聯領空」[608]。

「你還是去問別人吧，我這裡現在忙得不可開交，」狄波特（John A[ugustus] Des Portes, 1920–2001）上校回覆，他現在更擔心的是遲遲未歸的安德森少校，「我可不知道有U-2飛去蘇聯領空。」

鮑爾將軍回到指揮所，此刻戰略空軍司令部的幾位情報官，正在一面大螢幕上標繪毛茨比的飛行路線及蘇聯米格機的軌跡。美國人密切注意在楚科奇自治區上空失蹤的U-2偵察機之際，其實也同時小心警覺著蘇聯飛行管制員有什麼動靜。儘管蘇聯人深具安全意識，他們也無法對自家空防網路施以非常複雜的加密機制，因為這些資訊必須讓全國各地的追蹤站點都能夠即時取得（in real time）。因此數千英里之外的美國監聽站，就可以截聽到由蘇聯高頻無線電傳輸並從電離層游離出來的資料。

這下鮑爾將軍陷入進退兩難的窘境。有能力可以「讀取蘇聯空防的通訊」，是一項必須嚴謹保守的國家機密[609]。要是戰略空軍司令部的指揮官發出警告，告知毛茨比他在航行上出的紕漏有多麼嚴重，那麼他們必須承擔的風險，便無異於提示蘇聯這項極具價值的情報技術存在。因此他們必須想出一個方法，既可以引導毛茨比回到阿拉斯加，又不會洩漏他們是如何得知毛茨比的確切位置。不過致使事態益發複雜之處在於，克里姆林宮很可能把這次進入蘇聯領空解讀為高度挑釁的行為。因此還有另一種風險存在：在蘇聯領導高層眼中，這次U-2飛越領空就是全面入侵之前的偵察任務。

戰略空軍司令部的情報官員需要國家安全局的特別許可，才能將他們所知的毛茨比現況，分享給他在阿拉斯加的行動指揮官。許可很快就核准下來——條件是無論做什麼事或說什麼話，都不能洩漏情資

---

67 譯按：即白宮。

的來源。鴨屁股空中搜救機的導航員和埃爾森空軍基地的導航員，也已經嘗試以天文觀測的方法把毛茨比引導回阿拉斯加。

替毛茨比的北極飛行標繪路線的導航員是沖本（Fred Okimoto）中尉。他在阿拉斯加時間午夜送毛茨比出任務之後，就回到埃爾森空軍基地的軍官寢室就寢了。幾個小時後，這次行動的指揮官威爾森（Forrest Wilson）上校叫醒他，告訴他U-2失蹤的消息。「我們遇上麻煩了。」威爾森的舉止就像平常一樣低調不願聲張[610]。

他們倆走過破曉前的漆黑，來到U-2的停機棚。他們走進樓上一間小小的辦公室，當初飛行任務就是在這裡計畫的。沖本又把航線從頭到尾計算了一遍，檢查看看是不是哪裡出了差錯。但一切看來似乎都沒問題。鴨屁股用來聯繫毛茨比的高頻率邊帶無線電頻道，時不時傳來刺耳的嘎嘎聲。整間辦公室都是攤開的導航航線圖和星曆。U-2飛行員回報他可以在機鼻附近看到獵戶座腰帶，從這一點研判，他現在正朝南飛。當務之急是要想辦法讓他調轉往東。

導航員看向窗外，注意到東邊地平線上有微弱的紅色光輝：阿拉斯加中部就要日出了。這讓他靈機一動。他打開無線電，詢問毛茨比能不能看到即將升起的太陽。

「不能。」明快的回答傳來。

因此理所當然的結論是，毛茨比正在距離阿拉斯加以西數百英里的地方，也就是蘇聯領土上空。解決方法是要他調轉向左行進，直到獵戶座出現在右邊機翼尖端附近的方位。這樣他就能飛回家了。

驚恐又疲憊的毛茨比，持續在他的單邊帶無線電上收到來路不明的呼叫。而這一次，這個他沒有聽過的聲音告訴他右轉三十五度，這會讓他更往蘇聯內陸深入。飛行員毛茨比用「只有正統無線電話務員才知道」的代碼查探對方身分，不過毫無回應。

隨著時間一分一秒流逝，從阿拉斯加傳來的訊號也一點一滴減弱。毛茨比能聽清楚的最後一道指令是「左轉十五度」。

毛茨比知道燃料已所剩無幾，絕對不夠回到阿拉斯加。他很有可能需要嘗試迫降。未知來源傳送過來的訊號依舊清楚，但他選擇置之不理，反而轉到緊急頻道大喊：「求救！求救！求救！」

在一陣慌忙地呼救之後，他從機鼻所向的方位截聽到一個無線電臺的訊號，播放著聽來像是俄羅斯民謠的音樂。巴拉萊卡三角琴（balalaikas）和手風琴的旋律，還有口操斯拉夫語的聲音，「響亮而清晰地傳來。

這下毛茨比終於明白自己在哪裡了。

從廣播電臺聽到俄羅斯音樂後，讓毛茨比驚慌失措的第一個念頭是自己可能會成為「另一個蓋瑞·鮑爾斯」。一九六〇年，鮑爾斯駕駛 U-2 執行蘇聯核武陣地的偵察任務，在西伯利亞上空被擊落。他跳傘逃生而且安全著陸，未料卻即刻被一頭霧水的蘇聯農民俘虜。在莫斯科的一場作秀公審之後，他坐了廿一個月的牢。美國因為這宗 U-2 偵察機事件顏面盡失，對艾森豪總統來說尤其如此。美方錯誤推定鮑爾

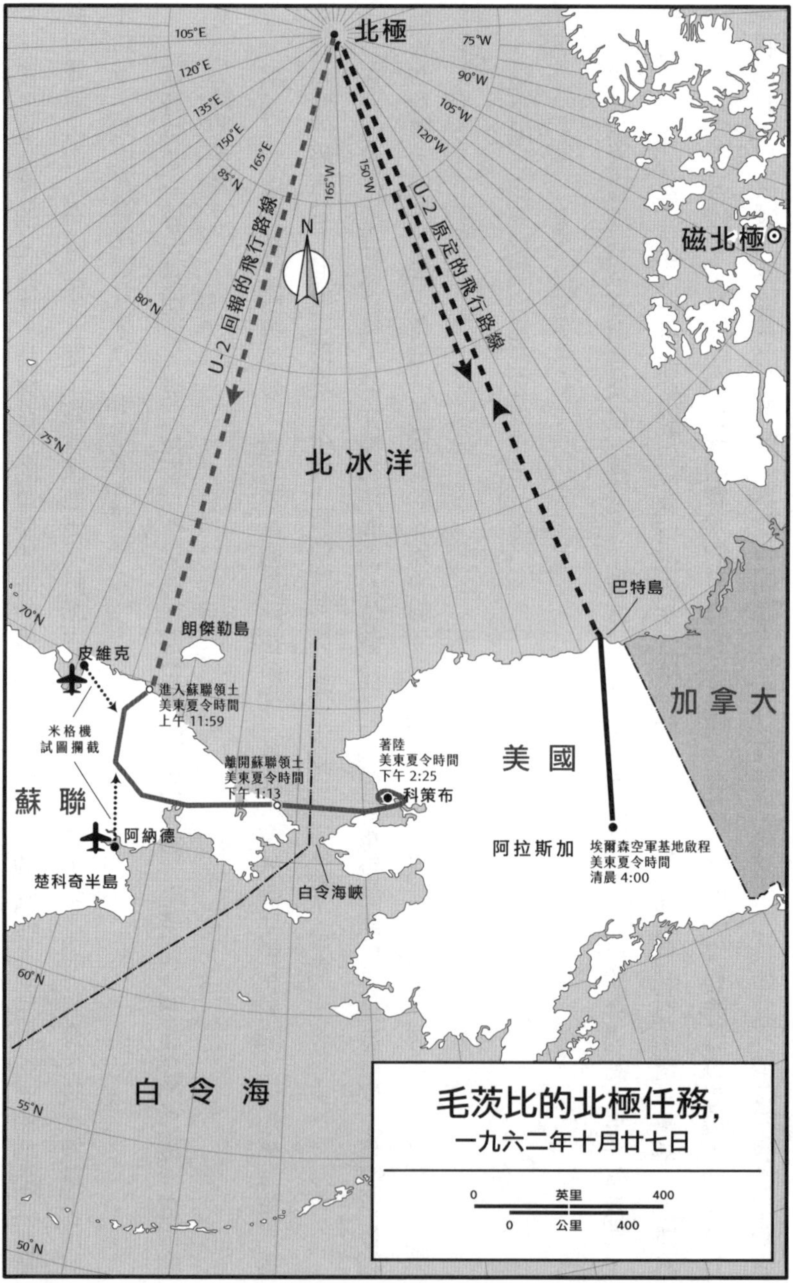
北極
105°E
120°E
135°E
150°E
165°E
85°N
80°N
75°N
70°N
60°N
55°N
50°N
75°W
90°W
105°W
120°W
165°W
150°W
N
U-2 回報的飛行路線
U-2 原定的飛行路線
磁北極
北冰洋
巴特島
朗傑勒島
皮維克
進入蘇聯領土
美東夏令時間
上午 11:59
米格機
試圖攔截
離開蘇聯領土
美東夏令時間
下午 1:13
著陸
美東夏令時間
下午 2:25
科策布
美國
加拿大
蘇聯
阿納德
楚科奇半島
白令海峽
阿拉斯加
埃爾森空軍基地啟程
美東夏令時間
清晨 4:00
白令海
毛茨比的北極任務,
一九六二年十月廿七日
0　英里　400
0　公里　400

斯不可能在擊落中生還，因此艾森豪批准聲明，宣稱鮑爾斯駕駛的 U-2 在土耳其東部「從事高空氣象研究任務」時墜毀[611]。隨後美國政府又就此事件發表了一系列聲明，不過很快就被眉飛色舞的赫魯雪夫揭穿，證實全部都是睜眼說瞎話。

毛茨比深知共產黨的監獄裡是怎樣的光景。他的思緒回到十年前一月裡的一個日子，那次升空是為了執行他在北韓的第十七次作戰任務[612]。當時他駕駛的 F-80 流星戰鬥機兩側機翼下都掛載了一千磅的炸彈，準備投擲到中國增援部隊所在的重要鐵路樞紐軍隅里（Kunri）。就在他試圖俯衝轟炸鐵路之際，敵人的砲彈擊入了他身後的機身。座機朝地面俯衝又失去控制，時間只夠他釋放兩枚炸彈然後拉起彈射座椅的把手。隨著飛行員的降落傘自動張開，毛茨比飄落地面，而他駕駛的 F-80 噴射戰鬥機在他頭頂呼嘯而過，炸彈就在他落地處附近爆炸。毛茨比墜落在雪地裡，他急忙掙脫降落傘的背帶試圖逃跑。只不過沒跑幾步，他很快就發現自己舉目所及竟是「十幾把步槍的槍口，握著槍的全是中國士兵」[613]。

這就是他六百天戰俘生涯的開始。空軍把他列為「任務中失蹤」（missing in action, MIA）人員[614]。他被獨立囚禁好幾個星期，與美國及盟軍的戰俘分開；大部分時間，他都被關在一座散發惡臭的山洞裡，山洞是從山壁鑿掘進去，因此根本沒有足夠的高度讓他站直。最後終於有另一位被俘的美國飛行員跟他關在一起。他們睡臥的床墊是用骯髒的稻草製成，還有齧齒類動物和昆蟲與他們共寢。氣候是刺骨的嚴寒，三餐只有米飯和水。「身上盡是疼痛，劇烈的疼痛。接下來幾個月的日子充滿愈來愈嚴重的饑餓與困苦，愈來愈冷的天氣，還有永無止境的拷問……（毛茨比）被從一個地方拽出來，又被塞進另一個地方，幾乎不知道自己和獄友身在何處。」直到一九五三年八月底，他終於因為戰俘交換而獲釋。

毛茨比愈回想過去的戰俘經歷，就愈下定決心要「盡可能遠離」播放俄羅斯音樂的廣播電臺。他繼續轉向往左飛，直到電臺訊號正好在他機後，而獵戶座也出現在右翼尖端附近。他用機上的無線電在緊急頻道上大喊「求救！求救！求救！」直到聲音都啞了。

他還得再飛三百英里才能脫離蘇聯。

十月廿七日，星期六，中午 12:38（雪梨，星期天，深夜 2:38）

海軍上將安德森長年以來都會前往維吉尼亞州諾福克，參與海軍學院和匹茲堡大學的美式足球友誼賽。讓這位海軍作戰部長（CNO）引以為傲的是，即使他在危機的驚滔駭浪之中暫時離開崗位，依然會有得力助手妥善駕馭船隻前行。安德森堅守美國海軍之父瓊斯留下的傳統，對於在他手下任職的海軍袍澤懷抱完全的信心，無論他的文官上司對此做何感想。他始終忠於自己的信念：「把細節留給幕僚……不要發牢騷，不要瞎操心。」[68]

他在他的球賽包廂裡安排裝設了一支專線電話，以防有任何真的非常緊急的事件意外發生，萬事俱備之後，他就在今天上午稍早搭機飛往維吉尼亞州南部。星期二晚上和麥納瑪拉因為封鎖行動的安排起了口角之後[69]，安德森就不再費神掩飾自己對文官掣肘軍事的不滿。白宮按理只要制定總體的指導方針就好，執行層面的工作應該交給海軍，但現在卻不是這樣，而是就每一艘船隻的攔截，白宮都堅持由他們做最後的決定。如今至少已經有布加勒斯特號以及維尼查號兩艘蘇聯船隻，直接航行穿越封鎖線卻未受到任何檢查。安德森上將從麥納瑪拉的助理那裡，得知自己被命令退出封鎖行動，他氣得嘴裡飆出一連串憤世嫉俗的咒罵[615]。

參謀長聯席會議在針對飛彈危機召開的每日例會上，協調所有對付古巴和蘇聯的軍事行動，而安德森的美式足球賽之行意味他將錯過今天的這次例會。但是助理向他保證一切都在掌控之中。星期六中午後不久，一位部屬致電海軍作戰部長作戰室，確認他要報告給老闆的信息。

「煩請轉告上將好好放鬆休息，」安德森的執行助理自信地回答，「船行順當，一切無恙。祝他玩得愉快，好好去看場球賽。」[616]

有了這位「帥氣的喬治」到場加油，海軍學院以三十二比九大敗匹茲堡大學。

在世界另一端的澳洲，一位名喚多雷斯（Irvin Doress, 1930–2014）的美國大學教授，正因為世界末日大戰（Armageddon）的念頭而心神不寧。有一小批美國人覺得與其絕望枯等「飛彈穿越蒼涼的黑夜而來」，還不如選擇棄國而去，而這位三十二歲的社會學家正是其中一人[617]。甘迺迪以電視演說宣告封鎖政策後，多雷斯馬上就打包好行李箱，搭上澳洲國家航空（Qantas）從紐約飛往雪梨的第一班飛機。他帶上的行李有「我最棒的幾本書，兩份雜亂無章的手稿，幾套西裝，還有我最可靠的好夥伴打字機」。

(68) 譯按：相關內容見本書 134 頁，第三章註號 179 所在的正文段落。
(69) 譯按：相關內容見本書 137 頁，第三章註號 185 所在的正文段落。

此刻，他正坐在國王十字酒店（King's Cross Hotel）單調的客房裡，回顧自己魯莽的決定。雪梨時間的夜半時分，他想起已經分居但還沒離婚的妻子，還有自己撒手留在美國給她的兩個孩子，又想起自己在紐約州北部聯合學院（Union College）的學生。臨行前他匆匆給社會學系系主任寫了一張便箋，卻沒有真正開口道別。他只能在日記裡吐露真正的心跡，他已經開始對「置自己所愛的人於不顧感到羞愧」。他捫心自問：「憑什麼是我活下來而不是其他人，特別是年輕一輩的人。」

「生亦有時，死亦有時，」他沉思這個道理，「就算輻射線沒置你於死地，核戰後的世界也大概是人間地獄。」

十月廿七日，星期六，中午12:44（阿拉斯加，上午8:44）

佩韋克（Pevek）位於北極圈以內兩百英里處，是蘇聯最北境、最遺世獨立的城鎮之一[618]。當地的楚科奇文化以兩件事為中心，一是飼養馴鹿，二是獵捕海象。這裡的人口密度約略是每平方英里兩人，冬天氣溫會下降到零下五十度。對蘇聯而言，這個區域的主要利益有三：一是豐饒的錫礦和金礦礦床，二是可以充作在北冰洋巡邏船隻的冬季避風港，三是做為偏遠的軍事前哨站。蘇聯在緊臨海邊的一座機場就部署了米格機中隊，以攔截飛往北極的美國轟炸機。

當軍事雷達站發現有一架入侵的飛機正航向楚科奇半島，米格機立刻就從佩韋克機場升空。儘管米格機迅速爆發出速度往長空飛馳，但這架來路不明的飛機卻似撩人心弦般怎麼樣也追趕不上。米格機上的超音速引擎讓蘇聯飛行員可以在短短幾分鐘內，以近乎垂直的角度急遽攀升到六萬英尺高空，但儘管如此，他們與獵物之間的高度還是有一萬五千英尺的距離。攔截機跟著入侵的不速之客保持同樣速度並駕三百英里之後，只能放棄呼嘯調轉向西補充燃料。

在楚科奇半島的反對側，有另一組米格機從鄂霍次克海旁的阿納德機場升空。他們一路往北飛，接手駐防在佩韋克機場的攔截機的追蹤任務。他們在半島中部上空幾乎就要趕上毛茨比，並在毛茨比轉往阿拉斯加之際尾隨在後。

三千五百英里之外的內布拉斯加州奧福特空軍基地裡，戰略空軍司令部的作戰中心正即時追蹤著這些蘇聯攔截的企圖。毛茨比的U-2一進入蘇聯領空就被密切注意，而藉由監控蘇聯的空防雷達網路，戰略空軍司令部的情報官員也可以如法炮製，密切注意米格機的動靜。他們在發光的螢幕上，用一個個小勾勾標繪出米格機的一舉一動。米格機一調轉往東，戰略空軍司令部就要求阿拉斯加空防司令部，即刻派遣兩架F-102戰鬥攔截機升空，以提供毛茨比所需的保護。

F-102戰鬥攔截機部署在阿拉斯加西部的格利納空軍基地（Galena Air Force Base），這個星期稍早的時候，技術人員已經移除了飛機上的常規武器，將核子飛彈掛載上去[619]。這是進入三級戒備狀態之後，飛行中隊的標準作業程序。搭載了配備核子彈頭的隼式空對空飛彈（Falcon air-to-air missile），單獨一架F-102戰鬥攔截機就可以殲滅一隊來襲的蘇聯轟炸機。在理論層面，只有獲得總統的授權才能使用核子武器。不過在實踐層面，有實質能力在控制面板上按下幾個按鈕，發射核子彈頭的是F-102飛行員。既然駕駛艙裡只有飛行員一個人，自然沒有誰可以推翻他的決定。

廿六歲的舒穆慈（Leon Schmutz）中尉剛從飛行學校畢業，他是其中一架戰鬥攔截機的飛行員。他爬升到白令海峽上空搜尋那架失蹤的U-2時，心中也暗自忖度著，要是遭遇了蘇聯的米格機他該怎麼做。他唯一的防禦手段是一枚核子彈頭，其威力足以摧毀爆炸點半徑半英里內的一切事物。使用這樣的武器簡直教人難以想像，尤其是在美國領土上空。引爆的儘管只是一枚小型核子彈頭，也可能導致核子戰爭全面爆發。但是如果遭到蘇聯戰鬥機攻擊卻不還擊，卻又與飛行員的基本生存本能背道而馳。

十月廿七日，星期六，下午1:28（阿拉斯加，上午9:29）

毛茨比快速在心中概覽了一下自己的處境。最有利的條件，是他現在已經不會再聽到蘇聯的廣播電臺了，而最不利的一點在於，他的飛機雖然攜帶了充足的燃料，可以支應九小時四十分鐘的飛行，不過自午夜起飛後他已經滯空九小時廿八分鐘。剩下的燃料只能再支應十二分鐘。

要是希望能活著回到阿拉斯加，毛茨比知道自己必須充分利用座機超凡的滑翔能力。U-2修長的機翼如波浪鼓動，加上機體異常輕盈，所以就算不使用動力，當U-2在大氣層中緩緩下降之際，依靠氣流漂浮最遠還可以滑翔兩百英里。U-2是飛機，也是滑翔機。

他必須預留一些燃料以備不時之需，而且也想保存一些電池的電力。他用不加密的直述方式最後一次呼叫，宣告他即將關閉無線電。他把手伸向面前的控制面板，關閉這架單引擎飛機的普惠J-57型引擎（Pratt & Whitney J-57 engine），那一刻「一陣絕望襲來」。然後他進入平緩滑翔的狀態。

毛茨比關閉引擎的同時，等於也關閉了駕駛艙的增壓和加熱系統。為了彌補艙壓的減低，緊急氧氣供應系統嘶嘶嘶地充飽了飛行服裡的充氣管，以防他的血管在稀薄的空氣中爆裂。他看起來就像米其林的輪胎人。他在七萬英尺的高空滑翔穿越同溫層，不確定自己身在何方又不能跟任何人通話，筋疲力竭又嚴重缺乏睡眠的他，腦海中只有一句話不斷浮現：

「查理啊，你真是出了個大包。」

十月廿七日，星期六，下午 1:41（阿拉斯加，上午 9:41）

赫魯雪夫最後傳來的訊息，只是更坐實了參謀長聯席會議最糟糕的推測。軍事高級將領確信蘇聯領導人根本無意從古巴撤離飛彈。他不過是在拖延時間，將美國拖進毫無意義的討價還價之中，永無止境。等到甘迺迪意會過來的時候，一切都將為時已晚，蘇聯的飛彈早就裝配好核子彈頭，對準美國隨時準備發射。

在聯席會議的諸位參謀長眼中，來自莫斯科的任何懷柔話語或表態，都不過是虛晃一招而已。一位海軍高級將領警告諸位參謀長，「赫魯雪夫就像他之前每一位愛空談教條的共產黨員，都是盲目的孫子信徒」。620 他引述了這位備受尊崇的中國軍事戰略家的幾條金言，將西元前五一二年的中華帝國，和一九六二年的蘇維埃帝國兩者相互比較，以證明自己的觀點：

- 辭卑而益備者，進也；[70]
- 卑而驕之；[71]
- 故為兵之事，在於佯順敵之意。[72]

諸位參謀長在人稱「坦克」的密閉作戰室裡密會[73]，這間五角大廈裡的密室，最顯眼之處是一幅巨大的世界地圖。他們圍著拋光的木頭圓桌環坐，爭論從古巴探得的最新情資，包含具有攜帶核子彈頭能力的地面機動飛彈，以及蘇聯軍隊人數比先前料想的要高出許多等證據。空軍參謀長李梅一如往常主導會議，儘管他開口也就說一兩個字，而且拒絕多花什麼力氣跟大家討論。李梅要求他的同僚建議對古巴境內數千處軍事目標實施全面空襲，並在七天之內展開地面入侵。在李梅的強硬堅持之下，諸位將領開始起草一份呈交給白宮的文檔，指控赫魯雪夫的「外交勒索」[621]。

「不採取直接的軍事行動解決古巴問題，反而一拖再拖，這是著眼於蘇聯自身的利益，」諸位參謀長警告，「如此一來會愈來愈難打敗古巴，而美國的傷亡將會倍增。部署在古巴的核彈以及具備掛載核武能力的飛機，對美國本土造成的直接威脅將大幅增長。」

諸位參謀長商討該在何時發動第一波攻擊之際，麥納瑪拉走進坦克密閉作戰室。他剛剛結束執行委員會的會議，故而全心想的都還是土耳其的木星飛彈：要是美國攻擊古巴，那麼木星飛彈就是蘇聯輕而易舉的攻擊目標。若要減低「擊倒」木星飛彈對於赫魯雪夫的誘惑力，可行的方法之一，是在土耳其海岸外派駐一艘北極星核子潛艦，然後刻意讓蘇聯知道有艘潛艦在那。這種堅不可摧的潛艦上配有十六枚北極星彈道飛彈，比起不堪一擊的木星飛彈，更能有效嚇阻蘇聯意欲攻擊土耳其的念頭。派遣核子潛艦到土耳其，也能為撤走過時的木星飛彈預先做好準備。

國防部長指示諸位參謀長制定計畫，在地中海東部重新部署至少一艘核子潛艦。他同時也想知道，當他們口口聲聲說著「盡速也適時執行」對古巴的空襲計畫時，心裡設想的確切時機到底為何。

「反正不是星期天進攻就是星期一。」李梅粗聲粗氣回答。[622]

這些將領毫不掩飾他們對於麥納瑪拉的不耐煩。他們在添購新型武器系統的事務上，與他一而再再而三發生齟齬，還懷疑他心裡根本掖藏著「和平主義者的觀點」。麥納瑪拉否決添購新的 B-70 轟炸機，又堅持將義勇兵（Minuteman）洲際彈道飛彈的數量限制在一千枚以下，李梅就曾經問過同僚：「要是赫魯雪夫來當美國的國防部長，情況搞不好都不會更糟。」[623]麥納瑪拉這種大驚小怪的過分謹慎，每每教李梅忍無可忍。當麥納瑪拉問到轟炸蘇聯飛彈發射場的時候，有沒有可能不要造成太多俄國人喪生，李梅瞠目結舌看著他：「你一定是瘋了。」[624]

麥納瑪拉對李梅這位空軍參謀長的感覺則更為矛盾。他們早在二次大戰時期就已結識。這位柏克萊出身的優秀統計學家曾在遠東戰事中於李梅麾下服役，他策畫轟炸日本城市的路線，以使轟炸達到最大

---

70 譯註：語出《孫子．行軍》：「辭卑而益備者，進也；辭強而進驅者，退也；輕車先出其側者，陣也；無約而請和者，謀也；奔走而陳兵者，期也；半進半退者，誘也。」

71 譯註：語出《孫子．始計》：「兵者，詭道也。故能而示之不能，用而示之不用，近而示之遠，遠而示之近。利而誘之，亂而取之，實而備之，強而避之，怒而撓之，卑而驕之，佚而勞之，親而離之，攻其不備，出其不意。此兵家之勝，不可先傳也。」

72 譯註：語出《孫子．九地》：「故為兵之事，在於佯順敵之意，併敵一向，千里殺將，是謂巧能成事者也。」

73 譯按：相關內容見本書 247 頁起，第六章註號 359 及 360 間的正文段落。

程度的破壞。麥納瑪拉認為他過去的這位上司是他所知「最能幹的作戰官」；儘管李梅是個粗暴的人，但他總能完成使命[625]。他用最簡單明瞭的條件思考：每摧毀一個目標要折損自己多少人手。麥納瑪拉也協助李梅做過計算，使得東京數十萬居民無論男女老幼在一夜之間盡數喪命於大火。不過他對這位將軍的欽佩也摻雜著嫌惡。儘管麥納瑪拉可以接受用燃燒彈轟炸東京，但是與蘇聯爆發核戰導致的可是數百萬美國人民喪生，這完全是兩回事。

「像這樣的戰爭哪一方能獲勝？」在辯說這個主題的時候，他這樣質問空軍參謀長。

「當然是我們，」李梅回答，「哪一方持有最多核子武器最後就能獲勝。」

「但如果我們葬送了一千萬老百姓，那獲勝的意義又在哪裡？」

麥納瑪拉累了。開會商議、電話會議、數百個決議，過去幾天裡像旋風一般環繞著他。他位於五角大廈三樓的辦公室可以俯瞰波多馬克河，更衣間裡擺了一張帆布行軍床，這幾天他就睡在那兒[626]。他只勉強在星期五晚上回家吃了一次晚餐，其他時候大多是在辦公室的一張牌桌上解決三餐。他每天早上六點半起床，一路工作到晚上十一點那麼遲，有時甚至午夜方休，而總統或高級官員的來電又時不時打斷他的睡眠。他唯一的放鬆，就是偶爾去五角大廈地下室的官員俱樂部來上一局壁球。他的心智仍然像臺電腦般運作，但是已經流失了一些他註冊商標的那分敏銳，也不再能用乾淨俐落的分析與多重觀點的選擇，主導執行委員會的每一場會議。

這段緊繃的對話還沒結束，麥納瑪拉接到一份緊急信息，是李梅遞給他的。他急忙檢閱一遍。

「有一架U-2在離開阿拉斯加後失蹤了。」[627]

儘管已經有強而有力的證據顯示毛茨比是在蘇聯上空迷航，戰略空軍司令部的指揮官還是耗了一個半小時，才把這架飛機失蹤的事情呈報到文職的政府高官那裡。初始幾份報告的內容都是零碎不全的。五角大廈告訴白宮，在發生「陀螺儀問題」之後飛行員「偏離了航線」，隨後在弗蘭格爾島（Wrangel Island）附近被一臺「高頻測向儀」探得行蹤628。「接下來似乎是飛越或靠近了蘇聯領土。確切成因目前尚未可知。蘇聯的戰鬥機已經緊急起飛——我們的也是。」

光是第一份報告就已經夠令人驚心駭神。核子戰爭對兩國來說都已是箭在弦上之勢，此際居然有一架美國的偵察機飛越蘇聯領空。而幾乎可以確定的是，這架飛機的燃料即將用罄。麥納瑪拉衝出密閉作戰室打電話給總統。會議紀錄上登記的時間是下午一點四十一分。

加壓飛行服充氣之後，頭盔會因為推擠而上移，毛茨比的心思都在擔憂關閉引擎的事，因而忘了拉緊固定頭盔位置的綁帶。這下頭盔上移，頭盔下半部完全擋住他的視線，所以他「經歷了一段很可怕的時間，連面前的儀表板都看不見」。他費了好大功夫才終於把頭盔調回正確位置。

過了不久，座艙的玻璃艙罩開始起霧，他頭盔的面罩上也開始出現凝結的水珠。毛茨比盡可能把面罩推擠到靠近他嘴巴的位置，這樣他就能伸出舌頭，舔掉足夠範圍的水珠，讓他看見儀表板。

高度計顯示的數字仍然為七萬英尺。毛茨比一開始認為是指針卡住了，不過他後來就恍然大悟，就算沒有動力，U-2 還是在同樣的高度滑翔著。至少過了十分鐘，飛機才開始緩緩下降。他告訴自己，現在他要做的事只有「保持機翼水平，維持下降的速率使飛機滑翔出最長的距離，然後希望我的守護天使沒有打盹去了」。

原先引擎有節奏的轟隆聲響不再，取而代之的是一種超脫塵俗的靜謐。毛茨比唯一能聽到的聲音是自己吃力的呼吸聲。在將近十個小時的飛行之後，他最迫切的生理需求就是排尿。正常狀況下，要在U-2機艙裡小解，得先費盡千辛萬苦拉開部分加壓飛行服的拉鍊，剝開一層一層的內襯衣物，然後對準瓶口解放。演習的時候即便是在最好的狀態下，這些動作都已經夠複雜的了，而現在加壓飛行服充滿了氣，幾乎塞滿駕駛艙，根本不可能完成這些步驟。

十月廿七日，星期六，下午1:45（阿拉斯加，上午9:45）

這是一個忙亂的上午，但是總統下定決心，不能因此就省去每天固定游泳的常規。他一天通常要和助理鮑爾斯一起去游兩次泳，午飯前游一次，然後晚飯前再游一次。醫生治療他背痛的方法就是囑咐他練習游泳[74]，但其實這同時也是一種放鬆的方式。西廂地下室的室內游泳池原本是為了小羅斯福（Franklin D[elano] Roosevelt, 1882–1945）總統建造，用意在於治療他的小兒麻痺症狀；游泳池重新整修之後，老甘迺迪捐贈了一面壁飾，畫的是在維京群島（Virgin Islands）壯觀的航海場面。在這座五十英尺規格，華氏九十度（譯按：攝氏三十二度）恆溫的游泳池裡，兩位好朋友游著蛙式在水面浮沉，一面開對方玩笑嬉鬧取樂。

游泳回來之後甘迺迪準備走回官邸簡單吃點午餐，途中經過橢圓形辦公室。[629] 下午一點四十五分，電話響起。電話那頭是麥納瑪拉，他傳來 U-2 離開阿拉斯加後失蹤的消息。

過了幾分鐘，國務院情報研究局長希斯曼從邦迪的地下辦公室出來，跑上樓去。他剛剛才聽說美國與蘇聯戰鬥機都緊急起飛的消息。他已經連續兩天沒有闔眼，儘管全身氣力早已放盡，但是他立刻就理解眼下發生事件的重要意義。「事件暗示的結果不只令人震驚，而且昭然若揭：蘇聯很可能理所當然地將這架 U-2 的飛行，視為準備發動核戰前最後一刻的情報偵察。」

希斯曼自己開始感到驚恐，他原本預料總統會怒不可遏大發雷霆，或者至少也顯露出些許驚恐的神色。但是甘迺迪卻輕輕尖刻一笑，說了句他在海軍生涯裡學到不證自明的道理，頓時化解了緊繃的情緒。

「就是會有混帳東西聽不懂人話。」630

看似冷靜的儀態，掩飾的是他內心深深的挫折。甘迺迪的脾氣不像他家族裡其他人，尤其是胞弟羅伯，甘迺迪愈生氣就變得愈沉默。他的心腹最害怕的是他氣得咬牙切齒卻按捺著火氣，而不是他偶一為之的勃然大怒。當他真的氣到快要控制不住自己的時候，就會用指甲輕敲自己的門牙，或是用力抓住椅子的扶手，其力道之大連手指關節都發白。

他慢慢發現總統在權力上的侷限。儘管大小事務都是以三軍統帥的名義執行，但是他不可能每一件事情都知道。有很多事情他永遠不會明白究理，直到有「某個混帳東西」把一切都搞砸。軍事機器是依

74 譯按：相關內容見本書 105 頁第二章註 129，及 354 頁第九章註 543 所在正文段落。

據其內在固有的邏輯和動力而運作。五角大廈向甘迺迪擔保，北極的空氣採樣飛行任務，是在好幾個月前就已經計畫而且獲准的。誰也沒有想到在整個冷戰時期最千鈞一髮的這一天，居然可能有一架U-2飛到蘇聯領土上空。

教甘迺迪如鯁在喉的原因，其實不只是原來有許多事情他並不知情。有時候就算是他要求執行的事也不見得能如願。這類現象的例證之一（起碼在甘迺迪心裡是這麼認為），就是土耳其的木星飛彈。他要求把飛彈撤離土耳其已經講了好幾個月，但是官僚機構總會找出一個讓人無法回絕的理由，來推翻他的意願。當天早晨甘迺迪和行程祕書歐唐諾在玫瑰園散步，他就表達了自己的惱怒。他告訴助理找出他「最後一次要求把這些該死的飛彈撤離土耳其的日期。不是前五次我要求移除的日期，只要最後一次就好」。631 結果總統在八月就曾指示五角大廈研究撤除飛彈一事，然而五角大廈卻因顧忌土耳其人不悅，而將此構想束諸高閣。不過後來邦迪卻堅稱，他從來沒有收到要求撤除飛彈的正式「總統命令」，而檔案紀錄似乎也證實了他的記憶。

撤離木星飛彈一事如今變得益發錯綜複雜，因為赫魯雪夫意欲以此做為檯面上的談判籌碼。但有一件事情是甘迺迪確信的：他可不會為了幾枚過時的飛彈就開戰。他還是太平洋區的一位年輕海軍軍官時，內心就已經斷定「決定原因和理由的那個人」最好得有令人心悅誠服的開戰動機，否則「一切努力到頭來終成泡影」。632 當年的心得幾乎形塑了他廿年後的感受，而如今決定原因和理由的人，正是甘迺迪自己。

不過不管是甘迺迪還是赫魯雪夫的個人期待，都跟那個星期六下午發生的戲劇化事件搆不著邊。事件發展的速度之快，已遠遠超過政治領導人所能掌控。

一架美國偵察機在古巴上空被擊落，另一架在蘇聯上空偏離航道迷途。赫魯雪夫威脅要「徹底消滅」關塔那摩灣海軍基地，一支蘇聯巡弋飛彈砲兵連已經在關塔那摩外圍開展好陣地，隨時準備實現這項威脅。一支車隊正護送核子彈頭，前往其中一座 R-12 彈道飛彈發射場。卡斯楚下令軍隊對低空飛行的美國軍機開火，同時力勸蘇聯考慮以核武發動第一擊。

總統對自己的三軍武力甚至無法完全掌控。原先他只朦朦朧朧地意識到加勒比海上的衝突逐漸加劇，美國軍艦試圖強迫蘇聯潛艦浮出海面，精疲力竭的蘇聯潛艦官兵則納悶著，海面上是否已經爆發第三次世界大戰。

核子時代的悖謬之處在於，如今美國的力量是前所未有的強大——不過卻可能因為一個致命的失算，就使全局瀕於險境。儘管在交戰狀態之下，失誤是無可避免的後果，但是在過往的戰事中，錯誤比較容易修復。然而如今賭注愈下愈大，可容犯錯的餘地卻愈來愈窄。據羅伯說，「人類全體毀滅的可能」是甘迺迪不斷牽腸掛肚的事633。他知道「刻意求戰不太可能」是雙方的意圖。然而最教他心煩意亂的念頭，是「只要我們走錯一步，那承擔這一步錯誤的不只是我們自己、我們的未來、我們的希望與我們的國家」，還有全世界的年輕人，「他們沒有置身其中，也沒有表達意見，甚至對於這場衝突根本一無所知，但他們的生命卻要像其他人那樣被掐熄」。

毛茨比機鼻前方的地平線上顯現一道微弱的光芒。這是他幾個小時以來第一次振奮起精神。他現在非常確定自己正往東航行，在返回阿拉斯加的路上。一個半小時前的楚科奇自治區還是一片漆黑，埃爾森基地的導航員就觀測到同樣的一抹金色光芒。毛茨比決定在飛機下降到兩萬英尺高度之前，都維持目前的航向。如果屆時沒有浮雲遮擋視線，他就繼續下降到一萬五千英尺，再看看四周的狀況；要是有浮雲遮擋視線，他就盡力維持在原來的高度——以免一頭撞進山裡。

高度下降到兩萬五千英尺之際，他的加壓飛行服開始洩氣。舉目所及沒有雲也沒有山。這一刻的光線剛好足以讓毛茨比看到地面：滿滿覆蓋著積雪。

兩架在機尾跟機身有著特殊紅色塗裝的F-102戰鬥攔截機，現在分別出現在毛茨比兩側的機翼尖端。他們用驚險的陡直角度飛行，看起來已經「接近失速的速度」。毛茨比剩下的電池電量，剛好足夠讓他用機上無線電的緊急頻道，跟兩架戰鬥攔截機聯繫。九霄之外一個美國人的聲音劃破長空而來：

「歡迎回家。」

兩架F-102戰鬥攔截機在叢雲間飆入飆出，環繞著歷盡千辛萬苦的U-2偵察機，像兩隻嗡嗡振翅的小飛蟲。因為如果他們要用跟U-2滑翔一樣的慢速與之並行，那麼他們的引擎就會熄火導致墜毀。米格機在毛茨比抵達公海上空之前，就已掉頭飛回阿納德，至少目前並沒有任何米格機的蹤跡再現。

目前距離最近的可降落之處在一個叫做科策布灣（Kotzebue Sound）的地方，在毛茨比後方廿英里處；那裡有一座軍事雷達站靠近北極圈內緣，有一條簡單的冰上跑道。F-102的飛行員建議毛茨比試試看在那裡降落。

「我要左轉了，你趕快離開我的路線。」毛茨比用無線電與他左翼尖端的飛機通話。

「小意思，你放心轉吧。」

毛茨比傾斜機身向左轉彎之際，F-102 也在他的機翼下消失無蹤。飛行員用無線電告訴毛茨比，他先走一步去察看那條臨時飛機跑道。

在佛羅里達州奧蘭多市外的麥考伊空軍基地[75]，安德森的機動管制官赫曼正在跑道盡頭等待；他仰頭凝望南方天空，仔細搜索安德森的蹤影。機動管制官負責協助 U-2 飛行員降落，角色舉足輕重。駕駛 U-2 飛行已經夠難了，駕駛 U-2 降落更是難上加難。飛行員必須非常精準地在跑道上空兩英尺，讓窄長的機翼停止產生升力。屆時機動管制官會坐在控制車內沿著跑道一路追隨飛機，每隔兩英尺就大聲報出高度指數。如果飛行員和機動管制官都能妥切做好各自分內的步驟，那飛機就會安安穩穩地平貼在跑道上。不然的話就要繼續滑翔。

赫曼引頸等待安德森歸來已經超過一個小時了。他很快就陷入絕望。飛行員沒有發送加密的無線電訊息，示意自己已經飛回美國領空。有可能是某個導航上的錯誤致使他迷失方向，但是安德森搭載的油料，只足夠一趟四小時三十五分鐘的飛行。他是上午九點九分起飛的，油料用盡的時間就要到了。

赫曼站在跑道盡頭，覺得自己就像二戰電影裡的某個角色，倒數著戰友歸來的時分。他繼續等待，直到他收到聯隊指揮官狄波特上校的呼叫。

[75] 譯按：相關內容見本書 344 頁，第九章「十月廿七日，星期六，上午 9:09」的段落。

「你還是回來吧。」[634]

十月廿七日，星期六，下午 2:03

情資的不足愈來愈教麥納瑪拉心煩意亂。每時每刻都有戲劇性的事件爆發，然而就算他能得知相關消息，往往也是好幾個小時以後的事。他處事的原則跟安德森上將完全是背道而馳：他什麼事情都要操心，而且大小細節都要馬上知道。他想方設法讓自己消息靈通，為此甚至把觸角向下伸進官僚系統。他在五角大廈自己的辦公室裡，就可以連接上聯席會議諸位參謀長間的通聯系統。他親自打電話給低階官員，甚至包括一位佛羅里達島礁群的雷達操作員，為的就是要獲悉古巴內部及周邊的現況[635]。

麥納瑪拉不明白軍事高層究竟是有意壓下情資不給，還是他們自己根本就不知道現在發生了什麼事。他跟副部長吉爾派崔克都注意到，海軍旗艦指揮中心告訴他們的情資，跟他們自己從國防情報局獲悉的情資有所出入。他們根本就不能確定海軍是不是「以最新情資做為行動的依據」[636]，因為事實證明，原來空軍的眾指揮官在毛茨比身陷麻煩之前，根本都不知道有他的這一趟北極飛行任務。

國防部長收到消息，得知還有另一架U-2已經起飛前往北極，執行空氣採樣任務，跟毛茨比依循相同的路線飛行。他下令即刻召回該機[637]。他後來還中止了所有U-2在美國境外的飛行任務，直到空軍對於毛茨比越過蘇聯領空一事提出完整報告。

麥納瑪拉回到「坦克」密閉作戰室，與諸位參謀長商議軍情沒多久，撲面而來的竟是更加令人震驚的消息。下午兩點三分，一位神情嚴肅的空軍上校突然闖進作戰室通報：「一架執行飛越古巴任務的 U-2 已經逾時約三十至四十分鐘仍未歸來。」[638]

十月廿七日，星期六，下午 2:25（阿拉斯加，上午 10:25）

毛茨比下降到五千英尺的時候，F-102 的飛行員開始緊張了。他們搞不懂為什麼一架飛機可以在這樣的高度飛行，居然不需要動力卻又不會熄火停機。但那是因為他們沒有過駕駛 U-2 的經驗。

毛茨比首先用一千英尺的高度，飛經科策布臨時飛機跑道上空勘查地形。跑道位於一座覆蓋著白雪的半島上，半島突出伸入海灣之中。跑道起點上停了一輛卡車做為標示。在跑道更後面的地方是幾間愛斯基摩人的小屋，還有山丘上的軍事雷達設施。現在幾乎沒有任何側風。這讓大家都鬆了一口氣，因為現在就算是突然吹起一小陣強風，都可能讓他單薄的飛機偏離航道。毛茨比開始一個向下的左轉彎，往海的方向飛去，但此刻其中一位 F-102 飛行員卻深信毛茨比是要墜毀了。

「跳傘！跳傘！」駕駛 F-102 長機的飛行員蘭茲（Dean Rands）中尉大叫[639]。

但是毛茨比沒有驚慌。他放下襟翼，關掉空轉的 J-57 型引擎，因為引擎帶來過多的推力。一切看來都在掌握之中，除了他接近跑道時的空速比他希望的要快了一些。當他飛過卡車十五英尺後，他展開機尾的降落傘，另外踩動踏板使方向舵來回擺動以減低飛機速度。跑道上現在沒有機動管制官跟在他的機後疾駛，所以他很難精確判斷目前的高度。U-2「就算沒有引擎的推力，但看來似乎並未停止飛行」[640]，飛機最後終於以機腹著地降落在跑道上，一路在冰上滑行減速，在深深的積雪之中靜止了下來。

毛茨比坐在他的彈射座椅上，六神無主，恍如隔世，沒有辦法思考也沒有辦法移動。不論在身體層面或是心理層面，他都已經枯竭了。麻木呆坐了幾分鐘之後，座艙罩上的敲打聲讓他一驚，這才回過神來。他抬頭看見的是一位「蓄絡腮鬍的大塊頭」，身上穿著政府發放的毛皮風雪大衣。

「歡迎光臨科策布。」那位大塊頭說，臉上掛著的是大大的露齒笑容。

「你不知道我多高興來到這裡。」這是毛茨比用盡全力能夠回覆的唯一一句話。

毛茨比嘗試爬出駕駛艙，但他的腿已經麻木失去知覺。看到他行動不便，這位新朋友「用雙手架住我的腋窩，小心翼翼把我從駕駛艙裡抬出來，好像我是個布娃娃那樣把我擱在雪地上」。雷達站的工作人員和幾名愛斯基摩人也圍上前來問候，歡迎這位不速之客的到來。兩架F-102低飛掠過機場，用搖擺機翼向毛茨比道別。

蓄著絡腮鬍的大塊頭幫毛茨比脫掉頭盔。一陣刺骨的寒意即刻迎面襲來，馬上就讓他甦醒過來，也想起自己還有件第一優先的要務必須處理。他跟迎接他到來的這群同仁說自己得告退片刻，然後拖著沉重的步伐走到U-2的另一邊去，他終於可以把快要爆炸的膀胱，清空到漫天蓋地的皚皚白雪之中。

第十二章「頭也不回拚命逃」

十月廿七日，星期六，下午 2:27（蒙大拿州，中午 12:27）

一連串安全事件猶如揮之不去的惡夢，籠罩著戰略空軍司令部，在蘇聯上空損失一架U-2偵察機不過是最新一起事件罷了。掛載核子武器的轟炸機迷航，偵察機遭對方擊落，意外誤投炸彈，預警系統錯誤發布蘇聯來襲的警報。意外事件引發核子戰爭才不只是通俗小說的劇情，這是千真萬確有實際發生的可能。

戰略空軍司令部目前備戰待命的飛機、飛彈以及核子彈頭的數量，已經是史上空前[641]。總共有六十架B-52轟炸機，全天候不分時段都有其中八分之一在空中待命，隨時準備攻擊蘇聯陣營的各處目標。另外有一百八十三架B-47轟炸機，分布在全美三十三個民用和軍用機場，隨時可以在十五分鐘內起飛。備戰待命的長程飛彈則共有一百三十六枚。總統的軍事助理提供給他一份〈古巴事實清單〉（Cuba Fact Sheet），報告了戰略空軍總司令鮑爾將軍下令「自今晨十點起，動員剩餘的八百零四架飛機以及四十四枚飛彈」。因此等到星期天中午，戰略空軍司令部「扣好板機的」（意即「準備好發射的」）核子攻擊火力，就會有一百六十二枚飛彈以及一千兩百架飛機，搭載的核子彈頭總數高達兩千八百五十八枚。

受派備戰的飛機和飛彈愈多，整個系統的壓力也就愈大。即使毛茨比惹出的戲劇性事件情況已經明朗，戰略空軍司令部的高級官員還是擔心，全新設計的義勇兵飛彈（Minuteman missile）會在未經授權的情況下，就從蒙大拿州的地下飛彈發射井發射出去。過去使用液態燃料的飛彈至少需要十五分鐘的發射準備時間，使用固態燃料的義勇兵飛彈則不同，三十二秒內就可以從發射井噴射而出。這種飛彈系統的部署因為這次危機的爆發而提前到來，不過核子安全官員現在卻擔心，他們似乎因為貪圖方便而省卻過多必要的程序。

甘迺迪透過電視宣告在古巴發現蘇聯飛彈之後不久，就決定啟動十枚義勇兵飛彈的初次發射。鮑爾將軍想要把所有可用的飛彈系統全部對準蘇聯。於是他打了電話，給第三四一戰略飛彈聯隊（341st Strategic Missile Wing）的指揮官小安楚斯（Burton C. Andrus, Jr., 1917–2004）上校，想要知道能否規避那些上頭核定的安全程序，讓義勇兵飛彈即刻準備發射。

在正常情況下，發射義勇兵飛彈需要兩組軍官以電子方式按下四票「同意發射」；這兩組軍官的駐地相距廿英里，是兩座不同的發射控制中心。不過問題是只有一座發射控制中心竣工。至於另一座發射控制中心，承包商還在用混凝土灌漿，還要好幾個星期才能投入運作。然而面對這位急性子又愛發脾氣的頂頭上司，小安楚斯「最不想」回答的就是「這不可能」[642]。他心裡很清楚，鮑爾現在就是「喪心病狂想強壓過李梅擔任戰略空軍總司令時的豐功偉業」。他終究會找到什麼東拼西湊的方法，「讓不能運行的系統動起來」。

小安楚斯是二次大戰的飛行員，他遺傳了其父某些誇張的言行舉止。他的父親老安楚斯（Burton C.

Andrus, Sr., 1892–1977）曾經主管紐倫堡軍事監獄，看管過像戈林（Hermann Goering, 1893–1946）和赫斯（Rudolf Hess, 1894–1987）這樣的納粹戰犯。老安楚斯習慣的裝束是手上握著馬鞭，頭上戴著塗了清漆的綠色軍盔，然後他會對朋友說：「我恨死這些德國佬。」[643] 而小安楚斯則喜歡穿著他的藍色飛行服，跳上瑪姆斯崇空軍基地（Malmstrom Air Force Base, Mont.）飛彈維修棚裡的桌子，對著那些已經嚇得半死的阿兵哥咆哮：「赫魯雪夫知道我們緊跟在他屁股後頭要給他好看。」[644] 他隨身攜帶三支無線電話行動，他告訴記者萬一總統要找他，他絕對在鈴響六聲之內接起電話。據信他是唯一一個有聯結車駕照的飛彈基地指揮官，可以自己駕駛六十四英尺長的聯結車，把飛彈拖出發射井。

自戰略空軍司令部組建以來，小安楚斯就在部內任職，多年以來他「深信還沒人發明出來職業空軍無法智取的武器系統」。解決的方法就是土炮改裝儀器：把鞋盒大小的第二發射中心電子控制配電盤「關鍵零件」，直接插進第一發射中心的電路系統。全部需要的東西就是一把螺絲起子、俐落的重新配線，還有一點美國佬臨機應變的創意。

在接下來三天裡，小安楚斯開著他的藍色旅行車，漫遊在蒙大拿州荒僻的小徑，督促他的隊員做好發射飛彈的準備。離開大瀑布城（Great Falls）邊緣的瑪姆斯崇空軍基地之後，他沿八十七號國道駛進豐草長林的小貝爾特山脈（Little Belt Mountains）。大約開廿英里路後，會出現一個岔路口。往東南方向的那條路還是八十七號國道，沿著再開六英里，就能抵達阿爾法一號（Alpha One）控制中心；往南方向的那條則是八十九號國道，沿著開廿英里穿越山口，就會來到曾經興旺一時的銀礦小鎮莫納克（Monarch）。路過莫納克後再開幾英里，在路的右手邊，就會看到一片鐵絲網圍籬圍起來幾英畝貧瘠的荒地，中間是一些灰溜溜的混凝土板。這裡就是阿爾法六號（Alpha Six）發射井。美國第一種用按鈕操作就可以全自動發射的飛彈，就深藏在這些混凝土板下面，由一道八十噸重的鋼門守護著。

義勇兵飛彈是一種與人力沒什麼關連的飛彈。老一代的液體燃料飛彈需要長年保養和關注。先添加燃料，再從發射井裡升起，最後點火發射，每一個步驟都必須有飛彈工作人員在旁參與。而義勇兵飛彈則是由飛彈工作人員遙控操作，他們可能遠在十英里、廿英里，甚至是三十英里之外。為了使敵人的攻擊無法對飛彈造成傷害，每一枚義勇兵飛彈都收存在堅硬的發射井裡，而井與井之間的距離至少有五英里。因此一枚核子武器來襲，最多也只可能摧毀一枚義勇兵飛彈而已。要是克里姆林宮意欲發動先發制人的第一擊，蘇聯飛彈還在空中飛行的時候，美國就可以發射飛彈反擊了。美國曾經計畫安裝約八百枚義勇兵飛彈，分布在蒙大拿州、懷俄明州和南北達科他州。甘迺迪稱這些飛彈為「地洞中的王牌」。

負責阿爾法飛彈發射任務的中校表示，操作義勇兵飛彈的感覺有點像拿到一輛新車卻沒給你鑰匙。「你沒辦法駕駛這輛車，所以你不會有那種自己是車主的感覺。但如果是液體燃料飛彈的話，你可以操作升降機把飛彈從發射井裡升起來，把燃料添加進去，然後進入倒數計時階段。但現在我們什麼都碰不著。」[645] 執行飛彈發射的軍官安坐在一百英尺深的地下碉堡裡，他們甚至連義勇兵飛彈從發射井中迸射而出都看不到。

時至星期五下午，小安楚斯和他的技師長已經準備好，要把第一枚義勇兵飛彈連上線。從外面看起來，阿爾法一號控制中心就像大草原上一般大小的牧場主人房舍。一旦進了房子，飛彈操控人員會搭乘電梯，下降到位居地下的小型指揮站，他們稱之為「膠囊」（the capsule）。他們瀏覽最後檢查清單時，小安楚斯告訴技師長他會把拇指放在停機開關上。「如果我沒有順利點火，或者你聽到、看到，或甚至聞到什麼地方不對勁，就大喊一聲讓我知道，我會馬上關機」，他吩咐下去[646]。「如果我們看起來緊張，那是因為我們真的很緊張，」他後來承認，「當你面對的是引發第三次世界大戰的可能，就算有百分之九十九的把握確保不會誤發飛彈，依然還是不夠好。」

測試非常順利，已經可以宣布第一枚義勇兵飛彈進入運作狀態（operational）。又過了幾個小時，空軍部長朱克特（Eugene Zuckert, 1911–2000）向總統報告，三枚義勇兵飛彈「已經裝配彈頭，也指定了蘇聯境內的攻擊目標」。[647]

不過事實上，各式各樣的問題在系統中層出不窮。發射控制中心和瑪姆斯崇空軍基地的支援機構之間，只有兩條電話線可以聯繫，其間的通訊又接二連三故障。本來應該是維安戒備森嚴的地點，現在卻有波音公司派來的技工在裡面晃蕩，最後關頭還在找毛病到底出在哪。既然設備有所缺乏，那「就需要用許多權宜之計應變」[648]。技師們為了排除短路以及錯接線路等問題，這每一枚飛彈來來回回，一下子進入戒備待命，一下子又解除戒備待命。

戰略空軍司令部的長官先是鼓動小安楚斯儘快部署好飛彈，但幾經考慮後又開始動搖[649]。臨時東拼西湊出來的發射程序實在有太多安全上的隱憂，所以他們堅持要再東拼西湊出一套安全預防措施。為了避免意外發射，他們下令飛彈發射井上方厚重的鋼製井蓋，必須可以手動強制不作動。如此一來要是飛彈在未獲授權的情況下被發射，就會在飛彈發射井裡爆炸。在義勇兵飛彈發射升空之前，鋼製井蓋必須先一步炸開，因此得有一組維修人員重新連接引爆所需的炸藥。華盛頓時間星期六下午兩點廿七分，戰略空軍司令部下達的指令中概述了這個新的安全程序，距離阿爾法六號「進入運作狀態」已經過了廿四小時。

結果負責接線引爆發射井鋼蓋的那些技師，半開玩笑地自稱「自殺小隊」（suicide squad）。飛彈即將發射之際，發射飛彈的軍官會發警報給他們，這時他們就必須把纜線重新插回去，然後趕緊跳上一輛等在旁邊的皮卡，「頭也不回拼命逃」[650]。他們計算過，在那隻白色大鳥從地底迸射而出之前，他們大概有三分鐘時間可以逃出去。就算他們沒有喪命在即將衝出井外的美軍義勇兵飛彈之下，他們也很可能變成來襲的蘇聯 **R-16** 飛彈的攻擊目標。

每一架 **B-52** 同溫層堡壘轟炸機，是由八臺普惠噴射引擎（Pratt & Whitney jet engine）驅動，目前已有兩架從德州的卡斯維爾空軍基地（Carswell Air Force Base, Tex.）起飛[651]。**B-52** 轟炸機的外號是 **BUFF**，意思是「癡肥的醜大個」（Big Ugly Fat Fucker），每架上面搭載六位機組員，再加上第三號飛行員，這樣一來，原來的兩位飛行員就可以在廿四小時的航程中抽空休息。每架轟炸機的彈艙裡掛載的是四枚廿八型（Mark-28）熱核炸彈，這是戰略空軍司令部在冷戰時期的首要武器。廿八型熱核炸彈的尺寸大約是十四英尺長兩英尺寬，樣子就像一支巨大的雪茄，炸藥填裝量有一百一十萬噸當量，威力是廣島那顆炸彈的七十倍大。

機組員花了很多時間研究他們在蘇聯的轟炸目標、轟炸方法，還有撤退策略。他們已經「準備好要打仗了」[652]。但他們同時也認清莫可奈何的事實，就是「我們不太可能完成整個任務」。因為以核子武器交戰的意思大概就是「我們認識的這個世界就要走到盡頭了」。而他們也很清楚，他們自己在美國的轟炸機基地，就是蘇聯核子攻擊的首要目標。在出任務之前，就有許多士官兵告訴自己的妻子先打包好家當放上家庭旅行車，把油加滿，要是危機急轉直下不堪設想，就一路開到最遠的地方，能開多遠就多遠。

循著「銘穹」空中警戒線的南端航線，幾架 B-52 轟炸機飛越大西洋[76]，其餘幾架則向北飛行，環北冰洋邊緣繞過加拿大。有兩架 B-52 轟炸機持續照看著格陵蘭島圖勒（Thule, Greenland）的彈道飛彈預警雷達站，以防蘇聯轟炸。隨著陸續宣布進入第三級和第二級戒備狀態，在空中警戒的轟炸機數量增加了五倍。戰略空軍司令部藉由這些動作向莫斯科示意：星期一晚上總統在電視演說中揚言發動「全面報復性回應」[653]，現在他們摩厲以須，隨時可以發動攻擊。

這些轟炸機飛往地中海途中，會在飛經直布羅陀（Gibraltar）和西班牙南部上空時，於空中補充油料，從地中海返航時又在同一地點再次加油。轟炸機的往來如此頻繁，即使同時看到六架 B-52 在空中加油都不稀奇。空中加油的整個操作耗時大約三十分鐘，B-52 轟炸機緊緊依附著空中加油機的桁杆（boom），把油料一滴不漏地吸進油箱。在飛往前方巡邏區域（forward patrol zones）途中，「銘穹」空中警戒線上的飛機常常被蘇聯的電子作戰專家「戲弄」。一座自稱「超讚海洋電臺」（Ocean Station Bravo）的神祕無線電臺，會固定要求格陵蘭島外圍的空軍飛機報上航行資訊[654]。雖然 B-52 轟炸機的飛行員已經

---

[76] 譯註：冷戰時期，美國為了確保空中隨時都有空軍的武力，可以在第一時間報復蘇聯發動的核武第一擊，於是排定西端（美國西北部至阿拉斯加）、北端（美國北部至格陵蘭）、南端（美國東部橫越大西洋至歐洲地中海地區）三條空中航線，派遣掛載熱核武器的 B-52 轟炸機，每天以十二架次輪班接力繞巡，以隨時維持空中警戒與威懾，此即「銘穹行動」（Operation Chrome Dome, 1960–1968）。

練就本領，可以對這些未經證實的呼叫置之不理，但是這種人為的干擾確實教人煩躁惱怒。一架空中加油機的飛行員星期六下午就回報，他們與兩架B-52轟炸機排成縱隊飛行時，有來自西班牙南部海岸的拖網漁船以無線電干擾。

繞過西班牙邊緣和義大利南部海岸後，B-52轟炸機在接近克里特島時左轉向北，飛向希臘和南斯拉夫之間的亞得里亞海岸。這裡就是他們調頭歸航之處。他們距離蘇聯邊境還有一小時的飛行時間，距離莫斯科則還有兩小時。他們時刻凝聽自己的高頻無線電收信機，注意是否有來自奧馬哈的「緊急行動信息」。如果總統要他們轟炸蘇聯，那麼戰略空軍司令部就會透過無線電，發送混雜了字母與數字的一長串六字元編碼命令。在飛行員座位旁存放有一大本黑色的密碼簿，至少要有兩位機組員藉助這本密碼簿確認過真偽後，緊急行動信息才算核實。

為了避開敵方雷達偵測，B-52會採低飛方式往蘇聯前進，二戰的時候，李梅的轟炸機也是採用這種方式對付日本。一些比較舊型的B-47轟炸機裝配的武器，必須由一位機組員以人力「武裝」，他得匍匐爬進炸彈艙，把控制棒插進核子裝置的中心。但是在B-52轟炸機上的武裝程序則是全自動的。

飛行員都研究過自己機上武器的彈道，所以清楚在什麼時機投彈，才能把炸彈「剛好扔到」目標上。武器上安裝了延時引信，這樣B-52轟炸機就可以用四百節的航速，逃離核彈爆炸的火球與衝擊波。過去在太平洋測試時的發射條件近乎完美，然而現在要對準目標，就遠不可能如試射時那般精準。飛行員沒有精密的雷達系統可以引導炸彈投向目標。戰略空軍司令部總部裡也沒有一位「凱蒂」[77]，可以在任務過程中幫他們計算複雜的彈道。他們全部只能靠自己。為了彌補精準度的不足，戰略空軍司令部堅持重複多次攻擊同一目標，以確保確實摧毀。

「單一統合行動計畫」（SIOP）[78]清單上的目標包括飛彈陣地、機場、國防工廠，還有像克里姆林宮這樣的指揮控制中心，位於人口超過六百萬的莫斯科城市心臟地帶。行動計畫在蘇聯的首都裡共列出六個「目標群」，這些攻擊範圍由廿三枚核子武器涵蓋，幾乎是每一個目標用四枚核彈對付[655]。這樣計算起來，結果相當於兩千五百萬噸（25 million tons）TNT 炸藥，至少是二次大戰使用炸藥總量的五倍。

理論上所有目標都具有某種「戰略上」的重要意義，但是有一種值得一提的例外。B-52 轟炸機有可能無法順利抵達目標，機組員也可能因蘇聯飛彈的攻擊身亡或失去行動能力，為了防止這種情況發生，飛機上配備了一套機械裝置，可以讓「已預先完成武裝的武器」（prearmed weapons）在敵方領土上空「自動投彈」。無論轟炸機在任何地方即將墜毀，與其白白「浪費」掉所有核武器，戰略空軍司令部的計畫人員更寧願在最後俯衝之際觸發自動引爆裝置。這個帶著死亡氣息令人毛骨悚然的裝置，B-52 轟炸機的機組員名之為「死人開關」[656]。

十月廿七日，星期六，下午 3:02（哈瓦那下午 2:02）

華盛頓時間下午三點零二分，古巴的國家電臺鐘點電臺（Radio Reloj）在節目中插播，宣布「有幾

---

[77] 譯按：相關內容參見本書 393 頁，第十章註號 596 所在的正文段落。
[78] 譯按：相關內容參見本書 359 頁，第九章註號 554 所在的正文段落。

架身分不明的戰機」在今天早上「深入我國國土」，但已遭到防空火力即時驅逐。「古巴空軍已進入最高度戒備以及最高度戰鬥部署狀態，隨時準備捍衛祖國的神聖權利。」

差不多就在廣播節目插播政府聲明的同時，從貝胡卡護送核子彈頭的車隊，抵達了哈瓦那以東一百六十英里的卡拉巴沙村[79]。但存放彈頭專用的掩體尚未竣工[657]。其中一處陣地的混凝土地基已經灌漿，從蘇聯運來的鋁製拱形骨架卻還沒開始組裝。在第二處陣地，工程部隊剛剛在牆緣安裝好類似煙囪的排風口，現在正在做屋頂的防水。但這座掩體的室內還未完成最後加工，也還未安裝空調設備。由於尚無任何可供妥善存放的地方，這些彈頭只好暫放在飛彈團總部附近的駝背廂型車上[80]，停放在距離發射地點大約一英里遠處。而技師就在廂型車裡檢測這些彈頭。

卡拉巴沙村的飛彈發射場，隱藏在幾座矮丘陵間的棕櫚樹林和甘蔗田裡。丘陵的高度雖然還不到一百五十英尺，但足以在北面和東面稍微遮擋。飛彈發射場總共有四個獨立的發射陣地，其間各相隔數百碼。一座飛彈發射架的組成結構，是中間開了一個圓孔的厚重鋼製檯面，以及下方的圓錐形火焰偏轉器，飛彈發射時便是置放於此檯面上。每一座發射架附近都有一輛聯結車在旁，待命以絞盤把飛彈吊拉到垂直的位置。飛彈則存放在附近的帳篷裡。

第七十九飛彈團指揮官西鐸洛夫上校統轄兩個飛彈砲兵連，卡拉巴沙村的飛彈發射場是其中之一。另一個砲兵連位在卡拉巴沙村十二英里外，距離大薩瓜更近，則有八個飛彈發射陣地。比那德里歐省西部的飛彈發射場有林木蔥鬱的群山保護，西鐸洛夫的飛彈發射場相形之下較無遮蔽，更容易受到美國攻擊。然而他的飛彈發射場卻被授以最高優先權，這是因為它們佔據一項巨大的優勢：比起聖克里斯托巴鎮的飛彈發射場，它們距離人口稠密的美國東部沿海地區要近了五十多英里。蘇聯的飛彈無法從聖克里斯托巴鎮打擊到紐約，但是飛彈若是從大薩瓜地區發射，則這座人口八百萬的大都市就剛好在射程範圍之內[658]。R-12 中程彈道飛彈的最遠射程是一千兩百九十二英里，而卡拉巴沙村飛彈發射場和曼哈頓之間的距離則是一千兩百九十英里。

核子彈頭送達，意味著西鐸洛夫現在可以對美國發射八枚 R-12 核子飛彈，其彈頭裝載的炸藥總量至少有八百萬噸，這樣的爆炸威力等同於人類戰爭史上投放的所有炸彈總和。如此一來就算飛彈在準確度上有所不足，也可以靠百萬噸級核子彈頭的爆炸威力彌補過來。西鐸洛夫還有四套飛彈和彈頭，專門留做第二輪的飛彈齊發；不過有鑑於美國必然會發動大規模反擊，他預留的這四套飛彈應該是沒有什麼機會發射。

一如其他的飛彈陣地，卡拉巴沙村的飛彈陣地外也有一道道防線包圍。第一道防線是由古巴的防空砲臺組成，部署在發射臺以西一英里。第二道防線則是由四十架超音速 MiG-21 戰鬥攔截機組成，駐防在陣地以南七英里的聖克拉拉機場。MiG-21 堅固耐用、輕量化、又極易於操作，對於更重且設計更加精密複雜的美國戰鬥機來說，是非常難對付的敵手。最後一道防線是古巴北部沿岸的地對空飛彈陣地，以及位於卡拉巴沙村以東廿英里，配備了戰略核子飛彈的一個機動步兵團。

但這個防禦系統最薄弱的環節其實就在中心。儘管因為飛彈在手，西鐸洛夫的部隊擁有可以摧毀好

79 譯按：相關內容參見 227 頁第六章註號 330 之後的段落。
80 譯按：相關內容參見 280 頁第七章註號 426 及 427 所在的正文段落。

幾個美國城市的武力，他們卻無法在美國空襲下自保。他們的防禦武器不過就是幾挺機槍還有軍官的配槍。由於當地土質所含的岩石過多，土地過於堅硬，就算用上了炸藥也無法掘出像樣的戰壕。他們只能在發射陣地附近挖幾座散兵坑，晚上在裡面睡覺，白天在裡面休息。

久經沙場百戰餘生的老兵穿梭在各個防禦陣地間，把自己的經驗告訴那些坐立難安的年輕小夥子。如果敵人來犯該往哪跑才好，又有哪些東西該隨身帶上。卓伊斯基少校借鑑的是他在抗德愛國戰爭中的經驗[81]。

「別太擔心，」他興高采烈告訴那些菜鳥，「運氣好的人自然會活下來。」[659]

飛彈團正式進入「高度」警戒，即三級戒備狀態（Readiness Condition 3）[660]。西鐸洛夫手底下的士官兵，已經演練過好幾次最後關頭的作業程序——把彈頭搬上對接用的手推車、把彈頭與飛彈接合、把飛彈移到發射臺上、把飛彈抬升到垂直位置、添加燃料、發射飛彈。為圖便宜，西鐸洛夫簡化了一些必要程序，所以現在他可以在接到命令後的兩個半小時之內，就把他的飛彈射向美國。

雖然西鐸洛夫並沒有自行發射飛彈的權力，但還是有可能要設想一下飛彈在沒有莫斯科授意之下就被發射的情況。飛彈上沒有設計電子鎖定系統可預防未經授權的發射。每一座飛彈發射臺都有一位少校指揮官負責，發射飛彈的機制掌控在他們手中。然而與貝胡卡城外的師總部之間的通訊連線還是不怎麼可靠[661]。精密的微波通訊系統讓加密命令可以從莫斯科直接發送到貝胡卡，然後再轉發給卡拉巴沙村和大薩瓜，但是專家還沒有完成該系統的裝設。無線電傳輸的品質隨著天氣有所變化：通訊品質有時候良好，但有時候糟到連信息內容都聽不清楚。

負責替最後作業程序計時的任務，落到了當時年紀尚輕的葉森（Viktor I. Yesin, 1937–）中尉身上，他後來升任蘇聯戰略飛彈部隊參謀長[82]。數十年過去，當他深思自己在古巴的這一段經歷，只要想到美國空襲可能導致的後果，他心中的波瀾還是很難平息下來。

「你得瞭解軍人的心理特質。如果你被攻擊了，為什麼就不能還以顏色？」[662]

十月廿七日，星期六，下午 3:30

長年來中情局都有一種料想，就是一旦美國對古巴發動攻擊，卡斯楚的回應必然是用各種可能的形式猛烈反擊美國[663]。中情局曾經攔截到發給中美洲古巴特務的加密信件，提醒他們準備「聯絡安排一波恐怖行動和革命運動，在古巴受到攻擊那一刻就即時起事」。從密信中的情資還可看出，一九六二年有「至少千位」拉丁美洲國家的人民來到古巴，「接受意識形態的思想教育或游擊戰訓練，又或者兩種兼具」。這些受訓者一般都是繞一大圈路，中途先去布拉格這些東歐城市稍事停留，然後才前往古巴。這個訓練計畫意味著卡斯楚在像是委內瑞拉、祕魯和玻利維亞這些國家，握有一個效忠於他的幹員網，隨時準備捍衛古巴革命。

星期六下午中情局從「哈瓦那附近某處的一臺發報機」截獲一條訊息，內容指示卡斯楚在拉丁美洲

[81] 譯按：參見本書 195 頁第五章註號 278 後的段落，以及 274 頁第七章註號 410 之前的段落。
[82] 譯按：相關內容參見第一章註 51 及 63（本書 679 及 678 頁），以及 664 頁第四章註 273。

的支持者摧毀「美國佬的任何物產」664。任何美國企業或政府持有的資產都是正當目標，範圍涵蓋礦場、油井、通訊處、外交使團駐所。世界各地的美國大使館和中情局情報站，都因此即刻進入警戒狀態。「攻擊美國佬的大使館，可以強行取走的文件能拿多少算多少，」訊息裡下了這樣的指令，「首要目標是把那些反革命人渣消滅殆盡（physical elimination），摧毀他們的行動中樞。沒那麼重要的工作人員你們也可以抓來痛打一頓……找個安全的地方把從美國佬大使館裡弄到的文件保管起來，靜候下一步指令……我們會從新聞上得知此舉的成果。自由拉美萬歲！誓死保衛祖國！（*Viva América Latina libre! Patria o muerte!*）」

卡斯楚意欲在美洲大陸遍地點燃革命的火焰，自從他與華盛頓在一九六一年一月終於決裂之後，對此念頭他就毫無隱晦。一九六二年二月，他宣告以游擊戰對抗背後由美國支持的拉丁美洲政府，就等於是一次宣言。「起而行從事革命運動是每一位革命分子的職責，」他表達了自己的態度，「光是坐在自己家門口階梯上，等著帝國主義的屍體自動經過眼前，這樣的革命行為根本不合標準。」665一項名為「迴力鏢行動」（Operation Boomerang）的祕密計畫號召古巴情報人員，要是美國入侵古巴，就去炸毀紐約地區的軍事設施、政府辦公室、隧道，甚至電影院666。

拓展革命對卡斯楚來說不只是一個意識形態議題，更是關乎政治生存的一件事。美國無所不用其極，一點一滴侵害他的政權，從武裝入侵到貿易禁運再到大量的祕密破壞行動。在卡斯楚還是青年革命分子的日子裡，他就堅信進攻是最好的一種防守，至今依然。一如他跟背後的蘇聯靠山所解釋的，「只要整個拉丁美洲陷入戰火，美國就沒辦法傷害我們」。667

甘迺迪政府把截獲古巴無線電訊息一事洩漏給記者，而此舉背後更強大的意圖，是要把卡斯楚刻劃成拉丁美洲穩定局勢的頭號威脅。當然也可以說這都是美國咎由自取。上個星期，總統親自批准在古巴領土執行一系列恐怖行動，包括以手榴彈攻擊哈瓦那的中國大使館，破壞比那德里歐省的一條鐵路，以及攻擊幾座煉油廠和一座冶鎳廠。儘管事實證明現階段執行這些計畫其實有點不切實際，但也不代表甘迺迪兄弟就得用停止祕密破壞行動當做一種策略上的手段。在星期五的貓鼬行動會議上，羅伯核准了中情局的一項計畫，在幾座外國港口炸毀共廿二艘古巴籍船隻[83][668]。

卡斯楚在哈瓦那的號召，沒有多久就獲得他在拉丁美洲支持者的響應[669]。委內瑞拉是這個地區最親美的國家，然而幾個小時之內，當地竟接連爆發了針對美國公司的小規模炸彈攻擊事件。馬拉開波湖（Lake Maracaibo）位於委內瑞拉靠加勒比海沿岸，是一座風平浪靜的巨大內灣，而一連串爆炸卻粉碎了那分恬靜。有三個人駕駛汽艇，沿著馬拉開波湖東岸陸續向幾座配電站投擲炸藥，因此切斷了紐澤西標準石油公司（Standard Oil of New Jersey）旗下一座油田的電力供應。這些祕密破壞者在攻擊第四座配電站之際，不慎炸毀了自己駕駛的汽艇。帶隊的那一位當場身亡，汽艇上其餘兩人則身受重傷。警衛發現他們緊緊依附在水裡一座油井架上。

委內瑞拉政府立即將這些攻擊歸咎於古巴，聲稱是由一個「共產主義的祕密破壞行動集團」在哈瓦那方面的指使之下執行了這些行動[670]。儘管憤然否認這項指控，古巴政府卻帶著盎然的興味報導炸彈

---

83 譯按：相關內容參見本書 248 頁第六章註號 361 所在段落，以及 658 頁該註內容。

攻擊事件，將之視為「委內瑞拉解放軍對貝當固（Romulo Betancourt, 1908–1981）傀儡政權頒布軍事動員令的首次回應」。

「軍號行動」（Operation Bugle Call）已經準備就緒[671]。奧蘭多市郊的麥考伊空軍基地有十六架F-105戰鬥機待命，要用以「真相」（*LA VERDAD*）為標題的傳單轟炸古巴。傳單的其中一面，有美國偵察機拍攝的一座蘇聯飛彈基地照片，由上面的標示可以看出準備飛彈的帳篷、發射架，還有添加燃料的設備。另外一面則是一張蘇聯各個飛彈基地所在的地圖，還有關於美國海軍封鎖的西班牙語釋文。

「俄國人祕密在古巴興建攻擊性核子飛彈基地。這些基地置古巴人民的生命與世界和平於危險之中，因為現在的古巴已經成為俄國人侵略行動的前線基地。」

這些傳單是由美國陸軍在布瑞格堡（Fort Bragg）的心理戰部隊印製，總共有六百萬份，大約是每一位成年古巴人都可以人手一份的數量。傳單接下來就裝進綁著引爆線的玻璃纖維「傳單炸彈」裡，最後在哈瓦那以及古巴其他城市上空爆炸，真相就會像甘霖從天而降，送到地面的老百姓手上。「軍號行動」正待總統最後核准，然千鈞一髮之際竟又生波瀾。古巴的領空突然變得更加險惡。

十月廿七日，星期六，下午 3:41

下午三點四十一分，六架海軍的RF-8十字軍噴射機從西嶼起飛，以低於蘇聯雷達可以偵測到的高度，向南飛越佛羅里達海峽[84][672]。六架飛機在靠近古巴海岸線之際分道揚鑣，往西邊飛的幾架前去拍攝聖胡利安的機場，還有比那德里歐省的幾座飛彈發射場；往東邊飛的幾架則前去聖克拉拉機場，查探最新的 MiG-21 戰鬥攔截機，以及雷梅迪歐斯的一座 R-14 遠程彈道飛彈發射場。

這次飛越古巴中部任務的帶隊飛行員，是已經在海軍陸戰隊服役八年的老鳥勒夫（Edgar Love）上尉。他從古巴的高檔海灘度假勝地巴拉德羅（Varadero）附近進入古巴領空，之後依循一條鐵路做為航向指引，沿著海岸向東南飛行。這樣飛了八分鐘之後，可以看到左邊有一片甘蔗田，背後是一座駝背似的小丘，那裡就是卡拉巴沙村的 R-12 中程彈道飛彈發射場。他用傾斜的角度拍了幾張飛彈發射場的照片，就接著飛往聖克拉拉。飛越機場之際，他看見一個米格機中隊就要降落，於是急忙改變方向大轉彎向左，以避開他們的降落路線，急轉時機身的傾斜已幾近陡直。勒夫覺得有那麼一會兒，那一隊米格機似乎打算追上來，不過他們最後還是沒理會他，所以勒夫就再調轉向北飛往雷梅迪歐斯。

當勒夫的飛機突然現身空中拍攝照片，他看到防空火砲橫空而過的煙氣。這道煙氣的來源是他右方不遠處的某個地點，但很難依此判斷出確切位置。而勒夫的僚機飛行員駕機急速爬升，一下太貼近他的座機，也導致他很難做出什麼臨機應變的閃避。他只能突然大幅度向左急轉閃避，差一點就和僚機撞個正著。

「快讓開！」勒夫趕緊打開後燃器（afterburner），一面用無線電對僚機飛行員大喊，「你靠我太近

[84] 譯按：相關內容參見本書 124 頁，第三章註號 161 所在正文段落。

了。」[673]

飛越聖克里斯托巴鎮上空的十字軍偵察機，同樣也遭受防空炮火的攻擊。自從今天稍早被美國飛機出其不意拍下照片以來，古巴防空炮火的地勤人員就一直警戒美國偵察機再次來犯。而這一次則是兩架美國海軍的噴射機從西面，也就是巴紐斯的聖迪亞哥村方向靠近。先前在十月廿三日，第六十二輕裝攝影中隊指揮官艾克拍攝到的飛彈發射場，美軍稱作聖克里斯托巴鎮「一號中程彈道飛彈發射場」（MRBM Site No. One）；而今天這兩架海軍噴射機也飛越這個地點上空，然後繼續沿著羅薩里歐山脈的脊線飛行。這兩架十字軍偵察機要前往的地點，是「一號中程彈道飛彈發射場」以東三英里的「二號中程彈道飛彈發射場」（MRBM Site No. Two），而駐防在前往發射場通道上的一支古巴防空部隊，也對著這兩架十字軍偵察機開火。

正在執行「藍月任務五〇二五」的飛行員，可以從他們駕駛艙的後視鏡裡看到那些帶有警告意味的火砲煙氣。安置在他們炸彈艙裡的照相機，依舊有條不紊地喀嚓喀嚓拍著照片。帶隊飛行員勒夫瞥見第一道火砲的煙氣時，就猛然將操縱桿急扳向左，不過隨即又推回水平位置。他機身的前置照相機拍攝到一張徹底的「二號中程彈道飛彈發射場」全景照片，後來五角大廈就發布了這張照片，當作蘇聯在古巴飛彈活動的如山鐵證。這張照片左側可以清楚看出，林木蔥鬱的山脈，在山腳位置有一條新挖好的作戰人員戰壕，幾百英尺外就是飛彈發射架和飛彈舉升機。轉瞬之間，飛行員又看到另一道火砲煙氣（十字軍偵察機被火砲攻擊那一刻拍攝的一系列照片，過去從未公開，今可見於本書577頁照片）。這一次帶隊飛行員勒夫不再猶豫。他急遽傾斜機身向左轉，朝羅薩里歐山脈的方向返航。

十月廿七日，星期六，下午 4:00

執行委員會的下午例會才開始沒多久，美國海軍噴射機遇上麻煩的消息開始陸續傳到白宮。麥納瑪拉報告有兩架十字軍偵察機，因為「機件方面」的問題只好「中止」任務，現在「正返回基地」。廿分鐘後又有另一條消息傳來，稱另外兩架飛機遭到「……似乎是三十七毫米口徑防空火砲的攻擊」。

對低空飛機的攻擊有其重要意義，因為這看來似乎表示蘇聯已經將戰事升級，特別是當天早上才在古巴上空損失了安德森少校的 U-2 偵察機。新近的這些事態發展不免讓甘迺迪心生疑慮：著手執行先前排定的夜間監視飛行任務，究竟是不是明智之舉。美國新聞署代理署長威爾森（Donald M. Wilson, 1925-2011）則一直計畫要向古巴人民播送一則警告，告訴他們黑夜裡的爆炸是照明彈，「不會帶來傷害」[85]。

「我覺得我們還是先按兵不動，」甘迺迪告訴威爾森，「我不知道今晚是不是行動的好時機。」「派這些飛機出動之前，有些事情我們該要評估評估。」參謀長聯席會議主席泰勒也同意這麼做。於是美國新聞署的代理署長匆匆離席，「去確保這件事情萬無一失」。

接下來甘迺迪全神貫注在一份來自國務院的文稿，乃就兩方面回應赫魯雪夫：一是他星期五晚上發來的私人信函，二是他那天稍早公開提議的古巴與土耳其飛彈交換[674]。對於蘇聯領導人的提議，以及這

[85] 譯按：參見本書 361 頁起第十章開頭，美聯社報導之前的正文段落。

項提議在國際輿論上可能帶來的感染力，甘迺迪都覺得這份草稿未能適當應對。他建議使用更溫和的措辭，說明只要蘇聯停止在古巴運作飛彈發射場，那麼美國就會「樂意討論」其餘事宜。

「不然赫魯雪夫就會宣布是我們一口回絕他的提議，」甘迺迪推論，「那屆時我們又會落入怎樣的田地？」

國務卿魯斯克則預測蘇聯會就U-2飛越蘇聯領空一事「大做文章」。他宣讀一份草擬的聲明，宣稱U-2偵察機當時是在執行「例行的空氣採樣行動」，卻由於「儀器故障」以致「偏離航線」。

「如果我們可以不走漏任何風聲，就從這起事件全身而退」，其實甘迺迪傾向什麼都不要多說。一九六〇年五月那架U-2在西伯利亞被擊落之後，艾森豪總統經歷了怎樣的狼狽難堪，甘迺迪至今記憶猶新[86]。如今他可不想陷入同樣的窘境——用一連串前言不對後語的說詞，解釋那架U-2到底飛去蘇聯領空做什麼——這將使他在赫魯雪夫心中的「公信力」大打折扣。

「這樣等於白白送他一則明天的新聞報導，而且還讓我們看起來才是罪犯。」

更多有關當天下午偵察機飛行任務的細節，又從五角大廈傳來。麥納瑪拉回報了錯誤的消息，誤稱一架十字軍偵察機遭一枚三十七毫米口徑火砲的砲彈「擊中」[675]。雖然飛行員平安無恙正在返回基地途中，然而由此顯然可見，「下達給古巴守軍的命令，其性質已經有頗大的變化」。國防部長認為公開承認美國飛機飛越蘇聯領空，恐怕是「治絲益棼」，並非明智之舉。

「我同意，」甘迺迪語氣堅定，「這事我們就此放下吧。」

十月廿七日，星期六，下午 5:40

莫斯科方面前後兩種相悖的示意，使魯斯克完全摸不著頭緒。星期五的時候，透過美國廣播公司新聞特派員史卡利，他收到似乎是赫魯雪夫藉由祕密管道發出的訊息，願意以蘇聯移除古巴的飛彈，交換美國不入侵該島的承諾。然而到了今天，這位蘇聯領導人卻加碼交換條件，要求美國人從土耳其撤離部署的飛彈。於是國務卿委請史卡利再去探聽探聽究竟發生了什麼事。

星期六下午靠近傍晚時分，史卡利邀請費克利索夫來一趟斯塔勒希爾頓飯店，就是他們昨天碰面的地方[87]。只不過這一次，美國廣播公司新聞特派員和蘇聯國安會駐外特務（KGB *rezident*）這兩人，卻是來到夾層樓面空無一人的交際舞舞廳。一來因為史卡利對他這位消息來源大為光火，二來他也不希望被人偷聽到談話內容。

「這根本是噁心的出賣，」四下無人時史卡利厲色抗議，「莫斯科廣播電臺提到的方案，跟我們昨天晚上談到的完全是兩碼子事。」[676]

費克利索夫設法安撫史卡利，他堅稱沒有「出賣」（double-cross）這回事。不過他也勉為其難承認，來來往往的「電報線路十分繁忙」，他發給莫斯科方面的電報很可能因此延誤。他還指出用土耳其的飛彈交換古巴的飛彈，根本就不是新的點子，就連李普曼都在自己的專欄裡提過這個想法[88]。

---

[86] 譯按：參見本書 407 頁第十一章註腳 611 所在段落，另參 181 頁第四章譯註 27 所在段落，以及 294 頁第八章譯註 46 之前的正文段落。

[87] 譯按：參見本書 267 至 268 頁，譯按 38 及註腳 401 之間的第七章內容。

[88] 譯按：相關內容參見本書 316 頁，第八章註腳 473 所在段落。

「我才不在乎是李普曼還是埃及豔后提過，」新聞特派員史卡利勃然大怒，「這個方案完全、徹底、絕對無法接受。今天無法接受，明天也無法接受，就算到了天荒地老還是無法接受。美國政府根本不可能考慮。」

費克利索夫解釋說他和駐美大使達勃雷寧都不過是「無足輕重的角色」。赫魯雪夫還從很多不同的人那裡獲知消息，而他們都還在等待他們前一天晚上發回去的電報，莫斯科方面要以什麼信息回應。

跟費克利索夫說了再見，史卡利沿著第十六街走過三個街廓，來到白宮。現在時間是下午五點四十分，國務院情報研究局副局長修斯（Thomas Hughes, 1925–2023）正在等他[677]。修斯本來在欣賞下午場的喜歌劇《日本天皇》（*The Mikado*）演出，結果其中一位身著日本皇室盛裝的演員上臺，要他回電給辦公室。他的上司國務院情報研究局局長希斯曼，因為精疲力竭已經就寢，因此陪同史卡利前往總統辦公室與魯斯克會面的差事，就指派給了修斯。

魯斯克對目前的事態發展大惑不解。對於赫魯雪夫星期五的那封私人信函，美國政府之所以寄予強烈的信任，正是因為有來自費克利索夫的具體提案[89]。赫魯雪夫原本的訊息非常模糊，只說了在華盛頓方面保證不入侵古巴的情況下，在古巴「派駐蘇聯軍事專家的必要性」自將冰消瓦解[90]。要是沒有費克利索夫提供的額外情資，赫魯雪夫原來的訊息，用麥納瑪拉的話來說根本只是「十二頁的空話」[678]。「裡面沒有隻字片語打算撤除飛彈……看不到任何協議的意思。你根本不可能就此簽訂協議，然後還說我們很清楚自己簽訂了什麼。」

執行委員會裡都沒有人領悟到，原來這一位新聞特派員和這一位駐外特務，都誇口把自己的重要性說得天花亂墜。史卡利跟費克利索夫這條「祕密管道」其實多半是吹吹牛皮而已。

由於願意考慮某種形式的古巴與土耳其飛彈交換，甘迺迪此刻正在內閣會議室裡面對愈來愈強烈的反對意見。反對聲浪的領頭羊是國家安全顧問邦迪，他擔心就算僅僅是暗示有交易的可能，都會給美國帶來「真正的麻煩」。專家們都同意這樣的看法，邦迪也十分堅持己見：「如果我們看起來就是要用土耳其的防禦交換古巴威脅的解除，我們必須面對的就是北約效力的徹底衰敗。」

邦迪的論點惹惱了甘迺迪。用飛彈做為交換可能會引起北約盟國的抱怨，但要是蘇聯用攻擊柏林或土耳其，做為對美國入侵古巴的回應，那他們的抱怨會更大聲。「我們都很清楚只要一開始流血，大家的勇氣很快就會變成怯懦，」他告訴執行委員會，「北約就是這樣。當（蘇聯）著手奪取柏林，每個人就會說，『原來那個提議其實還不錯』。我們就別再自欺欺人了。」

甘迺迪的看法是必須先提供赫魯雪夫一些誘因，使他願意從古巴撤離飛彈。赫魯雪夫已經公開提議土耳其與古巴的飛彈交易，他要是沒拿到什麼東西做為交換，不可能白白打退堂鼓。所以甘迺迪相信，只有兩種方法可以讓蘇聯把飛彈撤離古巴：藉由武力或藉由協商。而他更傾向協商。

「總統先生，我不同意，」前駐蘇聯大使湯普森持反對意見，「我覺得原來的路子還是有一線曙光。」[91]

[89] 譯按：相關內容參見本書 267 頁，第七章註腳 400 所在的正文段落。
[90] 譯按：相關內容參見本書 316 頁，第八章註腳 473 所在的正文段落。
[91] 譯按：相關內容參見本書 266 頁起，第七章註號 398 至 399 所在的正文段落。

「這樣他就會打退堂鼓？」

湯普森指出赫魯雪夫在不到廿四小時前，才心有不甘準備好接受美國不入侵古巴的保證。現在他很可能只是想試著「加點壓力給我們」，看看他能不能因此多要到一些對自己有利的條件。赫魯雪夫在星期五的私人信函裡已經勾勒出一些構想，現在甘迺迪應該做的是把赫魯雪夫引導回那個方向。湯普森憂心的還有古巴與土耳其飛彈交易這項提議的條件。從蘇聯來函的措辭可以看出，赫魯雪夫想要的是用飛彈換飛彈、飛機換飛機、基地換基地。要讓俄國人離開古巴，需要的恐怕不只是撤除木星飛彈而已，還需要撤除美國在土耳其——即北約東面側翼——的所有軍事部署。

要給赫魯雪夫的幾種可能答覆現在都放在桌上，幾份草稿相互角逐高下。美國駐聯合國大使史蒂文森從紐約打電話來反對國務院的草稿，認為內容聽起來「太像最後通牒」。他提出新的說辭，聽起來比較有和解的意味[679]。甘迺迪嘗試融合這兩份草稿，並開始向魯斯克口述該怎麼修改。沒多久又是眾口紛紜，各自提出修改建議。

「稍微修改一下，」甘迺迪指示，「國務卿先生，我們重來一次。」

「你可以把下一句刪掉。」邦迪插話。

「『您在聲明中表達的期冀，我方樂於接受，』」魯斯克讀出自己的筆記然後說，「我們能不能直接說『我們雙方有同樣的期冀』就好？」

「我的期冀跟他的可不一樣，」甘迺迪反駁，「那說『我向您保證美國人民引頸企盼能在這件事上找出完滿的解決方法……』如何？」

「還是說引頸企盼能緩和緊張的局勢？」國務卿魯斯克低語。

「我們得稍微含糊其辭。」這次總統讓步了。

魯斯克打蛇隨棍上，趁勢繼續口述信稿：「您和貴國的華約（Warsaw Pact）盟友所設想的方案，我們當然準備要與我們的北約盟國好好考慮一番。」

蘇聯掌控的華沙公約組織，這下在魯斯克口中似乎成了自由國家的同盟，這種見解教鷹派的邦迪忍無可忍。「我們有必要說到他們的『華約盟友』嗎？」他滿肚子火打斷魯斯克，「『您（赫魯雪夫）所設想的』就夠了。」

「沒錯，我覺得你應該……」總統也同意邦迪。

隔著桌子坐在甘迺迪對面的羅伯再也掩飾不了自己的沮喪。這篇東拼西湊的草稿滿紙崇高的情操，但其實根本沒說出什麼具體做法。羅伯跟湯普森一樣，想把他們跟莫斯科之間的對話引導回原先星期五晚上的提案。他建議兄長告訴赫魯雪夫：「您先給我們一個提議，我們接受了。至於您給我們的第二個提議，因為與北約有關，我們很樂意稍後再行討論。」[680]

羅伯是執行委員會裡年紀最輕資歷最淺的成員，他屢屢表現出爭強好鬥的態度，但嘴上卻不善辭令。不過他也有一種本領，就是偶爾能直搗問題的核心。他意識到執行委員會的這些討論不過是在兜圈子而已，每個人都迷失在逗號和從屬子句的泥淖之中。他促請兄長允許他和總統文膽索倫森離席，去另一個房間起草給赫魯雪夫的回覆。

「為什麼我們不試試看在沒有你吹毛求疵的情況下，替你把草稿寫出來？」

此話一出，執行委員會其他成員都忍俊不禁，格格笑了起來。沒有其他人敢這麼直言不諱地跟總統說話。幾分鐘後參謀長聯席會議主席泰勒將軍宣布，各軍種參謀長呼籲最晚在下星期一早上對古巴發動大規模空襲，「除非屆時有無可反駁的證據，顯示攻擊性武器已在卸除當中」，這時羅伯再次打破緊張的氣氛：

「好吧，這下倒是我大吃一驚了。」

前一下執行委員會成員們還在你一言我一語，爭辯該拿土耳其人和木星飛彈怎辦，這一下他們馬上被狠狠拉回現實。安德森少校下落不明，已經超過四個小時毫無音訊。幾乎可以確定他已經身亡，猶未可知的是他在古巴上空消失蹤影，究竟是意外事故還是敵方行動所致。一條截聽到的古巴通訊，解決了這個問題。

「那架 U-2 被擊落了。」麥納瑪拉念出助理遞給他的紙條。

「飛行員罹難了嗎？」羅伯想一探究竟。

泰勒將軍手上還有更多細節資訊，「飛行員的遺體還在飛機裡」。這架 U-2 應該是在巴內斯鎮上空，被一枚蘇聯地對空飛彈擊落。因為另一架美國偵察機在 U-2 飛過巴內斯鎮上空的時候，偵測到從附近一座地對空飛彈發射場發出的飛彈引導雷達信號。「這兩件事有所關連，看來是八九不離十。」

蘇聯顯然把局面「升級」到另一層次，這教甘迺迪大吃一驚。這麼看來，來自莫斯科方面的指令必然發生了什麼「重大改變」。甘迺迪開始用這些線索一點一點拼湊出全貌。赫魯雪夫星期五的訊息比較有願意和解的意思，但今天稍早發來的新訊息，態度卻強硬許多。低空飛行的美國海軍偵察機遭到防空炮火攻擊。現在有一架U-2偵察機被擊落。突然之間，前景似乎變得十分暗淡。後來羅伯用了一點比喻，來描述當時會議室裡的場面：「我們每個人，甚至所有美國人乃至全人類，脖子上的絞索在那一刻都突然勒緊，用以死裡逃生的那座橋也開始崩毀。」[681]

「他們已經開第一槍了。」強硬派的國防部國際安全事務助理部長尼采說。

當務之急是該如何回應。

「我們派U-2去那裡本來就有可議之處，要是我們現在派一架出去，明天我們就會再折損一位飛行員。」總統說。

泰勒同意此說：「只有我們決定要還以顏色的時候才該再派出U-2，而且告訴他們要是再對我們的飛機開火，我們就會出動大軍給他們好看。」

「我們應該在拂曉時分進軍，消滅那座地對空飛彈發射場。」國防部長麥納瑪拉說。

國防部副部長吉爾派崔克則認為，比起低空飛行的飛機遭到防空火砲攻擊，U-2遭到擊落更帶有不祥的預兆。因為防空火砲的陣地應該是由古巴人員操作，但是地對空飛彈幾乎可以肯定是由蘇聯的人員控制。

「他們改變布局了，」麥納瑪拉脫口而出他的推論，「至於為什麼改變布局，我也沒有頭緒。」

十月廿七日，星期六，下午 5:50（莫斯科，星期天，深夜 12:50）

德里歐（Del Rio, Tex.）是德州緊鄰美墨邊境的一座小鎮，周圍滿是仙人掌和山艾樹；U-2飛行員的家人們一起住在鎮郊的拉福林空軍基地（Laughlin Air Force Base）。第四〇八〇戰略偵察機聯隊包括一支U-2偵察機中隊，大約有廿五名飛行員，他們就像是一個鬧哄哄不受控的大家庭。空軍在寬綽的土地上為飛行員的家庭興建全新平房。橋牌聚會、上教堂，還有後院的烤肉野餐，就是他們社交生活的中心。在愛打橋牌的那一群人裡面，安德森[92]和太太珍（Jane Anderson, 1935–1981）是最重要的成員，還有他們的至交鮑威爾[93]和太太瑪琳（Marlene Powell）也是。他們孩子的年紀都差不多大。

飛行員的妻子其實並不太清楚古巴的天空中發生了什麼事。她們的丈夫在危機一爆發的時候就全部銷聲匿跡，對於自己要去執行怎樣的任務也沒有透露太多。這些太太們只能自力更生，自己儲備罐頭食品，自己在窗戶上貼膠帶以防蘇聯來犯。她們嘗試讓生活看起來就像過去慣常的樣子，但是有一幕場景可以瞬間囊括她們內心所有的恐懼：隨隊的牧師和上校斂容屏氣，走上她們家門口的車道。

這個教人驚魂喪魄的例行公事，珍．安德森已經經歷過一次。幾個月前空軍回報一架U-2在空中加油的演練中墜機，她的丈夫身亡。結果那是一次錯誤的回報。他們弄錯了人員名單，殉職的飛行員另有其人。趕在空軍官員走上自家門階傳達噩耗之前，安德森就先打電話給太太報了平安。後來空軍方面花了點時間，才澄清這次張冠李戴的烏龍。

星期六下午飛官住宅區突然有空軍官員座車現蹤，那一刻太太們全都從家裡窗戶向外張望，看看這輛車要開往誰家。官員座車上是上校和隨隊的牧師，每開過一家門口，這一家人就如釋重負地鬆一口氣。官員們最後終於下車，他們要找的是瑪琳．鮑威爾[682]。她想當然耳以為自己的丈夫可能已遭遇不測，但原來他們是要請瑪琳陪他們一起到對街的安德森家。安德森究竟發生了什麼事，尚無確切的說法傳回德里歐。目前僅知的只有他在古巴上空失去蹤影。

珍一聽到敲門聲就躲進浴室鎖上門不肯出來，瑪琳隔著門試著安慰她。

「別擔心了，」她告訴啜泣到無法呼吸的好朋友，「還有希望。」

珍最後離開浴室回到客廳的時候，有位軍醫想給她吃藥，讓她鎮靜鎮靜心神。瑪琳急忙把醫生拉到一旁。瑪琳是珍最好的朋友，所以她知道一些別人不知道的事。

「什麼藥都別給她吃，」她悄聲說，「她懷孕了。」

安德森的遺孀在七個半月後生下了一名女娃兒。

因為七個小時的時差，此刻莫斯科已經過午夜十二點了。赫魯雪夫正在列寧山上的官邸稍歇，從這裡可以將克里姆林宮和蜿蜒的莫斯科河盡收眼底[94]。他很晚才離開辦公室返家，晚上他通常會喝一杯加了檸檬片的茶。他囑咐妻兒明天一早就開車去莫斯科市郊，他們度週末的僻靜別墅。他召集了主席團的其

[92] 譯按：此處原書作 Rudolf Anderson, Sr.，應為 Rudolf Anderson, Jr.。
[93] 譯按：參見本書 646 頁第九章註 523。
[94] 譯按：相關內容參見本書 78 頁第二章伊始所述。

他成員，在附近一座政府所有的別墅會面。這樣只要公事告一段落，他就可以去別墅和家人碰頭。

將近一點時分，赫魯雪夫接到好幾通來自助理的急電[683]。一份來自哈瓦那蘇聯大使館的電報剛剛送到，內容轉達了卡斯楚的一封信，預測美國將會在接下來廿四到七十二小時內攻擊古巴。此外信中還包含了一個戲劇性的請求。赫魯雪夫在電話裡聽完助理轉述卡斯楚的信之後，姑且不論對錯，他的推論是卡斯楚主張對美國發動先發制人的核武攻擊。因此在聽取助理口述信件時，他多次打斷對方，再三確認信文的某些段落。

赫魯雪夫把卡斯楚的這封信視為「終極警報的信號」[684]。白天的時候他心中的決斷，是眼下必然還有時間，可以與甘迺迪協商出一個保全雙方顏面的折衷辦法。美國人似乎仍然舉棋不定。華盛頓方面正透過聯合國回應蘇聯的外交試探，美國看來不太可能在這個時間點上入侵古巴。但要是給卡斯楚說中了呢？赫魯雪夫已經指示過蘇聯軍隊，只要美國攻擊古巴，他們就要向古巴的共產同志伸出援手。屆時蘇聯也將不免屍山血海。但把戰事圈限在古巴本島又談何容易，或許根本就是癡人說夢。

另外一個必須考慮的因素則是卡斯楚火爆的個性。赫魯雪夫毫不懷疑他這位古巴朋友的勇氣非常人能及，而且就算為信仰犧牲生命也在所不惜。他非常喜歡卡斯楚這個人，也十分欽佩他，但他也明白，卡斯楚是個生性剛愎自用的人。赫魯雪夫是烏克蘭農民出身，所以他眼中的卡斯楚就像「一匹還沒上過鞍轡頭的幼馬」[685]。應付這樣的傢伙，每踏一步都得戰戰兢兢。這個古巴人以「馬」（*el caballo*）稱之的人總是熱情洋溢生氣勃勃[95]，不過要讓他成為一個可靠的馬列主義信徒，他還是需要「一些磨練」。

無論赫魯雪夫遭受怎樣的威脅與恐嚇，蘇聯先出手使用核子武器發動攻擊，對他來說都是完全無法接受的想法。他跟卡斯楚不一樣，他從來就不會癡心妄想蘇聯有能力在核子戰爭中獲勝。美國擁有的核子武器，其數量無論是支應先發制人的第一擊，還是徹底消滅整個蘇聯，都是綽綽有餘。赫魯雪夫眼中所見的毀滅與苦難遠不只是自身而已，因此古巴人對於赴死和犧牲自我的那份執念，讓他大吃一驚。這或許是赫魯雪夫第一次理解，卡斯楚「看待這個世界」的方式還有人命在他心中的價值，和自己是如此涇渭分明。赫魯雪夫的看法是「我們和帝國主義抗爭絕不是為了求一死」，而是為了成就長遠的「共產主義勝利」[686]。所以要是為了共產主義捐軀，就沒有抓住這個重點。

然而現在這位古巴革命分子卻一副無憂無慮的樣子，跟他大談對美國發動核子第一擊。赫魯雪夫經歷過一戰、俄國內戰、抗德愛國戰爭，一想到如果採用卡斯楚的意見會發生什麼後果，就教他不寒而慄。美國固然會承受「重大損失」，不過「社會主義陣營」恐怕也相去不遠矣。即使古巴人參戰而且「英勇捐軀」，他們的國家還是會在美蘇核武的交叉火力下毀滅。這就是「全球熱核大戰」的開端。

卡斯楚的這封信仍然令人震驚之際，又有另一震驚的消息接踵而至。華盛頓時間下午六點四十分，莫斯科時間星期天深夜一點四十分，五角大廈宣布一架美國軍方的偵察機在古巴上空消失蹤影，「推測應已失事」。五角大廈的聲明雖然並未明說偵察機是否遭人擊落，但光是其中的言外之意，就已足夠教克里姆林宮惶惶不安。赫魯雪夫確實授權身處古巴的蘇聯指揮官，出於自衛可以反擊，但他從未下令可以攻擊沒有武裝的偵察機。他不知道平白折損了一架偵察機，甘迺迪會不會願意「嚥下這口氣」[687]。

95 譯按：相關內容參見本書 257 頁第七章伊始所述。

第十三章　貓捉老鼠

十月廿七日，星期六，傍晚 5:59

這一天很快就演變為大家所知的「黑色星期六」，美國海軍也在下午確定了四艘蘇聯潛艦的所在位置[688]。四艘潛艦部署的位置形成一個巨大的矩形，從巴哈馬群島和英屬特克凱可群島朝東北方延伸，高廣分別約為兩百英里與四百英里。其中兩艘蘇聯潛艦看起來，似乎是受指派護衛由北端航道穿越大西洋航向古巴的船艦，而另外兩艘則部署在更偏南的航道上。

獵尋狐步級潛艦的行動是在暗中進行，美國群眾對此一無所知。大體而言，甘迺迪對於海軍實行反潛行動鮮少置喙，幾乎都是准如所請。麥納瑪拉曾經警告，干預現場指揮官的決策或者延緩攻擊帶來顯著威脅的蘇聯潛艦，都是「極度危險」的舉動。他再三提醒總統，「一旦插手就很容易導致美國船艦損失」。美國船艦該如何以信號示意蘇聯潛艦浮出海面，執行委員會也核准了可供遵循的程序規範。這些信號包括在蘇聯潛艦的正上方，直接投放四至五枚訓練用的深水炸彈。海軍將領們跟麥納瑪拉保證，那些深水炸彈「不會造成傷害」。這類深水炸彈是設計來在水底製造劇烈的爆炸聲，然而據稱並不會對蘇聯艦艇造成任何實質傷害。

獵尋蘇聯潛艦然後強迫這些潛艦浮出海面，就像貓捉老鼠的終極對決。列好陣仗對付這些潛艦的是四支航空母艦獵殺大隊，每一支大隊裡都會有一艘航空母艦、數十架飛機和直升機，還有七八艘驅逐艦。除此之外，駐防在百慕達群島及波多黎各的美國海軍P2V遠程反潛巡邏機，也會持續在空中巡邏。雖然對狐步級潛艦來說，整片海洋都是躲貓貓的場地，不過潛艦每天還是不得不從藏身處現身至少一次，才能跟莫斯科通訊也重新把電池充電。

當天下午稍早，美國人在封鎖線內一百五十英里處拍攝到一艘不明潛艦，蘇聯方面以代號B-4稱之。遭到美軍探得位置之後，這艘潛艦就立刻下潛。藉海底聲納技術之助，美軍也在大特克島附近，偵測到杜畢夫科船長指揮的代號B-36潛艦蹤跡，隨後這艘潛艦就緩緩向東移動。由舒姆科夫擔任船長的代號B-130潛艦，正用僅可運轉的一臺柴油引擎緩緩向東航行，艾塞克斯號航空母艦的獵殺大隊中，則有一組驅逐艦正在搜捕這艘B-130。

蘇聯代號B-59的潛艦在美軍的代號是C-19，整個星期六下午最活躍的追捕行動就是針對這艘潛艦。領軍的航空母艦是藍道夫號（USS *Randolph*），這艘戰艦早在二次大戰的美日對決中就已露臉，如今望之仍教人肅然起敬。藍道夫號上的直升機和雙引擎S2F搜索者反潛巡邏機（Grumman S2F），已經獵尋這艘蘇聯潛艦一整天，投放聲納浮標，然後用三角測量法計算回聲的來源。搜捕範圍集中在百慕達群島以南三百英里的區域。當時的天氣烏雲密布，偶爾還有劇烈的暴風雨。

「潛艦在右舷。」巡邏機上的空中觀測員大喊[689]。潛艦B-59正朝北航行，試圖藏身在颮線（squall line）之後，還可以看到指揮塔上站了好幾個人。

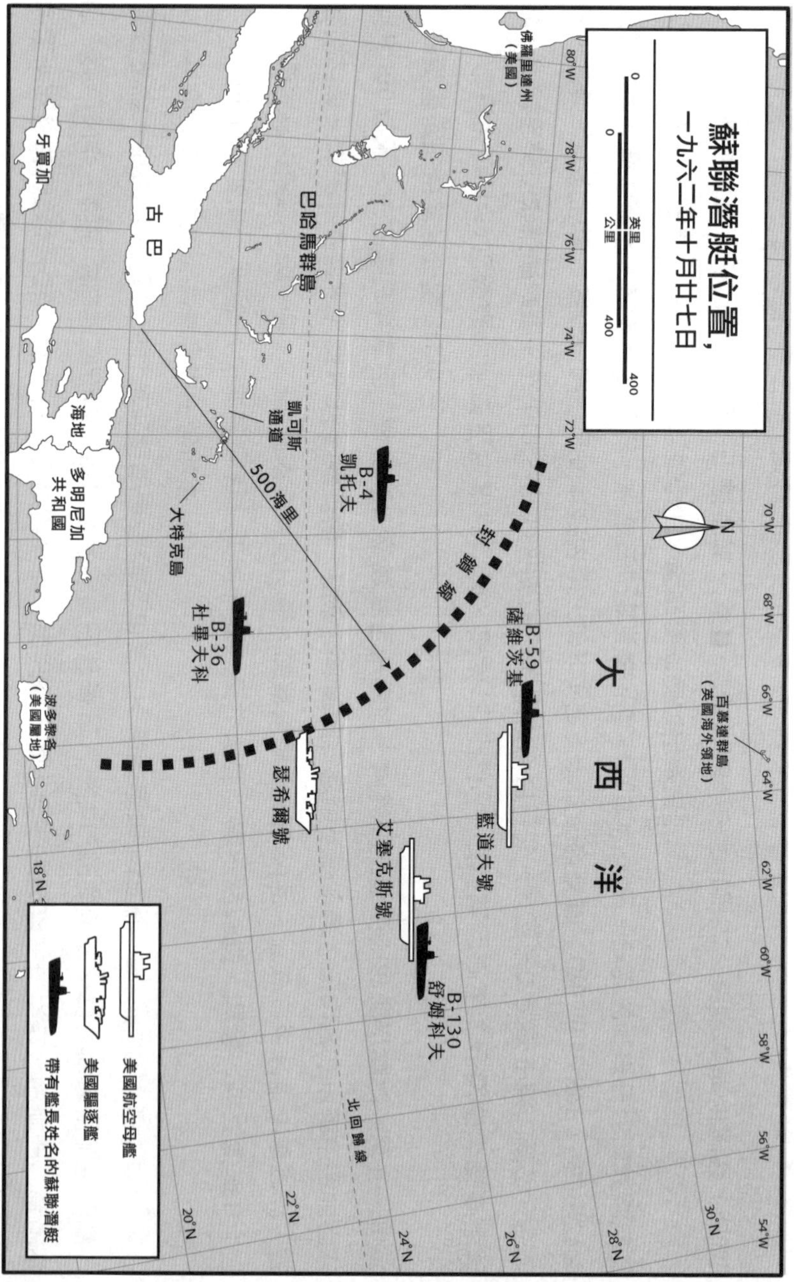
蘇聯潛艇位置，
一九六二年十月廿七日
0 英里 400
0 公里 400
N
大西洋
佛羅里達州（美國）
巴哈馬群島
古巴
牙買加
海地
多明尼加共和國
凱可斯通道
大特克島
500海里
封鎖線
B-4 凱托夫
B-36 杜畢夫科
B-59 薩維茨基
B-130 舒姆科夫
藍道夫號
艾塞克斯號
瑟希爾號
百慕達群島（美國海外領地）
波多黎各（美國屬地）
北回歸線
美國航空母艦
美國驅逐艦
帶有艦長姓名的蘇聯潛艇

等到S2F反潛巡邏機繞回來，要第二次飛過潛艦上空之際，那幾位蘇聯的水手已經消失了蹤影，這艘狐步級潛艦的甲板也已經位在水面之下。到第三次飛過潛艦位置上空時，整艘潛艦都已潛入水中了。於是美方隨即投放訓練用的深水炸彈，示意這艘蘇聯潛艦浮出水面表明身分。美國直升機飛行員則繼續發射聲納接觸潛艦，從反射的音訊中可以聽到重型機械裝置運行的噹啷聲響，還有螺旋槳運作所引起的抽吸聲。其中一位飛行員甚至聽到猛然關閉艙門的聲音從水下爆炸區域反射回來，「毫無懸念，我們的聲納接觸到的一定是潛水艇」。但是代號B-59的潛艦還是留在海底沒有動靜。

三艘美國驅逐艦趕赴現場，環繞這艘狐步級潛艦潛伏的區域航行。「投放五枚手榴彈要求表明身分，」畢爾號驅逐艦（USS *Beale*）的航海日誌下午五點五十九分有此紀錄，「毫無回應。再次用雷達對此潛艦發出表明身分的要求。仍未獲任何回應。」[690]半小時後，科尼號驅逐艦（USS *Cony*）又投放了五枚練習用的深水炸彈。

至於這些信號所表示的意圖，五角大廈透過莫斯科駐美大使館，在星期三傳達給蘇聯政府的訊息中就已經敘明。「海面下的潛艦聽到此種信號，應該往東向浮出海面。」[691]甘迺迪和麥納瑪拉自然認為蘇聯的潛艦船長都已收到通知，瞭解有這樣的程序，也明白這些信號的意義。

但他們都想錯了。關於海底信號的那則訊息，蘇聯政府從來就沒有確認收到，也從來沒有把相關內容轉發給四艘狐步級潛艦的指揮官。

十月廿七日，星期六，晚間6:30

美國驅逐艦往馬尾藻海中投放手榴彈之際，遠在千里之外的華盛頓，參謀長聯席會議的主席泰勒，正向聯席會議簡報執行委員會下午例會的結果。「用土耳其的飛彈交換古巴的飛彈，這個主意已經迷住總統的心竅了，」他在報告中說，「他似乎是唯一贊成這個做法的人。他覺得已經刻不容緩。」[692]

會議中的其他參謀長對這位主席則是心懷疑忌。他們總覺得他有點太過「政治傾向」，跟政府走得太近。羅伯甚至還以這位諾曼地登陸的傘兵英雄大名，做為他其中一個孩子的名字。李梅是那種不苟言笑嚴肅務實的軍人典型代表，泰勒則大不相同，總統尊之為軍人學者。泰勒可以說日語、德語、西班牙語和法語，他在一次爆炸中傷了聽力，所以現在有一邊耳朵稍微聽不太清楚。白宮裡流傳的說法是，如果你拿一個中東問題去問泰勒，「他會想弄清楚古波斯的薛西斯大帝（Xerxes the Great, c. 519–465 BCE）會怎麼處理這個問題」。[693]

泰勒的歷史嗅覺十分敏銳，他開始懷疑現在古巴的狀況愈來愈有種「陷入泥淖」的危險[694]。「南非波耳戰爭（Boer War）中的英國、二次大戰的冬季戰爭中俄國遭遇過芬蘭、還有我們自己遭遇過北韓」，泰勒覺得必須把這些戰爭的歷史經驗銘記於心。而最新的情報資訊指出，古巴的蘇聯部隊規模要遠遠大於美國先前的料想，泰勒對此也感到憂心忡忡。代號「三一六」的美國入侵計畫（Operation Plan 316），對他來說似乎是顯得「膚淺」了。

參謀長聯席會議主席泰勒騎牆兩顧，一邊是他對總統的忠誠，另一邊是他對諸位參謀長同僚的忠誠。他在兩個陣營間來回穿梭，把白宮的觀點傳達給五角大廈，同樣也把五角大廈的觀點傳達給白宮。在執行委員會的唇槍舌戰中，泰勒一貫主張採取強硬手段對付蘇聯，他打從一開始就覺得空襲是比海軍封鎖更好的方法。不過一旦總統做出決定，他還是會忠心耿耿貫徹執行，而且向他的將軍同僚解釋甘迺迪做此思考背後的理由。

諸位參謀長毫無異議，一致建議最晚在下星期一要對飛彈發射場發動攻擊，泰勒告訴他們已經將此見轉達給白宮。「接著我們就收到折損U-2偵察機的消息。」此時此刻所有人心中幾乎毫不質疑：安德森少校一定是遭到地對空飛彈擊落。美國海軍牛津號上的電子竊聽人員，截聽到一則電傳打字機發出的訊息，內容是古巴方面已經在飛機殘骸中尋獲安德森的遺體[695]。國家安全局也掌握到幾分鐘的蘇聯空防追蹤檔案，指出安德森的U-2是在古巴東部巴內斯鎮附近某處墜毀。

「我們是否需要剷除地對空飛彈發射場？」主席泰勒想知道。

包含泰勒自己在內的幾位執行委員會成員，都贊成即刻對一或多處地對空飛彈發射場發動攻擊，做為蘇聯擊落美國偵察機的報復。於此五角大廈也已擬定了一份代號「消防水管」（FIRE HOSE）的計畫，攻擊哈瓦那地區的三座飛彈發射場[696]。不過這些針對單一地對空飛彈發射場發動的攻擊，還有一些「零碎的」手段好比空投宣傳單的提案，其他參謀長卻都抱持反對意見；他們之所以摒棄這些計畫，乃因為可能導致平白無故折損那些執行任務的飛機，因此「就軍事眼光而言並不完善」。他們寧可多等一天，然後從空防系統開始，一鼓作氣摧毀所有蘇聯在古巴的軍事設施。對於參謀長聯席會議來說，他們可以接受的報復行動，最低限度就是摧毀所有的地對空飛彈發射場，而不只是一兩處而已。

「這些行動只會讓我們暴露自己，反而讓對方報復，」空軍參謀長李梅反對，「我們的斬獲極小，卻可能因小失大。」

「我的感覺也一樣，」陸軍參謀長惠勒（Earle G[ilmore] Wheeler, 1908–1975）將軍附議，「說不定赫魯雪夫會發射一枚飛彈回敬我們。」

潛艦B-59的船長薩維茨基（Valentin Savitsky）和其他三位潛艦船長一樣，仍然一籌莫展，眼看就要放盡氣力。過去兩天，美國海軍追捕他的潛艦未曾稍歇，如今他艇上的電池電量已經低到不能再低了。他已經超過廿四小時都沒辦法跟莫斯科通訊。當天下午排定的無線電會議他也未克出席，就是因為美國飛機出現在潛艦上方，導致他不得不緊急下潛。他心想說不定在他藏身波濤之下的這段時間，第三次世界大戰都已經開打了。

無論在體力還是情緒上，連續四週的航程，都讓薩維茨基船長一點一點枯竭殆盡。不過他的B-59跟好戰友舒姆科夫的B-130比起來，狀況還沒那麼糟。舒姆科夫的三臺柴油引擎有兩臺報廢，但還有層出不窮的機械問題有如災禍侵擾著B-130：通風設備已經失效，柴油運轉的冷卻器被鹽粒堵塞，橡膠封條破裂，電力運轉的壓縮機也有好幾臺故障。現在潛艦內的溫度介於華氏一百一十至一百四十度間（譯按：攝氏四十三至六十度）。空氣中二氧化碳的含量已經逼近臨界水準，再加上高溫與精疲力竭，執勤的軍官們就要暈厥過去。艇上官兵「像骨牌一樣」接二連三倒下[697]。

整艘潛艦溫度最高的地方是艇尾魚雷室旁的引擎室。三臺震耳欲聾的柴油引擎排放有毒煙氣，不流通的空氣讓人悶熱窒息難以承受。電池和充電設備則一起置放在毗鄰的隔間裡。再往前一個隔間，就是大部分船員的上下舖床位所在。佔據潛艦中段空間的是指揮中心（也就是控制潛望鏡升降的地方）、船長專屬的一個小房間，還有無線電室。潛艦最前端的部分則是軍官寢室和艦艏的魚雷室。沒有勤務在身的船員往往會並排躺在一支一支魚雷管旁邊，盡可能遠離那間令人窒息的引擎室。而他們躺的地方也正是放置核子魚雷的地方。

艦上有一位少校受命專職負責照看這些魚雷，同時也檢修保養魚雷所用的一萬噸彈頭。彈頭裝在亮晃晃的灰色箱子裡，他甚至就睡在箱子旁邊。根據規定，只有在確認收到莫斯科方面的加密指令，才可以發射核子魚雷，不像常規的非核魚雷，只要有區艦隊（flotilla）司令的命令就可以發射[698]。然而實際上，這些武器並沒有配備特殊鎖定裝置，可以阻擋未經授權的使用。因此要是負責魚雷的軍官和潛艦船長意見一致，他們就完全可能發射核子魚雷。

潛艦B-59的常規人員編制是七十八人，但此外還多載了幾位乘客。乘客之一就是潛艦區艦隊參謀長阿基波夫（Vasily Aleksandrovich Arkhipov, 1926–1998）中校。雖然薩維茨基才是B-59的船長，也是最後必須為這艘潛艦負全責的人，不過在階級上阿基波夫和薩維茨基是平起平坐的[699]。搭上這艘潛艦的還有一組信號情報專家，他們被委派的任務是截聽並且分析美國海軍的信息。而要竊聽到美軍的信息，潛艦就必須非常靠近海面，這樣天線才足以穿過浪濤伸出海面。所以只要潛艦一下潛，所有通訊就會中斷。

當震耳欲聾的爆炸聲突然從四面八方襲來，潛艦B-59的位置正在海底數百英尺。B-59的電池電力一點一滴流失，為了節省所剩不多的電力，薩維茨基切換到緊急照明模式，所以當時所有艙室的光線都十分昏暗。船員們在半明半暗之中伸手四處摸索。隨著爆炸聲逐漸靠近，他們也愈來愈心慌意亂。過沒多久他們全都離開艙室，緊靠著潛艦的船體。船員們的感覺就像是坐在「大鐵桶裡，桶外有個人不停用大鐵鎚猛擊桶身」。沒有人知道究竟發生什麼事。

船長薩維茨基在控制室裡，跟他一起的還有潛艦區艦隊參謀長阿基波夫，以及信號情報小組的組長歐洛夫（Vadim Orlov）。美國海軍採用的這套信號示意程序，薩維茨基一無所知。他無法與莫斯科通訊，也失去與其他三艘狐步級潛艦的聯繫。他只知道自己被美軍戰艦包圍，而眼下他迫切需要浮出水面讓潛艦的電池充電。至於接下來是怎樣的命運等待著他和他的船員，薩維茨基也只能猜測而已。不過若是從那些震耳欲聾的爆炸聲判斷，現在美國人做的就是用盡全力折磨他。對一位潛艦船長來說，沒有什麼恥辱比在敵人威逼之下浮出海面更嚴重。

四十年後，歐洛夫還記得接下來發生的事：

美國人用來轟擊我們的東西威力比手榴彈更大，很顯然是某種練習用的深水炸彈。我們都覺得「夠了，我們不忍了」。在這次攻擊之後，本來已經完全心力交瘁的薩維茨基變得怒火中燒起來。別的事情都先不說，光是與參謀總部取得聯繫他就一直做不到。他喚來負責核子魚雷的那位軍官，命令他做好核子魚雷的戰鬥準備。「說不定我們在海面下翻跟斗的時候海面上戰爭都已經打得不可開交了，」貴格利耶維奇（Valentin Grigorievich）激動大喊，似乎是要給自己個好理由執行命令，「我們現在就狠狠炸他們個天翻地覆！就算我們淪為波臣，也要讓他們全部葬身大海！我們不能丟蘇聯海軍的臉！」[700]

十月廿七日，星期六，晚間 7:30

這時的華盛頓，經過兩個多小時緊繃甚至有時慷慨激昂的唇槍舌劍之後，總統趁隙悄悄溜出內閣會議室，注射他每日兩劑的藥物。除了日常的類固醇和抗生素混合劑，醫生給他額外開了一劑氫羥腎上腺皮質素（hydrocortisone），以彌補他腎上腺素的分泌不足。十五分鐘後他接到夫人賈姬來電，她已經把孩子帶去維吉尼亞鄉間的格蘭歐拉（Glen Ora），那是他們週末靜居之處，遠離華盛頓周遭的輻射落塵區。

想要在執行委員會裡達成共識已經變得愈來愈困難，該怎麼對付蘇聯，每個人似乎都有自己的主張。羅伯和索倫森去了總統的私人辦公室，試圖整合國務院和聯合國大使史蒂文森這兩份相悖的草稿。國防部長麥納瑪拉著手擬訂一個單方面（unilaterally）計畫，內容乃是如何把木星飛彈撤出土耳其，如此一來要是美國對古巴發動空襲，蘇聯就不會有唾手可得的報復目標。中情局局長麥孔則在草擬他個人給赫魯雪夫的最後通牒：再有一架美國偵察機遭受攻擊，我們就會摧毀你們所有的軍事設施。國防部國際安全事務助理部長尼采，則在起草一份給莫斯科的強硬要求：華盛頓時間星期一下午五點，開始拆除蘇聯在古巴的飛彈基地，否則後果自負。

該如何回應赫魯雪夫，執行委員會的諸位成員在各種意見的取捨間痛苦掙扎，短短幾個小時裡，他們一下和誰同聲共氣，一下分道揚鑣，一下又再和不同成員桴鼓相應。「他們彼此言人人殊，針鋒相對，」後來羅伯這麼回憶，「每個人都很緊繃，有些人已經心力交瘁，大大小小的擔心和憂慮壓迫著每一個人。」

701 麥孔和外交老兵國務次卿波爾兩人聯手，抨擊麥納瑪拉想要單方面從土耳其撤除木星飛彈的計畫。「要是我們無論如何非得把那些該死的飛彈撤離土耳其，」波爾認為，那還不如拿來交換蘇聯的飛彈，以避免「傷亡慘重的軍事行動還有軍事行動升級的重大風險。」

「那這樣北約還剩下什麼可以運作？」滿懷憂慮的國安顧問邦迪詰問。

「我不認為北約會因此受挫，」波爾回答，「況且北約要是這樣外強中乾，那對我們來說也就沒多大幫助了。」就在幾個小時之前，國務次卿波爾才剛堅決認為，光是要跟土耳其人開口談及木星飛彈，就是件「教人極為焦慮不安的事」。

一位助理在邦迪耳邊悄聲說了幾句話後，國家安全顧問居然就打斷了這場關乎戰爭與和平的舌戰，提出一個更迫切的問題。

「大家要不要下樓吃晚餐？是要先吃個飯還是要繼續這麼耗下去？」

「吃飯這種事有什麼重要。」麥納瑪拉惡聲頂撞回去。

大家陸續進出內閣會議室。你來我往的口舌交鋒，因為甘迺迪不在場而瞎繞圈子，有時甚至退化成只是不能說出口的敵意。只要總統在場，副總統詹森就只把自己的看法放在心裡緘口無言。但要是甘迺迪不在會議室，他馬上就恢復活躍的勁頭，開口暗示自己與總統在方針上有不同的意見。原先總統在電視演說中的立場十分堅定，他擔心如今政府要從該立場「打退堂鼓」，美國大眾會意識到白宮的立場搖擺不定，因此有種「不安全感」。

「老百姓會有感覺。至於他們為什麼感覺得出來，又是如何感覺出來，他們自己也不知道。他們只是……」

羅伯又踅回來會議室。甘迺迪「打退堂鼓」一說讓他十分光火，不過詹森並未因此退縮，反而又再進一步，主張目前蘇聯的船艦正「穿過」美國的海軍封鎖。

「不是這樣，蘇聯船艦沒有穿過封鎖線。蘇聯船艦都調頭返航了……。百分之九十都是。」

但詹森堅不讓步。他平靜地重申，現在恐怕很難再宣稱「我們的立場依舊和總統通告全國那一天一樣強硬」。幾分鐘後他的死對頭羅伯又離開會議室，於是詹森心血來潮插了句話，卻教執行委員會的其他成員大驚失色：「我覺得這幾個政府都老邁陳腐而且病態，你們說不是嗎？」他要的是具體的行動——比如即刻對蘇聯的地對空飛彈發射場發動攻擊。他認為大家的注意力都放在U-2偵察機被擊落這件事上，「我們每個人在這裡寫的東西背後代表什麼意義」，遠遠沒有得到同等的關注。這些文字根本沒有意義，可別忘了赫魯雪夫是個「空談專家」。

離席很長一段時間之後，甘迺迪差不多在晚間七點半回到內閣會議室，總結這場執行委員會的馬拉松會議。他沒有透露自己在離開的這段時間做了什麼事，或者諮詢了什麼人，不過很顯然，執行委員會做為一個決策機構，他已經開始避之唯恐不及。會中不同的聲音太多，根本無法調和一致。因此儘管邦迪和其他人都站在反對的立場，甘迺迪還是直截了當說清楚，他仍然在考慮某種以土耳其做為交換的模式。如果那些飛彈明明可以用兵不血刃的方式交換掉，那美國就不可以用入侵古巴的方式去摧毀它們。

「如果這就是會議紀錄的結果，我真的不明白我們怎麼可能打一場漂亮的勝仗。」總統說。

詹森一開始支持飛彈交換，但現在他害怕赫魯雪夫只是想以土耳其為籌碼，使美國在是否該讓步的抉擇中不斷斟酌磋議永無止境：

「這可不是只有飛彈那麼簡單。他把他的飛彈撤離古巴，把他的官兵撤出古巴，把他的飛機也撤離古巴。然後到時你的外交政策就成了泡影。你得把一切也撤離土耳其。兩萬名士兵、你所有的技術人員、你所有的飛機，還有你所有的飛彈。然後就是……土崩瓦解。」

「不然我們還有什麼辦法可以讓那些飛彈撤離古巴？」甘迺迪想知道。

在危急存亡的關頭，甘迺迪最信任的人就是羅伯。他認為羅伯是個「道德上嚴謹的人，絕對清廉正直」。然而在甘迺迪眼中，他弟弟最重要的特質是「絕佳的執行能力」與敏銳的直覺[702]，他「幾乎就像有心電感應一樣」，瞭解總統心裡想要什麼[703]。白宮裡才智超群滿腦子高明點子的人不知凡幾，問題在於事情得做成才是真的。而羅伯的組織能力是一等一的高超，甘迺迪深信他的弟弟必能貫徹實踐他的意志。

儘管方式各有不同，但過去十二天裡共同的經歷，使這兩兄弟都有深刻的改變。剛剛得知蘇聯在古巴部署了飛彈的時候，對於赫魯雪夫用這種方式阻撓他們，兩兄弟登時的反應是暴怒，甚至是有點嘔。他們差一點就要下令轟炸那些飛彈發射場了。然而現在他們卻拼命想方設法，要從核子戰爭的無底洞邊緣退後一步。

羅伯和索倫森在總統私人辦公室經過一番努力，終於成功把各持己見的兩份草稿，調合為一封給赫魯雪夫的信函。最終的版本裡標記著來自不同執筆人的語句[704]：

我已悉心奉讀您十月廿六日的信函，您於函中聲明亟欲覓得一即刻解決問題的良方，我也欣然接受。【據原國務院稿，主要由國務次卿波爾及其副手強森執筆。】

然而當前首務，乃設法廢輟古巴境內的攻擊性飛彈基地，以及使古巴境內所有具備攻擊用途的武器系統進入不可運作的狀態……【據史蒂文森／甘迺迪稿】設若上述要務得以即時執行，我已指示我方駐紐約代表，許可他們於本週末與聯合國代理祕書長及貴國代表，共商協議做為古巴問題的永久解決方案【據史蒂文森稿】，而其所據乃您在十月廿六信函中提出的方針。奉讀大函，在我的認知中您的提議包含以下要點，大體而言我方尚可接受：【據羅伯稿】

第一、貴國同意在聯合國適度的監管和監督之下，將這些武器系統自古巴撤除；以合宜的保證條款約束，確保未來不再將這類武器系統引進古巴。【據原國務院稿】

第二、透過聯合國確立適當的協議，並藉此確保執行並且持續上述這些承諾，那麼我國則將同意——（一）立即撤除當前具備效力的封鎖措施【據國務院稿】；（二）擔保不入侵古巴……【據執行委員會的討論】

以上的解決方案將會紓解世界的緊張局勢，使我們雙方得以達成在「其他軍備」(other armaments)上更全面的協議，一如在您發布的第二封信函中所提議。【據史蒂文森稿】

我想在此重申，美國十分樂意緩和緊張的對峙局面以及終止軍備競賽，【據甘迺迪稿】如果大函欲表明的意思，是您已經準備好要討論一套緩和緊張的政策（detente）以調和北約與華約（Warsaw Pact）之間的關係，那麼我方也已做好充分準備，將與我們的盟友細細商酌任何有所助益的提議。【據史蒂文森稿】

不過請容我強調，首要條件是在有效的國際擔保之下，古巴境內飛彈基地作業的終止，以及使此類武器無法運作的措施……【據甘迺迪稿】

總統要羅伯親自把這封信函交到蘇聯大使達勃雷寧手上，同時也帶個口信給達勃雷寧，強調當前局勢已是千鈞一髮。在執行委員會其餘成員一無所知的情況下，羅伯已不動聲色致電達勃雷寧，要他移步距離白宮六個街廓同在賓州大道上的司法部一晤。

執行委員會的會議結束後，甘迺迪從他的顧問中精挑了一小組人馬——裡面有羅伯、國防部長麥納瑪拉、國務卿魯斯克、國安顧問邦迪——來到橢圓形辦公室，商議羅伯要帶給達勃雷寧的口信。甘迺迪把副總統詹森和中情局長麥孔，排除在這個小型的會議之外。這個執行委員會的核心小組同意羅伯應該提醒大使，時間所剩無幾，而且要是赫魯雪夫拒絕甘迺迪提綱挈領的幾個條件，「美國的進一步行動乃無可避免」[705]。赫魯雪夫要求土耳其與古巴的飛彈交換，美國該如何回應仍是問題；甘迺迪在信中提出的前景是討論「其他軍備」，也就是木星飛彈的外交代號。而羅伯的口信又使美國對此問題的回應，超出信中提出的前景。

憑藉美國駐土耳其大使發來的一份電報，魯斯克想出一個調和執行委員會內部歧見的方法[706]。他建議羅伯乾脆直接告知達勃雷寧，不管怎樣木星飛彈很快就會被撤離土耳其。這樣的話，那些過時的美國飛彈就不會成為美蘇雙方協議的絆腳石。不過也不能再拿來當作討價還價的擋箭牌就是了。非常重要的是，為了避免帶給人「美蘇雙方是以土耳其人的損失做為達成協議的籌碼」之印象，這個單方面撤離木星飛彈的保證必須保持機密。國務卿用這個妙法化圓為方，馬上就得到全體一致贊成。

每個人也都同意對於這個安排，大家所知的一切都必須守口如瓶才行。用邦迪的話說：「除了現在在辦公室的人之外，沒有人可以得知這則額外的信息。」[707]不僅如此，就連蘇聯人也得同樣三緘其口，否則這個承諾將會「毫無效力」(null and void)。

十月廿七日，星期六，晚間 8:05

想到羅伯，達勃雷寧心中五味雜陳。在這位和藹可親的蘇聯外交官心中，羅伯是一個「複雜又不好相處的人，常常愛發脾氣」[708]。他的「行為舉止粗魯無禮」，老愛拿一些蘇聯的不當行為出來小題大作，也不管這些不當行為是真有其事還是空穴來風。他們之間的對話往往是「長長短短斷斷續續」。羅伯似乎自詡為外交政策專家，但其實他對美國以外的世界幾乎一無所知。他在一九五五年造訪蘇聯的時候，甚至還刻意衝撞地主，刺探蘇聯的「竊聽電話」技術，還批評蘇聯不夠自由[709]。可是儘管如此，他畢竟是總統的胞弟，也是克里姆林宮和白宮之間直接溝通的最佳非官方管道。

自達勃雷寧派駐華盛頓以來，這七個月間他們兩人已經見過好幾次面。為了打破生疏彼此熱絡起來，羅伯還邀請這位新任大使到他位在麥雷恩（McLean, Va.）的家做客[96]，介紹他給「有點喧鬧的家人」認識。在古巴議題上，達勃雷寧認為羅伯「太過衝動，感情用事」。他眼中的羅伯就是執行委員會裡的鷹派之一，催逼兄長採取「強硬的態度」，其極致的可能甚至包含入侵那座島嶼。他們前一次會面的時候，羅伯怒不可遏譴責蘇聯的詭計與「騙局」。所以如今在星期六晚上又被召喚至司法部一晤，達勃雷寧已經有心理準備，恐怕又要面對羅伯的雷嗔電怒。

達勃雷寧來到司法部長寬敞的辦公室，擺滿了孩子們的畫作；昏暗的燈光下，他見到的卻是一個悶悶不樂，心煩意亂幾乎要發瘋的人。這次會面一結束，達勃雷寧馬上發了電報給蘇聯外交部，電報裡說這位司法部長「心情非常不好」，絲毫不見他平常爭強好鬥的氣焰[710]。達勃雷寧從沒見過這樣的羅伯。「在各種不同話題上他甚至不想多爭辯什麼，不像他一貫的作風。他持續趕回同一個主題：眼下時間才是關鍵所在，我們萬不可錯過這個機會。」

羅伯沒有用標準的外交照會手段（démarche），他只是用一種大家都是人類一分子的口吻跟達勃雷寧說話，試圖從核子戰爭的毀滅之中拯救全人類的世界。他的開場白就是U-2偵察機被飛彈擊落，還有低空的美國海軍飛機遭火砲攻擊這兩起事件，他形容「所有事情自此猛然轉往另一個極端發展」。他不是要跟達勃雷寧下最後通牒；他只不過是把事實擺在達勃雷寧眼前。

「在接下來十二小時，或許是廿四小時內也不一定，我們需要做出一些決定。但總之時間所剩無幾。要是古巴人再向我們的飛機開火，那我們也會反擊回去。」

這一點達勃雷寧反對，他認為美國飛機絲毫沒有權利飛越古巴上空。羅伯並未駁斥達勃雷寧的觀點，他只是想讓蘇聯大使瞭解美國的政治現實。軍方已要求總統要「用攻擊回應攻擊」。赫魯雪夫應該要知道，將軍裡頭多的是脾氣暴躁的人——「而且還不光是將軍裡有這種人」——他們「心癢難耐就想打一仗」。

「我們無法停止派機飛越古巴上空，」羅伯解釋，「你們在古巴興建飛彈基地給我們的國家安全帶來嚴重威脅，而派機飛越古巴上空是唯一可以迅速掌握建造進度的方法。但是如果我們開火還擊就會招致連鎖反應，一旦開了頭就很難停止下來。」

羅伯繼續說，同樣的邏輯也可以套用在蘇聯的飛彈基地上。美國下定決心要「處理掉」這些基地，有必要的話就用轟炸。但如果這真的發生，那麼幾乎勢必會有蘇聯公民喪生，進而導致莫斯科方面在歐洲某地採取行動對付美國。「如此一來就會引發真正的戰爭，數百萬美國人和俄國人將因此喪命。這就是我們盡己所能想要竭力避免的。」

羅伯把甘迺迪新寫給赫魯雪夫的信函內容，轉述給達勃雷寧：只要蘇聯政府拆除飛彈基地，總統已經做好準備停止海軍封鎖，並且發布不入侵古巴的保證。

「那土耳其怎麼辦？」大使想要知道。

這就是最棘手而且最敏感的問題了，總統和執行委員會有大半天都全神貫注在這上面。羅伯再一次把面前這位俄國人當成自己可以推心置腹的對象，開誠布公向他解釋自己兄長面臨的困境。總統願意在

---

96 譯註：麥雷恩（McLean, Va.）位於維吉尼亞州北部，近華盛頓特區，向來是政府高級官員及外交官雲集的豪華住宅區，甘迺迪家族的山胡桃莊園（Hickory Hill）豪宅即位於此地。相關內容參見本書 45 頁第一章註號 21 所在的正文段落。

「四到五個月內」撤除木星飛彈，但他不能以任何公開的形式承諾。木星飛彈的部署，過去是由北約國家全體共同決定，如果現在看起來像是美國在蘇聯的壓力下，單方面拆除飛彈基地，那麼北約的同盟很可能會分崩離析。

羅伯要求赫魯雪夫盡快答覆，如果可能的話最好就在星期天。「時間所剩無多，」他警告達勃雷寧，「事情進展得實在太快。」

十月廿七日，星期六，晚間 8:25

羅伯在晚間八點廿五分時於門哨登記回到白宮。他與達勃雷寧的會面只持續不到十五分鐘。他直接走上行政官邸（executive mansion），看到總統用電話跟四歲的女兒聊天。在過去幾天裡，甘迺迪對卡洛琳和小約翰（John Fitzgerald Kennedy, Jr., 1960–1999）關懷備至更勝以往，他會多花時間抱他們上床睡覺，還講晚安故事給他們聽。他告訴私人助理兼好友鮑爾斯，他擔心的不只是自己的孩子，而是「世界各個角落的孩子」，因為萬一發生核子戰爭，他們的「生命就會滅絕」[711]。

開不完的會壓得甘迺迪喘不過氣來，於是他暫停了一次每天固定的晚間游泳，改邀鮑爾斯到樓上的起居室隨便吃點東西解決晚餐。廚房員工在烤盤上留了些烤雞肉給他們，甘迺迪開了瓶白酒，餓扁的羅伯報告著他跟蘇聯大使會面的情況，還不忘問說能不能「多留一支雞腿」給他[712]。三個人忙著吃吃喝喝之際，甘迺迪用一種帶著嘲笑的不以為然看著鮑爾斯。

「天啊戴夫！就你那個把所有雞肉吃光把我所有酒喝光的德行，任誰都會以為這是你的最後一餐。」

「聽羅伯講了這些，我真覺得這就是我此生最後一餐了。」鮑爾斯回答。

這些輕鬆的玩笑掩飾著他們愈來愈深的憂慮。白宮就是蘇聯飛彈攻擊的首要目標。過去幾天裡，白宮的工作人員陸續收到好幾組守則，指示他們發生緊急情況的時候該怎麼做，又該往哪去。高級助理好比鮑爾斯、文膽索倫森及行程祕書歐唐諾這些人，則收到一張粉紅色的身分卡，意思是他們可以隨同總統一起去西維吉尼亞藍脊山脈（Blue Ridge Mountains）的地下碉堡避難。第二八五七測試中隊（2857th Test Squadron）是一支菁英直升機部隊，他們唯一的任務就是如果核子攻擊迫在眉睫，那就即刻降落在白宮草坪，盡速把總統和心腹助理護送到安全地點。直升機的機組人員甚至也準備好要在遭受核子攻擊之後展開救援。從頭到腳都穿上防護衣物的他們，屆時會用鐵撬和乙炔焊炬（acetylene torch）開出一條路，衝進白宮的防空洞，給總統套上輻射衣，從斷壁殘垣中救總統飛出生天。

這些疏散守則源於一項機密的末日計畫，用意是在核子戰爭的情況下仍能確保美國政府的存續[713]。總統將會被後送到距離華盛頓五十英里的韋瑟山（Mount Weather），隨同撤往的還有內閣各部會首長和最高法院法官，以及數千名聯邦高級官員。韋瑟山裡的設施包括一套緊急廣播系統、放射性汙染淨化室（decontamination chambers）、醫院、緊急發電廠、火葬場，還有總統套房，房內備有甘迺迪背部不適專用的特製醫療床墊。國會方面也剛剛建構完成屬於自己「安全隱密的地點」，位在阿勒格尼山脈（Allegheny Mountains）豪華的綠薔薇酒店（Greenbrier Hotel）下方。應變計畫還需要拯救聯邦儲備（Federal Reserve）資產以及珍貴文物，好比〈獨立宣言〉和國家美術館（National Gallery of Art）珍藏的大師名作。

「那我們的老婆孩子怎麼辦？」收到粉紅色卡片後鮑爾斯不禁問[714]。

末日計畫的安排裡，不知怎麼竟疏忽了家眷何去何從。於是總統的海軍助理薛帕德（Tazewell Shepard, 1921–2013）上校收到命令，就此做一些必要的安排。他告訴這些身為被扶養人的家屬，到華盛頓西北部一處有圍籬隔絕起來的水庫集合，不能攜帶任何私人物品。車隊會再把他們載到「華盛頓區範圍外的強制疏散地點」，途中會提供「最少量的食物和飲水補給」。歐唐諾覺得他太太和五個孩子存活的機會，充其量也只能說「微乎其微」而已。由於對政府的計畫缺乏信心，因此高級官員的家眷分別策畫了自己的疏散計畫。

身為中情局監控蘇聯飛彈部隊集結小組的核心成員[97]，布魯吉歐尼在星期六晚上「深陷於一種普遍的末日情緒當中」[715]。「除了兵戎相見或徹底毀滅」，這場危機在他眼中無路可出，所以他告訴太太準備一下，開車帶兩個孩子到美國中部密蘇里州的爺爺奶奶家。雷曼（Richard "Dick" Lehman, 1923–2007）是負責總統每日情報簡報的官員，他和太太的看法一致，也是像布魯吉歐尼那樣安排。

通常官員的職級愈高，對於這場危機和平收場的機會就愈感悲觀。當晚稍早，在執行委員會商討國是的休息時間，麥納瑪拉漫步到橢圓形辦公室外面的遊廊，望見夕陽逐漸西下。那是一個景致秀麗的秋日傍晚，然而國防部長心事重重，無心欣賞落日餘暉。他暗忖也許自己「不會活著看到下一個星期六夜晚了」[716]。

十月廿七日，星期六，晚間 9:00（哈瓦那，晚間 8:00）

執行委員會成員又陸續回到內閣會議室集合，開始晚上最後的討論。國防部長要求海軍低空偵察機執行飛越古巴的行動時，必須有戰鬥機護航。麥納瑪拉堅持：「如果明天我們的飛機遭到火砲攻擊，我們應該馬上還以顏色。」

甘迺迪不明白剷除單獨一座座防空火砲的意義何在。「我們只是害我們的飛機涉險而已，優勢還是在地面的人手上。」他同意幾位軍事將領的看法，如果再有對美國軍機開火的情事，他就會宣布美國將古巴島視為「開放領土」（open territory），並且剷除所有地對空飛彈發射場。他同時也會啟動廿四個空軍後備中隊，大約三百架運兵機投入運輸。C-119 運輸機更為人熟知的暱稱是「飛行貨車廂」（flying boxcar），將會在入侵行動中載運空降部隊和補給物資。徵召後備軍人是展現美國人決心的一種方法。

甚至在積極備戰的狀態下，甘迺迪還是設想了一連串退路，試圖挽回和平的可能。除了以非正式方式承諾赫魯雪夫從土耳其撤離美國飛彈外，私底下他也接受國務卿魯斯克的提議，低調敦請聯合國祕書長吳丹出手。相較於由赫魯雪夫提出古巴與土耳其的飛彈交換，若是在最後一刻由吳丹驟然籲請交換，對美國與諸盟國來說應該比較容易接受。魯斯克得到甘迺迪首肯後，電聯一位前任聯合國官員柯迪爾

---

[97] 譯按：相關內容見本書 281 頁，第七章註號 428 至 430 所在的正文段落。

（Andrew W[ellington] Cordier, 1901–1975），據悉他與吳丹交情匪淺[717]。當晚稍早由羅伯概述並委請達博雷寧轉達的祕密交易，要是赫魯雪夫一口回絕了，那麼柯迪爾就會說服祕書長吳丹公開呼籲雙方，撤離古巴與土耳其的飛彈。

不過首先得讓北約盟國有心理準備接受此種飛彈交換。土耳其政府尤其把木星飛彈視為他們國際雄風的象徵，所以對撤除飛彈一事必然會心有不甘。比起單方面撤離飛彈，甘迺迪希望美國的北約盟友能夠充分瞭解，拒絕「古巴與土耳其共同撤除飛彈的連線」可能帶來怎樣的軍事後果。這個交易之外的另一個選擇，就是美國入侵古巴，接著蘇聯就會對土耳其或柏林發動某種程度的攻擊。要是真走到這一步，甘迺迪可不希望盟友們對他說：「我們一直遵循你的做法，可現在你卻把事情搞得一團糟。」

用外交手段解決危機的時間所剩無多了。五角大廈呼籲如果到了十月廿九日星期一，還沒有看到明確證據顯示蘇聯正在拆除他們的飛彈發射場，就要對古巴發動空襲。北約理事會（NATO Council）將在星期天早上於巴黎召開會議，因此北約的各國大使，事實上已經沒有時間從母國政府那裡獲取什麼指示了。甘迺迪提議把軍事行動的時程往後推延幾個小時，給大家「最後機會」看看能不能想出什麼新的主意。按照甘迺迪修正過的時間表，將從十月三十日星期二開始轟炸古巴，接著在七天之後發動入侵。

甘迺迪離開內閣會議室後，幾位執行委員會的成員還留在原地，有一句沒一句地閒聊幾句。

「你還好嗎鮑伯？」羅伯強顏歡笑問麥納瑪拉。

國防部長不願承認自己筋疲力盡：「還好，」他回答，「你自己怎樣？」

「都還行。」

「你有什麼疑慮嗎？」

「沒有，我想我們能做的也只有這些了。」

麥納瑪拉的腦袋還在滴滴答答運轉，盤算著如何超前部署。

「我們得先準備好兩件事，」他告訴其他人，「首先是給古巴準備好一個政府，因為在我們帶著五百架飛機進入古巴之後，這是我們一定會需要的。再來是我們得擬定一些如何在歐洲反制蘇聯的計畫，因為他們絕對會在那裡搞些花樣。」

羅伯腦子裡幻想的則是復仇：「我想把古巴拿回來。那會很過癮。」

「沒錯，」麥孔同意，「我想從卡斯楚手裡拿回古巴。」

有人開玩笑說那就派貓鼬計畫那批人全權負責。

「那我們就讓羅伯當哈瓦那市長。」其中一位波士頓愛爾蘭人起了鬨。

於是緊張就這樣融化在笑聲之中。

古巴的下一任政府究竟該由誰來組建，同樣也是國務院古巴專家們牽掛的問題。當天稍早古巴事務專員簽署了一份三頁的備忘錄，其中就建議要為「獨立民主的古巴創建一個執政團（Junta for an Independent and Democratic Cuba）」[718]。這個執政團會在「行動的戰鬥階段」擔任軍政府的諮詢委員會，成為所有反卡斯楚的古巴人「凝聚力量之處」。

專家也警告千萬不要懷抱任何企圖，讓古巴回到信用破產的巴蒂斯塔時代。執政團應該強調的思維是卡斯楚背叛了革命，而現在古巴人民擁有「一次真正的機會，可以實踐原來的革命方案」。國務院有一份「卓越古巴人士」名單，這些人不站在巴蒂斯塔或卡斯楚任何一邊，其中領銜的便是米羅．卡多納（Jose Miró Cardona, 1902–1974）。

在成為政治人物之前，米羅是律師也是大學教授；他臉上那副大眼鏡，再配上稀疏的頭髮和修剪整齊的鬍子，看上去其實更符合原先的身分。米羅過去曾任古巴律師公會（Cuban Bar Association）理事長，一九五九年初革命獲得勝利之後，他還當過有名無實的古巴魁儡總理，才任職五十九天就被卡斯楚替換。他向一位朋友解釋：「我背後有個人像在垂簾聽政一樣用麥克風控制大局，這樣我沒辦法按自己的意思施政。」[719] 米羅的觀點比較溫和保守，又有反巴蒂斯塔和反卡斯楚的資歷，華盛頓長年以來都視他為古巴新政府領袖的最佳選擇。

然而這個候任領袖（leader-in-waiting）的角色，卻是教人心灰意冷且吃力不討好的。對於如何剷除卡斯楚，在背後支持米羅的美國人之間勃谿相向，實際上各懷鬼胎，相互敷衍搪塞，所以米羅已經好幾次眼見希望燃起卻又落空。最教人難堪的一次失望是一九六一年四月，中情局說服米羅和他的友人支持豬玀灣的入侵行動。游擊隊艱難跋涉，好不容易蹚水登岸之際，中情局的暗樁已經神不知鬼不覺，把米羅和其他革命委員會（Revolution Council）成員迅速帶到邁阿密一處安全屋，準備好隨時就要踏上第一塊「自由古巴」的土地。詎料後來卻音訊杳然，就如石沉大海。這些流亡領導人非但沒能以英雄之身還鄉，還被鎖在安全屋裡整整三天，絲毫不知道豬玀灣沙灘上發生的大失敗。當事件終於落幕，他們中許多人情緒崩潰痛哭流涕。卡斯楚的軍隊在豬玀灣俘虜了一千一百八十人，米羅自己的兒子就赫然在列。

這些流亡領導人搭機被送往華盛頓與總統會面。「我明白你們的感受，」甘迺迪對他們說，「我的哥哥和妹夫都是在戰爭中喪生。」[720]甘迺迪跟他們保證自己對自由古巴的承諾是「全心全意的」，而以後還會有其他機會。接下來一年半裡米羅又跟甘迺迪見了好幾次面，每次離開橢圓形辦公室，他都懷抱著不同的感想。這次在古巴發現蘇聯飛彈，他就相信解放的那一天終於要來了。

星期六大部分時間，米羅都在邁阿密與美國政府官員會面。他們告訴他在武裝部隊服役的古巴難民目前正維持「最高戰備狀態」，直到登陸古巴的軍令下達為止[721]。入侵行動迫在眉睫，顯然距離不到幾個小時了，所以他們討論著「關於在解放後的領土上建立古巴交戰國政府（Cuban belligerent government）的最後細節」。回家之後，這位流亡的領導人要他的助理草擬一份宣言，頌揚這座島嶼「自由的新曙光」：

> 我們絕非懷抱著復仇的衝動而來，而是懷抱著正義的精神而來。我們不是要守護任何一種產業的利益，我們也不是打算要強制遂行任何一位統治者的意願。我們的到來是為了要恢復古巴人民的權利，可以制訂出自己的法律，可以推選出自己的政府。我們不是入侵者。古巴人不可能入侵他們自己的國土……
>
> 古巴同胞們！拋開共產主義鍾頭與鐮刀的壓迫，加入爭取獨立的新戰鬥。拿起武器解救我們的國家，毅然決然朝向勝利邁進。我們主權國家的燦爛旗幟昂然飄舞，這座島嶼將在高喊自由的呼聲中崛起！

邁阿密周遭的幾處中情局安全屋裡，正有七十五名游擊隊戰士，焦急企盼著他們何時可以重返古巴的指令。他們被組織為廿支不同的小隊，多數成員都在二到五名不等，只有一支小隊有廿名成員。在五角大廈的貓鼬行動會議上，羅伯與中情局反卡斯楚計畫專案小組負責人哈維之間有點衝突[98]，於是星期五下午，祕密潛入的滲透計畫竟不知為何被「暫停」了。沒有人清楚究竟發生了什麼事，但是有些游擊隊戰士開始懷疑，甘迺迪兄弟又再一次因為膽怯而驚慌失措。

中情局邁阿密情報站的首腦薛克勵[99]，向華盛頓回報了游擊小隊的不以為然。在佛羅里達待了八個月，現在薛克勵眼裡的古巴人就是「喜怒無常、感情用事、口無遮攔的一群人」[722]。要是行動計畫完全取消，所有小隊因此解散，他很擔心接下來會發生什麼事。古巴人畢竟是古巴人，因此有極大的風險這些理想幻滅的游擊隊戰士「會大肆張揚，而他們的遭遇就會像野火燎原般在流亡人士的社群中傳開」。果然如此的話，那這則報導想必會「立刻被媒體大幅報導」。薛克勵用漂亮的官僚語言勾勒心中的憂慮，「根據對當前情況的客觀評估，敘述情報現實的具體細節」。他開宗明義強調他的這批人，在「充分檢查裝備、聽取通信簡報、討論潛入路線」之後，現在「充滿最高昂的幹勁，做好最充分的準備」。不過接下來的語調卻一轉為黯淡悲觀：

儘管他們處於現在這樣的心情與勁頭，但是這樣萬事俱備的高峰狀態不可能毫無定限維持下去。拳擊的歷史賽事上以及其他所有需要做好戰鬥準備的競技領域裡，都清清楚楚記錄著：無論哪一種戰士都是一鼓作氣，再而衰，三而竭……

上面說的大家都很清楚，因此總部方面相信，過去七天行動與否的指令之所以反反覆覆，必然是深思熟慮判斷之後的命令，也相信您個人也必然揣度過，我的人馬現在的處境就像坐在一枚炸彈上，接下來四十八小時內隨時都有可能爆發。請您放心，領導統御方面，我會施展在心理和紀律上的所有諜報技術能力，以預防任何人爆發，但我仍無法保證這不會發生。

• • •

在佛羅里達海峽另一端的哈瓦那，此刻蘇聯大使正竭盡全力安撫憤憤不平的古巴領導人。當天早上，從收音機中獲悉赫魯雪夫提議古巴與土耳其之間的飛彈交換，卡斯楚就怒不可遏。生性多疑的卡斯楚把赫魯雪夫的提議理解為一種信號：兩大超級強國之間一定有某種重大的協議，而他的國家很可能成了他們的棋子。

星期六晚上大使阿列克謝夫登門拜訪，帶來蘇聯最新立場的官方說法。「朋友絕對不會這樣對待彼此，」卡斯楚怒斥阿列克謝夫，「這是不道德的。」[723]

與卡斯楚周旋過三年之後，對阿列克謝夫來說，設法平息卡斯楚的怒火已經是家常便飯。他必須

---

98 譯按：相關內容見本書 247 頁起，第六章註號 357–364 所在的正文段落。

99 譯按：相關內容見本書 253 頁起，第六章註號 376-379 所在的正文段落。

執行自己政府的指示，又必須不斷找路子避免觸怒他的東道主。在平衡木上要兼顧左右確實棘手。有時候莫斯科方面的信息，他必須稍微修改措辭，好讓這位性子激烈的古巴人聽起來順耳一些。這一次阿列克謝夫的手法是多加上他自己的導向陳述，使信息聽來讓人寬慰一些，而這種說法也引起華盛頓、哈瓦那、以及安卡拉（Ankara）三方面的警覺。

「在我看來，赫魯雪夫提出的並非一個交易問題。」大使語帶安撫。

阿列克謝夫把赫魯雪夫的信函描繪為一種協商的策略，打算以此揭露美國立場的表裡不一。美國聲稱自己有權利在蘇聯邊境附近部署飛彈，卻否認莫斯科擁有類似的權利。甘迺迪不太可能接受赫魯雪夫的提議。而赫魯雪夫的這個妙計，卻使得古巴的蘇聯飛彈，更容易在國際輿論中取得正當的地位。

儘管對這個說詞並不全然滿意，但卡斯楚開始軟化了。他告訴阿列克謝夫，關於這封信函的新聞報導一出，某部分古巴輿論對此「大感困惑」，軍方就是其中之一。有些軍官詢問他，莫斯科是不是背棄了曾經答應古巴的諾言。所以他會盡全力向古巴人民解釋，赫魯雪夫的提議背後有什麼道理。

前一天晚上卡斯楚現身維達多區的蘇聯大使館，宣布美國的入侵已迫在眉睫，而現在的他已經沒有那麼緊張不安了。一如阿列克謝夫在後來呈交莫斯科的報告中所言，「卡斯楚開始更沉著冷靜也更實事求是地評估局勢。……不過他還是相信，美國發動突襲的危險性一如過往存在著」。[724]

儘管赫魯雪夫讓卡斯楚感到失望，但他的蘇聯同志擊落美國偵察機一事仍讓他欣喜。他告訴大使阿列克謝夫，古巴當局已經採集到飛機殘骸，連同「飛行員的屍體」。阿列克謝夫並不清楚軍事上的細節，他以為U-2是古巴人擊落的而非蘇聯人。他隨後呈交給莫斯科的報告迴避了責任問題，但是強調卡斯楚認為自己完全有正當理由，下令他的軍隊回擊任何飛越古巴領空的美國飛機[725]。「卡斯楚說要是遭到（美國）攻擊，所有火力將會群起對抗入侵者，而他也相信勢必會成功。」阿列克謝夫在電報中回報。

十月廿七日，星期六，晚間 9:52

薩維茨基最後推斷他只剩下唯一一個合情合理的選擇，就是浮出海面。身為潛艦B-59的指揮官，薩維茨基一度很想用核子魚雷把那些折磨他們的美國船艦炸得半天高，不過艇上的同袍軍官都勸他冷靜下來。他和潛艦區艦隊參謀長阿基波夫共同決定浮出海面。只要他們一可以升起無線電天線，就馬上可以傳送信息給海軍總部，回報他們的位置所在並且詳述所發生的情況。

伴隨著空氣穿過海水的巨大咕嚕聲響，潛艦B-59上升浮出海面，那一刻蘇聯水手們目瞪口呆，因為他們發現這整個區域都被泛光燈照得燈火通明。他們浮出海面的位置就在四艘美國驅逐艦中間。直升機在他們頭頂上空盤旋，用強大的探照燈照亮海面。隨著海浪上上下下浮動的，是美國人用來標記潛艦精確位置的數十個聲納浮標，浮標上的航行燈一閃一閃，很容易就可以辨識出來。眼前景象看起來就像漆黑大海上閃爍著熊熊火光。美國海軍日誌記錄的時間是晚間九點五十二分。

薩維茨基走上艦橋，陪伴他的還有阿基波夫和其他幾位軍官。海面上的溫度足足比潛艦裡低了三十度。他們大口大口吸著夜晚的空氣，就像快要淹溺的人渴望吸上一口氣。「居然可以這麼放肆大口呼吸著海面上的新鮮空氣，有一位軍官甚至難以承受這樣的激動之情，而差一點跌進海裡。」[726]當他們第一眼瞅見美國戰艦甲板上的海軍水手，注意到他們穿著熨燙得平平整整的制服，這些蘇聯軍官心裡感到更加難受甚至難堪。他們灰頭土臉，垂頭喪氣，精疲力竭。潛艦的狀況也糟到不能再糟。但他們也同時感受到一種目空一切的驕傲。他們成就的是一場五千英里的漫長海底壯遊，他們來到的是從來沒有蘇聯潛艦人員曾經航行過的海域。他們身體所忍受的艱苦困厄，是那些衣著整齊瀟灑的敵人根本無法想像的。失敗的是B-59上的機器，而不是B-59上的人員。

薩維茨基命令手下升起蘇聯的旗幟。不是以藍白為基底的蘇聯海軍軍旗，而是在角落紋飾了鍾頭和鐮刀的緋紅色蘇聯國旗。他想用這種方式告訴美國，即便他的潛艦飽經風霜早已殘破不堪，這還是一艘在另一個超級強國保護之下的潛艦。其中一艘美國驅逐艦用閃光燈打信號，詢問薩維茨基需不需要什麼協助。「這艘潛艦屬於蘇維埃社會主義共和國聯盟，」薩維茨基回答，「停止你們的挑釁行為。」[727]

幾架美軍的S2F反潛巡邏機在低空反覆繞著潛艦B-59飛行，除了拍攝照片之外，還投放下更多的聲納浮標、紀錄儀器以及照明彈。照明彈下墜數百英尺之後才會引燃，迸發煥燦如燃燒的光亮。每一枚照明彈都有五千萬燭光的強度。從B-59的艦橋看起來，這些飛機就像是在演練投彈轟炸的繞行。負責瞭望的水手回報，美國人的機槍曳光彈砲火，就像噴霧一樣灑滿整個海面[728]。

過了約莫一個小時，B-59接收到來自莫斯科的無線電信息，號令B-59「速速擺脫追捕者」，移往靠近百慕達群島的一處預備陣地[729]。但是說比做容易。薩維茨基放眼望去，目光所及無處不是美國的戰艦和飛機。熾烈的光芒使得整片海洋猶如湯鑊，而B-59就是釜中游魚。

十月廿七日，星期六，晚間 11:00（哈瓦那，晚間 10:00）

星期六夜晚美國民眾入睡的時候，心裡多半都懷著忐忑，因為沒有人知道第二天會發生什麼事。現在的白宮空空盪盪。甘迺迪把大部分助理都打發回家，要他們回到自己的妻子和家人身邊好好休息休息[730]。他唯獨留下鮑爾斯陪在身邊，因為他是甘迺迪王朝（Camelot）的金殿福星。這個尖嘴薄舌的小愛爾蘭佬的職責，就是要在甘迺迪情緒低落的時候想辦法提振他的精神。不管是哪一個日子，通常鮑爾斯都是參謀中第一個跟總統說早安的人，也是最後一個跟總統說晚安的人。他的職責包括確保總統有足量的乾淨襯衫可以穿，冰涼飲料可以喝。而且當總統出訪或賈姬不在的時候，他往往也會安排女人來陪老闆共度春宵。

甘迺迪是個積習已深難以自拔的好色之徒，他告訴親信要是不能「每天爽一下」[731]，他就很容易偏頭痛。他高漲的性慾絲毫沒有因為核戰風險節節升高而有所衰減。他依然和老相好品秀（Mary Pinchot Meyer, 1920–1964）暗通款曲，她是中情局高級官員邁爾（Cord Meyer, 1920–2001）的妻子[100]。品秀是個有藝術氣質的女子，品味高雅而且天資聰穎，和總統的女朋友中那些個外號「嘰嘰」（Fiddle）或「呱呱」（Faddle）的庸脂俗粉全然不同。甘迺迪在少年時期就認識品秀[101]，每當心理壓力大或情緒感到焦慮的時候，甘迺迪常常會去找她。十月廿二日，甘迺迪在開席前最後一刻邀請品秀來白宮參加他們的家庭

[100] 譯註：品秀在一九四五年與邁爾結婚，一九五八年離婚。
[101] 譯註：兩人初識在一九三五年。

晚餐，當晚賈姬的妹妹李・菈齊薇兒（Caroline Lee Radziwill, 1933–2019），還有她的服裝設計師卡西尼（Oleg Cassini, 1913–2006）也都在席。黑色星期六下午，品秀打電話到橢圓形辦公室給甘迺迪[732]。當時甘迺迪忙著商議國務抽不開身，沒辦法即刻接聽，所以她留了自己在喬治城住所的聯絡電話。

鮑爾斯寫的甘迺迪回憶錄就像本聖徒傳記，其中完全沒有提到品秀或總統的其他女朋友。根據鮑爾斯的記述，星期六晚上總統花了點時間，寫了封弔唁函給安德森少校的遺孀。後來他去白宮電影室看了《羅馬假期》（*Roman Holiday*, 1953），女主角奧黛麗・赫本（Audrey Hepburn, 1929–1993）是他最喜愛的女演員之一。熄燈就寢之前，他還不忘提醒助理隔天早上的行程。

「戴夫，明天早上十點我們要去聖斯德望大教堂（St. Stephen's）參加彌撒。看來明天會有不少辛苦的禱告，所以可別遲到。」[733]

其他官員則是找到機會就盡可能休息一下。那艘正全速航向古巴的蘇聯油輪格羅茲尼號緊扣眾人心弦，給深夜的五角大廈帶來一陣騷動。這艘油輪背後有兩艘美國戰艦尾隨盯梢，看起來會在破曉之際抵達封鎖線。屆時總統就必須決定究竟是攔停還是放行。而他的選擇歸根結底有兩種可能的結果，一是在他自己還沒真正準備好之前，就冒上與赫魯雪夫硬碰硬的風險，二是被全世界視為庸懦無能而且優柔寡斷的人。

在參加海軍學院和匹茲堡大學的美式足球友誼賽時[102]，海軍作戰部長安德森收到空軍參謀長李梅的簡報，因此華盛頓那邊發生了什麼事他都一清二楚；後來他因為感冒不太舒服，所以晚上快十一點的時候就上床睡覺了[734]。超過一萬四千名空軍後備軍人，因為美國有可能入侵古巴而受到徵召。關於攻擊古巴的反應時間，參謀長聯席會議也公布了修訂版的時程表：

空襲地對空飛彈發射場：兩小時。

全面空襲：十二小時。

入侵：決策日之後七天。

全軍登陸：決策日之後十八天。

讓人感到更不祥的是執行委員會正計畫要宣布的內容：位於五百英里攔截區（intercept zone）以內的所有蘇聯潛艦，都會被假定為「懷有敵意」[735]。美國反潛部隊已經探測出有兩艘蘇聯潛艦位在這個區域，還有另外兩艘則位在攔截區外圍不遠的地方。執行委員會提出的這項聲明，措辭顯有模糊之處。因為在某些狀況下，其措辭也可以解釋成若攔截區內的潛艦可能「帶來威脅」，那麼美國戰艦就有權力向這些潛艦開火。

此刻的哈瓦那，拉丁美洲新聞通訊社記者皮內達（Sergio Pineda）已經做好今晚要挑燈夜戰的打算[103]。

[102] 譯按：相關內容參見本書 408 頁，第十一章譯按 68 所在的正文段落。

[103] 譯按：相關內容參見本書 669 頁註腳 190 所述。

他不斷用電報把最新消息的新聞稿，從古巴首都拍送給拉丁美洲的各大報紙。他在快電中記述了星期六傍晚有數百位女性受徵召到衛生營（health battalion）報到，還有幾棟大型辦公大樓外面，可以看到頭戴鋼盔的士兵，「卸下裝載藥品及手術用具的板條箱」。

「眼下任何情況都可能發生，」皮內達在報導中說，「然而此刻這座城市卻有種恬靜。彷彿萬物都陷入止息，幽寂安詳。」[736] 他在打字機上敲下一段一段報導的時候，聽到唯一的聲音是附近一座警衛亭的收音機，盪漾著悠揚的長笛聲。樂聲偶爾會被廣播節目主持人打斷，他誦念著古巴獨立戰爭中，對抗西班牙的英雄馬塞奧·葛拉哈雷斯（Antonio Maceo Grajales, 1845–1896）的話：

「任何企圖入侵古巴的人，就算僥倖沒有死於戰鬥，但在血染的古巴大地上，最後他得到手的也只有塵埃而已。」

第十四章 打包回家

十月廿八日，星期天，深夜 2:00（莫斯科上午 10:00）

赫魯雪夫派遣他的軍隊飄洋過海，冒險颺航到遙遠的國度，從來沒有任何蘇聯士兵像他們一樣去到那麼遠的地方，確切說來俄國史上也沒有任何士兵曾經如此；不過事情發展卻與赫魯雪夫原先的設想背道而馳。回首五月間他做出這個決定，當時還看似是卓越的創見：在全面強化蘇聯的軍事地位之際，他還可以為社會主義陣營的最新成員抵禦美國的侵略。他還天真地以為有可能不動聲色暗中把核子武器藏在古巴，直到木已成舟他可以把這個既成事實公諸於世的那一刻。他從來就沒有預料到自己現在會面臨這樣的抉擇：一邊是美國入侵古巴以及可能因而引爆的核子戰爭，另一邊則是他個人忍受屈辱。

局勢猶如虎尾春冰般險惡又變化莫測，每個小時都在改變，有時候甚至每一分鐘都在改變。星期六早上與主席團同僚會晤，他還聲稱美國近期「不太可能」入侵古巴。儘管赫魯雪夫心裡早就斷定飛彈是勢必非撤除不可了，然而還是存在協商的可能，因為甘迺迪既然對戰爭心不甘情不願，那麼蘇聯就可以利用這一點設法獲取最大的利益。但是意料之外的事件卻接二連三發生——包括一架U-2偵察機被擊落、另一架U-2穿越蘇聯領空，還有來自卡斯楚憂心忡忡的訊息，預測美國佬來襲已迫在眉睫——這些都讓赫魯雪夫相信已經快沒有時間了。

他邀請蘇聯的諸位領導高層來與他一晤，地點是一座政府所有的別墅，位在田園風光的莫斯科鄉間地帶。猶如波濤起伏翻騰的滾滾樺樹林、像是圖畫書上描繪的村莊、蜿蜒逶迤的莫斯科河，新阿加列沃（Novo-Ogaryevo）周遭的風光宛如童話故事裡的景緻，幾個世紀以來，這裡一直是俄羅斯統治階級的度假勝地。俄國帝制時期莫斯科的歷任行政長官，在濃密的森林中開拓一座座供人玩賞的花園；史達林來這裡躲避克里姆林宮裡的惡人；赫魯雪夫在附近有自己週末休憩的宅邸，他喜歡跟家人來這裡放鬆心情。

新阿加列沃別墅是一座兩層樓的宅邸，仿新古典主義的外觀，乍看之下有那麼點像華盛頓的白宮。這座別墅本來是為馬林科夫（Georgy Maximilianovich Malenkov, 1902–1988）所建，當時普遍認定他是史達林之後繼任蘇聯總理的人選，但沒多久就遭到更加強勢的赫魯雪夫傾軋而失勢。馬林科夫失勢下臺之後，這座房產也被徵收轉而成為政府賓館。數十年後新阿加列沃別墅的名聲更為響亮，一來這裡是戈巴契夫（Mikhail Sergeyevich Gorbachyov, 1931–2022）總統避靜休養之所；二來則因為一九九一年蘇聯解體前的一系列協商，就是在這裡舉行。

主席團的成員沿著拋光的橡木長桌列席，坐在第一書記赫魯雪夫面前。出席的十八人中，包含外交部長葛羅米柯和國防部長馬林諾夫斯基。助理們則在背後守候，以備長官需要時可以呼來喚去。一如往昔，全部就看赫魯雪夫一個人表演，其他人也樂得讓赫魯雪夫一說再說大發議論。會議室裡大夥都有種心照不宣的情緒：「可是你把我們拖下水的，現在你該決定用什麼方法從這種混亂局面脫身。」[737] 除了赫魯雪夫，只有葛羅米柯和部長會議第一副主席米高陽熱烈投入討論。

每一位主席團成員面前都有一封資料夾放在桌上，裡面裝的是來自甘迺迪和卡斯楚的最新信函。為了避免莫斯科和華盛頓之間的訊息傳遞曠日廢時，白宮直接透過媒體發布了甘迺迪的信函。而主席團的會議開始之際，達勃雷寧在他和羅伯會面之後所寫的報告尚未送抵莫斯科。儘管如此，甘迺迪信裡的一段話已然鼓舞了赫魯雪夫：一旦古巴的危機解除，美方願意好好討論「其他軍備」的處置。赫魯雪夫心裡明白，這就是「暗示」從土耳其撤除木星飛彈。

對於無法避免在戰術上做出撤退的決定，赫魯雪夫準備給主席團的說詞，是把美國承諾不入侵古巴描繪成蘇聯在外交上的一次勝利。過去列寧為了「保全蘇聯的國力」，在一九一七年依照懲罰賠償性質的《布列斯特－立陶夫斯克條約》（Treaty of Brest-Litovsk），將廣大的帶狀國土割讓給德國，如今赫魯雪夫便據此為自己辯護，宣稱自己的作為是效法偉大的列寧留下的傳統。而眼下他的籌碼甚至押得更高：赫魯雪夫告訴主席團同僚，他們必須設法平息「戰爭與核子浩劫的危險，人類可能因此毀滅。為了拯救世界，我們非得撤退」[738]。

一位助理匆匆記下第一書記方才話中的兩項重點：

第一、如果發動（對古巴的）攻擊，我方已經下令可以報復性回擊；

第二、我方同意拆除古巴的飛彈基地。

赫魯雪夫面對的真正問題並非撤退與否，而是一旦執行撤軍的決定後該如何安排後勤，以及他能從華盛頓方面獲取怎樣的讓步做為回報。不過在會議進行過程中，一連有幾則令人震驚的報告傳來，問題反倒因此解決了一大半。

一份來自蘇聯國安會哈瓦那駐地的電報，報告「我們的古巴盟友認為入侵以及轟炸軍事目標已是無可避免」。這份電報又額外強調了卡斯楚早先的警告。莫斯科時間上午十點四十五分，接著這份電報之後送到主席團的，是蘇聯方面對於前一天擊落美國U-2偵察機的正式報告。這份報告由馬林諾夫斯基簽署，清楚表明擊落飛機的是蘇聯防空部隊，而不是古巴防空部隊。不過報告中並未說明究竟是誰下令擊落。由此看來在如此敏感的事情上，身在古巴的蘇聯指揮官竟可能遵循卡斯楚的命令，這倒讓赫魯雪夫感到驚慌[739]。

主席團成員還在消化這封訊息之際，赫魯雪夫的外交政策助理卓揚諾夫斯基（Oleg Alexandrovich Troyanovsky, 1919–2003）被喚去接一通電話。外交部剛剛收到達勃雷寧傳來的加密電報，內容有關他與羅伯會面所談。卓揚諾夫斯基潦草筆記了要點，就趕緊回到主席團的會議。

主席團成員聽著達勃雷寧的報告，會議上的情緒原本就已「口沸目赤」，這下更無異是火上加油。羅伯向達勃雷寧提及魯莽性急的美國將軍們，赫魯雪夫和其他蘇聯領導高層心中頗感戚戚，因為他們長久以來都懷疑五角大廈才是華盛頓真正的權力中心。大使的報告說得明明白白，「做決定的那一刻」終於到來[740]。

主席團成員要求卓揚諾夫斯基再念一次電報的要點，好讓他們可以透徹瞭解其中含意。有關土耳其的提議無疑使美方提出的整筆交易更具吸引力，即使如達勃雷寧的報告，羅伯再三堅持這筆交易必須在

「極度機密」下進行。其餘一些對於交易條款討價還價的念頭都慢慢煙消雲散。圍繞會議桌而坐的主席團成員在聽完來自華盛頓的最新訊息之後，「沒三兩下就同意他們必須接受甘迺迪總統的條件，」卓揚諾夫斯基後來回憶當時，「會議上最後分析的結果，是我們和古巴都已經得到想要的了——這座島嶼不會被攻擊的保證。」

就在這個時候，來了一通要找國防委員會主委的電話。幾分鐘後伊萬諾夫（Semyon Pavlovich Ivanov, 1907–1993）大將接完電話回到會議室，並報告美國總統將在華盛頓時間上午九點發表電視演說。看起來似乎是甘迺迪將有什麼重大的事情要宣布，說不定是美國入侵古巴或者是轟炸飛彈基地。

好消息是赫魯雪夫還有額外的一小時可以用來回覆甘迺迪的信。隨著美國夏令時間的結束，莫斯科和華盛頓之間的時差從七小時延伸為八小時，所以蘇聯方面回覆的截止期限是莫斯科時間下午五點整。為了節省時間，蘇聯的回覆將藉由廣播電臺公開傳送，而不是以加密外交電報的形式。

眼下一時半刻都不可以浪費。赫魯雪夫找來速記員，開始口述他要寫給甘迺迪的私人信函。

儘管在個人層面以及意識形態層面，赫魯雪夫和甘迺迪多有不同，但是對於核子戰爭的本質，他們兩人得出的結論卻十分相似。他們都明白這樣的一場戰爭，其可怕之程度將遠遠超過人類過去所知的任何事物。他們兩人都親眼見識過戰爭，故而也都明白軍隊並非永遠都在總司令掌握之中。他們手上握有炸毀世界的力量，這種力量讓他們感到敬畏、感到惶恐、也感到清醒。他們相信戰爭的風險已經高到令人難以承受，因此有必要毅然決然付諸行動，一舉斬斷赫魯雪夫所謂「戰爭的結」。簡而言之，他們兩人都不過是血肉之軀——有缺點、好談理想、毛躁莽撞、有時候聰明過人、也常常犯錯，但終究都還是非常清楚意識到自己骨子裡的人性。

即使與多位心腹助理的建議相左，甘迺迪已經下定決心，不會為了土耳其那幾枚瀕臨淘汰的老舊飛彈，冒上核子戰爭的風險。他釐出的結論是除非對於戰爭的「原因和理由」，我們可以提出讓美國老百姓信服的解釋，否則「我們不可能打好這場仗」。

至於克里姆林宮的主人就不需要像橢圓形辦公室的佔據者一樣，花費那麼多心思關注輿論所向，至少短期來說是如此。不過他心裡也很清楚，如果他沒有採取「所有必要手段」加以預防，就把老百姓帶入「徹底滅絕的戰爭」，那他的人民永遠不可能原諒他[741]。卡斯楚示意他考慮對美國發動先發制人的核武攻擊，這讓赫魯雪夫滿心都是不祥的預感。儘管赫魯雪夫天生就有賭徒的性格——主席團成員後來就以「謀劃輕率」譴責他——他也不會這麼玩命。他有種老狐狸似的農民本能，知道什麼時候可以推進，什麼時候又該退出。就像他把將領送上古巴的冒險之旅前，告訴他們的那句話：「你們誰都別以為自己可以違逆天意。」[742]一九六一年六月，赫魯雪夫和甘迺迪在維也納會面，私底下他覺得甘迺迪「有點可憐」——甚至是當他用柏林威嚇甘迺迪的那一刻[104]。會議結束時甘迺迪臉上大失所望的神情，赫魯雪夫至今記憶猶新。不過他提醒自己「政治是無情的事業」，所以壓抑住自己心裡想幫對手一忙的念頭。只要不會引發什麼重大的後果，他可以隨意揚言恐嚇和威脅都無所謂。不過如今局勢迥然有異，世界在核戰毀滅的邊緣搖搖欲墜。這位俄國人開始「深深尊敬」這位美國人[743]。甘迺迪表現出自己「沉著冷靜」的一面，他沒有讓自己「擔驚受怕嚇出一身冷汗」，但他也沒有「魯莽蠻幹鋌而走險」。他絲毫沒有「高估美國的能力」。他「給自己留了一條從危機中全身而退的路」。

赫魯雪夫給甘迺迪的最新書函裡，滿紙依舊流露出習見的衝動念頭和尖銳意像。外交人員隨後會再重新審查一次赫魯雪夫的文字，改用繁文縟節的行話行文使其「合乎標準」。身為主席的赫魯雪夫深知時間所剩無多，所以就單刀直入不拐彎抹角。蘇聯會從古巴撤除飛彈。接下來是零亂拉雜的一串自我辯護。古巴長期「處於侵略性軍事力量的威脅之下，這些軍事力量也從不掩飾入侵古巴領土的意圖」。「像海盜一樣的船艦」來去自如地在這座島嶼周圍漫遊。可是蘇聯的武器軍備的用途只在防禦。蘇聯老百姓求的「只有和平而已」[744]。

表達完自己避免一戰的心聲之後，赫魯雪夫開始不厭其詳把自己對於美方所作所為的不滿，一股腦傾吐出來。清單上的第一條，就是美國偵察機對於蘇聯領土意帶挑釁的刺探。他提醒甘迺迪，即使星星之火最後也可能導致燎原大火。蘇聯的空防部隊報告，有一架美國 U-2 偵察機飛越楚科奇半島領空。

> 總統先生，問題在於：我們該如何看待此事？這是什麼意思：是挑釁嗎？此刻的焦慮不安是我們雙方共同經歷的，而就當一切已進入備戰狀態箭在弦上之際，貴國的一架飛機侵犯了我國邊境。一架闖入領空的美國飛機很容易就會被認為是核子轟炸機，以至於把我們推向無可挽回的毀滅那一步，事實難道不是這樣嗎？而由於美國政府和五角大廈早就宣告過，貴國持續派遣核子轟炸機不間斷巡邏，這又愈發

---

104 譯按：另參本書 40 頁第一章書末註腳 9 所在段落、84 頁第二章註號 81 所在段落，以及 559 頁所附照片。

容易造成我方誤解。

完成給甘迺迪的信函之後，赫魯雪夫接著口述他要給卡斯楚的訊息。就算是在最好的時機，要和這位渾身帶刺的古巴領導人打交道也不是件容易的事。如今在倉促之中宣告與華盛頓之間的協議，又把事情愈搞愈複雜。等到加密電報送抵哈瓦那的時候，全世界早就已經從莫斯科廣播電臺得知「打包回家」（crate and return）的命令了。卡斯楚大發雷霆是意料中事，因此赫魯雪夫懇請他「不要意氣用事」。他承認美國派遣偵察機飛越古巴領土確實是輕舉妄動。「昨天你們擊落其中一架飛機，」赫魯雪夫抱怨，彷彿卡斯楚個人需要為此決定負責似的，「但早先美國偵察機飛越貴國領土，也未見貴國將之擊落。」赫魯雪夫建議卡斯楚拿出「多一點耐心，多一點自制，還有再多一點自制」[745]。要是美國人真的入侵，那古巴人當然有權利「想盡一切辦法」捍衛自己。但現在卡斯楚可不能讓自己「著了五角大廈軍事專家的道，嚥不下美國人的挑釁這口氣」，因為他們就是在找任何可以入侵古巴的藉口。

還剩最後一封訊息要送出，是給蘇聯駐古巴軍群總司令普利耶夫將軍。這是一封簡明扼要的訊息：

> 此刻協議的契機已經展露，可以用和平手段避免古巴受到侵襲，在此緊要關頭你居然擊落美國的U-2偵察機，我們認為你行事過於輕率。
>
> 我們已經決定拆除R-12飛彈並將之撤離古巴。即刻開始按此措施執行。
>
> 請確認查收。[746]

奉赫魯雪夫的指示，普利耶夫手下的官兵夜以繼日操勞不懈，把飛彈瞄準美國幾座城市，準備好隨時可以發射。而現在，就在他們完成指派任務的這一刻，他們卻被告知要把所有東西拆除。如此幡然變計直教人目瞪口呆，卻連一句解釋都沒給。

十月廿八日，星期天，凌晨 4:30

兩艘美國驅逐艦已經尾隨在格羅茲尼號後方一整個晚上。這艘蘇聯商船正朝向封鎖線航行，站在勞倫斯號（USS *Lawrence*）和麥多諾號的艦橋上，美國海軍軍官還可以看到船上的燈光。軍官們還一邊討論，如果他們收到攔截格羅茲尼號的命令，他們要怎麼登上這艘油輪，要怎麼檢查其載運的貨物。

海軍再三考慮該如何攔停拒絕停船受檢的蘇聯船艦。「盡可能避免朝船艄開槍示警的做法，」來自諾福克大西洋艦隊總部的最新訊息上寫著，「要是真有拒停的情事，我們已經策畫了新的方案可以攔停這樣的船隻。」新的規範包含先用「長的金屬纜線」或是長的繩索纏住目標船隻[747]。不過確切如何執行目前仍不清楚。進一步的細節則允諾稍後奉上。

等待著拂曉天光的時候，美國人注意到這艘蘇聯船艦竟然就在封鎖區域外停了下來，靜止不前。於是迅速發送了一封緊急電報回去諾福克的總部：「接觸對象自0430起在水上毫無動靜。」

格羅茲尼號收到指令，不要冒犯封鎖。

十月廿八日，星期天，清晨 6:30

再往北方三百英里之處，美國驅逐艦還在包圍潛艦 B-59。蘇聯船員雖然已經塗銷潛望塔上的潛艦編號，但是潛艦上還是飄揚著蘇聯的紅旗。美國軍艦嘗試用閃光燈號和蘇聯潛艦溝通，但由於語言間的障礙以及蘇聯摩斯密碼字母表的特殊性，使得溝通受到阻礙。美國通信兵譯解出的潛艦名稱五花八門，比如「某艦」（*Korabl X*）或「某船」（*Ship X*），甚至還有像「普利納夫列」（*Prinavlyet*）和「普魯斯納布拉夫」（*Prosnablavst*）這樣毫無意義的音節組合[748]。

破曉時分，美國驅逐艦的指揮官決定再次嘗試聯繫蘇聯潛艦。兩位熟諳俄語的人員從藍道夫號航空母艦出發，由直升機遣送到羅瑞號驅逐艦（USS *Lowry*）上。羅瑞號開到潛艦旁邊，這麼近的距離就可以直接聽到擴音器的聲音了。

「注意，注意。」（*Vnimaniye, vnimaniye.*）羅瑞號船長麥米蘭（Oscar MacMillan）站在艦橋上對著麥克風大喊。

「你們的船名是什麼？」（*Kak vas zovut?*）

幾位蘇聯水手就站在潛艦 B-59 的艦橋上，但他們對美國人這種大聲喊叫的打招呼方式絲毫不予理會。他們臉上沒有顯露任何情緒，也沒有任何聽得懂的樣子。

於是第二位美國口譯人員博德（George Bird）少校嘗試喊得更大聲點。「注意，請注意，」他喊了好幾遍，「你們的船名是什麼？你們要往哪裡去？」[749]

還是沒有任何回應。

羅瑞號的船長想了個新方法試試。他把驅逐艦上的爵士樂團召集到甲板上，要他們演奏一些樂曲。於是海面上飄揚著《揚基傻蛋》（*Yankee Doodle*）的旋律，接下來是一首布基烏基（boogie-woogie）曲風的爵士短曲。美國人原以為起碼可以在其中一位蘇聯水手臉上看見笑容，然後他們就可以問他有沒有特別想聽哪一首曲子，但就是不見蘇聯水手有任何回應。

羅瑞號上的美國人開始隨著音樂起舞，用一種刻意炫耀的調調擺出陶醉其中的樣子。他們把香菸和可口可樂捆在一起，一小包一小包丟給蘇聯潛艦，但是這些小包裹全都落入海裡。因為潛艦 B-59 的船長薩維茨基告訴他的手下「舉止要拿出尊嚴」[750]。蘇聯人對著美國人拍照，美國人也對著蘇聯人拍照。薩維茨基發現艦橋上一名他的船員，稍稍不經意用腳跟著爵士樂團的音樂輕輕打拍子，他就立刻命令這名船員進去甲板下面。

得知第三次世界大戰沒有爆發確實教人鬆了口氣。但是儘管如此，還是不能跟美國人稱兄道弟。

經歷兩天嚴密的監視，潛艦 B-59 終於成功擺脫了追捕者。薩維茨基默默等待，直到電池終於完成充電之際，他號令潛艦下潛到海底五百英尺的地方，將航行路線調轉一百八十度，成功從美國手中逃脫。但是沒過多久，美國海軍塞西爾號（USS *Charles P. Cecil*）驅逐艦又迫使另一艘蘇聯潛艦浮出海面，這次是潛艦 B-36。至於第三艘狐步級潛艦 B-130，則由於損壞的柴油引擎無法修復，只好用拖船拖回科拉半島。四艘狐步級潛艦中，只有凱托夫（Ryurik Ketov）船長指揮的潛艦 B-4 不辱使命完成任務，沒有蒙受不得不在美國戰艦面前浮出海面的屈辱。

這幾位潛艦指揮官在十二月底回到莫曼斯克（Murmansk）港區[105]，上級長官對他們的態度冷淡猶若冰霜。他們絲毫沒有因為蘇聯船艦本身在科技上就有所缺陷，或者是因為美國的海軍軍力原本就佔盡優勢，而受到上級的一點諒解。一如往昔，任務的失敗被怪罪到那些冒著生命危險執行任務的人身上，而不是那些把任務規劃得一塌糊塗的艦隊司令或者資深共產黨官僚頭上。當這幾位九死一生的潛艦船長，嘗試訴說自己一路上遭遇的艱難險阻，國防部副部長格列奇科（Andrei Antonovich Grechko, 1903–1076）元帥卻斷然拒絕一聽。他一度怒不可遏，氣到摘下眼鏡狠狠摔在會議桌上。鏡片應聲破成碎片。

格列奇科元帥似乎並不理解潛艦必須浮出海面才能讓電池充電。「他理解的事情只有一件，就是我們違反了必須祕密行事的要求，所以被美國人發現蹤跡，也因此有一段時間我們密切接觸過美國人。」潛艦B-36的指揮官杜畢夫科如此回憶[751]。

「簡直奇恥大辱，」元帥怒斥，「俄羅斯的臉都給你們丟光了。」[752]

自從毛茨比安全回到阿拉斯加之後就一直畏懼的那一刻，終於要來臨了。戰略空軍總司令鮑爾將軍想要見他。身為賦予手下重責的統帥，鮑爾將軍是出了名的嚴厲，就算是一差半錯都不能容忍。和他共事過的人都認為，在公眾場合把部屬羞辱到體無完膚帶給他一種喪心病狂的愉悅。一位高級副官後來憶及，鮑爾「享受嘲笑奚落別人還有質問刁難別人的感覺，在這方面他可是專家。他會召集一群人到他的辦公室聽取簡報，然後設法讓簡報的軍官出盡洋相，他深深以此為樂」。[753]如果一位空軍聯隊指揮官，被傳喚去向鮑爾將軍簡報事故的來龍去脈，「十有八九他會被趕回家吃老米飯」。

大概沒有什麼狀況，會比毛茨比即將面對的任務簡報更凶多吉少。在科策布臨時機場時，有人告知當時有六架蘇聯的米格機試圖擊落他，他嚇到幾乎暈過去。毛茨比的第一個反應是：「要命！我的天啊！還好那個時候我完全不知道……呼！」他「一個踉蹌跌坐在椅子上，如釋重負，擔心自己兩隻腳就要不聽使喚」754。他的部隊指揮官重整他的U-2偵察機之際，有一架C-47軍事運輸機特別飛到科策布，接他回去埃爾森空軍基地。而從埃爾森又有另一架KC-135空中加油機，載他飛到位於內布拉斯加州奧馬哈的戰略空軍司令部總部。他是飛機上唯一的乘客。

鮑爾的地下指揮所位於500號大樓（Building 500）下面，由一位空軍上校陪同毛茨比進去。那裡一派繁忙景象，猶如一座蜂群疲於奔命的蜂巢。裡面的人「從一個地方跑到另一個地方，彷彿他們就以此為生」。上校把毛茨比帶進指揮所旁的一間簡報室，然後預告戰略空軍司令部總司令隨後就到。放在簡報桌最前面的是一張航空圖，標繪了毛茨比飛往北極的路線。航空圖上也清楚畫出毛茨比飛越蘇聯領土的路線，但是這個部分被用一張小紙片蓋起來。

最後鮑爾將軍終於走進簡報室，隨後進來的是「另外八位將軍，看起來彷彿都有好幾天沒脫下軍裝了」。過去廿四小時鮑爾和他的同僚簡直坐立難安。一名U-2偵察機飛行員在蘇聯上空迷航，另一架U-2偵察機在古巴被擊落；在沒有收到進一步通知之前，所有高空空氣樣本採集任務都先取消；在戰略空軍

105 譯按：另參本書673頁第三章註145內容。

司令部十六年的歷史中，過去從來沒有這種程度的動員。將軍們逐一沿著會議桌坐下，毛茨比在一旁提心吊膽立正站好。鮑爾將軍直接在毛茨比正對面的位子坐了下來。不像其他幾位將軍，鮑爾穿的制服乾淨筆挺，鬍髭也刮得乾乾淨淨，但看起來卻「極度疲憊」。

「毛茨比上尉，把你昨天的飛行任務給我們簡報一下如何？」所有人都入座後鮑爾說。

毛茨比站在導航圖旁，先陳述空氣樣本採集任務，並且一面指出他原先按計畫要飛往北極的路線。接著他提到北極光帶來的影響，以及他在定位方向時的困難。

「毛茨比上尉，你知道你離開北極後飛去哪裡了嗎？」戰略空軍司令部總司令終於開口打斷他。

「報告總司令，知道。」毛茨比回答之際，其他將軍「在位子上坐立難安」，看起來「如坐針氈」。

「請指給我們看。」

毛茨比拿掉貼住航空圖機密部分的那張紙片，用一支教鞭把他的飛行路線指給將軍們看。他平安降落沒多久，曾經在科策布灣的軍事雷達站看過一張類似地圖，所以他知道自己去了哪裡。但是他不清楚空軍怎麼能追蹤到他的飛行路線，而且也不明白為什麼在自己笨拙誤闖蘇聯領空之前，沒有「收到方向的指點」。

「各位先生，你們還有其他問題嗎？」毛茨比報告完後鮑爾接著問。

沒有人提出任何問題。

這下鮑爾將軍笑了。

「很遺憾你的飛機沒有配備一個可以收集電磁輻射的系統。俄國人的每一座雷達和洲際彈道飛彈發射場，大概都進入最高警戒狀態了。」

鮑爾命令毛茨比對於他誤入蘇聯領空一事三緘其口。這已經不是第一次，有戰略空軍司令部的飛機在楚科奇半島附近嚴重偏離航線。八月的時候，一架滿載核子武器的B-52轟炸機，在從格陵蘭返航阿拉斯加的時候就迷失了方向。這架B-52轟炸機直接往蘇聯方向飛去，等到地面控制中心終於命令他調轉方向之際，已經距離楚科奇半島不到三百英里了。看來這架B-52當時也是沿著與毛茨比相似的路線行進。根據戰略空軍司令部的記載，這次事件「證明了天體運算在極地出現誤差的嚴重性」[755]。由於當時正值薄暮時分，以致導航員無法從星星的位置測得精確的讀數——就像毛茨比被極光給搞糊塗一樣。

諸位將軍按照軍階高低魚貫離開簡報室。最後離開的將軍肩章只有一顆星。這位空軍准將走出簡報室途中，面帶驚訝轉向毛茨比。

「你這個幸運的小鬼。我見過那些出的紕漏遠比你小的傢伙被鮑爾將軍修理得體無完膚。」[756]

在古巴西北部海岸，歐羅斯可和貝拉已經從惡水河紅樹林沼澤取回浮筏[106]。中情局的母船本來該要接他們回去佛羅里達才對，但他們已經嘗試聯繫母船好幾個小時了，可就是聯繫不上。過去三天折磨歐羅斯可的胃痛，現在已經變成刺骨的劇痛。等到十月廿九日和三十日，他們倆還是會繼續用無線電聯繫中情局的救援人員。他們愈來愈失了魂似地狂亂發送無線電訊息，但卻杳無回應。

[106] 譯按：相關內容另見本書 337 頁，第九章註號 509 所在的正文段落。

他們漸漸明白是怎麼一回事：他們被放鴿子了[757]。中情局後來表示，兩位幹員在十月十九日至廿日那晚成功滲入古巴之後，就「音訊全無」[758]。中情局反卡斯楚計畫專案小組負責人哈維在一份備忘錄裡聲稱，「有鑑於行動的時機、地形（以及）必須移動的距離」，提供無線通訊設備給歐羅斯可和貝拉「就行動而言是不可行的」[759]。然而他對於事件的說法以及隨附的馬塔安布雷行動時間表，似乎一開始就是設計來保護他自己那早已狼藉的聲名。貝拉在四十五年後獲悉哈維當時的說辭，他大吃一驚並斥為「一派胡言」。歐羅斯可在因為盲腸炎病倒後，就是貝拉本人費勁扛著無線電穿越群山。無線電就是他們的生命線。他堅信：「他們一定知道我們在嘗試聯繫他們。」貝拉的記憶顯然要比哈維的官方時間表更有說服力。而中情局的紀錄也顯示，先前派遣去馬塔安布雷執行任務的幹員小隊都配備了無線電。

哈維顯然是力圖為自己編造一套官腔官話的託辭，讓大家注意「所有行動，包含航海相關的行動以及機密滲入行動」，從十月廿八日起正式終止。其實兩天之前，也就是十月廿六日五角大廈的貓鼬行動會議結束後，就已經強制暫停行動。哈維未經授權就派遣幹員小隊到古巴，先前已經與羅伯鬧得不太愉快[107]，因此他可沒有膽子再對暫停行動的命令提出什麼異議。歐羅斯可和貝拉在戰略上是可以犧牲的。

到了十月三十日星期二早上，貝拉最後決定他們不能再等了[760]。「母船至今都沒有回來，米蓋爾（歐羅斯可）奄奄一息，而且沒有任何人回應我們的呼叫。」他是一個性格堅強、體格結實的小個子，外號「跛子」（*el cojo*）——四年前他的腳背被卡車輾過，致使他終生跛行。他們原本應該搭乘浮筏航向母船，現在貝拉把戰友扶上浮筏，兩人出發航向大海。他以星辰的位置做為引導，朝著佛羅里達島礁群的方向一路北行。

浪濤很快就從四面八方不斷擊打這艘小船。接連的晃動讓歐羅斯可痛到叫出聲來。陸地消失在地平線的那一刻，突然一個巨浪襲來打翻了浮筏，把他們的帆布背包都沖進海裡。他們使盡氣力把浮筏翻正，但是馬達已經無法運作了。剩下唯一可以派上用場的工具，只有他們不知怎麼撈回來的一把槳。這下他們不可能抵達佛羅里達了。他們只好開始用槳划船，回頭往古巴的方向去。

十一月二日晚上，歐羅斯可和貝拉向一名農民求救，隨後遭到古巴民兵逮捕。同一天稍早，一架美國海軍偵察機飛越馬塔安布雷區域上空。從拍攝到的照片來看，礦場和高空纜車都完好無損並且正常運作；很顯然中情局最新近一次針對古巴的祕密破壞行動，以失敗告終[761]。

十月廿八日，星期天，上午 9:00（莫斯科傍晚 5:00，哈瓦那上午 8:00）

蘇聯官員直到最後一刻，都還在埋頭潤飾赫魯雪夫要給甘迺迪的訊息內容，把原先粗略的草稿整理為完稿，接著再把最終版本譯為英文。莫斯科時間下午三點，蘇聯外交部致電美國大使館，告訴他們將於「一個半到兩個小時內」收到一份重要訊息[762]。甘迺迪將如預期在下午五點向全美民眾發表演說，所有人因此也都心知肚明，這個時間就是最後期限。

107 譯按：相關內容參見本書 247 頁起，第六章註號 358–364 所在的正文段落。

隨著時間一分一秒過去，這封信函的幾份副本被委託到伊里契夫（Leonid Ilyichev）手上，他是共產黨內負責意識形態的書記，因此管理大眾媒體的責任也落在他身上[763]。他命令司機用最快速度開到莫斯科廣播電臺總部，要是路上沒什麼車的話，四十分鐘應該到得了。黑色海鷗轎車在連接新阿加列沃和莫斯科市中心的蜿蜒林道間奔馳，開上寬廣的庫圖佐夫大道（Kutuzov Avenue），途經為紀念一八一二年擊敗拿破崙而建的凱旋門（Triumphal Arch），最後橫越莫斯科河。當沿路民兵看見這輛拉上窗簾的克里姆林宮黑頭車駛來，都揮舞手上的白色長警棍，示意路上其他車輛讓路靠邊行駛。伊里契夫把交通規則都先放到一邊不管，用空前迅速的時間抵達廣播電臺。

在電臺裡，播音員（*diktors*）無一不想要有更多時間細細查閱文稿。他們習慣提前幾個小時之前就拿到稿件，有時候甚至提前好幾天，那麼他們就可以在情緒的感染力和意識形態的信念之間，揣摩出最得宜的平衡，使他們的播報盡善盡美。這些播音員播報新聞，是蘇聯的國家代言人。他們之中大部分都是爐火純青的演員，在知名的史坦尼斯拉夫斯基學校（Stanislavsky School）接受過所謂「方法演技」的訓練。也就是為了讓演出傳神逼真，演員必須完全融入角色的生命。如果演員能夠說服自己正無可救藥地身陷愛河，那他就能說服聽眾。當他們誦讀五年計畫，聲音之中滿盈驕傲；當他們細數帝國主義者的惡行劣跡，聲音中流露的是堅毅的憤慨。

其中最家喻戶曉的播音員就是列維坦（Yuri B[orisovich] Levitan, 1914–1983）。聽著他悅耳又充滿權威的聲音，就像親耳聽到《一九八四》裡的「老大哥」（Big Brother）本人一樣。他為蘇聯老百姓播報過歡欣與悲傷，播報過勝利與戰敗，但無論眼前情勢如何，他都會勸大家要對共產黨懷抱信心。列維坦曾在一九四一年六月播報俄國對納粹德國開戰[108]，又在四年之後播報了納粹主義的垮臺。一九五三年史達林逝世，以及一九六一年加加林飛上太空的新聞，都是由他播報。而現落在他肩上的責任，是宣布赫魯雪夫這場古巴的豪賭即將落幕。

由於最後期限迫在眉睫，已經沒有時間排練，伊里契夫堅持播音員直接開始現場轉播。赫魯雪夫的訊息將以俄語和英語同步廣播。

「這裡是莫斯科（*Govorit Moskva.*）。」[109] 時間是莫斯科下午五點，華盛頓上午九點。列維坦告訴他的聽眾，接下來他要念的是一封由蘇聯共產黨主席團第一書記及部長會議主席赫魯雪夫，寫給美利堅合眾國總統甘迺迪的公開信。

> 蘇聯政府早先已指示中止進一步的武器建築工事，今尚又下達新令，拆除貴國所稱之攻擊性武器，並逐一裝箱運送回蘇聯。

列維坦成功讓這則新聞，聽起來就像莫斯科再次大獲全勝，用熱愛和平外交的政策制服了好戰的帝國主義者。見識卓越，始終明智的蘇聯領導高層，從核子毀滅的威脅之中拯救世界免於水火。

---

108 譯按：即二次世界大戰的德蘇戰爭或衛國戰爭（Great Patriotic War, 1941–1945），相關內容參見 195 頁第五章註 278 後的正文段落。

109 譯按：「這裡是莫斯科（This is Moscow speaking.）」是列維坦著名的開場白。

赫魯雪夫的兒子塞勒給當時正在家族的鄉間別墅等待父親歸來，他聽到廣播宣布的消息。事態驟然轉變，他的心情一半是鬆了口氣，另一半是吃了一驚。日後他會用更正面的眼光看待父親的決定，但此刻這在他耳裡聽來卻像是「屈辱的撤退」[764]。

「就這樣吧，」他心中暗忖，「我們投降了。」

其他蘇聯老百姓心懷感激，這下夢魘總算是過去了。連續在克里姆林宮危機中心值班一個星期之後，赫魯雪夫的外交事務助理卓延諾夫斯基終於回到自己的公寓，他頗感驚愕地發現自己竟然瘦了五磅。他告訴太太過去這星期他都在做什麼，太太聽完溫柔地斥責了他兩句。「如果可能的話，下次你想減肥還是找個比較安全的法子吧。」[765]

結果五點的最後期限只是誤報。那個時段根本就沒有排定新的總統演說。只是美國一家電視網決定重播甘迺迪十月廿二日的演說。赫魯雪夫從他的情報人員那裡獲知的消息是錯誤的。

在華盛頓方面，新聞辦公室的電傳打字機鈴聲，在星期天上午九點過沒多久就開始響個不停。當時邦迪正在戰情室走廊盡頭的白宮食堂吃早餐，一位助理拿著剛從電傳打字機上撕下的新聞快報衝了進來。邦迪馬上用內線電話打給甘迺迪。那時甘迺迪正在臥房更衣準備前往教堂[110]，於是國家安全顧問便把這則來自中情局外國廣播資訊處的新聞念給他聽：

莫斯科廣播電臺（Moscow Domestic Service in Russian）於十月廿八日 1404GMT，播送赫魯雪夫致甘迺迪總統的訊息，聲明蘇維埃社會主義共和國聯盟已經決定拆除古巴境內的蘇聯飛彈，並將之運送回蘇聯。

十月廿八日 0908A

「現在我的感覺就像重獲新生，」理解這則新聞內容之後，甘迺迪告訴私人助理鮑爾斯，「你明白嗎？下星期二的空襲我們都已經安排好了。感謝上帝，一切都結束了。」[766]

執行委員會的其他成員也同樣喜出望外。望完九點的彌撒回程途中，中情局局長麥孔從車裡的廣播聽到這則新聞。「我幾乎不能相信自己的耳朵。」他後來回憶[767]。蘇聯立場的反轉，不僅是突如其來，更讓人始料未及。新聞署副署長威爾森有種「想要大笑或大叫或跳舞」的感覺，過去好幾個晚上他都沒什麼睡，懷疑自己不見得能再見到家人一面，如今他心頭一輕，幾乎有點飄飄然了[768]。

華盛頓的秋天，多麼宜人的一個早晨。樹上的葉子紛紛轉為艷麗的紅，整座城市沐浴在金黃的陽光之中。國務次卿波爾抵達白宮的時候，想起了歐姬芙（Georgia O'Keeffe, 1887–1986）的一幅畫，是「一朵從公牛的骷髏頭中長出的玫瑰」[769]。生命妙不可言，竟從死亡的陰影中冒出頭來。

距離白宮八個街廓的聖斯德望大教堂外，圍觀群眾注意到甘迺迪跳下黑頭車的腳步，似乎多了一分

---

[110] 譯按：相關內容參見 490 頁第十三章註 733 所在的正文段落。

輕快的活力。就在幾小時之前，他還計算著核子戰爭的可能性，推測約在「百分之三十三到百分之五十」之間[770]。

在波多馬克河對岸，五角大廈裡的氣氛則截然不同。諸位參謀長還忙著琢磨在入侵行動開始之後，他們大舉空襲古巴的種種計畫。甘迺迪把原先計畫好的空襲延遲到下星期二，李梅因此已經火冒三丈。身為空軍首領，李梅想要他的將軍同袍們隨他走一趟白宮，要求在對方的飛彈發射場可以「完全運作」之前就發動空襲，最晚在下星期一。

關於莫斯科廣播電臺播報的新聞內容，電傳打字機打印的紙條在上午九點三十分左右分送過來。諸位參謀長看完的反應都是大失所望。空軍參謀長李梅譴責赫魯雪夫的聲明就是「裝模作樣」，僅是以此做為掩護，好讓他在古巴保留一些武器[771]。海軍作戰部長安德森上將預測，甘迺迪許諾不會侵犯古巴，如此一來「就讓卡斯楚可以在拉丁美洲隨心所欲興風作浪」。國防部長麥納瑪拉的論點是赫魯雪夫的讓步使美國處於「更強大的地位」，但這些將軍並不為所動。他們起草了一份緊急訊息給白宮，將蘇聯這一步棋駁斥為「虛情假意的提案，只是為了爭取時間」，並且警告「所有警戒狀態程序不得有絲毫鬆懈」[772]。

「我們以前上過當。」最後終於見到甘迺迪時，安德森這麼說。

「這是美國歷史上最大的挫敗，」李梅堅稱，「我們今天就應該入侵古巴。」[773]

卡斯楚此刻人在維達多區的家裡。《革命報》編輯弗朗基（Carlos Franqui, 1921–2010）打電話來，告知卡斯楚有關蘇聯將拆除飛彈發射場的新聞。莫斯科廣播電臺方才廣播的赫魯雪夫致甘迺迪信函，美聯社現在已經透過電傳打字機報導信函的內容。

身為報紙編輯，弗朗基想知道「我們該怎麼處理這則新聞？」

「什麼新聞？」

弗朗基在電話裡把新聞快報念了一遍，然後繃緊神經防備卡斯楚就要爆發的怒火。

「狗娘養的！狗雜種！混帳東西！」卡斯楚這樣的情緒持續了一段時間，「長度甚至打破他自己罵人的紀錄」。[774]為了把一肚子的鳥氣發洩出來，他又是踹牆又是捶碎鏡子。想到俄國人跟美國人達成協議，「甚至懶得知會我們一聲」，簡直讓他氣到骨子裡去。他覺得自己深深「被羞辱」。他指示古巴總統多爾蒂科斯打電話給蘇聯大使，弄清楚究竟發生了什麼事。

大使阿列克謝夫前夜很晚才睡[775]，電話響的時候他還在床上睡覺。

「廣播電臺報導說蘇聯政府決定撤離飛彈。」

阿列克謝夫完全不知道多爾蒂科斯在說什麼。顯然是出了什麼差錯。

「你們不應該相信美國的廣播電臺。」

「這不是美國廣播電臺的報導。是莫斯科廣播電臺。」

十月廿八日，星期天，上午 11:10

一份令人震驚的報告被送到位於科羅拉多泉的北美空防司令部。一座空防雷達擷取到證據，有一枚無從辨識的飛彈從墨西哥灣發射了[776]。從彈道來看，攻擊目標應該靠近佛羅里達州坦帕灣（Tampa Bay, Fla.）地區。

等到北美空防司令部的執勤軍官計算出飛彈將射往何處，已經來不及採取任何行動了。他們在上午十一點零八分，收到第一份關於這宗事件的報告，而那個時候距離飛彈應該觸地的時間，已經晚了六分鐘。全美各城市以及軍事基地的電線桿上，都安裝了核子爆炸的偵測設備，聯結成一個範圍遍及全國的網路，稱作「轟炸警報系統」（Bomb Alarm System）。檢查之後，轟炸警報系統顯示坦帕灣安然無恙。而對於報告中的這起飛彈發射，戰略空軍司令部也是一無所知。

經過忐忑不安的好幾分鐘後，事情才終於釐清。在古巴發現蘇聯飛彈一事，致使美國採取一項應急方案，將空防系統的定位從對準北方重新調整為對準南方。穆爾斯敦（Moorestown）有一座緊挨著紐澤西收費高速公路（New Jersey Turnpike）的雷達站就被重新配置過，用以擷取從古巴發射的飛彈訊號。雷達站的形狀猶如巨大的高爾夫球，這座軍事設施仍舊面臨一些初期必然會發生的問題。技術人員在把測試用的磁帶裝進系統的那一刻，剛好有一顆人造衛星出現在地平線上，以致操縱雷達的人員把人造衛星誤認為來襲的飛彈。

只是虛驚一場。

甘迺迪從教堂望完彌撒回來，執行委員會在上午十一點十分開始會議，而北美空防司令部此刻也正好把幽靈飛彈攻擊坦帕的烏龍查了個水落石出。幾個小時以前有些助理還在質疑甘迺迪對於危機的處理，現在他們則競相給甘迺迪戴起高帽。這個星期六下午，總統的顧問之間爆發非常劇烈的意見分歧，為此邦迪還特別創造了一套說法。

「每個人都很清楚誰是鷹派誰是鴿派，」這位自命為鷹派的代言人說，「今天是鴿派的日子。」[777]這些人過去十三天都待在內閣會議室裡，蘇聯飛彈帶來的威脅讓他們的精神飽受折磨，但對其中不少人來說，總統似乎突然變成一位行奇蹟的人。一位助理甚至建議總統去調停中印邊境的衝突——美蘇兩大超級強國的衝突吸引了全球的注意力，使得中印邊境的衝突乏人關懷。不過甘迺迪對這個建議置之不理。

「我不認為他們任何一方，或其他任何人，想要我去解決那場危機。」[778]

「但是總統先生，今天您意氣風發。」

甘迺迪笑了出來：「大概可以持續一個禮拜。」

甘迺迪起草了一封回覆赫魯雪夫的信函，欣然接受他做出「有政治家胸襟的決定」，撤離飛彈。他指示白宮發言人沙林傑知會各大電視頻道，不要把報導過分渲染為「我方的勝利」[779]。他擔心這位反覆無常的蘇聯領導人會因此「惱羞成怒而改變心意」。

事實證明，要約束這些電視頻道絕對有其困難。當天傍晚，哥倫比亞廣播公司的電視新聞就播出了這場危機的專題報導，「由吉力多（Geritol）製造商贊助播出，富含鐵質的強效維他命滋補飲品讓您感覺身強體壯」，新聞特派員柯林伍德（Charles Collingwood, 1917–1985）坐在一幅古巴地圖前，嘗試剖析事態最近發展的各種利弊得失。他告訴觀眾：「我們有充分的理由相信，我們的世界今天擺脫了二次世界大戰以來最駭人的核子毀滅威脅。」他把赫魯雪夫寫給甘迺迪的信函，描述為「蘇聯政策上的一次屈辱挫敗」。

由於倉促安排了與蘇聯大使的會面，因此執行委員會的前半段會議，羅伯未克出席。大使達勃雷寧正式傳達了赫魯雪夫從古巴撤除飛彈的決定，也請羅伯代向甘迺迪總統致上「全心的祝福」。身為總統的胞弟，羅伯絲毫不掩飾此刻心中的寬慰。「我終於能見到孩子了，」他告訴大使，「哎呀，我差不多都快忘記回家的路了。」[780] 這麼多天以來，這是達勃雷寧第一次在羅伯臉上看見笑容。

在莫斯科方面的指示之下，達勃雷寧隨後提出以赫魯雪夫和甘迺迪之間互換信函的方式，把從土耳其撤除美國飛彈的非正式協議，以白紙黑字正式確定下來。但羅伯拒絕接受蘇方的信函，他告訴達勃雷寧總統會信守承諾，不過不會就此主題參與任何信函的交換。羅伯也向達勃雷寧透漏心跡，有一天自己可能會競選總統——如果與莫斯科之間有什麼祕密交易屆時走漏了隻字片語，那將會嚴重打擊他勝選的機會。儘管甘迺迪兩兄弟堅決避免留下任何可以追蹤的文字紀錄，五個月後美方確實依照承諾，開始拆除木星飛彈，時為一九六三年四月一日。

十月廿八日，星期天下午

赫魯雪夫寫了信給卡斯楚解釋他決定撤除飛彈的理由，在莫斯科廣播電臺播報消息後幾個小時，這封信函也送到哈瓦那的蘇聯大使館。蘇聯駐古巴大使阿列克謝夫要遞交信函時，卻被告知卡斯楚已經離開市區，暫時「無法會面」。事實上卡斯楚根本就不想和蘇聯大使見面。在古巴和美國就要一決雌雄的高潮時刻，赫魯雪夫居然「背棄」古巴，為此卡斯楚實在怒不可遏。

卡斯楚意圖獲取更多情資，因此確實短暫拜訪了位於艾爾奇科的蘇聯軍事總部。蘇聯駐古巴軍隊的最高統帥普利耶夫將軍證實，他的確收到來自莫斯科的軍令要拆除飛彈。

「全部都要？」[781]

「全部。」

「那好吧。」卡斯楚回答，使勁按捺住他的憤怒。他站起身來：「行。我這就離開。」

為了表明自己對於蘇聯的決定深感不以為然，卡斯楚擬定了一份列表，往後美古之間若有任何協定，必須以古巴在表上列出的五項「要求」為先決條件。這些要求包括結束經濟封鎖，停止「所有顛覆行動」，以及美國從關塔那摩灣海軍基地撤離。他也非常清楚地表示，古巴不會接受任何國際組織「查驗」其領土。

蘇聯讓步的消息隨著新聞傳播開來，古巴群眾也湧上街頭宣洩怒火。「古巴並不孤單」的海報原本一度貼滿大街小巷，如今都從牆上消失蹤影。取而代之的是「蘇聯人滾回家」還有「赫魯雪夫是娘砲」

（*Jrucho' maricón.*）的怒吼。憤怒的群眾很快就編出新的順口溜：

尼基塔，尼基塔，（*Nikita, Nikita,*）
已經給的東西，你不可以拿走。（*Lo que se da no se quita.*）[782]

身在古巴的蘇聯士兵就跟他們的古巴東道主同樣一頭霧水。許多士兵離營買醉。據一位派駐在比那德里歐省的中情局幹員描述的案例，為數眾多的蘇聯士兵賣掉「手錶、靴子，甚至眼鏡，以籌措現金買酒」[783]。而根據捷克駐哈瓦那大使的一封快電，雖然有許多人因為終於可以回家而歡欣鼓舞，但也有一些人情緒崩潰而痛哭失聲。「有些專家和技術人員已經拒絕繼續工作，哈瓦那舊城區可說處處酩酊，醉態百出。」[784]

所有人裡面最不知所措的，就是負責運送核子武器的諸位指揮官。過去三個月他們全心投入，把人類所知目前最強力的武器運過大半個地球，讓這些武器瞄準華盛頓和紐約這些美國大城市。蘇聯在古巴飛彈部隊的指揮官斯塔琴科少將，就覺得自己不太能理解莫斯科到底要他做什麼。此刻他手下的官兵正奮力苦幹，執行赫魯雪夫拆除飛彈發射場的軍令，他則向蘇聯總參謀部（Soviet General Staff）的一位代表發洩自己滿腹的挫折沮喪。

「一開始你們催促我盡快建設完成飛彈發射場。結果現在你們因為拆除發射場的速度太慢而來指責我。」[785]

接下來幾個晝夜，卡斯楚為他的人民謀劃了未來的長期抗爭。他又回到小丘（*la colina*），哈瓦那大學在小山頂上的那座校園，早年他就是在這裡發動與巴蒂斯塔抗爭；而這次他來則是力促學生，「要勒緊你們的腰帶，甚至奉獻你們的生命」以保衛祖國[786]。古巴正遭受成為「一座無油無電的孤島」的風險，他警告大家，「然而我們寧願回到原始的農業社會，也不願接受國家主權被蹂躪」。

儘管卡斯楚破口大罵蘇聯人，但他仍然是一位講求實際的政客。「同樣的錯誤我們不會再犯第二次」，他這麼告訴年輕的追隨者。在「和美國人決裂」之後，古巴不會這麼快又「和俄國人撕破臉」。什麼事情都比重新被趕回去山姆大叔的懷抱裡好。為了挽救他的革命志業，卡斯楚心甘情願做出至高的犧牲：他將忍氣吞聲。

鏡頭轉回白宮，在執行委員會其餘成員都離開之後，甘迺迪發現只剩下他和羅伯兩個人。他們一起回顧了過去十三天裡發生的種種事件，尤其是最後一天；在這個「黑色星期六」，世界似乎在核子戰爭的邊緣搖搖欲墜。過去廿四小時裡，甘迺迪好幾次都有理由捫心自問，一如南北戰爭期間的林肯總統：究竟是他在掌控事件，還是事件在掌控他[111]。

甘迺迪很清楚，歷史並不總是按照可以預料的方向流動。各式各樣的狂熱分子，蓄著大鬍子的人，生活在洞穴裡追逐意識形態的空想家，手握步槍的刺客，有的時候歷史會被這樣的人物劫持。而其他時

[111] 譯註：語出一八六四年四月四日，林肯致肯塔基州報紙出版商哈吉斯（Albert G. Hodges）的信函。

候，幾個意想不到的偶發事件湊合在一起，也會猛一下就把歷史從正軌上拉進歧路，好比一架迷航的飛機，被錯誤辨識的飛彈，或是一名耐不住性子的士兵。歷史的力量毫無秩序可言，歷來政治家們嘗試將之扭轉朝向自己想要的方向發展，然而各有稱心失意，結果大不相同。只要有一件意料之外的事情發生就會改變歷史的進程，每逢戰爭和危機時期這種可能性尤大，因為其時萬事都如雲譎波詭，變化莫測。

在這次日後人稱「古巴飛彈危機」的事件期間，世人迎來的問題是到底誰掌控了歷史的走向：是那些穿西裝的人，那些留大鬍子的人，還是那些穿軍服的人？又或者，誰都徒勞無功。在這場戲劇性的事件裡，甘迺迪最終與他在意識形態上的宿敵赫魯雪夫站在同一邊。他們都不想打仗。身懷毀滅力量的黑暗惡魔，原先就是由他們兩人鬆開了轠繩，而甘迺迪與赫魯雪夫都覺得自己有義務，替未來的世代緊緊勒住惡魔的轠繩。

十月廿八日星期天下午，甘迺迪如釋重負的最主要原因，就是他跟赫魯雪夫成功收復了對於歷史事件的控制權。眼看冷戰原有可能爆發為核戰的烈焰，而今一觸即發的威脅平息下來，冷戰又回到過去熟悉的節奏。懷有常識和理性的人，最終打敗了毀滅和混亂的力量。秩序和可預測性（predictability）勝利了，不過現在的問題是：這樣的勝利究竟會是山高水長還是曇花一現。

甘迺迪在歷史事件中環顧蒐羅相稱的前例，於是想起了他的一位前輩。一八六五年四月十四日，那是林肯接受內戰中南方投降之後的第五天，為了慶祝他終於得勝功成的這一刻，林肯決定去福特劇院（Ford's Theatre），觀賞《我們的美國表弟》（*Our American Cousin*）戲劇演出。

「今晚就是我應該去劇院的夜晚。」甘迺迪說[787]。

對於兄長這個毛骨悚然的死亡玩笑，羅伯不知道自己該莞爾而笑還是提醒他小心為上，於是他順著哥哥的話接下去：

「如果你要去，我就陪你一起去。」[112]

這篇危機記事中的一些人物很快就不復世間記憶，而另外一些人物則注定要身顯名揚或聲名狼藉。有些人蒙羞遭貶；有些人則步步高陞直上青雲。有些人壽享遐齡，安居樂業；有些人的性命卻在悲劇中戛然而止。但歷史上這「最危險的一刻」自以一種垂世的方式，把所有這些人記錄下來。

歐羅斯可和貝拉這兩位中情局的祕密破壞行動幹員，在得以遣返回到美國之前，已在古巴的牢裡待了十七年。而當時偷偷把他們運送進去古巴的羅蘭多．馬丁尼茲（Eugenio Rolando Martinez, 1922－2021），於一九七二年六月闖入民主黨全國委員會總部，在水門飯店（Watergate Hotel）被捕。

毛茨比被美國空軍禁止飛行到任何稍微靠近北極或者楚科奇半島附近的區域。他在一九九八年因肺癌辭世。

[112] 編註：一八六五年四月十四日當晚，林肯於劇院包廂裡遭到刺殺，並於隔日離世。

蘇聯士兵米希耶夫，於蘇聯計畫以核子飛彈攻擊關塔那摩灣海軍基地期間，在準備工作途中意外喪生[113]，他身著古巴軍裝埋骨於古巴聖地牙哥。他的遺骸後來遷葬到艾爾奇科的蘇聯軍人公墓。米希耶夫的家人僅僅被告知他是死於「履行他的國際主義者義務」。

安德森的海軍作戰部長職務在一九六三年八月被撤換，而後被指派為駐葡萄牙大使。

哈維的貓鼬行動負責人職務在飛彈危機之後被免除，而後派駐羅馬任中情局情報站站長。他在那裡依舊好酒貪杯。

亞佐夫於一九八七年出任蘇聯國防部長[114]，他在一九九一年八月發動政變反對蘇聯總統戈巴契夫，最後以失敗收場。

史卡利在尼克森總統任內出任美國駐聯合國大使[115]。

電影《奇愛博士》用癲狂的空軍將軍特吉森形象揶揄空軍參謀長李梅[116]。一九六八年的美國總統大選，李梅擔任種族隔離主義者華萊士（George C[orley] Wallace, Jr., 1919 - 1998）的副總統候選人。

格瓦拉於一九六五年離開古巴，追求他在全世界推行革命的夢想。一九六七年，他在玻利維亞山區被中情局幕後支持的政府軍隊殺害。

麥納瑪拉繼續擔任國防部長直到一九六八年。他晚年對於自己在越戰戰事升級中扮演的角色幡然悔悟，並進而相信古巴的核子戰爭之所以沒有爆發，純粹是「運氣」使然。

赫魯雪夫於一九六四年十月被免除所有職務。他在主席團的同僚們指控他「妄自尊大」、「魯莽冒險」、「破壞我國政府的國際聲望」，並且把世界帶到「核子戰爭的邊緣」。

羅伯．甘迺迪於一九六八年六月在加州競選總統時遭人刺殺。

約翰．甘迺迪於一九六三年十一月遭人刺殺。刺客曾經是一個左翼抗議團體中的積極活動分子，這個團體自稱為「古巴公平待遇」（Fair Play for Cuba）。

斐代爾．卡斯楚繼續掌權四十五年。二〇〇八年二月，他的弟弟勞爾．卡斯楚繼任古巴總統。

113 譯按：相關內容參見 286 頁起，第七章註號 439–440 所在的正文段落。

114 譯按：相關內容參見 213 頁第五章註號 305 所在的正文段落。

115 譯按：參見本書 267 至 269 頁相關段落。

116 譯按：相關內容參見 173 頁第四章譯註 26 所在正文段落。

後記

古巴飛彈危機幾乎是馬上開始被視為神話。甘迺迪政府的擁護者利用移除古巴的蘇聯飛彈一事，重新將甘迺迪的形象塑造為調停人以及行動派。一般在這種時候會使用的手段自然也用上了，他們特別突出正面之處，刻意淡化負面之處，強調在他與赫魯雪夫意志力的對決中，甘迺迪身為美國總統展現出的堅決意志和熟練本領。御用歷史學者史列辛格則為這段敘事譜寫了連續不斷上揚的曲勢，在他筆下，甘迺迪「有強硬的韌性卻懂得節制約束，加之以意志力、沉著鎮定的膽量以及智慧，全部結合為一，而他又能高明卓越地掌控，分寸的拿捏無人能及」，因此得到「舉世讚嘆」[788]。其他人如羅伯、文膽索倫森，還有許多名不見經傳的追隨者，也都做出這樣過分天真樂觀的結論。

造就這段神話的過程，甘迺迪自己也投身其中。巴烈特是甘迺迪在新聞界關係最好的友人之一[117]，危機甫一結束，甘迺迪就讓巴烈特做了一場不公開紀錄的深度長時訪談。美國駐聯合國大使史蒂文森的主張是用土耳其、義大利和英國的飛彈基地，交換蘇聯在古巴的飛彈發射場[118]；而訪談過後，巴烈特和艾索普（Stewart Alsop, 1914–1974）在《星期六晚郵報》（*Saturday Evening Post*）上發表了一篇專文，其中就描述了甘迺迪是如何抵抗來自史蒂文森的壓力。專文中引用了一位與甘迺迪持相反意見的助理的話，意思是「史蒂文森想要重演《慕尼黑協定》那一幕」[789]。相較之下，甘迺迪則被刻劃成一位意志堅定的領袖，就算跟赫魯雪夫「瞪眼相對」也「絕對不會喪膽」。羅伯是執行委員會裡的「首席鴿派」，他激烈主張要是對古巴發動出其不意的空襲，「豈不就像反過頭來我們自己也做出轟炸珍珠港一樣的舉動，違背所有美國的傳統精神」。

官方對於這段歷史的說法刻意迴避了一些不便公開的實情。與早先的記述內容相較，從執行委員會的會議錄音中可以很清楚知道，羅伯的立場遠遠要模糊許多，甚至前後矛盾。史列辛格在他執筆的傳記《羅伯・甘迺迪與他的時代》（*Robert Kennedy and His Times*, 1978）中聲稱，羅伯「一開始根本算不上鴿派」[790]。危機開始的第一天，他是帶頭鼓吹入侵古巴的其中一人；儘管沒說出口，但他在心裡反覆思考著再次搬演「自沉緬因號」的劇碼——用這樣典型的事件做為消滅卡斯楚的藉口[119]。羅伯依據他從胞兄和莫斯科方面收到的種種信號，在各個陣營的立場之間見風轉舵。至於甘迺迪，從歷史紀錄可以看出直到「黑色星期六」那一天，他的意願都是竭盡所能避免跟赫魯雪夫一決雌雄。甘迺迪與史蒂文森的主要不同之處在於：對總統來說飛彈交換是備而不用的主意，非到最後無路可出之時，錦囊妙計不會打開；但對大使來說，他打一開始就想把飛彈交換放到談判桌上當作籌碼。

赫魯雪夫最初為何決定要用核子飛彈豪賭一把，自然有其時空背景可以解釋，然而由甘迺迪授意而寫的古巴飛彈危機記述，同樣也將其略而不提。蘇聯的飛彈似乎是驀地就瞬間出現在古巴，先前美國並

117 譯按：相關內容參見 188 頁第四章註號 269 所在的正文段落。
118 譯按：相關內容參見 217 第五章註號 315 之後的正文段落。
119 譯按：相關內容參見 55 頁第一章註號 33 之前的正文段落。

沒有表現出絲毫挑釁。「水門案」爆發之後，美國參議院開始調查中情局在一九七〇年代的種種不法行為，在此之前人們對於貓鼬行動所知甚少。隨後揭露的檔案，說明了卡斯楚和他的蘇聯靠山，確實有理由擔心美國會想方設法顛覆古巴的政權，而入侵古巴可能就是美國最後訴諸的手段之一。甚至在古巴飛彈危機期間，美國的祕密破壞行動也未嘗稍歇。赫魯雪夫不遠千里把蘇聯飛彈送到古巴，背後牽涉的動機複雜且多元。他無疑把這步棋視為可以抵消美國核子優勢的一種方法，不過他也是真心誠意想要守護古巴的革命，對抗島嶼北方強大的鄰國。古巴人和蘇聯人害怕美國人的干涉乃是其來有自，並非是共產主義者的偏執妄想而已。

每天例行的外交行動，也並不像甘迺迪陣營想要我們相信的那樣都在「英明掌握之中」。赫魯雪夫在十月廿八日星期天早上突然翻轉立場，為了將其歸功於自己，甘迺迪的助理於是想到可以運用「卓洛普伎倆」（Trollope ploy）的概念，描述黑色星期六這一天美國的外交策略。這個險招之名其來有自，源於英國作家卓洛普（Anthony Trollope, 1815–1882）小說中反覆出現的一種情境：為愛苦害相思的維多利亞時代閨女，選擇把別人無心緊握她的手，解讀為步入婚姻的提議。按照此種記述，研究飛彈危機的學者多年來都認為是羅伯想到可以運用這個伎倆的概念。因為他建議兄長直接忽略赫魯雪夫星期六早上提出的呼籲（土耳其與古巴的飛彈交換）[120]，而接受星期五晚上赫魯雪夫措辭曖昧的提議（只要美國承諾不入侵古巴，蘇聯就拆除在古巴的飛彈發射場）[121]。這是「一個驚人絕妙卻又驚人簡單的想法。」史列辛格寫道[791]。

不過「卓洛普伎倆」中的確有一部分是事實。在索倫森的幫助下，羅伯確實重寫了給赫魯雪夫的答覆，以將焦點更集中在第一封信裡那些聽起來更具有和解意願的部分。另一方面，這也是一份集合多人文字而成的答覆[122]。甘迺迪非但沒有忽略赫魯雪夫的第二封信函，他還指示羅伯告知達勃雷寧，美國會在「四到五個月內」從土耳其撤離飛彈。他也開始為公開的土耳其與古巴飛彈交換，預做一些外交上的準備工作，以免有朝一日真的有此需要。大體而言，相較於當時的各家見解，用「卓洛普伎倆」這個說法解釋那一刻的歷史，給星期六下午執行委員會緊繃的口舌交鋒，帶來更強的連貫性和邏輯性。執行委員會的這場會議可以當作一次絕佳的案例研究：一個氣力放盡的政府，身心俱疲的政策制定者已經被重責大任壓得喘不過氣來，他們如何在唇槍舌劍之中，踉踉蹌蹌走向一個差強人意的折衷方案。

數十年後回首古巴危機，當全世界看似在萬劫不復的核戰絕壁邊緣搖搖欲墜之際，那些曾經參與其中的人必會單獨挑選出兩個特別的時刻。第一個特別的時刻發生在十月廿四日星期三上午，眼看就要在封鎖線上與蘇聯船艦爆發正面衝突，甘迺迪和他的助理都已為此厲兵秣馬做好準備。巴烈特和艾索普把這個情境描繪成危機中「瞪眼相對」的時刻，這是整起事件關鍵的「轉捩點」——甘迺迪堅持不動，但赫魯雪夫「眨眼了」。距離白宮六個街廓的第十六街蘇聯大使館裡，同樣可以感受到這股焦慮不安的情緒。達勃雷寧大使後來回憶，「從美國人的電視畫面上可以看到一艘蘇聯油輪，愈來愈接近那條虛構的封鎖線，我們全部緊盯著拍攝到的連續畫面……四、三、二、直到最後剩下一英里——船會停下來嗎？那

[120] 譯按：相關內容參見 363 頁第十章新聞快報之內容。
[121] 譯按：相關內容參見 266 頁第七章註號 399 之前的正文段落。
[122] 譯按：相關內容參見 471 頁第十三章註號 704 之後的正文段落。

一刻我們在大使館裡的每一個人，都被這股巨大的緊張氣氛牢牢扣住心弦」[792]。

驚心動魄的第二個時刻是黑色星期六，稀奇古怪的事件接二連三爆發，而其中任何一件都可能導致核子戰爭。真正的危險，不再是甘迺迪和赫魯雪夫因意圖相互牴觸而致的衝突，而是他們兩人能否聯手掌控被他們解開束縛的戰爭機器。情況借愛默生（Ralph Waldo Emerson，1803–1882）的金言便差堪比擬：眼下是事件駕馭著人類[123]。而危機自己推動著自己前進。蘇聯在古巴的一支空防部隊未經赫魯雪夫授權，就擊落一架飛越古巴上空的美國 U-2 偵察機；過了沒多久居然有另一架 U-2 磕磕絆絆誤闖了蘇聯領空，而甘迺迪卻毫不知情。這一刻甘迺迪的不滿全部爆發出來——「就是會有混帳東西聽不懂人話。」

美國和蘇聯的檔案紀錄顯示，「瞪眼相對」的那一刻根本就沒有真正發生，至少並不如同甘迺迪和他的助理所想像，也並不如同諸多書籍和電影裡的刻劃。因為赫魯雪夫早在超過廿四小時之前就已經決定，不會冒險與美國海軍在公海上發生衝突。然而對新聞記者、歷史學家和政治學學者來說，這是一個簡單明瞭的假想畫面，也就自然而然被加油添醋成了充滿戲劇張力的重新創作。它也成為大眾對於飛彈危機理解的主要部分。「混帳東西」的那一刻則完全相反，儘管相較之下更加危險，但在學界受到的注意相對來說卻是少之又少。大部分討論飛彈危機的專書甚至根本沒有提到毛茨比的名字；其他的則只用一兩段文字，便草草交代毛茨比飛越楚科奇半島的事件[793]。

之所以鮮少有人關注這起事件，部分原因是史料的匱乏。儘管依據《資訊自由法》（Freedom of Information Act）提出要求已經兩年有餘，美國空軍方面至今仍未發布任何一份文件，以闡明這起戰略空軍司令部史上最顏面掃地的事故。毛茨比隸屬第四〇八〇戰略偵察機聯隊，翻開聯隊的官方隊史，在一九六二年十月的紀錄幾乎全是含糊其辭，令人感到滑稽可笑。隊史記載當月四十二次U-2的高空空氣樣本採集任務「百分之百成功」，而毛茨比的單機飛行任務居然也位列其中[794]。這起九百英里的導航誤差致使從莫斯科到華盛頓的警報大響，甚至可以想像第三次世界大戰因此爆發；而區區一位政府的紀錄人員只有拿到維護國家機密的令牌，才有膽子用這種官腔官調的胡說八道描述這次偏航。

只聚焦於甘迺迪和赫魯雪夫之間的意志力較量，視兩人用歷史難以捉摸的無常變化為代價，這樣的觀點並不恰當。這場飛彈危機後來被視為國際危機處理的典範。據巴烈特和艾索普所言，古巴危機的和平收場激起了「一小撮人內心深處的自信——那些貼近終極責任的人」[795]。總統身邊的人馬開始相信他們自己對於歷史的解釋。結果自信變成了自大。儘管甘迺迪沒有理會他自己的軍事專家給他的忠告，不過他把小心翼翼字斟句酌的信號傳遞給敵對的強權領袖，也藉此贏得偉大的勝利。誰也沒有想過這些訊息有很多都被莫斯科方面錯誤解讀，或者也沒有誰想到赫魯雪夫回應的是他自己想像中的信號，好比他錯信甘迺迪很快就會在電視上宣布發動對古巴的攻擊。策略只要成功，就足以自證其正當性。

美國全新的外交策略思維因而成形——藉由精確調校「強硬和克制」（toughness and restraint）的組合，美國可以迫使世界其他國家不得不聽命行事——而這個概念最糟糕的結果就在越南上演了。麥納瑪拉身邊的那批「神童」提出一種策略，「一面漸進以武力施壓，一面釋放坐下來談的意願」（progressive squeeze-and-talk），希望藉此讓北越共產黨醒悟過來[796]。策略的目標並非擊敗北越，而是運用美國的空優

---

123 譯註：此處所指為愛默生詩作「Ode, Inscribed to William H. Channing」(1846)，原句為「Things are in the saddle, / And ride mankind」。

武力做為信號，將上述意圖傳遞給河內，差不多就像甘迺迪運用封鎖古巴做為顯示自己決心的信號，傳遞給赫魯雪夫一樣。美國的力量遠遠勝過北越，五角大廈的國防智囊團推敲了各種可能的局面之後，提出一系列行動以及反向行動的方法，藉以論證河內不把美國放在眼裡持續違抗，最後不過是徒勞無功而已。一項名為「滾雷」（Rolling Thunder）的轟炸作戰在一九六五年三月展開。哈佛大學校園教授博弈理論（game theory），美國軍事智庫蘭德公司（RAND Corporation）繼而發揚了這套理論，但是北越的領導人對此根本一竅不通。他們完全沒有按照「合乎邏輯」的方式行事，而且毫不理睬來自華盛頓的信號。隨著美國將戰事升級，他們非但沒有打退堂鼓，反而隨之也將戰事升級。

柯立福（Clark McAdams Clifford, 1906–1998）是麥納瑪拉下一任的美國國防部長，據他所論，「古巴飛彈危機帶來的教訓，深深影響了」締造越戰的那一批人[797]。他們認為在甘迺迪與赫魯雪夫的對決中，正是「機動反應」和「控制之下的戰事升級」（controlled escalation）這類概念，幫助甘迺迪盡佔上風——而這次在越南也將同樣行之有效。「華盛頓與莫斯科之間在核武上最終的攤牌較量，他們處理得非常成功，也因此讓他們以為，像北越這樣落後的彈丸之國不可能起而反抗美國的力量，」柯立福解釋，「他們懷抱著一種錯誤寄託的信念，認為無論在任何情況之下，無論在世界的哪一個角落，美國的力量都不可能被比下去。」

曾派駐在西貢的美國大使諾爾廷（Frederick "Fritz" Nolting, 1911–1989），過去也用類似的措辭評論麥納瑪拉及其同僚的自負。「一群講到打仗就起勁的傢伙。」一九七八年出版的一本書裡援引了諾爾廷的訪談，他在訪談中回憶，「他們想要馬上就把事情擺平，迅速把一團混亂收拾乾淨。我們有本事，我們也知道竅門，我們一定可以搞定。我記得有一次我提醒麥納瑪拉得小心，要在越南人的牛車上安裝一顆福特引擎[124]，就算不是不可能，但也絕非易事。」

「那他怎麼說？」訪談主持人想知道。

「他同意我，但他還是說『我們辦得到』。」[798]

今日的新保守派（neoconservatives）也從古巴飛彈危機中吸取到教訓——儘管跟締造越戰的那一批人吸取到的教訓略有不同，但他們犯下的錯誤卻如出一轍。在伊拉克戰爭的籌畫上他們也抱持同樣的驕傲自負，以美國總統的政治意志為先，順位遠勝其餘一切考量。他們非常熱烈信奉「瞪眼相對」這個版本的歷史，不過他們的論點還要再更進一步。二〇〇二年十月，伊拉克戰爭爆發前不久，小布希總統在辛辛那提的一場演講上讚揚甘迺迪總統，願意訴諸武力消滅美國家園可能遭逢的新型災禍（即「蕈狀雲」）。甘迺迪在一九六二年十月廿二日的聲明中指出，「在過去的世界裡，只有實際發射核子武器才代表可能會對國家安全帶來十足的挑戰，構成最大程度的災禍，但現在我們已經不是活在那樣的世界了」，小布希對這段聲明深表贊同，於是在演講中引用。小布希意欲廢止自冷戰以來已經施行超過半個世紀的「圍堵」（containment）策略，事實上他搬出甘迺迪讚許一番，正是為了增加此舉的權威性。不過有件事小布希略而不提，就是這位前任總統身邊最親近的幾位幕僚都促請以軍事解決，但總統卻一意孤行抗拒他們的大聲疾呼。最終在小布希任內，美國的外交政策從「嚇阻」（deterrence）轉變為「先發制人」

[124] 譯註：一九四六年，麥納瑪拉與其他哈佛出身的「神童」一起進入福特汽車公司效力，一九六〇年升任公司首位非福特家族的總裁，未幾即受邀入閣擔任國防部長。

（pre-emption），而轉變的結果很快就在伊拉克看得清清楚楚。

小布希政府的官員在伊拉克問題上展現的狂妄自大，不由得令人回憶起在古巴飛彈危機中竄出頭的那批「佼佼者」（best and the brightest）[125]。國防部長倫斯斐（Donald H[enry] Rumsfeld, 1932–2021）認為，科技的進步以及「震懾策略」（shock and awe）早已取代了傳統的教戰守則[126]。對於巴格達街頭出現無政府狀態的徵兆，他只是目空一切說了句「這種事情在所難免」，完全不當一回事。倫斯斐深信美國在軍事上的優勢無人能及，任何事情都有可能被「某個混帳東西」搞砸，這種主張他根本就懶得理會。就像越戰時期的前任國防部長，倫斯斐也是一個「講到打仗就起勁的傢伙」，心裡同樣相信「辦得到」。

史列辛格把書寫過去稱為書寫現在的一種方式：我們以今時今日發生的事件和論戰為稜鏡，重新詮釋歷史的樣貌。古巴危機之後發生的所有重大事件——越戰、冷戰結束、蘇聯解體、九一一事件、阿富汗和伊拉克的戰爭——我們是帶著對於這些事件的理解，回首一九六二年十月風雨飄搖的那十三天。而未來的歷史學家，還在會站在更有利的制高點檢視這起飛彈危機。

仔細想想究竟孰贏孰輸。危機剛剛結束的那段時間，世人可能大都視甘迺迪為最大的贏家，大部分的美國人無疑也是這麼認為。他實現了自己的基本目標——從古巴移除蘇聯的飛彈——而且沒有把世界牽扯進災難般的大戰。而最大的輸家則是卡斯楚，至少他自己心裡是這麼認為。不過他怎麼想其實無足輕重。卡斯楚從廣播裡得知赫魯雪夫撤除飛彈的決定，盛怒之下砸碎一面鏡子洩憤。兩大超級強國的對弈之中，古巴不過就是一枚棋子罷了。然而塞翁失馬焉知非福，這場飛彈危機卻擔保卡斯楚手握古巴國家大權超過四十年。至於甘迺迪，這場外交政策的重大勝利才過了一年多，他就被一名「古巴公平待遇」的激進分子謀殺身亡。再過了一年，赫魯雪夫也從政治舞臺上消失，其中一部分原因正是這場遠赴古巴的壯舉。卡斯楚才是最後成功存活下來的那一個。

甘迺迪在飛彈危機的勝利導致了許多始料未及的後果，隨著星移斗轉，這些後果也逐漸明朗。其中之一便是因為蘇聯領導人意欲一雪古巴之恥，因而在冷戰的軍備競賽上逐步升級。「這回你們虎口餘生，但你們休想再次全身而退。」蘇聯飛彈移除之後不久，蘇聯外交部副部長庫茲涅索夫就這樣告訴一位美國高級官員[127][799]。蘇聯絕對不可能允許自己再次落入戰略的劣勢。於是為了在軍事上達到和美國勢均力敵，赫魯雪夫之後的蘇聯領導人便開始推動龐大的洲際彈道飛彈計畫。

但這卻又引發另一項歷史上意外的轉折：蘇聯最終的覆滅，這項巨大的軍事力量擴張也是其間一項主因。軍事經費長年增長未歇，這樣的負擔就算是一個自然資源豐沛、財力極度雄厚的國家，都不可能承受得起。以美國為首的自由世界最後終於戰勝蘇聯共產主義的極權世界——只不過實現的方式與許多人原先預期的不同。

美國究竟能否在核子戰爭中取勝，古巴飛彈危機可以視為這則爭論的轉捩點。在一九六二年十月之前，以李梅為首的一群重量級軍中將領，都是支持對蘇聯發動先發制人的第一擊。然而在古巴飛彈危機

---

125 譯註：見 David Halberstam, The Best and the Brightest (New York: Random House, 1972)。
126 譯註：見 Harlan K. Ullman and James P. Wade, Shock and Awe: Achieving Rapid Dominance (Washington, D.C.: National Defense University, 1996)。
127 譯按：相關內容參見 343、344 頁第九章註號 522 所在的正文段落。

之後，即使是這一群將軍也開始重新思考冷戰的勝利是什麼概念。要把共產主義者消滅殆盡，不同樣賠上數百萬美國百姓的性命，顯然是不可能成就的。像古巴飛彈危機這種規模和強度的直接軍事衝突，美國和蘇聯都不可能再牽涉其中了。儘管代理人戰爭（proxy wars）還會繼續在越南、中東、非洲以及其他地方爆發，但再也不會有任何戰爭或甚至只是接近戰爭的形式，迫使美國軍隊直接與蘇聯軍隊衝突。

軍事上的勝利雖無可能，卻帶來了有益的結果：超級強國之間的競爭轉移到其他領域，而在大部分領域裡美國都享有相對的優勢。那些成功抵禦了美國軍事威力的國家——越南就是最明顯的例子——最後也都採用自由市場經濟體系並且向外界開放。潮流之中，古巴是一個顯著的例外。在卡斯楚心裡，單單是可以掌權這麼久，他就已經贏得對抗美國佬的偉大勝利。但實際上，他卻害得這座加勒比海最繁華的島嶼變成一個破敗而貧乏的國家，永遠身陷於五〇年代的時間錯位中無路可出。你只要從邁阿密飛去哈瓦那一趟，就會瞭解誰是得勝的那一方，誰又是潰敗的那一方。

古巴飛彈危機帶給我們最歷久不衰的教訓，就是在這個核子武器的世界中，典型的軍事勝利只是幻覺而已。共產主義之所以戰敗並非由於軍事上的力量，其戰敗乃是由於經濟上、文化上和意識形態上的力量所致。繼任赫魯雪夫的諸位蘇聯領導人，無法為自己的人民提供基本程度的物質富裕和精神滿足。他們打輸了信念的戰爭。於是最後正如我在《打倒老大哥：蘇維埃帝國的衰亡》（*Down with Big Brother: The Fall of the Soviet Empire*）中提出的觀點：共產主義是被自己打敗。

從當今的眼光來看，十月廿四日「瞪眼相對」的對峙大半是杜撰而來，飛彈危機的關鍵時刻並非這個被廣泛神化的對峙。出人意料的真相是那一刻甘迺迪和赫魯雪夫這兩個勢如水火的對手，其實都在尋找解決之道。他們手上都掌握炸毀世界的力量，但只要想到核子武器的毀滅決戰，他們也同樣不寒而慄。他們都是明事理又有智慧的正派之士，分隔他們的汪洋是誤解、恐懼、和意識形態上的猜忌。儘管世間種種確實將他們區別為兩個世界的人，然而他們胸臆之中，對於彼此都默默懷抱一分不為人知的惻隱；賈姬在甘迺迪遇刺後親手寫了一封私函給赫魯雪夫，這分惻隱在信中表露無遺尤其動人：

您與他雖是敵手，但是你們也並肩作戰，因為你們有共同的決心不可以讓世界被核彈炸毀。煩擾先夫最甚的危險因素，是戰爭始於大人物之手的可能，遠遠不及始於小人物之手。大人物知道自制和約束的必要性，而小人物有時候更容易為恐懼和自大所驅使。

而如今我們確實看到，一九六二年十月可能引發戰爭的真正危險因素，並不是來自「大人物」，而是來自「小人物」。黑色星期六的「混帳東西那一刻」就體現了這種危險因素，其時事態的發展看似已經逸出正軌無法掌控了。用倫斯斐的話說，「這種事情」正隨時隨處隨意發生。沒有人可以預測下一個事件會發生在哪裡，或者會把我們帶去哪裡。甘迺迪有個很大的優點，這也是他和小布希在本質上最大的差異：他有一種本能的鑑別能力，可以領會歷史毫無秩序可言的力量。在二次世界大戰中擔任海軍尉官的經歷，讓他學會要做好隨時可能出包的心理準備。他很清楚無論有多少情資川流不息湧入白宮，總司令都不可能鉅細靡遺掌控戰場上大大小小的事。

敵我雙方都握有核子武器，這個事實給甘迺迪添加了一分額外的約束。現在只要發生一起小事件，好比美國戰艦與蘇聯潛艦駁火，就可能導致上千萬美國人民喪生，這成了甘迺迪心中揮之不去的夢魘。只要有一枚蘇聯的核子彈頭落在一座美國城市，就會造成超過五十萬人傷亡，這個數字是南北戰爭傷亡人數的兩倍，思緒每每至此就令人警醒。

俾斯麥（Otto Eduard Leopold von Bismarck, 1815–1898）曾經這樣定義政治直覺：那是一種能力，可以在所有人之前先「聽到遠方隱約的歷史腳步聲」。放棄土耳其的木星飛彈可能給北約帶來怎樣的傷害，黑色星期六的內閣會議室裡就此爆發激辯，然而當唇槍舌劍包圍甘迺迪的那一刻，他必定非常敏銳地聆聽那陣歷史的腳步聲。他的助理滿腦子都是政治和軍事的條件；然而他思考的卻是歷史的條件。他很清楚自己必須拆穿赫魯雪夫的虛張聲勢，否則華盛頓和莫斯科之間的勢力平衡將會自此永久改變。他同時也比會議室裡任何一個人都明白，要是他沒辦法竭盡全力阻止核子戰爭，未來的世世代代永遠都不會原諒他。

從古巴飛彈危機可以看出在政治上，一個人的性格有時候也會產生舉足輕重的作用。心地至關重要。如果一九六二年十月擔任美國總統的另有其人，結果很可能會完全不同。後來羅伯述及參與執行委員會激辯的十多位高級顧問，全部都是「聰明又有幹勁……舉國上下最有能力的人幾乎都在這兒了」。儘管如此，在羅伯眼中「這十多人裡有一半，如果當時是由他們任何一位擔任美國總統的話，世界就非常有可能陷入災難性的戰爭」[800]。他如此推論的立基點在於，他知道執行委員會裡有將近一半的成員贊成轟炸古巴的飛彈發射場；如果先走了這一步，那下一步很可能就得是美國入侵這座島嶼。

即使得益於後見之明，我們仍然不可能知道，如果當時甘迺迪聽從鷹派的建議會帶來怎樣的後果。赫魯雪夫有可能忍氣吞聲嚥下這口惡氣，這當然在情理之中可以想像，但他也有可能轉而痛擊柏林或其他地方還以顏色。我們也可以想像，無論駐守在古巴的蘇聯指揮官從莫斯科收到怎樣的指令，他們都有可能不予理會而使用戰術核子武器自我防衛。又一旦軍事通信系統崩潰，則實際上這類武器的控制權將移交到指揮每一座個別砲兵陣地的上尉或少校手中。我們都知道只需要幾分鐘，就可以發射一枚配備核子彈頭的巡航飛彈攻進關塔那摩灣海軍基地。要是這樣的攻擊真的發生，那甘迺迪就可能會在排山倒海而來的壓力之下，下令以核子武器回敬。如此一來，要把核子戰爭的規模局限在古巴就變得困難重重。

關於蘇聯在古巴的軍事實力，甘迺迪和他的顧問群不甚了了之處頗多。有些威脅其實是他們誇大其辭，另一些則是低估了。情報工作固然有些顯著的成功，然而失敗卻也不在少數。中情局一開始還不覺得威脅有多嚴重，幸而在緊要關頭發現飛彈發射場的興建作業，並十分準確地預估出每一座飛彈發射場可開始運作的時間。不過古巴島上存在戰術核子武器一事，仍然是克里姆林宮緊緊保守超過三十年的祕密。中情局認為古巴島上蘇聯「顧問」的數量，約在六千至八千人之間，而實際上在古巴的蘇聯官兵超過四萬人，其中至少有一萬人是訓練精良的戰鬥部隊。

重新探討這段歷史的紀錄，最令人心頭為之一驚者，乃因循陳舊的見解竟帶來腐蝕性的影響。情報的蒐集沒什麼大問題，問題出在情報的判讀和分析。目擊報告指出有巨大的管狀物體從幾艘蘇聯船艦卸載，而按中情局官方的評判，將蘇聯飛彈部署到古巴「有違蘇聯迄今慣常的做法」；目擊報告與官方評判分歧，故中情局未予理會[128][801]。事後的剖析檢討把這條「幾乎完全在意料之外的情報」，歸咎為「分析過程失靈」所致。有關位於貝胡卡最重要的那座核子彈頭存放中心，事情也可說如出一轍。許多照片都拍攝到那座地堡，還有載運核子彈頭的廂型車以及起重機停放在附近[129]。這個地點只有單獨一層安全圍籬守護，相較之下類似設施在蘇聯都設有可見的多層安全圍籬及衛哨，因此中情局分析員並沒有認真看待。

如今我們已得悉全局，故而對於甘迺迪選擇實施海軍封鎖而非選擇可能導致入侵的空襲，確實已難有怨言。他沒有冒險激怒蘇聯做出麥納瑪拉所謂的「痙攣反應」，他的作為無疑是正當的。對於他的冷靜自制，我們只有感激。在私人方面他有不少缺點，在政治方面他犯過不少錯誤，或許有一部分正是因為這樣，使甘迺迪顯得更有人的樣子。在那個政客妖魔化敵方已成常規的年代，甘迺迪卻提醒美國人他們與俄國人的共同之處。「我們全都住在同一顆星球。我們全都呼吸同樣的空氣。我們全都愛護子孫的未來。我們全都是凡人。」[802]甘迺迪的這種人性就是他——同時也是我們的——最可取之處。

當然也有批評甘迺迪的人。其中最高談闊論的是前國務卿艾奇森[130]，早先幾次執行委員會的論戰他也參與其中。會議的鬆散教這位杜魯門政府的大老目瞪口呆，讓他聯想到的是無拘無束的學術專題研討會，而不是與總統商議戰爭的集會。他贊成鎖定各飛彈發射場為目標發動空襲以掃除威脅，至於這也會致使數千名蘇聯技術人員喪生的顧慮，則被他駁斥不過是「婦人之仁」罷了。艾奇森把危機和平收場歸因於「全然的狗屎運」（**plain dumb luck**）[803]。

這麼說並不公平。飛彈危機的故事裡充斥著錯誤的認知及錯誤的估算。能夠以一步之距側身避開核子末日，憑藉的遠不只是「狗屎運」而已。一九六二年十月，是由約翰·甘迺迪和尼基塔·赫魯雪夫這樣心智健全又沉穩冷靜的人執掌白宮和克里姆林宮——這才是我們真正的好運。

128 譯按：相關內容參見 209 頁第五章註號 297 所在的正文段落。
129 譯按：相關內容參見 575 頁所附照片及圖說。
130 譯按：相關內容參見 88 頁第二章註號 95 所在的正文段落。

謝辭並資料來源小記

當我下定決心要寫一本關於古巴飛彈危機的專書，一開始最常被人問起的問題就是：「一個已經研究得這麼鉅細靡遺的主題，難道還有什麼新的內容可以談嗎？」結果答案是，可以談的可多了。一九六二年十月的十三天，世界與核子毀滅擦身而過；我在兩年的研撰時光裡走遍六個國家，親訪美國、蘇聯、古巴，出乎意料的是居然出現為數驚人的新資料。而有些「舊」資料——好比對於十月廿四日「瞪眼相對」的海軍衝突，公眾普遍相信的那一套記述——原來都不是真實的。本書中一些重要章節的描述，包括蘇聯計畫攻擊關塔那摩灣海軍基地以及U-2偵察機飛越蘇聯領空，都是取材自從未有人使用過的原始資料和文獻。其他資料來源其實長年以來一直就在你我舉目可見之處，但卻乏人問津。因此我很肯定，未來還會有更多真相揭露出來。

過去廿年間，特別是一九九一年蘇聯解體之後，已有為數甚巨的古巴飛彈危機研究素材可供我們取用。不過我卻發現許多涉及這起危機的美國政府檔案——包括戰略空軍司令部（SAC）、參謀長聯席會議（JCS）和國防情報局（DIA）的紀錄——對研究者來說絕大部分仍然不得其門而入，這教我深感詫異。其餘大批保管的資料，包括阿拉巴馬州麥斯威爾空軍基地空軍歷史研究處（AFHRA）的館藏，都是嚴格管制不對外開放。大部分蘇聯政府檔案，特別是國防部的檔案，至今仍然是不公開的機密。至於要能一窺古巴的檔案，恐怕得等到哈瓦那改朝換代的那一天了。

我在英文、俄文和西班牙文各種截然不同的原始資料之間，以三方資料參互考尋（triangulate），推原本根，才得以克服一些求索真相的障礙。舉例來說，我之所以能夠發現黑色星期六清晨，蘇聯已將搭載核子彈頭的巡弋飛彈，部署在距離關塔那摩灣海軍基地僅有十五英里距離之處[131]，這種三角測量式的定位技巧正是關鍵。起初激起我好奇心的是一份蘇聯在古巴的傷亡名單，上面記載一九六二年十月廿七日，有兩名蘇聯士兵在關塔那摩附近殉職。我對調查記者赫許發表於一九八七年十月的一篇專文也頗感興趣，文中說到蘇聯和古巴雙方軍隊在古巴東部的「交火」，而雙方的無線電通訊顯然已遭美國情報單位截聽。赫許的報導中還提及一位名喚馬勒采夫的蘇聯指揮官，下令派遣救護車奔赴現場救援[132]。這幅拼圖的另外一片是一句話，在一本俄文的阿納德行動老兵回憶錄裡，有一句話提到了把 FKR 巡弋飛彈移送到關塔那摩附近的「前沿陣地」（advanced position）。

當我的俄羅斯調查員史學家雀馮娜亞（Svetlana Alexandrovna Chervonnaya, 1948–），追查到殉職的其中一名蘇聯士兵米希耶夫的家人時，這則讓人摸不著頭緒的報導就愈來愈解釋得通了[133]。原來那個午夜，米希耶夫就在運送巡弋飛彈的護衛車隊中：他搭乘的那輛 KRAZ 卡車翻覆到山溝裡[134]。我們還找到當年那個護衛車隊裡的其他士兵，他們也都記得那起事故還有部署巡弋飛彈的任務。而在爬羅剔抉華盛

[131] 譯按：相關內容參見 325 頁起，第八章註號 485–487 所在的正文段落。
[132] 譯按：相關內容參見 653 頁第七章註 440 說明。
[133] 譯按：相關內容參見 653 頁第七章註 438。
[134] 譯按：相關內容參見 286 頁起，第七章註號 439–440 所在的正文段落。

頓海軍歷史中心（Naval History Center, Washington, D.C.）的文件時，我無意中發現一份由關塔那摩灣海軍基地指揮官發出的最高機密訊息，回報在十月廿六日至廿七日夜間偵察到的軍事行動，行動的部隊約有「三千名俄國、中國及古巴官兵，加上不明的火砲裝備」。訊息中提供了部署任務起點及終點的軍事座標，確切位置都在兩百碼誤差範圍之內，而這樣的訊息必然出自無線電截聽。藉由這些座標，我可以標繪出護送行動的位置，就在關塔那摩灣海軍基地十五英里的範圍之內，完全吻合蘇聯老兵們的描述。當我獲悉這支巡弋飛彈團的指揮官是一位馬勒采夫上校，這幅拼圖的最後一片終於拼上，全貌也愈來愈清楚。關於無線電通訊的截聽，赫許說對了；不過那場「交火」的實情他卻說錯了，他錯將其理解為蘇聯士兵和古巴士兵之間的衝突。

後來我在波士頓的甘迺迪圖書館（JFKL），還偶然發現一份美國商人諾克斯的備忘錄，十月廿四日他曾經面晤赫魯雪夫[135]。備忘錄中可見其時蘇聯領導人的言語威脅，這是過去未嘗有人揭露過的史料。赫魯雪夫告訴諾克斯，如果甘迺迪想知道我們到底在古巴部署了哪些武器，那他入侵這座島嶼自會有答案：「關塔那摩灣海軍基地第一天就會灰飛煙滅。」二〇〇六年三月我親自造訪古巴的東方省，關塔那摩周圍崎嶇的地勢我至今記憶猶新。

另一個例子是鑑別出蘇聯核子彈頭的存放地點。這是飛彈危機當時最大的謎團之一，也是至今未曾完全解答的一個謎團。中情局想當然耳認為一定有核子彈頭在古巴，因為要是沒有彈頭，光有飛彈又有何用。但是美國的情報分析員始終沒能找出核子彈頭的存放位置，最後只好作罷打退堂鼓。然而藉由校勘比對幾種迴異的情資，我相信自己已經解開這個謎團。當年負責處理這些核子彈頭的蘇聯軍官，在他們自己的回憶錄還有在與我的訪談之中，對於存放彈頭的地堡位置有些籠統的描述。他們說存放核子武器最主要的那座地堡，位在哈瓦那以南的小鎮貝胡卡附近。於是二〇〇六年三月我親自走訪貝胡卡，但仍未能辨識地堡的確切位置。然而我在馬里蘭州大學公園市的國家檔案暨文書總署（NARA），埋首研究資料的時候，竟無意中發現一些資料指出貝胡卡附近有座「存放彈藥的地堡」。結果是中情局原先就曾懷疑，這座地堡可能就是用來存放核子彈頭的處所，而後來未予深究的原因，是這座設施周圍並沒有層層安全圍籬護衛。

二〇〇七年夏天，我發現在飛彈危機期間，美國海軍和空軍飛機所拍攝的原始情報底片膠卷，悉數被移交到國家檔案暨文書總署，這使我在搜尋核子彈頭的工作上迅速有了進展。更準確地說，這數十萬罐國防情報局的底片膠卷，是被庫存在檔案總署位於堪薩斯州的倉庫。現在只有一個問題：檔案檢索工具（finding aids）上載錄的膠卷內容，絕大部分仍然只有「機密」二字。我沒辦法從這一罐罐膠卷的編碼中推敲出什麼規律或邏輯，這讓整個調查過程差不多等於大海撈針。我每一次最多只准調閱廿罐膠卷，接著膠卷就會連夜從堪薩斯州空運到華盛頓。在膠卷機上瀏覽了超過一百罐膠卷，總數有數萬張照片之後，我深深覺得自己吉星高照，竟在其中發現一些過去未嘗公開的照片，內容是一九六二年十月美國偵察機拍攝到的貝胡卡存放場所。膠卷中有幾格照片還拍到了在古巴載運核子彈頭的廂型車，由此可見我找到了正確的地方。我用這些照片配合當前 Google Earth 上的影像，終於找出當時核子彈頭存放地點

135 譯按：相關內容參見 155 頁起，第四章註號 209-212 所在正文段落。

的確切位置。

最後一個例子是揭露U-2偵察機飛越楚科奇半島上空的細節，同樣也是發生在黑色星期六的事件。在關於飛彈危機的學院權威記述中，這起事件往往都只是草草一筆帶過。毛茨比隸屬的戰略偵察機聯隊，在隊史中十分離奇地宣稱他的任務「百分之百成功」；然而除了這條資料之外，美國空軍竟沒有解密任何一條關於毛茨比飛行任務的資訊。二〇〇五年起，我開始力促美國空軍拿出毛茨比的飛行任務資料，但他們甚至連戰略空軍司令部的相關紀錄放在哪裡，都沒辦法（或者其實是不願意）說出個所以然。我必須依靠其他資料來源才能拼湊出這起事件的全貌，其中之一就是毛茨比詳載許多細節的回憶錄。這是毛茨比在一九九八年因肺癌辭世之前寫下，他的遺孀琴（Jeanne Maultsby）將這份回憶錄提供給我。我還採訪了毛茨比的導航員沖本[136]，以及其他駕駛U-2偵察機的飛行員同袍，才得以將來龍去脈補充完整。在我的促請之下，國家檔案總署解密了國務院執行祕書處（State Department Executive Secretariat）的案卷，而我在其中竟發現了極為關鍵的文件——一張可以看出毛茨比確切飛行路線的地圖，而當時蘇聯米格機受派升空擊落毛茨比，美軍追蹤米格機的資料也隨附於後。我懷疑國務院負責解密的人員並未意識到這張地圖的重要，因此在不經意間釋出了這張地圖。讀者可以在本書581頁一窺地圖全貌，上面沒有任何關於機密層級的註記。很難理解為何官方至今依然高度保密毛茨比的飛行任務，對此守口如瓶。看起來最合理的解釋就是，美國政府不想證實那個眾所周知的事實——美國截取蘇聯空防的即時追蹤，利用這些報告釐清迷航的U-2飛行員究竟出了什麼狀況，然後帶領他平安回家。

在研撰本書的兩年時光中，我在美國、俄羅斯、烏克蘭以及古巴，採訪了一百多位參與飛彈危機的退伍老兵。這些訪談我多有引用，因此他們的名字大部分已經出現在各章後的尾注，在此我就不一一複述；但有幾位的大名我特別想再次一提，並藉此再申謝悃。雀馮娜亞是一位令人肅然起敬的檔案探子，本書中好幾起重大歷史事件的真相都是由她率先揭露出來，我在俄羅斯的調查研究都是仰仗她的協助。蘇聯間諜費克利索夫曾經監督羅森堡竊取美國軍事機密[137]，飛彈危機期間負責運作蘇聯國安會（KGB）在華盛頓的行動；託雀馮娜亞的福，我方能數次面晤費克利索夫。蘇聯退伍老兵的團體以格里博科夫將軍和桑尼科夫（Leonid Sannikov）兩人為首，前者在飛彈危機期間擔任蘇聯參謀總部派駐哈瓦那的代表[138]，後者在飛彈危機期間還是年輕中尉，在大薩瓜附近其中一支飛彈團服役；雀馮娜亞居中牽線，讓我得以與他們有所往還。桑尼科夫營運的組織叫做「跨區域國際主義戰士協會」（Mezhregional'naya Assotsiatsia Voinov-Internationalistov），這個組織搜集了退伍老兵的信函與回憶錄，橫跨的時間從飛彈危機一直到過去十年，他慨然應允我查閱這些文獻。他還居中協助我聯繫他組織裡的許多成員，此外還引見我給卡洛夫中校[139]；卡洛夫是俄羅斯戰略飛彈部隊（Strategic Missile Forces, RVSN）的歷史學家，他爬梳原始文獻，使他對阿納德行動淵博的認識猶如一本百科全書，而這些文獻至今仍未開放給西方研究者。

當年在古巴經歷飛彈危機的蘇聯老兵之中，我特別想要感謝葉森大將，他是前任蘇聯戰略飛彈部

[136] 譯按：相關內容參見 404 頁，第十一章註 610 所在的正文段落。
[137] 譯按：相關內容參見本書 200 頁，第五章註 283 所在的正文段落。
[138] 譯按：相關內容參見第三章註號 159 及 168 所在正文，分別在本書 122、127 頁。
[139] 譯按：相關內容參見 679 頁第一章註 57。

隊參謀長，一九六二年十月時他則是派駐古巴的中尉工程師[140]。葉辛現在是莫斯科美加研究所（USA-Canada Institute）的教授，R-12中程彈道飛彈是如何運作以及飛彈的發射程序，都是由他不厭其煩解釋給我聽。至於如何將飛彈瞄準美國的城市，我的理解深深得益於蘇聯總部彈道飛彈部的副部長之一，奧布利津少校[141]。奧布利津是知名數學家，在那個還沒有電腦運算和全球定位系統（GPS）的時代，他就做過很多以華盛頓和其他美國城市為攻擊目標的複雜彈道計算。阿納斯塔西耶夫將軍則告訴我許多押運蘇聯核子彈頭的故事，做為我到基輔拜訪他的招待，這些彈頭還包含他親自負責押運的六枚廣島型原子彈[142]，他說給我聽的故事無一不教我目瞪口呆。

在美國，我十分榮幸可以採訪幾位親身參與的政界老兵，包括前國防部長麥納瑪拉以及甘迺迪的特別顧問兼文膽索倫森。我要特別向布魯吉歐尼致謝，他是國家照相判讀中心主任朗道爾的首席助理，他花了很多時間教導我照相偵察這門技藝，以及當時這門技藝是如何運用在古巴飛彈危機上。布魯吉歐尼還提醒我，原始空拍情報的底片膠卷已經移交到國家檔案暨文書總署，促使我踏上一段途多窒礙卻終究不虛此行的查案之旅。其他特地費心助我一臂之力的飛彈危機美國老兵還包括：曾經在國務院服務的加特霍夫（Raymond L[eonard] Garthoff, 1929–），本書原稿的早期幾篇手稿曾經請他評閱，他的高見使我獲益良多；U-2偵察機飛行員黑澤和麥乙爾莫伊[143]，飛彈危機期間，他們兩位都曾駕機飛越古巴上空；海軍陸戰隊第二軍團作戰官希澤克，危機當時他準備隨海軍陸戰隊登陸古巴[144]；白宮會議記錄官帕羅[145]、國務院情報研究局副局長修斯[146]、以及JM/WAVE官員法蘭克[147]這三位情報老兵。第五十五戰略偵察機聯隊非正式的歷史官胡佛（Robb Hoover），協助我聯繫他部隊裡的許多退伍老兵；卡西迪（George Cassidy）也是一樣，協助我聯繫過去在牛津號偵察艦上服役的退伍老兵；他們二位對我的協助我銘感在心。在佛羅里達州，我要特別感謝《邁阿密先鋒報》的前任記者博寧（Don Bohning），介紹我認識過去在反卡斯楚鬥爭中的老兵，包括古巴流亡學生歐布雷貢[148]，還有飛彈危機期間在東方省從事祕密工作的中情局幹員巴斯夸[149]。我還要對貝拉致上感謝，在馬塔安布雷銅礦的祕密破壞行動功虧一簣之後，中情局置他於不顧，致使他在古巴度過十七年的牢獄歲月。現在他住在坦帕市。

我未曾獲得古巴當局的絲毫援助。為了入境調查飛彈危機，我申請了古巴簽證，時值卡斯楚時代末年，權力正轉移到勞爾手上，而我的簽證顯然因為此際哈瓦那官僚體系的癱瘓而受阻：要是沒有最高領導人點頭，在古巴即使是個簡單的決定都沒辦法做。不過到頭來，其實我並不認為缺少官方協力對我的調查而言有什麼差別。因為古巴官方提供給其他歷史研究者的協助，絕大部分也僅限於卡斯楚長篇大論的獨白（關於飛彈危機這個主題，他想講的話差不多全在這裡面），還有幾位經過謹慎篩選的老兵訪談。美國國家安全檔案館（National Security Archive, NSA）是一個隸屬於喬治華盛頓大學（George

140 譯按：相關內容參見 664 頁第四章註 273。
141 譯按：相關內容參見 189、190 頁，第四章註號 272–273 間的正文段落。
142 譯按：相關內容參見 117 頁起，第三章註號 146-148 間的正文段落。
143 譯按：相關內容參見 646 頁第九章註 526。
144 譯按：相關內容參見 665 頁第四章註 262。
145 譯按：相關內容參見 46 頁第一章註號 23 所在的正文段落。
146 譯按：相關內容參見第 448 頁十二章註 677 所在的正文段落。
147 譯按：相關內容參見 657 頁第六章註 376。
148 譯按：相關內容參見 255 頁第六章註號 380 所在的正文段落。
149 譯按：相關內容參見 206 頁起，第五章註號 292–294 之間的正文段落。

Washington University, Washington）的非營利團體，而他們所主辦的研討會，早已充分記錄了古巴官方對於飛彈危機的觀點。二〇〇六年和二〇〇七年，我曾兩次私下親赴古巴遊歷，期間行遍整座島嶼，造訪了許多與飛彈危機有關聯的地點，包括格瓦拉在比那德里歐省藏身的洞穴[150]、馬塔安布雷的銅礦場、美國海軍陸戰隊原先打算入侵時登陸的塔拉拉海灘，以及艾爾奇科的蘇聯總部。遊歷過程中我也私下與數十位古巴民眾攀談，一九六二年十月發生的事，其中好幾位至今記憶猶新。

飛彈危機老兵們的口述憶往對我的調查研究至關重要，不過我仍然把所有這類口頭上的見證，與白紙黑字的文字紀錄交互核對。因為即使是心思最周密最嚴謹的目擊證人，在事件發生四十年後也可能被記憶捉弄，很容易就犯下錯誤，把分明不同的事件混為一談，或者把日期混淆。檔案的紀錄也常有不完整之處，有時候也不準確。甚至連執行委員會成員，有時候也會收到不正確的情資，後來就硬是出現在各種有關飛彈危機的記述當中。此處我就略舉二例以證。第一，十月廿四日這天中情局局長麥孔在日記中記下，一艘蘇聯船艦在航向古巴途中正面遭遇一艘美國驅逐艦，隨後便調頭返航；其實從來就沒有這件事。第二，黑色星期六這天麥納瑪拉向甘迺迪總統報告，一架飛越古巴上空的美國偵察機被防空火砲擊中；結果報告的內容是不正確的。因此對於研究者來說，最明智的方法是找出多重資料來源，然後利用文書紀錄做為證據，核實口述歷史的真偽，反之亦然。

國家安全檔案館網羅的古巴飛彈危機相關文獻卷帙浩繁，對當代歷史學者而言是不可或缺的參考資料，而這裡也是我檔案研究的起點。檔案館在布蘭頓（Tom Blanton, 1955–）的主持下開風氣之先，積極而激烈地利用《資訊自由法》，設法從剛愎桀驁的美國官僚體系手中窺探歷史文件。以古巴飛彈危機為例，檔案館在一九八八年具有里程碑意義的法庭攻防中，贏得權利可以使用由國務院歷史學家編纂的資料集。國家安全檔案館還與學術研究人員合作，協助主辦了好幾場以飛彈危機為題的重要學術研討會，其中包括一九八九年在莫斯科舉辦的一場，以及一九九二年和二〇〇二年在哈瓦那舉辦的兩場。我對國家安全檔案館的好幾位成員懷抱深深的感激，他們是布蘭頓、莎芙蘭絲凱雅（Svetlana Savranskaya）[151]、科恩布魯（Peter Kornbluh, 1956– ）、伯恩（Malcolm Byrne）以及伯爾（William Burr），謝謝他們提供文獻給我，並且全面引導我走上正確的方向。為了酬謝這樣的恩情，我也透過檔案館，把我自己研究飛彈危機的紀錄提供給其他研究者使用。

飛彈危機研討會的文字紀錄可見於布萊特（James Blight）、阿稜（Bruce Allyn）、魏爾奇（David Welch）等人所著的「在戰爭邊緣」（On the Brink）書系，書目可見於我每次引用時的出處注。在古巴政府將他們的檔案公開給研究者之前，這批研討會材料仍然是研究古巴政府觀點時，可以取用的最佳原始資料。至於執行委員會的會議文字紀錄，我則主要依賴維吉尼亞大學米勒公共事務中心的出版品[152]。這些文字紀錄的出版仍然持續進行而且有所更新，以顧及其他學者提出的異議，尤其是甘迺迪圖書館前任歷史學者史騰所指出的各種錯誤[153]。即使如此，關於執行委員會當時的會議實況，這些文字紀錄仍然是最全

[150] 譯按：有關波大雷山洞，參見 149 頁第三章註 202 所在正文及 669 頁該註內容，另參 567 頁之照片。
[151] 譯按：相關內容參見 659 頁第六章註 340、629 頁第十四章註 751。
[152] 譯按：即 JFK2 及 JFK3，相關內容詳參 683 頁第一章註 5 所述。
[153] 譯按：相關內容參見 632 頁第十三章註 716 所述。

面而詳盡的資料來源，而且可以經由米勒中心的網站非常方便地取得，還附有會議的原始錄音。

關於飛彈危機的蘇聯文件紀錄，在美國還比在俄國更容易取得。而蘇聯研究素材的最佳來源，就是華盛頓國會圖書館的沃科戈諾夫特藏。沃科戈諾夫（Dmitrii Volkogonov, 1928–1995）是蘇聯軍事歷史學家，「冷戰國際史計畫」（Cold War International History Project）已將他蒐集的許多文獻譯為英文，並刊載於計畫的通訊（CWIHP）。其他的蘇聯文獻，則是由國家安全檔案館的莎芙蘭絲凱雅，以及哈佛大學冷戰研究計畫的主持人克雷默（Mark Kramer）提供給我。克雷默對蘇聯和東歐的檔案做過大量研究，他在關於蘇聯軍事方面的著作深具權威。而關於蘇聯潛艦在飛彈危機期間發揮的作用，莎芙蘭絲凱雅則是美國在這方面的專家。她私下採訪過許多這場危機之中的蘇聯關鍵角色，其中就包括那四位狐步級潛艦的船長。她介紹我認識潛艦B-59上的成員歐洛夫[154]，還提供我潛艦B-36船員安德力毅夫的日記[155]。俄羅斯聯邦外國情報局（SVR）的媒體中心，則提供我飛彈危機期間蘇聯情報報告的副本。

關於古巴飛彈危機的檔案特藏在美國有三大重鎮：波士頓的甘迺迪圖書館（JFKL）、馬里蘭州大學公園市美國國家檔案暨文書總署（NARA），以及華盛頓的海軍歷史中心（USNHC）。每一處各有其優缺點。就白宮的角度而言，在有關飛彈危機的文件檔案中，甘迺迪圖書館的國家安全案卷是最全面且最容易取得的資料來源。不過很可惜，甘迺迪家族對於部分館藏仍然加以限制。羅伯・甘迺迪的私人紀錄，其中還有許多涉及失敗的貓鼬行動，這些紀錄大部分都把獨立研究者拒於門外。甘迺迪家族還堅持，研究者如果要檢閱總統的醫療紀錄，就必須要有「合格的」醫學專家隨行。波士頓大學的流行病學教授霍斯伯格（Robert Horsburgh）慷慨答應我挪出一個下午的寶貴時間，陪我仔細查閱了那些醫療紀錄。甘迺迪圖書館前任館長列芙（Deborah Leff）給我的協助和建議，我謹於此致上謝忱。

國家檔案暨文書總署的相關紀錄散布為不同單位的館藏，而且對公眾開放的程度也大不相同。說來奇甚，這裡面最為豐富又最容易取得者，居然是中情局的館藏——這可是個時常因為不夠公開透明而飽受指摘的單位。中情局對於飛彈危機的大量紀錄，包括每天的照相判讀報告、蘇聯飛彈系統每天在古巴的狀態更新，都可以在檔案總署藉由CREST電腦系統取得數位版本。貓鼬行動的詳細文件檔案，可以利用國家檔案總署網頁的線上搜尋工具，在甘迺迪刺殺案紀錄特藏（JFKARC）中找到。這批極其珍貴的館藏彙集了許多文件（其實只是附會於刺殺案，其間關聯十分薄弱），好比一九六二年十月美國海軍陸戰隊入侵古巴的計畫，以及飛彈危機期間滲透在古巴內部的美國幹員報告。

相較之下，五角大廈有關飛彈危機的紀錄則是稀稀疏疏少之又少。國家檔案總署雖應我的要求，啟動了國防部長辦公室飛彈危機紀錄的解密程序，然而他們還是以需要進一步「篩檢」為由，扣留了數百份重要文件不予公開。正如前文所及，國防情報局收集的原始情報底片膠卷大部分雖然都已解密，不過由於實際上根本沒有任何檢索工具可以使用，使得大部分館藏形同無法取得。國務院有關飛彈危機的絕大多數紀錄，則都可提供為研究之用。以下幾位曾經協助我解密以及取得國家檔案總署的古巴飛彈危機檔案，於此我敬表感謝之意：溫斯坦（Allen Weinstein）、克茲（Michael Kurtz）、麥唐諾（Larry MacDonald）、南寧格（Tim Nenninger）、孟格爾（David Mengel）、羅林斯彌爾頓（Herbert Rawlings-

154 譯按：相關內容參見 466 頁第十三章註號 700 所在段落及 633 頁該註內容。

155 譯按：相關內容參見 234 頁第六章註號 340 所在段落及 659 頁該註內容。

Milton），以及馬席斯（James Mathis）。我也由衷感謝GlobalSecurity.org網站的布朗（Tim Brown），協助我瞭解國防情報局的影像資料。

在將飛彈危機紀錄公開給大眾使用方面，美國的四個軍種當中，要屬美國海軍和海軍陸戰隊做得最好，儘管他們在歷史研究方面能夠取得的預算，其數目只是空軍的零頭而已。我花了好幾個星期在海軍歷史中心的紀錄中爬梳，其中包括從古巴周邊封鎖線傳回的每分鐘即時報告、海軍作戰部長（CNO）辦公室日誌，以及每日情報摘要。謹此感謝海軍歷史中心的派帝（Tim Petit），和海軍航空歷史部門（Naval Aviation History Branch）的烏慈（Curtis A. Utz）。

與海軍相較，若就外部學者可以取得的資料著眼，關於空軍在飛彈危機中扮演怎樣的角色，空軍自己的檔案紀錄幾乎乏善可陳。空軍到目前為止解密的紀錄大部分都是隊部的歷史，而不是像命令、電報，以及報告這種形式的原始素材。這些隊史的價值儘管各有高低，但大多時候只不過是打算藉此美化空軍的形象，而非對於飛彈危機期間的實際情況提供詳實的記述。空軍的審查機制使得官方紀錄中，刻意略而不提那些令他們顏面掃地的事件，毛茨比的事就是最好的例子。我一而再再而三提出公開飛彈危機紀錄的請求，空軍的回應只是釋出更多的隊部歷史，而鮮有那些關乎根本的文件檔案。謹此感謝史密絲（Linda Smith）與賓德（Michael Binder）二位，他們在部門嚴設的限制範圍之內盡可能協助我。麥斯威爾空軍基地空軍歷史研究處（AFHRA）的佩提托（Toni Petito），在我訪問期間同樣對我協助甚多。柯特蘭空軍基地空軍安全中心（AFSC）的艾利（Louie Alley），在我針對特定事件提出調閱資料的請求後，總能即刻給我回應。

研究和寫作都是孤獨的志業，這也使我更加感激在這條路上對我伸出援手的機構與個人。我要特別感謝美國和平研究所（U.S. Institute of Peace, USIP），在二〇〇六至二〇〇七學年頒發給我高級研究員的研究獎助。我之所以能夠前往俄羅斯和古巴考察，並投入更多時間在研撰工作上，全都是因為美國和平研究所的這份資助，否則恐怕不是如今這番光景。幸虧有美國和平研究所，我才有機會以兩年的執行期程完成寫作計畫，而非是半年的執行期程而已，也因為如此，這本書最後才能成為一本更好的書。美國和平研究所的許多人使得上述一切得以實現，但我尤其想要感謝的是所羅門（Richard Solomon）、布薇耶（Virginia Bouvier），以及我計畫裡的研究員霍布魯克（Chris Holbrook）。

我要感謝塞爾戈．米高陽（Sergo Mikoyan, 1929–2010）和塞勒給．赫魯雪夫（Sergei Khrushchev, 1935–2020），謝謝他們對於蘇聯政治系統的第一手洞見，也謝謝他們拉開簾幕，讓我們得以一窺中央政治局（Politburo）高級成員的生活方式。塞爾戈擔任父親米高陽的非正式顧問，隨同父親數次前往古巴；塞勒給編輯了父親勒魯雪夫的回憶錄，並且投身蘇聯的火箭計畫。

研撰一本像古巴飛彈危機這類主題的專書，是一個認識外國同時學習外國文化的絕佳機會。由於《華盛頓郵報》在一九八八至一九九三年間，委派我擔任駐莫斯科記者，故我在這次研究計畫開始之前，就已經對俄羅斯和俄羅斯人有相當的理解；不過當我再訪莫斯科時，是靠雀馮娜亞的大力協助方使此行如魚得水。我在基輔的導遊是巴格達諾娃（Lena Bogdanova），她是一位才華洋溢的社會學博士生。古巴和拉丁美洲的一切對我來說大多是陌生的。阿羅塞梅娜（Miryam Arosemena）教我西班牙文，介紹我領略拉丁美洲的文化、歷史和文學，在此我要對她說聲特別的謝謝（*gracias*）。幸虧有阿羅塞梅娜，我才能靠自己遊歷古巴，而不必依賴翻譯和官方導遊。

葛林（Ashbel Green, 1928–2012）是全美最傑出的編輯之一，他在納普夫（Knopf）出版社任職廿三年，於二〇〇七年底退休；一如我先前幾本著作，在研撰本書的過程中，葛林的建議使我獲益良多。葛林曾經編輯過的作者包括沙卡洛夫（Andrei Dmitrievich Sakharov, 1921–1989）[156]、哈維爾（Václav Havel, 1936–2011）[157]、和吉拉斯（Milovan Djilas, 1911–1995）[158]，我何其有幸竟能與他們為伍。暮雲春樹之思，常在我心。葛林將本書轉交予米勒（Andrew Miller）負責，對於如何精進本書，米勒又繼而提出許多寶貴建議。納普夫出版社的工作人員裡，我還要感謝下列幾位：薛碧兒（Sara Sherbill）讓一切得以按部就班；編審阿黛曼（Ann Adelman）、圖書設計師歐森（Robert Olsson）、地圖繪製師林卓特（David Lindroth）、出版編輯薇爾森（Meghan Wilson），還有布赫（Jason Booher）為本書設計精美的封面。我同樣要特別感謝我的經紀人薩加林（Rafe Sagalyn），他的友誼和支持我銘感於心。

在莫斯科，貝克（Peter Baker）、葛菈瑟（Susan Glasser）、芬恩（Peter Finn）、伊凡諾夫（Sergei Ivanov）和黎普曼（Masha Lipman），都不辭勞苦特地前來協助。在波士頓，畢姆（Alex Beam）和瓏珀格（Kiki Lundberg）的盛情款待讓我賓至如歸。在倫敦，姪兒彼得（Peter Dobbs）和姪媳蜜雪兒（Michelle）提供我食宿，歷久不變的慷慨，一如我的兄弟傑弗瑞（Geoffrey）待我。

在納普夫出版社的編輯群之外，還有一些人也費心閱讀了本書的草稿，我也深深得益於他們提出的建議，他們是布蘭頓、莎芙蘭絲凱雅、加特霍夫、霍夫曼（David E[manuel] Hoffman, 1953– ）、黎普曼，特別是歷史學家薛文（Martin Sherwin, 1937–2021），他的剖析就像解剖刀那樣精準而審慎。我的母親瑪麗（Marie Dobbs）自己就有條件成為一位作家，本書早期的草稿經她寓目之後，提出的批判是如此廣泛，促使我在接下來兩個月伏案修改。

一如既往，我要對妻子麗莎（Lisa），以及我們的三個孩子艾力克斯（Alex）、奧莉薇婭（Olivia）和喬喬（Jojo），致上最深最深的感激。我要把本書獻給奧莉薇婭，她的音樂創作能力、語言學習的天分，還有對這個世界的好奇心，都在我埋首本書的兩年歲月裡，綻放為花朵。

156 譯註：蘇聯原子物理學家，氫彈之父，一九七五年獲諾貝爾和平獎。

157 譯註：捷克劇作家，一九九三年當選捷克與斯洛伐克分立後的首任總統。

158 譯註：南共異議分子，一九五三年南斯拉夫副總理、聯邦人民議會主席，著有《新階級：共產主義制度的分析》（*The New Class: An Analysis of the Communist System*, 1957）。

一九六二年十月廿九日，國家安全會議執行委員會在白宮內閣室開會。從國旗位置開始，與會人員按順時針方向依序為：國防部長麥納瑪拉、國防部副部長吉爾派崔克、參謀長聯席會議主席泰勒將軍、國防部國際安全事務助理部長尼采、新聞署代理署長威爾森、總統文膽索倫森、國家安全顧問邦迪（身影遭擋）、財政部長狄龍、副總統詹森（身影遭擋）、司法部長羅伯、無任所大使湯普森、武器管制與裁軍署署長佛斯特（William C[hapman] Foster, 1897–1984）、中情局局長麥孔（身影遭擋）、國務次卿波爾、國務卿魯斯克，以及總統甘迺迪。
〔斯托頓｛Cecil William Stoughton, 1920–2008｝攝，甘迺迪總統圖書館所藏〕
（譯按：相關內容另參676頁註91）

一九六二年十月，總統甘迺迪與司法部長羅伯在白宮西翼外。
〔斯托頓攝，甘迺迪總統圖書館所藏〕

一九六一年六月在維也納，赫魯雪夫與甘迺迪僅有的一次面晤。〔USIA-NARA 資料照片〕
（譯按：情節另參84頁第二章註號81所在段落）

一九六〇年九月在紐約市哈林區，赫魯雪夫擁抱卡斯楚。〔USIA-NARA 資料照片〕
（譯按：情節另參98頁第二章註號113所在段落）

飛彈危機期間，卡斯楚與蘇聯駐古巴軍隊最高統帥普利耶夫將軍（右立者）在艾爾奇科。〔MAVI資料照片〕
（譯按：情節另參110頁第二章註號135後的正文段落）

一九六二年十一月，卡斯楚與知他甚深的蘇聯部長會議第一副主席米高陽。兩人後方是蘇聯駐古巴大使阿列克謝夫。〔USIA-NARA資料照片〕

在佛羅里達州西嶼，某次古巴偵察任務起飛前，地勤人員正在檢修RF-8十字軍噴射機。在機身底部可見最重要的前向照相機所在艙室。〔USNHC資料照片〕
（譯按：相關內容另參124頁第三章註號162後正文段落）

十月廿三日，海軍第六十二輕裝攝影中隊指揮官艾克中校（左立者），領導首次飛越古巴的低空偵察拍攝任務，與他握手的是海軍陸戰隊上尉哈德森。機身上可見卡斯楚與死雞的圖案，用以紀念每一次成功的古巴偵察任務。〔USNHC資料照片〕
（譯按：另參124頁起第三章註號161至163所在段落）

聖克里斯托巴鎮中程彈道飛彈第一號發射場，核子彈頭掩體正在興建當中。照片是艾克以機鼻的前向照相機拍攝，同時以側向照相機拍攝了下圖。〔NARA資料照片〕
（譯按：另參124頁起第三章註號161至163所在段落）

十月廿三日，艾克在藍月任務5003中所攝聖克里斯托巴鎮中程彈道飛彈第一號發射場。照片中可見飛彈設備、燃料卡車以及裝載核子彈頭的廂型車。照片是以機身左側的側向照相機拍攝，與上圖為同一時間所攝。〔NARA資料照片〕
（譯按：另參124頁起第三章註號161至163所在段落）

十一月一日，美國空軍RF-101巫毒噴射機（RF-101“Voodoo”jet）在古巴領空視察飛彈發射場的拆除狀況。此照片過去未曾公開。〔NARA資料照片〕

十月廿五日星期四，美國海軍RF-8十字軍噴射機在藍月任務5010中飛越古巴中部。此照片過去未曾公開。〔NARA資料照片〕

十月廿五日，美國常駐聯合國大使史蒂文森用蘇聯飛彈發射場的照片，在安全理事會上申辯。〔聯合國資料照片〕

古巴中部聖胡利安的地對空飛彈發射場，照片中間可見雷達與發射控制車，四散在周圍的則是以壕溝包圍並且以偽裝掩飾的飛彈。此照片過去空軍未曾公開。〔NARA資料照片〕

黑澤上校在十月十四日駕駛U-2偵察機拍攝的照片，這也是第一張說服甘迺迪總統相信蘇聯在古巴部署了中程彈道飛彈的照片。照片中所見即聖克里斯托巴鎮中程彈道飛彈第一號發射場，亦即十月廿三日艾克中校拍攝的同一地點。〔NARA資料照片〕（譯按：相關內容另參124頁第三章註號161前的段落）

駐紮在大薩瓜鎮附近的第七十九飛彈團（R-12中程彈道飛彈）指揮官西鐸洛夫上校。〔MAVI資料照片〕（譯按：相關內容另參68頁起第一章註號51至53所在段落）

十月廿三日所攝，大薩瓜鎮中程彈道飛彈第二號發射場。〔NARA資料照片〕

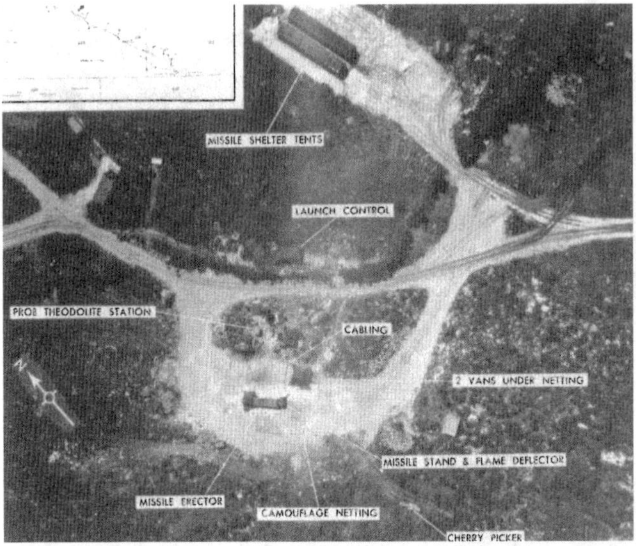

大薩瓜鎮飛彈發射陣地特寫。〔NARA資料照片〕
（譯按：相關內容另參203頁第五章註號289前正文）

插入照片為蘇聯在古巴飛彈部隊的指揮官斯塔琴科少將。〔MAVI資料照片〕

哈瓦那國家飯店外，一臺古巴的防空炮已在馬雷貢濱海大道就防禦位置。〔二〇〇二年哈瓦那會議上提供的古巴政府檔案照片〕
（譯按：相關內容另參128頁第三章註號170後段落）

格瓦拉（左）與蘇聯駐古巴大使阿列克謝夫（右）。阿列克謝夫受任為大使之前，是第一位代表蘇聯官方與古巴革命領袖往來的國安會（KGB）特務。〔MAVI資料照片〕
（譯按：相關內容另參243頁第六章註號350後正文段落）

聖克里斯托巴飛彈發射場上方山區的洞穴，飛彈危機期間格瓦拉即以此地做為總部。洞穴內的混凝土結構體是古巴士兵為格瓦拉所搭建，讓他得以保有一些個人隱私。這處洞穴現在是祀奉格瓦拉的聖祠。〔作者所攝〕
（譯按：另參149頁第三章註202所在正文及669頁該註內容）

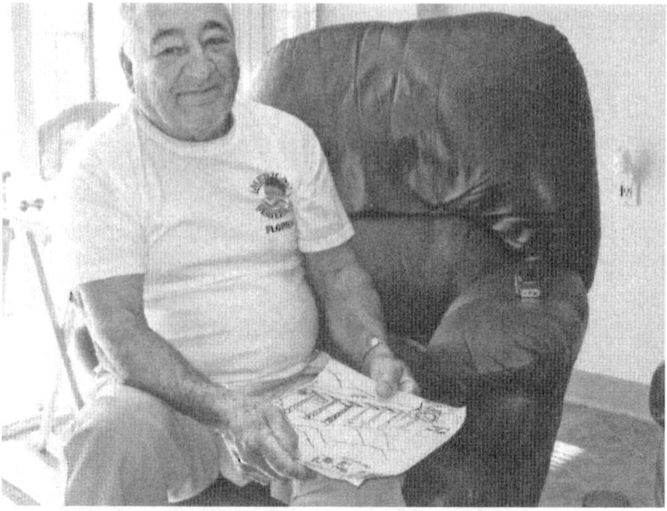

中情局培訓的反卡斯楚游擊隊成員貝拉，二〇〇六年攝於坦帕（Tampa, Fla.）自宅。一九六二年十月，他曾試圖暗中破壞馬塔安布雷礦場的空中纜車，他手上握著的就是當時空中纜車系統的平面圖。〔作者所攝〕
（譯按：相關內容另參197頁第五章註280後正文段落）

這張馬塔安布雷地區的照片，是由美國海軍偵察機在十一月二日藍月任務編號5035的任務中所攝，先前未嘗公開。由照片內容可以看出祕密破壞行動未能奏效，因為銅礦與空中纜車系統都完好如初。〔NARA資料照片〕

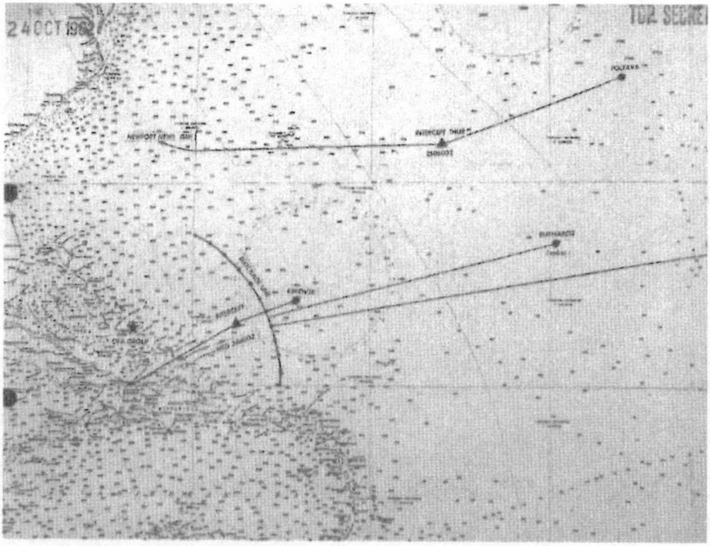

十月廿四日，美國海軍計畫攔截基莫夫斯克號與波爾塔瓦號的機密海圖。此時載運飛彈的蘇聯船艦已經準備返航，而美國海軍准許蘇聯油輪布加勒斯特號通過，繼續航向哈瓦那。〔USNHC資料照片〕
（譯按：相關內容另參95頁第二章註108所在段落）

一九六二年九月所攝照片，其時波爾塔瓦號正載運八枚R-12飛彈前往古巴，提供聖克里斯托巴鎮一座飛彈發射場所用。十月間波爾塔瓦號載運七枚R-14飛彈再次前往古巴，但在甘迺迪總統宣布海軍封鎖之後，隨即於十月廿三日調頭返航蘇聯。〔NARA資料照片〕
（譯按：另參209頁第五章註297後正文、95頁第二章註108所在段落）

十月廿七日「黑色星期六」，薩維茨基艦長指揮的B-59號潛艇受迫於美國海軍，必須浮出海面。圖中可見潛艇上的紅旗飄揚，指揮塔上有潛艇官兵正在觀察上空的美國偵察機動向。〔NARA資料照片〕

危機期間牛津號駐防於哈瓦那外海，藉由船艏與船尾的天線桿，獲取蘇聯與古巴間的通訊的雷達與微波信號。〔USNHC資料照片〕
（譯按：相關內容另參293頁第八章第一節「黑色星期六」，深夜12:38）

十月廿四日，戰略空軍總司令鮑爾上將與他的參謀群，在內布拉斯加州奧福特空軍基地（Offutt Air Force Base, Nebr.）的指揮所向戰略空軍司令部廣播，宣布進入第二級戒備狀態的命令。〔美國空軍資料照片〕

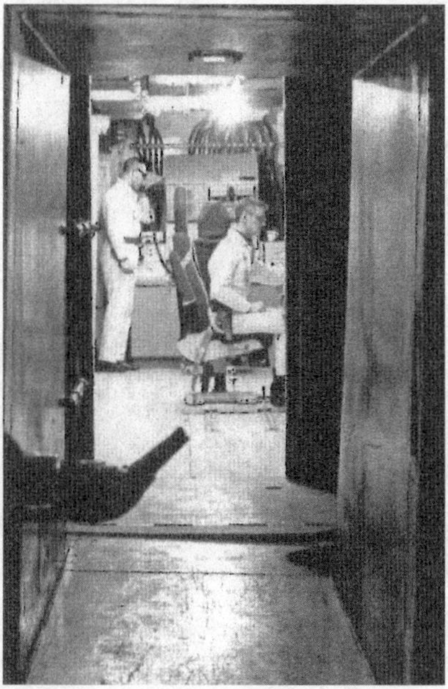

蒙大拿州大草原地下五十英尺，操作義勇兵飛彈的兩名作戰人員現正處於戰略戒備狀態。根據安全規範要求，發射義勇兵飛彈需要由兩處指揮中心共同下達指令。而技術人員臨機應變暫且七拼八湊了一套發射系統，只要單一指揮中心就可以發射義勇兵飛彈。〔美國空軍資料照片〕

蘇聯駐古巴軍隊43,000名官兵的最高統帥普利耶夫將軍（右），與古巴國防部長勞爾．卡斯楚（左）。普利耶夫過去率領的是騎兵隊，因此對於飛彈系統一無所知；不過由於一九六二年六月他奉赫魯雪夫之命，成功鎮壓了俄國南部的糧食動亂，所以深得赫魯雪夫信任。〔MAVI資料照片〕
（譯按：另參112頁第二章註138前及322頁第八章註482前正文段落）

位於哈瓦那西南方艾爾奇科的蘇聯軍事總部，照片是由美國空軍RF-101偵察機在十月廿六日藍月任務編號2623的任務中所攝，先前未嘗公開。美軍藉由鄰近的村莊托連斯（Torrens）及盧爾德斯（Lourdes），辨識出這個地點的位置所在。在古巴革命之前，這片校園是一座青少年感化院。〔NARA資料照片〕
（譯按：相關內容另參111頁第二章註137前正文段落）

柯菲上尉（左）與戴上尉（Arthur Day，右）完成飛越古巴上空的任務之後，隨即向傑克森維爾艦隊航空隊（Fleet Air Jacksonville）指揮官海軍少將卡爾森（Joseph M[alcolm] Carson, 1901–1991）彙報。十月廿七日，柯菲與戴都是在古巴的防空砲火之下返航。十月廿五日，柯菲拍攝到有能力掛載核子彈頭的地面機動飛彈（即月神飛彈）照片。〔USNHC資料照片〕（譯按：相關內容另參203頁起，第五章註289及290所在的段落）

十月廿五日，柯菲上尉在藍月任務編號5012的任務中，拍攝到有能力掛載核子彈頭的地面機動飛彈（即月神飛彈），位於雷梅迪歐斯附近。美國根據這張照片推估，蘇聯在古巴的軍隊數量有劇烈增長。十月廿六日晨間，甘迺迪總統也聽取了關於這張照片的簡報。〔NARA資料照片〕

駐紮在雷梅迪歐斯附近的蘇聯機動步槍團，士兵身著平民服裝列隊行進。蘇聯士兵私下戲稱阿納德行動（Operation Anadyr）為格子襯衫行動（Operation Checkered Shirt），因為部隊分發給他們看起來都差不多的老百姓衣物，以期能掩飾他們真正的軍人身分。〔MAVI資料照片〕
（譯按：相關內容另參204頁註號291與292之間的正文段落）

美國海軍陸戰隊所攝塔拉拉海灘的偵察照片，先前未嘗公開；塔拉拉海灘位於哈瓦那以東，在入侵計畫中改稱為紅色海灘。海軍陸戰隊預計單單是入侵第一天，傷亡人數就可能在五百上下；而這個數字的估算，是由於海軍陸戰隊推定敵軍不會使用戰術核子武器。〔USNHC資料照片〕
（譯按：相關內容另參183頁第四章註號261所在的正文段落）

當今的塔拉拉海灘照片。照片中可見在一九六二年之際，為防備美國可能入侵古巴而興建的混凝土掩體，現在已充作救生員守望外國觀光客的哨亭。〔作者所攝〕

在十月廿五日藍月任務編號5008的行動中，美國海軍十字軍偵察機攝下位於貝胡卡的核子武器存放地點；此處照片取自當時的原始情報膠捲，先前未嘗公開。照片中可見環狀的進出道路、載運核子彈頭的廂型車、單層安全圍籬，以及大門口敷衍散漫的維安措施。插入的畫面是在同一任務中，由正上方垂直拍攝的載運核子彈頭的廂型車。〔NARA資料照片〕
（譯按：另參276頁註號417及281頁註號429所在正文）

殷德傑卡號是第一艘載運核子彈頭抵達古巴的蘇聯船艦。別洛博羅多夫上校主理蘇聯在古巴的所有核子武器儲備，照片中的他正手握殷德傑卡號的舵輪。〔MAVI資料照片〕
（譯按：相關內容另參117頁第三章註號145所在段落）

照片所示是馬納瓜鎮的核子武器存放地點，位於哈瓦那南方，存放的是地面機動飛彈（FROG）亦即「月神」戰術飛彈使用的核子彈頭。經由標示可見單層安全圍籬、地堡兩頭的入口，以及小山丘頂端的架設防空砲火的場地。照片是美國空軍RF-101噴射機，在十月廿六日藍月任務編號2623的行動中攝下，先前未嘗公開。〔NARA資料照片〕
（譯按：相關內容另參281頁第七章註號428所在段落）

此處照片取材自原始情報膠捲，為十月廿七日星期天藍月任務編號5025的行動所攝，先前未嘗公開；膠捲其中兩格，分別可看出飛行員察覺有敵軍防空砲火來襲之前與之後的畫面。第四十七格畫面拍攝到聖克里斯托巴鎮「一號中程彈道飛彈發射場」(MRBM Site No. One)。短暫的一秒之後，由第四十八格畫面可見飛行員在山坡上方急遽大幅左轉閃避砲火。膠捲的每一格還嵌入了時鐘的畫面（見照片左上），可清楚看出事件發生的確切時間為格林威治標準時間20:22:34，即華盛頓時間16:27:34，或古巴時間15:27:34。〔NARA資料照片〕
（譯按：相關內容另參444頁第十二章註673之後的正文段落）

蘇聯的FKR巡弋飛彈，或稱有翼前線飛彈，在古巴飛彈危機期間對準關塔那摩灣海軍基地。FKR巡弋飛彈像是無人駕駛版本的MiG-15噴射戰鬥機，可以載運十四千噸的核子彈頭。〔古巴政府為二〇〇二年哈瓦那會議製發的照片〕
（譯按：相關內容另參285頁起註438至440之間的正文段落）

守衛關塔那摩灣海軍基地的美國海軍陸戰隊，渾然不知核子巡弋飛彈就部署在十五英里之外的山丘上。〔五角大廈發布照片〕

取自先前未嘗公開的十月廿六日情報膠捲，畫面中可見美國空軍RF-101噴射機飛越巴內斯鎮的蘇聯地對空飛彈發射場。隔天十月廿七日，安德森少校駕駛的美國空軍U-2偵察機遭飛彈擊落，那兩枚地對空飛彈就是來自這座飛彈發射場。這張照片是作者在美國國家檔案館發現，中情局的空拍照片分析員擷取先後連貫的兩格畫面，再用透明膠帶黏合為這張照片。〔NARA資料照片〕

巴內斯鎮的蘇聯地對空飛彈發射場，十月廿六日由上面照片中的RF-101噴射機所攝。〔NARA資料照片〕

照片中的美國空軍RF-101噴射機編號41511，在藍月任務編號2626的行動中飛在機隊右翼。前頁上方的照片，就是由這架飛機左側相機艙的相機所攝。〔NARA資料照片〕

照片左側是古巴東部地對空飛彈團的指揮官沃隆科夫上校，他正向負責擊落安德森的U-2的軍官們致賀。照片右側腰際配槍的軍官，是巴內斯鎮地對空飛彈發射場的指揮官，格切諾夫少校。〔MAVI資料照片〕

（譯按：在第十章正文的敘述中，沃隆科夫為師〔division〕指揮官，而非團〔regiment〕指揮官）

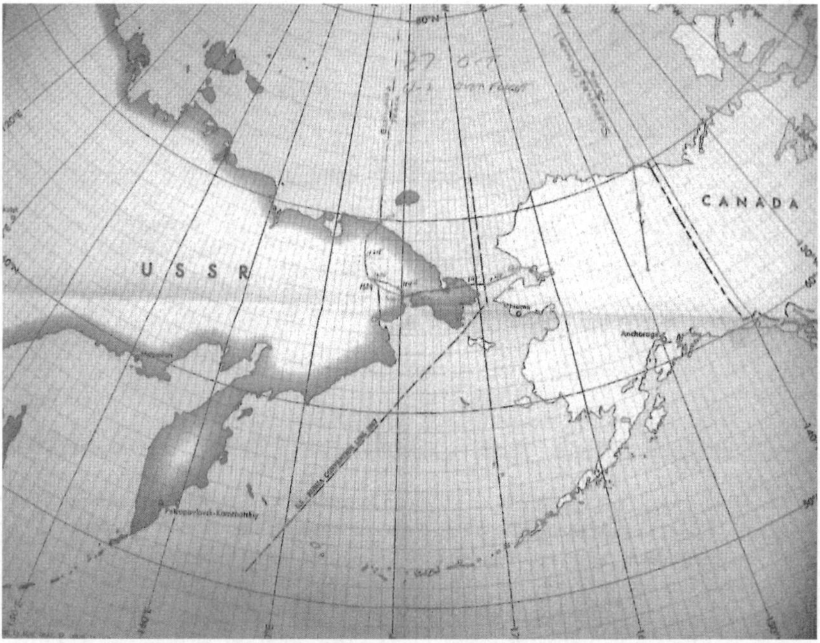

U-2偵察機飛行員毛茨比上尉飛越蘇聯領空的地圖。先前未嘗公開，乃作者在國務院檔案中覓得。〔NARA資料照片〕

（左）毛茨比上尉在空軍服役時期的照片。〔毛茨比家提供的照片〕
（譯按：照片中的毛茨比此時軍階為中校）

（右）毛茨比上尉在蘇聯領空迷航之際，另一位U-2偵察機飛行員安德森少校，在古巴上空遭飛彈擊落。〔安德森家提供的照片〕

zhuo　卓洛普伎倆（Trollope ploy）

zhuo　卓揚諾夫斯基（Oleg A[lexandrovich] Troyanovsky, 1919–2003），赫魯雪夫的外交事務助理

zi　「自由的蟲豸」象徵（"*gusano libre*" symbol）

zi　自由南方電臺（Radio Free Dixie）

zi　《資訊自由法》（Freedom of Information Act）

zi　資訊革命（information revolution）

zong　（蘇聯）總參謀部（General Staff, Soviet）

zu　朱克特（Eugene Zuckert, 1911–2000），空軍部長

zui　（蘇聯）最高指揮部（High Command, Soviet）

zun　尊嚴（*dignidad*），古巴的價值觀

zuo　佐林（Valerian Alexandrovich Zorin, 1902–1986），蘇聯駐聯合國大使

zuo　作戰中心（Combat Center）

zhai　齋浦爾大公（Maharaja of Jaipur）

zhan　詹森（Clarence Leonard“Kelly”Johnson, 1910–1990），U-2 設計師

zhan　詹森（Lyndon B[aines] Johnson, 1908–1973），副總統

zhan　戰略武器，蘇聯的劣勢（strategic weapons, Soviet disadvantage in）

zhan　戰略空軍司令部（Strategic Air Command, SAC）

zhan　戰略空軍司令部總司令（Commander-in-Chief, Strategic Air Command, CINCSAC）

zhan　戰略飛彈部隊（Strategic Rocket Force）

zhan　戰術空軍司令部（Tactical Air Command, TAC）

zhan　戰術核子武器（tactical nuclear weapon）

zhang　張伯倫（Neville Chamberlain, 1869–1940），英國首相（1937–1940）

zhao　照片（photograph）

zhao　照相情報（photographic intelligence, Photint）

zhen　《真理報》（*Pravda*）

zheng　（蘇聯）政治局（Politburo）

zhong　（古巴）中產階級出走（middle class, Cuban, flight of）

zhong　中央情報局（Central Intelligence Agency, CIA）

zhong　中美洲的古巴特務（Central America, Cuban agents in）

zhong　中國（China）

zhong　中程彈道飛彈（Medium-Range Ballistic Missiles, MRBMs）

zhong　鐘點電臺（Radio Reloj），古巴國家電臺

zhou　洲際彈道飛彈（international ballistic missiles, ICBMs）

zhu　主席團（Presidium）

zhu　豬玀灣事件（Bay of Pigs invasion）

zhuo　卓伊斯基（Troitsky）少校，蘇聯化學防護部隊

zhuo　卓洛普（Anthony Trollope, 1815–1882）

yi　伊萬諾夫（Semyon Pavlovich Ivanov, 1907–1993）大將，國防委員會主委

yi　伊薩貝拉（La Isabela）

yi　義大利（Italy）

yi　義勇兵洲際彈道飛彈（Minuteman missiles）

yin　印度（India）

yin　因捷利克機場（Incirlik airfield）

yin　殷德傑卡號（*Indigirka*），德國建造貨輪

yin　銀岸通道（Silver Bank Passage）

ying　英國（Great Britain）

ying　「嬰兒食品」假想劇本（“baby food” senario）

ying　「嬰兒帽」任務（“Baby Bonnet” mission）

ying　鷹式地對空飛彈（Homing All the Way Killer, HAWK surface-to-air missiles）

you　尤德爾（Stewart L[ee] Udall, 1920–2010），美國內政部長

you　有翼前線飛彈（*frontovaya krylataya raketa*, FKR; front-line winged rocket）（蘇聯）巡弋飛彈

you　猶太人（Jews）

yuan　原子彈（atomic bombs）

yuan　遠程彈道飛彈（Intermediate-Range Ballistic Missiles, IRBMs），在古巴

yue　「月神」戰術飛彈（Lunas），見地面機動飛彈（FROG）條

yue　約克河（York River），維吉尼亞州

yue　越南（Vietnam）

yue　越戰（Vietnam War）

Z

zai　「災難」試爆（CLAMITY）

xue 薛克勵（Theodore George“Ted”Shackley, Jr., 1927–2002），JM/WAVE 情報站的首腦

xue 薛帕德（Tazewell Shepard, 1921–2013）上校，總統的海軍助理

xun 巡弋飛彈（cruise missiles）

Y

ya 牙買加（Jamaica）

ya 亞佐夫（Dmitri Timofeyevich Yazov, 1924–2020）上校，負責東方省地面防衛的蘇聯軍官

ya 亞特拉斯河（Yateras River）

ya 亞斯垂博夫（Anatoly Yastrebov）船長，亞歷山卓夫斯克號船長

ya 亞當斯（John Quincy Adams, 1767–1848），美國前總統

ya 亞歷山卓夫斯克號（*Aleksandrovsk*），芬蘭製貨輪

ya 亞歷山卓市（Alexandria, Va.），維吉尼亞州

ya 鴨屁股（Duck Butt）

yan 「瞪眼相對」的時刻（“eyeball to eyeball”moment），

yan 眼鏡蛇（COBRA），中情局特務與線人情報網

yang 楊玖（Mikhail Kuzmich Yangel, 1911–1971），設計 R-12 飛彈

ye 耶穌會士（Jesuits）

ye 葉夫圖申科（Yevgeny Aleksandrovich Yevtushenko, 1932–2017）

ye 葉森大將（Viktor I. Yesin, 1937– ），前任蘇聯戰略飛彈部隊參謀長

yen 咽喉點（chockpoint）

yi 伊里契夫（Leonid Ilyichev），共產黨內負責意識形態的書記

yi 伊拉克戰爭（Iraq war）

yi 伊格雷西亞斯（Felipe Iglesias），馬塔安布雷礦場監工

yi 伊留申廿八轟炸機（Ilyushin-28/IL-28 bombers）

yi 伊斯帕尼奧拉島（Hispaniola）

xi　席維斯（Arthur Sylvester, 1901–1979），五角大廈的發言人

xi　（加利福尼亞州）錫斯基尤郡機場（Siskiyou County Airport, Calif.）

xia　夏地嶼（Summerland Key）

xia　夏威夷（Hawaii）

xian　（美國）憲兵（military police, U.S.）

xiao　「消防水管」計畫（FIRE HOSE plan）

xiang　相互保證毀滅（Mutual Assured Destruction, MAD）

xiao　《消息報》（*Izvestia*），蘇聯官方報紙

xie　謝米恰斯內（Vladimir Yefimovich Semichastny, 1919–1963），KGB主席

xin　信號情報（signal intelligence, Sigint）

xin　新切爾卡斯克（Novocherkassk）

xin　新地島的核子試爆（Novaya Zemlya, nuclear tests in）

xin　新阿加列沃（Novo-Ogaryevo）

xin　《新報》（*Novaya Gazeta*）

xin　新聞媒體（press）

xin　《新聞週刊》（*Newsweek*）

xin　新墨西哥州（New Mexico）

xing　《星期六晚郵報》（*Saturday Evening Post*）

xing　星塵計畫（Project Star Dust）

xiong　匈牙利（Hungary）

xiong　「熊羆」和「野牛」重型蘇聯轟炸機（“Bears” and “Bisons” heavy Soviet bombers）

xiu　修斯（Thomas Hughes, 1925–2023），國務院情報研究局副局長

xuan　（美國）選舉（elections, U.S.）

xue　學生革命指南（Directorio Revolucionario Estudiantil, DRE）

xue　學生營（University Battalion）

wei 維達多區（Vedado section），哈瓦那禁制區

wei 魏漢彌（Bruce Wilhelmy），RF-8 飛行員

wen 溫泉關（the pass at Thermopylae）

wen 溫徹斯特（Ruger Winchester），美國空軍上尉

wo 沃克機場（Volk Field），威斯康辛州

wo 沃隆科夫（Georgi Voronkov）上校，師指揮官

wu 五大湖區（Great Lakes）

wu （聶博與貝禮合著）《五月裡的七天》（Knebel and Bailey, *Seven Days in May*）

wu 五角大廈（Pentagon）

wu 午前熾熱（AMTORRID），中情局特務與線人情報網

wu 伍德（Leonard Wood, 1860–1927），最後一任美國駐古巴總督

wu 吳丹（U Thant, 1909–1974），聯合國祕書長

wu 無線電／廣播（radio）

X

xi 西伯利亞（Siberia）

xi 西美戰爭（Spanish-American War）

xi 西班牙（Spain）

xi 西嶼（Key West）

xi 西聯匯款（Western Union）

xi 西鐸洛夫（Ivan Sidorov），第七十九飛彈團上校指揮官

xi 希特勒（Adolf Hitler, 1889–1945）

xi 希斯曼（Roger Hilsman, Jr., 1919–2014），國務院情報研究局局長

xi 希維特（John Hewitt），RF-8 飛行員

xi 希澤克（Gregory J. Cizek）少校，海軍陸戰隊第二團作戰官

W

wai　外交手段（diplomacy）

wai　（古巴）外交部（Foreign Ministry, Cuban）

wai　（蘇聯）外交部（Foreign Ministry, Soviet）

wai　（中情局）外國廣播資訊處（Foreign Broadcast Information Service, FBIS）

wang　王子城堡（Castillo del Príncipe）

wei　委內瑞拉（Venezuela）

wei　威廉斯（Robert F[ranklin] Williams, 1925–1996），逃亡的美國民權運動人士

wei　（亞利桑那州）威廉斯空軍基地（Williams Air Force Base, Ariz.）

wei　威廉斯堡（Williamsburg），殖民地時期的維吉尼亞首府

wei　威爾森（Donald M. Wilson, 1925–2011），新聞署副署長（Deputy Director of the United States Information Agency, USIA），古巴危機期間為代理署長

wei　威爾森（Forrest Wilson）上校，毛茨比的飛行任務指揮官

wei　威爾森（Stan Willson）上尉，RB-47 偵察機飛行員

wei　《為何英國沉睡》（*Why England Slept*, 1940）

wei　韋瑟山（Mount Weather）

wei　韋德（Horace M[ilton] Wade, 1916–2001），鮑爾副手

wei　（一九六一年六月）維也納高峰會（Vienna summit, June 1961）

wei　維尼查號（*Vinnitsa*）

wei　維吉尼亞州（Virginia）

wei　（拉斯圖那斯省的）維多利亞（Victoria de las Tunas）

wei　維吉尼亞州警（Virginia State Police）

wei　維吉塔斯村（Veguitas）

wei　維洛里歐村（Vilorio）

tan 坦帕灣的幽靈飛彈攻擊（Tampa, Fla., phantom missile stack on）

tang 唐納文（Robert John Donovan, 1912–2003），《紐約先驅論壇報》記者

tang 湯普森（Llewellyn E.“Tommy”Thompson, Jr., 1904–1972），前任駐蘇聯大使

te （英屬）特克凱可群島（Turks and Caicos Islands）

te 特克爾（Louis“Studs”Terkel, 1912–2008），知名廣播節目主持人

te 特別（擴編）小組（Special Group (Augmented)）

te （美國）特勤局（Secret Service）

te 特雷霍特（Terre Haute），印第安那州

tian 天文導航（celestial navigation）

tian 天主教徒（Catholics）

tian 天頂技術公司（Zenith Technical Enterprises）

tong 通訊困境（communication problems）

tong 通訊情報（communication intelligence, Comint）

tu 土耳其（Turkey）

tu 圖勒（Thule, Greenland），格陵蘭島

tu 圖蒂諾（Saverio Tutino, 1923–2011），義大利記者

U

U-2 飛行員的特性（U-2 pilots, description of）

U-2 飛行任務（U-2 flights）

U 型潛水艇（U-boat），簡稱 U 艇

V

V-1 飛彈（V-1 missiles），即「嗡聲炸彈」（buzz bombs）

V-75 地對空飛彈（V-75 SAM missiles）

si　斯圖爾特汽車公司（Steuart Motor Company）

si　斯維德洛夫斯克（Sverdlovsk，今稱葉卡捷琳堡）

su　蘇格蘭（Scotland）

su　蘇聯（Soviet Union）

su　（古巴人眼中的）蘇聯士兵（Soviet soldiers, Cuban views on）

su　蘇聯軍事委員會（Soviet Military Council）

sui　綏靖政策（appeasement）

sun　孫子（Sun Tzu）

suo　索契（Sochi）

suo　索柯洛夫（Aleksandr Sokolov），車禍身亡的蘇聯士兵

suo　索洛耶夫（Yuri Solovyev）上校，第三支R-12飛彈團

suo　索倫森（Theodore Sorensen, 1928–2010），總統文膽

suo　索普卡斯（*Sopkas*），海岸巡弋飛彈

T

T-29螺旋槳飛機（T-29 prop aircraft）

T-54戰車（T-54 tank）

T-5魚雷（T-5 torpedo）

Tu-114長程螺旋槳客機

Tu-95「熊羆」重型轟炸機（Tu-95 “Bear” heavy bombers）

T分部（T Branch）

ta　塔克嫚（Barbara W[ertheim] Tuchman, 1912–1989），歷史學家

ta　塔拉拉海灘（Tarará beach）／紅色海灘（Red beach）

ta　「塔齊雅娜」重力炸彈（Tatyanas, gravity bombs）

tai　泰勒（Maxwell D[avenport] Taylor, 1901–1987），參謀長聯席會議主席

sheng　聖喬治（Andrew St. George, 1923–2001），《生活》雜誌的記者

sheng　聖露西亞港（Santa Lucia）

sheng　聲波監測系統（Sound Surveillance System, SOSUS）

shi　「十三天」一詞的使用（"Thirteen Days," use of phrase）

shi　史卡利（John A[lfred] Scali, 1918–1995），美國廣播公司新聞特派員

shi　史列辛格（Arthur M[eier] Schlesinger, Jr., 1917–2007），甘迺迪特別助理及御用歷史學者，普立茲獎得主

shi　史普尼克號（*Sputnik*）

shi　史蒂文森（Adlai Stevenson II, 1900–1965），時任美國駐聯合國大使（1961–1965）

shi　史達林（Joseph Vissarionovich Stalin, 1878–1953）

shi　史達林格勒（Stalingrad）

shi　史騰（Sheldon M. Stern, 1939– ）

shi　（美蘇）勢力平衡（balance of power）

shu　舒普（David M[onroe] Shoup, 1904–1983），海軍陸戰隊將軍

shu　舒爾茨（Tadeusz Witold Szulc, 1926–2001）

shu　舒穆慈（Leon Schmutz）中尉，F-102 飛行員

shu　舒姆科夫（Nikolai Shumkov）上校，潛艦 B-130 指揮官

shui　（飲用）水（water, drinking）

shui　水門案（Watergate scandal）

shui　水晶山脈（Sierra del Cristal Mountains）

shui　水聽器（hydrophones），或稱水底麥克風（underwater microphones）

si　（美國）司法部（Justice Department, U.S.）

si　斯卡格拉克海峽（Skagerrak Strait）

si　斯塔琴科（Igor Demyanovich Statsenko），蘇聯少將，在古巴飛彈軍隊的指揮官

si　斯達漢諾夫社會主義勞動競賽（Stakhanovite labor campaigns）

sa　薩爾礁巖（Cay Sal）

sa　薩維茨基（Valentin Savitsky），潛艦B-59指揮官

sai　塞瓦斯托波爾（Sevastopol），克里米亞的港口城市

sai　塞西爾號（USS *Charles P. Cecil*），美國海軍驅逐艦

sai　塞爾弗里奇空軍基地（Selfridge Air Force Base），底特律

san　三位一體試爆（Trinity test）

sang　桑契絲（Celia Sánchez, 1920–1980），卡斯楚助理兼情人

sang　桑羅曼（Roberto San Román），流亡的古巴領袖

sha　沙林傑（Pierre Emil George Salinger, 1925–2004），時任白宮發言人（1961–1964）

sha　砂糖（sugar）

shan　山羊軼事（goat anecdote），本書157頁第四章中赫魯雪夫所說的故事

shan　山胡桃莊園（Hickory Hill, Va.）

shen　神童（whiz kids）

sheng　《生活》雜誌（*Life*）

sheng　（古巴）聖地牙哥（Santiago de Cuba）

sheng　聖克里斯托巴鎮（San Cristóbal），古巴西部

sheng　聖克里斯托巴鎮「一號中程彈道飛彈發射場」（San Cristóbal MRBM Site No. One）

sheng　聖克里斯托巴鎮「二號中程彈道飛彈發射場」（San Cristóbal MRBM Site No. Two）

sheng　聖克拉拉（Santa Clara）

sheng　聖克拉拉機場（Santa Clara Airfield）

sheng　聖胡安山（San Juan Hill）

sheng　聖胡利安機場（San Julian Airfield）

sheng　（巴紐斯的）聖迪亞哥（San Diego de los Baños）

sheng　聖迪亞哥河（San Diego River）

R-12 飛彈（R-12 missiles），中程彈道飛彈（MRBM）

R-12 飛彈團（R-12 regiments）

R-14 飛彈（R-14 missiles），遠程彈道飛彈（IRBM）

R-14 飛彈團（R-14 regiments）

R-16 飛彈（R-16 missiles）

R-7 飛彈／小七（R-7 missiles/*Semyorkas*）

RB-47 偵察機（RB-47 planes）

RDS-4，塔齊雅娜正式名稱

RF-8 十字軍噴射機（RF-8 Crusader jet）

R 分部（R Branch）

re 熱核炸彈（thermonuclear bombs）

ri 日本（Japan）

ri 日俄戰爭（Russo-Japanese War）

ru （美國）入侵計畫（invasion plans, U.S.）

ru （美國）入侵計畫，飛彈危機（invasion plans, U.S., missile crisis）

rui 芮斯登（James B[arrett] Reston, 1909–1995），《紐約時報》記者

rui 瑞典（Sweden）

S

S2F 搜索者反潛巡邏機（Grumman S2F trackers）

sa 薩卡洛夫（Andrei Dmitrievich Sakharov, 1921–1989），蘇聯科學家

sa 薩卡洛夫斯基（Aleksandr Michael Sakharovsky, 1909–1983）

sa 薩帕塔半島（Zapata peninsula）

sa 薩根（Scott D[ouglas] Sagan, 1955– ）教授

pi 皮斯空軍基地（Pease Air Force Base），新罕布夏州

pi 皮爾斯號（*John R. Pierce*, USS），美國海軍驅逐艦

pin 品秀（Mary Pinchot Meyer, 1920–1964），甘迺迪的老相好，邁爾前妻

pu 普利耶夫（Issa Alexandrovich Pliyev, 1903–1979），將軍，蘇聯駐古巴軍隊的最高統帥

pu 普爾（Walter Poole, 1943– ），參謀長聯席會議的歷史專家

pu 普羅科夫（Johnny Prokov），立陶宛的政治流亡分子

Q

qi 奇巴斯（Eduardo René Chibás, 1907–1951），激進分子奇巴斯

qi 奇利空軍基地（Çi⊠li Air Base）

qi 奇里洛夫（Anatoly Kirillov），拜科努發射場指揮官

qi 《奇愛博士》（*Dr. Strangelove*, 1964）

qi 契圖克（Boris Yevseyevich Chertok, 1912–2011），蘇聯火箭設計師

qi 齊克果（Søren Kierkegaard, 1813–1855）

qian 千里達（Trinidad）

qian （蘇聯）潛水艇（submarines, Soviet）

qian （美國）潛水艇（submarines, U.S.）

qiang 強斯頓島（Johnston Island）

qiang 強森（U[ral] Alexis Johnson, 1908–1997），國務次卿波爾副手

qiong （蘇聯軍人的）窮困（poverty, of Soviet soldiers）

qiong 瓊斯（John Paul Jones, 1747–1792），美國海軍之父

qiu 邱吉爾（Winston Churchill, 1874–1965）

que 雀馮娜亞（Svetlana Alexandrovna Chervonnaya, 1948– ），蘇聯史學家

R

ou 歐布雷貢（Carlos Obregon），古巴流亡學生

ou 歐本海默（J. Robert Oppenheimer, 1904–1967），原子彈之父

ou 歐姆斯比戈爾（David Ormsby-Gore, 1918–1985），英國駐美大使

ou 歐洛夫（Vadim Orlov），信號情報小組組長

ou （中程彈道飛彈對準）歐洲（Europe, MRBMs targeted on）

ou 歐唐諾（Edward J. O'Donnell, 1907–1991）少將，關塔那摩灣海軍基地指揮官

ou 歐唐諾（Kenneth O'Donnell, 1924–1977），行程祕書

ou 歐姬芙（Georgia O'Keeffe, 1887–1986）

ou 歐羅斯可（Miguel Orozco），中情局培訓的反卡斯楚游擊隊成員

P

P2V 遠程反潛巡邏機（P2V anti-submarine aircraft）

pa 帕勒瑪的柯拉鎮（Corral de la Palma）

pa 帕爾米拉鎮（Palmira）

pa 帕羅（Thomas A[lexander] Parrott, 1914–2007），中情局官員，古巴飛彈危機期間派駐白宮，特別小組會議記錄官

pan 「叛軍電臺」（"Radio Rebelde"）

pan 潘科夫斯基（Oleg Vladimirovich Penkovsky, 1919–1963），洩密情報官員

pao 鮑爾斯（Dave F[rancis] Powers, 1912–1998），總統私人助理兼好友

pei 貝拉（Pedro Vera），中情局培訓的反卡斯楚游擊隊成員

pei 佩韋克（Pevek），蘇聯最北境、最遺世獨立的城鎮之一

pei 裴瑞號（*Newman K. Perry*, USS），美國海軍驅逐艦

pi 皮內達（Sergio Pineda），拉丁美洲新聞通訊社（*Prensa Latina*）記者

pi 皮特曼（Steuart Pittman, 1919–2013），助理國防部長

na　納希莫夫司令號（*Admiral Nakhimov*）

na　納京高（Nat King Cole, 1919–1965）

nan　南太平洋的核子試爆（South Pacific, nuclear tests in）

nei　（美國）內戰（Civil War, U.S.）

ni　尼卡羅的煉鎳廠（Nicaro, nickel factory at）

ni　尼可拉耶夫斯克號（*Nikolaevsk*）

ni　尼克森（Richard M[ilhous] Nixon, 1913–1994）

ni　尼采（Paul Henry Nitze, 1907–2004），國防部國際安全事務助理部長

nian　廿八型熱核炸彈（Mark-28 thermonuclear devices）

nie　聶博（Fletcher Knebel, 1911–1993）

nie　聶德林（Mitrofan Nedelin, 1902–1960）元帥，蘇聯戰略飛彈部隊的首領

niu　牛津號（*Oxford*, USS），美國海軍偵察艦

niu　（紐約州）紐約（New York, N.Y.）

niu　《紐約先驅論壇報》（*New York Herald Tribune*）

niu　《紐約時報》（*New York Times*）

niu　紐約證券交易所（New York Stock Exchange）

niu　《紐華克晚報》（*Newark Evening News*）

niu　紐澤西標準石油公司（Standard Oil of New Jersey）

niu　鈕漢（John C. Neuhan）少校，B-52轟炸機投彈手

nong　農場（the Farm）

nuo　諾克斯（William E[dward] Knox, 1901–1978），西屋電氣總裁

nuo　諾福克（Norfolk, Va.），維吉尼亞州

nuo　諾爾廷（Frederick“Fritz”Nolting, 1911–1989），曾派駐西貢的美國大使

O

efforts, Soviet, alert against）
mi （美國在）祕密破壞行動下的工夫（sabotage efforts, U.S.）
mi 「蜜月電報」（“honeymoon cable”）
mian 緬因號戰艦（*Maine*, USS），美國海軍
min 民主黨員，民主黨（Democrats, Democratic Party）
min 民防（civil defense）
mo 莫伯日戰役（battle of Maubeuge, 1794）
mo 莫洛托夫（Vyacheslav Mikhaylovich Molotov, 1890–1986），史達林外交部長
mo 莫曼斯克港區（Murmansk）
mo 莫斯科（Moscow）
mo 莫斯科國立大學（Moscow State University）
mo 莫斯科廣播電臺（Radio Moscow）
mo 莫瑞號（USS *Murray*），美國海軍驅逐艦
mo 莫羅城堡（El Morro Castle）
mo 墨西哥，卡斯楚的流亡（Mexico, Castro’s exile in）
mo 墨西哥灣（Mexico, Gulf of）
mo 摩斯密碼專家／滴滴追逐者（Morse code experts/diddy chasers）
mu 木星飛彈（Jupiter missiles）
mu 慕尼黑，綏靖政策（Munich, appeasement at）
mu 穆爾斯敦的雷達（Moorestown, N.J., radar in）

N

na 拿破崙（Napoleon Bonaparte, 1769–1821）
na 拿破崙戰爭（Napoleonic wars）
na 納夫塔利（Timothy Naftali, 1962– ）

man	曼薩尼約（Manzanillo），在古巴南海岸
mao	毛茨比（Charles W[ayne] Maultsby, 1926–1998）上尉，U-2偵察機飛行員
mao	貌似合理的推諉（plausible deniability）
mao	貓鼬行動（Operation Mongoose）
mei	美式足球（Football, the）
mei	美洲國家組織（Organization of American States, OAS）
mei	美國之音（Voice of America, VOA）
mei	美國國家航空（National Airlines）
mei	美國第一步兵師（1st Infantry Division）
mei	美國無線電股份公司（Radio Corporation of America）
mei	《美國新聞與世界報導》（*U.S. News & World Report*）
mei	美國駐歐海軍指揮官（Commander in Chief, U.S. Naval Forces, Europe, CINCUSNAVEUR）
meng	蒙大拿州的義勇兵飛彈（Montana, Minuteman missiles in）
meng	蒙卡達軍營（Moncada military barracks）
mi	米希耶夫（Viktor Mikheev），車禍喪生的義務役二等兵
mi	米格機（MiGs）
mi	（阿納斯塔斯·）米高陽（Anastas Ivanovich Mikoyan, 1895–1978），部長會議第一副主席
mi	（塞爾戈·）米高陽（Sergo Anastasi Mikoyan, 1929–2010），歷史學家
mi	米德堡，馬里蘭州（Fort Meade, Md.）
mi	米羅·卡多納（Jose Miró Cardona, 1902–1974），有名無實的古巴魁儡總理
mi	祕魯（Peru）
mi	祕密破壞古巴籍船隻（ships, Cuban-owned, sabotage plan for）
mi	（蘇聯在）祕密破壞行動下的功夫，（美國）對其有所警戒（sabotage

ma 馬勒侯（André Malraux, 1901–1976）

ma 馬塔安布雷（Matahambre）

ma 馬塞奧・葛拉哈雷斯（Antonio Maceo Grajales, 1845–1896），古巴獨立戰爭中對抗西班牙的英雄

ma 馬雷貢濱海大道（Malecón）

ma 馬魯克拉號（Marucla），黎巴嫩籍貨輪

ma 馬諦（José Julián Martí, 1853–1895），古巴獨立的使徒

ma 瑪姆斯崇空軍基地（Malmstrom Air Force Base, Mont.）

ma 瑪雅里阿里巴鎮（Mayarí Arriba）

mai 麥孔（John A[lexander] McCone, 1902–1991），中情局局長

mai 麥多諾號（USS *MacDonough*），美國海軍驅逐艦

mai 麥米倫（Harold Macmillan, 1894–1986），英國首相

mai 麥米蘭（Oscar MacMillan），美國海軍驅逐艦羅瑞號船長

mai 麥考伊空軍基地（McCoy Air Force Base, Fla.），佛羅里達州奧蘭多市外

mai 麥克洛伊（John J[ay] McCloy, 1895–1989）

mai 麥克魯漢（Marshall McLuhan, 1911–1980）

mai 麥金利（William McKinley, 1843–1901），美國總統（1897–1901）

mai 麥納瑪拉（Robert S[trange] McNamara, 1916–2009），國防部長

mai 麥瑪納（George B[oles] McManus, 1911–1980），中情局局長麥孔助理

mai 邁阿密（Miami, Fla.）

mai 邁阿密大學（University of Miami）

mai 《邁阿密先鋒報》（*Miami Herald*）

mai 邁阿密國際機場（Miami International Airport）

mai 邁爾（Cord Meyer, 1920–2001），中情局高級官員

man 曼哈頓計畫（Manhattan Project）

man 曼恩六二一型比較測定儀（Mann Model 621 comparator）

luo 羅瑞號（USS *Lowry*），美國海軍驅逐艦

luo 羅賽利（John "Handsome Johnny" Roselli, 1905–1976），黑社會頭目

luo 羅薩里歐山脈（Sierra del Rosario Mountains）

luo 羅蘭多·馬丁尼茲（Eugenio Rolando Martinez, 1922–2021）

M

MB-1「精靈」飛彈（MB-1 "Genie"）

MiG-21飛行員（MiG-21 pilots）

MiG-21戰鬥攔截機（MiG-21 fighter-interceptors）

ma 馬列主義（Marxism-Leninism）

ma 馬列爾港（Mariel）

ma 馬克思（Karl Marx, 1818–1883）

ma 馬尾藻海（Sargasso Sea）

ma 馬坦薩斯（Matanzas）

ma 馬尚特（Herbert Stanley Marchant, 1906–1990），英國駐哈瓦那大使

ma 馬拉霍夫（Aleksandr Malakhov），蘇聯第七十九飛彈團共產主義青年部書記

ma 馬林科夫（Georgy Maximilianovich Malenkov, 1902–1988），赫魯雪夫上臺前政敵

ma 馬林諾夫斯基（Rodion Yakovlevich Malinovsky, 1898–1967），紅軍元帥

ma 馬奎斯（Gabriel García Márquez, 1927–2014）

ma 馬修斯（Herbert Lionel Matthews, 1900–1977），《紐約時報》記者

ma 馬埃斯特拉山脈（Sierra Maestra Mountains）

ma 馬納瓜鎮（Managua）

ma 馬勒采夫（Dmitri Maltsev）上校，古巴聖地牙哥巡弋飛彈營的指揮官

lu　（美國）陸軍（Army, U.S.）

lu　路透社（Reuters）

lu　（克萊爾．）魯斯（Clare Boothe Luce, 1903–1987）

lu　（亨利．）魯斯（Henry Robinson Luce, 1898–1967），《時代》及《生活》雜誌創辦人

lu　魯斯克（D[avid] Dean Rusk, 1909–1994），時任美國國務卿（1961–1969）

lu　盧比揚卡大樓（Lubyanka），KGB總部

lu　盧西安諾（Charles "Lucky" Luciano, 1897–1962），黑手黨老大

lun　倫敦（London）

lun　倫斯斐（Donald H[enry] Rumsfeld, 1932–2021），小布希政府國防部長

luo　洛杉磯（Los Angeles, Calif.）

luo　洛書華（Vitaly Roshva）中士，FKR巡弋飛彈部隊資深航空技師

luo　羅（Thaddeus S[obieski] C[onstantine] Lowe, 1832–1913）

luo　（史列辛格著）《羅伯．甘迺迪與他的時代》（Schlesinger, *Robert Kennedy and His Times*, 1978）

luo　羅伯森（William "Rip" Robertson, 1920–1970），馬塔安布雷行動專案指揮官

luo　羅根機場（Logan Airport），波士頓

luo　（小）羅素（Richard B[revard] Russell, Jr., 1897–1971），參議員，參議院軍事委員會主席

luo　羅曼諾夫（"Pedro" Romanov），維尼查號船長

luo　羅曼諾夫（Sergei Romanov）上校，負責貝胡卡核武儲存倉庫

luo　羅傑斯（Warren Joseph Rogers, Jr., 1922–2003），《紐約先驅論壇報》記者

luo　（小）羅斯福（Franklin D[elano] Roosevelt, 1882–1945）總統

luo　（老）羅斯福（Theodore Roosevelt, Jr., 1858–1919），美國前總統

luo　羅森堡（Julius Rosenberg, 1918–1953）

lei 雷神飛彈（Thor missiles）

lei 雷曼（Richard“Dick”Lehman, 1923–2007），負責總統每日情報簡報的官員

lei 雷梅迪歐斯（Remedios）

lei 雷達（radar）

lei 雷諾慈（Kenneth Reynolds）少校，負責登船小組

leng 冷戰（Cold War）

li 利華公司（Lever Company）

li 李梅（Curtis LeMay, 1906–1990），空軍參謀長

li 李普曼（Walter Lippmann, 1889–1974），專欄作者

li 里加港（Riga），拉脫維亞

li 里飛號（*Ree Fee*）

li 痢疾（dysentery）

lian 煉油廠（oil refineries）

lian 聯合果品公司（United Fruit Company）

lian 聯合國（United Nations, UN）

lian （美國）聯合通訊社（Associated Press），美聯社

lian 聯邦調查局（Federal Bureau of Investigation, FBI）

liang 糧食（bread）

liao 瞭望山莊（Finca Vigia）

lie 列寧（Vladimir Ilyich Lenin, 1870–1924）

lie 列寧共青團號（*Leninsky Komsomol*），蘇聯貨輪

lie 列維坦（Yuri B[orisovich] Levitan, 1914–1983），莫斯科廣播電臺播音員

lin 林肯（Abraham Lincoln, 1809–1865），第十六任美國總統（1861–1865）

liu （美國）流行文化（popular culture, U.S.）

ku 庫茲涅索夫（Vasily Vasilyevich Kuznetsov, 1901–1990），外交部副部長

ku 庫圖佐夫大道（Kutuzov Avenue）

ku 庫蘭加塔號（*Coolangatta*），瑞典貨輪

kuai 快速反應警戒戰機（Quick Reaction Alert aircraft）

L

la 拉丁美洲（Latin America）

la 拉丁美洲通訊社（*Prensa Latina*）

la 拉戈島礁（Key Largo）

la 拉福林空軍基地（Laughlin Air Force Base）

la 菈齊薇兒（Caroline Lee Radziwill, 1933–2019），賈姬的妹妹

lai 萊利（Tad Riley），RF-8飛行員

lan 藍月任務5025（Blue Moon Mission 5025）

lan 藍色海灘（Blue beach）

lan 藍脊山脈的地下碉堡（Blue Ridge Mountains, underground bunker in）

lan 藍斯代（Edward Lansdale, 1908–1987），美國空軍准將

lan 藍道夫號（USS *Randolph*），美國海軍航空母艦

lan 蘭茲（Dean Rands）中尉，駕駛F-102長機的飛行員

lan 蘭斯基（Meyer Lansky, 1902–1983），黑手黨老大

lan 蘭德公司（RAND Corporation），美國軍事智庫

lang 朗道爾（Arthur C[harles] Lundahl, 1915–1992），中央情報局首席空拍判讀師，國家照片判讀中心（National Photographic Interpretation Center）主任

lao 勞倫斯利弗摩實驗室（Lawrence Livermore Laboratory）

lao 勞倫斯號（USS *Lawrence*），美國海軍驅逐艦

le 勒夫（Edgar Love）上尉，RF-8十字軍噴射機飛行員

lei 雷明頓（Frederic Sackrider Remington, 1861–1909），畫家

ke　柯尼延科（Georgy Markovich Kornienko, 1925–2006），資深外交官

ke　柯瓦連科（Grigori Kovalenko）上校，第一四六機動步槍團的指揮官

ke　柯立福（Clark McAdams Clifford, 1906–1998），麥納瑪拉之後的國防部長

ke　柯林伍德（Charles Collingwood, 1917–1985），新聞特派員

ke　柯林斯（William R[obert] Collins, 1913–1991）准將，關塔那摩灣海軍基地總指揮官

ke　柯迪爾（Andrew W[ellington] Cordier, 1901–1975），前任聯合國官員

ke　柯勒（Foy D[avid] Kohler, 1908–1990），美國駐蘇聯大使

ke　柯菲（Gerald Coffee），RF-8 飛行員

ke　柯羅勒夫（Sergei Pavlovich Korolev, 1907–1966），楊玖的競爭者

ke　科尼號（USS *Cony*），美國海軍驅逐艦

ke　科希瑪（Cojímar）

ke　科技革命（technological revolution）

ke　科拉半島（Kola Peninsula）

ke　科科島（Cayo Coco）

ke　科策布臨時機場（Kotzebue airfield），阿拉斯加科策布灣

ke　科羅拉多泉（Colorado Springs）

ke　喀秋莎多管火箭砲（Katyusha）

kong　（美國）空軍（Air Force, U.S.）

kong　（美國）空軍國民警衛隊（Air National Guard）

kong　（美國）空襲選項（air strike option, U.S.），見邦迪計畫（Bundy plan）

kou　寇茲（Thomas R[ichardson] Kurtz, Jr., 1909–1979）上將，海軍中專責密碼的單位首長

ku　庫伯力克（Stanley Kubrick, 1928–1999）

ku　庫柏（Chester L[awrence] Cooper, 1917–2005），中情局派駐倫敦的代表

K

KRAZ大卡車（KRAZ）

ka 卡尼（Joseph E. Carney, 1934–2017）上尉，RB-47偵察機飛行員

ka 卡西尼（Oleg Cassini, 1913–2006），服裝設計師

ka 卡西莫夫號（*Kasimov*）

ka 卡西爾達（Casilda），古巴南部海岸的小漁港

ka 卡拉巴沙村（Calabazar de Sagua）

ka 卡特（Marshall S[ylvester] Carter, 1909–1993）將軍，中情局副局長

ka 卡馬圭（Camagüey）

ka （斐代爾·）卡斯楚（Fidel Castro, 1926–2016），古巴總理

ka （勞爾·）卡斯楚（Raúl Modesto Castro, 1931– ），卡斯楚胞弟

ka 卡斯維爾空軍基地（Carswell Air Force Base, Tex.）

ka 卡爾森（Nils Carlson），庫蘭加塔號船長

ka 喀爾巴阡山脈（Carpathian Mountains）

kai 凱可斯通道（Caicos Passage）

kai 凱托夫（Ryurik Ketov），潛艦B-4船長

kai 凱馬內拉鎮（Caimanera），古巴關塔那摩省

kai 「凱蒂」，彈道專家（“Kitty,” ballistician）

kao 考夫林（James Kauflin），RF-8飛行員

kao 考夫曼（William W[eed] Kaufmann, 1918–2008），耶魯大學歷史學者

ke 克利夫頓（Chester V[ictor] “Ted” Clifton, 1913–1991），陸軍少將

ke 克恩（Charles Kern, 1931–2015）上尉，U-2偵察機飛行員

ke 克朗凱（Walter L[eland] Cronkite, 1901–1979），CBS News

ke 克勞斯（Hans Kraus, 1905–1996），骨科醫師

ji 季夫諾戈斯克號（*Divnogorsk*）

ji 基廷（Kenneth B[arnard] Keating, 1900–1975），紐約州參議員

ji 基莫夫斯克號（*Kimovsk*）

ji 機動維修技術基地（*Podvizhnaya Remontno- Technicheskaya Baza*, PRTB; Mobile Repair-Technical Base）

ji 雞（chickens）

jia 加加林號（*Yuri Gagarin*）

jia 加布茲（Leonid Garbuz）少將，蘇聯在古巴軍事計畫的副總司令

jia 加吉耶沃（Gadzhievo）

jia 加拿大（Canada）

jia 加勒比海（Caribbean Sea）

jian （皇家海軍）堅毅號（HMS *Resolute*）

jie 傑克森維爾，佛羅里達州（Jacksonville, Fla.）

jie 傑拉德角（Punta Gerardo）

jie 傑哈特（John K[oehler] Gerhart, 1907–1981），北美空防司令部總司令傑哈特

jin 進取號（*Enterprise*, USS），美國海軍航空母艦

jing （羅伯．甘迺迪著）《驚爆十三天》（R. F. Kennedy, *Thirteen Days*）

jing 經濟計畫年（*el año de la planificaión*）

jing 驚飛（flushing）

jiu 九十英里跋涉者（the ninety milers）

jiu 九月十一日備忘錄，一九六二年（September 11 memo, 1962）

jiu 酒（alcohol）

jue （艾利森著）《決策的精髓：古巴飛彈危機詳闡》（Allison, *Essence of Decision: Explaining the Cuban Missile Crisis*, 1971）

jun 軍隅里（Kunri），北韓鐵路樞紐

jun 軍號行動（Operation Bugle Call）

hong 《紅星報》（*Krasnaya Zvezda*）

hong 紅鷹行動（Operation Red Eagle）

hong 轟炸／炸彈（bombing, bombs）

hong 轟炸警報系統（Bomb Alarm System）

hu 狐步級潛艦（Foxtrot submarines）

hu 胡佛（J[ohn] Edgar Hoover, 1895–1972）聯邦調查局長

hua 華沙公約組織，華約（Warsaw Pact）

hua 華盛頓（George Washington, 1732–1799），第一任美國總統（1789–1797）

hua 華盛頓特區（Washington, D.C.）

hua 《華盛頓郵報》（*Washington Post*）

hua 華萊士（George C[orley] Wallace, Jr., 1919–1998），總統候選人

huai 懷特（Lincoln White, 1906–1983），國務院發言人

hui 迴力鏢行動（Operation Boomerang）

hui 惠勒（Earle G[ilmore] Wheeler, 1908–1975）將軍，陸軍參謀長

huo 火星探測船（Mars probe）

huo 火神核子轟炸機（Vulcan nuclear bomber）

huo 夥伴系統（buddy system）

J

JM/WAVE 行動（JM/WAVE operation）

ji 吉利（Adolfo Gilly, 1928– ）

ji 吉耶爾莫島（Cayo Guillermo）

ji 吉爾派崔克（Roswell Leavitt Gilpatric, 1906–1996），國防部副部長

ji 吉德森（Darrell Gydesen）上尉，F-106 戰機中隊長

hao 豪曼機場（Hulman Field），印第安那州

hao 豪澤（Hamilton H[awkins] Howze, 1908–1998）中將

hao （老）豪澤（Robert Lee Howze, 1864–1926）少將

he 核子威懾戰略（nuclear deterrence）

he 核子試爆（nuclear testing）

he 核子彈頭（nuclear warheads）

he 核子戰爭（nuclear war）

he （奧黛麗·）赫本（Audrey Hepburn, 1929–1993）

he 赫姆斯（Richard McGarrah Helms, 1913–2002），中情局祕密行動負責人

he 赫曼（George E[dward] Herman, 1920–2005），哥倫比亞廣播公司新聞記者

he 赫曼（Roger Herman）上尉，安德森的機動管制官

he 赫許（Seymour M[yron] Hersh, 1937– ）

he （小）赫斯特（William Randolph Hearst, Jr., 1908–1993）

he （老）赫斯特（William Randolph Hearst, Sr., 1863–1951）

he （列昂尼德·）赫魯雪夫（Leonid Nikitovich Khrushchev, 1917–1943），赫魯雪夫長子

he （尼基塔·）赫魯雪夫（Nikita S[ergeyevich] Khrushchev, 1894–1971），蘇聯共產黨中央委員會第一書記（1953–1964）

he （塞勒給·）赫魯雪夫（Sergei Nikitich Khrushchev, 1935–2020），赫魯雪夫之子，行四

he 赫魯雪夫夫人（Mrs. Khrushchev）

hei 黑手黨（Mafia）

hei 黑海（Black Sea）

hei 黑爾（Raymond A[rthur] Hare, 1901–1994），時任美國駐土耳其大使

hei 黑澤（Richard Heyser）上校，執行U-2偵察機第一次任務

務助理國務卿

ha 哈林區（Harlem）

ha 哈倫代爾（Hallandale, Fla.）

ha 哈博霖（Maurice Hyman Halperin, 1906–1995），前美國外交官

ha 哈爾科夫戰役（Kharkov, battle of, 1942）

ha 哈維（William K[ing] Harvey, 1915–1976），中情局反卡斯楚計畫專案小組負責人

ha 哈薩克（Kazakhstan）

hai 孩童之城（La Ciudad de los Niños）

hai 海地（Haiti）

hai （美國）海岸巡防隊（Coast Guard, U.S.）

hai 海明威（Ernest Hemingway, 1899–1961）

hai 海約翰（John Milton Hay, 1838–1905），美國國務卿（1898–1905）

hai （蘇聯）海軍（Navy, Soviet）

hai （美國）海軍（Navy, U.S.）

hai 海軍 RF-101 噴射機所攝照片（Navy RF-101 jets, photos from）

hai 海軍工程隊隊員（seabees）

hai 海軍封鎖（naval blockade）

hai 海軍情報辦公室（The Office of Naval Intelligence, ONI）

hai （美國）海軍陸戰隊（Marines, U.S.）

hai 海軍陸戰隊第二師（2nd Marine Division）

hai 海軍旗艦指揮中心（Navy Flag Plot）

hai 海茵斯（Jerome Hines, 1921–2003），美國男低音

hai 《海戰法》（*Law of Naval warfare*, 1955）

hai 海龜伯特（Bert the Turtle）

hang 航空偵察（aerial reconnaissance）

guo （美國）國防部（Defense Department, U.S.）

guo （蘇聯）國防部（Defense Ministry, Soviet）

guo （美國）國家安全局（National Security Agency, NSA）

guo （蘇聯）國安會（KGB），簡稱「蘇聯國安會」

guo 國家安全會議執行委員會，簡稱「執行委員會」（Executive Committee of the National Security Council, ExComm）

guo 國家情報評估（National Intelligence Estimate）

guo 國家情報總監（Director of National Intelligence, DNI）

guo 國家新聞俱樂部（National Press Club）

guo 國家照片判讀中心（National Photographic Interpretation Center, NPIC）

guo 國家檔案庫（National Archive）

guo （美國）國務院（State Department, U.S.）

guo （美國）國會（Congress, U.S.）

guo （美國）國會圖書館（Library of Congress）

guo 《國際歌》（*Internationale*）

H

ha 哈瓦那（Havana）

ha 哈瓦那大學（Havana University）

ha 哈瓦那東方（Havana East）

ha 《哈瓦那特派員》（*Our Man in Havana*, 1958），葛林小說

ha 《哈瓦那特派員》（*Our Man in Havana*, 1958），電影

ha 哈瓦那港（Havana Harbor）

ha 哈瓦那機場（Havana Airport）

ha 哈利法伯爵（Edward Wood, 1st Earl of Halifax, 1881–1959），英國外務大臣

ha 哈里曼（W[illiam] Averell Harriman, 1891–1986），美國國務院遠東事

ge 隔離（quarantine）

ge 鉻穹（Chrome Dome）

gong （古巴）工業部（Industry Ministry, Cuba）

gong （古巴）共產黨（Communist Party, Cuban）

gong （蘇聯）共產黨（Communist Party, Soviet）

gong 「共同目標」(“Common Cause”)，環繞古巴的飛行任務

gong 共和黨員，共和黨（Republicans, Republican party）

gong 共產主義（communism）

gu 古巴（Cuba）

gu 古巴土耳其飛彈交換（Cuba-Turkey swap）

gu 古巴事實清單（Cuba Fact Sheet）

gu 古巴流亡分子（Cuban exiles）

gu 古巴飛彈危機（Cuban missile crisis）

gu 古巴飛彈發射場（Cuban missile sites）

gu 古德溫（Richard N[aradof] Goodwin, 1931–2018），美國作家，總統顧問，甘迺迪與詹森文膽

gu 谷巴歐克納亞（Guba Okol’naya）潛艦站

gua 瓜地馬拉（Guatemala）

gua 瓜納海鎮（Guanajay）

guan 關塔那摩灣海軍基地（Guantánamo Naval Base, GITMO）

guan 關塔那摩灣（Guantánamo Bay）

guang 「光明消滅」計畫（“Elimination by Illumination” scheme）

guang 廣島（Hiroshima）

guang 廣播／無線電（radio）

gun 滾雷（Rolling Thunder），轟炸作戰

guo （美國）國防情報局（Defense Intelligence Agency, DIA）

gan 甘迺迪圖書館（John F. Kennedy Library）

ge 戈巴契夫（Mikhail Sergeyevich Gorbachev, 1931–2022）

ge 戈爾什科夫（Sergei Georgyevich Gorshkov, 1910–1988），蘇聯海軍元帥

ge 《革命之月》（*Lunes de Revolución*），文學副刊

ge 革命委員會（Revolution Council）

ge 《革命報》（*Revolución*）

ge 哥倫比亞（Colombia）

ge 哥倫比亞廣播公司新聞（CBS News）

ge 哥倫布（Christopher Columbus, 1451–1506）

ge 格切諾夫（Ivan Gerchenov）少校

ge （切・）格瓦拉（Ernesto "Che" Guevara, 1928–1967）

ge 格列奇科（Andrei Antonovich Grechko, 1903–1076）元帥，蘇聯國防部副部長

ge 格列奇科（Stepan Grechko）中將，負責古巴的蘇聯空防系統

ge 格利納空軍基地（Galena Air Force Base, Alaska），阿拉斯加西部

ge 格里博科夫（Anatoly Gribkov, 1919–2008）將軍，蘇聯參謀總部在哈瓦那的代表

ge 格拉瑪號（Granma）

ge 格陵蘭（Greenland）

ge 格羅茲尼號（Grozny）

ge 葛里芬（Charles Donald Griffin, 1906–1996）上將，大西洋艦隊副總司令

ge 葛拉夫（Robert T. Graff）少校，B-52同溫層堡壘轟炸機飛行員

ge 葛林（Graham Green, 1904–1991），英國偵探小說家

ge 葛林斯潘（Alan Greenspan, 1926– ）

ge 葛羅米柯（Andrei Gromyko, 1909–1989），蘇聯外交部長

fo 佛羅里達海峽（Straits of Florida）

fu 弗拉格勒（Henry M[orison] Flagler, 1830–1913），鐵路大亨

fu 符冷（Don J[ene] Fulham, 1928–2019），海軍陸戰隊第二團助理作戰官

fu 符京（Vitaly Alekseyevich Fokin, 1906–1964）上將，蘇聯海軍副司令

fu 傅爾布萊特（J[ames] William Fulbright, 1905–1995），羅德學者

fu 福布斯空軍基地（Forbes Air Force Base, Kans.）

fu 福特（Charles D. Ford），中情局幹員，化名費斯卡里尼（Rocky Fiscalini）

fu 福爾先科（Aleksandr Fursenko, 1927–2008），俄羅斯科學院歷史學家

fu 福蘭基（Carlos Franqui, 1921–2010）

G

gai 蓋拉（Guerra）

gai （克拉克·）蓋博（Clark Gabel, 1901–1960）

gai 蓋達（Timur Arkadyevich Gaidar, 1926–1999），《真理報》駐哈瓦那特派員

gan （小約瑟夫·）甘迺迪（Joseph Patrick "Joe" Kennedy, Jr., 1915–1944）

gan （小約翰·）甘迺迪（John Fitzgerald Kennedy, Jr., 1960–1999）

gan （卡洛琳·）甘迺迪（Caroline Kennedy, 1957– ），甘迺迪之女

gan （約瑟夫·）甘迺迪（Joseph P[atrick] Kennedy, Sr., 1888–1969），甘迺迪之父

gan （賈桂琳·）甘迺迪（Jacqueline Kennedy, née Bouvier, 1929–1994）

gan （羅伯·）甘迺迪（Robert F[rancis] Kennedy, 1925–1968），甘迺迪之弟，時任司法部長

gan （約翰·）甘迺迪（John F[itzgerald] Kennedy, 1917–1963），第三十五任美國總統（1961–1963）

gan 甘迺迪號（*Joseph P. Kennedy*, USS），美國海軍驅逐艦

e　鄂木斯克（Omsk），西伯利亞西南部，鄂木斯克州首府

e　鄂木斯克號（*Omsk*），日本製造的貨輪

er　二次世界大戰（World War II）

F

F-80 流星戰鬥機（F-80 Shooting Star）

F-100 超級軍刀機（F-100 Super Sabre）

F-101 戰鬥機（F-101 fighter aircraft）

F-102 戰鬥攔截機（F-102 fighter-interceptors）

F-105 戰鬥機（F-105 fighter aircraft）

F-106 戰鬥機（F-106 fighter aircraft）

FKR 巡弋飛彈（*frontovaya krylataya raketa*, FKR），有翼前線飛彈

fa　法國（France）

fan　泛美航空（Pan American）

fang　空防司令部（Air Defense Command）

fang　防空武器（antiaircraft weapons）

fei　飛彈上的差距（missile gap）

fei　菲利比納村（Filipinas）

fei　費克利索夫（Aleksandr Semyonovich Feklisov, 1914–2007），蘇聯國安委員會（KGB）華盛頓站站長

fen　芬蘭（Finland）

feng　馮範姆（Charles Von Fremd, 1926–1966），哥倫比亞廣播公司新聞記者

fo　弗明（Fomin），費克利索夫在華盛頓的假名

fo　佛羅里達州（Florida）

fo　佛羅里達島礁群（Florida Keys）

ding 定向（direction finding, DF）

dong 東方省（Oriente Province）

dong 東南亞（Southeast Asia）

dong 東歐（Eastern Europe）

du 杜布諾號（*Dubno*）

du 杜畢夫科（Alexksei Dubivko），B-36 潛艦船長

du 杜博維克（Vladimir Dubovik）海軍中將，蘇聯駐美國大使館武官

du 毒藥丸（poison pills）

du 渡鴉，電子作戰官（ravens, electronic warfare officers）

du 「獨立民主古巴的執政團」（"Junta for an Independent and Democratic Cuba"）

du 獨立號（*Independence*, USS），美國海軍航空母艦

duan 短程飛彈，古巴（short-range missiles, in Cuba）

dui 對抗兵力戰略（counterforce strategy）

duo 多明尼加共和國（Dominican Republic）

duo 多明尼克行動（Operation Dominic）

duo 多雷斯（Irvin Doress, 1930–2014），逃到澳洲的美國社會學教授

duo 多爾蒂科斯（Osvaldo Dorticós, 1919–1983），古巴總統

E

EC-135「明鏡」指揮機（EC-135 "Looking Glass" planes）

e 俄國新聞通訊社（TASS）

e 俄羅斯特種部隊來犯警報（*spetsnaz* alerts）

e 俄羅斯航空（Aeroflot）

e 惡水河（Malas Aguas River）

彈（Lunas）條

di　地對空飛彈（surface-to-air missiles, SAMs）

di　狄尼申科（Denischenko）少校，運送大隊指揮官

di　狄波特（John A[ugustus] Des Portes, 1920–2001）上校，第四〇八〇戰略偵察機聯隊聯隊指揮官

di　（巴布·）狄倫（Bob Dylan, 1941– ）

di　狄龍（C[larence] Douglas Dillon, 1909–2003），時任美國財政部長（1961–1965）

di　（密西根州）底特律（Detroit, Mich.）

di　（美國）帝國主義（imperialism, U.S.）

di　第一〇一空降師（101st Airborne Division）

di　第一四六機動步槍團（146th motorized rifle regiment）

di　第一次世界大戰（World War I）

di　（美國）第一裝甲師（1st Armed Division, U.S.）

di　（古巴）第一號行動指令（Operational Directive No. 1, Cuban）

di　（蘇聯）第七十九飛彈團（79th missile regiment, Soviet）

di　第二八五七測試中隊（2857th Test Squadron）

di　第八十二空降師（82nd Airborne Division）

di　第三四一戰略飛彈聯隊（341st Strategic Missile Wing）

di　第五〇九轟炸機聯隊（509th Bombardment Wing）

di　第五十一區／牧場（Area 51/the ranch）

di　第五十五戰略偵察機聯隊（55th Strategic Reconnaissance Wing）

di　第六一三戰術戰鬥機中隊（613th Tactical Fighter Squadron）

di　第六十二輕裝攝影中隊（Light Photographic Squadron No. 62）

di　第四〇八〇戰略偵察機聯隊（4080th Strategic Wing）

dian　電子情報（electronic intelligence, Elint）

dian　電星（Telstar）

da 大西洋艦隊（Atlantic Fleet）

da 大沼澤地（Everglades）

da 〈大雨將至〉（“A Hard Rain’s Gonna Fall”）

da 大特克島（Grand Turk Island）

da 大特克島海軍設備工程指揮部（Naval Facilities Engineering Systems Command, NAVFAC Grand Turk）

da 大衛營（David Camp）

da 大薩瓜鎮（Sagua la Grande），古巴中部的省級小鎮

da 達瓦洛斯（Fernando Dávalos），哈瓦那大學學生

da 達勃雷寧（Anatoly Fyodorovich Dobrynin, 1919–2010），蘇聯駐美大使

dai （俄亥俄州）代頓市模擬攻擊（Dayton, Ohio, simulated attack on）

dai 戴高樂（Charles de Gaulle, 1890–1970），法國總統

dai 戴維斯（Richard T[ownsend] Davies, 1920–2005），美國大使館政治顧問

dan 丹尼森（Robert L[ee] Dennison, 1901–1980）上將，大西洋區盟軍司令

dan 單一統合行動計畫（Single Integrated Operational Plan, SIOP）

dan 彈道飛彈（ballistic missile）

dao 刀鞘行動（Operation Scabbards）

de （東）德（Germany, East）

de 德克薩斯州（Texas）

de 德國（Germany）

de （納粹）德國（Germany, Nazi）

de 德斯諾斯（Edmundo Desnoes, 1930– ）

de （明尼蘇達州）德盧斯機場（Duluth Airport, Minn.）

di （德斯諾斯著）《低度開發的回憶》（Edmundo Desnoes, *Memorias del Subdesarrollo [Memories of Underdevelopment]*, 1965）

di 地面機動飛彈（Free Rocket Over Ground, FROG），見「月神」戰術飛

（2001–2009）

bu　布拉沃（Flavio Bravo, 1921–1988）上尉，卡斯楚左右手

bu　布朗（Edmund Brown, 1905–1996），加州州長

bu　布瑞格堡（Fort Bragg）

bu　布瑞頓（William Britton, 1924–1962）少校，RB-47偵察機飛行員

bu　布魯吉歐尼（Dino A[ntonio] Brugioni, 1921–2015），朗道爾首席助理

bu　布魯斯（David K[irkpatrick] E[ste] Bruce, 1898–1977），美國駐英大使

bu　（蘇聯）部長會議（Council of Ministers, Soviet）

C

C-119運輸機，「飛行貨車廂」（C-119 planes, "flying boxcars"）

can　參謀長聯席會議（Joint Chiefs of Staff, JCS）

can　（美國）參議院（Senate, U.S.）

chang　長崎（Nagasaki）

cheng　「誠實約翰」火箭（Honest John rockets）

chao　「超讚海洋電臺」（"Ocean Station Bravo"）

chong　沖本（Fred Okimoto）中尉，替毛茨比的北極飛行標繪路線的導航員

chong　沖繩號（*Okinawa*, USS），美國海軍兩棲突擊艦

chu　初級警報系統（Primary Alerting System）

chu　楚斯卡行動（Operation ORTSAC）

chu　楚科奇半島（Chukot Peninsula）

ci　慈母山（Sierra Madre）

D

da　大西洋（Atlantic Ocean）

bie 別克斯島（Vieques）

bie 別洛博羅多夫（Nikolai Beloborodov），蘇聯上校，專門負責核子彈頭

bo 波大雷山洞（Cueva de los Portales）

bo 波多馬克河（Potomac River）

bo 波多黎各（Puerto Rico）

bo 波柯尼科夫（Valentin Polkovnikov），蘇聯飛彈部隊中尉

bo 波爾（George W[ildman] Ball, 1909–1994），國務次卿

bo 波爾塔瓦號（*Poltava*）

bo 波諾馬廖夫（Boris N[ikolayevich] Ponomaryev, 1905–1995），蘇共中央國際部部長

bo 波羅的海（Baltic）

bo 波羅的海艦隊（Baltic fleet）

bo 波蘭（Poland）

bo 柏克（Arleigh A[lbert] Burke, 1901–1996）上將，海軍作戰部長

bo 柏林（Berlin）

bo 柏林圍牆（Berlin Wall）

bo 玻利維亞（Bolivia）

bo 博沙科夫（Georgi Nikitovich Bolshakov, 1922–1989），特務，克里姆林宮與羅伯的祕密聯繫管道

bo 博格斯（Thomas Hale Boggs, Sr., 1914–1972），民主黨黨鞭

bo 博斯普魯斯海峽（Bosphorus）

bo 博爾堅科（Boris Boltenko）少校，羅曼諾夫上校副手

bo 博德（George Bird）少校，美國海軍口譯員

bo 播音員（*diktors*）

bu 布加勒斯特號（*Bucharest*），蘇聯油輪

bu 《布列斯特—立陶夫斯克條約》（Treaty of Brest-Litovsk, 1917）

bu （小）布希（George W[alker] Bush, 1946– ），第四十三任美國總統

bang　邦迪（McGeorge Bundy, 1919–1996），國家安全顧問

bang　邦迪計畫（Bundy plan）

bao　鮑威爾（Robert Powell, 1932–2021），U-2 偵察機飛行員，安德森袍澤

bao　（瑪琳·）鮑威爾（Marlene Powell），U-2 偵察機飛行員鮑威爾之妻

bao　鮑爾（Thomas S[arsfield] Power, 1905–1970）上將，戰略空軍總司令

bao　鮑爾斯（Francis Gary Powers, 1929–1977），U-2 偵察機飛行員

bei　北冰洋（Arctic Ocean）

bei　北大西洋公約組織（North Atlantic Treaty Organization, NATO），北約

bei　北約理事會（NATO Council）

bei　北美空防司令部（North American Aerospace Defense Command, NORAD）

bei　北莫爾斯克港（Severomorsk）

bei　北越（North Vietnam）

bei　北極（North Pole）

bei　北極星核子動力潛艦（Polaris submarines）

bei　北極圈（Arctic Circle）

bei　北韓（North Korea）

bei　貝利亞（Lavrenty Beria, 1899–1953），祕密警察頭目

bei　貝胡卡（Bejucal）

bei　貝瑞（Dan Barry），美國空軍中尉

bei　貝當固（Romulo Betancourt, 1908–1981），委內瑞拉總統

bei　貝禮（Charles W[aldo] Bailey II, 1929–2012）

bi　比那德里歐省（Pinar del Río Province）

bi　比林斯（Kirk LeMoyne "Lem" Billings, 1916–1981），甘迺迪預備學校同學

bi　俾斯麥（Otto Eduard Leopold von Bismarck, 1815–1898）

bi　畢爾號（USS *Beale*），美國海軍驅逐艦

B-47同溫層噴射機（B-47 Stratojet）

B-4潛艦／C-23（B-4 submarine/*C-23*）

B-52同溫層堡壘轟炸機（B-52 Stratofortress/BUFF）

B-59潛艦／C-19（B-59 submarine/*C-19*）

B-70轟炸機（B-70 bomber）

ba （塔克嫚著）《八月砲火》（Tuchman, *The Guns of August*）

ba 巴內斯鎮（Banes），古巴東部地對空飛彈發射場

ba 巴夫洛夫（Pavlov），普利耶夫的官方化名

ba 巴西（Brazil）

ba 巴拉德羅（Varadero），古巴高檔海灘度假勝地

ba 巴哈馬（Bahamas）

ba 巴倫支海（Barents Sea）

ba 巴烈特（Charles L[effingwell] Bartlett, 1921–2017）

ba 巴特島（Barter Island）

ba 巴基斯坦（Pakistan）

ba 巴斯夸（Carlos Pasqual），中情局幹員

ba 巴斯欽平托（Luís Bastian Pinto），哈瓦那的巴西大使

ba 巴蒂斯塔（Fulgencio Batista, 1901–1973），古巴前總統

bai 白宮（White House）

bai 白宮錄音帶（White House tapes）

bai 百慕達海軍航空站（Bermuda Naval Air Station）

bai 百慕達群島（Bermuda）

bai 拜科努（Baikonur）

ban 板條箱學（cratology）

ban 班迪洛夫斯基（Nikolai Bandilovsky）上校，第二支R-12飛彈團

飛彈聯隊指揮官
an （老）安楚斯（Burton C. Andrus, Sr., 1892–1977）
an 安德力毅夫（Anatoly Andreev），B-36潛艦上尉
an （蘇菲亞·）安德力毅夫（Sofia [Sofochka] Andreev），安德力毅夫妻
an （莉莉·）安德力毅夫（Lili [Lyalechka] Andreev），安德力毅夫女
an 安德森（George Whelan Anderson, Jr., 1906–1992），海軍作戰部長
an 安德森（Rudolf Anderson, Jr., 1927–1962）少校，U-2偵察機飛行員
an （珍·）安德森（Jane Anderson, 1935–1981），U-2偵察機飛行員安德森之妻
an 安德魯空軍基地（Andrews Air Force Base）
an （葛林著）《安靜的美國人》（Green, *The Quiet American*, 1955）
ao 奧福特空軍基地（Offutt Air Force Base, Nebr.）
ao 奧布利津（Nikolai Oblizin）少校，彈道飛彈部的副部長
ao 奧地利（Austria）
ao 奧福特，內布拉斯加州（Offutt, Nebr.）
ao 奧馬哈，內布拉斯加州，戰略空軍司令部總部所在（Omaha, Nebr., SAC in）
ao 奧塞提亞（Ossetia）
ao 奧爾金（Holguín）
ao 奧蘭多市，佛羅里達州（Orlando, Fla.）
ao 澳洲（Australia）

B

B-130潛艦／C-18（B-130 submarine/*C-18*）
B-26轟炸機（B-26 planes）
B-29轟炸機（B-29 bombers）
B-36潛艦／C-26（B-36 submarine/*C-26*）

a 阿嘉豐諾夫（Vitaly Agafonov）船長，蘇聯潛艦艦隊司令

a 阿爾巴尼亞（Albania）

a 阿爾法六六（Alpha 66）

a 阿爾法六號發射井（Alpha Six）

a 阿爾梅季耶夫斯克號（*Almetyevsk*）

a 阿爾梅達（Juan Almeida, 1927–2009），古巴參謀長

a 阿蘇嘉萊（Carlos Alzugaray, 1943– ），年輕古巴外交人員

a 阿蘭德（Björn Ahlander），瑞典電視臺記者

ai 艾西兒（Ethel Kennedy, née Skakel, 1928– ），羅伯妻

ai 艾克（William Ecker），第六十二輕裝攝影中隊指揮官

ai 艾利森（Graham T[illett] Allison, 1940– ）

ai 艾奇森（Dean G[ooderham] Acheson, 1893–1971），前國務卿

ai 艾拉颶風（Hurricane Ella）

ai 艾索普（Stewart Alsop, 1914–1974），《星期六晚郵報》專欄作家

ai 艾森豪（Dwight D[avid] Eisenhower, 1890–1969），第三十四任美國總統（1953–1961）

ai 艾斯梅拉達鎮（Esmeralda）

ai 艾塞克斯號（*Essex*, USS），美國海軍航空母艦

ai 艾爾奇科，蘇聯軍事總部所在（El Chico, Soviet military headquarters at）

ai 埃爾森空軍基地（Eielson Air Force Base, Alaska）

ai 埃及（Egypt）

ai 埃斯卡蘭蒂（Anibál Escalante, 1909–1977）

ai 埃斯坎布雷山脈（Escambray Mountains）

ai 愛斯基摩人（Eskimos）

ai 愛默生（Ralph Waldo Emerson, 1803–1882）

an （小）安楚斯（Burton C. Andrus, Jr., 1917–2004）上校，第三四一戰略

翻譯對照表

【譯按】

本對照表據原書的西文索引重排，所循原則如下：

一、所有中譯主詞條之後，皆以括號夾附西文原文。

二、索引內人物數量孔多，亦不乏見姓氏相同者，為利於辨識，除於人物西文姓名後夾附生卒年之外，另於必要處在人名之後簡要說明其身分。

三、所有中譯主詞條均先依首字的漢語拼音排序，標點符號與詞條前括號內的敘述，不在排序條件之內。

四、中譯主詞條的首字相同者，則依次字的筆劃排序。以此類推。

五、主詞條下諸細項不另設排序條件，俱按原書西文順序排序。

A

A4D 天鷹式攻擊機（A4D Skyhawk）

a　阿本斯（Jacobo Arbenz Guzmán, 1913–1971）

a　阿瓦德（Inga Arvad, 1913–1973），甘迺迪女友

a　阿列克謝夫（Aleksandr Ivanovitsj Alekseev, 1913–2001），蘇聯駐古巴大使

a　阿朱比（Aleksei Adzhubei, 1924–1993），赫魯雪夫女婿

a　阿拉斯加（Alaska）

a　阿拉斯加空防司令部（Alaska Air Defense Command）

a　阿納斯塔西耶夫（Valentin Anastasiev）中校

a　阿納德（Anadyr），西伯利亞最東端的城市

a　阿納德行動（Operation Anadyr）

a　阿基波夫（Vasily Aleksandrovich Arkhipov, 1926–1998），區艦隊參謀長

【後記】

788 見Arthur M. Schlesinger, Jr., *A Thousand Days* (Boston: Houghton Mifflin, 1965), 851。

789 見Alsop and Bartlett, "In Time of Crisis"，在一九六二年十二月八日《星期六晚郵報》。

790 見Schlesinger, *Robert Kennedy and His Times,* 529。

791 見Schlesinger, *A Thousand Days*, 828。

792 見Dobrynin, 83。

793 唯一的例外是薩根所著《安全的限度》(*The Limits of Safety*, 1993)，這是一本關於災難事故的研究專著，其中也包含對核武的討論。

794 取材自第四〇八〇戰略偵察機聯隊隊史，一九六二年十月，在FOIA。

795 見Alsop and Bartlett, "In Time of Crisis"。

796 見Kaplan, 334。

797 見Clark M. Clifford, *Counsel to the President* (New York: Random House, 1991), 411。

798 見Michael Charlton and Anthony Moncrieff, *Many Reasons Why: The American Involvement in Vietnam* (New York: Hill & Wang, 1978), 82，轉引自Eliot A. Cohen, "Why We Should Stop Studying the Cuban Missile Crisis," *The National Interest* (Winter 1985–86)。

799 見Reeves, 424。

800 見Schlesinger, *Robert Kennedy and His Times*, 548。

801 見一九六二年九月十九日國家情報評估，NIE 85-3-62；關於事後的剖析檢討，取材自總統外國情報諮詢委員會(President's Foreign Intelligence Advisory Board, PFIAB)備忘錄，見McAuliffe, 362–371。

802 取材自一九六三年六月十日，甘迺迪在美利堅大學(American University, Washington, DC)的畢業典禮致詞。

803 見Reeves, 425；另參一九六九年一月十九日《華盛頓郵報》"Acheson Says Luck Saved JFK on Cuba"一文。

770 見Sorensen, *Kennedy,* 705。

771 取材自參謀長聯席會議歷史專家普爾的筆記。

772 見NSAW Cuba。

773 見Beschloss, 544。

774 見Franqui, 194及Thomas, 524。對卡斯楚的描述，詳見Blight, et al., *Cuba on the Brink*, 214。

775 取材自CNN CW中的阿列克謝夫專訪。

776 這起事件的完整記述，詳見Sagan, 127–133。薩根（Scott D[ouglas] Sagan, 1955– ）教授與其他幾位作者載錄的時間顯然有誤，北美空防司令部日誌上載錄的時間是1608Z，亦即華盛頓時間上午十一點零八分——在Sagan Collection, NSAW。

777 取材自執行委員會的會議摘要紀錄，在FRUS, Vol. XI, 283。

778 取材自CNN CW中的索倫森專訪。

779 見Reeves, 424。

780 見一九六二年十月廿八日，給達勃雷寧的指令，在NSAW；另參NSAW; Dobrynin, 89–90。

781 見Gribkov and Smith, *Operation ANADYR*, 72。

782 見一九六二年十一月廿三日《世界報》（*Le Monde*），祕魯作家尤薩（Mario Vargas Llosa, 1936– ）的報導。

783 見中情局備忘錄：《危機：蘇聯／古巴》，一九六二年十一月十日，在CREST。

784 取材自一九六二年十月三十一日捷克大使所發電報，在Havana 2002, vol. 2。

785 見Yesin, et al., *Strategicheskaya Operatsiya Anadyr*, 57。

786 見K. S. Karol, *Guerrillas in Power* (New York: Hill & Wang, 1970), 274。

787 見RFK, 110。

757 取材自貝拉的訪談。

758 見一九六二年十一月十三日，中情局祕密行動負責人赫姆斯備忘錄，在JFKARC。

759 見一九六二年十一月十四日，馬塔安布雷礦場祕密破壞行動時間表，在JFKARC。另參一九六二年十一月廿一日，中情局反卡斯楚計畫專案小組負責人哈維致中情局局長備忘錄，在JFKARC。哈維在其備忘錄中稱這項計畫「只需要安排兩次時間緊連的會合，一次不行就換下一次，分別在十月廿二日與廿三日，」也就是在祕密破壞行動分子被放下船之後四到五天（譯按：相關內容見第一章註號50之後的正文段落）。如果他們錯過了這兩次撤退的會合，那「最後搭救行動」安排在十一月十九日。這份時間表安排得沒什麼道理。任何人都理解執行祕密破壞任務所需的時間很可能會超過四天。前一次以銅礦為攻擊目標的行動在十月初，最後未能成功，而歐羅斯可領導的祕密破壞小隊是在進入古巴五天之後才被接回。十月廿二至廿三日的搭救，可能是為了另一項儲藏武器的個別行動所安排，而要是歐羅斯可與貝拉沒辦法走到馬塔安布雷完成任務的話，這也可以當作他們的撤退的方法。因此貝拉的說法毋須懷疑：他堅稱主要的會合時間是在十月廿八日至三十日之間，而最後撤退時間是十一月十九日。

760 此處取材來源有三：❶一九六二年十一月八日，古巴人審訊報告，在Havana 2002；❷古巴檔案文件（Documentos de los Archivos Cubanos）；❸貝拉的訪談。

761 取材自一九六二年九月二日藍月任務編號5035，在NARA。

762 見一九六二年十月廿八日，莫斯科致美國國務卿電報，編號1115，在SDX。

763 見Troyanovsky, 252；另參Taubman, 575–576。

764 見Sergei Khrushchev, 367。

765 見Troyanovsky, 253。

766 見O'Donnell and Powers, 341；另參Beschloss, 541。

767 見Alsop and Bartlett, "In Time of Crisis"，在一九六二年十二月八日《星期六晚郵報》。

768 取材自威爾森口述史，在JFKL。

769 見Abel, 180。

753 取材自韋德將軍口述史，在AFHRA。（譯按：相關內容見第四章註247所在的正文段落）

754 取材自毛茨比未公開的回憶錄。

755 見Sagan, 76。

756 毛茨比究竟怎麼會飛越蘇聯領空，以及他這一趟往返北極所航行的確切路線，數十年來依舊是未解之謎。儘管美國政府承認，飛行員犯了「嚴重的導航錯誤」，導致他飛經蘇聯領土上空，但美國政府也全力防堵這次顏面盡失的事件張揚出去。麥納瑪拉要求「一份完整詳盡的報告」，說明到底什麼地方出了差錯，不過空軍調查的結果從未公布（詳麥納瑪拉致空軍部長備忘錄，古巴飛彈危機檔案第一箱，在OSD）。有關此次事件的官方文件數量極少，而作者於其中能夠找出的，只有標示毛茨比飛行路線的兩張圖。這兩張圖分別是在國務院和甘迺迪圖書館中意想不到的地方偶然覓得，可見這兩張圖是在不經意間被歸類於該處。搭配著星圖一道看的話，毛茨比個人的回憶，以及協助他飛回阿拉斯加的那位導航員的回憶，都可藉由這兩張圖證實為真。不過這兩張圖也等於顛覆了大家普遍接受的官方假設：毛茨比在北極上空轉錯了角度，結果導致他飛越蘇聯上空。事實上，從這兩張圖可以看出，毛茨比從來沒有飛抵北極，而是飛到靠近格陵蘭北部或加拿大北部伊莉莎白女王群島的某個地區。官方說法最主要的問題，在於無法解釋多出來的一又四分之一小時飛行時間。在七千五百萬英尺（75,000 thousand feet）的高空，一架U-2不得不持續以接近四百二十節的速度飛行。設若毛茨比維持此速度飛行，然後在北極轉錯了方向，那他應該會在華盛頓時間上午十點四十五分飛越蘇聯領土上空，而不是近午的十一點五十九分。多出來的這段飛行時間等於是繞行了將近六百英里。對於偏離正常航道，最有可能的解釋是他的羅盤妨害了他辨識方向的計算。在靠近北極的地區，羅盤是派不上用場的。飛行員必須依賴星辰還有陀螺儀，才能把自己維持在固定航向，並且精確計算飛行的時間和距離。根據另外一位U-2飛行員赫曼（Roger Herman）所述，毛茨比告訴友人，他忘記從羅盤上解開陀螺儀，這個錯誤可能導致他被帶往地磁北極的方向，而當時的地磁北極即位於加拿大北部。根據在國務院發現的那張圖，毛茨比並非由北方飛入蘇聯領土，而是由東北方。這與毛茨比自己的回憶相符：他是隔著機鼻左側觀測到獵戶座腰帶（譯按：相關內容另見第十一章註號599所在正文段落）。設若毛茨比是從北極往南飛行，那麼他應該會隔著機鼻右側觀測到獵戶座才對。

中的待議事項至少有九條，他們把達勃雷寧的報告列為第三條，排在一封要寫給卡斯楚的信，還有一封要寫給普利耶夫將軍的電報（待議事項第五條）之前，這些都是他們原先就要討論的內容。從主席團的其他紀錄上可以看出，議程中有幾條待議事項的討論，爭辯之激烈已到了「違反議事規則」的地步。由此觀之，當時狀況有可能是達勃雷寧的電文在會議的前半段送達，即在赫魯雪夫口授他要發給甘迺迪和卡斯楚的信之前，但卻成為會議後半段詳細討論的主題。赫魯雪夫的外交事務助理卓揚諾夫斯基也列席會議前半段的討論，這樣的推斷也符合赫魯雪夫回憶錄中所述以及卓揚諾夫斯基的記憶。有關會議上發生的一切，卓揚諾夫斯基的記述連同主席團紀錄的零碎片段，是最為可信的版本，因此我謹慎依循其中所述。

741 見一九六二年十月三十日赫魯雪夫致卡斯楚信函，在NSAW。

742 見Gribkov, et al., *U Kraya Yadernoi Bezdni*, 167。

743 見*NK1*, 500。

744 見FRUS, Vol. XI, 279。

745 見一九六二年十月廿八日赫魯雪夫致卡斯楚信函，在NSAW，由作者自譯。

746 取材自一九六二年十月廿八日莫斯科時間下午四點，紅軍元帥馬林諾夫斯基致蘇聯駐古巴軍隊最高統帥普利耶夫（化名巴夫洛夫）電報，由作者自譯。莫斯科時間晚上六點半，馬林諾夫斯基又發了一封訊息，命令普利耶夫不要使用S-75地對空飛彈並且停飛戰鬥機，「以避免與美國偵察機發生衝突」。以上兩份文件的譯文，都見錄於*CWIHP*, 14–15 (Winter 2003), 389。

747 見大西洋艦隊司令訊息，編號272318Z，在CNO Cuba, USNHC。

748 取材自畢爾號、科尼號、莫瑞號（USS *Murray*）三艘驅逐艦的航行日誌。另見美國國家安全檔案館編纂的潛艦年表。

749 取材自第十六航空母艦師，古巴危機檔案，在NSAW。

750 見Mozgovoi, 94；另取材自歐洛夫的訪談。

751 見B-36潛艦船長杜畢夫科回憶錄〈在馬尾藻海深處〉，莎芙蘭絲凱雅教授譯。（譯按：相關內容見第六章註340）

752 見Mozgovoi, 109–110。

秀。關於他們兩人之間的關係，詳參Nina Burleigh, *A Very Private Woman* (New York: Bantam Books, 1998), 181–227。

733 見O'Donnell and Powers, 341。

734 見一九六二年十月廿七日海軍作戰部長辦公室日誌；另見海軍作戰部長辦公室事件摘要，在CNO Cuba, USNHC。

735 見一九六二年十月廿七日，國防部副部長吉爾派崔克在晚間九點執行委員會的討論上手寫的筆記，在OSD。

736 見十月廿八日拉丁美洲通訊社發布的報導，取材自FBIS，一九六二年十月三十日。

【第十四章 打包回家】

737 見Troyanovsky, 250。關於這次會議的時間，見Sergei Khrushchev, *Nikita Khrushchev*, 351。

738 取材自Fursenko and Naftali, *One Hell of a Gamble*, 284中所引，一九九三年九月對蘇共中央國際部（International Department of the Central Committee of the Communist Party of the Soviet Union）部長波諾馬廖夫（Boris N[ikolayevich] Ponomaryev, 1905–1995）的專訪；馬林諾夫斯基筆記的一九六二年十月廿八日主席團會議內容，另見Fursenko, *Prezidium Ts. K. KPSS,* 624。

739 見Sergei Khrushchev, 335。按塞勒給的記述，他父親憤怒質問紅軍元帥馬林諾夫斯基，在古巴的蘇聯將軍們究竟當的是蘇聯的兵還是古巴的兵。「如果他們當的是蘇聯的兵，那他們為什麼願意服從外國指揮官的領導？」由於赫魯雪夫說這段話的時候，塞勒給並不在場，因此我並未引用塞勒給的記述。不過這段記述中的情緒，似乎非常精確地反映了他父親在那個時間點上的看法。

740 見Troyanovsky, 251；另參Dobrynin, 88。有些作家認為，達勃雷寧雖將他與羅伯會談的內容回報蘇聯，然而消息傳回蘇聯卻為時已晚，未及影響赫魯雪夫給甘迺迪的回覆。可見如Fursenko and Naftali, *Khrushchev's Cold War*, 490，就主張赫魯雪夫在「獲悉甘迺迪提出的讓步之前……就已經口授了他自己的讓步說詞」。然而這是錯誤解讀了十月廿八日主席團的紀錄。會議記錄上確實指出，有一小群主席團的成員，會在當天稍晚召集會議，仔細斟酌達勃雷寧的報告，並且回覆對方。然而這次議程天已經黑了：十月廿七日的日落時間是晚上六點十五分。

717 見FRUS, Vol. XI, 275；另見Rusk, 240–241。魯斯克一九八七年自述曾經聯繫柯迪爾，儘管有些學者質疑此說的可信度，然而魯斯克說法似乎與先前執行委員會爭論的主軸、以及甘迺迪對木星飛彈的見解完全一致。

718 見一九六二年十月廿七日，國務院古巴事務專員備忘錄，在JFKARC。

719 見一九六一年四月廿八日《時代》雜誌上米羅的人物傳略。

720 見Reeves, 97。

721 見Nestor T. Carbonell, *And the Russians Stayed: The Sovietization of Cuba* (New York: William Morrow, 1989), 222–223。

722 見一九六二年十月廿九日，中情局為藍斯代準備有關貓鼬行動滲透小隊的備忘錄，在JFKARC；另見一九六二年十月三十一日，藍斯代自己有關祕密行動的備忘錄，在JFKARC。

723 見Allyn, et al., *Back to the Brink*, 149。

724 見一九六二年十月廿七日阿列克謝夫致莫斯科電報，英譯在*CWIHP*, 8–9 (Winter 1996–97), 291。

725 見Blight, et al., *Cuba on the Brink*, 117。究竟是誰擊落美國偵察機，阿列克謝夫表示直到一九七八年他才獲悉真相。

726 取材自歐洛夫的訪談。

727 出處同前。

728 見Mozgovoi, 93；另取材自第十六航空母艦師，古巴危機檔案，在NSAW。

729 取材自歐洛夫的訪談。

730 見Salinger, *John F. Kennedy*, 125。

731 見Seymour Hersh, *The Dark Side of Camelot* (Boston: Little, Brown, 1997), 389。甘迺迪一生都沉溺於男女之事，他曾經告訴克萊爾·魯思，他「沒有做愛就睡不著覺」。

732 見一九六二年十月廿七日白宮電話紀錄；另見一九六二年十月廿四日白宮社交檔案，在JFKL。品秀多次造訪白宮，通常美國特勤局都有記載。然而沒有證據顯示十月廿七日晚上她曾與甘迺迪會面。由於甘迺迪不經過白宮總機也可以自行撥打市內電話，因此無法確定他是否回電給品

Hare, 1901–1994）所倡議，見安卡拉電報第587號，送達國務院的時間是星期六早上，在NSAW。

707 見Bundy, 433。另一處記述可見Rusk, 240–241。

708 見Dobrynin, 61。在一份一九六二年十月三十日致魯斯克的備忘錄中，羅伯說他請大使達勃雷寧，在晚上七點四十五分到司法部與他會面（見FRUS, Vol. XI, 270）。但羅伯自己卻遲到了。執行委員會晚間的討論直到七點三十五分才結束，而接下來羅伯又參與了橢圓形辦公室的小型會議，時間大約二十分鐘。因此他很可能在晚上八點零五分才與達勃雷寧碰上面，而與此同時，國務院也把總統的信息轉達給莫斯科——見前註所揭書，頁268。

709 見一九六二年二月蘇聯國安會的羅伯．甘迺迪檔案，在SVR。

710 見一九六二年十月廿七日達勃雷寧致蘇聯外交部電報。此處所述內容，乃我經由這封電報、羅伯致魯斯克備忘錄，以及RFK, *Thirteen Days,* 107–108三處資料，綜合重建而成。儘管達勃雷寧的記述更為詳盡，尤其是關乎撤離木星飛彈的內容，但基本上羅伯的記述與達勃雷寧若合符節。在關於木星飛彈如何處置的商討上，羅伯曾在不同地方提及，而同時存在的達勃雷寧電報似乎更為可信。關於木星飛彈一事，美國官方說辭多年來已有所出入。甘迺迪過去的助理比方文膽索倫森等人，都承認曾經刻意淡化或甚至根本略而不提某些令人難堪的細節。詳參赫許伯格（Jim Hershberg, 1960– ）教授發表的專文與文獻，在*CWIHP*, 5 (Spring 1995), 75–80及*CWIHP*, 8–9 (Winter 1996–97), 274, 344–347，內有達勃雷寧這封電報的英文譯文。

711 見O'Donnell and Powers, 325；另見一九六二年十月廿七日白宮大門日誌以及總統電話日誌。

712 見O'Donnell and Powers, 340–341。

713 見Ted Gup, "The Doomsday Blueprints"，載一九九二年八月十日《時代》雜誌；另見George, 46–53。

714 見O'Donnell and Powers, 324。

715 見Brugioni, *Eyeball to Eyeball*, 482；另見"An Interview with Richard Lehman"，載二〇〇〇年夏季號《情報研究》（*Studies in Intelligence*）。

716 見Blight, et al., *Cuba on the Brink*, 378。麥納瑪拉自述「在黃昏時離開總統辦公室」回到五角大廈，不過史騰指出，當天執行委員會散會的時候

刻摧毀地對空飛彈發射場──見Brugioni, *Eyeball to Eyeball*, 463–464。不過按參謀長聯席會議歷史專家普爾的筆記（譯按：相關內容另見第十章註564），事實卻非如此。參謀長聯席會議比較支持的做法是繼續派遣偵察機執行任務，直到再有一次被擊落，然後才一舉攻擊所有地對空飛彈發射場，「以此為最低限度」──見參謀長聯席會議決策年表，一九六二年十月廿三日，在NSAW。關於參謀長聯席會議反對各個擊破的做法，參見十月廿七日備忘錄〈雨衣行動（Operation Raincoat）的軍事行動擬議〉，在OSD。

697 見Mozgovoi, 92及Havana 2002, vol. 2。

698 見Yesin, et al., *Strategicheskaya Operatsiya Anadyr'*, 84； 另 見Mozgovoi, 71。這支區艦隊的司令是一級上校阿嘉豐諾夫，他搭乘的是潛艦B-4。

699 阿基波夫和薩維茨基的軍階都是二級上校（captain 2nd class），相當於美國海軍中校（commander）。負責魚雷的軍官軍階則是三級上校，相當於美國海軍少校（lieutenant commander）。

700 見Mozgovoi, 93；另取材自二〇〇四年七月作者與歐洛夫的訪談。其他幾艘潛艦的指揮官，都質疑歐洛夫對事件的描述。儘管阿基波夫和薩維茨基都已不在人世，無從求證當時薩維茨基確切的用語，但當時其餘狐步級潛艦上的情況，以及大家所知潛艦B-59的動靜，其他文獻中亦有刻劃，而歐洛夫的說法也與這些刻劃的內容一致。

701 見RFK, 102。

702 見Schlesinger, *Robert Kennedy and His Times*, 625。

703 見Schlesinger, "On JFK: An Interview with Isaiah Berlin"，在一九九八年十月廿二日《紐約書評》（*New York Review of Books*）半月刊。

704 見國務院及史蒂文森草稿，亦見執行委員會的討論

705 關於有哪些人出席這場小型會議，說法不盡相同。據魯斯克所述，除了他之外，出席的有甘迺迪、羅伯、國防部長麥納瑪拉、國家安全顧問邦迪，「可能還有另外一個人」──取材自一九八七年二月廿五日魯斯克致布萊特（James G. Blight）教授信函，在NSAW。而據邦迪所述，出席的人還有國務次卿波爾、國防部副部長吉爾派崔克、前任駐蘇聯大使湯普森，以及總統文膽索倫森──見McGeorge Bundy, *Danger and Survival* (New York: Random House, 1988), 432–433。

706 魯斯克提出的方案，最早是由美國駐土耳其大使黑爾（Raymond A[rthur]

月廿六日《華盛頓郵報雜誌》。根據第四〇八〇戰略偵察機聯隊隊史，珍·安德森在十月廿七日下午五點五十分獲悉丈夫失蹤的消息。

683 見 Troyanovsky, 250；另見 Sergei Khrushchev, 363。

684 見一九六二年十月三十日赫魯雪夫致卡斯楚信函，在 NSAW Cuba。

685 見 Shevchenko, 106。

686 見一九六二年十月三十日赫魯雪夫致卡斯楚信函，在 NSAW Cuba；另見 Sergei Khrushchev, 364。

687 見 *NK1,* 499。

【第十三章 貓捉老鼠】

688 美國海軍根據觀測到的時間先後順序，標記蘇聯潛艦。首先明確辨識出的是潛艦 C-18（蘇聯海軍代號 B-130，由舒姆科夫統率），時在 241504Z。其餘三艘依序是：❶ C-19（蘇聯海軍代號 B-59，由薩維茨基統率），時在 252211Z；❷ C-20，隨後標識為 C-26（蘇聯海軍代號 B-36，由杜畢夫科統率），時在 261219Z；❸ C-23（蘇聯海軍代號 B-4，由凱托夫統率），時在 271910Z。

689 取材自第十六航空母艦師，古巴危機檔案，在 NSAW。

690 取材自畢爾號驅逐艦及科尼號驅逐艦航海日誌，在 NARA；NSAW 亦有館藏可供查閱。

691 取材自國防部長致國務卿訊息，編號 240054Z，在 NSAW Cuba。

692 取材自參謀長聯席會議中歷史專家普爾筆記。

693 見一九六一年七月廿八日，《時代》雜誌上的人物傳略。

694 取材自參謀長聯席會議訊息，編號 051956Z，在 CNO Cuba, USNHC。

695 此處資料來源有二：❶向執行委員會彙報的截聽信息，取材自二〇〇五年十一月，作者對牛津號 R 分部主任泰勒（Keith Taylor）的專訪（譯按：相關內容另參第八章註 448）；❷一九八二年十月十二日，國家安全局蘇聯分析員派瑞許（Harold L. Parish）口述史中描述的追蹤截聽，在 NSA。

696 見美國空軍大西洋總司令信息，編號 27022Z 及 280808Z，在 CNO Cuba, USNHC。有些作者宣稱白宮方面甚至必須設法勸服李梅，不要下令即

672 見海軍作戰部長辦公室（OPNAV）的廿四小時事件摘要，270000至280000，在CNO Cuba, USNHC；另取材自海軍少校考夫林提供作者的作戰紀錄。

673 此處資料來源有三：❶二〇〇五年十月，作者對勒夫上尉的專訪；❷一九六二年十月廿七日，國家相片判讀中心藍月任務報告中的飛行軌跡紀錄，在CREST；❸原始情報影片，在NARA。

674 國務院的草稿是由國務次卿波爾及其副手強森（U[ral] Alexis Johnson, 1908–1997）執筆——見強森口述史，在JFKL。另一份初步草稿的副本，可見NDU所藏參謀長聯席會議主席泰勒文檔。

675 根據飛行員的任務執行彙報，並無飛機遭到擊落。參與當天下午任務的確切飛機數目則不明。按參謀長聯席會議主席泰勒將軍告知執行委員會的數目，是兩架飛機因為引擎故障返航，其餘六架則完成飛越古巴的任務。然而根據其他報告，十月廿七日下午只有六架飛機排定要出任務——可見資料如十月廿七日五角大廈戰情室日誌，在NSAW。

676 史卡利致魯斯克備忘錄刊載於Salinger, *With Kennedy*, 274–280。另見一九六四年八月十三日，美國廣播公司新聞網製作的史卡利特輯，節目的文字紀錄檔可在NSAW取得。

677 取材自二〇〇六年三月，作者對情報研究局副局長修斯的專訪。史卡利與修斯在下午五點四十分連袂來到白宮——見白宮大門日誌，在JFKL。

678 見JFK3, 462。

679 史蒂文森大使的草稿是由魯斯克向執行委員會宣讀。我在NDU所藏參謀長聯席會議主席泰勒文檔中，發現原來國務院版本的草稿。另見強森口述史，在JFKL。

680 這種手法後來稱作「卓洛普伎倆」（Trollope ploy），本書〈後記〉中會加以詳談（頁528）。有許多作家，比方艾利森（Graham T[illett] Allison, 1940– ），就曾在他的《決策的精髓：古巴飛彈危機詳闡》（*Essence of Decision: Explaining the Cuban Missile Crisis,* 1971）中主張，甘迺迪採納了羅伯的建議，決定回應赫魯雪夫的第一封信進而忽視第二封信。這種說法對於實際發生的事情，是嚴重的過度簡化。甘迺迪從來就沒有忽視第二封信。下一章將詳細闡述他如何應付土耳其與古巴飛彈交換的議題。

681 見RFK, 97。

682 取材自二〇〇三年九月，作者與瑪琳·鮑威爾的訪談，見二〇〇三年十

656 見 Sagan, 186–188。

657 見一九六二年中情局《蘇聯飛彈威脅綜合評估》附錄八，取自詹森總統圖書館；另取材自作者對葉森的專訪。

658 卡拉巴沙村的飛彈以紐約為攻擊目標，我乃從退休的葉森大將（Col. Gen. Viktor Yesin）處獲悉，危機當時他在西鐸洛夫麾下擔任中尉工程師；他因為擔任蘇聯戰略飛彈部隊的幕僚長，所以有機會隨同其他研究學者一睹檔案文件。（譯按：相關內容另參第一章註 63 及第四章註 273）

659 取材自蘇聯第七十九飛彈團共產主義青年部書記馬拉霍夫筆記，在 MAVI；另取材自作者對葉森的專訪。

660 取材自作者對葉森的專訪。

661 見中情局《蘇聯飛彈威脅綜合評估》附錄八，取自詹森總統圖書館。

662 取材自作者對葉森的專訪。

663 此處取材來源有二：❶一九六二年十月十日中情局電報，內容為在美國入侵古巴的情況下，共產主義分子對中美洲的行動計畫，在 JFKL 所藏國家安全檔案；❷一九六三年二月十八日，中情局對古巴顛覆行動所做備忘錄，在 JFKARC。

664 此處資料來源有三：❶未註記日期的一份中情局備忘錄，編號 RDP80B01676R001800010029–3，取自 CREST；❷中情局備忘錄：《危機：蘇聯／古巴》，一九六二年十月廿九日及十一月一日；❸一九六二年十月廿七日的一份截聽文件，在 JFKARC。

665 見 Blight, et al., *Cuba on the Brink*, 18。

666 見 Blight and Welch, eds., *Intelligence and the Cuban Missile Crisis*, 99。

667 見 Fursenko and Naftali, *One Hell of a Gamble*, 141。

668 見一九六二年十月廿六日中情局備忘錄：〈貓鼬行動考慮重點〉，以及一九六二年十月廿六日中情局局長麥孔備忘錄，在 JFKARC。

669 見一九六二年十月廿九日《紐約時報》。

670 見一九六二年十月三十日《紐約時報》。

671 大西洋艦隊司令對心理作戰傳單所做備忘錄，在 OSD。各軍參謀長起初支持這項行動，不過在十月廿七日的一份備忘錄中（在 OSD），則稱此行動「在軍事上並不健全」。各軍參謀長的顧慮是遞送傳單的飛機可能遭古巴擊落，如此一來，等於白白送給古巴人可供政治宣傳的一次勝利。

【第十二章 頭也不回拼命逃】

641 見古巴事實清單，一九六二年十月廿七日，在NSAW。

642 取材自小安楚斯上校的憶往，見第三四一戰略飛彈聯隊隊史，在FOIA。

643 見Joseph E. Persico, *Nuremberg: Infamy on Trial* (New York: Penguin, 1995), 50。

644 取材自二〇〇五年九月，作者對隸屬第三四一戰略飛彈聯隊飛彈保修部的安德魯（Joe Andrew）所做訪談；另見一九六二年十二月十四日《時代》雜誌。

645 列夫勒（George V. Leffler）中校所言，轉引自一九六三年二月九日《星期六晚報》。

646 取材自小安楚斯上校的憶往。

647 取材自一九六二年十月廿六日，空軍部長朱克特致甘迺迪信函，在美國國會圖書館手稿部所藏李梅檔案資料。阿爾法六號發射井進入戰備警戒狀態的時間，是一九六二年十月廿六日1816Z，即華盛頓時間下午兩點十六分（見第三四一戰略飛彈聯隊隊史，一九六二年十一月，在Sagan Collection, NSAW）。

648 見第三四一戰略飛彈聯隊隊史，一九六二年十月，在Sagan Collection, NSAW；另見Sagan, 82–90。

649 見*SAC Historical Study No. 90*, Vol. 1, 72–73, 121；另見一九六二年十月廿七日，戰略空軍司令部在1827Z的信息。

650 取材自《時代》雜誌上安德魯的訪談。

651 見*SAC Historical Study No. 90*, Vol. 1, 43。在飛彈危機期間，B-52轟炸機一般都掛載四枚廿八型熱核炸彈，或兩枚十五型（Mark-15）熱核炸彈。

652 見"A Full Retaliatory Response," *Air and Space* (November 2005)；另取材自二〇〇五年九月，作者與戰略空軍司令部前飛行員溫克（Ron Wink）與阿德瑞吉（Don Aldridge）兩人的訪談。

653 見Sagan, 66。

654 見*SAC Historical Study No. 90*, Vol. 1, 90。有關人為的無線電干擾，另見十月廿七日及廿八日的空軍通訊，訊息編號AF IN 1500及1838，在CNO Cuba, USNHC。

655 見Kaplan, 268。

We Hardly Knew Ye, 338–339。最後一項資料中的陳述，弄混了甘迺迪得知兩起U-2事件的時間。

630 此處資料來源有三：❶Roger Hilsman, *To Move a Nation* (Garden City, NY: Doubleday, 1967), 221；❷一九六四年三月六日甘迺迪致賈桂琳信函，在JFKL；❸國務院情報研究局局長希斯曼專訪，在CNN CW。

631 據O'Donnell and Powers, 337所載，甘迺迪曾「於八月間下令撤除木星飛彈」。不過國家安全顧問邦迪後來對此說法提出質疑，認為「總統的意見並不等於總統的命令」──見Stern, 86。日期紀錄為一九六二年八月廿三日的一份總統備忘錄（編號NSAM 181），曾指派給五角大廈一項任務，調查看看「可以採取什麼行動把木星飛彈撤離土耳其」──見Nash, 110。

632 對照Stern, 39, 296兩頁而得。

633 見RFK, 127, 106。

634 見第四〇八〇戰略偵察機聯隊隊史，機動管制官赫曼在一九六二年十月的訪談，在FOIA。

635 取材自二〇〇六年五月，作者對麥納瑪拉軍事助理貝瑞（Sidney B[ryan] Berry, 1926–2013）中將的訪談。

636 取材自國防部副部長吉爾派崔克口述史，在NSAW。

637 見第四〇八〇戰略偵察機聯隊隊史，一九六二年十月，在FOIA；另見一九六二年十月廿八日，麥納瑪拉致空軍部長備忘錄，在OSD。

638 見參謀長聯席會議的歷史專家普爾筆記。帶來消息的是聯合偵察小組（Joint Reconnaissance Group）的史戴克利（Ralph D. Steakley）上校。

639 毛茨比沒有提到催他趕快跳傘的飛行員姓名。舒穆慈說不是他，所以那一定是已經身故的蘭茲。

640 毛茨比自己計算的飛行時間是十小時廿五分鐘，這是U-2飛行時間的最高紀錄。一張白宮便箋上記錄的時間，是經過十小時十四分鐘的飛行後，在華盛頓時間下午兩點十四分著陸──在JFKL所藏國家機密檔案，第一七九箱。按照原先的規劃，他應該在七小時五十分鐘的飛行之後，於午前十一點五十分歸來。我選擇使用毛茨比提供的時間，這也是第四〇八〇戰略偵察機聯隊隊史，在一九六二年十月的篇章中所引述的時間。

Roberts）上校的通信與訪談。

616 見一九六二年十月廿七日海軍作戰部長辦公室日誌，在CNO Cuba, USNHC。當時的海軍助理是小基德上校（Capt. Isaac C[ampbell] Kidd, Jr., 1919–1999）。

617 見通信委員會（Council for Correspondence）《通訊》第廿二期，在NDU所藏赫曼．康（Herman Kahn, 1922–1983）檔案；另取材自二〇〇六年二月作者對多雷斯的專訪。

618 取材自毛茨比飛行航線圖。

619 取材自二〇〇三年六月，作者對前F-102飛行員舒穆慈及羅傑斯（Joseph W. Rogers）的專訪。另見Sagan, 136–137，以及一九六二年十月廿二日阿拉斯加空軍指揮所日誌。

620 見自一九六二年十月廿六日，海軍陸戰隊克魯拉克（V[ictor] H[arold] Krulak, 1913–2008）少將致參謀長聯席會議信息，在NARA所藏參謀長聯席會議主席泰勒上將紀錄。

621 見參謀長聯席會議致總統備忘錄，編號JCSM-844–62，在OSD。

622 見參謀長聯席會議的歷史專家普爾筆記。（譯按：另見第十章註564）

623 見Kaplan, 256。

624 取材自空軍上將柏其諾（David A[rthur] Burchinal, 1915–1990）口述史，在NSAW Cuba。

625 取材自作者與麥納瑪拉的訪談；另見莫里斯（Errol Morris, 1948– ）執導的紀錄片《戰爭迷霧》（*The Fog of War*, Sony Pictures Classics, 2003）中對麥納瑪拉的專訪。

626 見一九六二年十月廿八日《洛杉磯時報》；另取材自麥納瑪拉的辦公桌手記，在OSD。

627 見參謀長聯席會議的歷史專家普爾筆記。柏其諾在一九七五年的口述史中，聲稱麥納瑪拉歇斯底里大吼：「這意思就是要跟蘇聯開戰了。總統要趕快用熱線聯繫莫斯科！」麥納瑪拉則否認自己說過這句話。莫斯科與華盛頓的「熱線」是在飛彈危機之後才啟用。

628 取材自U-2機密備忘錄，在JFKL所藏國家機密檔案，第一七九箱。

629 我是從以下資料重建事件全貌：❶一九六二年十月廿七日的總統電話日誌；❷白宮出入門道日誌，在JFKL；❸O'Donnell and Powers, *Johnny,*

航線圖、照片」資料夾，在JFKL。

600 見Brugioni, *Eyeball to Eyeball*, 456。

601 取材自一九六二年十月廿二日，麥納瑪拉記者會的官方錄音文字紀錄，在OSD。

602 取材自一九六二年十月廿七日，助理國防部長皮特曼對全國州長協會所做的報告，在JFKL。

603 取材自皮特曼口述史，在JFKL。

604 見Alice L. George, *Awaiting Armageddon: How Americans Faced the Cuban Missile Crisis* (Chapel Hill: University of North Carolina Press, 2003), 78–80。

605 見一九六二年十月廿七日美聯社（AP）及合眾國際社（UPI）的報導；另見一九六二年十月廿八日的《華盛頓郵報》。

606 取材自二○○三年六月，作者對前戰略空軍司令部總部官員柯蘭溪少校（Maj. Orville Clancy）的專訪。

607 見*America's Shield, The Story of the Strategic Air Command and Its People* (Paducah, KY: Turner, 1997), 98所載懷特上校（Col. Maynard White）的憶往。

608 取材自狄波特口述史，在NSAW。

609 取材自二○○五年十月，作者對以下三人的專訪：柯蘭溪、麥乙爾莫伊（譯按：另見第九章註526），以及前戰略空軍司令部官員恩尼（James C[rowe] Enney, 1930– ）。

610 取材自二○○五年十月，作者對沖本中尉的專訪。

611 見Taubman, 455。

612 毛茨比於一九五二年一月五日在北韓上方遭擊落，於一九五三年八月三十一日獲釋——見毛茨比個人檔案，在NPRC。北韓提供了當時對他的審訊紀錄給俄國，並經由美俄戰俘暨行動失蹤人員聯合委員會（U.S.-Russia Joint Commission on POWs/MIAs）發布。

613 見Martin Caidin, *The Silken Angels: A History of Parachuting* (Philadelphia: J. B. Lippincott, 1964), 230–236。

614 見毛茨比個人檔案。

615 取材自二○○六年五月，作者與麥納瑪拉助理羅伯茲（Col. Francis J.

公室（Office of the Chief of Naval Operations, OPNAV）的廿四小時事件摘要，270000至280000，在CNO Cuba, USNHC。

588 見參謀長聯席會議決策編年史，一九六二年十月廿八日，在NSAW Cuba。

589 見大西洋艦隊司令史，頁95。

590 見Blight, et al., *Cuba on the Brink*, 255, 261；另見大西洋艦隊司令史所載，一九六二年十一月一日，參謀長聯席會議索取傷亡人數的預估值，在CNO Cuba, USNHC。

591 見Polmar and Gresham, 230；另見美國陸軍司令部致大西洋艦隊司令（CINCLANT）信息，編號291227Z，在CNO Cuba, USNHC。

592 見一九六二年五月廿五日，參謀長聯席會議主席泰勒致國防部長麥納瑪拉與總統備忘錄，在JCS records, NARA。

593 取材自索倫森口述史，在JFKL。

594 此處資料來源有四：❶一九六二年十月廿三日，參謀長聯席會議致國防部長麥納瑪拉備忘錄；❷國防部副部長吉爾派崔克致總統與邦迪備忘錄；❸薩根教授特藏，在NSAW（譯按：另見第九章註552）；❹ Sagan, 106–111。吉爾派崔克在十月廿二日曾經轉告助理，他認為沒有理由需要改變兩階段武器的管理規範──見吉爾派崔克桌面日記，在OSD。

595 梅佳德（Robert Melgard）中校所言，轉引自Sagan, 110。

596 取材自二〇〇六年二月，作者對「災難」試爆任務飛行員麥奎里斯（George R. McCrillis）中尉的訪談。

597 取材自一九六二年九月，多明尼克行動計畫書中指陳的程序，見美國空軍參與多明尼克行動簡史（History of Air Force Participation in Operation Dominic），第三卷，在DOE。

【第十一章 某個混帳東西】

598 取材自毛茨比回憶錄。

599 此處有關毛茨比的U-2還有蘇聯攔截機的追蹤資料，是取材自美國政府的航線圖。我在國務院執行祕書處SDX第七箱的檔案中，發現非常詳盡的航線圖。第二張航線圖上追蹤的，是看似從佩韋克一座空軍基地起飛的蘇聯攔截機，則存於國家安全檔案──古巴檔案第五十四箱，「地圖、

576 見Yesin, et al., *Strategicheskaya Operatsiya Anadyr'*, 67。

577 見斯塔琴科報告；另取材自作者對葉森的專訪。（譯按：斯塔琴科報告另參第一章註62及63）

578 見一九六二年十月年七日，紅軍元帥馬林諾夫斯基（代號蘆葦）致蘇聯駐古巴軍隊最高統帥普利耶夫將軍的命令，在NSAW Cuba，由作者自譯。另一種譯文在*CWIHP*, 14–15 (Winter 2003), 388。

579 見Gribkov and Smith, *Operation ANADYR*, 69。

580 見一九六八年十月十日的《橄欖綠》（*Verde Olivo*），轉引自Carla Anne Robbins, *The Cuban Threat* (New York: McGraw-Hill, 1983), 47。

581 此處取材的資料來源有三：❶中情局備忘錄：《危機：蘇聯／古巴》，一九六二年十月廿六日，在CREST；❷作者實際走訪波大雷山洞；❸一九六二年十月廿七日藍月任務5019–5020，國家照片判讀中心報告，在CREST。

582 見藍月任務5023–5024，國家照片判讀中心報告，在CREST。

583 相關內容可參如David Holloway, *Stalin and the Bomb* (New Haven, CT: Yale University Press, 1994), 326–328。

584 見中情局備忘錄：《危機：蘇聯／古巴》，一九六二年十一月六日，在CREST。根據CIA的報告，「幾乎可以確定」蘇聯空軍的IL-28在十月廿日，已經搭乘列寧共青團號貨輪（*Leninsky Komsomol*）運抵古巴，就停靠在奧爾金附近的碼頭。根據Brugioni, *Eyeball to Eyeball,* 173所述，國家照片判讀中心早已嚴密監控奧爾金，因為在奧爾金的建造工事，非常類似於過去他們觀察到蘇聯在部署IL-28之前所做的建造工事。不過不同於聖胡利安那一批IL-28，奧爾金的這一批從來就沒有移出板條箱，大概在十一月廿六日前後撤離奧爾金──見Brugioni, 536。

585 取材自阿納斯塔西耶夫的訪談。

586 見紅軍元帥馬林諾夫斯基備忘錄，一九六二年九月六日及八日，譯文參見*CWIHP*, 11 (Winter 1998), 258–260。另參Raymond Garthoff, "New Evidence on the Cuban Missile Crisis"，在前揭書頁251–254。

587 見大陸空軍司令部總司令（Commander in Chief, Continental Air Defense Command, CINCONAD）訊息，編號262345Z，在CNO Cuba, USNHC。關於參謀長聯席會議的回覆，參見參謀長聯席會議有關古巴危機的決策編年史，一九六二年十月廿七日，在NSAW Cuba；另見海軍作戰部長辦

(Winter 1998), 262。據Derkachev, 56所載，普利耶夫獲知擊落的消息之後大發雷霆。「你們不應該這樣做，」據報他是這樣跟下屬說，「如此一來我們反而使得〔外交〕協商治絲益棼。」

563 見JFK3, 240；另見國家照片判讀中心任務5017–5030照片判讀報告中，十月廿七日的飛行路線，在CREST。

564 見一九六二年十月廿七日參謀長聯席會議會議紀錄，在Havana 2002, Vol. 2。這份會議紀錄是參謀長聯席會議的歷史專家普爾（Walter Poole, 1943–），在一九七六年根據原本的錄音文字紀錄做成。而據參謀長聯席會議所說，這份錄音文字紀錄也隨即銷毀。這些任務中拍攝的照片，收錄於*SAC Historical Study No. 90*, Vol. 2，在FOIA。

565 見馬拉霍夫的筆記，在MAVI。(譯按：相關內容另見第一章註52所在段落)

566 見*British Archives on the Cuban Missile Crisis*, 242。

567 見Saverio Tutino, *L'Occhio del Barracuda* (Milan: Feltrinelli, 1995), 134。

568 取材自德斯諾斯的專訪。（譯按：相關內容另參第三章註號171所在正文段落）

569 見Adolfo Gilly, "A la luz del relampago: Cuba en octubre," *Perfil de la Jornada*, November 29, 2002。

570 一九六二年十月廿八日，中情局外國廣播資訊處轉譯自叛軍電臺。（譯按：相關內容另參第三章註號188所在正文段落）

571 見十月廿七日合眾國際社來自哈瓦那的報導；另見一九六二年十月廿八日《紐約時報》。

572 取材自二〇〇五年十二月作者對杜蘭（Alfredo Duran）的訪談，他曾囚於該獄服刑。

573 見Gribkov, et al., *U Kraya Yadernoi Bezdni,* 124； 另 參Putilin, 111–122。兩處所載擊落的時間有些微差距，而我依據的是柯羅勒夫（Korolev）上校提供的時間，擊落當時他就在卡馬圭指揮所內執勤（事見Gribkov, et al., 250）。有關機身殘骸的散落位置，見一九六二年十月廿八日軍事單位1065的報告，在NSAW Cuba。

574 見Gribkov, et al., *U Kraya Yadernoi Bezdni*, 235。

575 見一九六二年十月廿六及廿七日國家照片判讀中心的報告，在CREST。

548 轉引自 Stern, 39–40。

549 見 Reeves, 306。

550 見 Sorensen, *Kennedy,* 513。

551 見 Reeves, 306。

552 取材自參謀長聯席會議緊急行動檔案，薩根（Scott D[ouglas] Sagan, 1955– ）教授整理資料，在 NSAW。

553 可見如 Fred Kaplan, "JFK's First Strike Plan," *Atlantic Monthly* (October 2001)。

554 見 Reeves, 229–30, 696；攻擊目標的資料取自前注 Kaplan, "JFK's First Strike Plan"。當鮑爾就 SIOP-62 向麥納瑪拉簡報的時候，他的語氣裡面帶著一種自鳴得意的微笑，「部長先生，我希望您在阿爾巴尼亞沒有和朋友或親戚，因為我們馬上就要徹底消滅這個國家」。

555 取材自一九六二年十二月五日白宮錄音檔的文字記錄，柯曼（David Coleman）在 *Bulletin of Atomic Scientists* (May–June 2006) 中曾引用。與南北戰爭的比較，另見 Reeves, 175。

556 見 Goodwin, 218。

【第十章 擊落】

557 見 Gribkov, et al., *U Kraya Yadernoi Bezdni*, 124。

558 此處資料來源有三：❶ Yesin, et al., *Strategicheskaya Operatsiya Anadyr'*, 273；❷前蘇聯國土防空軍（Protivo-Vozdushnaya Oborona, PVO）軍官柯羅勒夫（Pavel Korolev）上校的回憶錄，載 Gribkov, et al., *U Kraya Yadernoi Bezdni,* 246–253；❸二〇〇四年七月，作者對蘇聯國土防空軍政委丹尼里維奇（Grigory Danilevich）上校的專訪。

559 見 Gribkov, et al., *U Kraya Yadernoi Bezdni*, 124。

560 見 Philip Nash, *The Other Missiles of October: Eisenhower, Kennedy, and the Jupiters* (Chapel Hill: University of North Carolina Press, 1997), 1–3。

561 見一九六二年十月廿二日備忘錄，在 OSD 所藏麥納瑪拉文件。

562 見 Gribkov, et al., *U Kraya Yadernoi Bezdni*, 199–200。蘇聯國防部長後來報告，「空拍照片斷不能落入美國之手，出於此目標，故將該 U-2 偵察機擊落」──見一九六二年十月廿八日馬林諾夫斯基備忘錄，在 *CWIHP,* 11

532 取材自二〇〇三年九月作者對安德森之女羅瑞斯太太（Robyn Lorys）的專訪；另取材自一九六二年十月十一日，安德森的醫療報告。

533 取材自戴波赫（John Des Portes）上校口述史訪談，在NSAW Cuba。

534 取材自赫曼專訪；另見二〇〇三年十月廿六日《華盛頓郵報雜誌》的專文（譯按：該文另見第八章註470）。

535 見Bruce Bailey, *We See All: A History of the 55th SRW* (privately published), 111。承蒙第五十五戰略偵察機聯隊非官方的歷史研究者胡佛（Rob Hoover）襄助，為我聯繫他的飛行員袍澤與渡鴉，謹此致上誠摯的謝意。

536 取材自二〇〇五年十二月，作者對RB-47飛行員葛里芬（Don Griffin）的專訪。十月廿七日，葛里芬曾執行任務飛往古巴。

537 見*SAC Historical Study*第九十卷第一期，頁3，在NSAW。

538 見國防部長麥納瑪拉以及參謀長聯席會議主席泰勒給執行委員會的意見，在JFK3，頁446及451。其中泰勒誤將水果盤雷達稱為「水果蛋糕」雷達。而據麥納瑪拉所言，水果盤雷達的信號是由一架情報機擷取到，而「與此同時」U-2也正在其上盤旋。

539 見第五十五戰略偵察機聯隊隊史，一九六二年十月，在FOIA。十月廿七日，威爾森探測出三座「大雪茄」雷達，當時他總共回報了十四種五花八門的「飛彈截聽」，亦即與不同蘇聯飛彈系統關聯的各種雷達訊號。

540 見Martin Caidin, *Thunderbirds* (New York: Dell, 1961), 109。

541 取材自毛茨比的回憶錄。本書中所有描述毛茨比個人心跡與行動的段落，都是取材自這份未公開的回憶錄；這些描述都與其他原始資料交互核對過，包含與該日期相符的天文圖，以及國務院的一份毛茨比飛行路線圖。

542 出處同前。

543 見一九六二年十月廿四日致海軍中將柏克萊（George G[regory] Burkley, 1902–1991）信函，在JFKL所藏克勞斯檔案。

544 見一九六二年十月廿五日柏克萊備忘錄Memo from Burkley, October 25, 1962, JFK medical file, JFKL.

545 見Dallek, 154。

546 見Reeves, 19。

547 見Dallek, 72。

CREST。

521 見Taubman, 538–540；另參Fursenko and Naftali, *Khrushchev's Cold War*, 457–460。

522 見Troyanovsky, 247。

523 取材自二〇〇三年六月，作者對前U-2偵察機飛行員鮑威爾的訪談。

524 見第四〇八〇戰略偵察機聯隊隊史，附錄中所載一九六二年十月的特別行動，在FOIA。

525 見一九六二年十月廿六日，戰略空軍司令部致大陸空防司令部（Continental Air Defense Command）信息，編號CNO 262215Z，在CNO Cuba, USNHC。

526 取材自黑澤與麥乙爾莫伊（Gerald E[ugene] McIlmoyle, 1930–2021）的專訪。

527 取材自克恩未公開的回憶錄；另參一九六二年十月廿八日，中情局《蘇聯飛彈於古巴所致威脅綜合評估》的附錄八，在CREST。

528 關於安德森起飛的時間，戰略空軍司令部報告的幾個時間都不正確。這裡我所用的是原始執行指令上的時間，條列於戰略空軍司令部編號262215Z的信息，副本致美國各空防單位，USNHC存檔。該信息中的飛行計畫執行時間，與蘇聯人日誌上記載安德森進入古巴空域的時間，兩者恰好準確重疊。安德森的飛行路線圖則收錄於一九六二年十月廿八日，中情局《蘇聯飛彈於古巴所致威脅綜合評估》的附錄八，在CREST。

529 洛克希德公司的臭鼬工廠（Lockheed's Skunk Works）位於加州柏本克市（Burbank, Calif.），安德森駕駛的是一九五五年在這條生產線上產出的第三架U-2，是一架以U-2A為基礎升級的U-2F。黑澤上校是第一位拍攝到蘇聯飛彈發射場的飛行員，十月十四日當天他所駕駛的是史上生產的第二架U-2，機型編號56-6675。毛茨比飛越蘇聯領空時駕駛的U-2，機型編號是56-6715。這三架飛機最後都因墜毀化為烏有，而這也是大多數早期U-2的共同命運──詳參第四〇八〇戰略偵察機聯隊隊史，一九六二年十月，在FOIA。

530 取材自麥乙爾莫伊的專訪。

531 見一九六二年十一月五日，國務院第1633號電報，自紐約致國務卿，在SDX。

參議員間的往來，下文有詳細的說明：Max Holland, "A Luce Connection: Senator Keating, William Pawley, and the Cuban Missile Crisis," *Journal of Cold War Studies* (Fall 1999)。

507 見一九七五年七月廿五日中情局備忘錄，在CREST。

508 見一九六二年十一月三十日中情局對於阿爾法六六的備忘錄，在JFKARC。

509 取材自二〇〇六年一月對貝拉的專訪。

510 見一九六二年十月廿八日《紐約時報》。

511 這一次披露的照片也「分發」給甘迺迪，他也要求大使館解釋。駐英大使布魯斯回報白宮，這次披露照片是由中情局核准──見一九六二年十月廿四日，布魯斯致弗瑞斯托（Michael V[incent] Forrestal, 1927–1989）信息，在JFKL所藏國家安全檔案。中情局派駐倫敦的代表庫柏（Chester L[awrence] Cooper, 1917–2005）則說，他確實致電華盛頓方面，但「聯繫不上任何人」，所以他拍了電報「說明除非收到華盛頓方面的否決，否則我將會如此執行」──見庫柏口述史，在JFKL。

512 見一九六二年十月廿八日，布魯斯給國務卿的訊息，編號1705，在JFKL和SDX。

513 見Reeves, 291。

514 取材自一九六二年十月廿七日英國各軍種主官的談話紀錄，在公共檔案署（Public Record Office），編號DEFE 32/7。關於飛彈危機時期英國的軍事對策，相關討論參見Stephen Twigge and Len Scott, "The Thor IRBMs and the Cuban Missile Crisis," *Electronic Journal of World History*, September 2005，該論文可於網路取得。

515 見Beschloss, 217；另參Reeves, 68。

516 見Reeves, 250。

517 見一九六二年十月六日參謀長聯席會議備忘錄，在NARA。

518 見一九六二年十月廿三日中情局國家評估辦公室（Office of National Estimates）備忘錄，在JFKL。

519 見一九六二年十月廿七日，合眾國際社（United Press International, UPI）及《紐約時報》來自柏林的報導。

520 見中情局備忘錄：《危機：蘇聯／古巴》，一九六二年十月廿八日，在

492 見Bohn, 32。

493 見專題論文〈國家安全局與古巴飛彈危機〉，一九九八年十月由國家安全局出版。

494 見Bouchard, 115；另參Graham Allison, *Essence of Decision* (Boston: Little, Brown, 1971), 128。

495 見參謀長聯席會議「刀鞘行動」電文，編號270922Z，在JFKARC；另參一九六二年十月廿七日古巴事實清單，在NSAW。

496 見中情局備忘錄，《危機：蘇聯／古巴》，一九六二年十月廿七日，在CREST；另見參謀長聯席「刀鞘行動」報告，一九六二年十月廿八日，在JFKL所藏古巴國家安全檔案。

497 見參謀長聯席會議「刀鞘行動」電文，編號270922Z，在JFKARC。

498 見一九六二年十月廿六日赫魯雪夫致吳丹信息，在NSAW。

499 可見如中情局備忘錄，《危機：蘇聯／古巴》，一九六二年十月廿七日，在CREST；或如一九六二年十月十六日〈貓鼬行動祕密破壞提案〉，在JFKARC。

500 見一九六二年十月廿五日執行委員會上的爭論，在JFK3, 254。

501 取材自第五十五戰略偵察機聯隊隊史，一九六二年十月，在AFHRA。

502 取材自一九六二年十月廿七日美國空軍意外報告，在AFSC；另取材自二〇〇五年十二月，作者對以下兩人的專訪：中止任務的RB-47上的導航員強森（John E. Johnson），以及待命機上的電子作戰官莫菲（Gene Murphy）。

503 此處資料來源有三：❶第五十五戰略偵察機聯隊隊史；❷見Sanders A. Laubenthal, "The Missiles in Cuba, 1962: The Role of SAC Intelligence," FOIA；❸見格羅茲尼號檔案中編號271336Z的麥多諾號信息，在CNO Cuba, USNHC。

504 見一九六二年十一月十六日，《生活》雜誌上聖喬治的專文報導"Hit and Run to Cuba with Alpha 66"。另見一九六二年十月三十日及十一月三十日，中情局對於阿爾法六六的備忘錄，在JFKARC。

505 見小赫斯特致克萊爾．魯斯信函，在國會圖書館所藏克萊爾．魯斯文件。

506 取材自中情局檔案中，一九七五年十月廿五日寇比（William Egan Colby, 1920–1996）與克萊爾．魯斯的電話談話，在CREST。有關魯斯與基廷

478 見Theodore Shabad, "Why a Blockade, Muscovites Ask"，在一九六二年十月廿八日《紐約時報》；另見"The Face of Moscow in the Missile Crisis," *Studies in Intelligence*, Spring 1966, 29–36，在CREST。

479 見Petr Vail' and Aleksandr Genis, *Shesdesyatiye—Mir Sovetskovo Cheloveka* (Moscow: Novoe Literaturnoe Obozrenie, 2001), 52–60。

480 見一九六二年十月三十日，前莫斯科美國大使館人員史泰博（Eugene Staples）報告，在NARA國務院古巴檔案。

481 見一九六二年十月廿七日，馬林諾夫斯基致赫魯雪夫信息，在MAVI。

482 見Vail' and Genis, 59。

483 見一九六二年十一月二日阿列克謝夫快電，在NSAW。

484 取材自一九六二年十月廿六至廿七日，卡斯楚致赫魯雪夫信函，在NSAW Cuba，作者自譯。

485 取材自洛書華中士的訪談（譯按：另參第五章註307）。有關這次部署的細節，見Gribkov, et al., *U Kraya Yadernoi Bezdni,* 89–90, 115–19；或見前「機動維修技術基地」（PRTB，譯按：另參第七章註416）軍官黑奇莫夫（Vadut Khakimov）的訪談，在二〇〇五年三月十七日《時間與金錢》（*Vremya i Denghi*）報。

486 取材自關塔那摩灣海軍基地情報報告。

487 見一九六二年十二月六日柯林斯的報告，在*Cuba Under Castro*, Vol. 5, 565。後來是中情局把瑪雅里阿里巴鎮的FKR巡弋飛彈，誤認成名為索普卡斯（*Sopkas*）的海岸巡弋飛彈。這兩型飛彈外觀十分相似，只是索普卡斯飛彈是為了抵禦船隻而設計，並未裝載核子彈頭──相關討論參見*CWIHP*, 12–13 (Fall–Winter 2001), 360–361。

【第九章 獵尋格羅茲尼號】

488 見中情局備忘錄《危機：蘇聯／古巴》，一九六二年十月廿七日，在CREST。

489 見Reeves, 92。

490 見Michael K. Bohn, *Nerve Center: Inside the White House Situation Room* (Washington, DC: Brassey's, 2003), 30。

491 見Salinger, *With Kennedy*, 253。

464 見Sakharov, 217。

465 見Dallek, 429。

466 此處資料來源有三：❶見G. G. Kudryavtsev, *Vospominaniya o Novoi Zemlye*，線上資料，檢索網址www.iss.nillt.ru；❷見V. I. Ogorodnikov, *Yadernyi Arkhipelag* (Moscow: Izdat, 1995), 166；❸二〇〇六年五月，作者在基輔對原子作戰退伍軍人黎賢科（Vitaly Lysenko）的訪談。

467 見前注G. G. Kudryavtsev論文。

468 見Ogorodnikov, 155–158；另參Pavel Podwig, ed., *Russian Strategic Nuclear Forces* (Cambridge, MA: MIT Press, 2001), 503。

469 取材自毛茨比未公開的回憶錄，由毛茨比遺孀（Jeanne Maultsby）提供。另取材自第四〇八〇戰略偵察機聯隊隊史，一九六二年十月，在FOIA。

470 取材自黑澤的訪談，見Michael Dobbs, "Into Thin Air"，在二〇〇三年十月廿六日《華盛頓郵報雜誌》。

471 見Fursenko, *Prezidium Ts. K. KPSS*, 623, Protocol No. 62。

472 見Fursenko and Naftali, *One Hell of a Gamble*, 261–262。

473 出處同上，頁249。

474 蘇聯外交特使米高陽後來告訴古巴人，這篇專欄文章確實引發赫魯雪夫提出「以古巴飛彈交換土耳其飛彈」的提議。見一九六二年十一月五日，與古巴領導高層會談的備忘錄，在NSAW Cuba；另參Fursenko and Naftali, *One Hell of a Gamble*, 275。李普曼的專文是十月廿五日同步刊載於《華盛頓郵報》以及其他報章。

475 見一九九二年春季號《共產主義的問題》（*Problems of Communism*），作者由俄文字自譯。

476 見一九六二年十月廿七日，莫斯科時間1630，紅軍元帥馬林諾夫斯基致普利耶夫信息，在NSAW。

477 見一九六二年十月廿七日，外交部長葛羅米柯致阿列克謝夫信息，在NSAW。曾任赫魯雪夫助理的卓揚諾夫斯基聲稱，主席團「並不知道」公開「以土耳其飛彈交換古巴飛彈」的提議，會給甘迺迪製造麻煩——見Troyanovsky, 249。不過從這份致阿列克謝夫的指令來看，就很清楚在公眾輿論上使力，是赫魯雪夫策略中相當重要的一部分。

R-7火箭已經進入二級備戰狀態，一如其他在古巴的蘇聯飛彈。

453 見考夫曼備忘錄，《古巴與戰略威脅》，在OSD。此處所及美國方面的總數，包含一百四十四枚洲際彈道飛彈（ICBMs），以及九十六枚裝設在北極星（Polaris）潛艦上的飛彈。而蘇聯方面的總數，則來自俄羅斯戰略飛彈部隊的軍事歷史學家卡洛夫中校（譯按：另見第一章註57），所據為蘇聯官方資料；其中包含部署於普列謝茨克（Plesetsk）的三十六枚R-16飛彈及四枚R-7飛彈，以及儲備於拜科努，不在固定勤務之列的兩枚R-7飛彈。而在長程轟炸機數量上的懸殊差距則更為顯著，大部分的估算都是約莫一比五之譜。中情局以及國務院認為，蘇聯可用於作戰的洲際彈道飛彈發射車，約在六十輛至七十五輛之間，雖約略低於五角大廈的估算，但仍高於卡洛夫引用的蘇聯官方數據——見Garthoff, 208。

454 取材自奧布利津少校的訪談（譯按：另見第四章註272及其後正文段落）；另參彈道飛彈師師長拉赫尼揚斯基（Vladimir Rakhnyansky）上校的筆記，在MAVI。

455 見Blight, et al., *Cuba on the Brink*, 109–111。

456 此處資料來源有三：❶見一九六二年十一月二日，阿列克謝夫致莫斯科信息，在NSAW Cuba；❷一九八九年一月，莫斯科飛彈危機研討會的文字紀錄：Bruce J. Allyn, James G. Blight, and David A. Welch, eds., *Back to the Brink: Proceedings of the Moscow Conference on the Cuban Missile Crisis, January 27–28, 1989* (Lanham, MD: University Press of America, 1992), 159；❸另見Blight, et al., *Cuba on the Brink*, 117–122。

457 見Putilin, 108。

458 見Blight, et al., *Cuba on the Brink*, 252。

459 見一九六二年十月廿八日，卡斯楚致赫魯雪夫信函，乃提交二〇〇二年哈瓦那一場研討會上的古巴文件。

460 見Blight, et al., *Cuba on the Brink*, 345；另參Fursenko and Naftali, *One Hell of a Gamble,* 187。

461 見一九六二年十一月快電，在NSAW。

462 取材自NSAW Cuba。

463 見Richard Rhodes, *The Making of the Atomic Bomb* (New York, Simon & Schuster, 1986), 672。

441 取材自阿蘭德的電視報導，由其子道格（Dag Sebastian Ahlander, 1944– ）英譯。

442 取材自一九六二年十月廿六日廣播內容的文字紀錄，在密西根大學威廉斯特藏。

443 取材自二〇〇二年十一月，阿蘇嘉萊在墨西哥市一場研討會上發表的論文“La crisis de octubre desde una perspectiva Cubana”；另參Blight, et al., *Cuba on the Brink*, 248。

444 見Halperin, 190。

445 取材自索倫森口述史，在JFKL。

【第八章 先發制人】

446 可見如十月廿六日執行委員會的討論，在JFK3, 290。

447 取材自二〇〇五年十一月，作者對牛津號R分部隊員布朗（Aubrey Brown）的專訪。

448 取材自二〇〇五年十一月，作者對牛津號R分部主任泰勒（Keith Taylor）的專訪。

449 此處資料來源如下：❶牛津號航海日誌；❷二〇〇五年十一月，作者對牛津號T分部主任斯拉瑟（Dale Thrasher）的專訪；❸一九六二年十月廿二日《總統情報清單》，轉引自〈中情局與甘迺迪政府的情報關係報告〉，頁18，紀錄編號no. 104-10302-100009，在JFKARC；❹前任T分部隊員卡西迪（George Cassidy）也提供了關於牛津號的資料。

450 取材自國家安全局密碼學博物館。這份快報中雖未提及牛津號，然而透過與牛津號船員的訪談以及查閱航海日誌，很顯然這份快報的來源就是牛津號。

451 見〈一九六二年蘇聯武器在古巴的集結狀況〉，頁77，在CREST；另見一九六二年十一月一日，國家安全局助理局長戴維斯（John Davis, 1939–2020）的備忘錄，在JFKL。

452 見Boris Chertok, *Rakety i Lyudi: Goryachie Dni Kholodnoi Voini* (Moscow: Mashinostroenie, 1999)，論「加勒比海飛彈危機」（Karibskii Raketnii Krizis）的專章。另見Ivan Evtreev, *Esche Podnimalos’ Plamya* (Moscow: Intervesy, 1997), 79–80，一位駐拜科努蘇聯飛彈軍官的憶往。拜科努的

430 取材自二〇〇七年五月，作者對布魯吉歐尼的專訪。

431 見一九六二年十月十九日，中情局《蘇聯飛彈於古巴所致威脅綜合評估》，取自CREST；另取材自一九六二年十月廿二日，朗道爾對甘迺迪所做簡報。

432 見Brugioni, *Eyeball to Eyeball*, 542。後來中情局正確推論馬列爾港是核子彈頭進出古巴的重要轉運點，但卻沒有更進一步注意到貝胡卡。

433 美國陸軍司令部歷史檔案，頁154，在NSAW。

434 詳見以下三處資料："Alternative Military Strikes"，在JFKL；"Air Force Response to the Cuban Crisis"，頁8，在NSAW；Blight, et al., *Cuba on the Brink,* 164。一九九二年在哈瓦那舉辦的一場研討會上，卡斯楚在聽取這些入侵計畫的內容時，誤將空襲次數聽成了119,000次。他於是要求再複述一次這個數字，他說這聽起來「有點誇大其辭」。聽到正確數字原來不過是1,190次之後，他冷冰冰地回應：「這聽起來舒服多了。」

435 所據來源有三：❶美國大陸陸軍司令部歷史檔案，頁105、130、139、143；❷一九六三年二月四日指揮官會議，在CNO Cuba, USNHC；以及❸符冷的訪談（譯按：另參第四章註263）。

436 取材自一九六二年十一月，美國海軍陸戰隊情報評估，在JFKARC。

437 比方可見於大西洋艦隊總司令電訊，編號311620Z，在CNO Cuba, USNHC。

438 取材自二〇〇六年五月，史學家雀馮娜亞，對FKR巡弋飛彈部隊資深航空技師洛書華（Vitaly Roshva）中士的專訪（譯按：另參第五章註307）。根據美國情報單位的截聽，發射位置在菲利比納村，座標為北緯20°0'46"、西經75°24'42"；預備發射位置在維洛里歐村，座標為北緯20°5'16"、西經75°19'22"。

439 取材自二〇〇六年四月，史學家雀馮娜亞對二等兵米希耶夫兄長甘納吉（Gennady Mikheev）的專訪，以及家族照片與信函。

440 這次無線電通訊被美軍情報單位攔截，赫許（Seymour M[yron] Hersh, 1937–）在專文〈一九六二年卡斯楚失控了嗎？〉曾經揭露，見一九八七年十月十一日《華盛頓郵報》H1版面。不過這篇專文有不少謬誤之處，甚至包括推測古巴軍隊試圖襲取一處蘇聯地對空飛彈發射場。其說辭所據乃對洛書華中士的專訪（譯按：另參第五章註307），以及關塔那摩灣海軍基地的情報報告。

（LBJ Library）；❸一九六一年十二月四日，國家照片判讀中心備忘錄〈古巴飛彈發射場可疑地點〉，編號NPIC/B–49/61，在CREST。

418 見一九六二年七月四日，馬林諾夫斯基〈給各偵察小組組長的指令〉，在LCV。另參別洛博羅多夫回憶錄，在Gribkov, et al., *U Kraya Yadernoi Bezdni*, 210。

419 取材自一九六三年一月三十日羅曼諾夫死亡證明，審查人為卡洛夫中校（譯按：另參第一章註57）。

420 見Yesin, et al., *Strategicheskaya Operatsiya Anadyr'*, 196；另取材自作者對波柯尼科夫（Valentin Polkovnikov）中尉的專訪，他與博爾堅科在同一個飛彈團服役。

421 取材自二〇〇六年五月，作者對嘉烈夫（Vadim Galev）的訪談；另取材自尼柯斯基（V. P. Nikolski）博士與工程師克里烏科夫（Kriukov）信函，在MAVI。

422 取材自申科的回憶，在Yesin, et al., *Strategicheskaya Operatsiya Anadyr',* 265。

423 見Gribkov, et al., *U Kraya Yadernoi Bezdni*, 234–235。

424 取材自一九六二年十月十六日卡特在白宮會議上的簡報，在JFK2, 430。

425 即一九六二年十月十九日，中情局的《蘇聯飛彈於古巴所致威脅綜合評估》，取自詹森總統圖書館。

426 取材自照片判讀報告，在CREST。

427 見Dwayne Anderson, "On the Trail of the Alexandrovsk," *Studies in Intelligence* (Winter 1966), 39–43，取自CREST。

428 見Brugioni, *Eyeball to Eyeball,* 546–548。

429 可見如Gribkov, et al., *U Kraya Yadernoi Bezdni*, 209與Gribkov and Smith, *Operation ANADYR*, 46等資料。不過葛理伯可夫在後書中，誤以為月神飛彈的彈頭存放於貝胡卡；負責這批彈頭的是別洛博羅多夫，他指出存放的地點是馬納瓜鎮。貝胡卡地下碉堡的座標是北緯22°56'18"、西經82°22'39"，地下碉堡與環形道路的輪廓在Google Earth上仍清晰可見。總部的位置在地下碉堡南方半英里處，貝胡卡東北方郊區。馬納瓜的綜合場地包含三座地下碉堡，座標是北緯22°58'00"、西經82°18'38"（譯按：另參第三章註145）

the Cuban Missile Crisis," *CWIHP*, 5 (Spring 1995), 58；另參Semichastny, 282。費克利索夫與史卡利打交道，在國安會處長口中是「未經授權」之舉。

* 譯按：薩卡洛夫斯基時任蘇聯國安會第一處（First Chief Directorate）處長，主管外國情報與行動。

407 見B. G. Putilin, *Na Krayu Propasti* (Moscow: Institut Voennoi Istorii, 1994), 104。

408 見Hershberg, "The United States, Brazil, and the Cuban Missile Crisis," 34，另參Putilin, 108。

409 見Putilin, 106。

410 見Derkachev, 45。

411 見Yesin, et al., *Strategicheskaya Operatsiya Anadyr'*, 113。

412 見Gribkov, et al., *U Kraya Yadernoi Bezdni*, 167, 226。

413 此處資料來源有四：❶ Yesin, et al., *Strategicheskaya Operatsiya Anadyr'*, 51；❷ Gribkov, et al., *U Kraya Yadernoi Bezdni,* 115；❸ Gribkov and Smith, *Operation ANADYR*, 64–65；❹ Putilin, 105。

414 見Svetlana Savranskaya, "Tactical Nuclear Weapons in Cuba: New Evidence" *CWIHP*, 14–15 (Winter 2003), 385–387；另參Mark Kramer, "Tactical Nuclear Weapons, Soviet Command Authority, and the Cuban Missile Crisis" *CWIHP*, 3 (Fall 1993), 40。

415 取材自LCV。

416 特別軍事單位「機動維修技術基地」（*Podvizhnaya Remontno-Technicheskaya Baza*, PRTB）專責儲藏及維修保養核子武器，由羅曼諾夫擔任指揮官。每一支飛彈團、FKR巡弋飛彈團、機動步兵團，或者執行核子彈頭作戰任務的IL-28中隊，都配置有「機動維修技術基地」的分隊人員。核子彈頭運抵古巴之前，是由別洛博羅多夫上校（譯按：另參第二章正文註109所在段落）主管的軍械庫掌控，從屬於原先的核武設計局。這些彈頭一旦安全運抵古巴並且檢查完畢之後，別洛博羅多夫就將掌控權轉移給每一支「機動維修技術基地」的分隊，但仍然共同負擔核子彈頭特有的維修責任。

417 此處資料來源有三：❶一九六三年古巴行動摘要；❷一九六二年十二月，中情局《蘇聯飛彈於古巴所致威脅綜合評估》，取自詹森總統圖書館一九六二年十月廿七日《革命報》第八版面；❸一九六二年十月廿七日《紐約時報》第六版面。

388 見*Cuba Under Castro, 1962*, 107。

389 取材自一九六二年十月廿三日阿列克謝夫致蘇聯外交部電報，在NSAW。

390 取材自二〇〇六年四月德斯諾斯的訪談。

391 見Franqui, 187。同一時期也有報告引述福蘭基的觀點，見一九六三年六月五日中情局電報，在JFKL。

392 見*Cuba Under Castro, 1962*, 147。

393 見Fursenko and Naftali, *One Hell of a Gamble*, 161–162。

394 見Halperin, 190。

395 見*Cuba Under Castro, 1962*, 619–620。

396 取材自一九六二年十月廿五日，參謀長聯席會議驗證系統所載空軍訊息57834，在CNO Cuba, USNHC。

397 取材自柯尼延科的訪談。

398 見Beschloss, 521，另參Abel, 162。

399 見Brugioni, *Eyeball to Eyeball*, 288。

400 見一九六二年十月廿六日史卡利致希斯曼備忘錄，在FRUS, Vol. XI, 227。

401 出處同前注，頁241。

402 見Pierre Salinger, *With Kennedy* (Garden City, NY: Doubleday, 1966), 274–276。

403 據莫斯科蘇聯外國情報檔案館（SVR）的資料顯示，許多費克利索夫的報告，蘇聯國安會都拒絕散播出去，因為其中根本沒有什麼機密情資可言。

404 見Feklisov, 371。

405 出處同前，頁382；另參Dobrynin, 95。達勃雷寧用「弗明」（Fomin）稱呼費克利索夫，這是他在華盛頓用來掩護身分的假名。

406 取材自一九六二年十月廿七日，費克利索夫致薩卡洛夫斯基（Aleksandr Michael Sakharovsky, 1909–1983）之報告，在SVR。見Aleksandr Fursenko and Timothy Naftali, “Using KGB Documents: The Scali-Feklisov Channel in

369 此處資料來源有三：❶ Thomas, 157–159；❷一九六一年十二月四日，藍斯代致羅伯備忘錄，在JFKARC；❸一九七五年九月四日，中情局致丘奇委員會備忘錄，在JFKARC。

370 取自一九八八年一月十五日哈爾朋與中情局局史室的訪談，在JFKARC。（譯按：另參第一章註21及隨付譯註）

371 見Thomas, 159。

372 取材自哈爾朋與中情局局史室的訪談，以及哈維對丘奇委員會提出的證詞。

373 見Stockton, *Flawed Patriot*, 141。

374 取材自哈維對丘奇委員會提出的證詞。

375 見一九七五年八月十四日，中情局審核小組的評論：Branch and Crile III, "The Kennedy Vendetta"，在JFKARC；另參Corn, *Blond Ghost*, 74–99。

376 取材自二〇〇六年四月，作者對前任JM/WAVE官員法蘭克（Warren Frank）的專訪。

377 取材自羅伯·甘迺迪機密檔案第十箱，在JFKARC。

378 見一九六二年十月廿八日《華盛頓郵報》E5版。

379 見一九六二年十月廿九日，中情局致藍斯代備忘錄：〈貓鼬行動──潛入小隊〉。

380 此處資料來源有二，其一為歐布雷貢未曾公布的一九九六年回憶錄，其二為二〇〇四年二月作者對歐布雷貢的專訪。

【第七章 核武】

381 取材自一九六二年十一月三十日，米高陽與美國官員的對談，在SDX。

382 見Acosta, 170。

383 取材自一九六二年十月廿一日中情局備忘錄，在CREST及JFKL。

384 見Blight, et al., *Cuba on the Brink*, 111，另參斯塔琴科報告。

385 見Blight, et al., *Cuba on the Brink*, 113。

386 見Gribkov and Smith, *Operation ANADYR*, 65。

387 此處資料來源有三：❶一九六二年十月廿七日俄國新聞通訊社報導；❷

352 見JFK1, 492。

353 見Halperin, 155。

354 見Blight, et al., *Cuba on the Brink*, 83, 254。

355 同上書，頁213。

356 巴西及南斯拉夫大使館都如此回報，轉引自James Hershberg, "The United States, Brazil, and the Cuban Missile Crisis," *Journal of Cold War Studies* (Summer 2004)。

357 見David Martin, *Wilderness of Mirrors* (New York: Harper & Row, 1980), 127。

358 見Martin, 136；另參David Corn, *Blond Ghost* (New York: Simon & Schuster, 1994), 82。

359 見Martin, 144；另見Thomas, *Robert Kennedy*, 234。據羅伯日記所列，十月廿七日有一通桑羅曼從邁阿密打來的電話，另外也於十月廿六日排定了會議，然會議是否確實舉行則未有清楚記載。

360 見一九六二年十月廿九日麥孔的會議備忘錄，在JFKARC；另見帕羅的會議紀錄，在FRUS, Vol. XI, 229–231。

361 見一九六二年十月廿六日藍斯代備忘錄，在JFKARC。祕密破壞船隻的計畫於十月廿七日獲准，但在赫魯雪夫同意從古巴撤回蘇聯飛彈之後，於十月三十日中止執行──見一九六二年十月三十日藍斯代備忘錄，在JFKARC。

362 見一九六二年十一月廿一日，馬塔安布雷祕密破壞行動年表，在JFKARC。

363 取材自帕羅的訪談。

364 見Martin, 144。

365 見一九六二年十月廿六日，洛杉磯特別主管幹員（Special Agent-in-Charge, SAC）送呈聯邦調查局局長報告。

366 見參議院丘奇委員會報告，*Alleged Assassination Plots*, 84。

367 見一九七五年七月十一日，哈維對丘奇委員會的證詞，在JFKARC。

368 見一九七五年六月廿四日，羅賽利對丘奇委員會提出的證詞，在JFKARC。

336 取自Brugioni, *Eyeball to Eyeball*, 195–196。

337 見潛艦接觸年表中C-20項，在CNO Cuba, USNHC。另可參閱蘇聯潛艦活動摘要中272016Z一項，可見於Electronic Briefing Book 75，在NSAW。

338 聲波監測系統在大西洋的活動，取材自81.1特遣隊指揮官（CTG）訊息，編號261645Z，在USNHC；另參Electronic Briefing Book 75，在NSAW。

339 見蘇聯潛艦活動摘要，272016Z。

340 取材自莎芙蘭絲凱雅教授提供的安德力毅夫上尉日記，在NSAW。日記部分內容曾刊載於二〇〇〇年十月十一日的《紅星報》(*Krasnaya Zvezda*)。

341 見杜畢夫科回憶錄〈在馬尾藻海深處〉，莎芙蘭絲凱雅譯，收錄於Gribkov, et al., *U Kraya Yadernoi Bezdni,* 314–330，在NSAW。

342 取材自蘇聯潛艦艦隊司令阿嘉豐諾夫（Vitaly Agafonov）船長回憶錄，在Yesin, et al., *Strategicheskaya Operatsiya Anadyr'*, 123。

343 見Brugioni, *Eyeball to Eyeball*, 287。

344 此處所及地面機動飛彈發射器與戰術核子武器的資訊，都是由這次會議的官方錄音文字檔校訂而來。不過在歷史學者史騰（Sheldon M. Stern, 1939–）為甘迺迪圖書館編纂的發行公告上，也包含這些資訊。

345 取材自邦迪與國務次卿波爾的談話，在FRUS, Vol. XI, 219；另取材自一九六二年十月廿六日，執行委員會上午十點的會議。

346 見一九六二年十一月十二日《美國新聞與世界報導》，以及同樣於當日發行的《新聞週刊》。另見席維斯口述史，在JFKL。

347 取材自Ahlander, *Krig och fred i Atomaldern*, 24–25中記述的航海日誌；另取材自二〇〇五年九月，作者與卡爾森本人的訪談。

348 取材自一九六二年十月廿七日，斯德哥爾摩美國大使館所發電報，在CNO Cuba, USNHC。

349 見庫蘭加塔號檔案，在CNO Cuba, USNHC。

350 見一九六二年十月廿六日，阿列克謝夫致莫斯科49201號電報，在NSAW。

351 見二〇〇五年七月十一日《新報》所刊葉夫圖申科的文章。

的電子郵件通信，他是當時派駐於塞爾弗里奇空軍基地的F-106飛行員。

324 取材自北美空防司令部日誌，在NSA。

【第六章 情報】

325 見一九六二年十月廿二日，陸軍少將克利夫頓（Chester Clifton, 1913–1991）筆記手跡，在JFKL。

326 這是大西洋艦隊副司令畢克力（Wallace M[orris] Beakley, 1903–1975）中將的提議，載於一三六特遣艦隊司令沃德（Alfred G[ustave] Ward, 1908–1982）中將日記，在USNHC。另詳皮爾斯號及甘迺迪號航海日誌，在NARA。

327 見第二艦隊司令（COMSECONDFLT）無線電訊息，編號251800Z，在CNO Cuba, USNHC。

328 取自雷諾慈上校的私人筆記，在戰艦灣海軍博物館（Battleship Cove Naval Museum）。甘迺迪號如今永久展示於麻薩諸塞州秋河市（Fall River, MA）。

329 見Brugioni, *Eyeball to Eyeball*, 190–192。

330 見一九六二年十月廿五日照片判讀報告，國家照片判讀中心（NPIC）編號NPIC/R–1047/62，在CREST。

331 ❶見一九六二年十月廿六日，《蘇聯飛彈於古巴所致威脅綜合評估》（*Joint Evaluation of Soviet Missile Threat in Cuba*，後簡稱綜合評估）附錄六，在CREST；另參Brugioni, *Eyeball to Eyeball*, 436–437。❷關於潘科夫斯基提供的情資，詳見Jerrold L. Schecter and Peter S. Deriabin, T*he Spy Who Saved the World* (New York: Charles Scribner's Sons, 1992), 334–346。一九六二年十月十九日的《綜合評估》中亦提及潘科夫斯基的情報素材，代號是鐵桉樹（IRONBARK）與赤腹山雀（CHICKADEE）。

332 見Brugioni, *Eyeball to Eyeball*, 437。

333 見一九八一年七月一日朗道爾口述史，在哥倫比亞大學口述史研究部。

334 見一九六二年十月照片判讀報告，在CREST。

335 見Thaxter L. Goodall, "Cratology Pays Off," *Studies in Intelligence* (Fall 1964)，在CREST。這艘船是卡西莫夫號（*Kasimov*），照片攝於九月廿八日。

307 取材自二〇〇六年五月，史學家雀馮娜亞（Svetlana Chervonnaya, 1948–）對洛書華中士的專訪；另參Gribkov, et al., *U Kraya Yadernoi Bezdni*, 87–88。

308 見Blight and Welch, eds., *Intelligence and the Cuban Missile Crisis*, 102。

309 取材自薩奇洛夫在二〇〇七年十月的文章。

310 見一九六二年十一月十四日，《華盛頓明星晚報》（*Washington Evening Star*）上的報導：〈關塔那摩灣堪稱戰備狀態下的美國近郊〉。

311 取材自大西洋艦隊司令史（CINCLANT history）第七章。撤離細節另參古巴事實清單，一九六二年十月廿七日，在NSAW。

312 取材自關塔那摩灣海軍基地現場情況報告，編號No. 15 250100Z，在CNO Cuba, USNHC。

313 見一九六二年十一月十三日《芝加哥論壇報》，美聯社（AP）在關塔那摩的報導。

314 取材自普林普頓（George A[mes] Plimpton, 1927–2003）口述史，在JFKL。

315 見Porter McKeever, *Adlai Stevenson: His Life and Legacy* (New York: William Morrow, 1989), 488。

316 見Arkady Shevchenko, *Breaking with Moscow* (New York: Knopf, 1985), 114。

317 取材自總統漫寫檔案，在JFKL。

318 見O'Donnell and Powers, 334。

319 見Scott D. Sagan, *The Limits of Safety* (Princeton, NJ: Princeton University Press, 1995), 99；另參一九六二年十月廿六日，北美空防司令部作戰行動中心日誌，在Sagan Collection, NSA。

320 取材自F-106飛行員阿特曼（Jim Artman）寄給作者的電子郵件，他當時派駐於德盧斯。

321 見*ADC Historical Study No. 16*, 212–214。

322 前揭書，頁121及129。

323 此處資料來源有二：❶一九六二年十二月十三日，古巴危機期間第一戰鬥機聯隊（1st Fighter Wing）史事概述，在AFHRA；❷作者與貝瑞中尉

294 見Richard Lehman, "CIA Handling of Soviet Build-up in Cuba"，一九六二年十一月十四日，在CREST.

295 出處同上。

296 見一九六二年九月十九日，國家情報評估（NIE）編號85-3-62，〈古巴的軍事集結〉，在CREST。

297 取自一九六二年十一月廿二日，中情局視察員處理古巴情資的綜合報告，頁19及31，可見於CREST。中情局在十月二日發布這份報告，總部在上面批示了輕蔑的意見。九月十六日波爾塔瓦號停靠在馬列爾港，上面載有八枚R-12飛彈，乃根據卡洛夫審閱的俄羅斯戰略飛彈部隊（RVSN）文獻。

*譯註：卡洛夫首見於第一章註59。卡洛夫為「俄羅斯戰略飛彈部隊」（Strategic Missile Forces, RVSN）所屬「彼得大帝軍事學院」的歷史學者，而該註與本註中，原書俱將縮寫誤植為RSVN，因可能導致不同理解，今據改為RVSN，謹此說明。

298 見一九六二年十一月十日馬尚特快電，在NSAW Cuba；這份快電也刊載於一九六二年的《古巴飛彈危機英國檔案紀錄》（*British Archives on the Cuban Missile Crisis*）。

299 一九六二年十一月三日由柯林斯（M. B. Collins）報告，見British Archives on Cuba, *Cuba Under Castro*, Vol. 5: 1962 (London: Archival Publications, 2003), 155。

300 取材自薩奇洛夫的回憶錄，當時他曾擔任巡弋飛彈核子控制官，見V. I. Yesin, ed., Strategicheskaya Operatsiya Anadyr', 1st ed. (1999), 179–185。另參薩奇洛夫在二〇〇七年十月的文章。（譯按：薩奇洛夫在第三章註160）

301 見一九六二年五月廿四日馬林諾夫斯基備忘錄，在LCV；譯文參見*CWIHP*, 11 (Winter 1998), 254。

302 見一九六二年九月八日馬林諾夫斯基對普利耶夫的指示，在LCV；譯文見前揭書，頁260。

303 據二〇〇六年三月，作者親自造訪瑪雅里阿里巴所考察。

304 見Yazov, 157；另參Gribkov, et al., *U Kraya Yadernoi Bezdni*, 119。

305 見Gribkov, et al., *U Kraya Yadernoi Bezdni*, 90, 302–303。

306 見*Cuba under Castro*, Vol. 5, 152。

277 此語出自外交部副部長庫茲涅索夫，見Kornienko, 96。

278 見Semichastny, 279。

279 古巴革命分子阿拉貢涅斯（Emilio Aragones, 1928–2007）的證詞，在Blight, et al., *Cuba on the Brink*, 351。

280 取材自貝拉的訪談。

281 見一九六二年八月廿九日中情局報告，在貓鼬行動備忘錄，JFKARC。

282 見*CWIHP*, 8–9 (Winter 1996–97), 287。

283 見Alexander Feklisov, *The Man Behind the Rosenbergs* (New York: Enigma Books, 2001), 127。

284 見*NK1*, 372。

285 取材自羅傑斯在《杜蘭人》(*Tulanian*)雜誌一九九八年春季號中的專訪。

286 資料來源有三：❶二〇〇四年七月，作者與蘇聯大使館參事柯尼延科的訪談；❷蘇聯國安會呈交莫斯科的報告，在SVR；❸Fursenko and Naftali, *One Hell of a Gamble*, 261。

287 見一九六二年十月廿五日達勃雷寧電報，另參Fursenko and Naftali, *One Hell of a Gamble*, 259–262。

288 取自一九六二年十一月十八日，哈瓦那《今天星期天》(*Hoy Dominical*)雜誌的一篇文章；另參一九六二年八月廿九日中情局報告，在貓鼬行動備忘錄，JFKARC。

289 取材自二〇〇五年十二月作者與柯菲上尉的訪談；他的任務代號是「藍月5012」。

290 取材自海軍陸戰隊指揮官舒普將軍致柯菲上尉信函，未繫日期。（譯按：舒普見第一章）

291 見Gribkov, et al., *U KrayaYadernoi Bezdni*, 253–260。

292 見一九六二年九月六日馬林諾夫斯基備忘錄，在LCV；譯文參見*CWIHP*, 11 (Winter 1998), 259。每個機動步槍團都持有四枚配備核子彈頭的月神飛彈以及八枚傳統飛彈，還有這些飛彈的發射器。

293 取材自二〇〇六年一月作者與巴斯夸的訪談；另見一九六二年十二月七日中情局貓鼬行動備忘錄，在JFKARC，取自赫姆斯書。（譯按：赫姆斯書見第一章註14）

的訪談。

263 取材自二〇〇五年五月，作者對海軍陸戰隊第二軍團助理作戰官符冷的訪談。

264 見一九六二年十一月二日美國大西洋艦隊總司令電訊，在CNO Cuba, USNHC。

265 見一九六二年十月廿四日美國海軍作戰部長室日誌，在CNO Cuba, USNHC。

266 見Gribkov and Smith, *Operation ANADYR*, 69。

267 取材自斯塔琴科的報告。

268 見Szulc, 179。

269 見Beschloss, 501。

270 出處同前，頁502。

271 取材自二〇〇四年七月及二〇〇六年五月對葉森的兩次專訪（譯按：詳本書第一章註63），另參Yesin, et al., *Strategicheskaya Operatsiya Anadyr'*, 154。

272 取材自二〇〇四年七月，作者對奧布利津上校的專訪，危機當時他擔任彈道飛彈師副師長。

273 關於R-12飛彈發射順序的描述，我自葉森大將處得益甚多。他是前任蘇聯戰略飛彈部隊參謀長，危機當時在西鐸洛夫的飛彈團中擔任中尉工程師。

274 中情局將古巴西部的飛彈發射場，由西至東依序定名為聖克里斯托巴一號（San Cristóbal 1）、二號、三號及四號。實際上，前兩座飛彈發射場（班迪洛夫斯基所率）乃分別位於聖克里斯托巴鎮以西十六英里及十三英里處。另外兩座（索洛耶夫所率）則大約在以西六英里以及東北七英里處。

275 取材自斯塔琴科的報告。

【第五章 直到地獄結冰】

276 取自主席團第六十一號草案；另見Fursenko, *Prezidium Ts. K. KPSS*, 620–622。

1983), 265。

247 取自韋德將軍口述史，在AFHRA。

248 見Kaplan, 246。

249 見考夫曼備忘錄《古巴與戰略威脅》，在OSD。

250 見*USCONARC Participation in the Cuban Crisis 1962*, 79–88, 119–21，在NSAW。另參一九六三年一月廿一日，美國陸軍司令部在眾議院撥款委員會（House Committee on Appropriations）所做簡報。

251 見Dino Brugioni, "The Invasion of Cuba," in Robert Cowley, ed., *The Cold War* (New York: Random House, 2006), 214–215。

252 資料來源有三：❶*British Archives on the Cuban Missile Crisis, 1962* (London: Archival Publications, 2001), 278；❷"Air Force Response to the Cuban Crisis," 6–9，在NSAW；❸一九六二年十月，《紐約時報》、《華盛頓郵報》及《洛杉磯時報》來自西嶼的報導。

253 見USCONARC, 117。

254 取材自二〇〇五年九月，作者對德皮諾（Rafael Del Pino）的訪談，他過去曾經擔任卡斯楚的古巴空軍助理。另取材自德皮諾未公開的手稿。

255 取材自一九六二年十月廿四日，卡斯楚與古巴軍事首領的會議紀錄，由古巴政府發布，見古巴檔案局文件紀錄（Documentos de los Archivos Cubanos），在Havana 2002。

256 見Szulc, 474–476。

257 二〇〇六年三月，作者曾經親訪塔拉拉海灘以及防空飛彈發射場。防空飛彈發射場與反飛彈發射場的遺址，如今依然可見於Google Earth，座標北緯23°09'28.08"，西經82°13'38.87"。

258 見Acosta, 165；卡斯楚心中的盤算，另詳Blight, et al., *Cuba on the Brink, 211*。古巴的一些網站上仍可見卡斯楚參訪AA部隊的照片。

259 見Franqui, 189。

260 這是蘇聯國防部長馬林諾夫斯基的推估，見Blight and Welch, *On the Brink*, 327。

261 取自一九六二年十月海軍陸戰隊紀錄，在JFKARC。

262 取材自二〇〇五年四月，作者對海軍陸戰隊第二軍團作戰官希澤克少校

233 取自美國海軍電訊，編號241610Z及250533Z，在CNO Cuba, USNHC；相同的電訊亦可見於《電子作戰指示全書》（Electronic Briefing Book）第七十五冊中所錄〈十月分潛艦電訊〉，在NSAW。當時海軍將這艘潛艦定名為C-18，其位置在北緯25°25'，西經63°40'。

234 參見Gary E. Weir and Walter J. Boyne, *Rising Tide: The Untold Story of the Russian Submarines That Fought the Cold War* (New York: Basic Books, 2003), 79–98，其中對於B-130的描述，乃根據與舒姆科夫的多次訪談而成。

235 見Savranskaya, "New Sources on the Role of Soviet Submarines in the Cuban Missile Crisis," *Journal of Strategic Studies* (April 2005)。

236 見Weir and Boyne, 79–80； 或見Aleksandr Mozgovoi, *Kubinskaya Samba Kvarteta Fokstrotov* (Moscow: Voenni Parad, 2002), 69。

237 見前及Savranskaya, "New Sources"一文。關於蘇聯潛艦艦長是否有權在遭受攻擊時使用核子魚雷反擊，這篇文章也提供了另一面的事證。

238 戰略空軍司令部的歷史學者當時草草記下了每天的總數，紀錄於*Strategic Air Command Operations in the Cuban Crisis of 1962*, *SAC Historical Study*第九十卷第一期，在NSA。戰略空軍司令部控制室的照片，收錄於該卷第二期，在FOIA。

239 見*SAC Historical Study*第九十卷第一期，頁58。

240 見一九六二年十月廿五日，考夫曼備忘錄《古巴與戰略威脅》（*Cuba and the Strategic Threat*），在OSD。

241 見第389戰略飛彈中隊古巴危機紀錄，在FOIA。

242 見*SAC Historical Study*第九十卷第一期，頁vii。

243 見G. M. Kornienko, *Kholodnaya Voina* (Moscow: Mezhdunarodnie Otnesheniya, 1994), 96。無法確知在鮑爾個人的訊息之外，蘇聯是否也攔截到進入第二級戒備狀態的命令；因為第二級戒備狀態的命令是最高機密，但是鮑爾透過無線電的談話則非機密。另參Garthoff, *Reflections on the Cuban Missile Crisis*, 62。

244 轉引自Richard Rhodes, *Dark Sun: The Making of the Hydrogen Bomb* (New York: Simon & Schuster, 1995), 21。

245 見Brugioni, *Eyeball to Eyeball*, 262–265。

246 見Fred Kaplan, *The Wizards of Armageddon* (New York: Simon & Schuster,

221 ❶基莫夫斯克號在十月廿四日0930的位置是北緯27°18’，西經55°42’，座標來源所據為美國大西洋艦隊總司令電訊，編號241950Z，在CNO Cuba, USNHC。艾塞克斯號在十月廿四日0900的位置是北緯23°20’，西經67°20’，座標來源所據為該艦航海日誌，現藏於NARA。❷以下二書描述的蘇聯船艦位置有誤：Graham Allison and Philip Zelikow, *Essence of Decision, 2nd ed.* (New York: Longman, 1999), 233, 348–349，以及Fursenko and Naftali, Khrushchev’s Cold War, 477, 615。❸按美國海軍在十月廿五日的推斷，蘇聯船艦調頭的時間為十月廿三日祖魯時間0700，即華盛頓時間深夜三點或莫斯科時間上午十點──見十月廿五日美國海軍作戰部長室日誌，在USNHC。❹按蘇聯方面的紀錄，調頭返航的命令是在十月廿三日清晨六點所發──另詳本書第二章諸註。

222 見McAuliffe, 297，麥孔的情資是錯誤的。根據甘迺迪在執行委員會晨間會議上的手記，海軍將在十點半至十一點之間嘗試攔截。

223 見RFK, 68–72；另參Schlesinger, *Robert Kennedy and His Times,* 537，其中也借鑒羅伯的說詞。

224 見一九六二年十月廿五日中情局報告，在CREST。

225 見Brugioni, *Eyeball to Eyeball*, 391。有些報告所稱的蘇聯船艦位置顯然有誤，包括亞歷山卓夫斯克號與波爾塔瓦號。關於方向定位的精確性，另詳JFK3, 238。

226 見海軍作戰部部長，《海軍古巴封鎖行動報告》，在USNHC。

227 見一九六二年十月廿四日美國海軍作戰部長室日誌，在CNO Cuba, USNHC。

228 這項指令是一九六二年十月廿四日由國安局局長發布，取自馬里蘭州米德堡國家安全局密碼學博物館。

229 見JFK3, 41。

230 取自安德森所發電訊，編號230003Z，在CNO Cuba, USNHC。

231 取自一九六二年十月十六日，美國駐蘇聯大使柯勒致國務院越洋電報，編號979，在SDX。

232 取自大西洋艦隊總司令致參謀長聯席會議電訊（大西洋區盟軍司令丹尼森發布），編號312250Z，在CNO Cuba, USNHC。

204 在前揭書，頁62。

205 在前揭書，頁71。

206 見Blight and Welch, *On the Brink*, 398。

207 提穆爾·蓋達是蘇聯第一位後共產主義首相葉戈爾·蓋達（Yegor Timurovich Gaidar, 1956–2009）的父親。幾十年後，葉夫圖申科興高采烈講述一則往事：俄羅斯資本主義之父，當年還是與父親住在哈瓦那的小男孩，在我「漂亮的白色西裝上撒了一泡尿」──取自二〇〇六年六月，作者對葉夫圖申科的專訪。另參二〇〇五年七月十一日，葉夫圖申科在俄羅斯《新報》（*Novaya Gazeta*）上的文章。

208 見Timur Gaidar, *Grozi na Yuge* (Moscow: Voennoe Izdatelstvo, 1984), 159。

【第四章 瞪眼相對】

209 見一九六二年十月廿四日《紐約時報》；另見美國駐蘇聯大使柯勒拍發給國務院的越洋電報，一九六二年十月廿四日，編號1065，在SDX。

210 取自諾克斯於這次面晤的筆記，在JFKL。

211 見Beschloss, 496。

212 見一九六二年十月廿六日，時任情報研究局局長希斯曼致國務卿備忘錄，在OSD。

213 見Reeves, 410。

214 見RFK, 69–70。

215 見Dobrynin, 83。

216 取材自一九六二年十月廿八日《紐約時報》。

217 見Clinton Heylin, *Bob Dylan: Behind the Shades Revisited* (New York: HarperCollins, 2001), 102–103；另取材自一九六三年五月一日，知名廣播節目主持人特克爾對狄倫的專訪。

218 見Rusk, 237。

219 見RFK, 72。

220 致美國大西洋艦隊總司令電訊，編號241523Z，在CNO Cuba, USNHC。這條密電同時也由海軍指揮中心以單邊帶無線電發送──見一九六二年十月廿四日，副總司令葛里芬上將的手記，在CNO Cuba, USNHC。

188 見 Tad Szulc, *Fidel: A Critical Portrait* (New York: William Morrow, 1986), 465。有關卡斯楚早年的生平細節，我大多依據此書所述。

189 見馬奎斯，〈我認識的卡斯楚〉，在二〇〇六年八月二日《古巴新聞》（*Cuba News*）。

190 取自一九六二年十月廿四日，《拉丁美洲通訊社》記者皮內達（Sergio Pineda）的外電報導。

191 見 Maurice Halperin, *Rise and Decline of Fidel Castro* (Berkeley: University of California Press, 1972), 191。

192 見 Szulc, 30。

193 在前揭書，頁51。卡斯楚後來宣稱他寫下這封信的時候情緒非常激動，所以信中反映的並非他對美國真正的感覺。他的理由毫無說服力，他這麼說似乎只不過是為了國際視聽。卡斯楚寫給桑契絲的這封信，複本在古巴全國各地博物館大肆展示給參觀的國內群眾。

194 取自 Hugh Thomas, *Cuba: The Pursuit of Freedom* (New York: Harper & Row, 1971), 445。

195 見 Halperin, 81。

196 見前揭書，頁124–125及160。

197 可參閱的資料如一九六二年十二月一日，時任匈牙利大使貝克（Janos Beck）的報告，在 Havana 2002，卷二。

198 可參閱的資料如 Fursenko and Naftali, *One Hell of a Gamble*, 179 中引用的阿列克謝夫所言（譯按：在前章註117）。

199 見 Mary McAuliffe, *CIA Documents on the Cuban Missile Crisis* (Washington, DC: Central Intelligence Agency, 1992), 105，飛行員的名字是莫里納斯（Claudio Morinas）。一九六二年九月廿日，這份線人的報告在中情局內傳開。

200 見 Henry Brandon, *Special Relationships* (New York: Atheneum, 1988), 172。

201 見 Szulc, 445。

202 對於波大雷山洞的描述，乃作者於二〇〇六年三月親訪所見。這些洞穴現在已經改建為博物館，同時也是祀奉格瓦拉的聖祠。

203 見 Jorge Castañeda, *Compañero: The Life and Death of Che Guevara* (New York: Knopf, 1997), 83。

175 見Reeves, 397。

176 取自David Halberstam, *The Best and the Brightest* (New York: Random House, 1972), 269。

177 取自二〇〇六年五月，作者與海軍上校豪瑟（William D. Hauser）的訪談，他當時擔任吉爾派崔克的海軍助手。

178 見一九六二年十一月二日，《時代》雜誌上的安德森傳略。

179 取自一九六二年十月廿三日，安德森致麥納瑪拉備忘錄，見CNO Cuba，在USNHC。

180 取自參謀長聯席會議文字紀錄，在Havana 2002，卷二。

181 取自安德森口述史，在USNHC。

182 以下對話取自Blight and Welch, *On the Brink*, 64。

183 見Abel, 137；另參Joseph F. Bouchard, *Command in Crisis* (New York: Columbia University Press, 1991), 115。亞伯（Elie Abel, *The Missile Crisis*, 1966）和其他一些作家誤以為安德森引用的刊物是《海軍法規手冊》（*Manual of Naval Regulations*）。不過正如布夏（Joseph F. Bouchard）所析，這本手冊裡並無任何有關施行封鎖的作業引導。《海戰法》見藏於USNHC，海軍作戰教範（Naval Warfare Information Publication, NWIP）編號10–12。

184 取自吉爾派崔克口述史，在JFKL。安德森否認出言不遜，不過在關於海軍知道如何運作封鎖上，勉強承認自己說了些「輕鬆俏皮的話」。

185 取自麥納瑪拉的訪談。

186 根據Abel, 135–138所述，大部分作者認為這一幕發生在十月廿四日星期三晚上，儘管在麥納瑪拉的回憶中其實應該是十月廿三日晚上，在施行隔離「之前」。紀錄顯示，十月廿四日安德森離開五角大廈的時間是20:35，而麥納瑪拉視察旗艦指揮中心的時間則是21:20，他在那裡遇到的是安德森的其中一位副手──見CNO古巴檔案，取自CNO辦公室日誌，在USNHC；另見麥納瑪拉辦公室日誌，在OSD。

187 有關這一幕的描述可見以下資料：❶Kennedy, *Thirteen Days*, 65–66；❷Anatoly Dobrynin, *In Confidence* (New York: Random House, 1995), 81–82；❸雙方人員在會面後立即歸檔的報告；❹羅伯版本的描述重刊於FRUS, Vol. XI, 175；❺達勃雷寧紀錄的一九六二年十月廿四日，英譯可見*CWIHP*, 5 (Spring 1995), 71–73。

204–213。在危機發生三十年後重新回顧，別洛博羅多夫寫的報告在日期和其他細節上並不可靠，不過有關蘇聯核武在古巴的載運裝卸等事，他的報告仍然是現今最具可信度的記述。

161 此處資料來源有三：❶國家照片判讀中心的美國海軍紀錄，在CREST；❷藍月任務的任務編號5001、5003及5005的原始情資膠捲，在NARA；❸二〇〇五年十月，作者與艾克中校、考夫林少校、柯菲上尉的訪談。艾克執行的是編號5003號任務。

162 取自二〇〇五年十月，作者與哈德森（John I. Hudson）的訪談。他曾駕駛十字軍噴射機飛越古巴。有些飛行員記得是從比較低的高度拍攝照片，不過十月廿四日朗道爾和泰勒呈報甘迺迪，前一天的照片拍攝高度「大約是一千英尺」，見JFK3, 186–187。現藏於NARA的原始膠卷上，也有數字標記說明拍攝高度是一千英尺。

163 在Brugioni, *Eyeball to Eyeball*, 374。

164 取自與艾克的訪談。

165 見Dávalos, 15。

166 見Yesin, et al., *Strategicheskaya Operatsiya Anadyr'*, 189。

167 見Anatoly I. Gribkov and William Y. Smith, *Operation ANADYR: U.S. and Soviet Generals Recount the Cuban Missile Crisis* (Chicago: Edition Q, 1993), 57。

168 見前揭書，頁55。

169 見Gribkov, et al., *U Kraya Yadernoi Bezdni*, 100。

170 見Yesin, et al., *Strategicheskaya Operatsiya Anadyr'*, 173；有關爆炸的資訊是由葉森（Viktor Yesin）將軍提供，取材自作者二〇〇六年五月的專訪。

171 在Tomás Gutiérrez Alea and Edmundo Desnoes, *Memories of Underdevelopment* (Pittsburgh: Latin American Literary Review Press, 2004), 171。

172 在Adolfo Gilly, *Inside the Cuban Revolution* (New York: Monthly Review Press, 1964), 48。

173 關於這次對話未經刪減的版本，我的依據是Stern, *Averting "The Final Failure,"* 204。

174 見Abel, 116。

北緯23°1’13”與西經82°49’56”處，在馬列爾港以西約五英里的海岸。

149 根據一九六三年一月中情局的資料重建，亞歷山卓夫斯克號十月五日的位置，是在北莫爾斯克港附近的谷巴歐克納亞潛艦站。參見中情局歷史計畫於一九九五年九月十八日公布的〈亞歷山卓夫斯克號的足跡〉，在CREST。

150 見一九六二年十月五日，馬林諾夫斯基報告，在Havana 2002，卷二。

151 關於殷德傑卡號渡海而來的過程描述，見Gribkov, et al., *U Kraya Yadernoi Bezdni*, 208；亞歷山卓夫斯克號經歷的程序也大同小異。

152 取自奧西波夫（Osipov）少將的報告，在MAVI；以及卡洛夫的訪談。

153 關於護衛艦，見如一九六二年十月廿三日，美國國家安全局的截聽內容；另見一九九八年十月，美國國家安全局古巴飛彈危機新聞稿，卷二。

154 見一九六二年十月廿三日，中情局針對「蘇聯陣營載運至古巴貨物」所做備忘錄，在JFKARC。十月廿四日，亞歷山卓夫斯克號已經停靠在伊薩貝拉的碼頭，然而中情局卻誤判該船的位置，認為在十月廿五日之前不可能抵達哈瓦那——見十月廿四日，中情局備忘錄，在CREST。亞歷山卓夫斯克號的位置是經由電子方位搜尋技術測定，而非經由視覺測定。

155 見一九六二年十月十六日，貓鼬計畫備忘錄，在JFKARC。

156 見一九六二年十一月九日，中情局針對阿爾法六六所做報告，在JFKARC；另參聯邦調查局報告，檔案編號FOIA release R-759-1-41，刊登於古巴資訊檔案網站（Internet by Cuban Information Archives），檢索網址：www.cuban-exile.com。阿爾法六六的突襲行動發生於十月八日。

157 卡洛夫檢閱船上的航海日誌，記載為莫斯科時間13:45抵達。據美國國安局的定位，阿爾梅季耶夫斯克號在深夜03:49的位置，距離伊薩貝拉廿五英里，事見一九九八年十月，美國國家安全局古巴飛彈危機新聞稿，卷二。

158 見Fursenko and Naftali, *One Hell of a Gamble*, 254，不過兩位作者錯將亞歷山卓夫斯克號抵達的時間記述為當天稍晚。

159 取自二〇〇四年七月，作者與格里博科夫將軍的訪談。

160 取自二〇〇六年五月，作者與薩奇洛夫（Rafael Zakirov）的訪談，以及薩奇洛夫二〇〇七年十月五日在《獨立軍事評論報》（*Nezavisimoe Voennoe Obozrenie*）上的文章。另參曾任核子武器主官的別洛博羅多夫上校（在註145）的報告，在Gribkov et al., *U Kraya Yadernoi Bezdni*,

48–50及Yesin, et al., *Strategicheskaya Operatsiya Anadyr'*, 79。關於普利耶夫的性格，另詳Dmitri Yazov, *Udary Sudby* (Moscow: Paleya- Mishin, 1999), 183–185。

138 見Yesin, et al., *Strategicheskaya Operatsiya Anadyr'*, 143；另參Gribkov, et al., *U Kraya Yadernoi Bezdni*, 306。

139 Gribkov, et al., *U Kraya Yadernoi Bezdni*, 234。

140 取自與卡洛夫的訪談。

141 取自一九六三年一月米高陽口授的紀錄；另見Mikoyan, 252–254。

142 見Vladimir Semichastny, *Bespoikonoe Serdtse* (Moscow: Vagrius, 2002), 236。

【第三章 古巴人】

143 取自一九六二年十一月十四日，美國海軍通訊電文，國家情報總監致美國駐歐海軍指揮官，在CNO Cuba, USNHC。

144 取自一九六二年十月廿二日，錄音文字檔，在JFK 3, 64。另見*Brugioni, Eyeball to Eyeball*, 542。

145 ❶美國國家安全局在九月廿五日錯誤研判殷德傑卡號為破冰船，不過正確判斷這艘船乃自莫曼斯克港區啟航；事見一九九八年十月，美國國家安全局古巴飛彈危機新聞稿。❷關於亞歷山卓夫斯克號運載的貨物，見一九六二年十月五日，馬林諾夫斯基對阿納德行動特殊彈藥（Special Ammunition）的報告，在Havana 2002, vol. 2。❸關於殷德傑卡號運載的貨物細節，得自卡洛夫的筆記與訪談；負責核子彈頭部署的蘇聯上校別洛博羅多夫，在一九九四年曾指出殷德傑卡號上還載運了六枚核子水雷，不過相關文獻並未確認這個說法──見James G. Blight and David A. Welch, eds., *Intelligence and the Cuban Missile Crisis* (Oxford: Routledge, 1998), 58。

146 「塔齊雅娜」重力炸彈的正式名稱是RDS-4，取材自二〇〇六年五月，作者與阿納斯塔西耶夫中校的訪談。

147 在*CWIHP, 11* (Winter 1998), 259。另參一九六二年九月八日，致蘇聯駐古巴軍隊最高統帥（普利耶夫將軍）的指令草案，在Havana 2002, vol. 2。

148 根據阿納斯塔西耶夫提供的資料細節，塔齊雅娜重力炸彈的儲藏處應為

阿列克謝夫的專訪。

118 見Felix Chuev, *Molotov Remembers* (Chicago: Ivan R. Dee, 1993), 8。

119 在*NK1*, 494。

120 見Fursenko and Naftali, *One Hell of a Gamble*, 153。

121 在*NK1*, 495。

122 見Dmitri Volkogonov, *Sem' Vozdei* (Moscow: Novosti, 1998), 420；本書英文版對這句話的翻譯略有不同，另參*Autopsy for an Empire* (New York: Free Press, 1998), 236。

123 取材自作者於二〇〇五年十一月至二〇〇六年二月間，對F-102飛行員貝瑞與吉德森兩人的專訪。

124 取材自一九六二年十月廿二日，空軍事件報告，在AFSC。

125 見一九六二年十月廿三日，蘇聯駐古巴大使阿列克謝夫傳回莫斯科的訊息，在*CWIHP*, 8–9 (Winter 1996–97), 283。

126 見Tomas Diez Acosta, *October 1962: The Missile Crisis as Seen from Cuba* (Tucson, AZ: Pathfinder, 2002), 156。

127 見Fernando Dávalos, *Testigo Nuclear* (Havana: Editora Politica, 2004), 22。

128 在Dallek, 335。

129 見甘迺迪醫療檔案，在JFKL。

130 見克勞斯檔案，在JFKL。

131 在Reeves, 396。

132 取材自二〇〇六年二，作者與前B-47飛行員溫徹斯特的訪談。

133 取材自第五〇九轟炸機聯隊隊史，一九六二年十月；以及懷特曼空軍基地（Whiteman AFB），古巴危機史特別附錄，FOIA。

134 取材自二〇〇五年十二月，作者與前B-47領航員史莫（Ross Schmoll）的訪談。

135 見Carlos Franqui, *Family Portrait with Fidel* (New York: Random House, 1984), 192。

136 見Yesin, et al., *Strategicheskaya Operatsiya Anadyr'*, 130。

137 見M. A. Derkachev, *Osoboe Poruchenie* (Vladikavkaz: Ir, 1994), 24–28,

1995), 69；另參Dean Rusk, *As I Saw It* (New York: W. W. Norton, 1990), 235。

101 在一九六二年十月廿三日，《華盛頓郵報》A1版；另詳Beschloss, 482。

102 在Fursenko and Naftali, *Khrushchev's Cold War*, 474。

103 在Oleg Troyanovsky, *Cherez Gody y Rastoyaniya* (Moscow: Vagrius, 1997), 244–245。

104 我藉由三種資料重建十月廿三日蘇聯船艦的位置。其一為中情局十月廿四與廿五兩天的每日備忘錄，其二為國家安全局的截聽，其三為卡洛夫（譯按：見第一章註57）在莫斯科的研究。另參斯塔琴科的報告。

105 見Yesin, et al., *Strategicheskaya Operatsiya Anadyr'*, 114。

106 有關亞歷山卓夫斯克號和阿爾梅季耶夫斯克號的位置，參見NSA Cuban missile crisis release, vol. 2, October 1998。

107 詳參Svetlana Savranskaya, "New Sources on the Role of Soviet Submarines in the Cuban Missile Crisis," *Journal of Strategic Studies* 28.2 (April 2005), pp. 233–259。

108 根據中情局的工作紀錄以及卡洛夫的研究，繼續駛往古巴的船艦是亞歷山卓夫斯克號、阿爾梅季耶夫斯克號、季夫諾戈斯克號、杜布諾號以及尼可拉耶夫斯克號。

109 見Havana 2002, vol. 2, Document 16，作者自譯。

110 以下諸條取材自Fursenko, *Prezidium Ts. K. KPSS*, 618–619。

111 見Nikita Khrushchev, *Khrushchev Remembers* (Boston: Little, Brown, 1970), 497，此後引用該書，以*NK1*簡稱之；另參Troyanovsky, 245。

112 在Aleksandr Fursenko and Timothy Naftali, *One Hell of a Gamble: Khrushchev, Castro, Kennedy and the Cuban Missile Crisis, 1958–1964* (New York: W. W. Norton, 1997), 39。

113 在*NK2*, 478。

114 見Blight, et al., *Cuba on the Brink*, 190。

115 取自Fursenko and Naftali, *One Hell of a Gamble*, 55。

116 見Blight, et al., *Cuba on the Brink*, 203。

117 取自Fursenko and Naftali, *One Hell of a Gamble*, 29中，對蘇聯駐古巴大使

為赫魯雪夫召見，透過會談向諾克斯傳達蘇聯的觀點。

83 在 *NK2*, 499。

84 在 Gribkov, et al., *U Kraya Yadernoi Bezdni*, 62。

85 在 Blight, et al., *Cuba on the Brink*, 130。

86 在 Fursenko and Naftali, *Khrushchev's Cold War*, 416。

87 見 Aleksandr Alekseev, "Karibskii Krizis," *Ekho Planety*, 33 (November 1988)。

88 在 Fursenko and Naftali, *Khrushchev's Cold War*, 413。

89 見 John Lewis Gaddis, *We Now Know: Rethinking Cold War History* (New York: Oxford University Press, 1997), 264。

90 在 FRUS, 1961–1963, Vol. XV: *Berlin Crisis, 1962–1963*, 309–310。

91 見索倫森口述史，在 JFKL。執行委員會的十三名成員是：總統甘迺迪、副總統詹森、國務卿魯斯克、財政部長狄龍、國防部長麥納瑪拉、法務部長羅伯·甘迺迪、國家安全顧問邦迪、中情局局長麥孔、參謀長聯席會議主席泰勒、國務次卿波爾、無任所大使湯普森、國防部副部長吉爾派崔克以及特別顧問索倫森。為即刻解決特殊議題，還有其他幾位幕僚也即時受邀加入執行委員會的討論（見一九六二年十月廿二日，國家安全行動備忘錄）。

92 見 Walter Isaacson and Evan Thomas, *The Wise Men* (New York: Simon & Schuster, 1986), 631。

93 見古巴事實清單，一九六二年十月廿七日，在 NSAW。

94 在 Reeves, 392。

95 取自艾奇森口述史，在 JFKL。

96 見 *Air Defense Command in the Cuban Crisis, ADC Historical Study No. 16*, 116, FOIA；另詳其中關於第廿五與第三十空軍師的節次。

97 取自作者與前 F-106 戰鬥攔截機飛行員哈特（Joseph A. Hart）的電郵通信。

98 取自 *ADC Historical Study No. 16*。

99 見 Beschloss, 481。

100 見一九六二年十月廿二日，達勃雷寧越洋電報，在 *CWIHP*, 5 (Spring

【第二章 俄國人】

71 見 Salinger, *John F. Kennedy*, 262。

72 在 Sergei Khrushchev, *Nikita Khrushchev: Krizisy i Rakety* (Moscow: Novosti, 1994), 263，作者自譯。

73 在 A. A. Fursenko, *Prezidium Ts. K. KPSS, 1954–1964* (Moscow: Rosspen, 2003), Vol. 1, Protocol No. 60, 617，作者自譯。主席團所擬定草案的英譯版本，亦可見維吉尼亞大學米勒公共事務中心的「克里姆林宮決策計畫」（Kremlin Decision-Making Project）。

74 見 Sergo Mikoyan, *Anatomiya Karibskogo Krizisa* (Moscow: Academia, 2006), 252； 在 *Khrushchev's Cold War: The Inside Story of an American Adversary* (New York: W. W. Norton, 2006), 472 中，兩位作者福爾先科（Aleksandr Fursenko, 1927–2008）和納夫塔利（Timothy Naftali, 1962– ）認為這句話並非出自赫魯雪夫之口，而是部長會議第一副主席米高陽所說。不過隨後他們也承認自己的資料有誤，因為歷史學家塞爾戈（Sergo Mikoyan, 1929–2010）就是米高陽之子，他書中的大量引文乃取材自其父的筆記。他所持有的這批米高陽筆記寫於一九六三年一月，亦即飛彈危機發生三個月之後。

75 見 Taubman, xx。

76 見 James G. Blight and David A. Welch, *On the Brink: Americans and Soviets Reexamine the Cuban Missile Crisis* (New York: Farrar, Straus & Giroux, 1990), 329。

77 見 Nikita Khrushchev, *Khrushchev Remembers: The Last Testament* (Boston: Little, Brown, 1974), 510；此後引用本書，以 *NK2* 簡稱之。

78 在主席團草案（Presidium Protocol），編號 60。

79 在 Taubman, xvii。

80 見 Andrei Sakharov, *Memoirs* (New York: Knopf, 1990), 217。

81 在 Reeves, 166。

82 可見如諾克斯所述面見赫魯雪夫的談話內容，一九六二年十月廿四日，在 JFKL。

* 譯註：古巴危機期間，時任西屋公司（Westinghouse International Co.）總裁的諾克斯正巧在莫斯科與蘇聯官員洽談商務，卻在意料之外

59 取自一九九八年十月美國國家安全局古巴飛彈危機新聞稿。

60 見JFK2, 606。按中情局的估算，九月四日古巴境內的蘇聯「技術人員」約在三千之譜；時至十一月十九日，中情局將估計數字擴增至一萬兩千至一萬六千之間。而據中情局在一九六三年一月的事後推斷，在危機一觸即發之際，古巴境內的蘇聯軍隊實際上有兩萬兩千人。詳參Raymond L. Garthoff, *Reflections on the Cuban Missile Crisis*, 2nd ed. (Washington, DC: Brookings Institution, 1989), 35。

61 取材自二〇〇四年七月，作者在莫斯科與杜博欽斯基（Oleg Dobrochinsky）上尉的訪談。

62 取材自斯塔琴科（I. D. Statsenko）少將對於阿納德行動的結案報告，此後引用簡稱「斯塔琴科報告」；另詳Yesin, et al., *Strategicheskaya Operatsiya Anadyr'*, 345–353。

63 見Yesin, et al., *Strategicheskaya Operatsiya Anadyr'*, 219。另取材自作者與葉森（Viktor Yesin）在二〇〇四年七月及二〇〇六年五月的兩次專訪，危機當時他是西鐸洛夫軍團中的中尉工程師。

64 為了避免混淆，我還是沿用中情局定調的說法，將大薩瓜鎮視為西鐸洛夫的飛彈團駐地。事實上他的團總部位於大薩瓜鎮東南方十七英里處，更靠近另一座小鎮卡拉巴薩（Calabazar de Sagua），在北緯22°39'，西經79°52'。飛彈團的其中一個營（即俄軍編制中的*diviziya*）駐紮在卡拉巴薩鎮近郊，配備四座飛彈發射器；另外一個營則駐紮在西堤艾提托（Sitiecito）與維阿納（Viana）兩座小村莊之間，位於大薩瓜鎮東南方六英里處。

65 見Malakhov, MAVI。

66 引自Pierre Salinger, *John F. Kennedy: Commander in Chief* (New York: Penguin Studio, 1997), 116。

67 一九六二年十月廿日，執行委員會會議紀錄，在JFK2, 601–14。

68 見Stern, 133。另參Brugioni, *Eyeball to Eyeball*, 314及Reeves, 388。

69 取材自Havana 2002, vol. 2。這份空襲演說稿的作者至今未明，然而依照排版格式等各種間接證據推測，演說稿乃由邦迪或其助手執筆。

70 見Theodore C. Sorensen, *Kennedy* (New York: Harper & Row, 1965), 1–2；另參Theodore Sorensen OH, 60–66, JFKL。

47 見Stern, 38及Beschloss, 530。

48 以下陳述來源有三：其一為二〇〇六年一月，作者專訪貝拉所悉；其二為一九六二年八月廿九日，哈維致藍斯代備忘錄，在JFKARC；其三為一九六二年十一月八日，古巴陸軍對貝拉與歐提茲（Pedro Ortiz）的審訊內容，取材自古巴檔案局文件紀錄，乃作者二〇〇二年親赴哈瓦那所得。

49 「農場」的另一個代號是「絕塵」（ISOLATION）；另參馬塔安布雷礦場祕密破壞行動年表。

50 見Warren Hinckle and William Turner, *Deadly Secrets* (New York: Thunder's Mouth Press, 1992), 149。

51 關於第七十九飛彈團，詳見V. I. Yesin, et al., *Strategicheskaya Operatsiya Anadyr': Kak Eto Bylo* (Moscow: MOOVVIK, 2004), 381。除特別以註腳說明之處，本書所有關於「阿納德行動」的資料俱參考上書的二〇〇四年版本；由於蘇聯的假訊息宣傳亦涵蓋阿納德行動，故飛彈團的成員姓名在資料上都經過更改。在古巴的資料中，第七十九飛彈團稱作第五一四飛彈團；而中情局則誤將部署在聖克里斯托巴附近的飛彈團，報告為第一支「完成作戰準備」的飛彈團。

52 見馬拉霍夫回憶錄，取材自跨區域國際主義戰士協會檔案館，此後引用該館資料，以MAVI簡稱之。

53 西鐸洛夫對於部署過程的說明，俱見於A. I. Gribkov, et al., *U Kraya Yadernoi Bezdni* (Moscow: Gregory-Page, 1998), 213–223。

54 取自蘇聯一級上將伊凡諾夫（Sergei Ivanov）一九六二年六月廿日備忘錄，以及蘇聯國防部長馬林諾夫斯基一九六二年九月六日與八日備忘錄，英譯文見*CWIHP*, 11 (Winter 1998), 257–260。

55 見Malakhov, MAVI。

56 對於船舶的噸位與說明，我得益自Ambrose Greenway, *Soviet Merchant Ships* (Emsworth, UK: Kenneth Mason, 1985)。這裡我使用的是總噸位（Gross Tonnage, GT），是根據容積而得的測量數字，而非根據重量。

57 取材自二〇〇六年五月，作者與俄羅斯戰略飛彈部隊（Strategic Missile Forces, RVSN）所屬彼得大帝軍事學院卡洛夫（Sergei Karlov）中校的訪談；他是軍方的歷史學家。

58 來源同前注。

Reeves, 179。

32 引自 Max Frankel, *High Noon in the Cold War* (New York: Ballantine Books, 2004), 83。

* 譯註：語出西班牙鬥牛士歐特嘉（Domingo Ortega, 1906–1988），由英國詩人暨翻譯家葛瑞夫斯（Robert Graves, 1895–1985）譯為英文。

33 見帕羅一九六二年十月十七日的備忘錄，收錄於SCA，在JFKARC，紀錄編號179-10003-10081。

34 紀錄來源有二：一為國務院「一九六二年古巴危機」歷史檔案，頁72，在NSA Cuba；二為大西洋艦隊司令對古巴危機的歷史陳述，頁141，在NSA Cuba。

35 見一九六二年四月十日參謀長聯席會議備忘錄，在JFKARC。

36 見一九六二年八月八日參謀長聯席會主席雷姆尼澤（L. L. Lemnitzer, 1899–1988）備忘錄，在JFKARC。

37 見Edmund Morris, *Theodore Rex* (New York: Random House, 2001), 456。

38 詳參James G. Blight, Bruce J. Allyn, and David A. Welch, *Cuba on the Brink: Castro, the Missile Crisis, and the Soviet Collapse* (New York: Pantheon Books, 1993), 323–324。

39 取自羅伯．甘迺迪辦公日記，在JFKARC。另參馬塔安布雷礦場祕密破壞行動年表，一九六二年十一月十四日，哈維與中情局局長談話，在JFKARC。

40 引自Evan Thomas, *Robert Kennedy: His Life* (New York: Simon & Schuster, 2000), 214。

41 語出Elie Abel, *The Missile Crisis* (Philadelphia: J. B. Lippincott, 1966), 51。

42 見馬塔安布雷礦場祕密破壞行動年表；另參一九六二年十月十九日，哈維的祕密破壞行動備忘錄，在JFKARC。

43 見Reeves, 182。

44 見Brugioni, *Eyeball to Eyeball*, 469。

45 見Reeves, 175。

46 見O'Donnell and Powers, 318。

17 見Richard D. Mahoney, *Sons and Brothers: The Days of Jack and Bobby Kennedy* (New York: Arcade, 1999), 87。

18 見Dino Brugioni, *Eyeball to Eyeball: The Inside Story of the Cuban Missile Crisis* (New York: Random House, 1991), 223；另參RFK, 23。

19 在RFK, 27。

20 見Reeves, 264及Dallek, 439。

21 取自一九八八年一月十五日哈爾朋（Samuel Halpern）與中情局局史室的訪談，在JFKARC，紀錄編號104-10324-1003。

* 譯註：哈爾朋在二戰後加入中情局，一九五〇年代晚期協助處理遠東事務，一九六一年起加入謀劃各種推翻卡斯楚的祕密行動。

22 語出Arthur M. Schlesinger, Jr., *Robert Kennedy and His Times* (Boston: Houghton Mifflin, 1978), 534。

23 取自二〇〇五年十月本書作者與帕羅的訪談。

24 在Richard Goodwin, *Remembering America* (Boston: Little, Brown, 1988), 187。

25 見一九六二年二月廿日備忘錄「古巴計畫」，在JFKARC，紀錄編號176-10011-10046。

26 取自麥瑪納與丘奇委員會的談話，在JFKARC（譯按：原註無談話日期）。

27 「光明消滅計畫」可見於二處：一為藍斯代一九六二年十月十五日的備忘錄，在JFKARC；二為帕羅與丘奇委員會的談話。藍斯代於一九七六年一月一日去信丘奇委員會，憤慨陳詞，否認他曾經提出照明彈的行動計畫，不過如上述檔案中所錄，他確實提出了這樣的計畫。

28 見赫維奇（Robert A[rnold] Hurwitch, 1920–1997）一九六二年九月十六日的備忘錄，收錄於SCA，在JFKARC，紀錄編號179-10003-10046。

* 譯註：赫維奇時任國務院古巴事務特別助理（1961–1962），七〇年代中期任美國駐多明尼加大使（1973–1978）。

29 艾森豪總統文件所載，轉引自Reeves, 103。

30 前揭書，174。

31 「一半一半」的看法，引自Joseph Alsop, "The Legacy of John F. Kennedy," *Saturday Evening Post,* November 21, 1964, 17。「五分之一」的看法，見

Averting "the Final Failure": John F. Kennedy and the Secret Cuban Missile Crisis Meetings (Stanford, CA: Stanford University Press, 2003)，不過為了確認當時會議間的氣氛，以及二書所錄是否有所差異，故而我還是詳聽了取自米勒公共事務中心與前註1中甘迺迪文庫的原始錄音。

6 在Michael Beschloss, *The Crisis Years* (New York: HarperCollins, 1991), 101。

7 語出一九六二年十月十日基廷發布的新聞稿。

8 在Kai Bird, *The Color of Truth* (New York: Simon & Schuster, 1998), 226–227及Kenneth P. O'Donnell and David F. Powers, *Johnny, We Hardly Knew Ye* (Boston: Little, Brown, 1970), 310。

9 在William Taubman, *Khrushchev: The Man and His Era* (New York: W. W. Norton, 2003), 499。

10 此言出處有三：可見Beschloss, 224–227，另見Robert Dallek, *An Unfinished Life* (Boston: Little, Brown, 2003), 413–415及Reeves, 174。

11 在Reeves, 172。

12 在Dallek, 429。

13 在Beschloss, 11。

14 甘迺迪對於貓鼬行動的不滿，參見FRUS, 1961–1963, Vol. XI: *Cuban Missile Crisis and Aftermath*中第十九號文件。祕密破壞行動的提案以及「特別（擴編）小組」在此之前的會議內容，我取自美國國家文書暨檔案總署的甘迺迪刺殺案紀錄彙編（JFK Assassination Records Collection, JFKARC）；另可參閱赫姆斯（Richard Helms, 1913–2002）, *A Look Over My Shoulder* (New York: Random House, 2003), 208–209。

15 見一九六二年十月十六日貓鼬行動備忘錄，在JFKARC。

16 見一九六二年一月十九日中情局備忘錄，在JFKARC。另參Church Committee Report, *Alleged Assassination Plots Involving Foreign Leaders* (U.S. Government Printing Office, 1975), 141。

*譯註：丘奇委員會（Church Committee）是美國參議院於一九七五年成立的特別委員會，專責考察中情局、國家安全局、聯邦調查局（FBI）、國家稅務局（IRS）等單位，在執行政府情報活動上的濫權弊端，乃美國參議院情報委員會（United States Senate Select Committee on Intelligence）的前身。

註釋

章節註腳

【第一章 美國人】

1 詳參Robert F[rancis] Kennedy, *Thirteen Days* (New York: W. W. Norton, 1969), 24，此後引用該書概以RFK簡稱之。飛彈發射場的空拍照片，取自海軍史料研究中心（Naval Historical Research Center）國家安全檔案中的甘迺迪文庫，另藏於美國國家文書暨檔案總署。

2 取材自一九九八年一月，有線電視新聞網對時任中情局飛彈分析員葛瑞比（Sidney N. Graybeal, ob. 1998）的專訪，詳見CNN CW。

* 譯註：葛瑞比一九五〇年加入中情局，一九六二年十月飛彈危機期間，受派前往白宮協助分析U-2偵察機攝製的空拍照片，並確認古巴已具備攻擊型飛彈。

3 此處來源有三：見Dino Brugioni, "The Cuban Missile Crisis - Phase 1," *CIA Studies in Intelligence* (Fall 1972), 49 - 50，檢索自中情局紀錄搜尋工具（CIA Record Search Tool, CREST）；另參Richard Reeves, *President Kennedy: Profile of Power* (New York: Simon & Schuster, 1993), 371；在二〇〇五年十月我對麥納瑪拉的專訪中，他亦言及此事。

4 「一旦裝載核子彈頭發射」一句，出自一九六二年十月十九日，中情局對古巴配置蘇聯飛彈所造成威脅的聯合評估，檢索自CREST。當時中情局估計的R-12（SS-4）飛彈射程為1,020海里（譯按：約一千八百八十九公里）; 而R-12的實際射程應為2,080公里，或1,292英里。為達簡明之效，本書中出現所有以海里測量之數據，俱轉換為較常用的法定英里。

5 關於「國家安全會議執行委員會」在會議間的談話，我依據的是維吉尼亞大學米勒公共事務中心（Miller Center of Public Affairs）據錄音繕打而成的文字紀錄，即Philip Zelikow and Ernest May, eds., *The Presidential Recordings: John F. Kennedy, The Great Crises*, Vols. 2 and 3 (New York: W. W. Norton, 2001)，此後引用以JFK2及JFK3簡稱之。這些錄音的文字紀錄亦可見於米勒公共事務中心網頁。我同時也查閱了Sheldon M. Stern,

司，1969。

SCA Records of State Department Coordinator for Cuban Affairs, NARA
美國國務院古巴事務專員紀錄，美國國家文書暨檔案總署。

SDX Records of State Department Executive Secretariat, NARA
美國國務院執行祕書處紀錄，美國國家文書暨檔案總署。

SVR Archives of Soviet Foreign Intelligence, Moscow
蘇聯外國情報檔案館（莫斯科）

USCONARC U.S. Continental Army Command
美國陸軍司令部

USIA U.S. Intelligence Agency
美國情報局

USNHC U.S. Navy Historical Center, U.S. Continental Army Command, Washington, DC.
美國海軍歷史中心

WP *Washington Post*
華盛頓郵報

Z Zulu time or GMT, four hours ahead of Quebec time (Eastern Daylight Time), five hours ahead of Romeo time (Eastern Standard Time). Time group 241504Z is equivalent to October 24, 1504GMT, which is the same as 241104Q, or 1104EDT.
祖魯時間或格林威治時間，即魁北克時間（EDT，東部夏令時間）加四小時，或羅密歐時間（EST，東部標準時間）加五小時。時間編碼241504Z代表十月廿四日格林威治時間下午三點零四分，等同於241104Q或1104EDT。

NDU	National Defense University, Washington, D.C. 國防大學（華盛頓特區）
NIE	National Intelligence Estimate 國家情報評估
NK1	Nikita Khrushchev, *Khrushchev Remembers*. Boston: Little, Brown, 1970. 尼基塔・赫魯雪夫著：《赫魯雪夫回憶錄》。利特爾與布朗出版公司，1970。
NK2	Nikita Khrushchev, *Khrushchev Remembers: The Last Testament.* Boston: Little, Brown, 1974. 尼基塔・赫魯雪夫著：《赫魯雪夫回憶錄：最後的話》。利特爾與布朗出版公司，1974。
NPRC	National Personnel Records Center, St. Louis, MO 國家人事文件中心（密蘇里州聖路易市）
NSA	National Security Agency 美國國家安全局
NSAW	National Security Archive, Washington, DC 美國國家安全檔案館（華盛頓特區）
NSAW Cuba	National Security Archive, Cuba Collection 美國國家安全檔案館，古巴特藏。
NYT	*New York Times* 紐約時報
OH	Oral History 口述史
OSD	Office of Secretary of Defense, Cuba Files, NARA 美國國防部長辦公室古巴檔案，美國國家文書暨檔案總署。
RFK	Robert F. Kennedy, *Thirteen Days*. New York: W. W. Norton, 1969. 羅伯・甘迺迪：《十三天：古巴飛彈危機回憶錄》。諾頓出版公

FOIA	Response to Freedom of Information Act request 按《資訊自由法》申請所得回覆
FRUS	*Foreign Relations of the United States Series, 1961–1963*, Vols. X, XI, XV. Washington, D.C.: U.S. Government Printing Office, 1997, 1996, 1994. 《美國外交關係：一九六一年至一九六三年》，卷十、卷十一、卷十五。華盛頓：美國政府出版局，1997、1996、1994。
Havana 2002	Havana Conference on the Cuban Missile Crisis, October 1962. Conference briefing books prepared by the National Security Archive 「哈瓦那研討會：一九六二年十月的古巴飛彈危機」 由美國國家安全局印製的會議手冊
JFKARC	John F. Kennedy Assassination Records Collection at NARA 美國國家文書暨檔案總署，甘迺迪刺殺案紀錄特藏。
JFKL	John F. Kennedy Library, Boston 甘迺迪圖書館（波士頓）
JFK2, JFK3	Philip Zelikow and Ernest May, eds., *The Presidential Recordings: John F. Kennedy, The Great Crises*, Vols. 2–3, Miller Center for Public Affairs, University of Virginia 菲利普・澤利考、厄尼斯特・梅合編：《總統紀錄：甘迺迪，大危機》，卷二至卷三，米勒公共事務中心，維吉尼亞大學。
LAT	*Los Angeles Times* 洛杉磯時報
LCV	Library of Congress Dmitrii Volkogonov Collection 美國國會圖書館，弗可哥諾夫特藏。
MAVI	Archives of Mezhregional'naya Assotsiatsia Voinov-Internatsionalistov, Moscow 跨區域國際主義戰士協會檔案館（莫斯科）
NARA	National Archives and Records Administration, College Park, MD 美國國家檔案暨文書總署（馬里蘭州大學公園市）

註釋

常用資料來源代稱

AFHRA	Air Force Historical Research Agency, Maxwell Air Force Base 空軍歷史研究處（麥斯威爾空軍基地）
AFSC	Air Force Safety Center, Kirtland Air Force Base 空軍安全中心（柯特蘭空軍基地）
CINCLANT	Commander in Chief Atlantic 大西洋艦隊總司令
CNN CW	CNN *Cold War* TV series, 1998. Transcripts of interviews at King's College London 一九九八年有線電視新聞網《冷戰》系列節目，倫敦大學國王學院訪談文字稿。
CNO	Chief of Naval Operations 美國海軍作戰部長
CNO Cuba	CNO Cuba history files, Boxes 58–72, Operational Archives, USNHC 美國海軍作戰部長古巴歷史檔案，編號五十八至七十二箱。
CREST	CIA Records Search Tool, NARA 中情局紀錄搜尋系統，美國國家文書暨檔案總署。
CWIHP	*Cold War International History Project* bulletin 「冷戰國際史計畫」通訊
DOE	Department of Energy Open Net 美國能源部公開資料庫
FBIS	Foreign Broadcast Information Service 中央情報局外國廣播資訊處

非虛構 08

核戰倒數：古巴危機中的甘迺迪、赫魯雪夫與卡斯楚

One Minute to Midnight: Kennedy, Khrushchev, and Castro on the Brink of Nuclear War

作　　者：麥可．達博思 Michael Dobbs
譯　　者：林熙強
總 編 輯：陳思宇
主　　編：杜昀玶
副 主 編：林宜君
版權經理：李潔
行銷企劃：林冠廷、陳梅婷
出版發行：凌宇有限公司
地　　址：103 台北市大同區民生西路 300 號 8 樓
電　　話：02-2556-6226
m a i l：info@linksideas.com
Facebook：
www.facebook.com/linkspublishingtw

美術設計：兒日設計
排　　版：A Hau Liao
印　　刷：造極彩色印刷製版股份有限公司

總 經 銷：前衛出版社＆草根出版有限公司
地　　址：10468 台北市中山區農安街 153 號 4 樓之 3
電　　話：02-2586-5708
傳　　真：02-2586-3758
http://www.avanguard.com.tw

門　　市：謎團製造所
地　　址：103 台北市大同區民生西路 300 號 8 樓
營業時間：每日 11:00-19:00（週日、一店休）
傳　　真：02-2558-8826

出版日期：2023 年 10 月
定　　價：新臺幣 850 元

FIRST VINTAGE BOOKS EDITION, JUNE 2009

This translation published by arrangement with Alfred A. Knopf, an imprint of The Knopf Doubleday Group, a division of Penguin Random House, LLC.

Maps by David Lindroth, Inc.

國家圖書館出版品預行編目資料

核戰倒數：古巴危機中的甘迺迪、赫魯雪夫與卡斯楚 / 麥可 . 達博思 (Michael Dobbs) 著 ; 林熙強譯 . -- 初版 . -- 臺北市 : 凌宇有限公司 , 2023.10
面 ;　公分 . -- (非虛構 ; 8)
譯　自 : One minute to midnight : Kennedy, Khrushchev, and Castro on the brink of nuclear war.
ISBN 978-626-7315-07-1(平裝)

1.CST: 古巴危機 2.CST: 國際關係

578.186　　112012476